마르코 폴로(1254~1324) 타타르의 고유의상을 입고 활과 검으로 무장한 모습

◀중앙아시아 부하라에 도착한 폴로
일행
여기서 대칸의 사자와 우연히 만
나 대칸의 초대를 받는다.

◀텐트 앞에서 폴로 형제를 환영하
는 쿠빌라이 칸

▼교황에게서 받은 황금 십자가와
성서 사본을 대칸에게 전달하는 니
콜로와 마페오 형제

▲폴로 형제에게 통행증 황
금 패자를 주는 쿠빌라이 칸

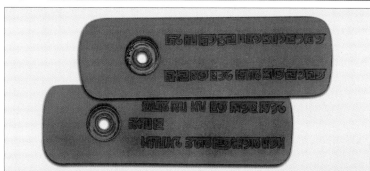

▶시베리아에서 발견된 두
장의 황금 패자

1271년 아버지, 큰아버지
와 함께 예루살렘을 떠나는
마르코 폴로

▲아크레로 가기 위해 베네치아를 떠나는 마르코 폴로와 아버지 니콜로, 큰아버지 마페오

1271년 봄에 출항한 '무다'에는 폴로 형제와 마르코가 타고 있었다. 폴로 형제는 쿠빌라이 칸의 궁정으로 돌아간다는 약속을 지키기 위해 여행을 떠났다. 하지만 100명의 그리스도교 현자를 몽골제국에 데려와 달라는 대칸의 부탁을 들어줄 수가 없을 것 같았다. 왜냐하면 로마 교황의 후계자 선발을 둘러싸고 추기경 회의에서 다투고 있었기에 그 많은 선교사단을 조직하기는 어려웠기 때문이다.

▶마르코 폴로 초상 제노바

베네치아에서 가족들에게 작별 인사를 하는 폴로 일행

지 예루살렘의 성유를 얻기 위해 그리스도 무덤을 방문하는 베네치아에서 온 일행

위험으로 가득한 여행 야생인과 사자가 두 여행객을 지켜보고 있다.

호르무즈에 들른 상선 폴로 일행은 바닷길로 인도에 가려 하지만……

코끼리와 매, 그리핀을 만난 여행자들

베리왕국(아마도 인도 케랄라)에 있다고 생각되는 공상의 동물

▲그리스도교로 개종하고 싶다는 쿠빌라이 칸의 친서를 새로운 교황 그레고리우스 10세에게 전달하는 폴로 형제

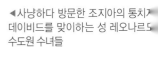

◀사냥하다 방문한 조지아의 통치자 데이비드를 맞이하는 성 레오나르도 수도원 수녀들

◀마르코 폴로가 남긴 글에 있는 중국 운남성의 악어. 중세 무렵의 용으로 그려졌다.

▶페르시아 북부 마을 사베에서 벌을 향해 걷고 있는 조로아스터교도의 세 왕

◀미래의 암살자들에게 마약 '하시시'를 먹이는 '산의 노인'

▶낙원에서 음악을 즐기거나 사랑을 나누는 연인들을 바라보는 '산의 노인'

▲호저(산미치광이)를 잡으
려는 아프가니스탄 바다크
산 지방 사냥꾼들

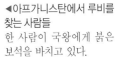

◀아프가니스탄에서 루비를
찾는 사람들
한 사람이 국왕에게 붉은
보석을 바치고 있다.

◀훌라구 칸(제4대 칸)이 바
그다드의 칼리프를 보물과
함께 가둬 굶겨 죽인다.

▶탕구트 왕국의 장례식
즐거워하는 사람들 사이에
관이 불타고 있다.

▶성도의 정원
쿠빌라이 칸이 매를 이용
해 사슴과 야생 멧돼지 사
냥을 한다.

▼인간을 불에 태워 석면의
효과를 시험하는 칸

▲쿠빌라이 칸에게 젊은 마르코를 소개하는 폴로 형제

◀쿠빌라이 칸에게 지폐를 넣은 상자 두 개를 바치는 사람들

◀5월 끝 무렵 사냥을 마친 뒤 사흘간의 축제

네 부인, 두 고관과 함께 몽골제국 기념일을 축하하는 쿠빌라이 칸

쿠빌라이 칸의 정원(베이징)에서 그레이하운드 두 마리에게 사슴을 쫓게 하는 대칸

베이징 가까이에
있는 노구교
마두 둘이 나란히
건널 수 있었다.

긴사이(오늘날의
항주) 마을
마을 규모와 1만
2천 개에 이르는
다리는 마르코를
놀라게 했다.

대칸의 영토인 윈
난성에서 진주와
귀중한 보석을 선
물받는 대칸

일본으로 출항하
는 대칸의 함대
그러나 태풍으로
인해 배는 산산이
부서진다.

공예와 상업이 활
발한 소아르메니아
마을

쿠빌라이 칸에게
귀국을 허락해 달
라고 탄원하는 마
르코의 아버지 니
콜로와 큰아버지
마페오

▲수마트라 섬 식인종의 식
사

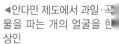
◀안다만 제도에서 과일·곡
물을 파는 개의 얼굴을 한
상인

◀벌거벗은 사람들
인도 서남부 마라발 왕은
물론 백성, 관리들도 벌거
벗었다. 그들은 보석 목걸
이만 달랑 걸치고 있었다.

▶보석·진주를 좋아하는
인도 랄의 왕
왕은 훌륭한 보석을 직접
구입한다.

▶다이아몬드 채굴을 지켜
보는 무티필리의 왕녀

▼후추를 수확하는 인도 케
랄라 주의 흑인들

지배자

상 : 1만 명의 매사냥꾼과 함께 가마를 타고 사냥을 떠나는 대칸

중 : 세 아내, 교관들과 함께 식사를 하는 대칸

하 : 아이들을 데리고 이야기를 나누는 대칸의 네 아내

간의 생활

상 : 대도(오늘날의 베이징)에 있는
쿠빌라이 칸의 겨울 궁전

중 : 사자와 개를 데리고 사냥 준비
를 하는 대칸

하 : 미얀마 왕국에서 코끼리 사냥

◀▲베네치아 칸나레조지구의 저택 벽에 남아 있는
'낙타와 상인' 부조
동방과의 깊은 관계를 나타낸다.

▶《동방견문록》의 정보를 바탕으
로 베네치아의 수도사 마우로가
그린 세계지도

▼폴로 가문의 문장을 수놓은 비단

폴로 가문의 집 칸나레조에 있는 폴로 가문의 집은 13세기에 지어진, 가운데 뜰이 있는 구조의 코르테 델 밀리온(밀리 오네 저택) 정면에 있다. 이 명칭은 마르코 폴로의 《밀리오네(동방견문록)》에서 따왔다.

베네치아 전경 베네치아는 바다로 둘러싸였고, 그로 인해 도시가 특이해 보인다.

산마르코 광장에 있는 두칼레 궁전(측면) 앞에 종루가 보인다.

〈베네치아 칸나레조 입구〉안토니오 카날레토. 1734~42.

산마르코 사원 저녁놀에 사원 전체가 황금빛으로 빛난다.

이라크

◀모술 모슬린(직물)의 도시
'모슬린이라는 금실로 짠 비단은 이 나라의 명산품이다. 그리고 우리나라에 귀중한 향신료나 진주, 금실로 짠 비단을 대량으로 가져오는 모슬린이라는 대상인도 이 왕국의 백성이다.'(동방견문록)
낮은 건물들이 늘어선 모술은 마르코 시대와 그다지 변하지 않았다.

▼바그다드 사라센인의 수도
'바그다드의 칼리프는 그리스도 교도를 싫어해 낮이고 밤이고 어떻게 해서든 영내의 그리스도 교도를 모두 이슬람교로 개종시키기를 바랐다.'(동방견문록)
새벽녘 카지마인 모스크는 한결 더 빛난다.

이란

▶야즈드 아름답고 고귀한 도시
'이 도시는 무더위가 심해서 집에는 바람이 지나는 통풍구가 있다. 통풍구는 이 땅의 바람 방향에 맞춰 만들고 집 안에 바람을 통하게 해 시원하게 한다. 통풍구가 없으면 이 무더위는 견딜 수 없다.'(동방견문록) 야즈드에는 많은 바람의 탑이 서있다.

▼케르만 왕국의 12세기 조로아스터 교도들이 만든 견고한 '밤' 마을
케르만은 페르시아의 한 왕국으로 예전에는 세습 군주가 있었다. 타타르인이 정복한 뒤로 세습은 끊어졌지만 타타르인이 고른 통치자가 파견됐다.'(동방견문록)

아프가니스탄

◀발라샨 알렉산드로스 대왕의 자손들이 사는 곳
'발라샨은…… 위대한 왕국을 만들어 왕위는 세습으로 계승한다. 왕족들은 모두 알렉산드로스 대왕과 페르시아 왕 다리우스 왕녀의 자손이다.'(동방견문록)

▼카라반사라이(이슬람교도 대상들의 숙소)
숙소 뜰에서 노새에 소금을 싣는 사람들
'사람들은 모자를 쓰지 않지만 길이가 10뼘쯤 되는 가는 천을 머리에 둘둘 말고 있다.'(동방견문록)

중국

▶카라쿨 호수

파미르고원 깊은 곳에
있는 호수

'여기까지 올라오면 두
산 사이에 커다란 호수
가 있다. 거기서 흘러나
오는 아름다운 강은 세
계에서도 드문 양질의
목초지가 있는 평원으로
흘러든다. 아무리 삐쩍
마른 가축이라도 거기서
10일 동안 방목하면 분
명 살이 찔 것이다.'(동방
견문록)

▼카슈가르 아시아의 큰
시장

카슈가르는 동방과 북동
방 사이에 있다. 이 나라
는 예전에는 독립된 왕
국이었지만 지금은 칸의
영토가 되었다. 사람들은
이슬람교를 믿는다.'(동방
견문록)

▲둔황 근처에 있는 석굴 막고굴의 열반불 이 사적은 5~8세기에 만들었다.

◀막고굴의 제96굴

둔황

내몽고자치주

▼위대한 대왕의 말들

평원에서 말을 쫓아가서 잡는다. 이것이 몽골식 방법이다.

'가축을 가진 귀족이나 평민은 모두 저마다 독자적인 소인을 말이나 낙타에게 찍었다. 그리고 감시하는 사람도 없이 가축을 산이나 평원에 풀어 놓는다.(동방견문록)

▲만리장성

마르코 폴로는 만리장성
에 대해 전혀 기술하지
않았다. 그래서 그가 중
국을 방문하지 않은 게
아닐까하는 의문이 생겼
다. 하지만 만리장성이
길게 세워진 건 마르코
가 중국을 방문하고 수
백 년이 지난 뒤였다. 사
진은 베이징 북쪽에 있
는 장성이다.

양주

▶양주에 있는 수서호 다
리·인공섬·건물들이 늘
어서 있다.
양주는 매우 중요한 마
을이다. 마르코 폴로 자
신노 예선에 칸의 명령으
로 3년 동안 이 마을을
통치했다.(동방견문록)

미얀마

▲얼하이 호수의 가마우지
를 이용한 전통어업
이 나라에는 둘레가 160
킬로미터는 넘는 커다란
호수가 있다. 그리고 여
기에서는 세계에서도 보
기 힘들 만큼 맛있고 커
다란 물고기가 많이 잡
힌다.(동방견문록)

원난성

칭하이성

▶야크의 젖을 짜는 칭하
이성의 여성
이 땅에는 코끼리처럼
커다란 야생 소가 있다.
등을 제외하고 온 몸이 4
뼘은 넘는 긴 털로 뒤덮
인 훌륭한 동물이다.(동
방견문록)

▲샤허 대사원 입구에 두
리지어 있는 티베트 참비
자들

간쑤ᄉ

티베트

◀라브랑

아침 기도. 티베트의 승ᄃ
는 6세 무렵부터 수행ᄋ
시작해 성인이 되어야 ᄀ
우 한 사람의 승려ᄀ
된다.

'……계율에 따라 엄격ᄒ
금욕생활을 보내는 남ᄌ
들이 있다. 그들은 따뜻ᄒ
물에 푼 밀기울 말고는 ᄋ
무것도 먹지 않는다. 평ᄉ
밀기울만 먹으며 물을 ᄆ
신다.(동방견문록)

세계사상전집056
Marco Polo
THE TRAVELS OF MARCO POLO

동방견문록

마르코 폴로/채희순 옮김

동서문화사

디자인 : 동서랑 미술팀/표지그림 :《동방견문록》의 세밀화. 쿠빌라이 칸의 궁전.

동방견문록
차례

서장

제1장 서아시아에서 중앙아시아를 횡단

제2장 중국의 서북 변경

제3장 쿠빌라이 칸의 통치

제4장 윈난으로의 사절행

제5장 대운하 연안 공도를 따라 푸젠으로 가는 여정

제6장 남해 경유 귀국 항로

제7장 터키국의 사정

동방의 빛을 찾아서

1410년 프랑스에서 제작된 세밀화. 마페오 폴로와 마르코 폴로가 쿠빌라이 칸의 궁전에 도착한 장면

일러두기

1. 이 책은 L.F. Benedetto의 이탈리아 어판을 Aldo Ricci가 영역한 The Travels of Marco Polo, London, 1931.을 완역한 것이다.

2. 베네데토 집성본은 《동방견문록》 현존 텍스트 중에서도 대표적인 고사본 fr. 1116을 저본으로 하여 다시 다른 텍스트에서 약간의 중요 장구를 취하여 이것을 증보한 것이다. 단 이 베네데토 집성본은 이탈리아 어역이기도 하고 극히 희귀본에 속하는 것이지만, 다행히 리치 영역본이 이 곤란을 해소하였다.

3. 리치 영역본은 그가 죽은 뒤 데니슨 로스의 교정을 거쳐 간행된 것이다. 특히 이 교정은 이탈리아 어판 베네데토 집성본과 대교한 것이 아니라 집성본이 의거한 몇 종류의 원텍스트와의 대교이다.

4. 역문은 될 수 있는 한 원전의 체재를 따랐다. 다만 명절을 통해 일련 번호를 달고 목차·본문 중의 지명에 당시 중국에서 상용된 한자표기를 ( ) 안에 써넣고, 아울러 전체를 8장으로 구분하여 저마다 장제목을 부여하였다.

서장

1 머리글

여러 나라의 황제 폐하, 국왕 전하, 공작·후작·백작 각하, 기사, 시민 여러분을 비롯 인류 여러 종족, 세계 곳곳의 사정을 알고 싶으신 분들은 누구나 이 책을 읽어보시라. 이 책에는 넓디 넓은 동방 여러 지역, 즉 대아르메니아·페르시아·타타르·인도 등 수많은 나라의 경이롭고 진기한 일들이 실려 있다. 그것들은 모두 현명하고 존경할 만한 베네치아 시민이요, '밀리오네'*¹라 불렸던 마르코 폴로가 직접 본 바를 그가 말한 대로 기술한 것이다. 물론 그 가운데에는 그가 보지 않았던 일도 얼마쯤 포함되어 있을 것이다. 하지만 그런 일들도 그가 믿을 만한 사람들에게서 직접 전해 들었다는 점만은 확실하다. 무엇보다 여기에서는 그가 본 일은 본 일이라 쓰고, 또 들은 이야기는 들은 이야기라고 모두 밝혀 썼으므로, 이 책의 내용은 모두 진실이라 말할 수 있다.

그러므로 이 책을 읽으시는 분들, 또는 읽어달라고 해서 듣는 분들은 이 책의 내용에 허풍은 없다는 것을 알아야 한다. 그 옛날 주님이 우리의 아버지 아담을 직접 손으로 창조하신 이래 그리스도 교도이든 이교도이든, 타타르 인이든 인도인이든, 또는 그 밖의 어떠한 종족의 누구이든 마르코보다 세계 방방곡곡의 불가사의한 일을 이토록 널리 답사하고 견문한 사람은 없었다. 마르코 자신도 직접 보고 체험한 수많은 놀랍고 신기한 이야기들을 기록해 두지 않는 것이 어쩐지 아까웠기에 이 책을 만든 것이다. 이 덕분에 마르코가 겪고 본 갖가지 경이로움을 직접 견문하지 않은 사람들까지도 그 지식을 터득할 수 있게 되었다.

마르코는 26년이라는 긴 세월을 이들 나라에서 보내며 이런 다양한 지식을 섭렵했다. 나중에 그는 포로가 되어 제노바 감옥에 갇히게 되었다. 그때 같은 포로 신세였던 피사 사람 루스티첼로에게 이런 이야기를 들려 주었는데, 그가 그 내용을 모두 기록에 남겼던 것이다. 그때가 1298년이었다. 물론 모든 것을 기록에 남겼다고 해도 남긴 기록은 그 견문의 일부분에 지나지 않는, 즉 그의 기억에 남아 있었던 것에만 한정되어 있다.

2 니콜로와 마페오, 콘스탄티노플을 떠나 세계탐험에 오르다

마르코의 아버지 니콜로 폴로와 니콜로의 형 마페오가 상품을 싣고 베네치아에서 멀리 떨어진 콘스탄티노플에 간 것은 볼드윈 황제(동로마 제국
콘스탄티노플 황제) 치세에 해당하는 1250년(1260),*² 즉 베네치아 공화국의 주둔 사법관*³으로 폰테가 재임 중이었던 때의 일이었다. 폴로 형제는 아주 현명하고 분별이 있었으며 덕망도 높았다. 그들은 여기에서 의논을 한 결과 한 발 더 뻗어서 '대해'(흑해)로 진출하면 반드시 큰 이익을 볼 것이라 내다보고, 많은 보석류를 배에 싣고 콘스탄티노플(이스탄불)을 떠나 솔다이아(크림 반도의
남단에 있는 도시)로 향했다.

3 니콜로와 마페오, 솔다이아를 떠나다

솔다이아에 머물던 두 형제는 전방에 더 가까이 가기로 결심했다. 이제부터 이들의 앞날은 어떻게 되는 것일까? 솔다이아를 뒤로 하고 말을 달린 두 형제는 도중에 특별히 언급할 만한 위험을 만나는 일도 없이, 당시 수도를 볼가라(Bolgala)와 사라이(Sarai) 두 곳에 두고 있었던 타타르 제왕의 한 사람, 바르카 칸(킵차크 한국의
제4대 베르케)의 궁정에 도착했다. 바르카 칸은 폴로 형제의 도착을 유달리 기뻐하며 특별한 대우로 이들을 환영했다. 두 형제는 갖고 간 보석을 모두 칸에게 헌상했다. 칸은 기꺼이 선물을 받고는 아주 마음에 들었던지 본디 가격의 두 배나 되는 물건을 형제에게 하사했다. 칸은 새로 손에 넣은 이 보석들을 여기저기 장식해 보았는데, 보석은 어디에나 잘 어울렸다.

바르카 칸의 영내에 형제가 머문 지 1년이 되었을 때, 뜻하지 않게 바르카 칸과 이웃해 살고 있는 타타르 인의 영주 훌라구 칸(일 한국)과의 사이에 전쟁이 일어났다. 두 왕은 전군을 전선에 내보낼 정도로 격전을 벌였고 마지막에 승리는 훌라구 칸 쪽으로 기울었지만, 양군 모두 막대한 피해를 입었다. 이 전쟁 때문에 공도(公道)를 여행하는 자는 모두 포로가 되는 괴로운 신세를 면치 못했다. 하지만 이러한 위험은 폴로 형제가 왔던 길에만 해당되었고, 오히려 동쪽으로 가는 길에는 특별한 제약이 없었다. 형제는 협의 끝에

베네치아의 산 마르코 선착장
마르코가 태어나기 전 1254년 무역상인 니콜로와 마페오 형제는 베네치아를 떠난다.

이렇게 결정했다.

"콘스탄티노플로 되돌아가도 상품을 팔 수는 없으니 차라리 길을 동방으로 돌려서 앞으로 더 나아가 보자. 그럼 혹시 길을 돌아서라도 귀국할 수 있을지 몰라."

이리하여 그들은 채비를 갖추고 볼가라를 출발하여, 서북 타타르 인의 영주 바르카 칸이 지배하는 땅의 동단에 위치하는 우카카(볼가 강 중류에 위치하는 도시) 거리로 향했다. 이어 다시 우카카를 뒤로 하고 티그리스 강(볼가 강의 잘못)을 건너 17일이나 걸리는 대사막을 횡단하게 되었다. 그 사이에는 도시는 물론 촌락도 없고, 그저 목축에 종사하는 타타르 인의 천막이 눈에 띌 뿐이었다.

4 폴로 형제, 사막을 가로질러 부카라에 다다르다

사막을 횡단한 형제는 아주 훌륭한 대도시 부카라*4에 도착했다. 이 부카라라는 이름은 바락 칸(차가타이 한국 제7대 영주)의 통치 아래 있는 이 일대 지방을 가리키는 국명이었다. 부카라 거리는 페르시아에서도 웅장하고 화려하기로 소문난 도

쿠빌라이 칸(재위 1260~1294)
칭기즈 칸의 손자로 몽골제국의 제5대
칸이며 원나라의 시조.

시이다. 하지만 형제가 이 거리에 도착해 보니 앞으로 여행을 계속하는 것도 위험하거니와, 그렇다고 되돌아갈 수도 없는 지경에 이르고 말았다. 할 수 없이 그들은 여기에서 3년간 머물 수밖에 없었다.

형제가 부카라에서 머무는 동안, 이웃에 살고 있는 타타르 인의 영주 훌라구가 사신*5을 파견했다. 사신은 동북동 멀리 저쪽 대지의 끝에 도읍하고 있는, 모든 타타르 인의 대칸 쿠빌라이에게 가기 위해 마침 이 거리에 왔다. 본디 이 지방에서 라틴 인을 본 적이 없었던 사신은 폴로 형제를 보자 몹시 놀라며 이렇게 말했다.

"두 분께서 만약 저를 믿어 주신다면, 틀림없이 막대한 이익과 영예를 얻을 수 있는데 어떠신지요?"

형제는 이 제의를 흔쾌히 받아들이며, 할 수 있다면 무엇이든 돕고 싶다는 뜻을 밝히자 그 사신은 다시 말을 이었다.

"실은 타타르의 대칸께서는 라틴 인을 알지 못하므로 꼭 한번 당신들을 만나보고 싶어하십니다. 그러니 만약 저를 따라오신다면 반드시 대칸은 기꺼이 귀하들을 만나실 것이며 귀한 손님의 예로 대우하실 것입니다. 또한 저와 함께 간다면 아무 어려움 없이 안전하게 갈 수 있을 것입니다."

5 폴로 형제, 대칸의 궁정으로 향하는 사신의 종용에 응하다

사신의 이 말을 들은 형제는 크게 기뻐하며 함께 가겠다고 말했다. 이리하여 형제는 사신과 함께 부카라를 출발하여 북쪽으로 그리고 동북쪽으로 진로를 바꾸어가며 여행하기를 1년,*6 마침내 황제가 있는 땅에 이르렀다.

이 여행길에서 그들은 그야말로 놀랍고 신기한 일이나 갖가지 신기한 사물과 접했는데, 그것에 대해서는 뒤에 니콜로의 아들 마르코도 마찬가지로 직접 보았으며 그 상세한 내용은 뒤에 서술할 것이므로 여기에서는 언급하지 않기로 한다.

폴로 형제, 대칸을 만나다
대칸은 이들 형제를 크게 환영하고 그들 나라에 대해 많은 질문을 하였다. 대칸은 이들 형제를 신임하여 로마 교황에게 사절로 파견한다.

6 폴로 형제, 대칸 궁정에 도착하다

폴로 형제가 궁정에 도착하자*⁷ 대칸은 특별히 접견을 허가하고 후한 대우를 하였다. 그는 형제가 궁전에 들어온 것을 매우 기뻐하며 갖가지 질문을 하였다.

우선 첫째로 '그리스도교 나라의 여러 황제에 대해서 그들이 어떻게 하여 정의로운 정치를 행하고 있는가라든지, 출진(出陣) 모양은 어떠하냐'라든지, 그 밖에 여러 황제의 품행 전반에 걸친 것이며, 이어 여러 국왕의 일에서부터 제후, 영주의 일에 관한 질문이었다.

7 대칸, 폴로 형제에게 그리스도 교도의 사정을 묻다

이러한 질문이 끝나자 대칸은 이어 로마 교황·교회 및 라틴 인의 풍습에 대해서 여러 가지로 질문했다. 니콜로와 마페오 두 사람은 이 모든 것에 대하여 순서대로 적절하면서도 능숙하게 그 진상을 말했다. 이 답변은 타타르 어와 터키 어에도 정통한 그들 형제와 같은 현자(賢者)가 아니었다면 도저히 할 수 없는 일이었다.

8 대칸은 폴로 형제를 사절로서 로마 교황에게 파견하다

세계의 모든 타타르 인에 군림하고 또 지구상에 광범위하게 펼쳐져 있는 나라, 왕국, 주(州)를 지배하는 대황제 쿠빌라이 칸은 폴로 형제가 명석하고도 솜씨 있게 설명한 내용에 따라 라틴 인의 세계를 잘 이해하게 되었다. 그는 매우 기쁜 나머지 폴로 형제를 사절로서 교황에게 파견하기로 하였다. 대칸은 신하 한 사람을 동반하여 이 사명을 다하도록 형제에게 요청했다. 형제는 칸의 뜻이라면 그들이 섬기는 영주의 명령과 같이 무엇이든지 수행하겠다고 대답했다. 대칸은 신하 코가탈*⁸을 어전에 불러, 폴로 형제를 수행하여 교황에게 사신으로 갔다 오라고 말했다. 코가탈이 이에 대답했다.

"폐하, 신은 폐하의 종이옵니다. 폐하가 명령하시는 바를 온 힘을 다해 수행할 따름입니다."

대칸은 곧 교황 앞으로 친히 몇 장의 편지를 터키 어로 써서*⁹ 코가탈과 폴로 형제에게 맡기고 자신을 대신하여 그 뜻을 교황에게 전할 것을 명했다. 그런데 여러분, 대칸의 이 친서 내용 및 특사 파견 목적은 도대체 무엇이라고 생각합니까? 대칸은 교황이 현자 100명을 보내 주길 바랐다. 현자란 그리스도의 교법에 밝고 칠예(七藝)*¹⁰에 정통한 사람으로, 우상 숭배자나 그리스도교 이외의 신자들과 논의를 주고받아 그들의 교의가 결코 신의 계시에 의한 것이 아니며, 그들이 집집마다 모시고 예배하는 우상은 모두 악마에 속하는 것이라고 명확히 논증할 만한 역량을 갖춘 사람을 뜻했다. 간단히 말하면 대칸은 그리스도 교도의 교법이 이들 우상 숭배자의 그것보다 훨씬 뛰어나다는 것을 이성에 비추어 명확히 말할 수 있는 인물을 보내달라고 교황에게 요청하려는 것이다. 대칸은 또 예루살렘의 성묘(聖墓)에 켜져 있는 램프에서 성유(聖油)를 조금 갖고 돌아오도록 명령하기도 했다. 폴로 형제를 사절로서 교황에게로 파견한 대칸의 목적은 실로 이와 같았다.

9 폴로 형제, 대칸에게서 권위의 황금 패자(牌子)를 받다

대칸은 폴로 형제 및 함께 갈 신하에게 교황 앞으로 보낼 칙서(勅書)의 내용에 대한 지시를 빠짐없이 끝내자, 그들에게 황금 패자*¹¹를 하사했다. 이 황금 패자만 있으면 가는 곳 어디서나 필요한 숙소와 말이 공급될 뿐만 아니라, 한 도시에서 다음 도시에 도달할 동안에 호위병까지 주어진다.

폴로 형제와 사신은 여행에 필요한 물품을 빠짐없이 마련하자 대칸에게 작별 인사를 하고서 드디어 말을 타고 여행길에 나섰다. 그런데 출발하고서 얼마 되지 않아, 함께 가던 타타르 인 사절이 병들어 더는 여행을 계속할 수 없게 되었다. 폴로 형제는 병든 타타르 인 사절을 어쩔 수 없이 뒤에 남겨 두고 여행을 계속하기로 했다. 폴로 형제는 곳곳에서 후한 대우를 받으며 여행한 끝에 라이아스(지중해 동단에 면한 소아르메니아의 항구)에 도착했다. 실로 3년에 걸친 힘든 여행이었다. 폭풍과 눈보라와 홍수 때문에 말을 타고 갈 수 없어 하는 수 없이 걸어야만 했던 일이 한두 번이 아니었다.

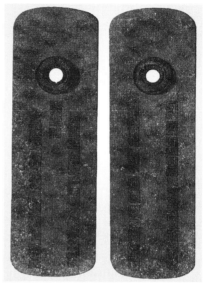

시베리아에서 발견된 패자

10 폴로 형제, 아크레 도착

라이아스를 떠나 아크레(이스라엘 북서부에 위치한 항구 도시)를 향한 폴로 형제는 1269년*12 4월 목적지에 다다랐다. 여기에 와서 비로소 교황이 이미 서거한 것을 알았다. 니콜로와 마페오는 교황(클레멘스)의 죽음을 알자, 당시 이집트 왕국 전역을 관장하던 로마 교황의 특사인 테오발도 비스콘티라는 권위 있는 성직자에게로 가서 타타르 인의 황제가 그들에게 준 사명의 취지를 보고했다. 교황 특사는 이들 형제의 보고를 듣고 대단히 놀랐으나, 한편으로는 그리스도 나라의 큰 명예이며 절호의 기회라 생각하고 형제에게 이렇게 대답했다.

"아시다시피 교황은 서거하시어 공석 중이니 새 교황이 선출될 때까지 기다려 주시오. 새 교황이 결정되는 대로 두 분의 사명도 달성될 것이오."

새 교황이 선출될 동안 형제들은 베네치아에 가서 가족들을 만나고 오기로 하였다. 그들은 아크레를 떠나 네그로폰트*13에 이르러 거기에서 배를 타고 베네치아에 귀국했다. 니콜로가 돌아와 보니 아내는 지난해 이미 세상을 떠난 뒤였고, 당시 15세가 된 아들 마르코만이 혼자 남겨져 있었다. 마르코가

교황 그레고리우스 10세
폴로 형제가 만났던 테오발도 특사가 새 교황으로 선출되었다 (1271. 9.).

이 견문록의 구술자 바로 그 사람이다. 폴로 형제는 약 2년간 베네치아에 머물며 그간 줄곧 새 교황의 선정을 기다리고 있었다.

11 폴로 형제, 마르코와 함께 베네치아를 떠나다

폴로 형제는 새 교황의 선정을 기다렸으나 좀처럼 결정이 나지 않았다. 대칸에게로 돌아가는 날을 더는 연기할 수 없다고 생각한 그들은 이번에는 소년 마르코도 데리고 베네치아를 출발하여 곧장 아크레로 향했다. 아크레에서 전에 만났던 로마 교황 특사를 만나 상세한 사정 이야기를 하고, 그리스도 무덤 앞 램프에서 성유를 조금 얻기 위하여 예루살렘으로 가는 허가를 요청했다. 대칸이 성유를 가져오기를 바란 것은 그리스도 교도인 대칸의 어머니[*14]가 성유를 원했기 때문이다. 교황 특사는 이의 없이 예루살렘 순례를 허가해 주었다. 형제는 아크레를 떠나 예루살렘에 가서 성유를 얻은 다음 다시 아크레에 와서 특사에게 작별을 고했다.

"우리는 지금까지 기다렸습니다만 아직 교황 선정이 되지 않았습니다. 이제 더는 기다릴 수 없으므로 이대로 대칸에게 돌아가려고 합니다."

이에 대하여 로마 교회에서도 권위 있는 성직에 있었던 테오발도 특사는 이렇게 말했다.

"그대들이 대칸에게로 돌아가기로 결정한 이상, 나로서도 구태여 반대하지는 않겠소."

특사는 대칸 앞으로, 니콜로와 마페오가 사명을 띠고 이곳에 왔지만 공교롭게도 교황이 선출되지 않았기 때문에 그들이 사명을 이루지 못하게 되었다는 경위를 쓴 몇 장의 편지를 증명용으로 작성해 주었다.

12 폴로 형제와 마르코, 아크레를 떠나다

교황 특사의 편지를 받아 든 폴로 형제와 마르코는 아크레를 출발하여 대

신임 교황을 만나다
교황도 폴로 형제에게 가장 영예로운 예절로 맞았으며, 대칸에게 보낼 친서와 함께 신변 변호를 위해 두 사제와 기사단까지 딸려 보냈다.

칸의 궁정을 향한 여행길에 나섰다. 그들은 순조롭게 라이아스까지 왔는데, 마침 그때 교황청 특사 테오발도가 새 교황으로 선출되어 그레고리우스의 이름을 이어받게 되었다는 소식을 듣고 형제는 크게 기뻐했다. 새 교황은 곧 폴로 형제에게 사자를 보내, 아직 라이아스에서 출발하지 않았다면 되돌아오라는 편지를 전달했다. 다행히도 형제는 그때까지 출발하지 않고 라이아스에 머물고 있었다. 그도 그럴 것이, 때마침 그리스도 교도이며 대칸의 조카뻘이 되는 왕 중 한 사람(네고다르)이 대칸을 배신하려다 실패하고 도망을 다니면서 약탈을 자행하고 있었는데, 마침 폴로 형제가 가려고 했던 길이 이 때문에 폐쇄되어 있었다. 형제는 새 교황에게서 온 사자를 만나자 크게 기뻐하여 곧 아크레로 되돌아갈 뜻을 밝혔다. 여기에 덧붙여 말해야 할 것은, 당시 아르메니아 왕(소아르메니아 왕 레온3세)이 무장한 갤리선을 친히 마련하여 정중한 예로써 형제를 새 교황에게로 갈 수 있게 한 일이다.

13 폴로 형제, 로마 교황에게로 가다

아크레에 도착한 폴로 형제는 곧 새 교황에게로 가서 정중히 경의를 표했다. 교황도 가장 영예로운 예절로 친히 축복을 내리는 한편 파격적 예우를 하였다. 이윽고 교황은 다시 대칸 앞으로 보내는 편지 몇 장을 작성했는데, 그 중의 하나에 다음과 같은 사항이 포함되어 있었다. 그것은 대칸에게 사촌뻘 되며 이웃해 살고 있는 타타르 인의 군주 아바카(훌라구 칸의 장남)에게 훈령을 내려, 아바카로 하여금 그리스도 교도에 호의와 원조를 내리게 하고, 그리스도 교도가 그 영역을 바닷길로 오갈 수 있도록 해달라는 부탁이었다. 교황은 또 대칸에게 줄 선물로 수정을 비롯한 화려하고 아름다운 예물을 준비했고, 또 현자로서의 명성이 더할 나위 없이 자자한 두 사제, 비첸차 인인 니콜로와 트리폴리 인인 기엘모를 택하여 폴로 형제와 함께 가게 하였다. 이 두 사제에게는 무슨 일이든 그들이 있는 곳에서라면 마음대로 직무를 수행할 수 있는 권능, 즉 사제·사교의 임명을 비롯하여 교황과 마찬가지로 파문·입문을 행할 수 있는 권한까지 수여되었다. 교황은 이들 두 사제에게 신임장과 몇 통의 편지를 주고 아울러 대칸에게 보낼 전언을 부탁했다.

폴로 형제, 두 명의 신부는 교황의 축복을 받은 다음 아들 마르코와 함께 출발했다. 그들은 곧장 라이아스로 직행했다. 라이아스에 도착해 보니 공교롭게도 바빌론의 술탄인 분도크다리(이집트 이슬람교국 맘루크 제4대 술탄)가 대군을 이끌고 아르메니아에 침입하여 여기저기에서 노략질을 자행하고 있었다. 폴로 형제와 사절들은 언제 살해될지 모를 위험에 처했다. 이 정세를 본 두 사제는 몹시 두려워하여 마침내 함께 가지 못하겠다고 말했다. 사제들은 가지고 있던 신임장·편지를 모두 폴로 형제에게 인계하고 교황청 기사단 대장과 함께 되돌아가고 말았다.

14 폴로 형제, 마르코를 데리고 대칸 도성인 케멘푸에 도착하다

니콜로와 마페오 두 사람은 마르코와 함께 말을 타고서, 여름을 넘기고 겨울을 보내는 긴 여행 끝에 마침내 대칸의 궁정에 도착했다. 때마침 대칸은 케멘푸(상도, 샨두)*15라 부르는 풍요로운 대도시에 머물면서 궁정을 개설하고 있었다. 폴로 형제가 이 여행 중에 견문한 일에 대해서는 이 책의 뒷부분, 즉 본문에서 순서를 따라 서술할 것이므로 여기에서는 생략한다. 그렇지만 이 여행이 이만저만 고생이 아니었다는 것, 그동안 강설·장마·폭풍·강물 범람으로 지체가 되는가 하면, 말을 타고 이동할 수 없는 혹서기와 혹한기 등으로 말미암아 실로 3년 반의 기간을 소비한*16 사실만은 여기에 기록해두어야 한다. 이에 대하여 대칸은 니콜로와 마페오가 돌아오고 있다는 말을 듣고 마중 나갈 사자를 40일이 넘는 거리까지 파견하였으니, 그들 형제가 얼마나 후한 대우를 받았는지는 미루어 짐작할 수 있을 것이다.

15 세 사람, 대칸을 알현하다

니콜로와 마페오 두 사람은 마르코를 데리고 대칸이 머무는 도성에 도착하여, 곧바로 왕궁으로 올라가 수많은 신하들에게 둘러싸인 가운데에서 대칸을 알현했다. 세 사람은 대칸 앞에 무릎 꿇고 공손히 경의를 표했다. 인사가 끝나자 대칸은 그들을 일으켜 노고를 치하한 다음 그동안 건강 상태, 기거 상황 등 여러 가지를 물어보았다. 이에 대해 두 형제는 '폐하의 건강하신 모습을 보기만 해도 고생을 잊고 몸과 마음이 모두 상쾌함을 느낀다'고 대답했다. 이어 그들은 교황이 대칸에게 보낸 신임장과 신서를 올렸다. 대칸은 매우 만족해하였다. 또 그들은 성유를 바쳤는데, 이 또한 대칸은 크게 기뻐했고 특히 소중하게 여겼다. 그런데 대칸은 젊은 마르코를 보자 누구냐고 물었다.

"폐하, 이 아이는 제 아들로, 폐하의 신복입니다."

니콜로가 대답하였다.

"먼 길 온 것을 기특하게 생각하노라."

이 뒷일에 대해서는 더 이상 말하지 않아도 예상이 될 것이다. 그렇지만 폴로 형제의 귀환을 맞이하여 대칸과 조정 사람들 모두가 환호하고 잔치를 연 것만은 전해 둬야겠다. 그 뒤 세 사람은 후한 예우와 풍족한 하사품을 받고 대칸 궁정에서 봉사하며 신하들 못지 않은 영예를 누렸다.

16 마르코, 대칸의 사절이 되어 출발하다

니콜로의 아들 마르코는 아주 영특해서 타타르 인의 습속·언어·문자를 순식간에 습득하였다. 대칸의 궁정에 와서 아직 얼마 지나지 않았는데도 벌써 네 가지 언어·문자를 알아듣고 자유자재로 쓸 수 있게 되었다.*17 그는 아주 현명한 데다가 조심성 있는 젊은이였고, 대칸은 이 선량함과 유능함을 알아보고 크게 총애했다. 한때 대칸이 마르코의 총명함을 시험했을 때의 일이다. 그는 마르코를 사신으로서 카라잔*18이라는 지방으로 파견한 일이 있었다. 이 여행에서 마르코는 6개월이 넘는 고생 끝에 참으로 훌륭하게 맡은 일을 해냈다. 본디 대칸은 세계 곳곳에 파견한 사신들이 돌아와서 저마다 임무보고를 할 때, 그들이 돌아본 여러 지방에 대한 보고도 덧붙여 하지 않으면 아주 언짢아하였다. 그런 직무보고 말고도 외국의 신기한 이야기, 풍습을 말하지 못하면 우직하고 무능하다고 평하기가 예사였다. 마르코는 이러한 사정을 잘 알고 있었으므로, 자신이 사절로 파견된 경우에는 어떤 신기한 이야기에도 관심을 기울여 들어 두었다가 귀환하면 그 상세한 내용을 대칸에게 들려주었다. 그러는 와중에 그는 진귀한 물건도 이것저것 많이 수집하여 대칸에게 바쳤고, 대칸은 늘 흡족해하였다.

17 마르코, 사절 임무를 마치고 돌아오다

맡은 일을 끝내고 돌아온 마르코는 조정에 나와서 실로 나무랄 데가 없는 훌륭한 솜씨로 업무보고를 했다. 이어서 그는 이번 여행 중에 목격한 여러 가지 신기한 일들을 남김없이 아뢰었는데, 그 말솜씨가 참으로 훌륭하고 흥미를

세 사람은 대칸 앞에 무릎 꿇고 최대한의 경의를 표했다. 대칸은 그들의 노고를 치하하고, 교황과 어떠한 이야기를 나누었는지 물어보았다.

자아냈으므로 대칸을 비롯해 신하들도 모두 감탄하여 칭찬이 끊이지 않았다.

"이 젊은이는 반드시 분별이 뛰어나고 재치가 넘쳐흐르는 큰인물이 되리라."

이리하여 마르코는 카라잔에서의 사절 임무 수행 뒤 아직 젊은 나이임에도 마르코 폴로 선생이라 불리게 된다. 따라서 이 책에서도 뒤에 가서는 그렇게 부르기로 한다. 그의 총명함, 예의바름에서 볼 때 이 경칭은 확실히 딱 알맞다.

그간의 사정에 대한 서술은 이 정도로 하고 마지막으로 이것만은 꼭 알아주었으면 한다. 마르코는 대칸 궁정에서 봉사한 17년의[*19] 세월 동안 끊임없이 사자가 되어 여러 곳으로 파견되었다. 그도 그럴 것이, 마르코는 여러 지방에서 항상 풍부하고 신기한 화제를 갖고 돌아올 뿐만 아니라 맡은 일을 늘 훌륭하게 해냈으므로, 대칸은 중대하고 더구나 먼 데까지 가야 할 일이라면 으레 마르코에게 맡겼기 때문이다. 마르코는 그때마다 훌륭하게 해냈고, 더구나 온갖 신기한 이야기를 갖고 돌아와 보고하는 요령을 알고 있었다. 대칸은 마르코의 이러한 방법을 아주 마음에 들어 했고, 특별히 총애하면서 늘 가까이 있게 하는 등 후대를 베풀었으므로 신하들마저 위협을 느낄 정도였다. 마르코가 알려지지 않은 나라들의 특수 상황을 잘 알고 있었던 이유는 그가 누구보다도 이들 지방을 많이 답사했고, 동시에 누구보다도 깊은 주의를 기울여 그 지식을 얻으려고 노력했기 때문이다.

18 세 사람, 대칸에게 귀국허가를 요청하다

니콜로·마페오·마르코 세 사람은 이와 같이 대칸을 섬기고 하루도 곁을 떠나지 않았다. 그러는 중 마침내 귀국 상담이 이루어졌다. 그들은 여러 번 대칸에게 귀국 허가를 받기 위해 간청까지 했지만, 대칸은 그들을 각별히 총애하여 한시도 곁에서 놓치고 싶지 않았으므로 좀처럼 허락하지 않았다.

그런데 마침 그 무렵 이웃해 살고 있는 타타르 영주 아르군(쿠빌라이 칸의 종손)의 왕비 볼가나가 세상을 떠났다. 그녀는 자신의 뒤를 이을 왕비는 반드시 자신의 일족 중에서 택해달라는 유언을 남겼다. 그래서 아르군 칸은 울라타이·아푸스카·코자 세 신하를 불러 많은 수행원과 함께 대칸에게 보내, 죽은 왕비 볼가나와 동족인 여인[20]을 후실로 내려달라고 청원하게 되었다. 세 신하[21]는 대칸 궁정에 도착해서 그들이 받은 사명에 대해 자세한 내용을 말했다. 대칸은 특별히 그들과 접견하고 극진히 환대했다. 그러던 어느 날 대칸은 죽은 볼가나 왕비의 일족이며 방년 17세인 절세미인 코카친 공주[22]를 불러들여 아르군 칸의 세 신하와 만나게 했고, 이 공주에 대한 세 신하의 의견을 물었다. 이에 대해서 세 신하는 만족한다는 뜻을 말했다. 이리하여 드디어 아르군 칸에게 새색시를 보내게 되었는데, 대칸은 특별한 배려로 대대적인 수행단을 붙여 세 신하를 따르게 했다. 필요한 모든 준비가 갖추어지자 세 신하는 대칸에게 작별인사를 하고, 왔을 때와 같은 귀국길에 올랐다. 이들이 8개월간 행진을 계속하는 동안 뜻하지 않게 타타르 제왕 사이에 전쟁이 발발하여 도로가 폐쇄되고 말았다. 앞으로 나아갈 수 없게 된 세 신하는 어쩔 수 없이 계획을 바꾸어 대칸에게로 되돌아가 자초지종을 설명했다.

마침 이때의[23] 일이다. 마르코는 여러 미지의 바다를 건너고 인도에서 돌아와[24] 각지의 신기한 일에 대해서 보고하였다. 아르군 칸의 세 신하는 니콜로·마페오·마르코 세 사람이 다 라틴 인이며 총명한 박식가임을 알자, 이들과 함께 해로로 귀국했으면 좋겠다고 생각했다. 그래서 조정에 나가 바닷길을 경유하여 본국으로 송환해 주기를 바란다는 것과, 이 세 라틴 인도 수행단에 끼워달라는 뜻을 간청했다. 이미 서술한 바와 같이 대칸은 폴로 형제와 마르코, 이 세 사람을 몹시 총애하고 있었으므로 쉽사리 이 청을 들어주지 않았으나, 마지못해 그들 세 라틴 인들을 세 신하들과 함께 코카친 공주를 따라가도록 했다.

19 세 사람, 대칸 곁을 떠나다

니콜로·마페오·마르코 세 사람이 드디어 출발하게 되자 대칸은 그들을 특별히 어전으로 불러 권위의 표지인 부패(符牌) 두 장을 수여했다. 이 부패에는 대칸의 영내라면 어디에나 여행할 수 있는 자유와, 본인 및 수행인에게 필요한 식량을 어디에서나 지급받을 수 있는 특권이 보장되어 있었다. 대칸은 또 교황·프랑스 왕·에스파냐 왕 이하 그리스도 나라의 여러 왕 앞으로의 사명도 함께 맡겼다.

대칸이 그들을 위하여 준비시킨 선박은 도합 열네 척, 모두 네 개의 돛대로 열두 장의 돛을 달 수 있는 것이었다. 또 이들 열네 척의 선박 가운데에는 선원 250여 명을 태울 수 있을 만한 큰 배가 적어도 4~5척은 섞여 있었다는 것을 덧붙여 기록해야만 한다.

배가 항해할 때 필요한 물품이 다 갖추어지자 아르군 칸의 신붓감과 세 신하는 니콜로·마페오·마르코와 함께 대칸에게 고별인사를 한 뒤, 많은 수행원을 이끌고 배에 올랐다. 대칸은 그들을 위해 2년 분의[*25] 식량을 공급했다. 대양 위를 항해한 지 약 3개월이 되었을 무렵 남해의 자바 섬에 안착했다. 이 섬에서 그들은 여러 신기한 것들을 보았는데 그 상세한 내용은 본문에서 이야기하기로 한다. 이어 자바 섬을 출범하여 인도양으로 나가(갖가지 불가사의한 일들을 체험하면서) 18개월에 걸쳐 횡단, 목적지에 도착했다.[*26] 그런데 목적지에 도착해 보니 만나야 할 주인공 아르군 칸은 이미 사망한 뒤였다.

출발할 때 배에 오른 인원은 선원을 제외하고도 확실히 6백여 명[*27]은 되었는데, 항해 도중에 많은 사람이 죽어 도착시에는 겨우 18명이 남았을 뿐이었다. 아르군 칸의 세 신하 중 코자만 살아남았고, 부녀자도 한 사람만 살아남았다.

　아르군 칸의 뒤를 이어 가이카투(아르군의 동생)가 왕위에 올라 있었으므로(일 한국의 제5대 칸) 코카친 공주는 그에게 인도되었고, 대칸에게서 위탁된 사명 또한 그에게 보고되었다. 가이카투 칸은 공주를 아르군 칸의 왕자 카산(일 한국의 제7대 칸)에게 주라는 명령을 내렸다.*28 당시 카산은 멀리 페르시아 국경에 해당되는 '아르브르솔'*29이라는 곳에 6만 병사와 함께 주둔하며 외적의 침입을 막고 있었으므로, 폴로 형제와 마르코는 다시 공주를 데리고 카산이 있는 곳까지 가야만 했다. 그 임무도 무사히 마친 세 사람은 자신들의 귀국길에 해당하는 가이카투 칸의 도움으로 되돌아와 9개월을 머물렀다. 이것으로 세 사람은 코카친 공주에 관한 모든 임무를 마치고 대칸에게서 부탁받은 전언도 이미 전했으므로, 마침내 가이카투 칸에게 작별을 고하고 귀국길에 올랐다. 이때에도 권위의 표지인 황금 패자 네 장을 가이카투 칸에게서 받았다. 그것은 제각기 무게가 3, 4파운드, 길이 1큐빗(약 46 센티미터), 너비는 5핑거(1핑거는 약 2센티미터)가 되며, 겉에는 '영원한 신의 조력을 받아 칸의 명칭은 존중되고 칭찬받을지어다. 명령에 배반하는 자는 죽음으로써 죄를 갚고, 일족은 멸할 것이다'라고 새겨져 있었다. 네 장의 황금 패자 중 두 장에는 큰 매, 한 장에는 사자가 그려져 있고, 다른 한 장에는 아무것도 그려져 있지 않았다. 새겨진 문구의 의미는, 칸의 모든 영역에서 니콜로 등 세 사신에게는 칸을 대하는 것과 동일한 존경과 봉사를 제공할 것과, 필요한 모든 말이나 식량·호위병도 함께 제공해야 한다고 명령하고 있는 것이다. 실제로 이 명령은 그대로 이행되어, 그들은 칸 영역 내 어디에서나 자유자재로 말이나 식량, 그 밖에 모든 필수품을 공급받았다. 되풀이해서 말하는 것 같지만 그들이 요구하는 대로 기병 2백여 기의 호위를 받은 일도 종종 있었고, 그 결과 한 마을에서 다른 마을까지의 여행을 전혀 어려움 없이 할 수 있었다. 이 호위병들은 당시의 여행에 있어 절대로 필요했다. 왜냐하면 본디 가이카투 칸의 즉위는 정당한 왕위 계승에 따른 것이 아니었기 때문에, 국내 치안은 정통적인 국왕 통치 시대와 같이 안정되어 있지는 않아 주민들이 남에게 위해를 가하는 일이 흔하였다.

　끝으로 니콜로·마페오·마르코 세 사신의 명예를 위해 꼭 써야 할 일이 있다. 그것은 대칸이 세 사람을 절대적으로 신뢰하고 총애하여, 그들에게 코카친 공주와 만지 왕의 왕녀를*30 근동 타타르 영주 아르군에게로 데려가는 중

왕족 호송 임무를 맡다
세 사람은 아르군 왕국으로 모셔갈 새 신부의 호송 임무를 대칸으로부터 받고 열네 척의 배로 항해한다.

대 사명을 맡긴 일이다. 그리고 그들은 이 기대를 배반하지 않고 훌륭하게 임무를 완수했던 것이다. 이미 서술한 바와 같이 그들은 많은 수의 수행원과 식량을 싣고 항해하였다. 그동안 이들 신분 높은 두 공주는 주로 세 사람의 책임 아래에 있었다. 세 사람은 마치 어머니가 딸을 보살피듯 끊임없이 두 공주의 안전에 마음을 쓰고, 또 한편 꽃같이 젊은 미모의 소유자인 두 공주 역시 그들 세 사람을 마치 아버지처럼 의지하며 모든 일에 순종했다. 이리하여 세 사람은 무사히 두 왕녀를 타타르 영주에게 인도할 수 있었다. 카산은 그 뒤 왕위에 올라 실제로 통치하였는데, 이 카산의 왕비가 된 코카친 공주는(그 남편인 카산 칸도 그녀에 뒤지지 않게) 특히 니콜로 등 세 사람을 절실히 애모하여 아버지를 섬기듯 보살폈다. 따라서 세 사람이 작별인사를 하고 고국을 향하여 출발할 때에는 그녀도 비탄의 눈물을 흘렸다고 한다.

이렇게도 멀리 두 공주를 보내는 임무를 니콜로 등 세 사신을 친히 골라 위탁했다는 것은 더없이 명예로운 일이다. 니콜로 등 세 사람은 가이카투 칸 어전을 물러나서 나그네길에 오른다.

그들은 여행 중 쿠빌라이 칸의 붕어 소식을 듣는다. 다시 돌아갈 명분이 없어졌다고 여긴 그들은 홀가분하게 고향으로 향하게 되었다. 그들은 예정된 여행을 계속한 끝에 겨우 트레비존드에 도착했다. 그곳에서 콘스탄티노플(이스탄불)로 건너가 다시 네그로폰트를 거쳐 베네치아에 도착하였다. 그때가 바로 1295년의 일이었다.

서장(序章)은 이것으로 모두 끝났다. 이제 니콜로·마페오·마르코 세 사람이 여러 나라에서 겪은 불가사의한 일들을 글로 옮기기로 한다.

〈주〉

*1 Milione(밀리오네), 즉 '백만'이란 별명의 유래는, 그가 동방 제국에서 입수하여 고향으로 갖고 돌아간 수많은 보화로 거만의 부를 이루었으니 '백만장자의 마르코'라는 뜻이라고도 하고, 또 하나는 그의 이야기가 아무래도 너무 과장이 심해서, '무슨 일이든 곧잘 백만이라는 표현을 쓰는 허풍쟁이 마르코'라는 뜻이라고도 해석된다.

*2 이 연도는 베네치아 방언판을 축약한 라틴 어판에만 1252년으로 되어 있고, 그 이외에는 주요 문서 모두 1250년으로 하고 있다. 유울은 라무시오판에 의하여, 마르코가 탄생한 1254년에 그의 아버지는 이미 베네치아를 출발한 직후였다는 사실을 포착하고, 한편 다음 절 이하의 서술에서 폴로 형제의 볼가 강 유역 도착이 1261년이라 추정되는 점을 참작하여 이 연도를 1260년의 잘못이라고 교정했다. 옳은 견해라고 생각한다.

*3 중세 이탈리아 도시국가의 사법관이다. 베네치아 공화국은 11세기 이래 강력한 해군을 만들어 아드리아 해에서 동지중해 일대를 제패한 결과, 키프로스 섬을 점유하여 시리아 연안에 거류지를 확보할 만큼 유력해졌다. 어느새 커진 이 세력은 동방의 동로마 제국에도 반영되어, 1082년에는 경제적 특권의 하나로서 수도 콘스탄티노플 시내에 독자적인 거주구를 설치할 허가가 주어졌다. 이 거주구에는 그 지역을 주재하는 포데스타가 임명되고 참사회·교회·창고를 갖추어 완전한 작은 독립국 같은 모양을 나타냈다.

*4 부카라는 고대 사마르칸드와 함께 소그디아나를 대표하는 도시 보카라(Bokhara)이다. 칭기즈 칸의 서역 정벌 당시 크와리즘 왕국의 주요 도시로, 칭기즈 칸의 공격을 받고 1220년 4월에 공략되었다. 《원사(元史)》 122권에서 불화자(不花剌)라고 표기된 이 번영 도시에는 총독(다루가치)이 배치되어 칸의 직할령을 구성하게 된다.

*5 이 사신은 뒷날 원조(元朝)에 벼슬에 올라 쿠빌라이(세조)의 재상이 되어 남송(南宋) 평정의 원훈(元勳)이 된 백안(Bayan) 바로 그 사람인 듯싶다.

*6 부카라에서 쿠빌라이 칸의 궁전까지 내몽골 도론노르의 상도 개평부(上都 開平府)로 가든, 허에비 성 연경(燕京)의 대도 대흥부(大都 大興府)로 가든 그 길은 4개월 정도면 충분하다. 그럼에도 1년이 걸렸다는 것은 이해하기 힘들다. 당시 아직 카이두는 공

공연히 정부에 반기를 들지는 않았으므로, 아마 차가타이 한국 내에서의 칸 재위 쟁탈에 따른 어지러운 치안 상태 때문에 여러 곳에서 머물게 된 것 같다.

*7 니콜로 폴로 형제가 쿠빌라이 칸 궁전에 도착한 시점을 생각하면 대략 1264년 아니면 그 이듬해 전반으로 추정된다. 그렇다고 한다면 1260년 배를 타고 콘스탄티노플을 떠나 크리미아로 가서 다시 볼가 강 유역의 사라이·볼가라를 거쳐 부카라에 이른 그들은, 부카라에 3년 동안 머문 뒤, 일 한국 사신이 되어 1년에 걸친 여정 끝에 임무를 수행하고 대칸 궁정에 도착한 것이다. 또 폴로 형제의 여정뿐만 아니라 마르코 폴로 자신에게 있어서도 연차 계산은 만으로 따지면 안 되고, 햇수로 따져야 문맥이 통한다는 것을 특히 여기에 덧붙여 둔다.

*8 신하 Cogatal에 대해서는 알려진 바 없다. 황합단 씨(晃合丹氏 Khonghatan)에 속하는 자일까.

*9 현존하는 몽골 칸의 국서(國書)로서는 프라노 카르피니가 가져온 제3대 구유크 칸(정종)으로부터 교황 이노센트 4세 앞으로 보낸 서한이 있다. 1920년 바티칸의 기록 보관소에서 발견된 이 국서의 간단한 머리말은 터키 어로, 본문은 페르시아 어로 쓰고, 여섯 번째 줄부터는 위구르 문자로 쓴 몽골 어로 된 칸 옥새를 두 군데에 찍은 것이다. 물론 이것은 몽골 어의 원본을 번역한 부분인데, 칸의 옥새가 찍혀 있는 것으로 보아 몽골 조정에서 번역한 것으로 여겨진다. 날짜는 헤지라 달력 644년 6월 말일(1246년 11월 3일)로 되어 있으므로 구유크 칸 원년에 해당한다. 당시 페르시아 어와 터키 어가 중앙아시아 일대의 국제어였다는 것을 생각하면 폴로 형제에게 맡겨진 쿠빌라이 칸의 국서가 터키 어로 쓰여 있었던—아마 부본이겠지만—이유가 이해될 것이다.

*10 중세인이 말하는 칠예(七藝)란, 수사학·논리학·문법학·수학·기하학·천문학·음악을 뜻한다.

*11 패부(牌符)는 중국 역대의 제도로 공적 임무를 가진 사신이 역참(驛站)을 이용할 때 그 신분을 증명하고, 그에 따라 여러 특권적 편의를 제공받는다. 몽골제국에서 원조에 걸쳐 참(站)이라는 역참을 영역 내에 골고루 부설하여, 중국의 패부와 비슷한 제도로 정비했다. 패자(pai-tzu)라는 것은 그 속어체(俗語體)이다. 일 한국 치하의 이란에서는 이것이 paizah로 전해진다.

　　몽골제국의 패부는 신분의 고하, 사명의 완급에 따라 다양한 종류로 구별된다. 장패(長牌)에는 금호부(호두 금패·호투 금패·사두 금패)·금패·은패의 차가 있고, 원패(圓牌)에는 해청패(海靑牌, 금패·은패·철패)·원패의 구별이 있다. 니콜로에게 수여된 황금 패자는 어느 것에 상당하는지 판정하기 힘들지만, 서장 19의 본문에 보이는 일 한국 가이카투 칸이 마르코에게 준 금패는 분명히 해청 금패·사두 금패·금패의 3종 4장이다.

현존하는 실물로서는 금패의 경우 유감스럽게도 아직 한 장도 발견되지 않고 있지만, 다행히 1845년 드네프르 강 유역에서 출토된 해청 은패와 1846년 시베리아의 민스크에서 발견된 은패가 상트페테르부르크의 아시아 박물관에 소장되어 있고, 일본 교토 대학 동양사 연구실에도 해청 철패가 보관되어 있다.

해청 철패에는 표면에 '천사성길사황제성지질(天賜成吉思皇帝聖旨疾)'이라 새겨져 있고, 뒷면에 거란 문자로 '천(天)의 사여(思輿)' tekri jayagahu를 나타내는 두 글자가 새겨져 있다. 해청 은패에는 양면에 각 두 줄씩의 위구르 자 각문(刻文)이 있는데 '영원한 하늘의 힘과 위대한 복신(福神)의 지도에 의하여 위임한 황제의 뜻(聖旨)을 따르지 않는 자는 죽음을 면치 못하리'의 뜻을 나타내고 있다. 은패에는 양면에 파스파 글자의 각문이 있는데, 슈미트는 이것을 다음과 같이 해독했다. '영원한 하늘의 힘에 의하여 칸의 이름이 신성하기를. 그를 존경하지 않는 자는 참수에 처할지어다.' 마르코 폴로가 황금패의 취지라 말하고 본문에서 술회한 바는 이들 각문에 나타난 내용과 거의 일치하고 있다.

* 12 주요 문서들에는 1260년으로 되어 있는데, 그레고월판에만 1269년으로 되어 있다. 앞의 사실을 바탕으로 나중 사건을 판단해야 한다고 포오티에, 펠리오가 이미 지적했다. 리치 영역본의 원전에 해당하는 베네딕트의 이탈리아 역본은 본디 파리국립도서관판을 역본으로 하므로 그것에 의하여 리치 영역본도 1260년으로 했을 터이지만, 이 점에 대해서는 데니슨 로스의 머리말에 개정의 말이 있어 본문에는 1269년으로 고쳐져 있다.

* 13 Negropont는 베네치아와 콘스탄티노플 및 트레비존드 간의 항구인데 정확한 위치는 알 수 없다.

* 14 쿠빌라이 칸의 생모인 장성태후(莊聖太后) 소르카그타니가 그리스도 교도였다는 확증은 없다. 그러나 그녀는 케레이트 도 출신이고, 케레이트 도에는 일찍이 네스토리우스파의 그리스도교(景教)가 전파되어 있던 관계로 이러한 주장이 이루어진 것이다. 케레이트 도장 토구룰 칸을 프레스터 존이라고 하는 와전이 생긴 것도 같은 원인에 의한다.

* 15 파리국립도서관판의 Chemeinfu는 그레고월판에 Clemeinfu, 라무시오판에 Clemenfu로 되어 있다. 원조의 상도(上都) 개평부(開平府)가 와전된 것이므로 파리국립도서관판의 것을 채택해야 할 것이다.

* 16 쿠빌라이 칸에게는 '여름 도읍'과 '겨울 도읍' 두 도읍이 있었다. 매년마다 음력 3월~9월 상반기는 상도에, 9월~2월의 하반기는 대도에서 지낸다. 폴로 형제가 이 상도에서 대칸에게 임무보고 하는 것을 보니, 마르코 폴로가 중국에 첫 발걸음을 디딘 것은 틀림없이 상반기이다.

* 17 마르코 폴로가 배워 익힌, 더구나 그것이 원조 치하에 통용해 있었다는 네 종류의 언

어·문자란, 유울에 따르면 몽골 어·페르시아 어·터키 어·그리스 어이며, 위구르 문자·페르시아 문자·아라비아 문자·그리스 문자이다. 그리스 문자는 또 사체비(思替非) 문자(Isramboli)로서 원조 문헌에도 보이는 바이다. 중국어와 한자가 포함되어 있지 않은 것은 주목할 가치가 있다. 17년간에 걸쳐 중국에 머물면서 사실 그는 중국의 언어·문자에 능하지 않았던 모양이다. 원조 치하의 중국에는 전체 사회 속에 서역인 사회라는 소사회가 독립해서 존재해 있었던 것을 알 수 있다.

＊18 카라잔이란 몽골 어로 '검은 잔'의 뜻이다. 윈난성 주민에게 백만·오만이 있다. 백찬·흑찬이라고도 하고, 서찬·동찬이라고도 부르는데 카라잔이란 이 흑찬의 직역이다. 이 책 제4장에 수록된 윈난 기행이 바로 이 카라잔 사절행(使節行)의 기록인 것이다.

＊19 1274년 전반기에 원조 궁정에 이른 마르코 폴로는 이후 17년에 걸쳐 대칸을 섬겼다고 쓰고 있다. 이 17년을 만으로 계산하면 그가 취안저우를 출범하여 귀국길에 오른 것은 1291년이 될 것이지만, 뒤에 가서 서술하듯이 사실은 그렇지 않으며 1290년 말인 것이다. 이 여행기 속의 연차가 만(滿)으로 따진 것이 아니며 햇수로 따져야 함을 보여 주고 있다.

＊20 아르군 칸의 후궁 8명 가운데 한 사람인 불루간(Bulughan)은 바야우트(Bayaut) 출신으로 1286년 사망했다.

＊21 아르군 칸이 파견한 Oulatai, Apusca, Coja 세 신하에 대한 소식은 다행히도 원조의 공문서에 보이고 있다. 《영락대전(永樂大典)》 19418권에 수록되어 있는 《경세대전(經世大典)》의 일문이 그것이다. 1287년 4월 궁에 들어 알현하고, 1290년 말 취안저우를 출범하여 귀국길에 올랐다.

＊22 《경세대전》의 이 기록에는 코카친 공주에 대해 서술한 대목이 없고, 신하 남송의 궁녀 3명을 하사하는 취지가 기록되어 있을 뿐이다.

＊23 일 한국의 세 사절이 상도 또는 대도를 떠나 육로로 귀국길에 오른 것은 아마 1288년 후반일 것이다. 출발한 지 8개월 만에 병란 때문에 갈 길이 막힌 것은 1289년 전반기, 되돌아와 대도·상도로 돌아온 것은 같은 해 말이다.

당시 1288년에서 1289년에 걸쳐서는 카이두(海都) 전쟁이 그야말로 절정에 달해 있었다. 1288년 10월에 시작된 카이두군의 몽골 침략은 이듬해까지 계속되어 전선은 몽골 본국 내에서 교착되었다. 원조는 흥망의 기로에 서게 되었다. 마땅히 이 전쟁의 상황은 간쑤·신장 지방에도 파급되었다. 1288년 12월에는 카이두 칸에 호응하는 몽골 제왕의 반란이 간쑤 서변에 돌발하고, 이듬해 9월이 되자 코탄 선위사 원수부(宣慰使 元帥府)가 마침내 유지하지 못하게 되었다. 동서 교통의 간선로는 이로써 결정적으로 폐쇄된 것이다. 아르군 칸의 사신은 귀로 8개월을 거친 여정에서 앞길을 차단당했다고 한다. 대도·상도에서 코탄까지는 보통 4~5개월 길인데, 전란의 여파를 피하면서의 여정이라는 것을 고려하면 이 기간이 과장된 것은 아니다.

＊24 마르코 폴로가 사절로서 인도에 갔다가 조정으로 돌아온 것은 1289년 말이나 1290년 초이다. 아마 1279년 이래 원조와 빈번한 입조(入朝) 관계에 있었던 마바르국쯤에 갔으리라 여겨진다. 제6장 177에 따르면 마르코는 1288년 무렵 참파국에 있었다고 한다. 사절로서 인도를 오가던 도중에서였으리라. 그렇다면 이 임무는 아마 1287년 말의 계절풍을 타고 중국 해항(海港)을 출범한 것으로 상상된다.

＊25 1290년 말의 차이툰 항(취안저우)에서의 출범이다. '2년 분의 식량'이라는 대목에서 파리국립도서관판만 '10년'으로 되어 있다.

＊26 일 한국(지금의 이란 서북부)의 수도 타브리즈 도착은 대강 1293년 3〜4월이다.

＊27 《경세대전》에 의하면 일행의 수행자는 도합 160명에 불과하다. 6백 명이란 내용은 상세하다 할 수 없다.

＊28 몽골 관습법으로는 친어머니를 제외하고 아버지의 처첩은 사자(嗣子, 상속자)가 아내로 얻을 수 있다. 동생이 형수에 대해서도 마찬가지여서, 통틀어 이것을 '수계(收繼)'라 했다. 《원전장(元典章)》18권에 그 상세한 것이 보인다. 이 카산 칸의 경우는 아버지 아르군 칸의 후궁으로 약정되어 있었던 코카친 공주를 아내로 맞아들인 셈이며, 소위 '정혼 수계(定婚 收繼)'의 항에 해당한다.

＊29 Arbre Sol의 땅이란 이란의 동북부 호라산 지방의 일부를 뜻한다. 성지에는 기적을 나타내는 개벽 이후 거대한 장수목(長壽木)이 있다는 중세 그리스도 교도의 전설과, 대왕이 동방 원정 중 사람의 말을 하는 '태양수(太陽樹)' '태음수(太陰樹)'를 만났다는 알렉산더 이야기의 설화가 서로 얽히고, 다시 거기에 이 지방에 무생하는 플라타너스의 큰 나무와 관련지어 생긴 지명이다.

＊30 Manzi란 만자(蠻子)의 대음(對音)이다. 원조 시대에 양쯔 강 이남의 토지·주민을 가리키는 속칭으로 낭가알(Nankias)과 함께 사용되었다. 문언체로는 강남·신부인(新附人)이란 것에 해당한다. 또 양쯔 강 이북의 토지·주민에 대해서는 속칭으로 카타이, 문언으로 한지(漢地)·한인(漢人)으로 되어 있어 만자와 대조된다. 따라서 본문에 '만지 나라의 왕녀'라 있는 것은 엄밀히 말해서 남송 종실의 여성을 뜻한다.

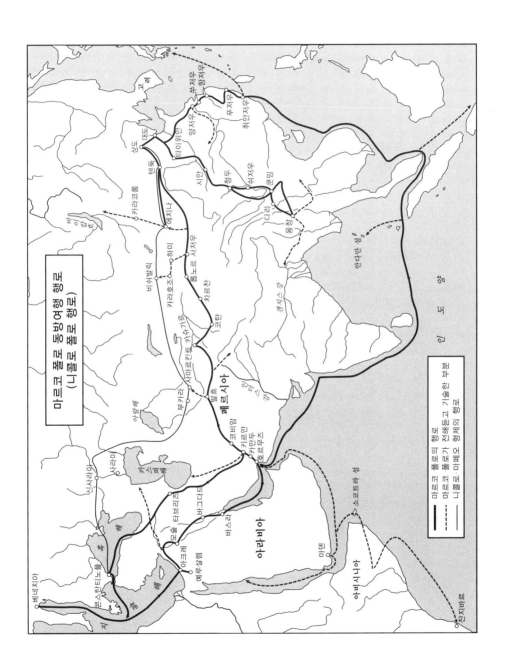

마르코 폴로 동방여행 행로
(니콜로 폴로 행로)

베네치아
콘스탄티노플
지중해
흑해
에루살렘
아크레
모술
바그다드
바스라
아덴
아비시니아
잔지바르
소코트라 섬
아라비아
페르시아
카스피해
시라즈
신사라이
아블레
부카라
사마르칸트
카슈가르
야르칸드
코탄
체르첸
롭노르
카라호토
하미
비슈발릭
에지나
텐둑
상도
메두
캄피초우
쑤저우
황저우
양저우
타이위안
시안
청두
쿤밍
다리
청양
겐지스 강
인다만 섬
인도양
홍해
카라코룸
고려

마르코 폴로의 행로
마르코 폴로가 전해듣고 기술한 부분
니콜로·마페오 형제의 행로

제1장 서아시아에서 중앙아시아를 횡단

20 소아르메니아

아르메니아는 대아르메니아와 소아르메니아 둘이 있다. 소아르메니아 왕은 타타르 인에게 복종했으나*¹ 어진 정치를 펴고 있다. 이 나라에는 도시나 거리가 많고 무엇이든 물자가 풍부하다. 새나 짐승이 다 잘 번식하므로 어떤 종류의 사냥이라도 즐길 수 있다. 그러나 건강하게 살기에는 그다지 적합한 고장이 아니다. 아니, 오히려 아주 부적합하다고 말하는 편이 나을 것이다. 전에 이 나라 귀족들은 용감하여 무용을 자랑했으나 지금은 나약하고 비열한 데다가 술고래로 타락하고 말았다.

바다에 면한 도시 라이아스가 있어 무역의 일대 중심을 이루고 있다. 여러 종류의 향료나 비단·금실 직물, 그 밖에 오지에서 나는 각종 귀중한 물자가 모두 여기로 운반되어 온다. 한편 베네치아나 제노바를 비롯한 각지 각국의 상인들은 그러한 물자들을 사들여서 온 세계에 판매하고 있다. 게다가 상인이든 아니든 모름지기 내륙에 나가려는 사람은 모두 이 거리를 기점으로 하여 출발했다.

이 소아르메니아 왕국을 둘러싸고 남방에는 '약속의 땅(여호와가 아브라함에게 약속한 가나안 땅)'이 지금은 이슬람 교도의 수중에 떨어진 채 이어져 있다. 북방에서는 투르코마니아의 일부를 이루는 카라마니아^(키프로스 섬에 대면하는 지방) 땅과 접하고, 동방 및 동북방에서는 카에사리아·세바스타 등 그 밖의 수많은 도시들이 투르코마니아에 이어져 있다. 이것들은 모두 다 타타르 인에게 예속되어 있다. 단지 서쪽 한쪽만 바다로 되어 있어, 이 바다를 건너면 그리스도 교도들의 나라로 갈 수 있다. 이것으로 소아르메니아에 대한 설명을 마치고, 다음은 투르코마니아의 이야기로 넘어가겠다.

21 투르코마니아 지방에 대해서

투르코마니아 (셀주크 터키족이
소아시아에 건설한 룸 왕국)의 주민은 세 부류가 있다. 첫 번째 부류는 마호메트를 믿고 그 교법에 따르는 투르코만 인으로, 귀에 익숙지 않은 언어를 사용하는 어리석은 민족이다. 그들의 생업은 목축이므로 산간이든 평지든 아무튼 호적한 목축지가 있는 곳이라면 어디든 거주한다. 투르코만 종이라 일컫는 좋은 말과 값지고 훌륭한 노새를 산출한다. 투르코만 인 이외의 두 부류는 아르메니아 인과, 이들과 섞여 사는 도시·촌락의 그리스 인으로 둘 다 상업이나 수공업에 종사한다. 세계적으로 유명한 아름다운 융단이나, 심홍색을 비롯한 갖가지 색채의 고급 비단, 그리고 기타 여러 가지 산물이 있다. 코니아·카에사리아·세바스타*²가 이 나라에서 가장 주요한 도시이다. 이 밖에도 도시·촌락의 수는 많으나 일일이 그것들을 언급하다가는 끝이 없으므로 생략한다. 앞의 세 부류 모두 이웃해 사는 타타르 인에 예속되어, 타타르 인이 뽑은 영주의 통치를 받고 있다.

투르코마니아에 대해서는 이쯤 하고 다음에는 대아르메니아의 이야기로 옮긴다.

22 대아르메니아

대아르메니아는 광대한 나라이다. 그 나라 들머리에 있는 도시 아르친간은 세계 어떤 것과도 견줄 수 없을 만큼 뛰어난 삼베를 만들어 내며 각종 공예가 발달했다. 이 나라에는 다른 데에서는 볼 수 없는 양질의 온천이 있다. 주민은 아르메니아 인으로, 타타르 인에 예속되어 있다. 여러 도시 가운데에서 가장 훌륭한 곳이 아르친간이며 대사교의 소재지이다. 그 다음으로는 아르지론 (에르주룸)이라 하여 은 산출이 많은 도시가 있고, 또 아르지지의 거리가 그에 버금간다. 주요한 은광산의 하나는 트레비존드와 타우리스를 맺는 공도에 따른 파이푸르트 촌에 있다.*³

아무튼 대아르메니아는 광대한 나라이다. 또 이 나라에는 여름에 목축을 하기에 알맞은 목축지가 있으므로, 여름이 되면 이웃해 사는 타타르 인의 군대가 모두 이 나라에 주둔한다. 그러나 여름이면 이와 같이 이동해 오는 타타르 군대도, 겨울에는 큰 눈이 내리기 때문에 추위가 심해 가축 사료가 모두 없어지므로 남김없이 철수하여 아무도 주둔하지 않는다. 그들은 이 나라를 떠나 목초가 풍부한 목축지를 찾아 더 따뜻한 고장으로 이동한다. 이 나라 중앙부에는 컵 모양의 고산*4이 있는데, 산 정상에 방주가 안착했다는 전설이 있어 '노아의 방주 산'이라 불린다. 이 산은 산 모양이 멋지고 광대하여 주위를 도는 데 이틀이 넘게 걸리며, 두터운 만년설(萬年雪)에 뒤덮여 있기 때문에 아직 정상을 정복한 자는 아무도 없다. 산록의 완만한 경사면에는 영양이 풍부한 눈 녹은 물이 흘러내리므로 식물의 성장이 왕성하여, 여름이 되면 이웃 각지에서 이 목초를 찾아 많은 사람이 가축을 이끌고 온다.

대아르메니아는 그 남쪽에서 동으로 향하여 모술 왕국과 접하고 있다. 이 왕국의 주민은 네스토리우스파·야곱파의 그리스도 교도이다. 여기에 대해서는 뒤에 설명하기로 한다. 모술 왕국 남쪽에는 무스나 마레딘같은 많은 토지가 있다. 이 지역에 대해서는 일일이 말할 수 없다. 다만 무스와 마레딘에 관해서만 뒤에 언급하기로 하고, 대아르메니아의 북방에 접경하는 조르지아에 대해서 이야기하기로 한다. 조르지아와의 국경 지대에는 유전(^{가스피 해에 돌출한})이 있어 한번에 100척의 배에 실을 수 있을 만한 풍부한 용출량을 갖고 있다. 이 기름은 먹을 수는 없지만 연료로서 요긴하고, 낙타에게 바르면 비듬이나 옴 예방에 효능이 있으므로 아주 먼 데에서도 이 기름을 가지러 온다. 이 지방 일대에서는 이것만을 연료로 쓰며 다른 기름은 쓰지 않는다.

대아르메니아에 대한 이야기는 이정도로 하고 다음에는 조르지아의 이야기로 옮기기로 한다.

23 조르지아 인과 국왕, 그들의 사정

조르지아(그루지야)의 국왕은 '다비드 멜릭'*5이라 불리는데, 이 칭호는 '다비드 왕'이라는 뜻이다. 현재의 왕은 타타르 인에 예속되어 있다. 옛날 이 나라 왕은 모두 태어나면서부터 오른쪽 어깨에 독수리 표시가 있다고 한다. 조르지아 인은 용모가 단정하고 성질이 용맹하며 활 쏘는 기술에 능하다. 그리스 교회의 성식(聖式)을 따르는 그리스도 교도이며 그 풍습으로서 머리를 목사처럼 깎고 있다. 알렉산더 대왕이 포넨트*6로 진군하려 했는데 좁고 험준한 길이 방해가 되어 넘을 수 없었다는 곳이 바로 이 지방에 해당된다.

한쪽은 바다가 가까이 있고 다른 쪽은 광대한 산맥·삼림을 안고 있어 기병으로는 좀처럼 넘을 수 없는 곳이기 때문이다. 산과 바다를 낀 도로는 아주 좁은 데다가 4리그($^{1리그는}_{6킬로미터}$) 이상이나 계속되니, 겨우 몇 사람이 좁고 험한 길에서 지키기만 하면 그야말로 온 세계의 군사가 몰려와도 상대할 수 있는 장소인 것이다.

알렉산더 대왕으로서도 끝내 넘을 수 없었던 이유는 바로 여기에 있었다. 그래서 알렉산더는 이 땅 주민이 이 좁고 험한 길을 넘어 자기들을 추격하지 못하도록 하기 위해 여기에 탑을 세우고 성채를 쌓았다. 그것은 '철문'*7이라 불리고 있으며, 《알렉산더 이야기》에 그가 타타르 인을 두 산 사이에 가두어 두었다는 곳이다(물론 이 이야기에서는 타

아라라트 산
아르메니아 고원에 솟은 5165m의 화산. 구약성서에 나오는 노아의 방주가 이 산꼭대기에 닿았다는 전설이 있다.

타르 인이라고 되어 있지만, 당시 타타르 인은 아직 없었으므로 그들은 코만 인인 볼가 강 유역의 킵차크·페체네그족이거나 그 밖의 민족이다).

조르지아에는 도시가 많고 생사의 산출량이 많다. 백성은 이것을 짜서 다른 데에서는 볼 수 없는 훌륭한 비단이나 금실 직물을 제조한다. 사냥용으로 우수한 매가 잡히며 이것을 '아비지'라 부르고 있다. 하여간 이 나라에는 무엇이든 풍부하고, 주민은 이 풍부한 물자를 바탕으로 하여 상업 또는 수공업에 종사한다. 국토 곳곳에 큰 산이나 험준한 벼랑길이 분포되어 있기 때문에, 용맹을 떨친 타타르 인도 그 영토를 완전히 장악하지는 못했다. 삼림은 모두 회양목이다.

이 나라에는 성 레오나르도 수도원이 있다. 이제부터 이야기하려는 불가사의한 일은 거기에서 일어난 일이다. 이 수도원 근처에 산지에서 흘러나온 물로 채워진 호수가 있다. 이상하게도 이 호수의 고기들은 사순절 첫날이 오기까지는 크든 작든 한 마리도 그 모습을 보이지 않는다. 그러다가 사순절이

되면 어디서부터인지 고기들이 모이기 시작하여, 이후 부활절 토요일, 즉 부활절 저녁까지는 고기가 넘칠 듯 많다가 다시 전혀 그 자취를 볼 수 없다고 한다.

이 나라는 두 바다에 접해 있다. 한쪽에는 '대해'가 있고 다른 쪽에는 겔루켈란 해 또는 아바쿠 해라 불리는*8 바다가 있다. 산에 바싹 붙어서 4리그의 좁고 험한 길을 이루고 있다고 앞에서 말한 바다가 바로 이것이다. 이 바다는 둘레가 4480㎞에 달하는데, 바깥 바다와 이어져 있지 않아 이웃 바다까지는 아무리 짧은 거리라도 12일이나 걸리므로 호수와 같다고도 말할 수 있다. 유프라테스 강, 티그리스 강, 존 강, 그 밖의 강물도 여기로 흘러들고 있다.*9 이 바다 주변에는 많은 산들과 도시가 쭉 이어져 있다. 최근에는 제노바의 상인이 자기들의 선박을 이 해상에 배치하여 항해하기 시작했다. 이 지방에서 '겔리'란 비단이 나온다.

이 해상에는 주민도 많고 아름다운 거리를 갖춘 섬들도 많다. 이들 섬 주민은 본디 저마다 자치제를 행하고 있었던 페르시아의 여러 주나 여러 도시의 백성이었으나, 대(大) 타타르 인의 페르시아 정복*10 때 그 난을 피해 이 섬에 온 사람들이다. 페르시아 여러 주의 백성은 안전하게 생활할 수 있으리라 여겨지는 섬들이나 산악 지대를 찾아 피난했다.*11 이리하여 이들 섬에도 인구가 조밀하게 된 것이다. 이 바다에는 어류가 풍부한데 특히 용철갑상어 등 큰 고기가 많고, 강 어귀에서는 연어가 잘 잡힌다.

이 나라 가까이 테플리스(쿠르 강 상류에 임한 트비리시)라는 근사한 대도시가 있어 주변의 도시·촌락 대부분을 그 통치 아래 두고 있다. 그 주민의 대부분은 그리스도 교도·아르메니아 인·조르지아 인인데, 그 밖에 얼마 되지 않지만 이슬람 교도·유대인도 포함하고 있다. 비단을 비롯한 많은 종류의 천이 산출되며 주민은 이들 수공업에 종사하면서 타타르의 대칸에 예속해 있다.

이로써 아르메니아 북쪽에 접하고 있는 여러 지방의 이야기는 끝났다. 다음에는 아르메니아 남쪽과 동쪽에 접경해 있는 나라들에 대해 알아보도록 한다.

그런데 어떤 경우에도 고작 그 고장 주요 도시 두셋에 대해서만 이야기하여 왔는데, 물론 그 밖에도 도시는 많이 있다. 그러나 하나하나 언급할 수는 없고, 특히 내세울 만한 것도 없는 도시라면 더욱 그렇다.

알렉산더 대왕

4세기 알렉산더 대왕은 그리스·페르시아·인도에 이르는 대제국을 건설하였다.

24 모술 왕국

모술*¹²은 광대한 왕국으로 다양한 민족이 살고 있다. 그들은 마호메트를 신앙하는 아라비아 인이며 나머지는 그리스도의 교법을 좇는 다른 민족이다. 물론 그리스도의 교법이라 해도 그들이 신봉하는 것은 로마 교회가 아니고, 여러 가지 사악한 길에 빠진 교법으로 네스토리우스파·야곱파·아르메니아파라 불리는 것이다. 그들 사이에는 야톨릭*¹³이라 불리는 1명의 총주교가 있어 로마 교황이 하는 일처럼 대사교·사교·승원장 기타 여러 성직자를 서임(叙任)하고, 나아가서는 그들을 인도·카타이*¹⁴·발다크 등의 각지에 파견한다. 아마도 이들 제국의 그리스도 교도는 모두 이 네스토리우스파·야곱파에 속해 있는 것이다. '모슬린'이라 불리는 금실로 짠 비단*¹⁵은 모두 이 나라에서 나는 물건이다. 또 우리나라에 여러 종류의 귀중한 향료, 진주나 금실로 짠 비단을 대량으로 가져오는 대상인들은 '모술리니'라 부르는데 모두 이 왕국 백성들이다.

이 왕국의 산간부에는 쿠르드*¹⁶라는 다른 종족이 있다. 대부분은 네스토리우스파·야곱파 그리스도 교도이지만 일부는 마호메트를 신앙하는 이슬람 교도이다. 그들은 호전적이고 사악하며, 대담하여 상인을 마구 약탈한다.

모술 왕국 근처에 동명의 도시명을 딴 무스라든가 마레딘*¹⁷이라든가 하는 나라들이 있다. 다량의 목면을 산출하며, 이것을 원료로 한 리넨이나 그 밖의 직물을 다량으로 생산한다. 주민은 수공업과 상업에 종사하며 타타르 영주에 예속되어 있다.

모술 왕국 이야기는 이 정도로 끝내고 다음에는 발다크에 대해서 서술하기로 한다.

25 대도시 발다크 함락

발다크(바그다드)*¹⁸는 대도시이다. 전에는 온 세계 이슬람 교도의 군주인 칼리프(이슬람제국의 군주를 뜻한다)의 도읍이었다. 마치 로마가 모든 그리스도 교도의 군주인 교황의 도읍인 것과 같이. 하나의 큰 강이 시내를 뚫고 흐른다. 이 강은 인도양과 통하므로 상인이 이곳을 오가며 상품을 운반한다. 이 강을 타고 발다크에서 인도양까지 가려면 18일은 잡아야 한다. 인도로 가는 상인은 이 강을 내려가 키시*¹⁹라는 도시를 거쳐 인도양으로 나간다. 이 강 연안 발다크와 키시 중간에 바스트라*20라는 대도시가 있는데, 이 도시를 둘러싼 숲은 세계 최고의 품질을 자랑하는 대추야자가 우거져 있다. 발다크에서는 '나시치', '나크', '크라모이시'라고 하는 각종 금실 무늬를 화려하게 수놓은 여러 직물*21이 제조된다. 인도에서 그리스도교 제국에 가져가는 진주는 거의 모두가 이 발다크에서 세공되어 구멍이 뚫린다. 발다크는 또 모든 학문, 특히 이슬람교 신학·무술(巫術)·의학·천문학·복지술(卜地術)·관상술 연구의 중심지이기도 하다. 아무튼 이곳은 이 지방에서 가장 아름다운

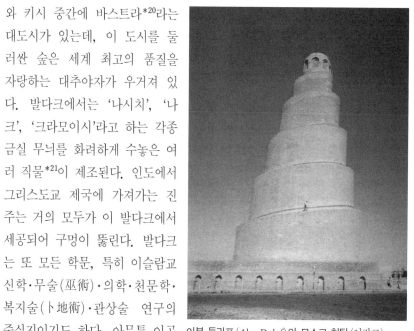

아부 둘라프(Abu Duluf)의 모스크 첨탑(이라크)

도시이다. 특히 여기서 한마디 해 둬야 할 것은, 발다크에 도읍한 칼리프가 가진 금은보석, 그 밖의 보물이 그야말로 과장 없이 전대미문의 액수였다는 사실이며 아래에서 그 경위에 대해서 이야기하기로 한다.

타타르 인 수령들이 천하를 지배하기 시작할 무렵 그들에게는 네 형제*22가 있었다. 큰형은 몽케라 하여 칸의 자리에 올랐다. 그들은 이미 강대한 무력으로써 카타이 이하의 이웃 나라들을 복종시키고 있었는데, 그래도 만족하기는커녕 도리어 더 많은 나라들을 손에 넣으려고 생각하여 마침내 세계 정복을 계획하기에 이르렀다. 그들은 세계를 동서남북 넷으로 나누어 저마다 한 방향으로 나아가기로 했다. 추첨 결과 남쪽 공략은 네 형제 중에서 훌라구가 맡기로 했다. 타타르 인의 대군주이며 현재 재위 중인 대칸의 동생인 훌라구는 대군을 소집하여, 늠름하게 남방 정복에 출진하여 1255년 발다크에 진격했다.*23

그는 발다크 성이 아주 견고하고 또 성내에 아주 많은 사람이 있다는 것을 잘 알고 있었으므로, 우격다짐으로 공격하는 것보다 계략으로 점령할 술책

을 세웠다. 당시 그의 휘하에는 보병을 제외하고도 10만의 기병이 있었다. 하지만 칼리프를 비롯한 성내의 적을 속여 훨씬 더 열세인 것처럼 착각하게 만들기 위해, 그 대부분의 군사를 발다크 성 좌우 숲에 잠복시키고 남은 소부대만 이끌고 스스로 모든 문을 공격했다. 공격군이 소수라고 짐작한 칼리프는 타타르군을 얕잡아 봤고, 또 마호메트의 비호를 믿고 쉽게 이를 물리칠 수 있으리라고 생각했다. 그래서 칼리프는 아무런 주저도 없이 성 밖으로 출격했던 것이다. 이것을 본 훌라구는 겁에 질려 달아나는 것처럼 가장하여, 추격하는 칼리프를 자신의 군대가 매복한 곳으로 유인했다. 그리고 적군이 복병이 숨은 숲을 넘자 순식간에 그들을 포위하여 섬멸했다. 이리하여 칼리프는 포로가 되고 발다크 성은 점거되었다. 당시 성내에는 보병을 제외하고 10만에 이르는 기병이 있었음에도 훌라구가 그들을 이토록 간단히 함락시킨 일은 그야말로 놀랄 만하다. 그런데 발다크 성이 점령된 뒤 훌라구는 칼리프가 만든 금고용 탑을 발견했다. 그 속에 모아 둔 금은 보화가 엄청났다. 어느 누구도 여태까지 이렇게 막대한 재물이 한 군데에 저장되어 있는 것을 본 일이 없을 정도였다. 훌라구는 이것을 보고 그야말로 경탄하여 곧 칼리프를 자기 앞에 연행시켜 힐문했다.

"칼리프여, 그대는 무엇 때문에 이토록 거액인 재물을 모았는가. 또 도대체 그것으로 무엇을 할 작정이었는가. 내가 그대를 적대시하여 대군을 이끌고 그대를 물리치기 위해 진격해 오는 것을 알지 못했는가. 만약 알고 있었다면 그대 자신과 그대의 성인 이 도시를 방위하기 위해 왜 이 재물을 휘하 장병에게 나누어 주어 사기를 높이려하지 않았는가?"

칼리프는 아무 대답도 없이 잠자코 입을 다물고 있었다. 훌라구는 이어 말했다.

"칼리프여, 그대는 재물을 한없이 사랑하고 있는 모양이군. 그럼 이것을 그대에게 주겠다."

이리하여 훌라구는 칼리프를 연행하여 그 금고 속에 가두고 음식을 주지 말라고 명령했다.

"칼리프여, 자아 마음놓고 실컷 그대의 재물과 함께 있도록 하라."

금고 속에 갇힌 칼리프는 나흘째 되는 날 마침내 그 속에서 굶어 죽고 말았다. 확실히 칼리프로서는 이 막대한 재물을 그 군사들에게 지급하여 국토

타타르군과 발다크군의 교전
타타르군의 유인 작전에 말려든 칼리프는 대참패와 함께 굶어 죽는 비운을 맞는다.

방위를 맡게 하는 편이, 많은 사람을 죽음에 빠뜨리고 스스로도 칼리프 자리에서 쫓겨나 자기 몸을 망친 것보다는 훨씬 더 나았을 것이다. 이 칼리프를 마지막으로 칼리프[24]는 영원히 망해 없어지고 말았다.

이어 계속해서 토리스에 대한 이야기로 옮길 것이지만 그러나 옮기기 전에 아직 발다크의 주민에 대한 것, 거기에서 생긴 갖가지 사건, 그 풍습 등에 대해서 이야기할 만한 것이 많이 남아 있다. 물론 하나하나 상세히 기술하기에는 너무 광범위하므로 단 하나, 그 경이할 만한 일에 대해 말하기로 한다.

26 발다크에 일어난 산의 대기적

이제부터 이야기하려는 것은 발다크와 모술 사이에서 일어난 그야말로 불가사의한 사건이다.

그것은 1225년[25]의 일인데, 당시 발다크의 칼리프가 그리스도 교도를 몹시 싫어하고 미워했기 때문에 어떻게 해서든지 영내의 그리스도 교도를 모두 이슬람교로 개종시키려고 밤낮으로 생각하였다. 만약 그것이 뜻대로 되지 않으면 그들을 모조리 죽여버릴 방법은 없을까 궁리하고 있었다. 그는 이슬람 승려나 학자가 모두 그리스도 교도를 싫어하므로 매일같이 그들과 이 계략에 대해서 의논했다. 단지 이 칼리프뿐 아니라 실제로 이슬람 교도라는 작자들은 누구나가 그리스도 교도를 싫어하는 것은 틀림없는 사실이었다. 칼리프와 고문들이 계략을 여러 가지로 꾸며 가는 중에 뜻하지 않게도 복음서 한 구절이 눈에 띄었다.

'너희가 만일 믿음이 한 겨자씨만큼만 있으면 이 산에게 명하여 여기서 저기로 옮기라 하여도 옮길 것이요.'(마태복음 제17장 제20절)

그들은 이 한 구절을 발견하자 이제야말로 숙원대로 모든 그리스도교를 개종시킬 수 있든가, 그렇지 않으면 모두 죽일 수 있는 기회라 생각하고 몹시 기뻐했다. 이리하여 칼리프는 네스토리우스파·야곱파를 막론하고 영내의 그리스도 교도를 모두 불러 모았는데, 그 숫자는 그야말로 대단한 것이었다. 모두 칼리프 앞에 모이자 그는 복음서를 주며 낭독할 것을 명했다. 명령대로 그리스도 교도가 다 낭독하자 칼리프는 그들에게 그 내용이 진실인지 아닌

칼리프로 지명된 오마르
마호메트와 아브 바크르가 죽은 뒤 새 칼리프로 지명된다. 칼리프는 이슬람 제국의 최고 통치자를 가리킨다.

지를 물었다. 물론 그리스도 교도는 틀림없는 진리라고 대답했다. 그러자 칼리프는 대뜸 이렇게 물었다.

"그럼 너희는 그리스도 교도로서 겨자씨만큼의 믿음이라도 있다면 신에게 빌어 두 산을 움직여 하나로 만들 수 있다고 말하는 게로군."

"정말 그러하옵니다."

"그럼 말하노라. 잘 생각해서 어느 쪽이든 택하도록 하라. 보건대 이토록 수많은 너희 신도들 속에는 틀림없이 진실한 신앙을 갖고 있는 자도 몇 사람은 있을 터인즉, 저 산을 움직여 보라."

이렇게 말하면서 칼리프는 눈 앞의 산을 가리키면서 말을 이었다.

"만약 하지 못하면 그야말로 신앙이 부족한 유일한 증거이니 그대로 넘길 수는 없으리라. 너희들은 불신심자로서의 치욕적인 죽음을 면할 수가 없으리라. 그때 가서 그래도 우리 예언자 마호메트가 내리시는 올바른 교법으로 전향하여 건전한 신앙을 모시기를 거부한다면 모조리 죽을 죄를 지은 것으로 알라. 10일간의 유예를 주리라. 그때 가서도 아직 산을 움직일 수 없으면 한 사람도 남기지 않고 모두 사형이다."

칼리프는 이렇게만 말하고는 뒤도 돌아보지 않고 그리스도 교도를 해산시켰다.

27 그리스도 교도들, 칼리프 말에 경악하다

칼리프의 이 말을 들은 그리스도 교도들은 몹시 놀라 죽음에 처해질 것을 매우 두려워했다. 그러나 그들은 위험에 처하면 창조주가 반드시 그들을 구해 주리라 믿었다. 그들 중의 현인 즉, 성직자들은 대사교를 비롯한 사교·사제 등 모두가 모여 협의했다. 그러나 결국 기도로 신의 그 연민과 자비의 마음에 호소하고 위기에 직면한 그들에 대한 조언을 구하는 동시에, 칼리프의 난제가 해결되지 않을 경우 모두에게 닥칠 잔혹한 죽음으로부터 구제를 간청하기로 했다. 그리하여 그리스도 교도들은 그야말로 정말 밤이나 낮이나 기도를 계속하여, 신이 그 자비의 마음을 드리워 그들을 이 무서운 위기에서 구출해 주기를 한마음 한뜻으로 빌었다.

그들은 남녀노소를 가리지 않고 모두 한 곳에 모여, 8일 동안 밤낮으로 기도했다. 그 기도가 한창일 때의 일이다. 그들 사이에서도 특히 행실이 단정하고 성자에 가까운 어느 사교(司敎)의 눈에 신의 사자인 천사가 나타나 계시를 내렸다.

"사교여, 애꾸눈인 아무개 구두장이한테 가서 그에게 '산이여 움직이라' 하고 기도하게 하라. 반드시 산은 대뜸 움직일 것이다."

이 구두장이로 말하자면, 그야말로 더할 나위 없이 깨끗하고 정직한 자였다. 단식 수행을 똑바로 하고 계율을 어기는 일 따위는 무엇 하나 한 일이 없으며, 교회에는 매일 빠짐없이 나가 미사에 참례하고 항상 자기 식사의 일부를 가난한 사람에게 나누어 주고 있었다. 이만한 선행을 행하고 이토록 청검한 일상생활을 하는 자는 세상을 다 뒤져도 별로 없을 것이다. 그에게는 그가 선인이며 올바른 신앙을 갖고 신성한 생활을 영위하는 자라는 명성을 얻게 된 한 가지 일화가 있는데 그 자세한 내용은 이렇다. 그는 평소 복음서에 있는 '만약 그대 눈이 그대를 혼란케 하여 죄에 빠뜨리게 한다면 그 눈을 후벼 내어 장님이 돼라. 그러면 눈 때문에 죄와 접하는 일이 그치리라.' 이 말을 마음에 새기고 있었다.

그러던 어느 날 아름다운 부인이 구두를 사러 그의 가게에 찾아왔다. 그는 어느 신이 그녀에게 꼭 맞는가를 알아보기 위해 그녀의 다리나 발끝을 보고 싶다고 말했다. 부인은 순순히 이에 응했는데, 그 다리와 발끝의 아름다움이 란 어디에서도 찾아볼 수 없을 정도였다. 평소의 구두장이는 앞에서 말한 바와 같은 선량하기 그지없는 인물이었으나, 이 여자의 다리와 발끝을 한 번 보고는 유혹에 사로잡혀 자기도 모르게 욕정에 가득 찬 눈을 하고 말았다. 결국 그는 신을 팔지 않고 간신히 부인을 돌려보냈다. 여자가 가게를 떠나자마자 그는 이렇게 중얼거렸다.

'아아, 나는 이 얼마나 신앙심이 모자라는 인간일까. 대체 무슨 생각을 했단 말인가. 그래, 나에게 죄를 짓게 한 이 눈으로 그 죗값을 치르리라.'

그러고는 당장 작은 막대기를 들고 그 끝을 뾰족하게 깎아 한쪽 눈을 찔러 버렸다. 그 눈은 금세 파열되어 보이지 않게 되었다. 이리하여 이 구두장이는 스스로 한쪽 눈을 없애버린 것이다. 참으로 이 구두장이는 더할 나위 없이 깨끗하고 정의로운 사람이었다.

여담은 여기까지 하고 드디어 이야기 주제에 돌아가자.

28 사교는 꿈 속에서 구두장이 신도가 산을 움직이리라는 계시를 듣다

그런데 그 사교는 꿈 즉, '아무개 구두장이를 불러오라. 그의 기도야말로 반드시 산을 움직이리라.' 예언하는 천사의 계시를 여러 번에 걸쳐 들었으므로 마침내 그 자초지종을 그리스도 교도 모두에게 자세히 이야기해 들려 주었다. 그들은 한 사람의 이의도 없이 곧 그 구두장이를 불러와야 한다고 했고, 일은 순조롭게 진행되어 그 구두장이를 찾아왔다. 사람들은 그에게 '산을 움직여달라'고 신에게 기도해 줄 것을 간청했다. 사교를 비롯하여 그리스도 교도 모두의 간청을 들은 구두장이는 거절하며 말했다.

"아무리 그래도 나는 그처럼 올바른 인간이 아니니까, 비록 바라는 대로 기도를 올려도 신이 이를 받아들여 그런 엄청난 일을 해 주실 까닭이 없습니다."

그리스도 교도들은 부드러운 말로 제발 꼭 기도해달라고 간청하였으나 그는 막무가내였다. 아무튼 이렇게 해서 모두가 되풀이하여 끈질기게 간청을 거듭했고 구두장이도 마침내 신에게 기도를 올리기로 했다.

29 그리스도 교도 신도가 용케 산을 움직이다

정해진 날이 되자 그리스도 교도들은 모두 아침 일찍부터 일어나 남녀노소를 막론하고 교회에 모여 거룩한 미사를 올렸다. 미사가 끝나자 이어 그들은 신에 대한 의무를 모두 끝낸 다음 맨 앞에 십자가를 받들고 다 함께 산기슭인 평원으로 갔다. 모두 합하여 10만 명이 넘는 그리스도 교도는 평원에 이르자 십자가 앞에 모였다. 칼리프는 이미 이슬람 교도들을 이끌고 거기 와 있었으니, 그 자리의 광경을 글로는 다 설명할 수가 없다. 이슬람 교도들은 처음부터 산이 움직일리는 없다고 생각했으므로, 모두 이들 그리스도 교도의 살육을 목적으로 와 있던 자들이었다. 한편 그리스도 교도들은 남녀노소를 막론하고 모두가 흔들리지 않는 희망을 신에게 걸고 있기는 했으나 그래도 역시 두려움과 공포에 싸여 있었다. 이들 그리스도 교도와 이슬람 교도가 평원에 집합하자, 구두장이는 십자가 앞에 무릎을 꿇더니 두 손을 하늘에 높이 들고, 무사히 산이 움직여 함께 있는 모든 그리스도 교도의 목숨이 부지되도록 정성을 다하여 신에게 기도를 올렸다. 기도가 끝나자 구두장이는 소리 높이 외쳤다.

"아버지이신 하느님, 하느님의 아들이신 그리스도, 그리고 성령의 이름으로 나는 지금 그대에게 이렇게 명령하노라. 오오 산이여, 성령의 힘으로 그 자리를 바꿔 그쪽에서 이쪽으로 옮기라."

그러자 산은 금세 무너지기 시작하여 마침내 1.6km 가량 앞으로 이동했던 것이다.

이 광경을 보고 칼리프는 물론 함께 있던 이슬람 교도들은 경악하여 그리스도교로 개종하는 자도 많이 있었고, 칼리프 자신도 은근히 그리스도 교도로 변했던 것이다. 물론 이것은 극비에 속해 있었으며, 그가 죽었을 때 목에 십자가를 걸고 있던 것이 발견되면서 비로소 알려진 사실이다. 그래서 이슬람 교도들이 이 칼리프만은 역대 칼리프의 분묘에 합장하지 않고 그 혼자만 다른 장소에 묻었던 것이다.

이렇게 기적이 일어나 그리스도 교도들은 네스토리우스파·야곱파를 가리지 않고 이 구두장이를 칭찬했다. 또 그때 얻은 신의 은총을 축복하여 매년

변모의 산 베르몬 산

엄숙히 기적 기념제를 거행했으며 제사 전야에는 모두 굳건하게 단식하는 습관이 생겼다. 그러나 이 땅의 그리스도 교도들(아르메니아파·네스토리우스파·야곱파)은 그 제전만은 모여서 거행했지만, 각 파마다 교리가 많은 점에서 달랐기 때문에 그 밖의 여러 다른 행사에 대해서는 서로 적대시하여 함께하지 않았다.

30 유서 깊은 도시 타우리스

타우리스(타브리즈)*26는 이라크*27라 부르는 지방에 있는 가장 크고 웅장한 도시이다. 물론 이라크에는 그 밖에도 많은 도시와 촌락이 있지만 타우리스의 유서에 필적할 만한 도시는 없다. 다음은 이 도시에 대해서 말한다.

타우리스의 주민은 상업·수공업을 생업으로 하고 있으며 값진 각종 비단이나 금실로 짠 피륙을 제조한다. 이 도시는 교통상의 요충지를 차지하고 있으므로 인도·발다크·모술·크레메소르*28를 비롯하여 그 밖의 각지에서 들어오는 물자가 넘쳐난다. 또 이들 여러 외국에서 모이는 상품을 사들이기 위해 라틴 상인, 특히 많은 제노바 상인이 여기로 찾아온다. 또 이 땅에는 근사한 보석이 풍부하므로 마음껏 손에 넣을 수도 있다. 하여간 타우리스의 거리는 원거리 무역에 종사하는 상인에게는 커다란 교역의 장소인 것이다.

주민은 별볼일 없는 사람뿐이며 종교도 가지각색이다. 아르메니아파 그리스도 교도도 있고, 네스토리우스파·야곱파·조르지아파 종교도 있으며, 페르시아 교도나 이슬람 교도도 뒤섞여 있다. 이슬람 교도는 주로 도시의 주민이며 '토리스'*29라 불리고 있다. 또한 이 거리 주위에는 보기에도 아름답고 싱그러운 과수원이 곳곳에 있으며 과일이 가지가 휠 정도로 열려 있다. 타우리스 성내의 이슬람 교도는 사람이 아주 나쁘고 신용할 수 없다. 그것도 다 그들의 예언자 마호메트의 교법이, 이교도에 대해서라면 어떤 재난을 가해도, 또는 그 물건을 약탈하더라도 결코 죄가 되지 않는다고 가르치기 때문이다. 게다가 반대로 만약 이슬람 교도가 그리스도 교도에게 살해되든가 또는 다치기만 해도 순교라고 간주하였다. 그렇기 때문에 만약 당국이 그들의 단속을 게을리한다면 이들 이슬람 교도의 비행은 어찌할 도리가 없게 된다. 이러한 사실은 이 지방 이슬람 교도뿐 아니라 세계 어느 곳의 이슬람 교도도 마찬가지이다. 그도 그럴 것이, 이슬람교에서는 교도가 죽음에 임하여 신의 구제를 받으려고 할 경우 단순히 이슬람 승려가 찾아와서 따져 묻는다.

"그대는 마호메트가 진실로 신의 예언자라 믿나?"

이에 대해서 "믿습니다" 대답하기만 하면 그것으로 충분하다고 인정되는 데에서 문제가 일어나는 것이다. 이슬람교란 실로 이렇게도 간단히 죄가 면제되고 비행이 용서되므로, 타타르 인을 비롯하여 그 밖의 많은 종족이 이것으로 개종했던 것이다. 타우리스에서 페르시아까지는 12일이 걸리는 거리에 있다.

31 성(聖) 바르사모 수도원

타우리스 지방에 성 바르사모*30라 불리는 수도원이 있다. 이 지방에서 존

이슬람교 경전
《코란》의 제1장과 제2장

경받던 성자 이름을 딴 수도원이다. 여기에는 원장 한 명과 그 밖에 많은 수
도사가 있어 카르멜파 탁발승과 같은 옷차림을 하고 있다. 그들은 한순간도
시간을 헛되이 보내지 않도록 늘 양털실로 띠를 짜고 있다. 단지 제사 때에
만 이것을 성 바르사모의 제단에 바쳐 일손을 쉰다. 그들은 '성령파 수도사'
처럼 여기저기 모금을 하며 돌아다니는데, 그때 이들 손으로 짠 띠를 지참하
여 신자나 귀족에게 나누어 준다. 이 띠를 매고 있기만 하면 어떤 아픔이라
도 몸의 고통이 치유된다고 믿기 때문이다. 이런 까닭에 사람들은 이것을 믿
고 어떻게든지 그 띠 하나를 손에 넣으려고 열망하는 것이다.

32 광대한 나라 페르시아

페르시아는 광대한 지역으로 옛날에는 비길 데 없이 번영하고 또한 중요
한 나라였는데, 지금에는 타타르 인 때문에 파괴되어 황폐지고 말았다.

페르시아에 샤베*31라는 도시가 있다. 예수 그리스도의 강탄에 즈음하여
이를 찬양하기 위해 찾아온 동방의 세 성인도 이 도시에서 왔다. 성내에 크
고 근사한 분묘 셋이 있어 여기에 세 성인이 묻혀 있다. 이 분묘 위에는 각

각 둥근 지붕을 한 방형 건물이 근사한 구조로 세워져 있다. 세 성인은 저마다 이 속에 나란히 묻혀 있다. 그들의 유체는 지금도 흐트러지지 않고 머리칼·수염이 그대로 완전한 형태를 남기고 있다. 이 세 성인이란 발타사르·야스파르·멜키오르라 했다. 마르코 폴로는 이 거리의 많은 사람들에게 세 성인에 대해서 물었으나 누구 하나 그들에 대해 제대로 말해 주는 사람이 없었다. 그들의 대답은 모두 똑같아서, 여기에 묻혀 있는 것은 세 사람의 임금님이며 게다가 아주 옛날 일이라고 말할 뿐이었다. 그래도 어떻게 해서 다음 사항을 알아낼 수 있었다.

샤베에서 사흘 길이 걸리는 곳에 칼라 아타페리스탄, 즉 배화 교도(拜火教徒)의 도시라는 데가 있다. 이 도시는 바로 그 이름대로 주민이 불을 숭배하며, 주민의 말에 따르면 이유는 다음과 같다. 옛날 이 고장의 세 임금이 그때 마침 태어난 예언자에게 가서 예배하고 찬양하기로 하여, 저마다 황금·유향·몰약 세 가지를 공물로 지참했다. 태어난 예언자가 신인지 지상의 왕자인지, 또는 의사인지를 공물로 시험하려는 것이었다. 만약 그 아기가 황금을 잡는다면 지상의 왕자이고, 유향을 쥔다면 신, 몰약이라면 의사라고 전해지고 있었기 때문이다.

예언자가 태어난 곳에 도착하자, 먼저 가장 나이가 많은 임금이 찾아가서 알현했다. 그러자 그에게는 이 아기의 나이라든가 생김새가 마치 자기와 너무도 똑같이 닮은 듯 보였으므로 아주 놀라서 돌아왔다. 이어 다음으로 나이가 많은 임금이 그 산실에 들어갔다. 그러자 전의 경우와 똑같이 그에게도 이 아기가 자기와 꼭 닮은 듯 보여 몹시 놀라 돌아왔다. 마지막으로 가장 나이 어린 임금이 찾아갔다. 그러자 이번에도 전의 두 임금과 똑같은 일을 겪고 깊은 생각에 잠겨 돌아왔다. 세 임금이 이 아기를 보고 나서 저마다 자신이 본 바를 이야기하자 더욱 이상한 생각이 들었다. 그래서 이번에는 세 사람이 모두 같이 가보기로 했다. 이리하여 세 임금이 나란히 아기 앞에 섰는데, 이게 어찌된 일인가? 아기는 태어난 지 겨우 13일의 순진한 갓난애의 모습이었던 것이다. 그래서 세 임금은 아기에게 예배하고 황금과 유향과 몰약을 바쳤다. 아기는 세 가지 다 손에 쥐고, 임금이자 자신의 신하인 그들에게 뚜껑이 달린 작은 상자를 주었다. 이리하여 세 임금은 저마다 자기 나라에 돌아갔던 것이다.

동방 박사의 예배

33 신을 찬양하려고 찾아온 세 성자

세 임금은 며칠 동안 말을 타고 계속 여행을 하다가, 도대체 그 아기에게서 무엇을 받았는가 알아보려고 작은 상자를 열어보았다. 그러자 그 안에는 작은 돌멩이가 하나 들어 있을 뿐이었다. 그들은 그것이 무엇인가 하고 매우 수상쩍게 여겼다. 그도 그럴 것이 아기가 세 공물을 다 손에 쥐는 것을 보았을 때, 세 임금의 마음속에는 이 아기야말로 신이며 지상의 왕자이며 또한 의사라는 확신이 솟았다. 아기는 세 임금의 가슴속에 신앙이 싹튼 것을 용케 꿰뚫어 보고, 그 신앙을 영원히 단단히 유지해야 한다는 뜻으로 이 돌멩이를 그들에게 주었던 것이었다. 그러나 세 임금은 돌멩이의 뜻을 몰랐으므로 이것을 옆에 있는 우물에 던져버리고 말았다. 그런데 돌멩이가 우물에 던져지자마자 곧게 뻗은 한 줄기 불꽃이 하늘에서 우물로 내려왔다. 이 이상한 기적을 눈앞에서 본 세 임금은 몹시 놀랐다. 여기에서 비로소 자기들에게 내려진 돌멩이가 갖는 위대한 뜻을 깨닫고 이것을 우물에 던진 것을 후회했다. 세 임금은 곧 이 불을 그 나라에 갖고 돌아가 나라 안에서 가장 훌륭한 교회에 안치했다. 그리고 이 불을 끄는 일 없이 계속 태워 신으로서 이것을 숭배하고, 신에게 바치는 희생이나 공물은 모두 이 불로 태우기로 했다. 만일 이 불이 꺼지는 일이 있으면 그들은 먼 길을 마다하지 않고 같은 신앙을 가진 다른 임금에게 부탁하여, 그 교회 안에 줄곧 타고 있는 불을 얻어서 본국에 돌아와 꺼진 자기 나라 교회의 불을 다시 밝혔다. 다른 불에서는 결코 불씨를 따지 않는 것이다. 따라서 배화 교도가 이 거룩한 불을 구하기 위하여 열흘이나 걸리는 길도 주저 않고 떠나가는 것은 결코 진기한 일이 아니다. 이러한 이유에서 이 고장 주민은 배화교를 신봉하게 되었으며, 그 숫자도 대단하였다.

지금까지 이야기는 이 거리 주민이 마르코 폴로에게 말한 바이지만, 모두 거짓이 없는 사실적인 이야기뿐이다. 마지막으로 이 세 임금은 저마다 샤베·아베·카샨*32에서 온 것임을 덧붙여 둔다.

배화 교도에 대한 상세한 이야기는 이것으로 매듭짓고, 다음에는 페르시아에 있는 수많은 도시, 거기에서 생긴 여러 사건, 또 그 풍속에 대해서 서술하기로 한다.

세 동방 박사의 예배

34 페르시아 여덟 왕국

페르시아는 아주 광대한 나라이며 여덟 왕국으로 이루어져 있다. 이제 그 이름을 하나하나 들어보기로 한다. 우선 첫째는 타우리스에서 출발했을 경우에 처음 도착하는 카즈빈*³³이다. 둘째는 그 남쪽에 위치하는 쿠르디스탄 (티그리스 하류 좌안 남동 지방), 셋째는 로르(쿠르디스탄의 남동 지방), 넷째는 술리스탄*³⁴, 다섯째는 이스파한*³⁵, 여섯째는 쉬라즈*³⁶, 일곱째는 손카라*³⁷, 여덟째는 페르시아 최변경인 투노카인*³⁸이다. 이 여덟 나라는 단지 투노카인이 아르브르 솔의 지방에 있는 것을 제외하면 모두 남쪽에 위치하고 있다.

이들 제국에서는 모두 좋은 말이 많이 산출되며 막대한 수가 인도로 수출된다. 인도에서는 대부분 한 마리당 투우르 은화(1리브르는 지금의 14프랑에 상당) 200리브르의 비싼 값으로 팔린다. 또 이들 제국에는 한 필에 은 30마르크(1마르크는 44실링에 상당)나 하는 아주 뛰어난 당나귀가 있다. 이 당나귀야말로 뛰는 데 빠르고 보조를 맞추는 데에도 능란하며, 사료가 적게 들고 게다가 무거운 짐을 싣고 하루 사이에 아주

당나귀

먼 거리까지 운반할 수 있으므로, 말이나 노새로는 도저히 감내하지 못하는 일도 시킬 수 있는 것이다. 이 고장 상인은 어느 지방에서 다른 지방으로 여행할 경우 반드시 넓은 사막을 한둘 쯤은 지나야 한다. 이 사막은 아주 건조한 모래와 자갈 지대로서 풀은 물론 말의 여물로 할 것은 아무것도 찾아볼 수 없는 데다가, 우물이나 샘이 아주 먼 거리에 있다. 따라서 짐 싣는 동물은 먼 길을 지나가야 겨우 물을 마실 수 있는데, 말 같은 동물로는 도저히 이러한 조건에 적응할 수 없다. 그래서 상인들은 아주 비싼 값을 치러서라도 이런 종류의 당나귀를 사는 것이다. 또 그들은 따로 낙타도 이용하는데 이것은 사냥하는 데에도 싸게 먹히고 짐을 나르는 데에도 잘 견디지만, 속도가 느려 도저히 당나귀를 따르지 못한다.

이들 여러 왕국의 주민들은 말 몇 마리를 이끌고 인도양에 면한 키시(페르시아 만에 있는 섬)나 호르무즈에까지 나아간다. 그러면 이 고장에는 말을 다루는 업자가 와 있어 이것을 사들여 인도에 끌고 가서 비싼 값으로 판다. 그런데 인도는 더위가 대단히 심해서, 모처럼 말을 매입해도 오래 사육할 수도 없거니와 번식시킬 수도 없다. 만약 우연한 기회에 망아지가 태어나더라도 사지가 불구라든가 기형이어서 전혀 쓸모가 없다.

이들 여러 왕국의 주민은 모두 야만적이고 잔인하다. 만약 그들의 통치자, 즉 이웃해 사는 타타르 인이 그들을 위압하여 복종시키고 공포심을 갖게 하지 않았더라면, 아마도 매일같이 서로 죽이는 일이 일어나고 상인에 대한 위해가 끊이지 않았을 것이다. 이웃해 사는 타타르 인의 군주들은 이들 주민을 엄벌로 다스리는 동시에, 위험한 좁은 길이 있는 지역에서는 여행 상인들의 바람에 따라 주민들에게 상인을 보호할 의무를 부과한다. 주민들은 믿을 수 있는 선량한 길잡이를 몇 명씩 제공하여, 여행 상인들이 안전하게 다른 고장

이슬람 교도의 기도 시간
'오후의 기도 시간을 잊은 자는 그날의 과실을 잊는 것과 같고, 한곳에 모여 기도함은 각자 떨어져 기도하는 것보다 스물다섯 배나 값어치 있는 것이니라.'

으로 갈 수 있도록 안내하며 보호해야 한다. 또한 그 길잡이의 보수로서는 길의 거리와 짐 싣는 짐승에 따라 베네치아 화폐 최고 2∼3그로소 (베네치아의 화폐단위. 6렌스 금화에 해당) 이상을 요구하지 못하도록 규정했다. 관헌에 의한 이런 위압에도 불구하고 만약 상인들이 충분한 무기를 준비하여 스스로 무장하고 있지 않으면, 그들은 여러 모로 해를 끼치기도 하고 결국에는 폭행하고 살해하고 만다. 이런 패들은 모두가 다 이슬람 교도라는 사실을 간과해서는 안 된다.

페르시아 여러 도시의 주민은 무역이나 수공업을 생업으로 하는 상인·장인(匠人)이 많다. 그 때문에 각종 비단이나 금실로 짠 피륙이 다량으로 제조되고 있다. 목화의 재배도 성하고 밀·보리·조·파 그 밖의 곡물, 또 포도주를 비롯하여 온갖 종류의 과일이 풍부하다. 이렇게 말하면 여러분 중에는, 이슬람 교도의 계율에서는 술을 금하고 있으니 그들은 음주를 하지 않는 것이 아닐까 하고 반문하는 사람이 있을 것이다. 이에 대해서 이슬람 교도들은 그 금주 계율을 다음과 같이 자의적으로 해석하고 있다. 즉, 술을 불에 얹어 조금이라도 증발해서 단맛이 난 다음에 마시면 계율을 어기는 일은 되지 않는다. 그들은 이것을 술이라고 부르지 않는다. 그 맛을 약간 바꿈으로써 이름도 바꿔버리는 셈이다.

페르시아의 여덟 왕국에 대한 이야기는 이 정도로 그치고, 다음에는 대도시 야스디와 그 고장의 풍습과 옛 이야기를 서술하기로 한다.

35 도시 야스디

야스디 (^{이스파한 동남 3백}_{킬로미터에 있는 도시})는 페르시아의 유서 깊은 도시로 상업 거래가 번창하다. 이 고장에는 '야스디'라 불리는 비단이 다량으로 제조된다. 상인들은 이것을 여러 외국에 판매하여 많은 이윤을 거둔다. 주민은 이슬람교를 신봉한다.

야스디를 지나 앞으로 나아가면 횡단하는 데 7일이나 걸리는 대평원에 당도한다. 이 평원에는 겨우 3개의 촌락이 있을 뿐이며 머물 곳은 그곳밖에 없다. 울창한 대추나무 숲이 우거져 있는데 모두 다 말을 타고 빠져 나갈 수있다. 사냥감도 풍부하며, 특히 메추라기와 자고새가 많아 이곳을 여행하는 상인들에게 사냥의 즐거움을 맛보게 하고 있다. 멋진 야생 당나귀도 꽤 서식하고 있다. 7일간의 여행이 끝나면 케르만이란 왕국에 도착한다.

36 케르만 왕국에 대해서

케르만*³⁹도 페르시아의 한 왕국이다. 전에는 세습 군주를 모시고 있었으나 타타르 인이 이들을 정복한 이래 그 왕조도 망하고, 지금은 타타르 인이 선출한 통치자가 파견되어 있다. 이 나라에서는 터키석이라 부르는 보석이 산출된다. 이 보석은 산중의 암석 사이에서 채취되므로 그 매장량은 대단하리라 본다. 이 밖에도 강철이나 '안다닉'*⁴⁰의 광상(鑛床)도 풍부하다. 주민은 기병용의 여러 장비, 즉 말안장·화살통·박차·칼·활 그 밖의 갖가지 무기를 독특한 케르만식으로 만들어내며 그 공예 상태도 매우 정교하다. 부녀자들은 또 수예에 능하여 가지가지 색깔의 비단에 금수, 그 밖의 무늬를 아주 섬세하게 자수한다. 그녀들은 귀족·고관들의 주문에 응하여 호화로운 커튼

을 자수해서 만들어내는데, 그 솜씨
란 그저 경탄을 자아낼 뿐이다. 이
밖에 방석이나 이불·베개 등도 우아
하기 그지없다.

이 나라의 여러 산에는 다른 곳에
서는 볼 수 없을 만큼 높이 나는 좋
은 종류의 매가 있다. 페레그린 종
보다는 조금 작고 가슴과 꼬리, 날

터키석
케르만 왕국의 산중에서 채취되는 터키석은 푸른
색·녹색을 띠는 보석으로 색깔이 아름답다.

개 밑과 사타구니 사이에 붉은색을 띠고 있다. 나는 속도는 너무 빨라서 믿
을 수 없을 정도이며, 어떠한 새도 한번 이 매에 쫓기면 도저히 도망칠 수
없다.

케르만 시를 떠나 평원으로 말을 타고 7일 동안 가다 보면, 잇달아 수많은
도시·촌락이 그칠 새 없이 계속되는 데다가 각종 다양한 짐승, 그 중에서도 자
고새가 특히 많이 서식하고 있으므로 이 사이의 길은 매우 즐겁고 흥이 난다.

그리고 이 평원을 다 지나면 그 끝에 큰 산이 있다. 이 거대한 산을 넘으
면 길은 긴 내리막이 된다. 꼬박 이틀간이나 내리막길이 계속된다. 곳곳에
갖가지 과일이 여물어 있다. 이전에는 이 지방에도 인가가 있었으나 지금은
전혀 없고, 겨우 방목된 가축을 감시하는 유목인이 살고 있을 뿐이다. 케르
만에서 이 내리막에 이르는 사이의 지방은 겨울 추위가 심하여 옷이나 털가
죽을 몇 벌 껴입어야 겨우 견딜 수 있을 정도이다. 그런데 여기서 지난날에
케르만 왕국에서 행한 어느 실험 이야기를 하나 해 보자. 당시 케르만국의
주민은 선량하고 온건하며 겸양한데다가 서로 도우려고 애쓰는 사람들이었
다. 어느 날 케르만 왕은 현인들에게 말했다.

"여러분, 우리나라와 근접해 있는 페르시아 여러 왕국에서는 어디서나 그
주민이 사악하고 불실한 자들뿐이라 늘 서로 싸우며 죽이고만 있소. 그에 비
해 우리나라에서는 주민이 서로 한집안 사람처럼 돕고 아직 한 번도 소동이
일어나지 않았소. 도대체 이것은 어떤 이유에 의한 것인지 곰곰이 생각해도
나는 도무지 알 수 없소."

이에 대해서 현인들은 그 원인이 토양의 차이에 있다는 것을 말씀드렸다.
그래서 케르만 왕은 몇 명의 신하를 페르시아 제국 중에서도 유달리 사악하

대추야자

다고 전해지고 있는 이스파한 왕국에 파견하여, 현인들의 의견에 따라 그 나라의 토양을 7척의 배에 실어 오게 하였다. 이 흙을 가져오자 왕은 신하가 빈번히 드나드는 몇 방을 골라서 역청을 바르듯 흙을 방바닥에 고르게 뿌렸다. 그러고는 그대로 두면 흙이 부드러워 드나드는 신하를 흙투성이로 만드니까, 융단으로 이를 덮어 씌우게 하고 이 방에서 잔치를 베풀었다. 잔치가 벌어지자 방에 있던 사람들은 어느새 서로 말다툼하고 때리더니, 나중에는 마침내 사상자마저 내는 소동이 벌어지고 말았다. 이리하여 케르만 왕은 비로소 이상한 사실의 원인이 틀림없이 토양에 있다는 것을 알게 된 것이다.

37 도시 카마딘

이틀 길의 경사지를 내려가면 대평원에 이른다.

이 평원에 들어서면 카마딘이라는 도시가 있다. 이 도시도 옛날에는 유서 깊은 도시였으나, 침략자인 타타르 인의 여러 번에 걸친 침략을 받아 지금은 옛 자취를 찾아볼 수 없을 정도로 황폐하였다. 이 평원의 더위는 아주 심하다.

이 평원 지방은 레오바르(케르만 및 라리스탄 남동쪽의 지역)라 불리는 고장이다. 대추야자 열매, '아담의 사과(부시칸의 일종 혹은 코날나무의 열매)' 등, 기후가 따스하고 서늘한 고장에서는 재배가 되지 않는 과일이 산출된다. 밀과 그 밖의 곡류도 재배되고 있다. 또 과실을 먹이로 삼는 고지새가 많다. 이슬람 교도는 이 새를 싫어하여 식용으로 하지 않으므로 엄청난 수가 무리를 이루어 서식하고 있다. 꿩도 있고 자고새도

카라우나스의 약탈
레오바르 평원을 지나는 대상들이 낙타를 풀어 휴식을 취하는 틈을 타 카라우나스들이 주술로서 암흑 천지를 만들어 약탈을 자행하였다.

있는데 특히 자고새는 변종이 많다. 다른 지방의 것에 비해 부리와 다리가 붉고 깃털이 흑백 얼룩으로 되어 있는 것이 특색이다. 짐승류도 역시 딴 데에서는 볼 수 없는 것이 있다. 우선 황소를 보면 체구가 아주 거대하다. 온몸은 눈같이 순백색이며 털이 짧고 부드러운데, 이것은 이 고장의 더위가 특히 심하기 때문이다. 그리고 뿔은 짧고 뭉툭하여 뾰족하지 않고 두 어깨 사이에 솟아난 2파암($^{약\ 40}_{센티미터}$)이 넘는 둥근 혹을 갖고 있다. 이 황소는 그야말로 아름다운 짐승이다. 짐을 실을 때에는 낙타처럼 무릎을 꿇고, 다 실으면 일어선다. 엄청나게 힘이 세므로 많은 짐을 운반하는 데에는 아주 적합하다. 또 이 지방에는 그 크기가 당나귀만 하고 꼬리는 굵고 길며 무게가 11kg에 달하는 양이 있다. 살이 잘 올랐으며 고기는 아주 맛있다.

　이 평원에는 많은 도시나 촌락이 있는데, 모두 그 주위에 높고 두꺼운 성벽을 두르고 있다. 이것은 이 지방을 노략질하는 카라우나스라는 산적에 대비해서이다. 산적이 카라우나스라 불리는 것은, 그들이 인도인을 어머니로 하고 타타르 인을 아버지로 하여 태어난 자이기 때문이다. 그들은 어떤 지방을 약탈하고 유린하려고 할 때 마법의 주문을 두세 마디 외며, 대낮에도 암흑으로 변하게 하여 어지간히 가까이 접근할 때까지 발견되지 않게 하는 기술도 터득하고 있다. 게다가 이 암흑은 7일 길 사방의 범위를 다 덮을 정도의 넓이이다(모래연기·모래안개의 현상). 그들은 지리에 정통하여, 한번 그 지방을 암흑으로 덮으면 총 1만 명 정도가 말머리를 한 줄로 늘어세우고 온 평원을 약탈한다. 따라서 이 평원을 내다보고 있는 그들의 눈에 띄기만 하면 무엇이든 그들에게서 피해 나갈 수는 없다. 인간이나 가축이나 재물도 모두 다 그들의 먹이가 되고 만다. 생포한 남자 중에서 노인은 죽이고 젊은이는 노예나 농노로 팔아치운다.

그들의 왕은 네고다르라 한다. 전에는 부하 1만을 이끌고 있었으며, 우구데이(오고타이) 칸의 형제 차가타이의 조카이다. 차가타이는 당시 투르키스탄을 통치하고 있었고 네고다르는 그의 궁정에 함께 기거하고 있었다. 그런데 이 궁정에 있는 동안 그는 대단히 파렴치한 일을 저질렀다. 그 상세한 내용을 이제부터 말해보겠다.

당시 네고다르는 스스로 왕이 되고 싶어 궁리하다가 차가타이 밑에서 잔인 무뢰한 부하 1만 명을 이끌고 도망쳐 나왔다. 네고다르는 발라샨을 지나 파샤이 왕국을 거쳐 마지막에 카슈미르(캐시밀)라는 고장을 넘었는데, 이 지방은 도로가 험준했기 때문에 많은 부하들과 가축을 잃고 말았다. 그러나 마침내 이들 나라를 무사히 지나 이번에는 말라바르 지방으로 들어가 델리를 급습하여, 부유하고 세력 있는 그 나라 왕 아시딘 술탄*41에게서 주권을 빼앗고 말라바르를 통치하였다. 이리하여 네고다르와 그 부하는 안하무인으로 마침내 주변에 있는 모든 타타르 인과 교전하게 되었다. 본디 네고다르의 부하는 모두 타타르 종족에 속했기 때문에 백인종이었는데, 흑인종인 인도인 여자와 살아 어린아이가 생겼고 이렇게 해서 태어난 아이들은 '혼혈아'를 뜻하는 타타르 어 카라우나스*42라 불리게 되었다. 레오바르 평원 및 그 주변 여러 지방을 노략질하고 있는 카라우나스란 바로 이들이다. 그들이 사용하는 주술은 말라바르 인에게서 전수받은 것으로, 암흑을 불러내어 태양을 가리고 이때 암흑을 틈타 약탈을 자행하는 것이다. 그들은 그 약탈을 하기 위해 30일 내지 40일에 걸친 행군을 계속하는 일도 있는데 대개는 레오바르 지방으로 나가는 것이 상례이다. 호르무즈(오르)에 가서 거래하는 모든 상인은, 인도 방면으로 오는 상인을 기다리는 동안 짐 싣는 낙타나 당나귀를 모조리 이 레오바르 평원에 풀어 겨울을 나게 한다. 긴 여행에서 지치고 마른 가축의 몸을 이 지방의 풍족한 목초로 살찌게 하는 습관이 있었기 때문이다. 카라우나스는 이 기회를 살펴 모든 것을 약탈하고서, 몸값을 뜯을 수 없는 인간은 가차없이 죽여버리든가 또는 팔아버렸다.

지금까지 레오바르 평원의 모양이나 약탈을 행하는 수단으로서 암흑을 불러내는 인종에 대해 이야기했다. 실은 마르코 폴로도 아슬아슬하게 이 암흑 속에서 카라우나스에게 생포될 뻔했다는 말을 덧붙여 두고 싶다. 다행히 마르코는 카노살미라는 도시로 도망쳐 들어가 난을 피할 수 있었지만, 그의 일행 중에는 사로잡혀 팔려가기도 하고 살해당한 자도 꽤 있었다.

이제 여기서 화제를 바꾸어 다른 이야기로 옮기기로 하자.

38 거대한 경사지대

레오바르 평원은 남쪽으로 닷새 길의 넓이를 갖고 뻗어 있는데, 이 길을 닷새 동안 다 가면 다른 큰 경사지에 접어든다. 여기에서는 32km에 걸친 길이 이어지는 내리막으로 되어 있다. 길은 아주 나쁜 데다가 도적이 횡행하여 위험하기 그지없다. 이 경사지를 다 내려가면 호르무즈 평야라는 근사한 평지가 동서남북으로 이틀 길에 걸쳐 펼쳐져 있다. 대추야자를 비롯하여 각종 과일이 풍부하게 여물고 하천이 흐른다. 자고새라든지 앵무새, 그 밖의 새들이 서식해 있는데 모두 우리나라 것과는 종류가 다르다.

호르무즈 평야를 이틀 길로 지나면 비로소 바닷가에 다다르는데, 이 해안 지구에 항구도시 호르무즈가 있다. 이 항구에는 각종 향료·약재·보석·진주·명주·금실비단·상아 그 밖의 상품을 선박에 가득 실은 상인이 인도에서 와서 호르무즈 시중에 이것을 판다. 그들 상인에게서 직접 매입한 상아는 다시 다른 상인에게 팔려서 상품이 세계 각지로 나도는 것이다. 실제 호르무즈는 무역이 번창한 도시이다. 이 지방에는 아직 많은 도읍·촌락이 있으나 모두 호르무즈의 관할 아래 있다. 호르무즈는 이 왕국의 수도로, 왕 이름은 루크메딘 아초마크라 한다. 여기는 어쨌든 여름이면 태양이 너무 뜨거워 견디지 못할 만큼 덥고 게다가 매우 비위생적인 땅이다. 외국 상인이 여기에 와서 객사하는 일이 있으면 그 재화는 몰수되어 왕의 소유가 된다.[*43]

호르무즈에서는 대추야자 열매에 다량의 향료를 섞어 술을 빚는데 아주 질이 좋다. 이 술은 마시는 데 익숙지 않은 자가 마시면 심한 설사를 일으키기도 하나, 익숙해지면 몸에도 좋고 살이 찐다고 한다. 주민들이 먹는 음식도 우리와 다르다. 밀빵이나 육류를 늘 먹으면 병에 걸린다고 생각하므로 건강을 유지하기 위해서 그것들을 삼간다. 대추야자 열매와 다랑어 자반과 양파를 즐겨 먹는다. 이러한 식사가 그들의 건강에 적합하기 때문이다.

호르무즈 인들의 배는 그 구조가 몹시 허술하여 수시로 난파한다. 배를 만들 때 쇠못을 쓰지 않고, 주로 인도 호두나무 껍질로 만든 실로 꿰매기 때문이다. 인도 호두나무 껍질을 물에 담가 말의 갈기 모양이 되면 이것을 꼬아서 실을 만들고, 이 실을 사용하여 배를 꿰맨다. 이 실은 바닷물의 염분에도 썩지 않고 아주 견고하며 오래 간다. 배[*44]에는 키도 하나, 돛대도 하나, 갑판도 하나밖에 없다. 짐을 다 실으면 짐 위에 가죽을 덮고 그 위에 인도 쪽에 파는 말을 싣는다. 이 지방에는 못의 재료가 되는 쇠가 없으므로 부득이 나무못을 사용하든지 실로 꿰매든지 하는 방법을 취한다. 이 때문에 항해할 경우 적지 않은 위험이 뒤따르기 마련이다. 실제로 인도양에서는 종종 폭풍을 만나면 이런 종류의 배들이 난파한 예가 대단히 많았다.

이 고장 주민은 피부 빛이 검고 이슬람교를 신봉한다. 여름이 되면 타죽을 정도로 더위가 심하므로 누구나 다 성 밖으로 나가 강이나 물이 많은 전원에서 지낸다. 그런 경우 갈대로 수상 가옥을 마련한다. 수상 가옥의 지붕은 나뭇가지를 얽어 햇빛을 막는다. 그러나 이것으로도 더위를 충분히 피할 수 없으므로 다시 다음과 같은 방법을 강구한다. 여름이 되면 이 평원을 둘러싼 사막에서 도저히 보통 수단으로는 견딜 수 없는 열풍이 여러 차례 불어닥칠 때가 있다. 주민들은 열풍이 불어오면 재빨리 물 속에 들어가 목까지 물에 잠근 채 살인적인 더위에서 몸을 지킨다.

이 열풍이 실제로 얼마나 더운 것인가에 대하여, 마르코 폴로는 그가 우연히 그 고장에 있었을 때에 일어난 다음과 같은 이야기를 하였다. 호르무즈 왕이 조공을 태만히 했으므로, 케르만 왕은 기병 1천 6백, 보병 5천을 마련하여 레오바르 지방을 지나 호르무즈 왕을 급습하게 했다. 그때는 바로 호르

수상 가옥
호르무즈 지방은 여름철에 너무 뜨거워 수상 가옥에서 더위를 피한다.

무즈 시민이 성 밖의 전원 지대에서 더위를 피하는 때였다. 그런데 이 부대는 길잡이의 잘못으로 예정 숙영지에 이르지 못하고 숲 속에서 하룻밤을 보내게 되었다. 이튿날 아침이 되어 막 진격하려고 했을 때 갑자기 열풍이 불어닥쳐 병사들은 모두 질식하여 죽어버렸다. 심지어는 케르만 왕에게 보고할 자조차 남아 있지 않았다. 이것을 전해 들은 호르무즈 주민들은 그대로 내버려 두면 공기가 오염될 우려가 있으므로 시체를 묻기 위해 서둘러 가보았다. 이들 시체는 심한 고열로 타 있었기 때문에, 팔다리를 잡고 구덩이에 내던지려고 하면 그 팔다리가 몸통에서 떨어지고 마는 형편이었다. 그래서 하는 수 없이 하나하나의 시체 옆에 구덩이를 파고 묻어야 했다.

이 지방에서는 보리·밀, 그 밖의 곡물 등도 11월에 씨를 뿌리고 3월에는 거둬들인다. 다른 농작물도 마찬가지여서 3월이 되면 모두 완전히 익는다. 이 시절을 지나면 5월까지 푸르른 대추야자를 제외하고는 지상에선 어느 것 하나 푸른 잎을 볼 수가 없다. 모든 것을 말라버리게 하는 맹렬한 더위 때문이다. 이 지방의 선박에 관해서 미처 말하지 않은 한 가지 일이 있다. 그것은 다름아닌 배를 칠하는 데 역청을 사용하지 않고 물고기에서 짜낸 기름을 쓴다는 사실이다.

끝으로 이 지방 풍습에 대하여 한마디 해 둔다. 남녀를 가리지 않고 친족

농사
호르무즈 지방에서는 11월에 씨뿌리고 3월에 수확한다.

중 누군가가 죽으면 유족은 큰 소리로 통곡한다. 과부는 죽은 남편을 위해 하루에 적어도 한 번의 곡을 4년 넘게 계속한다. 고인의 친척이나 이웃들은 일부러 그 집에 찾아와서 죽은 이에게 곡을 바치고 기도한다. 넓은 세상에 죽음이 없는 날이란 하루도 없으므로 따라서 곡성이 끊일 날이 없다. 세상이란 편리하게 잘 되어 있어서 곡하는 것을 직업으로 삼는 여자도 있다. 그들은 아무런 관계도 없는 죽은 자들을 위하여 돈을 받고 울어 준다.

호르무즈의 이야기는 이것으로 끝마치기로 하자. 인도에 대해서는 이 책 더 뒤에서 서술할 작정이다. 잠시 방향을 북으로 돌려, 가던 길과는 다른 길을 잡아 앞서의 케르만으로 돌아가 이들 북방 제국에 대해서 이야기할까 한다. 이제부터 서술하려는 제국으로 가려면 반드시 케르만을 지나야만 하기 때문이다. 방금 그 곁을 떠나 온 호르무즈 왕 루크메딘 아초마크도 케르만 왕에 예속되어 있는 자임을 말해 둔다.

호르무즈에서 케르만에의 이 귀로에는 식량을 풍족히 산출하는 아름다운 평야를 지나간다. 이 평야에는 온천장이 많이 있고 자고새의 서식도 많으며 그 값도 매우 싸다. 대추야자를 비롯하여 각종 과일도 풍부하다. 그러나 이 고장의 수질이 쓴맛을 띠고 있는 관계로 밀빵도 몹시 써서, 익숙해지지 않으면 도저히 먹지 못한다. 그리고 온천장에서는 열탕(熱湯)이 솟아나므로 여러 가지 질병, 특히 피부병에 특효가 있다.

이제부터 드디어 약속한 북방 여러 지방의 이야기에 들어가기로 하자.

39 황량한 마른 땅을 가다

케르만을 떠난 뒤 7일 동안은 아주 지리한 기행만 계속된다.

처음 사흘간은 아무 데서도 마실 물을 발견할 수 없다. 과장이 아니라 실제로 발견되지 않는다. 우연히 물을 발견해도 짠맛을 띤 데다가 목초같은 초록색이며 맛이 써서 도무지 마실 수 없다. 혹시 억지로 마셨다 하더라도 겨우 한 방울로 적어도 열 번의 설사를 일으킬 것이다. 이 물에서 소금을 채취하는 일은 가능하지만 이 소금도 마찬가지로 한 알이라도 입에 대면 곧 심한 설사를 일으킨다. 이러한 까닭으로, 이 길을 여행하는 사람은 반드시 마실 물을 휴대해야 한다. 짐승조차 이 땅의 물은 싫어하며 좀처럼 마시려 하지 않는다. 짐승도 너무 갈증이 나면 할 수 없이 이 물을 마시지만, 설사가 나는 것은 인간의 경우와 전혀 다름없다. 이 사흘 동안 한 사람의 주민도 눈에 띄지 않고 땅은 건조하고 황폐화되어 있다. 짐승이라도 요긴한 먹이를 무엇 하나 찾지 못하므로 서식할 도리가 없다.

나흘째가 되면 비로소 지하로 흐르는 강을 만난다. 지하로 흐르는 강이라고 해도 군데군데 파인 구덩이 위로 물이 잠깐 드러났다가, 이 구덩이 부분을 지나면 물은 다시 지하에 스며들어 더 보이지 않는다. 이 지점에서는 물이 풍부하므로, 사막 여행의 괴로움에 지친 나그네들도 짐 실은 짐승과 다함께 휴식하여 기운을 회복할 수 있다. 계속되는 사흘간의 기행을 마치면 케르만 왕국의 국경에 도달하며 이곳에 코비암이란 도시가 있다.

40 유서깊은 대도시 코비암

코비암(이란 중부 의 루바남)은 대도시이며 그 주민은 이슬람 교도이다. 쇠·강(철)·'안다닉'을 다량으로 산출하며 강철제의 근사한 대형 거울이 여기서 제작된다. 안약으로서 효과가 큰 '아연화(亞鉛華)'나 그 밖에 '산화 연분(鉛粉)'도 제조된다. 그 제법을 간단히 설명하면, 우선 적당한 광맥에서 토양을 채취해 와 한창 타는 화로에 넣고 위에 철제 쇠그물을 건다. 이 토양에서 나는 연기와 습기가 이 쇠그물에 점착하여 '아연화'를 얻을 수 있고, 한편 불 속에 남겨진 토양 자체가 산화 연분이 된다. 코비암의 이야기는 이쯤 해 두고 다음 화제로 옮기기로 하자.

41 제2의 사막을 건너다

코비암을 떠나면 말을 타고 8일이나 걸리는 사막에 접어든다. 8일 동안은 바싹 마른 땅에 수목이나 과일도 볼 수 없고 물이라야 전의 사막과 마찬가지로 쓴 맛을 띠는 것뿐이다. 사막을 지나는 자는 필요한 만큼의 식량·음료수를 휴대할 필요가 있다. 그러나 짐 싣는 짐승의 음료수까지는 휴대할 수 없으므로, 사막의 물에 밀가루를 섞어 먹인다. 짐승 또한 사막의 물을 싫어하지만 밀가루 맛에 마시므로 문제 없다.

8일간의 여정을 끝내면 투노카인 지방에 다다른다. 이 지방은 페르시아 북쪽 변경에 위치하며 많은 읍과 요새가 있다. 이곳의 광활한 대평원에는 '아르브르 솔', 즉 그리스도 교도가 '시든 기적의 나무'라 부르는 나무[*45]가 있다. 이 나무는 굉장히 키가 크고 잎은 한 장도 남김없이 모두 다 한쪽은 백색, 다른 쪽은 초록색을 이루고 있다. 그리고 밤송이 같은 가시가 나있는데 알맹이는 비어 있다. 나무껍질은 단단하고 황색이며 회양목 비슷한 데가 있다. 이 나무 주변에는 약 16㎞ 저쪽에 나무가 조금 있을 뿐 사방 160㎞ 이상에 걸쳐 다른 나무가 없다. 토착인의 말에 의하면, 알렉산더 대왕과 다리우스 왕과의 사이에 격전이 벌어진 곳은 이 지점이었다고 한다. 이 지방은 덥지도 춥지도 않은 살기에 적합한 기후의 혜택을 받고 있기 때문에, 도시나 촌락에는 무엇이든 간에 양질의 물건이 충분히 나돌고 있다. 주민은 모두 이슬람 교도이다. 그들은 생김새가 빼어나고 특히 아낙네들은 보기 드문 미인뿐이다.

다음은 그 옛날 '산속 노인'이 살았던 물레헤트 나라 이야기로 옮긴다.

42 '산속 노인'과 부하 자객들

물레헤트는 그 옛날 '산속 노인'이 살던 나라이다. 물레헤트[*46]란 이슬람교의 이단 종파의 이름이다. 마르코 폴로가 많은 사람에게서 전해 들은 대로 이 노인의 이야기를 남김없이 서술하기로 한다.

'노인'의 이름은 이 나라 말로 알라오딘이라 했다. 두 산맥 사이의 협곡

안에 그는 아주 크고 아름다운 정원을 만들고, 온갖 근사한 과수를 이곳에 모아 심었다. 그는 이 정원에 장대하고 화려하기 그지없는 저택과 궁전을 세웠다. 누각은 모조리 황금으로 칠하고, 지상의 모든 아름다움을 그린 그림은 벽면을 화려하게 장식하였다. 네 줄기 도랑에는 저마다 포도주·우유·꿀·담수가 흘렀다. 궁전 안에는 절세 가인을 무수히 모아 온갖 악기를 연주하게 했으며, 그녀들의 노래와 춤은 도저히 이 세상 것이라고는 할 수 없는 풍경이었다. 노인은 그 백성들로 하여금 이 궁전이야말로 바로 천국이라고 믿게 하기에 이르렀다. 그가 이 궁전에서 연출한 이러한 광경이야말로 마호메트가 그 교도에게 설파한 천국의 경지, 즉 천국에 태어나는 자는 포도주·우유·꿀·담수의 흐름을 바라보며 마음대로 미녀를 손에 넣어 만족할 만한 쾌락에 빠질 수 있다는 바로 그대로의 광경이었기 때문이다. 마호메트가 이슬람 교도에게 말한 천국 그대로를 본뜬 궁전이었다. 그 결과 이 땅의 이슬람 교도들은 마음속 깊이 이 궁전이야말로 천국임이 틀림없다고 굳게 믿게 되었다.

이 궁전에 들어갈 수 있는 자는 오직 이 노인이 유망하다고 생각하는, 즉 그가 자객으로 만들려고 하는 젊은이에만 한정되어 있었다. 궁전 문 앞에는 어떠한 용사라도 부수고 들어갈 수 없는 견고한 성채가 있어, 이 성채를 지나지 않는 한 이 궁전에 들어가는 길은 없었다.

노인은 이 지방에 살고 있는 열두 살부터 스무 살에 이르는 젊은이 중에 무기를 잡을 만한 자를 골라 자기 옆에 있게 했다. 이들 젊은이들은 평소부터 잘 길들여져 있었으므로, 예언자 마호메트가 설교한 대로의 천국이 여기에 존재한다는 것을 충분히 알고 확신하고 있기도 했다.

노인은 마음 내키는 대로 이들 젊은이들을 넷, 열, 또는 스무 명씩 함께 이 궁전 안에 넣는 것이 예사였는데 그 독특한 방법이란 이러하다. 우선 그들 젊은이들에게 약 한 봉지씩을 먹인다. 그러면 이 약[47]의 효과가 대뜸 나타나 그들은 깊은 잠에 빠지고 만다. 혼수상태에 빠진 젊은이들을 그 궁전 안으로 옮긴다.

젊은이들은 잠이 깨면 자기들이 이 궁전 안에 있는 것을 알게 되며, 눈에 닿는 것 모두가 앞에서 말한 것과 같은 광경이므로 틀림없이 천국에 온 것이라고 믿는다. 미녀들은 종일 그들 곁에서 음악을 연주하고 노래부르고 교태

를 부리며 시중을 든다. 젊은이들은 이들 미녀를 상대로 마음껏 쾌락을 누린다. 이렇게 젊은이들은 하고 싶은 대로 온갖 짓을 다 할 수 있으므로 이 궁전을 떠나고 싶다고는 티끌만큼도 바라지 않는 것이다.

이수스 대전 알렉산더 대왕

43 '산속 노인'은 자객을 어떻게 훈련시켰나

'산속 노인'은 크고 화려한 궁전을 짓고 호화롭기 그지없는 생활을 보내며 소박한 주민에게 그야말로 틀림없는 진짜 예언자라고 믿게 했다. 주민들은 그를 진짜 예언자라고 믿어 의심하지 않았다.

노인이 부하를 어딘가에 파견해서 누군가를 암살하려고 하는 경우, 그는 평소 갖고 있는 약을 천국에서 즐기고 있는 젊은이들에게 먹게 한다. 약에 취한 젊은이들을 성채로 옮기게 한다. 젊은이들은 잠에서 깨자 자기들이 궁전이 아닌 성채에 와 있는 것을 알고 크게 놀라 낙심한다. 그들이 그때까지 놀고 있었던 그 천국을 떠나리라고는 꿈에도 생각지 않고 있었는데, 어느새 그 궁전에서 옮겨져 있었기 때문이다. 그들은 노인을 배알하게 된다. 노인이야말로 틀림없이 위대한 대예언자라 믿게 되어 아주 위축되어 있었다.

노인은 어디서 왔는가를 묻는다. 젊은이들은 천국에서 왔노라고 대답한다. 거기야말로 마호메트가 그들의 선조에게 약속한 천국이 틀림없다고 주장하며 어떤 곳인지 자세히 설명한다. 그러자 아직 그곳에 가본 일이 없는 자들은 자기들도 꼭 이 천국에 가고 싶다는 욕망에 죽음도 불사하겠다며 고대하는 것이다.

이 노인은 누군가 지위가 높은 인물을 암살하려고 마음먹으면 가장 먼저 부하들 중에서 누구의 솜씨가 가장 뛰어난지를 살핀다. 그런 다음 여러 자객을 이웃 지방에 파견하여 저마다 암살할 인물을 지명한다. 명에 따라 자객들

이수스 대전
알렉산더 대왕과 다리우스 왕과의 전투(BC 333). 좌측 부분.

은 곧 그 목적지로 가 주군의 명령대로 지정된 인물을 살해하고 궁전으로 돌아온다. 물론 이 경우 더러는 실패하여 붙잡히든가 또는 살해되는 자도 생기므로, 무사히 돌아오는 자는 기껏해야 그 일부에 지나지 않는다. 사명을 다하고 '노인'에게 돌아온 자는 명령을 완수한 경위를 보고하고 후한 포상으로써 위로받는다. 한편 '노인'은 파견한 자객들 모두에게 각각 한 사람씩 남몰래 감시인을 붙여 보낸다. 암살에 있어 가장 대담하고 솜씨 있는 자객을 보고하게 함으로써 그들 중에서도 누가 가장 용감한 소질을 갖고 있는가를 빠짐없이 알 수 있는 것이다.

이렇듯 '산속 노인'은 지위가 높은 사람이든 아니든 암살해버리려고 생각하는 인물이 있기만 하면, 부하 자객 중에서 몇 명을 기용해서 그들을 목적지에 파견하였다. 그는 그때 자객들을 이렇게 타이른다.

"다시 한번 너희들을 저 천국에 보내려고 이 사명을 맡기는 것이다. 자아 가라, 단지 아무개를 죽이기만 하면 된다. 만일 너희가 실패하여 죽는 일이 있어도 천국에는 틀림없이 갈 수 있다."

노인에게서 이러한 사명을 받은 자객들은 이 말을 무엇과도 바꿀 수 없는 기쁨으로 알고, 어떤 일이든 노인이 명하는 대로 수행한다. 이리하여 그들은 노인에게 지명되기만 하면 그만이며, 누구이든 그 죽음을 면할 수가 없었다. 수많은 국왕·영주들이 이 노인에게 살해되지는 않을까 두려워한 나머지 그에게 조공을 바쳐 우호 관계 유지에 급급해 있었던 것은 틀림없는 사실이다. 요컨대 당시 사람들이 정치적으로 통일되어 있지 않아 저마다의 이해에 사로잡혀, 저마다의 군주에게만 충성을 다하면서 분열 상태를 계속하고 있었던 탓인 것이다.

44 '산속 노인'의 토벌

다음에는 이 노인이 어떻게 해서, 또 누구한테 토벌되었는가를 이야기해 보자.

그러나 그 전에 산속 노인에 대해서 말하다 남긴 사항이 있으므로 지금 여기에 덧붙여 쓰려고 한다. 이 노인은 부하 중에서 다른 두 사람의 노인을 만들어 한 사람은 다마스커스 지방에, 또 한 사람은 쿠르디스탄에 파견하고 있었다.*48 두 사람 다 그 수법이든 절차이든 그야말로 주군인 노인의 본을 뜨고 있었다. 이 말만 덧붙여 두면 충분하므로 드디어 이번에는 노인이 제거된 이야기를 해 보자.

때는 서력 기원 1262년*49 전후였다. 노인의 영토는 몽케 칸의 형제인 훌라구 칸의 지배 아래 있었는데, 노인의 모든 악행을 알아차린 타타르 영주 훌라구 칸은 어떤 일이 있어도 그를 평정하리라고 결의했다. 그는 수많은 신하 중의 한 사람을 골라 그에게 대군을 주어 노인의 성채로 가게 했다. 이 군대는 성채를 포위했다. 그러나 그곳은 워낙 방어벽이 강해 무너뜨리기 힘들었는데, 공격하기를 3년 남짓해서 겨우 함락했다. 만약 성채 안에 군량이 더 있었더라면 이 정도의 날짜로는 함락되지 않았을 것이다. 그러나 포위 3년 만에 성내의 군량은 탕진되었으므로 성채는 함락되어 산속 노인, 즉 알라오딘은 그 부하와 함께 사형에 처해진다. 이 노인이 멸망한 이래 그의 뒤를 잇는 자는 끝내 나타나지 않아, 노인과 그 부하 자객단은 지상에서 영원히 자취를 감추고 말았다. 이와 함께 전에 산속 노인에 의해 실시된 지긋지긋한 통치도 종말을 고했다.

45 도시 사푸르간

산속 노인의 성채를 뒤로 하여 여행을 계속한다. 이 길 위에는 아름다운 평야가 있고 협곡이 있고 구릉지가 있으며 생기 있는 물에 뒤덮인 목축지가 이어지고, 과일을 비롯하여 여러 자연의 혜택이 풍부하다. 물자·군량이 풍부하므로 군대는 즐겨 이 땅에 주둔하고 싶어한다. 이 지방을 돌아보자면 엿새 길이 넘고 여기저기에 도시와 촌락이 흩어져 있다. 주민은 모두 이슬람교도이다. 이 고장을 여행하고 있으면 이따금 80~96km의 사막을 지나야 한다. 사막에선 물이 발견되지 않으므로 여행자는 마실 물을 휴대할 필요가 있다. 그러나 짐 싣는 짐승은 사막을 횡단하여 물이 있는 지점에 도달할 때까지 한 방울의 물도 마시지 않고 참아야만 한다.

앞에서 적은 6일간의 기행을 마치면 사푸르간(^{아프가니스탄}_{서쪽의 도시})이라는 거리에 다다른다. 이 거리에는 모든 것이 풍부하다. 이 고장의 특산물 참외는 그 맛이 천하일품이며 생산량도 대단히 많다. 주민은 이 참외를 가죽띠 모양으로 둘둘 벗겨낸 다음 햇볕에 쪼여 건조시킨다. 그렇게 하면 꿀 같은 맛이 난다. 말린 참외는 대량으로 이웃 여러 지방에 팔린다. 이 고장에는 또 짐승들이 믿을 수 없을 만큼 많이 서식하고 있다.

다음에는 발라크라는 도시 이야기를 하자.

46 유서깊은 대도시 발라크

발라크(^{옛날 박트리아의}_{수도였던 도시, 발흐})는 현재에도 화려한 대도시이지만 이전에는 이 이상이었다. 타타르 인과 그 밖의 종족에게 공략되고 파괴되어 오늘날의 모습이 되었다. 지난날 이 거리에는 장려한 궁전이나 대리석으로 만든 화려한 저택이 정말 즐비했으며, 파손되어 폐허화된 잔해가 옛 모습을 오늘날에도 남기고 있다. 또 여기에 한마디 덧붙인다면, 알렉산더 대왕이 다리우스 왕의 딸과 결혼한 곳은 다름 아닌 이곳이라고 한다. 주민들은 모두 이슬람 교도이다. 이 거리는 페르시아의 동남 및 동북면을 구획 짓는 국경선상에 위치하고, 타타르 영주의 지배권은 이곳을 한계로 하고 있다.

타이칸이라는 지방의 이야기로 들어가기로 한다.

47 타이칸 지방, 그 지방 산들은 소금으로 되어 있다

앞에 적은 발라크를 뒤로 하고 동북 또는 동쪽을 향하여 기행을 계속하기를 12일, 그 사이의 길은 모두 사람 그림자도 찾을 수 없다. 이것은 주민들이 끊임없이 그들을 괴롭히는 군대나 도적의 난을 피하여 산간에 성채를 쌓

발라크 (발흐) 유적의 성채

고 모여 살기 때문이다. 이 지방에는 물이 충분히 있고 사냥감이 풍부하며 사자도 서식하고 있다. 12일간 지나가는 산길에는 식량을 구할 수 없다. 그러므로 여행자는 12일간을 견딜 충분한 식량을 마련해야 한다.

12일간의 여정이 끝나면 타이칸이라는 거리에 다다른다. 이곳은 곡물의 대집산지이다. 근방 일대는 아주 수려한 고장이다. 거리의 남쪽에 큰 산이 있는데 모든 산이 다 소금으로 되어 있다(이 밖의 산에서는 편도 열매의 산출이 많고 이것 또한 거래가 성하다). 이 암염은 품질이 매우 좋으므로 주위의 제국이나, 멀리는 30일 길의 먼 곳에서 사람들이 찾아와서 채취한다. 이 암염은 아주 단단해서 커다란 철제 곡괭이를 사용하여 겨우 파 모을 수 있는 형편이다. 또 그 매장량이 막대하여, 온 세계 사람이 소비하여도 세계가 종말하는 날까지 충분히 공급할 수 있을 정도이다.

타이칸을 떠나 동북 또는 동쪽으로 사흘간에 걸친 여행을 계속하는데 그 길은 줄곧 인구가 조밀하고 과일·곡물·포도가 풍부하게 여무는 고장이다. 주민들은 이슬람 교도이며 인정은 사악 잔인하다. 그들은 타고난 술꾼인 데다가 양질의 증류주가 있으므로 틈만 나면 술독에 빠진다. 풍속으로는 모자를 쓰지 않고 길이 10파암쯤의 가는 헝겊을 머리에 둘둘 감고 있다. 사냥이 아주 능하며 사냥감의 양도 매우 많다. 피륙류는 아무것도 없고 단지 사냥으

알렉산더 대왕의 정략 결혼

BC 327년 알렉산더 대왕은 페르시아 귀족들과 결속을 다지기 위해 다리우스 왕의 딸과 정략 결혼을
한다. 발라크는 당시 화려한 대도시였다.

로 입수한 짐승류의 피혁이 있을 뿐이므로 주로 이것을 무두질해서 옷과 신을 만든다. 따라서 피혁의 무두질 방법은 누구나 모르는 사람이 없다.

이 사흘간의 여행이 끝나면 스카셈에 도착한다. 이 거리는 다른 산간에 있는 여러 도시나 촌락과 함께 어느 귀족에게 예속되어 있다. 하천이 이 스카셈을 관류하고 있다. 이 고장에는 산미치광이가 아주 많이 서식하고 있다. 이 산미치광이는 사냥꾼이 잡으려고 사냥개를 풀어 덮치게 하면 대뜸 몸을 둥글게 움츠린다. 그러고는 등에서부터 옆구리까지 바늘을 곤두세워 사냥개의 공격을 막아내며 여기저기 상처를 입힌다.

스카셈은 스카셈 주라는 광대한 지역 안에 위치한다. 이 지방 주민은 이웃 지방과는 별개인 독특한 언어를 쓰고 있다. 농민은 가축을 기르며 산간에 거주하는데, 근사한 대형 동굴식 가옥에 살고 있다. 이 고장 산들은 암석층이 아니라 모두 토양으로 되어 있는 까닭에 동굴식 가옥을 짓기가 쉽다.

이 스카셈을 떠나 다시 사흘간의 여행을 계속하는데, 이 동안에도 사람 사는 집이나 식료·음료는 찾아볼 수 없다. 따라서 여행자는 필요한 것들을 모두 가지고 가야 한다. 그러나 풀만은 충분히 있으므로, 짐 싣는 짐승의 먹이로는 부족함이 없다. 사흘 동안의 여행이 끝나면 발라샨이라는 고장에 다다른다.

48 발라샨의 보석과 명마

발라샨은 광대한 나라(인도 서북방의 페샤와르 지방)이다. 주민들은 이슬람교를 신봉하고 독특한 언어를 사용한다. 사방 12일 거리의 넓은 면적을 갖고 있는 대국으로, 알렉산더 대왕과 페르시아 왕 다리우스 왕녀와의 사이에 생긴 자손이 이 나라의 왕위를 세습하고 있다. 이 나라에서는 역대 왕이 알렉산더 대왕을 기념하여 현재에 이르기까지 '줄카르나인'*50의 칭호를 가지고 있는데, 이것은 알렉산더를 사라센 언어로 고친 것이다.

이 나라에서는 아주 아름답고 그만큼 값도 비싼 '발라시'(루비를 말함)라는 보석이 산출된다. 산간 암석에 포함되어 있는 것이므로 채취하기 위해서는 우선 산 속에 굴을 파 내려가야 한다. 보석은 시키난 산에서만 채굴된다. 국왕이 일반의 채굴을 금하고 이를 어긴 자는 사형에 처하는 한편, 왕실용이라 한정해서 이 시키난 산을 개착하여 홍옥의 독점 채취를 행하고 있기 때문이다. 또 이 '발라스 홍옥'은 국외 수출도 금지되어 있어, 이를 범하는 자는 사형에다가 가재 몰수형이 가해진다. 즉 국왕은 부하에게 위탁하여 이 홍옥을 여러 외국의 왕후 귀족에게 가지고 가게 하여 조공·선물로서의 용도에 충당시키는 한편, 일부는 매각해서 금은으로 교역하므로 사굴(私掘)과 수출을 엄금하여 홍옥의 가치를 늘 값지게 만들려고 하는 것이다. 만약 국왕이 이 홍옥의 채굴 및 국외 반출을 만인에게 허가할라치면 여러 곳에 유출되는 분량은 그야말로 대단한 것이 되어 곧바로 가치가 떨어질 것은 불 보듯 뻔하다. 이렇기 때문에 엄벌을 설정하여 무허가에 의한 채굴을 방지하고 있다.

명마로 유명했던 발라샨
알렉산더 대왕의 명마 혈통이 이 지방에서 키워졌으나, 뒤에 왕족의 알력으로 인해 그 종자가 사라졌다.

이 나라에서는 벽옥도 또 다른 산에서 산출되며 홍옥과 같은 수단으로 채취된다. 또 그 질로는 세계의 어느 것과도 비길 바가 없이 뛰어난 군청색 원석은 일반의 암석층과 함께 산 속에 광맥을 이루고 있다. 이 밖에 또 은·동·납의 광맥도 있어 대규모적 채굴이 행해지고 있다.

이 나라는 한기가 아주 심하다. 그 속에서 사육되는 말은 아주 양질이며 주력이 강할 뿐만 아니라 항상 산간만 달리면서도 편자를 붙이지 않아도 된다. 전에 이 나라에는 알렉산더 대왕의 명마 부케팔루스의 혈통을 잇는 말이 많이 있었는데, 모두 다 그 먼 조상과 마찬가지로 머리 위에 한 개의 뿔이 나 있었다. 이 혈통의 말은 국왕의 삼촌만이 소유하고 있었는데, 국왕의 요구에 응하지 않았기 때문에 삼촌은 마침내 죽음에 처해졌다. 그래서 홀로 남은 아내는 원한이 사무쳐 동종의 말을 모두 죽여버렸다. 이리하여 이 종류의 말은 마침내 절멸하게 된 것이다.

이 나라의 여러 산에는 성질도 좋고 높이 나는 세이커 종의 매, 래너 종의 매가 서식한다. 사냥감으로서 조류·짐승 모두 그 수가 많다. 이 나라의 밀은 양질이며 보리에는 껍데기가 없다. 감람유는 채취되지 않지만 참깨·호두에서 기름을 만들고 있다.

이 나라 곳곳에는 험준한 좁은 길이나 요새가 많아 주민은 외래의 침입자에 대해 우려할 필요가 없다. 도시·촌락은 큰 산의 꼭대기에 있고 그 요새는 매우 견고하다. 이러한 산들은 아주 높아서, 꼭대기에 이르자면 새벽부터 걷기 시작해 일몰까지는 충분히 걸린다. 그 정상은 초목이 무성한 넓은 대지를 이루고, 바위 사이를 지나 마치 분수와 같이 흘러 떨어지는 샘물도 풍부하다. 수질도 청렴하고 송어를 비롯하여 맛있는 어류를 수많이 번식시키는 등의 좋은 자연 조건을 갖추고 있다.

이 정상의 대지에서는 공기가 무척 깨끗하고 청량하다. 산록의 협지에 있는 도시·촌락의 주민이 여러 가지 열병 또는 염증, 그 밖의 질병에 걸릴 때에는 여기에 와서 요양하기만 하면 이삼 일로 완전히 병을 털어버리고 건강을 회복할 수 있다. 실제로 마르코 자신도 스스로 이 효과를 체험했다고 말하고 있다. 그는 이 나라에 와서 1년이 좀 못 되는 동안 병상에 누워 있었는데 우연히 그 산정의 대지에 가서 요양하라는 충고를 따랐던 바, 금세 완쾌하였다 한다. 또 이 나라의 몇몇 산에는 유황 매장량이 풍부하고 유황수가 쉴 새 없이 흘러나오고 있다. 그 밖에 이 지방에는 300 내지 500 또는 600마리씩 무리지어 사는 야생의 양이 많이 서식하며 잡아도 좀처럼 줄지 않는다.

주민은 활을 잘 쏘며 사냥에 능란하다. 천이 부족하므로 대개의 주민은 짐승 가죽으로 옷을 만들어 입는데, 상류 계층의 귀부인만은 예외여서 그녀들은 한 벌에 60에서 80엘^(1엘은 27~28인치), 때로는 100엘이나 되는 면포를 사용하여 주름진 바지를 만들어 입는다. 대개 이 나라 남자들은 뚱뚱한 여자를 좋아하므로, 일부러 엉덩이를 크게 보이기 위함이다.

다음에는 이 나라 남쪽 10일 길의 고장에 사는 색다른 주민에 대한 이야기를 해 보자.

49 파샤이 지방

발라샨의 남쪽으로 열흘 정도 가면 파샤이라는 지방이 있다^(인더스 강 유역의 페샤와르 지방).

주민은 독자적인 언어를 사용하는 우상을 숭배하며 피부는 검은색을 나타내고 있다. 그들은 마법이나 주술에 능하다. 남자들은 귀에 작은 귀고리를 끼고 금은 받침에 진주나 보석을 박은 브로치를 여러 개씩이나 몸에 달고 있다. 아주 교활한 인종이지만 그들은 이것이 총명한 것이라 믿고 있다. 땅은 몹시 덥고 주민은 쌀과 고기를 주식으로 하고 있다.

다음에는 그 남동쪽으로 7일 정도 가면 케스무르에 도착한다.

50 케스무르 왕국

케스무르(인도 북부의 캐시미르) 주민은 우상을 숭배하며 그들만의 언어를 사용한다. 이 고장의 주술사들은 우상에 말을 시킬 수 있을 정도로 정말 놀라운 주술의 명인이다. 그들은 또 주술을 사용하여 날씨를 바꾼다든지 암흑을 불러낸다든지 한다. 그가 하는 요법의 신기함은 실제 이것을 보지 못한 자가 아니면 도무지 믿기 어렵다. 이곳이야말로 온 세계 우상 숭배의 본가인 동시에 우상 숭배 발생지이기도 하다. 이 나라에는 인도양으로 흐르는 강이 있다.

주민은 남녀 모두 살갗이 검다. 남자는 마른 형이고, 여자는 피부가 검은 인종 중에서 가장 아름답다. 쌀·육류·젖을 주식으로 한다. 기후는 온난하고 추위 더위 다 심하지 않다. 국내에는 거리나 촌락이 많다. 또 삼림·사막 및 험하기 그지없는 좁은 길이 곳곳에 있으므로 주민은 외적을 두려워하는 일이 없다. 이 나라는 자기들의 왕을 모시고 있는 독립국으로 정의에 입각한 정치를 한다.

이 나라에는 은자들이 있어 인가에서 떨어진 암자에서 살며 엄격한 절식·금주를 실행하고 있다.*51 그들은 종교 의식을 치르기 위하여 몸과 마음을 깨끗이 하고 적어도 교법이 금하는 죄는 하나도 범하지 않으므로 나라 사람들은 그들을 성자로 간주하고 있다. 이들 은자는 이상하게도 누구나가 다 오래 산다. 그들이 이러한 엄격한 금욕 생활을 상속하는 것은 순전히 그 우상을 경애하기 때문이다. 또 이들 은자와 같은 종파에 속하는 승원이나 수도원도 여럿 있어 그들도 거기서 마찬가지로 엄격한 금욕 생활을 유지하고 있다. 그들은 우리 도미니코파나 프란체스코파의 승려와 마찬가지로 삭발하고 있다. 이 나라 주민들은 동물을 도살하는 일은 없다. 그들과 섞여 살고 있는 이슬람 교도들이 주로 도살을 업으로 하고 있어 주민들은 주식으로 하는 육류를 얻을 수 있다. 또 유럽에 수출하는 산호의 매출 시장으로서, 이 나라는 어디보다도 유리하다.

이 나라를 떠나 12일쯤 가면 후추 생산지인 브라민 왕국에 이를 것이지만, 우리는 지금 그 방향으로 나아가지 않으므로 그 고장 이야기는 언급하지 않기로 한다. 우리는 인도에는 더 나중에 다른 길을 통해서 들어갈 것이다. 따라서 그 길을 좇으면서 귀국길에 오를 때 인도에 관한 모든 일을 서술할 것이다. 현재로 보아서는 발라샨 왕국 방향으로만 나아갈 수 없으므로 다시 한번 그 나라 쪽으로 되돌아가기로 한다.

51 보칸 지방

발라샨을 떠나 큰 강을 따라가며 동행 또 동북행하기를 12일, 그 사이의 땅은 모두 발라샨 국왕의 아우에게 예속되어 있다. 도시도 많고 주민도 조밀하다. 토착인은 무협적이며 이슬람교를 신봉한다.

12일 길을 다 가면 보칸*[52]이라는 아담한 지방에 다다른다. (아무튼 어느 방향으로 가도 사흘길이면 다 갈 수 있으므로) 그다지 넓지 않은 지역이다. 주민들은 이슬람 교도이며 독자적인 언어를 쓰고 있고 싸움에 임해서는 용감하다. 그들에게는 독립된 왕이 없고, 노네라는 칭호를 가진 인물(유럽의 백작에 상당한다)이 관할하는 영토는 발라샨 국왕에게 예속된다. 이 고장에는 야생 짐승들이 많고 짐승이 다 사냥감으로 부족함이 없다.

52 파미르 고원

보칸을 출발하여 쭉 산악 지대만을 사흘간에 걸쳐 동북행하면 세계에서 가장 좋은 땅이라고 불리는 곳에 이른다. 이 고지는 사면이 다 산으로 둘러싸인 멋진 평원을 형성하고, 그 속에 있는 큰 호수*[53]에서는 청렬한 한 줄기 하천이 시작되고 있다. 이 평원은 세계에서도 유례가 없는 양질의 목축지를 이루며, 아무리 깡마른 가축이라도 여기에서 열흘간만 방목하면 틀림없이 살이 찔 것이다. 사냥감은 무엇이든 풍부하지만 특히 커다란 양이 많다. 그 뿔은 대략 6스판(1스판은 약 23센티미터)에 이르며 가장 짧은 것이라도 삼사 스판은 된다. 목양자들은 이 양 뿔로 식기 주발을 만들고, 또 이것을 재료로 하여 울타리를 두르고 야간에 가축을 넣어두는 방책을 만든다. 또 한편 이리의 수도 아

파미르 고원
뒤에 무스타그 마타봉(7546m)이 보인다.

주 많아 야생 양 가운데 그 먹이가 되는 것이 많으므로, 곳곳에서 그 뼈나 뿔이 산재해 있음을 볼 수 있다. 이 뼈나 뿔을 모아 도로를 따라 박아 놓았고, 이것이 눈이 쌓일 경우에는 여행자의 길잡이 역할을 하고 있다.

이 평원은 파미르 평원이라 불리는데 이곳을 다 지나려면 12일이 걸린다. 이 12일간은 도중에 집도 보이지 않고 목초도 없으므로 여행자는 식량을 휴대해야 한다. 고산 지대이며 추위가 심하기 때문에 한 마리 새도 볼 수 없다. 여기에서 특히 알려 두고 싶은 것이 있다. 이 심한 추위 탓으로 이 땅에서는 불을 피워도 빨갛게는 타지 않으며, 다른 데서와 같은 불빛도 나타내지 않는다. 음식을 만들어도 맛이 다른 데서와 같지 않다.*54

이 이야기는 이 정도로 끊고, 다음에는 더 동북행 또는 동행하는 사이에 만나는 여러 가지 사물에 대한 보고로 옮기기로 한다.

53 벨로르 지성

앞에서 적은 12일간의 여행을 끝마치고 계속해서 또 40여 일을 동북, 그리고 또 동쪽으로 나아간다. 길 위는 모두 산악·구릉·계곡 지대로서 종종 하천을 건너고 사막을 넘어야 한다. 이 40일 동안 사람 사는 집도, 풀이 나 있는 땅도 보이지 않으므로 여행자는 모든 필수품을 스스로 갖추어 가야 한다. 이 지역이 벨로르(파키스탄 북부 치트랄 동북 일대)라 부르는 고장이다. 토착인은 산간 고지에 주거하는 조악한 수렵민으로, 우상을 숭배하고 주로 짐승 가죽을 몸에 걸치고 있으며 성격은 매우 사악하다. 이 벨로르에 이어 다음에는 카슈가르의 이야기로 들어가기로 한다.

〈주〉

＊1 Armenia는 조르지아와 함께 1220년 칭기즈 칸 서벌군에 침략당해 종속되었다. 그 당시 아르메니아는 레온 2세(재위 1198~1219)의 죽음으로 궐위 시대이며, 조르지아는 조르지 4세(재위 1212~1223)의 치세 중이었다.

＊2 코니아는 지금의 트레비존드 성에 속하는 이코니움이며 지난날 리카오니아 중심부를 이루었다. 카에사리아는 지금의 산자크 주의 중심부 산자크이며 지난날 카파도키아의 땅에 속한다. 세바스타는 지금의 트레비존드 성의 중심부 시바스이며 지난날 카빌라라 불렸다. 이들 모두 타우리스 산맥 북쪽 기슭에서 동쪽 변경에 걸친 도시이다.

＊3 아르친간은 에르주룸 주의 엘리자, 아르지론은 에르주룸, 아르지지는 반 주의 아르지쉬, 파이푸르트는 바이바르트에 해당한다.

＊4 반 호 동북방 해발 6천 미터의 아라라트 산(Mt. Ararat)이다.

＊5 조르지아의 바그라티드 왕가는 다윗 왕의 후예라고 자칭했기 때문에 이 왕호를 채택하는 경우가 많았고 12세기 후반의 다섯 왕 중 세 사람까지가 그러했다. 그러나 이 당시의 왕은 디미트리 2세(재위 1272~1289)이다.

＊6 광대한 몽골 제국 안에서의 서부라는 뜻에서 킵차크 한국을 가리켜 사용하는 말인데, 본문에서는 후세의 이 지역 지정대로 알렉산더의 원정 서술에 사용하고 있는 것이다.

＊7 카스피 해 연안 코카서스 산맥 동부 다게스탄 공화국에 있는 데르벤트(Derbent) 고개를 가리킨다. 아라비아 지리학자는 이것을 '관문 중의 관문'이라 부르고, 터키 쪽 사이에서는 '철문'이라 불리었다. 데르벤트에는 수십 마일에 걸친 고대 보루의 유적이 남아 있는데, 이것은 셀레우코스 왕조가 처음으로 구축하고 사산 왕조가 수복한 것이라 전한다. 터키족은 이것을 '알렉산더 보루'라 부른다.

＊8 Ghelukelan 해, Abaco 해의 유래는 알 수 없다. 유울에 따르면 전자는 '겔의 바다 또는 겔란의 바다'로 되어 있어야 할 것이며, 카스피 해 서남안의 옛 지명 Gelae에 기원한다고 한다. 13세기 원조의 문헌, 이를테면 《원사(元史)》 63권 '지리지(地里誌)' 이하에 〈관전길사(寬田吉思)〉라 보이는 것은 이 겔란 해를 사투리화한 터키 어형인지도 모른다. 아바코 해에 대해서는 바쿠(Bacu) 해라는 중세 용어와의 관련을 생각할 수 없을까.

＊9 티그리스 강·유프라테스 강이 카스피 해로 흘러간다는 것은 엄격히 말해 잘못이다. 존 강은 자이푼 강, 즉 암 강이며 우자스 강이다. 이것도 아랄 해로 흘러가며, 카스피 해로 들어가는 강은 아니다.

＊10 대 타타르 인이란 근동 타타르, 즉 일 한국, 서북타타르, 즉 킵차크 한국 등 여러 우르스에 분열하기 이전의 몽골 제국을 뜻하며, 칭키즈 칸의 중앙아시아 정벌을 가리킨다.

＊11 크와리즘 국왕 훌라구딘 무하마드(재위 1200~1220)가 칭기즈 칸의 정벌군에 패하여 카스피 해의 작은 섬으로 도망친 것도 그 한 예이다.

＊12 모술은 그레고월판에 Mausul로 되어 있다. 티그리스 강 상류의 Mosul로 되어 있다. 티그리스 강 상류의 Mosul에 도읍한 젱기족의 왕국. 13세기 당시의 국왕 베드르 우딘 루루(재위 ?~1258)는 훌라구 칸에게 복종하여 왕위를 유지했으나, 그 아들 메리크 사리에 이르러 반란하여 나라를 망쳤다. 모술 왕국은 남송의 주거비(周去非) 《영외대답(嶺外代答)》 3권, 조여괄(趙汝适) 《제번지(諸蕃志)》 상에 물사이국(勿斯離國), 《원사》 63권 〈지리지〉에 모석리(毛夕里)로 기록되어 있다.

＊13 야톨릭이란, 네스토리우스파 그리스도 교회에서 총주교를 Yathalik라 부르는데, 이 칭호가 사투리화한 것이다.

＊14 10~12세기에 걸쳐 북부 중국의 일부를 통치한 몽골계 카타이족의 국가, 즉 요(遼) 왕조는 외몽골 모든 부족에 대해서도 실질적 지배력을 침투시킨 결과, 몽골족 사이에서 카타이의 이름이 북부 중국을 가리키는 말로 변했다. 13세기 몽골이 남긴 기록, 즉 《원조비사(元朝秘史)》에는 중국을 뜻하는 명사로서의 카타이란 말이 명확히 보인다. 칭기즈 칸 제국이 서쪽으로 세력을 넓힘에 따라 이 말이 우선 페르시아·러시아에 퍼지고 이어 유럽의 여러 국어에도 채용되게 되었다.

＊15 무명실이 아닌 명주실로 짠 모슬린이 서술되어 있는 것이다. 금 말의 장춘진인(長春眞人) 《서유기》 하권에 사마르칸트 서민의 터번에 쓰이는 백마사(白麾斯)에 대해서 서술하고, 원 말의 도종의(陶宗儀) 《철경록(輟耕錄)》 28권에 회회인(回回人)의 복식으로서의 모사(氁糸)를 말하는 것은 아마도 이 모슬린을 말하는 것이리라.

＊16 Kurdistan의 주민이다. 유목생활을 하는 일부를 제외하고 정주(定住) 농경민족이다. 터키 어 'Kurt(이리)', 또는 페르시아 어 'Gurd(勇者)'에 기원하는 말이라 한다.

＊17 무스는 아르메니아의 무쉬 시, 마레딘은 메소포타미아 평원 끝에 위치한다. 모두 모술 시의 북방에 해당한다.

＊18 중국에서는 당대의 문헌에 이미 전달국으로 나타나 있다. 주거비 《영외대답》 3권, 조여괄 《제번지》에는 백달국, 《원조비사》 12권에 파흑탑척(巴黑塔惕), 《원사》 4권에 팔합탑(八合塔)·팔길타(八吉打), 금미의 유욱(劉郁) 《서사기(西使記)》에 보달(報達)이라고 표기되어 있다.

＊19 페르시아 만 동쪽의 키시 섬. 《제번지(諸蕃志)》 상의 기시국, 《원사》 63권 '지리지'의 겁실국(怯失國)이 이것에 해당한다.

＊20 티그리스 강 어귀와 가까운 바스라이다. 《제번지》에서는 이것을 필사라국(弼斯囉國)

으로 기술하고 있다. 이 고장은 지금도 대추야자 산출지를 이루고 있다.

＊21 Bagdad, Baudas, Baldac의 이름에 관련시켜 이들 호화스런 건직물은 발다치니(balda-chini)라 총칭되어 유럽 제국어에도 채택되고 있다.

'나시치(nasich)'는 원조의 기록에서도 납실실(納失失)·납실사(納失思)·납석실(納石失)이라 쓰고 금비단이라 해석되어 있다. 이것을 전문적으로 짜는 관영 공장이 설치된 것은《원사》85권 '백관지'에 보인다.《원조비사》12권에 이미 칭기즈 칸의 초년 위구르 왕의 조공에 납적척(nacid-naci의 복수형), 즉 금단자(金段子)라고 하는 것이 나시치의 초건인 듯하다.

'나크'에 대해서는《원조비사》속집 2에, 1237~1238년 이라크를 평정한 장군 초로마 간이 징발한 조공 항목에 바그다드의 진기한 토산으로서 납총척(naqud-naq의 복수형), 즉 혼금단자(渾金段子)가 포함되어 있다.

'크라모이시'는 벨벳류이다. 연지벌레 kermes에서 만들어지는 홍색 안료로 염색한 심홍색 벨벳이기 때문에 이 이름이 붙었다.

＊22 칭기즈 칸의 막내아들 툴루이가의 네 왕자, 몽케·쿠빌라이·홀라구·아리크부카를 가리킨다. 몽케는 몽골 제국 제4대 칸에 즉위하자 그 이듬해 1252년 쿠빌라이를 티베트·윈난으로, 홀라구를 이란·이라크로 보내 다스리게 했다.

＊23 바그다드 함락 날짜를 파리국립도서관판은 1250년, 다른 여러 문서는 1255년으로 하는데 사실로서는 1258년이다.《원사》149권 '곽간전(郭侃傳)', 유욱《서사기》에는 팔길타·보달의 글자로 바그다드를 베끼고, 그 공략 경위와 재보의 막대함을 기술하고 있다.

＊24 당시의 칼리프는 압바스조 제37대의 무스타심(Musta 'sim Villah, 재위 1242~1258)이었다. 750년 아불 압바스에 의하여 세워진 동칼리프 왕조는 여기에서 500년의 역사를 닫는다.

＊25 이 연차는 제라드판과 라무시오판에 1255년, 파리국립도서관판을 비롯하여 다른 주요 문서에는 1275년으로 되어 있다. 압바스 왕조는 이미 1258년에 멸망했으므로 후자의 연차는 문제가 되지 않는다. 1255년이라면 당시의 칼리프는 제34대 알 나실(재위 1180~1226)이다.

＊26 아제르바이잔의 수도 타브리즈이다. Tavriz, Tauriz, tauris로 와전된 것. 홀라구 칸의 공략을 거쳐 바그다드는 쇠약해지고 신하 타브리즈가 인도와 지중해를 잇는 동서 무역의 간선을 맡게 되어, 나아가서는 일 한국의 수도가 되어 번성했다.

＊27 이라크는 크게 구분하여 이라크 아쟈미와 이라크 아라비로 나뉜다. 전자는 페르시아인의 이라크이며 왕년의 메디아 왕국에 해당하고 이스파한·하마단을 그 대표 도시로 한다. 이에 대해서 후자는 티그리스·유프라테스 두 강에 의해 관개된 옛날의 바빌론 왕국 영역에 해당하며, 바빌론·쿠테시폰을 그 대표 도시로 한다.

＊28 Cormos라면 페르시아 만의 저명한 항구 호르무즈를 가리킨다. 그러나 Cremessor라면 다른 고증이 필요하다. 포티에는 이것을 티그리스·유프라테스 두 강 어귀에서 라리스탄에 걸친 지방, 즉 gärmsir(고열 지대)와 비교해서 정리하려고 한다.

＊29 D'Avesac가 만든 파리국립도서관판 최초의 복각(覆刻)에서는 이 부분이 'Tauriz라 불리는 도시의 주민이다'라고 되어 있어, 타우리스는 분명히 도시명으로 되어 있다. 라틴 역으로는 이 도시명을 Tauricini, 라무시오판에서는 Taurisini로 되어 있다. 포티에가 의거한 그레고월판에서는 '도시에 사는 이슬람 교도를 불러 Touzi라 칭한다'고 되어 있어 도시명이 아니라 이슬람 교도에 대한 호칭으로 되어 있다. 따라서 포티에는 '타우지'로써 페르시아에 침입한 아랍 인 Tazi, 즉 중국 문헌지에 일반적으로 '대식'이라 베껴진 것의 와전이라고 해석했다. 유울은 마찬가지로 그레고월판에 의거하면서 포티에의 설에 반대하고, 이 부분만은 파리국립도서관판을 따라 Taurizi라 개정하여 '타우리스 시민'이라는 뜻으로 해석하고 있다. 리치 영역본과 유울 영역 집필본은 파리국립도서관판에 의거하면서 Torisin, Taurisin을 사용하고 있다. 물론 이것을 '토리스 시민'이라 해석하는 것이다.

＊30 바르사모란 5세기 전반 동방교회파의 수도원장이었던 바르소마(Barsauma)가 변한 말. 그는 네스토리우스파의 교의를 배척했으나 그리스도 일성론을 주장했기 때문에 카르케돈 종교회의(451)에서 이단으로 취급당했다. 그의 이름에서 따서 지었다는 이 사원은 마라티야 근교에 있다.

＊31 샤베는 아이와 하마단의 중간에 위치하며 지금의 테헤란의 남서 80km에 상당한다. 《원사》 63권 '지리지'에는 살와(撒瓦) 글자로 전해져 온다.

＊32 아베는 샤베의 남남동 16마일, 카산은 《원사》 63권 '지리지'에 가상으로서 나타나 있는 것으로 테헤란과 이스파한의 중간에 위치한다. 각각 동명의 시가 현존한다.

＊33 카즈빈은 테헤란 서쪽에 위치하며 13세기 당시에 번영한 도시이다. 마르코 폴로가 이것을 여덟 왕국의 하나로 헤아리는 것은 카즈윈을 중심으로 하는 이라크 아쟈미, 즉 페르시아·이라크 지방을 가리키는 것이리라.

＊34 술리스탄은 파리국립도서관판과 그레고월판에 Cielstan으로 되어 있다. 수울족의 국토를 뜻하며, 지금의 쿠디스탄 지방에 해당한다.

＊35 이스파한은 파리국립도서관판에 Ispaan, 그레고월판에 Istanit로 되어 있다. 테헤란 남쪽 300킬로미터에 위치하는, 지금의 이스파한을 중심으로 하는 이라크 아쟈미 지방을 가리킨다. 남송의 조여괄 《제번지》 상의 아사포한(啞四包閑), 《원사》 63권 '지리지'의 역사법항(亦思法杭)은 그 대음(對音)이다.

＊36 이스파한 남쪽 300킬로미터에 위치하는 지금의 쉬라즈를 중심으로 하는 파알스 지방을 가리킨다. 《원사》 63권 이하의 설척자(設剌子)·석라자(石羅子)는 그 대음이다.

＊37 손카라는 그레고월판에 Sonscara로 되어 있다. 샤반카라가 잘못 전해졌다. 쉬라즈 동

쪽에 있는 니리즈 함호(鹹湖) 남쪽 및 동쪽을 차지한다. 페르시아 만에 면한 파알스와 라리스탄의 일부에 상당한다. 수울족·룽족의 거주 지역이다.

＊38 투노카인은 동쪽은 호라사에, 남쪽은 킬 만에 접하는 쿠히스탄 지방에 해당한다. 지역 내의 주요 도시 툰(Tun)과 카인(Kain)을 아울러 칭한 이름이다.

＊39 케르만은 그레고월판에 Creman으로 되어 있다. 페르시아의 동남방을 차지하는 지역으로 지금도 같은 이름으로 불리고 있다. 금 말의 유욀《서사기》의 걸리만은 그 대음이다. 수도 키르만은 에즈도의 동남 250킬로미터에 위치한다.

　13세기 전반 몽골에 의한 정복 직전의 키르만은 크와리즘 왕국에 속했다. 칭기즈 칸은 크와리즘 왕국의 총독 크투루그 술탄에게 안심했었다. 이것이 카라 키타이 왕가로서 존속하는데, 일 한국의 통치 아래서는 유명무실한 왕가로 영락하고 있었다.

＊40 ‘안다닉’은 파리국립도서관판에 andanique, 그레고월판에 andaine andanicium의 형태로 베껴져 있다. 16세기 중엽의 라무시오 번역본 당시부터 그 실체가 명확하지 않았다. 라무시오는 베네치아를 방문하는 페르시아 상인에게 이것이 양질의 강철이라는 회답을 얻었다. 유욀은 이 주장을 채택하여 부연하고 있다.

　그러나 ‘안다닉’이 강철이라고 한다면 이것을 스틸과 함께 열거하는 본문의 서법이 —제1장 40 코비암, 제2장 64 친기탈라스 지방에도 마찬가지의 병렬로 표기하고 있다—아무래도 자연스럽지 않다. 잠시 의문을 남겨둔다.

＊41 당시의 델리 왕국 술탄인 가이아스 우딘 발반(재위 1266~1286)에 해당하는 듯싶다.

＊42 몽골 어로 ‘혼혈아’는 holicaga이므로 카라우나스 운운하는 것은 마르코 폴로의 오해이다.

＊43 외국 상인이 객사한 경우 그 상품·재산을 국가가 몰수하는 규정은《신당서(新唐書)》 163권 ‘공규전(孔戣傳)’,《송회요(宋會要)》에도 보인다. 당송 시대의 중국 남부의 항구에 내왕한 아라비아·페르시아 상인에 대해서도 같은 조치가 취해져 있었다.

＊44 남해 무역에 종사하는 아라비아 상선이 소형이며 중국 상선이 대형이었던 경위는 남송의 주거비《영외대답》3권에 상세히 나와 있다. 즉 아라비아 상인은 이 작은 배를 사용하여 아라비아 해에서 인도 서남단의 키론 지방에까지 항행했고 그 지방에서 중국의 대형 선박에 갈아타는 것이다.

＊45 페르시아 동쪽 변방의 호라산 지방을 ‘Arbre Sol’의 고장이라 일컫는 이유가, 알렉산더 이야기에 보이는 ‘태양수(太陽樹)’ ‘태음수(太陰樹)’와, 중세 그리스도 교도의 전설에서 말하는 ‘시든 기적의 나무’가 혼합된 결과임은 서장 19(주29)에서 이미 서술했다.

　아브라함 때부터 줄곧 성지에 있던 커다란 떡갈나무는 그리스도가 십자가 위에서 죽음을 맞이할 때 같이 시들어버렸는데, 뒷날 성지가 이슬람 교도의 손에서 회복되어 이 거목 밑에서 미사가 집행되자 갑자기 살아났던 것이다. 이 기적에 의하여 이슬람 교도나 유대 교도 가운데 그리스도교로 개종하는 자가 해마다 늘어간다. 이것이 '시든 기적의 나무'에 얽힌 전설이다. 호라산 남부의 이 고장에 우연히 커다란 회양목이 있어 그것이 '태양수' '시든 기적의 나무'라고 억지로 붙여진 것이다.

*46 물레헤트는 파리국립도서관판에 Mulehet, 그레고월판에 Mulecte로 되어 있다. 이단자를 뜻하는 아라비아 어 Mulahid가 잘못 전해진 것이다. 《원사》 1·3·149권에는 목척이(木刺夷)·목라이(木羅夷)·목내혜(木乃兮)라 음역되어 있고, 금 말 유욱의 《서사기》에는 목내해(木乃奚)라 베껴져 있다.

　　알리의 자손을 정통 칼리프로 간주하는 시아파의 별류(別流)로 일명 이스마일파라고도 한다. 시아파와는 역대의 교주(Imam) 계승에 있어 견해를 달리하고 이스마일을 제7대 교주로 간주하는 데서 이 이름을 얻었다. 그 뒤 1090년경 하산 빈 삽바가 페르시아 북부의 산간부 즉, 카즈빈의 동북 51킬로미터의 아라무트에 근거지를 삼고 신이스마일파를 설립한 것이 이 물레헤트 왕조이며 '산속 장로파(Shaik-ul Jabal)'라고도 불리었다. 마르코 폴로가 말하는 '산속 노인'이란 이 이름에서 나왔고, 자객을 양성하여 반대파 요인을 암살하고 그 교선의 확대에 노력한 결과 페르시아에서 유력한 세력이 되었다. 마지막 교주는 훌라구딘 마호메트(Ala-uddin Mahomed)이며 본문에서 말하는 알라오딘(Alaodin)이다.

*47 이 일파는 해시시(hashish)라 불리는 대마(大麻)로 만든 마약을 사용하여 자객을 양성하고, 자극제로 이용하여 자객을 흥분시켰다. 그들은 누군가를 암살할 때 삼노끈으로 목을 조르기도 했다. 현재에도 assassin이란 말이 암살자를 뜻하여 사용되는 것은 이 해시시를 어원으로 하는 것이다. 남송 말의 주밀(周密)의 《계신잡식(癸辛雜識)》 속집에 회회국에 특산되는 압부노(押不蘆)와 해시시 사이에 무슨 관련이 있는지도 모른다.

*48 이스마일파의 종교 왕국인 물레헤트 왕국은 그 수도를 엘브루즈 산지의 아라무트에 두었는데, 각지에 산재하는 신도를 통제하기 위하여 시리아·쿠히스탄·이라크 그 밖에 총독에 상당하는 승원장을 배치했다. 다마스커스·쿠르디스탄의 '장로(Shaikh)'는 그 한 예이다.

*49 이 기년(紀年)은 여러 문서에 전해진다. 파리국립도서관판과 베네치아 방언판은 1262년, 토스카나 방언판은 1278년으로 되어 있다.

　　훌라구가 형 몽케 칸에게서 물레헤트 정벌의 명령을 받은 것은 1252년이며 정벌의 실제는 이듬해인 1253년부터 개시된다. 이후 간헐적으로 3회의 토벌이 되풀이되어 1259년에 완전히 평정했다. 《원사》 129권 《곽간전》, 금 말 유욱의 《서사기》에 이 정전(征戰)이 자세하게 설명되어 있다.

*50 알렉산더 대왕의 아라비아 어 이름 Zulkarnain은 '두 개의 뿔이 있는'이란 뜻이지만 이것은 그 화폐에 새겨진 초상에 기원한다.

＊51 《서사기》는 케스무르 왕국을 인도 서북에 위치하는 부처님 나라라 부르고, 석가의 의발(衣鉢)을 전하는 자가 훈주(파·마늘·부추 등 고약한 냄새가 나는 물건과 술)를 멀리하여 금욕 생활의 입산 수도를 하고 있는 모양을 기술하고 있다.

＊52 Vocan이란 암 강 상류를 이루는 판자 강에 따른 와칸(Wakhan) 계곡 지역이다. 《당서》에 호밀국·호밀다국이라 나타나 있는 것이 이에 해당한다.

＊53 파미르 고원에서 발원하는 카슈가르 강의 수원인 카라쿨 호수이다.

＊54 기압의 감소에 따르는 비등점의 저하에 대한 기술(記述)이다. 마르코 폴로는 주로 이 변화를 저기온의 결과라 오해하고 있다. 하지만 13세기 당시로서 이러한 물리학적 변화 현상을 눈치채고 그것을 전한 기술은 매우 드물며 따라서 귀중하기도 하다.

제2장 중국의 서북 변경

54 카슈가르 왕국

지난날 카슈가르(중국 신장웨이우얼 자치구 남서부 도시)는 독립 왕국이었으나 현재에는 대칸의 속령이다. 주민은 이슬람교를 신봉하고 있다.*¹ 도시·촌락이 많은데 그 중에서도 카슈가르가 가장 크다.

이 나라는 동쪽과 북동쪽 사이에 위치하고 있다. 주민은 주로 상업·수공업을 생업으로 하지만 훌륭한 화원·과수원·농장도 소유하고 있다. 국토는 기름지고 온갖 생활 필수품이 풍부하다. 배·아마와 함께 무명의 산출이 풍부하다.*² 이 나라 상인은 세계 각지에 나가서 무역에 종사한다. 그러나 주민들은 대개 가난하고 음식이 다 소박하다.

이 고장에 거주하는 터키 인 사이에는 소수이긴 하지만 네스토리우스파의 그리스도 교도가 있어 교회 한 개를 유지하면서 그 교법을 지키고 있다. 주민이 사용하는 언어는 독특하다. 이 나라의 넓이는 닷새 길의 범위를 차지한다.

55 대도시 사마르칸

사마르칸*³은 번화한 대도시로 주민은 그리스도 교도·이슬람 교도로 되어 있다. 대칸의 조카*⁴가 통치하고 있는데, 그는 대칸과 친밀하지 않을뿐더러 자주 대칸과 싸워 왔던 인물이다. 사마르칸의 위치는 서북쪽에 위치한다. 성내에는 곳곳에 아름다운 화원이 있어 온갖 종류의 과일이 가지가 휠 정도로 열린다.

그럼 다음에 이 거리에서 일어난 아주 이상한 일을 전해 드리고 싶다.

얼마 전 일인데, 대칸의 친형제 차가타이가 그리스도교로 개종한 일이다.*⁵ 그는 이 지방의 왕인 동시에 또 여러 나라의 국왕도 겸하고 있다. 사마르칸의 그리스도 교도들은 이 왕이 그리스도교로 개종한 것을 보고 매우 기뻐하여, 세례자 성 요한을 기념하기 위해 성내에 큰 교회를 건립하여 그 이름

사마르칸(사마르칸트)의 레기스탄 광장

을 여기에 붙이기로 했다. 그들은 이슬람 사원에서 훌륭한 석재를 가져와 교회당 지붕을 받치는 중앙 기둥의 주춧돌로 사용했다. 그런데 그 뒤 얼마 안 가서 이 차가타이 왕이 죽었다. 이것을 본 이슬람 교도들은 그 석재가 교회당 원주 주춧돌로 사용된 것을 평소부터 유감스럽게 생각하고 있었으므로, 이때다 싶어 모두 모여 의논한 결과 우격다짐으로 되찾기로 결의했다. 성내의 이슬람 교도는 그리스도 교도의 10배나 넘는 다수를 차지하고 있으므로 대단히 쉬운 일이었다. 이슬람 교도의 장로 여러 명이 성 요한 교회에 찾아와서, 본디 그 석재는 이슬람 교도의 것이니 돌려달라는 뜻을 교회에 있는 그리스도 교도들에게 제의했다. 그리스도 교도들은 주춧돌을 빼버리면 교회당이 무너질 것은 뻔하므로, 주춧돌을 그대로 두기만 하면 어떠한 소망도 들어 주겠다고 했다. 그러나 이슬람 교도들은 자기들이 바라는 것은 황금이나 재물 같은 것이 아니라 오직 석재라고 주장하면서 그들의 말을 듣지 않았다. 이때 대칸의 조카인 새 국왕은 주춧돌의 석재를 이틀 이내에 이슬람 교도들에게 돌려 주라는 명령을 내렸다. 이 명령을 접한 그리스도 교도들은 성 요한에게, 자신들이 처한 이런 굴욕에서 벗어나게 해달라고 간절히 기도했다. 마침내 돌려 줘야 할 때가 왔다. 이때 기적이 일어났다. 성 요한의 영험함이 나타나 교회의 기둥이 세 뼘 정도가 떠올라, 주춧돌과 기둥 사이가 벌어진

것이다. 주춧돌을 가져가기 쉽게 되었을 뿐만 아니라 기둥은 오늘날까지 떠
오른 채로 있다. 이 사건이야말로 당시에는 물론 오늘날에도 놀라운 기적 가
운데 하나로 꼽히고 있다.

56 야르칸 지방

야르칸*⁶은 꼬박 5일 길의 나라이다. 주민의 대부분은 이슬람 교도이지만
그 중에 몇몇 네스토리우스파 그리스도 교도들도 섞여 있다. 이 나라의 지배
자는 앞에서 말한 대칸의 조카이다. 무슨 물자이든 풍부하지만 특히 무명의
산출이 풍부하다. 주민의 대부분은 그 한쪽 다리가 아주 길고 이에 비해 다
른 한쪽 다리가 짧다. 걷는 데는 별 불편이 없다. 또 대부분 갑상선 비대로
목구멍에 혹이 나 있다. 이것은 모두 음료수 탓이다.

야르칸에 대해 더는 특별히 쓸 이야기가 없으므로 코탄의 이야기로 넘어
가 보도록 하자.

57 대도시 코탄

코탄*⁷ 왕국은 동북쪽과 동쪽 사이에 위치하여 꼬박 8일 길의 넓이를 갖는
지방으로 대칸에게 예속해 있다. 주민은 모두 이슬람 교도이다.*⁸ 도시나 촌
락이 많지만 그 중에서도 가장 큰 도시가 수도 코탄이며, 그 이름이 나라 이
름이다. 온갖 물자가 풍부한데 특히 무명은 베·아마·곡물과 함께 생산량이
풍부하다. 또 포도원·농원·화원도 많이 눈에 띈다. 주민들은 상업·수공업을
영위하나 전쟁에 익숙한 전사들이 아니다.

58 펨 지방

펨 왕국은 동쪽과 동북쪽 사이에 위치하는 꼬박 5일 길의 지역이다. 주민
은 이슬람 교도이며 대칸에게 예속해 있다. 많은 도시·촌락이 있지만 그 중
에서도 가장 큰 도시가 펨으로 이 왕국의 수도이다.*⁹ 국내에는 벽옥·옥수가
다량으로 산출되는 하천이 몇 줄기 흐르고 있다. 물자는 무슨 물건이든 풍부
하고 목면의 산출이 특히 풍부하다. 주민의 생업은 상업·수공업이다.

이 지방에는 다음과 같은 기묘한 습관이 있다. 즉 기혼 남자가 아내를 남
겨 두고 홀로 여행길에 나설 때, 만약 떠나 있는 기간이 20일을 넘으면 그

아내는 남편이 출발하는 것과 동시에 다른 남자를 남편으로 한다. 이것이 이 고장 습관이니 별로 핀잔을 받지 않아도 되고, 한편 그 남편 쪽에서도 가는 곳마다 다른 아내를 갖는 것이 허용되어 있다. 지금까지 설명해 온 카슈가르 이래의 여러 지방과 앞으로 거쳐 갈 제국은 모두 터키제국의 일부라는 것을*10 알아 주기 바란다.

59 차르찬 지방

차르찬*11은 투르키스탄에 속하는 지역으로 동쪽과 동북쪽 사이에 위치한다. 전에는 기름지고 부유한 지역이었으나 타타르 인들이 휩쓸고 들어와 아주 황폐하게 만들었다. 주민은 이슬람 교도이다. 많은 도시·촌락이 있는데 수도는 차르찬이라 한다. 몇 줄기 큰 강이 이 나라를 관류하고 있으며, 그 강 상류에서 벽옥·옥수가 산출된다. 이 옥은 질이 좋고 양도 많아 상인이 이것을 카타이 왕국에 판매하여 올리는 이익은 막대하다. 이 지방은 일대가 모래 벌판을 이루고 있다. 코탄에서 펨에 이르는 사이는 모두 사막이지만, 펨에서 차르찬까지도 똑같이 모래 벌판의 연속이다. 수질은 대체로 나쁘고 쓴맛을 띠는데 가끔 몇 군데 맑은 물이 발견된다. 적군이 국내를 지나는 사태가 발생하면 주민들은 처자와 함께 가축을 이끌고 이 사막을 2~3일 길의 오지까지 도망쳐 들어가, 그들만이 알고 있는 물도 있고 가축도 함께 생활할 수 있는 곳에 임시 주거를 마련한다. 이렇게 하면 그들이 남긴 발자국은 바람이 자취도 없이 모래로 덮어버려, 사람 하나 가축 한 마리 지나갔다고는 보이지 않게 되므로 누구 한 사람 그들의 행방을 냄새조차 맡을 수 없다. 이러한 방법을 써서 그들은 늘 외적으로부터 몸을 지켜 왔다.

또 그들은 곡물 수확이 끝나면 자기 집에서 멀리 떨어진 사막 한가운데 어떤 동굴에 저장한다. 이것도 외적을 두려워하는 경계이며, 매달 필요한 양만을 동굴에서 꺼내 집에 나르는 것이다. 아군의 군대가 국내를 지나는 경우에도 군대가 가축을 징발하여 군량에 충당하는 것을 피하기 위해서 그들은 가축만을 이끌고 도망쳐 감춘다. 백성들에게서 가축을 징발해 가면서도 그 대가를 지불하지 않기 때문이다. 차르찬을 출발하면 사막 횡단 여행이 약 5일간에 걸쳐 계속되지만, 이 동안 좋은 물을 얻을 수 있는 곳은 몇 군데뿐이며 다른 데는 가는 곳마다 쓴맛을 띤 물뿐이다.

이렇게 5일간의 여행을 마치면 롭 시에 다다른다. 이 거리는 대사막의 들목에 해당하며, 여행자들은 여기에서 사막 횡단에 대비하여 식료품을 준비하게 되는데 그 상세한 내용에 대해서는 생략하고 이야기의 본 줄거리를 진행시켜 가자.

60 롭 사막

롭*12은 롭 사막 가장자리에 있는 대도시로 동쪽과 동북쪽에 위치한다. 대칸의 속령으로 주민들은 이슬람 교도이다. 이 대사막을 횡단하려는 사람들은 대부분 여기서 일주일 체류하여 가축 및 자신의 체력을 기른다. 이

강에서 채취하는 옥수
펨과 차르찬 지방을 흐르는 강·하천에서 품질이 우수한 벽옥·백옥이 많이 산출된다.

휴양 기간이 끝나면 그들은 사람과 가축의 식량 한 달치를 준비하여 비로소 사막으로 떠난다.

이 사막은 아주 광대하여 한쪽 끝에서 다른 쪽 끝까지 이르려면 만 1년이나 걸린다고 한다. 여하튼 가장 폭이 좁은 데를 횡단해도 한 달 길이다. 이 사막에는 산과 모래와 골짜기가 있을 뿐이며, 먹을 것이라고는 무엇 하나 보이지 않는다. 물론 롭을 떠나 꼬박 일주일을 달려가면 겨울철의 경우 마실 물이 있는 곳에 다다른다. 수량에 한도가 있어 너무 많은 수라면 부족하지만, 가축을 이끌고 있는 50명이나 100명의 집단 정도라면 충분한 물을 얻을 수 있다. 사막 횡단 중에는 꼬박 일주일을 달려가야만 물을 얻을 수 있다.

이들 샘이 솟는 땅 가운데 서너 군데는 쓴맛 나는 거무스름한 물이지만, 그 이외는 대부분 수질이 좋다. 샘이 나는 곳은 모두 28군데쯤 있다. 사막에

는 먹을 것이 전혀 없기 때문에 짐승이나 새도 서식하지 않는다. 그럼에도 이 사막에서는 다음에서 설명하는 바와 같은 괴이한 일이 있다.

밤에 이 사막을 지나다 우연히 잠이 들었다든가, 또는 다른 이유로 무리보다 뒤처지는 일이 있다. 그때 애써 따라붙으려고 하면 정령이 그에게 귀에 익은 목소리로 말을 걸거나 이름을 부른다. 그러면 나그네는 종종 이에 현혹되어 다른 방향으로 이끌리고 두 번 다시 모습을 보이지 않게 된다. 이와 같이 해서 목숨을 잃든가 행방불명이 된 여행자들이 결코 적지 않다. 더구나 정령들의 소리는 밤뿐 아니라 낮에도 들려오고 때로는 여러 가지 악기 소리, 특히 북소리를 내는 일도 있다. 이 때문에 사막을 지나는 여행자들은 정령에게 현혹되지 않도록 조심하기 위해서 밤이면 모든 말의 목에 방울을 단다.

이런 방법을 강구하면서 위에서 말한 것처럼 곤란을 거듭하며 사람들은 이 사막을 지나게 된다. 이 사막을 다 지난 다음, 앞에 이어지는 여러 나라 이야기를 하려고 한다.

61 탕구트 대주(大州)

한 달여에 걸쳐 앞에서 말한 사막을 다 지나면 대칸 영내에 속하는 사치우(사저우沙州)[*13]에 다다른다. 이 지방은 탕구트(둔황敦煌)[*14]라 불리며, 주민은 대부분이 우상 숭배자이지만 네스토리우스파에 속하는 터키 인 그리스도 교도 및 이슬람 교도가 약간 살고 있다. 우상을 숭배하는 토착인의 언어는 독자적이다. 이 사치우 시는 동쪽과 동북쪽 사이에 있다. 주민들은 상업에 종사하지 않고 모두 농경으로 얻은 곡물을 팔아 생계를 꾸려간다. 많은 사원·승원이 있어 온갖 우상이 안치되어 있고,[*15] 사람들은 많은 희생물을 바쳐 이것을 신앙하고 숭배하고 있다.

이 나라에서는 어린아이가 있는 어버이들은 모든 우상에 대하여 저마다 한 마리씩의 양을 기른다. 그러다 신년이나 어린아이의 수호신으로 믿는 우상에 대한 제삿날에는 이 양과 어린아이를 데리고 가서 믿는 우상을 참배한다. 참배가 끝나면 이 양을 죽여 공손히 우상에게 바쳐 축문을 낭송하고 기도를 드려 자기 자식에 대한 가호를 바란다. 그들의 생각으로는 이 사이에 우상은 공물의 정수만을 먹는다는 것이다. 의식이 끝나면 그들은 우상에게 바친 양고기를 집으로 갖고 가든가 또는 어딘가 적당한 장소에 들고 가서 친

롭 사막은 워낙 거대하기 때문에 여행자들은 만반의 준비를 갖추고 떠나야 한다.

족을 초대하여 서로 축복하며 먹는다. 모두 먹고 나면 뼈를 모아 소중히 상자에 간직한다.

그리고 우상 숭배자들은 세계 어디서나 시신을 화장한다. 이 나라에서는 숨을 거둔 육체가 그 집에서 화장터로 운반되는 경우, 우선 그 친족들이 미리 화장터로 가는 길 군데군데에 명주나 금실로 덮어 씌운 현관이 달린 목조 가옥을 만들어 놓고, 유체가 그 앞에 당도하면 행렬을 멈추고 사람들은 술과 음식물을 사자에게 바친다. 이렇게 하면 사자가 명부에서도 그만큼 충분한 영예를 받을 것이라 믿고서 하는 일이다. 유체가 화장터에 당도하면 친족들은 손에 종이로 만든 사람·말·낙타·양 및 베잔트 금화 (이집트의 디나아르 금화로 약 11실링에 상당함) 크기의 화폐를 들고 이것을 유체와 함께 태워버린다.[16] 이것도 내세에서 지금 태운 것만큼의 노예, 짐 싣는 짐승, 양 떼, 화폐를 사자가 소유하리라는 신념에 기인한다. 또 유체를 화장터에서 다룰 때에는 유체 앞에서, 갖고 있는 모든 악기를 사용하여 주악을 울린다.

덧붙이자면, 이들 우상 숭배자가 죽으면 점성사가 곧 불려와 사자의 출생이 어느 달 어느 날 무슨 시였는가를 묻는다. 점성사는 이것을 확인하면 악

둔황(탕구트) 천불동 유적

마의 법에 따라 마술을 행하여, 유체의 화장 날짜는 어느 날이어야 한다고
알린다. 그 결과 일주일 동안이나 시신을 태우지 않고 놓아 두든가, 때로는
한 달에서 반 년간 또는 마술사로부터 태워도 좋다는 말을 들을 때까지는 그
대로 놓아 둔다. 그들이 믿는 바에 따르면, 고인이 태어난 연월시를 지배한
그 별 밑에서나, 그렇지 않으면 적어도 그것에 거역하지 않는 별 밑에서가
아니면 유체는 그 집에서 나갈 수 없다는 것이다. 만약 그렇게 하지 않으면
사자가 여러 가지 화를 그 집에 불러들인다고 믿었다. 따라서 종종 사람들이
집 안에서 살해되든가 상처를 입든가 하는 일이 생기면 그러한 원인은 바로
사자가 화를 가져온 것이라고 믿어 의심치 않는다. 그런데 정해진 날까지 시
체를 태우지 않은 채 집에 놓아 두려면 우선 1스판 넓이의 널빤지를 수지나

둔황 막고굴
제285굴 북쪽벽 깐쑤성 둔황 현. 석굴에는 생동감 있는 우상들이 많이 있다.

회반죽으로 밀착시켜 관을 만들고, 관 표면에 화려하고 아름답게 그림을 그린다. 집 안에 사는 사람들에게 시체 냄새를 느끼지 못하게 하기 위해서 특히 장뇌, 그 밖의 향료를 집어넣은 옷을 만들어 시체를 완전히 싸서 관에 넣는다.

그리고 이 시체가 집에 안치되어 있는 동안 유족들은 매일마다 마치 살아 있는 인간에게 하듯이 사자를 위해 음식물을 차린 상을 장만하여 관 앞에 놓고 사자가 식사하는 데 필요한 만큼 그냥 놓아 둔다. 그들의 생각으로는 사자의 혼이 실제로 이 음식을 먹는다는 것이다. 안치된 시체는 쭉 이런 식으로 다루어진 끝에 드디어 정해진 날에는 들어내서 화장하게 된다. 우상 숭배자의 이러한 습관 가운데에서 또 하나 이야기할 것은, 이들 점성사가 종종 가족에 대해서 이러이러한 별이라든가 감응력의 반대 방향에 해당하고 있다는 등의 이유로 시신을 현관으로 내서는 안 된다고 말하는 점이다. 그러면 가족들은 그것에 따라 다른 출구에서 시신을 들어내든가, 때로는 일부러 벽을 깨뜨려 그 구멍에서 밖으로 들어내든가 한다. 우상 숭배자들은 세계 어디서나 이와 같은 풍습을 똑같이 지키고 있다.

다음에는 사막 주변에 위치하는 서북쪽의 여러 도시에 대해서 서술하기로 한다.

62 카물 지방

카물(하미哈密)은 전에 독립 왕국이었던 지방이다. 많은 도시·촌락이 있는데 카물이 수도이다. 이 지방은 두 사막 사이에 있다. 한쪽은 대사막(큰_{사막})과 접하고 다른 쪽으로는 사흘 길의 넓이를 갖는 소사막이 이어져 있다. 주민들은 모두 우상을 숭배하며 그들만의 언어를 사용한다. 그들은 대지로부터의 자원으로 생계를 꾸려 나가고 있다. 즉 이 고장에 풍부한 식료·음료수를 오가는 나그네에게 팔아 생활하고 있는 것이다. 그들은 명랑한 성품으로 틈만 나면 악기를 연주하며 가무를 즐기고 육체적 쾌락에 빠져 세월을 보내고 있다. 또, 자기들만의 문자(위구르 문자)가 있어 저작이나 독서의 취미도 겸비하고 있다.

그런데 이 나라에서는 처음 보는 사람이 숙박을 청하여 집에 찾아오면, 집 주인은 기꺼이 손님을 맞이하여 그가 바라는 것이 무엇이든 해 주도록 아내에게 명령하고 자기는 곧 외출하여 자기 일에 열중한다. 2~3일 동안 교외에 나가서 자며 손님이 필요한 모든 물자를 무상으로 보내온다. 그동안 손님은 쭉 그 집에서 아내와 단둘이 기거하며 마치 자기 아내인 양 그녀와 동침하고, 하고 싶은 대로 둘이서 갖은 환락을 다한다. 이런 형편이므로 도시와 촌락을 막론하고 카물 인의 남편이란 자는 누구나가 모두 그 아내의 간통을 알고 있는데, 기묘하게도 그들은 전혀 이것을 수치로 여기지 않는다. 카물의 여자는 여하튼 미인이며 명랑하고 음탕하다.

이런 풍습은 타타르 인의 총영주 몽케 칸(^{몽골제국 제4대 칸(재위 1251}_{~1259). 칭기즈 칸의 손자})의 치세 때 일로서, 카물 인의 남편들이 이렇게 해서 자기 아내의 몸을 남에게 더럽히게 하고 있는 사실이 칸의 귀에 들어갔다. 칸은 곧 이것에 금령을 내려, 이후 이와 같이 모르는 사람을 숙박시킨 자는 엄벌에 처한다고 명령했다. 이 금령을 접한 카물 인들은 아주 당황했다. 약 3년 동안 그들은 이 금령을 따랐으나, 그렇게 하는 동안에 토지에서의 산물은 흉작이 계속되고 집집마다 화가 잇따랐다. 그들은 마침내 서로 모여 상의한 결과, 앞서 말한 종전 풍습대로 행동하기로 의결했다. 그들은 우선 진귀한 헌상물을 마련하여 이것을 몽케 칸에게 바치고, 그들의 아낙네에 관한 조상 이래의 습관을 다시 한번 부활시켜 주기를 간청하였다. 그리고 외래자에게 물자뿐만 아니라 아울러 자기 아내마저도 제공하여 친절을 베푸는 것은 그들이 신봉하는 우상이 가장 기뻐하는 바이며, 이 공덕을 쌓아야 비로소 그해 곡식이 풍성하게 여물고 생업도 번창해지는 것임은 그들의 조상 대대로 전해 내려오는 습관이라고 말했다. 몽케 칸은 이 말을 듣고 이렇게 말했다.

"자기 수치를 스스로 바란다면 그렇게 하는 것도 좋겠지."

이리하여 카물 인들의 청원은 받아들여졌고 다시 그 풍습*17을 실행하게 되어 현재에 이르고 있다.

다음에는 북쪽과 서북쪽 사이에 이어지는 다른 나라들의 이야기로 옮기련다.

말하는 것을 잊었는데, 이 카물 나라도 대칸에게 예속되어 있는 지방이다.

63 이코구리스탄 지방

이코구리스탄(고창위구르)*18은 대칸에게 예속된 광대한 지방으로 많은 도시·촌락이 그 안에 포함되어 있다. 수도는 카라코코라 하여 그 안에 있는 여러 도시를 관할하는 대도시이다. 주민들은 대부분 우상을 숭배하며 네스토리우스파의 그리스도 교도도 꽤 많고, 또 얼마쯤 이슬람 교도도 눈에 띈다.*19 이 고장의 그리스도 교도는 종종 우상 숭배자들과 결혼한다.

토착인의 말에 따르면 그들을 지배한 초대 왕은 인간의 씨가 아니라 나무껍질에 생긴 수액의 혹, 즉 우리가 말하는 에스카(부스럼 딱지라는 뜻)로부터 태어난 자이며 그 자손이 대대로 왕통을 이어 왔다는 것이다.*20 이 나라의 우상 숭배자들은 자기들의 법률·습관을 지키며, 아주 학식이 깊고, 또한 늘 문예의 길에 노력하고 있다. 이 나라는 곡물이나 질이 좋은 포도주를 산출한다. 그러나 겨울철 극심한 추위는 아마도 세계 어디보다 심할 것이다.

64 친기탈라스 지방

친기탈라스*21도 소사막에 임해 있고 북쪽과 서쪽 사이에 위치하는 지방이다. 꼬박 16일 길 넓이의 지역으로서 대칸에게 예속되어 있고 수많은 도시·촌락이 산재해 있다. 주민은 우상 숭배자·이슬람 교도 및 네스토리우스파에 속하는 터키 인 그리스도 교도의 세 부류로 나뉜다. 이 나라 북변에 산이 하나 있는데 그곳에는 강철·안다닉의 풍부한 광맥이 있다.

이 산에는 또 샐러맨더(salamander)*22 광맥도 있어 그 채굴이 행해지고 있다. 샐러맨더에 대해서 말하면 이것은 일반적으로 말하는 동물 따위가 결코 아니며 그 정체는 이제부터 설명하는 바와 같다. 누구나 알다시피 모든 짐승은 4대 원소로 이루어져 있으므로, 짐승류에 한하지 않고 모든 생물 중에 태어날 때부터 불 속에서 서식할 수 있는 것은 있을 리 없다. 그럼에도 사람들은 이제껏 샐러맨더에 대한 정확한 보고에 접한 일이 없었기 때문에 한결같이 그것을 지금도 동물이라 믿고 있는데, 그것은 모두 잘못이며 사실은 이러한 것이다.[23]

나의 동료 중에 주르피카르[24]라는 학식이 많은 터키 인이 있는데, 그는 대칸의 명령을 받고 3년간 이 지방에 재임하며 주로 샐러맨더·강철·안다닉 그 밖의 광물 채굴에 종사하고 있었다. 대칸 조정의 제도에 따라, 임기 3년의 대관 1명이 이 고장에 파견되어 통치하는 동시에 이 샐러맨더 채굴을 관리한다.

이 친구 주르피카르가 나에게 실물을 보이며 설명해 준 내용은 이렇다. 즉 우선 산중의 광맥에서 그 광물을 채굴한다. 채굴한 것을 바로 부숴도 양모 같은 실이 되기는 하지만 아직 서로 얽힌 것이 완전히 풀리지 않으므로 채취와 동시에 이것을 건조하여, 놋쇠의 큰 절구에 빻아 물로 씻는다. 이렇게 하면 비로소 원광에 부착되어 있던 필요없는 흙은 제거되어 앞에서 적은 바와 같은 실이 생긴다.

언뜻 보면 양모 비슷한 이 실을 조심해서 헝겊류로 짜낸다. 그러나 이 천도 처음 짜낼 때는 흰색이 아니다. 불 속에 던져 잠시 있으면 비로소 눈같이 하얗게 된다. 샐러맨더의 헝겊류는 더럽혀지든가 얼룩이 묻어도 불 속에 던지기만 하면 백설 같은 색깔로 복원할 수 있다.

지금 말한 샐러맨더에 대한 이야기는 사실이지만 이 밖의 여러 설은 모두 거짓이며 근거 없는 이야기이다.

그런데 로마에는 이 샐러맨더 천이 있다는 것을 알려 주고 싶다.

그것은 대칸이 폴로 형제를 교황에게 사절로 파견했을 때 전한 증여품이었으며, 예수 그리스도의 신성한 수의를 이것으로 싸도록 하라는 배려에서였다. 이 샐러맨더 천에는 금 문자로 이렇게 적혀 있다.

"그대는 베드로니라. 나는 이 반석 위에 나의 교회를 지으리."

이번에는 동북과 동쪽 사이에 위치하는 지방 이야기에 들어가려고 한다.

65 수쿼르 지방

앞에서 말한 지방을 떠나 동쪽과 동북쪽과의 사이에 10일간의 기행을 계속한다. 도중에는 인가가 전혀 없으므로 보고할 만한 일은 아무것도 없다.

10일 길 여행을 마치면 수쿼르(肅州)라는 지방에 다다른다. 이 지방에는 도시·촌락이 많고 수도도 수쿼르라고 한다. 주민은 우상 숭배자와 그리스도 교도로 이루어지며 대칸에게 예속되어 있다. 이 지방이 바로 앞에서 서술한 두 지방과 함께 예속하는 구획이 탕구트 대주이다. 경내의 산에는 곳곳에 대황(大黃 : 위장약)이 다량으로 번생한다. 상인들은 이 고장에 와서 대황을 사 모아 온 세계에 판매한다. 그러나 이들 산에는 먹기만 하면 발목이 떨어져나간다는 독초가 나는데, 이 고장에서 자란 짐승만이 이것을 잘 알고 있어 그 위험을 피할 수 있다. 그러므로 이 지방을 지나는 여행자는 반드시 현지에서 나는 짐승에 짐을 싣고 이 산들을 넘어간다. 주민은 농경을 생업으로 하며 무역에 종사하는 자는 드물다. 이 나라는 가는 곳마다 보양지이다. 토착인은 거무스름한 살갗을 하고 있다.

다음에는 캄프초에 대한 이야기이다.

66 캄프초 시

캄프초(간저우甘州)도 탕구트 대주 안의 도시이다. 대주의 수도이며 통치의 중심인만큼 규모도 크고 대단히 훌륭하다. 주민은 우상 숭배자 외에 이슬람 교도, 그리스도 교도도 얼마쯤 포함되어 있다. 그리스도 교도는 성내 세 곳에 훌륭한 교회당을 갖고 있다. 우상 숭배자들의 사원·승원도 아주 많고, 거기에는 여느 때처럼 수많은 우상이 안치되어 있다. 이들 우상 중에는 10페이스(1페이스는 1백 52센티미터)나 되는 거대한 것이 있는데 그 소재는 나무나 점토, 암석 등 다양하며 똑같이 도금되어 세공도 꽤 뛰어나다. 거상은 대개 옆으로 누운 자세를 취하고 그 주위에는 공손하게 이를 모시고 있는 다수의 작은 상(석가의 열반상)이 둘러싸고 있다. 아직 우상 숭배자에 대해서 남김없이 설명을 하지 않았으므로 여기에서 그 모두를 설명하기로 한다.

우상 숭배자 사이에서도 수도사들은 일반 교도에 비해 훨씬 청정한 생활을 보내고 있다. 그들은 색욕을 특히 깊은 죄로는 간주하진 않지만 피하고 있다. 그들의 도리에 따르면, 여자 측에서 사랑을 요구해 왔을 때라면 수도

사라도 이런 경우에는 동침해도 전혀 죄가 되지 않지만, 반대로 남자 쪽에서 여자의 사랑을 요구하는 것은 죄라고 인정하기 때문이다. 아무튼 이 도의를 어기고 여자와 동침한 것이 탄로나면 그 사나이는 사정없이 사형에 처해진 다. 우상 숭배자들은 우리 그리스도교가 성인들에 대해서 축제일을 갖고 있듯이 모든 우상을 위해 저마다 날을 달리 한 성절(聖節)을 정하고 달력을 만들어, 성절 하나하나를 정해진 날의 칸에 써넣고 있다. 여기서 덧붙이고 싶은 것은, 그들의 달력에도 그리스도 교도의 그것과 마찬가지로 1년을 몇 개의 달로 나누고 있는 일이다. 일정한 어느 달과 어느 달에서는 5일간에 걸쳐 절대로 살생을 삼가고, 이 기간 중에 도살된 고기를 입에 대지 않는다. 또 이 5일간은 특히 목욕재계하고 보내기로 되어 있다. 승려 가운데에는 꼬박 1년간에 걸쳐 정진식(精進食)을 계속하는 자도 있는데, 속인으로는 그런 일이 없고 단지 앞에서 말한 5일 동안만 육식을 끊을 뿐이다.

우상 숭배자는 30명이나 되는 아내를 갖고 있는 일이 있다. 물론 이 수는 그 자산에 따라 증감하지만 하여튼 부양할 수 있는 수 만큼의 아내를 갖는다. 이 경우 남편은 재산에 따라 아내들에게 저마다 가축·노예·금전을 나눠주는데, 그것과 함께 그녀들 사이에서 첫째 부인을 세워 이에 최고의 지위를 부여한다. 또 이들 아내들 중 누군가가 필요없게 되든가 마음에 들지 않게 되면 남편은 그야말로 간단하게 여자를 내쫓든가 또는 자기 마음대로 처치할 수 있다. 우상 숭배자들은 자기 어머니가 아니라면 사촌 자매는 물론 남편이 죽은 어느 여인이라도 얻을 수 있다.[*25] 그들은 우리 그리스도 교도가 심각한 죄라고 생각하는 일들을 전혀 죄악시하지 않는다. 말하자면 그들의 생활은 짐승에 가깝기 때문이다.

우상 숭배자에 대해서는 빠짐없이 서술했으므로 여기서 화제를 북쪽에 위치하는 여러 지방으로 돌리기로 한다. 니콜로·마페오·마르코 세 사람이 무슨 일로 여행 중 이 캄프초에만 1년간 머물렀는지 그 상세한 내용은 여기에 쓸 필요가 없으므로 생략한다. 그럼 캄프초를 떠나서 북쪽으로 향하여 60일간의 여행을 계속하도록 한다.

67 에치나
캄프초 거리를 떠나 북쪽으로 12일 말을 달려가면 사막 가장자리에 위치

와상 붓다

하는 에치나*26에 다다른다. 여기도 탕구트 대주의 일부로 국민은 우상 숭배
자이다. 낙타나 그 밖의 사육 가축이 많고, 야외에는 래너 종의 매나 셰이커
종의 송골매가 번식하고 있다. 토착인은 주로 농경과 목축을 생업으로 하며
무역에 종사하는 자는 없다.

이 에치나를 떠나 북쪽으로 40일간 달려가는 모든 길은 사막이다. 사람
사는 집은 전혀 없고 역참(驛站)도 없으므로, 여행자는 아무래도 이 거리를
지나려면 40일분의 식량은 조달해 두어야 한다. 이 지대에서는 여름철 동안
만 겨우 구릉 계곡에 한해서 주민을 볼 수 있을 뿐 상주하는 사람도 없다.
그러나 야생 당나귀를 비롯한 야수류는 아주 많고, 또 각지에 호수나 저수지
가 있어 어류가 번식해 있고 송림도 곳곳에서 볼 수 있다.

북쪽으로 40일간의 길을 마치면 어느 한 지방에 다다른다.

68 카라코룸

카라코룸*27은 둘레가 4.8km의 도시이다. 석재가 부족하므로 성내 건물은
모두 목재·점토로 되어 있고 흙으로 된 성벽을 둘러치고 있다. 이 토성에서

그다지 멀지 않은 곳에 대규모의 보루가 있으며, 그 안에 아주 훌륭한 궁전*28이 있고 이 지방 총독이 거기에 거주한다.

이 거리야말로 타타르 인이 그 본토에서 진출하여 맨 처음 근거지로 삼은 지점이다.

다음에는 타타르 인에 대해 설명하고, 아울러 그들이 한 사람의 제왕에게 지배되면서 세계로 발전한 경위를 설명하기로 한다.

69 타타르 인이 프레스터 존에게 반기를 든 경위

본디 타타르 인이 살던 곳은 더 북쪽, 초르차*29 및 바르구(바이칼 호수의 동쪽)에 인접하는 지방이었다. 그 지방은 도시·촌락은 물론 정주자의 모습도 볼 수 없는 온통 대평원이며, 단지 양호한 목축지가 이어져 있고 몇 줄기 큰 강이 흐르고 있어 물이 풍부한 고장이다. 그들 사이에는 당시 아직 그 통치를 맡는 왕이 출현하지 않았고, 그 때문에 그들은 옹 칸이라 부르는 강력한 제왕에게 조공을 바치고 있었다. 이 옹 칸이야말로 프랑스 어로 '프레스터 존'이라 하며 온 세상 사람들이 다 아는 바로 그 위대한 제왕*30이다.

타타르 인들은 가축 10마리당 1마리 비율로 그에게 조공을 바치고 있었다.*31 그 뒤 급격히 인구가 증가했기 때문에 프레스터 존은 점점 이에 위기감을 느껴 마침내 그들을 몇 군데에 분산시키려고 결심했다. 그는 휘하의 대관 몇 명을 타타르 인에게 보내 이 계획을 실시하도록 했다. 그 구체적 조치는 다음과 같다. 즉, 프레스터 존에게 예속하는 한 영주가 모반할 때마다 타타르 인은 100명당 서너 명 비율로 징발되어 토벌군이 되었다.*32 이 결과 그들의 세력은 크게 약화되었다. 프레스터 존은 그 정도로는 만족하지 않고, 이들이 반란할 경우에도 타타르 인을 계속 징발하여 더욱 그 기세를 눌러버리려고 했다. 프레스터 존의 진의를 안 타타르 인은 분한 마음을 풀 길이 없었다. 마침내는 모든 종족이 일어서서 멀리 사막 지대 북쪽으로 넘어가, 프레스터 존이 해를 끼칠 수 없는 지방으로 이동했다. 그러고는 반기를 들어 조공을 보내지 않았다. 이러한 형세가 지속된 채 잠시 세월이 지났다.

70 칭기즈, 타타르 인의 제1대 칸이 되다

1187년 타타르*33 인들은 칭기즈 칸(Chingis Khan)이라 부르는 왕을 받들게 되었다. 그는 비범한 재질을 갖춘 지용 겸비의 장수였다. 그가 선출되어 왕위에 올랐다는 말을 듣자, 타타르 인들은 아무리 멀리 떨어진 지방에서도 모두 달려와서 그를 종주로 모셨다. 칭기즈 칸도 학정에 빠지는 일 없이 훌륭한 통치를 했다. 이런 까닭으로 그의 휘하에 모여드는 타타르 인은 대단한 수에 이르렀다. 이리하여 칭기즈 칸은 이들 부족에게 활과 그 밖에 수시로 쓰게 될 무기를 주어 제국 토벌에 나섰다. 그리고 거짓말이 아니라 순식간에 여덟 나라 정도를 정복하였다. 당시 이들 제국은 민중이 자치적으로 정부를 옹립하든가 그렇지 않으면 나라마다 군주를 모시고 있었기 때문에, 유사시 단결이 튼튼하지 못하여 타타르의 대군 앞에 모두 격파되었다.

칭기즈 칸은 그러나 이들 제국을 평정해도 그들을 살육하든가 약탈하는 일 없이, 단지 이들을 이끌고 계속되는 정벌에 종군시켰을 뿐이었다. 그에게 정복된 여덟 나라의 수많은 백성들은 그의 훌륭한 통치와 선량한 군주로서의 자세에 탄복하여 기꺼이 그를 좇아 정벌에 종사했다. 칭기즈 칸은 온 세계를 덮을 만한 막대한 부족이 산하에 모였다고 느끼자 세계 정복의 뜻을 갖게 되었다. 그리스도 1200년의 일이다. 칭기즈 칸은 사자를 프레스터 존에게 파견하여 그 딸을 아내로 삼고 싶다고 제의했다.*³⁴ 프레스터 존은 그의 사자가 딸을 얻으러 왔다는 말을 듣자 격노하여 이렇게 말했다.

"내 딸을 아내로 삼고 싶다니, 도대체 칭기즈 칸은 참으로 뻔뻔스러운 놈이구나. 내 신하이며 종이라는 분수를 잊었느냐? 당장 돌아가 그에게 이렇게 대답하라. '나는 딸을 그 같은 자에게 줄 바에는 산 채로 그녀를 태워버리는 게 낫다고 생각한다'고. 또 '주군에게 무력을 일삼는 불충한 놈, 반역자는 아무래도 그냥 내버려 둘 수 없다. 나는 의무로서 그를 반드시 사죄에 처해야 마땅하리라'고 전하도록 하라."

이렇게 말을 끝내자 그는 사자를 책망하고 즉시 물러가게 하여 두 번 다시 오지 말라고 명령했다.

사자들은 이 말을 듣자 곧 그곳을 물러나와 칭기즈 칸에게로 돌아가 프레스터 존의 분부를 그대로 보고했다.

71 칭기즈 칸, 부하를 소집하여 프레스터 존을 공격하다
프레스터 존이 되돌려 보낸 사자에게서 무례한 대답을 전해 듣자 칭기즈 칸의 심장은 부풀어 올라 당장 가슴 속이 터질 것만 같았다. 사실 그는 당시 이미 대군주의 지위에 있었다. 이 모욕을 아무래도 참을 수 없었다. 프레스터 존의 전언을 잠시 묵묵히 듣고 있던 칭기즈 칸은 이윽고 모든 부하들에게 가슴이 철렁할 만큼 큰 소리로 외쳤다.

"프레스터 존의 무례한 전언과 그 모욕에 대해서는 국력을 걸어서라도 반드시 답례를 해줄 테다. 두고 보자. 종인지 아닌지 프레스터 존에게 꼭 뼈저리게 느끼게 해 줄 것이니라."

그는 휘하의 전군을 소집하여 유례없는 대대적인 전투 준비를 갖추는 한편, 프레스터 존에게 다시 사자를 보내어, 전력을 다해 공격하러 갈 것이니 사력을 다해 방어에 힘쓰라고 통고했다.

프레스터 존은 칭기즈 칸이 이토록 대군을 이끌고 실제로 습격하려는 것을 알았어도 각별히 이를 중대시하지 않았다. 적은 아무리 군세가 많아도 오합지졸에 지나지 않다고 호언했다. 또 칭기즈 칸이 진심으로 내습한다면 그놈을 붙잡아 혼구멍 내어 처형해버리는 것쯤 간단한 일이라고 독백했다 하니, 너무나 사태를 가볍게 보고 있었던 것이다. 이리하여 그도 전군을 소집하여 전투배치시켰다. 멀리 떨어진 각지에서 징집된 부대를 합친 그 총세는 실로 전대미문의 숫자였다.

두 군은 저마다 전비를 굳힌 것이었는데 그 상황을 더 이상 설명할 필요는 없으리라. 그럭저럭 하는 사이에 친히 전군을 인솔한 칭기즈 칸은 프레스터 존의 영역 텐둑(Tenduk) 대평원(금나라의 천덕군)에서 진영을 펴게 되었다. 그 군용의 당당한 모습은 도무지 필설로 다할 수 있는 바가 아니었다.

칭기즈 칸은, 이 진영에서 적 프레스터 존도 군을 이끌고 진격 중이라는 보고를 받았다. 마침 이 땅이 대회전에 적합한 대평원임을 기뻐하고, 군을 머물게 하여 적이 당도하기를 기다려 이 땅에서 결전하려고 생각했다.

칭기즈 칸 및 그 군대에 대해서는 앞서 서술한 대로이지만, 다음에는 붓을 돌려 프레스터 존 및 그 군대 모양을 살펴보기로 하자.

72 프레스터 존, 군을 이끌고 칭기즈 칸을 요격하다

프레스터 존은 칭기즈 칸이 전군을 동원하여 진격해 온다는 말을 듣자 스스로도 전군을 이끌고 텐둑 대평원에 이르렀다. 적과 약 6km 정도 떨어진 지점에 포진해 있다가 맞받아치려는 계획이었다. 두 군 모두 잠시 군영에 머물면서 전투의 날에 대비하여 영기(英氣)를 길렀다.

하루는 칭기즈 칸이 이슬람 교도 및 그리스도 교도의 점성사들을 불러 모아 이번 전투의 승리는 적이냐 아군이냐, 어느 쪽에 돌아갈 것인가를 예측시켰다. 점성사들은 저마다의 비술을 써서 점을 쳐 보았는데, 이슬람 교도는 결국 올바른 예측을 낼 수 없었고 단지 그리스도 교도만이 진상을 잘 간파할 수 있었다. 그리스도 교도 점성사는 칸 앞에 푸른

칭기즈 칸(재위 1206~1227)
금이 쇠퇴할 무렵, 몽골족을 이끌고 중앙아시아 전역을 정복하여 강력한 몽골제국을 건설하였다.

대나무를 가져와서 세로로 갈라 칭기즈 칸과 프레스터 존이라 하나씩 이름 지었다. 그러고는 마주한 양쪽에 놓고 어느 쪽에도 손대지 않게 하고서 이렇게 말했다.

"주군, 잘 보십시오. 이 한쪽 대에는 주군의 이름을, 다른 쪽 대에는 프레스터 존의 이름을 썼습니다. 이제 저희가 여기서 주문을 외면, 멀지 않은 전투에서 승리를 얻는 쪽의 대가 스스로 움직여 패전자의 대 위에 겹칠 것입니다."

이에 대해 칭기즈 칸은 꼭 친히 보고 싶다며 곧 그 술수를 행하게 하였다. 그리스도 교도 점성사들은 성서 《시편》을 들고 찬미가 몇 장을 부른 다음, 주문을 외기 시작했다. 그러자 이상하게도 칭기즈 칸이라 쓰인 대쪽이 아무도 손대지 않았는데 프레스터 존을 가정한 대에 접근하여 그 위에 겹쳐졌다. 실제 이것은 그 자리에 함께 있는 많은 사람들 앞에서 일어난 사실이지만 유달리 칭기즈 칸은 이것을 보고 기뻐했다.

이것으로써 그리스도 교도야말로 진실을 알리는 자라고 생각한 칭기즈 칸은 그 뒤로 그들에게 경의를 표하는 동시에, 항상 신뢰할 수 있는 사람들이라 인정하고 후히 대접하게 되었다.

73 프레스터 존과 칭기즈 칸의 대결전

이틀 뒤 두 군은 무기를 들고 격렬한 전투를 개시했다. 그야말로 전대미문의 격전이었다. 서로 많은 사상자를 냈으나 결국 칭기즈 칸이 승리를 얻고 프레스터 존은 전몰했다. 칭기즈 칸은 승리의 기회를 포착하여 적군을 모조리 정복했으므로, 프레스터 존의 나라는 여기에서 멸망하기에 이르렀다. 칭기즈 칸은 이 전투 뒤 6년간을 재위하여 많은 성채와 제국을 평정했다. 그러나 6년째 마지막 무렵 카아주라는 성채를 공격하다가 무릎에 화살 상처를 입고, 그것이 악화되어 마침내 죽고 말았다.*35 지용을 겸비한

우구데이 칸(재위 1229~1241) 몽골제국의 제2대 황제. 칭기즈 칸의 셋째 아들. 수도 카라코룸을 세우고 그곳을 중심으로 대륙 교통망을 확립하였다.

큰 인물이었으므로 이 죽음은 그야말로 일대 통탄사였다.

이로써 우리는 타타르 인이 칭기즈 칸이라는 그들의 초대 군주를 모시게 된 경위, 또 프레스터 존을 격파한 결과를 보고했으므로 다음에는 타타르 인의 풍속·습관에 대해서 서술하기로 한다.

74 칭기즈 칸을 계승하는 여러 칸들

칭기즈 칸을 이은 제2대 몽골 황제는 구유크 칸이며, 제3대는 바투 칸, 제4대는 훌라구 칸, 제5대는 몽케 칸, 제6대는 현재 치세 중인 쿠빌라이 칸이다.*36 쿠빌라이 칸이야말로 이들 여러 칸 중에서도 최고의 권력을 갖는 가장 위대한 칸이며, 전대 다섯 칸의 권력을 합해도 이에 미치지 못한다. 아니, 그뿐만이 아니다. 온 세계 모든 황제, 그리스도 교도·이슬람 교도를 불문하고 그 모든 여러 왕을 합해도 이 위대한 쿠빌라이 칸이 휘두를 수 있는 권세에는 필적할 수도 없을 정도이다. 이 진상은 이 여행기를 읽기만 하면 반드시 명백해질 것이다.

칭기즈 칸의 혈통을 이은 대왕들은 모두 알타이라는 커다란 산에 매장되게 되어 있다. 따라서 칸이라는 인물은 비록 이 산에서 100일 길의 먼 거리에서 사망하는 일이 있어도 유체는 반드시 이곳까지 운반되어 매장된다. 게다가 덧붙여 하나 더 기이한 풍습을 소개하자. 그것은 멀리 떨어진 지방에서

사망한 이들 칸의 유체가 이 산에까지 운반되어
올 때, 예컨대 그것이 40일 전후나 걸리는 긴
시간이더라도 그 도상에서 서로 마주치는 사람
들은 '저승에 가서 주군을 섬기도록 하라'는 말
을 듣고 누구나 다 가차없이, 유체를 호송하
는 종자(從者)의 손에 참살되는 일이다. 참살된
사람들은 틀림없이 명부(冥府)에서 그 주군에게
시종 들 것이라고 타타르 인이 믿고 있기 때문
이다. 사람뿐만 아니라, 칸의 유체를 만난 말도
마찬가지로 처치된다. 칸이 죽으면 그가 소유한
가장 우수한 말조차 모조리 죽음을 당하는 것
은, 이 또한 다른 세상에서 칸이 소유할 말이 되

쿠빌라이 칸(재위 1260~1294)
몽골제국의 제5대 황제. 칭기즈 칸
의 손자. 국호를 원으로 고치고 북
경을 도읍으로 정하였다.

리라는 신념에 의거해 있는 셈이다. 몽케 칸이 사망했을 때에는, 호송되는
유해를 만나 살해된 사람의 수는 실로 2만 명 이상에 달했다.

타타르 인의 이야기를 시작했으니 곁들여 좀더 여러 가지 일들을 서술해
보자.

겨울 동안 타타르 인은 가축을 기르기에 충분한, 목초가 무성한 온난 지방
의 평원에서 지낸다. 그러나 여름이 되면 산지나 계곡 따위의 선선한 땅으로
이동한다. 여기에는 물이나 숲이나 목장이 있어 가축을 사육하는 데 적합한
데다가, 토지가 선선하면 가축을 괴롭히는 파리나 해충도 없기 때문이다. 가
축의 수가 많아 한군데에서 언제까지나 계속 목축하면 목초가 모자라므로,
여름철 2~3개월은 방목하면서 고지에서 고지로 이동한다. 그들은 나무틀로
원형의 뼈대를 만들고 주위를 펠트로 덮어 씌워 집을 짓는다. 이 나무틀의
얼개는 아주 교묘하게 되어 있고 또 그 얽어맨 상태도 아주 단단해서 운반에
는 매우 편리하므로 사륜차로 아무 데에나 가져갈 수 있다. 이 집을 설치하
든가 또는 조립할 때 문은 언제나 남면에 있다. 그들은 또 흑색 펠트로 포장
을 달아 어떠한 비에도 내부가 젖지 않도록 된 아름다운 마차를 갖고 있다.
여기에다 가재를 싣고 말이나 낙타로 끌게 한다.

그런데 타타르 인 사이에서 남자는 단지 사냥하든가 종군하든가 매나 송
골매를 사로잡아 사육하는 것만이 일이므로, 여자들이 물건을 사고 파는 일

을 비롯하여 남편 시중에서 가축 잡는 일까지 한다. 그들이 먹는 것은 고기와 우유, 사냥한 짐승인데, 여름이면 들판에 돌아다니는 파라오쥐도 잡아 먹는다. 말고기·개고기를 비롯해 육류라면 무엇이든 먹는다. 말젖도 그들의 음료로서 쓰인다. 그들 사이에서는 남의 아내에게 손대는 것은 아주 수치스러운 악행으로 여기므로 무슨 일이 있어도 이러한 행위는 하지 않는다. 타타르 인 여자들은 남편에게 성실·정숙하며 가사를 꾸려나가는 것이 아주 능란하다.

그들의 결혼은 이렇게 이루어진다. 남자들은 누구나 부양할 자력이 있기만 하면 100명이라도 얻고 싶은 만큼 아내를 얻을 수 있다. 아내를 얻는 경우 남자는 여자의 어머니에게 결혼 예물을 주지만 여자 쪽에서는 아무것도 선물하지 않는다. 그러나 수많은 아내 중에서도 맨 처음 얻은 아내에게 가장 많은 권리와 가장 높은 지위를 준다. 그들은 모두 한 명의 남편에게 여러 아내가 있으므로 어느 민족보다 어린아이가 많다. 그들은 사촌 자매를 아내로 삼을 수 있고, 장남이면 아버지가 죽은 뒤 친어머니 이외에 남겨진 아버지의 아내들도 얻을 수 있다. 또 형제가 죽으면 그 과부들도 아내로 삼을 수 있다. 그들은 아내를 얻을 때마다 성대한 결혼식을 올린다.

75 타타르 인의 신 및 그들의 율법

타타르 인의 습속은 다음과 같다. 그들은 하늘에 계신 일신(一神)의 존재를 믿고 매일 이에 분향 예배한다. 이 신에게는 단지 건강과 지혜를 빌 뿐이다. 이에 대해 토지신으로서는 '나티가이(Natigay)'라 부르는 신이 있어 어린이·가축·수확을 수호한다.[37] 나티가이 신에 대한 숭배 신앙은 대단하여 누구든지 자신의 집에 모시지 않는 자가 없다. 즉, 펠트라든가 헝겊 조각으로 신상(神像)을 만들어 이것을 저마다의 집 안에 모시고 있다. 그들은 마찬가지로 이 나티가이 신의 처자상도 만들어 비신상(妃神像)은 신의 왼쪽에, 자신상(子神像)은 전면에 안치하여 다른 신에 뒤지지 않는 숭배를 여기에도 바친다. 식사에 있어서는 기름을 약간 집어 우선 나티가이 신의 입술에, 이어 비신·자신의 입술에 바른다. 이어 고깃국을 조금 바깥에 뿌리고 그 이외의 여러 신령에 대접한다. 이 행사를 다하면 신 일가가 대접을 받았다 말하고 비로소 자기들도 음식을 먹는다.

그런데 타타르 인이 말젖을 마신다고 했는데 이 말젖은 보통 말젖이 아니라, 실은 조제해서 백포도주와 같은 모양을 나타나게 한 것으로 '케미스(chemis)'라 하며 아주 풍미가 있는 음료이다.

그들의 옷은 부자라면 금실로 짠 천이나 명주, 그 밖에 담비·검은 담비·다람쥐·여우 등의 호사한 털가죽으로 만들어 입는다. 몸단장은 모든 것이 아주 아름답고 값진 것으로 되어 있다.

그들의 무기는 활·칼·망치·창인데, 아무튼 이름난 사수(射手)의 명인들뿐이니 활을 가장 잘 쓴다. 몸에는 들소 가죽 또는 끓여 삶은 짐승 가죽의 갑옷을 입으며 아주 단단하고 질기다.

그들은 용감하고 잘 싸운다. 고통을 견디는 점에서는 다른 어느 민족도 그들을 따르지 못한다. 즉, 그들은 필요에 쫓기면 언제든지 약간의 말젖과 스스로 쏘아 맞힌 사냥감만을 식량으로 하여 꼬박 한 달을 한 군데에 계속 머물 수도 있고 계속 진군할 수도 있다. 그들의 말도 마찬가지로 그동안 스스로 찾은 풀만으로도 견디어 나가므로 보리나 건초 따위를 휴대할 필요가 없다. 거기다가 그들은 지휘관의 명령에 절대 복종하며, 필요하다면 쉴새 없이 말에 풀을 먹이면서 자기는 완전 무장한 채 밤새 계속 말을 탈 수 있다. 그들이야말로 세계 어느 군대보다도 인내력이 강한 군대이고, 최소 경비로 최대 전과를 올릴 수 있는 병사들이다.

타타르 인의 군대 조직을 설명하자. 이를테면 그 군주가 10만 기병을 이끌고 출진하는 경우 모든 것은 다음과 같이 편성된다. 우선 사관 1명이 각각 10기의 장에 임명되며, 이하 1백 기마다, 1천 기마다, 1만 기마다 저마다의 지휘관 1명을 둔다. 이 결과 1만 기장은 겨우 10명의 천(千) 기장을 지휘하는 것만으로 끝나고 이하 1천 기장·1백 기장에 있어서도 마찬가지이다. 이와 같이 해서 저마다 자기의 직속 장에 대해 책임을 진다. 10만 기를 이끄는 장군이 어떤 곳에 1대를 파견하려고 하면 그는 1만 기장에게 1천 명의 병력 조달을 명한다. 이에 따라 1만 기장은 휘하의 1천 기장에게 하명하며 1천 기장은 1백 기장에게, 1백 기장은 10기장에게 명령을 전해 소요 병력 1천 명에 대한 각각의 할당 병력을 제하게 한다. 군명에 복종하는 점에서는 세계에 비길 데가 없는 타타르 병사의 일이라, 명령을 받은 각 지휘관은 누구나가 다 자기 임무를 곧 이해하고 맡은 수만큼 병력을 제출하게 된다. 타타르 어

타타르 인 전사 복장의 마르코 폴로

로는 10만을 '특', 1만을 '토만'이라 하므로, 어느 토만 군단도 이것을 분해하면 1천 기 부대의 집합, 1백 기 부대의 집합, 10기 부대의 집합에 귀착되는 셈이다.

군단이 무슨 목적으로 행군할 경우, 평원이든 산간이든 늘 2백 기의 1대가 본대의 전후 좌우 이틀 길 지점에 파출되어 정찰대가 된다. 말할 것도 없이 이것은 적의 급습을 피하는 방법이다. 장거리 행군에 나설 때면 침구는 물론 다른 장비도 거의 갖추지 않는다. 그 동안 거의 말젖만을 먹으므로 저마다 암컷과 수컷 합해서 18마리의 말을 이끌고 다니며, 한 마리가 피로하면 다른 말과 바꾸어 타고 간다. 그들은 가죽 부대 두 개와 작은 토기 그릇을 가지고 다닌다. 가죽 부대에는 마실 젖을 채우고 작은 토기 그릇에는 음식을 취사하기 위함이다. 작은 토기 그릇이 없으면 아무것이나 좋은 가축의 밥통(위)을 꺼내어 깨끗이 비운 다음, 먹고 싶은 음식과 물을 넣어 불에 올려놓는다. 적당히 끓었을 때를 보아 용기와 함께 이것을 먹는다. 이 밖에 그들은 비가 올 때를 대비하여 작은 천막을 가지고 다닌다. 곁들여서 좀더 설명하자면, 필요하다면 그들은 열흘 간이라도 식사를 하지 않고 또 불을 때지 않고 지낼 수도 있다. 이럴 경우 그들은 자기 말 중에서 어느 한 마리의 혈관을 잘라 그 피를 빨며 연명하는 것이다.

그들은 또 된 죽 정도의 굳기로 굳힌 우유를 만들어 휴대식으로 하는데 이 제조 방법은 다음과 같다.

우선 젖을 끓여 위에 뜨는 기름을 다른 접시에 옮긴다. 위에 뜬 기름을 걷어내지 않으면 우유가 응고되지 않기 때문이다. 이 기름을 제거한 우유를 햇볕에 말리면 응고된다. 그들은 이것을 10파운드쯤 가지고 전장으로 나간다. 필요하면 아침에 반 파운드쯤 나누어 포도주용 가죽 부대 비슷한 작은 가죽 자루에 넣고 적당한 만큼 물을 부어 안장에 달아맨다. 이렇게 해 두면 말이 걸을 때마다 건조유가 물과 뒤섞이어 녹으므로, 알맞게 마실 수 있을 때를

타타르 인 기마전사
칭기즈 칸의 군사력은 궁수부대의 기동성과 용맹함에 바탕을 두고 있다.

기다려 마시면 된다.

타타르 인은 적과 교전할 때 이를 격파하기 위해서 다음과 같은 전법을 사용한다. 그들은 퇴각하는 것을 조금도 부끄럽게 여기지 않으며, 한쪽을 공격해서 성공하지 못하면 곧 다른 면을 공격하는 식으로 여기저기에서 적을 마구 공격한다. 그들의 승마는 아주 잘 훈련되어 있어서 마치 개처럼 날쌔게 자유로이 어느 쪽으로도 방향을 돌릴 수 있다. 그들은 격퇴되어 퇴각하는 경우에도 적에게 공격을 가하여 다수의 적을 살상한다. 따라서 적이 타타르군을 비로소 격파했다고 생각했을 때야말로 도리어 그들은 수많은 병사와 말을 잃고 결국 패배를 맛보게 되는 것이다. 즉 패주 중에 있으면서도 적 측의 사상이 많다고 추측되면, 타타르군은 곧 발길을 되돌려 전군이 한데 뭉쳐 치열한 맹격을 가하므로 적군은 압도되어 분쇄되고 만다.

지금까지 한 이야기는 타타르 인의 풍습이 틀림없지만, 현재로는 그들도 꽤 타락해버린 것을 덧붙여 말해 둔다. 카타이 나라에 사는 그들은 우상 숭배자의 풍습·습관을 본떠서 대부분이 옛 풍속을 잃었고, 이웃에 이주한 타타타르 인들은 이슬람풍의 생활 외양을 받아들여서 이 또한 같은 결과에 빠져 버리고 말았다.

타타르 인의 재판 형식은 이렇다. 만약 사형에 해당하지 않는 사소한 물품을 훔치면 태형이 가해진다. 그런 경우 훔친 물건의 가치에 따라 최저 7타(七打)에서 시작하여 17타·27타·37타·47타로 10타씩 점점 더해지며 최고 107타로 끝난다.*38 태형은 사형보다는 가벼운 형벌이라고는 하지만 종종 이 태형을 당하는 사이에 죽는 자가 적지 않다. 마필 또는 그 밖의 물품으로 사형에 해당하는 물건을 훔친 범인은 참죄(斬罪)에 처해진다. 물론 범인에게 배상 능력이 있어 훔친 물건의 아홉 배를 줄 수 있다면 사형은 면한다. 그러나 살인범의 경우에는 이러한 면죄 방법은 없다. 흉기로 찌르는 흉내를 내서 단순히 협박하기만 해도 범인은 손이 잘리는 형에 처해지며, 상해범에게는 피해자와 같은 상처가 벌로서 가해진다.

가축을 가진 자는 귀족이든 평민이든 누구나가 독자적 부호를 수말·암말·낙타·수소·암소 그 밖의 큰 가축에 낙인하여, 목자를 붙이지 않은 채 산지·평원에 방목한다. 가축이 뒤섞여도 이 낙인만 확인하면 각 소유자 손에 반환될 수 있다. 그러나 양민은 달라서 양지기가 붙는다. 타타르 인의 가축은 모두 살이 토실토실 쪄 크고 건강하다.

마지막으로 또 하나 아주 기묘한 풍습으로, 지금까지 서술한 데에서 빠져 있는 점을 덧붙여 보자. 만약 어느 한 집안은 아들을, 또 다른 집안은 딸을 그들이 어릴 때라든가 혹은 결혼할 때 잃었다면, 두 집안은 죽은 아들과 딸을 결혼시켜 사돈관계를 맺는다. 이 경우 그들은 실제 그대로 죽은 딸을 죽은 아들의 새색시로 삼게 하고 결혼계약서를 작성한다. 그런 뒤에 그들은 이 계약서를 태워버리는데 그때 하는 말은 이러하다.

"하늘에 피어오르는 연기는 틀림없이 저승의 아이들에게 닿으니, 그것으로 둘은 결혼 사실을 알고 서로 부부임을 자각할 것이다."

이어 그들은 성대한 결혼식과 잔치를 베풀어 음식 일부를 여기저기에 뿌린다. 이렇게 함으로써 음식이 저승의 아이들에게 닿는다고 믿기 때문이다. 그들은 또 이어 사내종의 모습을 한 인간·말·옷·화폐 그 밖의 갖가지 물품을 종이에 그려 태운다. 그들이 그려 태운 여러 가지 물건은 모두 저승의 아이들이 갖는다는 신념에서이다. 이러한 절차를 모두 끝내면 그들은 서로 사돈이 되었다 믿고, 마치 아들 딸이 살아 있는 듯 이 사돈관계를 존중한다.

이것으로 타타르 인의 풍속·습관을 남김없이 이야기했다. 단지 모든 타타르 인에 군림하는 대칸 및 그 경탄할 궁정만은 큰 화제이면서 아직 서술되지 않았다. 이는 꼭 설명해야 할 훌륭한 이야깃거리이므로, 다시 적당한 부분을 골라 상세히 설명하기로 한다. 이제

몽골 인의 주거 형태
'게르'라고 불리는 둥근 텐트는 짐차에 실어 다른 장소로 운반할 수 있다.

이야기의 본줄거리로 돌아가, 타타르 인에 대해서 이야기를 시작했을 때 나왔던 그 평원으로 되돌아가기로 한다.

76 바르구 평원과 그 주민의 여러 습속

앞에서 말한 역대 칸의 매장지인 알타이 산맥 및 카라코룸을 떠나 북쪽으로 여행을 계속하면 바르구 평원이라는 땅을 지나게 된다. 이 평원은 약 40일 길의 연장으로써 퍼져 있다. 주민은 '메크리티(Mekriti)'라 불리는 수렵 생활을 하는 야인이다. 이 근처에는 사슴이 많이 서식하며, 거짓말처럼 들릴지 모르지만 그들은 사슴을 타고 다닌다. 이 평원 북쪽은 호수(바이칼 호)와 늪이 많은 관계로 조류도 풍부하여 주민들은 종종 새를 잡아먹는다. 여름철이면 조류는 늪과 호수 주변에 무리지어 산다. 마침 탈모기에 해당하므로, 깃털이 빠져서 자유롭게 날지 못하는 이 시기를 노려 사람들은 마음대로 이를 포획한다. 물고기 또한 그들이 먹는 음식이다. 그들은 대칸에게 예속하여 그 풍속·습관은 타타르 인과 거의 다름이 없다. 여기에는 곡물도 없고 술도 없다. 여름에는 짐승 등 사냥감이 풍부하지만 겨울에 접어들면 혹한 때문에 어떤 짐승도 보이지 않는다.

40일간의 길을 다 가면 바다에 다다른다. 이 지방 산에는 페레그린종 매가 둥지를 틀고 있다. 이 근처에는 남녀를 불문하고 인간은 물론이려니와 짐승조차도 볼 수 없다. 겨우 '바르겔락(bargelak)'이란 뇌조의 일종이 있어 매

의 주요한 먹이가 되고 있을 뿐이다. 이 뇌조는 자고새만한 크기로 다리는 앵무새 같고 꽁지는 제비를 닮아 있으며 대단히 빨리 나는 새이다. 대칸은 이 페레그린종 매의 갓 깬 새끼를 사람을 파견하여 잡게 한다.

이 바다 주위의 여기저기에 산재하는 섬에는 큰매(해동청)가 서식하고 있다. 여기에서 좀 주의해 두고 싶은 것은, 이 땅이 북쪽으로 기울어져 있어 거기에서는 북극성조차 다소 남쪽으로 기울어져 보이는 것이다. 이상 서술한 이 큰매는 이들 섬에 아주 많이 서식하고 있으므로 대칸은 원하는 만큼 가질 수 있다. 그런데 그리스도 지역에서도 타타르 인에게 주기 위해 큰매를 잡는다. 이 매는 대칸에게 공납하는 것이 아니라, 이웃한 레반트의 아르군, 그곳에 있는 다른 왕들에게 주는 것이다.

이로써 북지의 대양에 이르기까지 북방 여러 지방에 대한 것은 상세히 설명했다. 다음에는 대칸 궁정에 이르기까지의 여러 나라에 대해서 서술해 보기로 한다. 그러기 위해서 우선 이 책 앞절에서 이미 서술한 캄프초 지방으로 되돌아가기로 한다.

77 광대한 에르주울 왕국

캄프초를 떠나 5일간 길을 계속 간다. 이 길은 정령의 속삭이는 소리가 특히 밤에 잘 들려오는 지역이다. 동쪽으로 말을 달려 5일을 가면 에르주울 (Ergiuul, 서량. 현재 양저우涼州)이란 왕국에 다다른다. 이 왕국은 대칸에게 예속하며 탕구트 대주에 포함되어 있는 여러 왕국 중의 하나이다. 국민은 네스토리우스파에 속하는 터키 인 그리스도 교도와 우상 숭배자·이슬람 교도로 이루어진다. 에르주울이 가장 번화한 수도이다. 이 거리에서 남동쪽으로 가면 카타이 나라의 영역에 다다른다.

카타이 나라로 향하는 동남 방향에 신구이(Sigui, 시닝저우西寧州)라는 도시가 있다. 신구이는 동시에 이 지방 일대를 가리키는 명칭이며, 그 경내에는 도시·촌락이 많고 탕구트 대주의 일부를 이루며 대칸에게 예속해 있다. 주민은 우상 숭배자들이 대부분이지만 일부의 이슬람 교도·그리스도 교도가 살고 있다. 이 지방에는 코끼리만한 크기의 멋진 들소(야크yark)가 많이 서식한다. 이 들소는 등을 제외하고 온몸이 긴 털로 덮여 있고 흰색과 검은색 두 종류가 있다. 그 털은 길이 세 뼘 이상이며 명주실같이 예쁘다. 마르코는 진

티베트 고원 지대에 사는 야크

기한 물건이라 생각하고 그 털을 조금 베네치아로 갖고 갔는데, 구경한 사람
들은 이구동성으로 희대의 물건이라고 단정했다. 이 들소를 본 사람들이라
면 누구나 그 아름다움에 놀라 눈이 휘둥그레진다. 주민들은 이 들소를 길들
여 번식시켰기 때문에 이 들소의 수가 헤아릴 수 없을 정도로 많다. 길들여
진 이 소는 짐 싣는 데 사용된다. 이 야생소는 보통 황소 두 마리 몫의 일을
하며 또 그만한 힘을 갖고 있다.

  이 지방에서는 세계에서 으뜸가는 양질의 사향을 산출한다. 그 산출의 모
습을 정확히 전해 드린다. 이 지방에 영양만한 크기의 작은 짐승이 있다. 사
슴과 같은 털이 조밀한 외피로 덮여 있고, 다리와 꼬리는 영양을 닮았으나
뿔은 없고 손가락 세 개 정도의 길이를 한 네 개의 가는 어금니가 두 개씩
위아래로 나 있는 아름다운 동물이다. 사향은 이 짐승에게서 채취된다. 즉
보름달이 질 무렵이 되면 이 동물의 배꼽 근처 가죽과 살 사이에 핏덩어리가
생기는데, 사냥꾼들은 이것을 잡으면 가죽을 벗기고 핏덩어리를 잘라내서
햇볕에 말린다. 이것이 강한 향을 내는 사향인 것이다. 이 작은 동물의 고기
는 아주 맛이 있다. 이 지방에는 이 동물이 아주 많으며, 그것에서 채취되는
사향의 품질이 이 또한 앞에서 설명한 대로 그야말로 고급이다. 마르코는 이
짐승의 머리와 다리를 베네치아로 가지고 돌아갔다.

사향노루
배꼽 부분의 향기를 뿜는 핏덩어리를 말리면 사향이 된다.

이 지방 주민은 상업과 수공업을 생업으로 하고 있지만 농경도 하기 때문에 곡류도 대단히 풍부하다. 이 지방은 25일 길의 넓이를 갖고 있다. 이 고장 꿩은 유럽의 꿩과 모양과 크기가 똑같은 것도 있고, 그 종류 외에 그 두 배의 크기만한 것이 있다. 공작만큼은 되지 않더라도 그에 가깝고 꽁지는 긴 것이 10스판, 보통이 팔구 스판, 가장 짧은 것도 7스판은 충분히 된다. 이 밖에 아주 예쁘고 화려한 색채의 깃을 가진 각종 새들을 볼 수 있다.

주민은 앞에서 적은 바와 같이 우상 숭배자이며 짧은 코, 짙은 머리를 한 비만형이지만, 수염은 없고 얼마 안 되는 털이 턱 언저리에 나 있다. 여자는 머리카락 이외에는 온몸 어디에도 털이 나 있지 않다. 얼굴빛이 희고 살갗이 고운데다 예쁜 몸을 갖고 있다. 주민들은 관능적인 쾌락을 대단히 즐기며 혼자서 5~6명의 아내를 가지고 있다. 법률·습관에서 이를 금하고 있지 않으므로 부양할 수 있는 만큼 자기가 바라는 아내를 가질 수 있다. 이 나라에서는 천한 신분의 여자라도 예쁘면 귀인의 아내가 될 수 있다. 미모가 뛰어난 여자가 눈에 띄면, 대관이나 귀인은 그 여자의 어머니와 교섭하여 만족할 만한 막대한 금액을 주고 아내로 삼는다.

다음에는 그 동쪽에 해당하는 다른 지방에 대해서 이야기하기로 하자.

78 에그리가야 지방

에르주울에서 동쪽으로 8일 길을 거치면 에그리가야(Egrigaia, 닝샤寧夏, 현재 닝샤후이족 자치구 도시 인촨銀川) 지방에 다다른다. 탕구트 대주에 속하는 지방으로 도시·촌락이 많고 수도는 '칼라차(kalacha)'라 한다. 주민들은 우상 숭배자이지만 네스토리우스파의 교회당도 세 개 세워져 있다. 이곳도 대칸에게 예속되어 있는 지역이다. 칼라차에서는 낙타털로 모포를 제조한다. 그 품질은 세계의 어느 것에도 비길 만한 것이 없다. 하얀 낙타털을 사용한 모포는 특히 질이 좋으며 아름다운 물건이다. 더구나 이들 낙타 모포는 막대한 양이 생산되므로 상인의 손을 거쳐 세계 각지, 특히 카타이 나라에 많이 반출되고 있다.

다음은 텐둑이라 부르는 동쪽 지방을 말하고 싶은데, 이것으로 드디어 우리는 프레스터 존의 영역 안에 들어가게 된다.

79 광대한 텐둑 지방

텐둑(Tenduc)은 동쪽에 위치하며 경내에 도시·촌락이 많은 큰 주이다. 수도도 마찬가지로 텐둑이라 부른다. 이 고장의 왕은 프레스터 존의 후예로 대대로 프레스터 존을 칭호하며 대칸에게 예속되어 있다. 현재의 왕은 이름을 조지(Giorge)라 하며 대칸의 대리로 이 지방의 통치를 맡고 있다. 그 영역은 프레스터 존의 옛 땅 전체가 아니라 겨우 그 일부분에 지나지 않는다. 그러나 텐둑 왕이 되어 이 땅을 통치하는 프레스터 존의 자손에 대해서는 역대 칸이 자신의 황녀 또는 종실의 왕녀를 강가(降嫁 : 왕족의 딸이 신하의 집으로 시집가는 것을 말함)시켜 그 왕비로 삼게 하는 것이 예로 되어 있다. 또 프레스터 존은 그리스도 교도인 관계로 주민의 대부분도 그리스도교를 신봉한다는 사실을 특히 기억해 주기를 바란다.

이 지방에는 유리 빛 안료, 즉 군청(群靑)의 원료가 되는 돌이 나는데 질도 좋고 양도 많다. 낙타털로 짠 갖가지 색깔을 띤 양질의 모포 또한 이 고장의 특산품이다. 주민의 생업은 주로 목축과 농경이지만 상업·수공업도 얼마쯤 이루어지고 있다.

이와 같이 이 지방의 왕은 그리스도 교도이지만 주민 가운데에는 우상 숭배자·이슬람 교도도 상당히 있다. 여기에는 또 아르군(argon)이라 부르는 종족이 살고 있다. 아르군이란 '잡종'이라는 뜻이다. 실제로 그들은 텐둑의 우상 숭배자와 이슬람 교도의 혼혈로 태어난 사람들이다. 그들은 이 지역 주민 가운데에서 가장 용모도 단정하고 총명하며 장사 솜씨가 있다.

이 지방은 프레스터 존이 전에 타타르 인 및 그 사방에 이웃한 제국에 군림하고 있었던 당시 그 나라의 수도권을 이루고 있었다. 따라서 오늘날도 그 자손이 여기에 있는 셈이다. 이와 같이 현재의 왕 조지*39는 프레스터 존의 자손이며*40 초대부터 헤아려 제6대 왕이다.

또 유럽에서 '곡(Gog)'과 '마곡(Magog)'의 고장으로 알려져 있는 곳이 바로 이 지방이지만, 주민들은 그것을 '웅(Ung)'과 '몽굴(Mongul)'의 고장이라 부르고 있다. 이 두 지역에는 서로 다른 민족이 거주하고 있다. '웅'에는 '곡'이 살고 '몽굴'에는 '타타르'가 살았다.*41

80 신다추 및 그 밖의 여러 지방

텐둑 지방을 떠나면 꼬박 7일 길의 넓이를 가지고 있는 다른 지방으로 들어간다. 카타이 지방을 향해 동쪽으로 7일간에 걸쳐 이 지방을 지나는데 도상에는 다수의 도시·촌락이 있고, 우상 숭배자·이슬람 교도와 뒤섞여 다수의 네스토리우스파 그리스도 교도가 살고 있다. 주민은 상업·수공업에 종사하며 '나시치' 또는 '나크'라 부르는 금실로 짠 각종 견직물을 직조하고 있다. 유럽에서도 모직물에 몇 가지 종류가 있듯이, 이들 주민이 만드는 금실이나 견직물에도 종류가 있다. 그들은 대칸에게 예속된 백성이다. 신다추(Sindaciu)라는 도시가 거기에 있으며 군수품이라면 무엇이든 제조하고 있다. 이 지방 산간부에 해당하는 이디푸(Idifu)라는 한 고장에는 양질의 은광이 있어 다량의 은을 산출하고 있다. 모든 짐승들의 사냥감은 풍부하다. 그럼 이 지방, 이들 거리와 작별을 고하고 다시 3일간의 여행길에 오르기로 하자.

81 차가노르 시

사흘 간의 길이 끝나면 차가노르*42에 다다른다. 차가노르란 '흰 연못'이라는 뜻이다. 여기에 대칸의 대궁전이 있다. 대칸은 이 고장을 특히 마음에 들어 하여 즐겨 이 궁전에서 지냈다. 이 땅에는 여러 개의 강과 호수가 있어 백조가 떼지어 있고, 아름다운 평원에는 두루미·자고새, 그 밖의 수많은 각종 새들이 서식하고 있다. 대칸은 멋진 매사냥을 할 수 있어 이 궁전에서 머무르며 이 즐거움을 탐닉하는 것이 예사였다. 즉 큰매나 송골매를 데리고 매사냥 나가 담뿍 사냥감을 잡아 오는 것에 매우 만족하였다.

이 땅에는 다섯 종류의 두루미가 서식하고 있다. 첫째는 까마귀처럼 온몸이 검고 몸집이 큰 것, 둘째는 온몸이 새하얗고 가장 몸집이 큰 놈. 이 종류는 날개가 아주 예쁘고, 두 날개 전체에 공작에서 볼 수 있는 것과 같은 둥근

고리의 반문(斑紋)이 황금색으로 빛난다. 머리는 빨강과 흑색, 목은 흑색과 백색으로 채색되어 있다. 셋째는 유럽에도 있는 것과 같은 종류의 것. 넷째는 길고 아름답게 드리워진 털을 갖고 귀 언저리가 흑색을 띠고 있는 몸집이 작은 것. 다섯째는 온몸이 회색으로 빨강에 검은색이 섞이어 아주 보기 좋은 머리를 한 대단히 몸집이 큰 것이다.

용을 수놓은 견직물(14세기)

이 성의 근교에 계곡이 있는데, 대칸은 여기서 우리가 큰 자고새라 부르는 부류에 해당하는 메추라기의 무리를 사냥한다. 계곡을 낀 양쪽 구릉에는 대칸이 미리 피·조 그 밖에 이 새가 좋아하는 풀을 파종시켜 놓았기 때문에 여름에는 그것이 무성해져서 메추라기의 모이로 충분하다. 그리고 겨울이 되면 조를 던져 주어 쪼아 먹게 한다. 메추라기는 평소부터 이와 같이 길들여져 있으므로, 조를 뿌려 주어 담당자가 휘파람을 불면 어디에서라도 곧 모여든다. 또 대칸은 메추라기들의 둥지로 쓸 집을 여러 개 만들어 많은 계원을 임명해서 돌보아 주도록 하고 있다. 따라서 대칸은 여기에 찾아오기만 하면 언제든지 바라는 만큼의 메추라기를 손에 넣을 수 있는 것이다. 그러나 겨울이 되어 메추라기가 살이 잘 찌는 철이 되면 혹한을 피하여 대칸도 이 땅을 떠나는데, 그때에는 많은 메추라기를 낙타에 싣고 어디든지 그가 가는 곳마다 가져간다.

여기서 차가노르에 대해서는 이것으로 그치고, 이어 북쪽 및 동북쪽으로 3일간의 여행을 계속하자.

82 수도 샨두와 대칸의 화려한 궁전

차가노르 시를 떠나 사흘간의 길을 끝내면 샨두(Shandu, 상도上都)*[43]에 다

다른다. 이 도시는 현재 통치 중인 쿠빌라이 칸이 창설한 곳이다. 쿠빌라이 칸은 성내에 대리석을 사용하여 거대한 석조 궁전을 지었는데, 수많은 홀과 방은 모두 금박을 입히고 새와 동물 및 각종 꽃과 초목을 그려 장식했다. 그야말로 화려하기 그지없고 아름다움을 다한 장대한 건물이다. 이 궁전은 성곽 안에 세워져 있다. 그 한쪽 면은 성벽에 접해 있고, 이 면에서 바깥쪽으로 이어진 25.6km에 가까운 다른 장벽이 뻗어 나와 광대한 지역을 둘러싸고 그 안에 다수의 강이나 샘이나 목장을 수용하고 있다. 이 궁원은 궁전을 통하지 않으면 들어갈 수 없다.

원 내에는 수사슴·노란 사슴·새끼사슴 따위의 동물을 방목하고, 같은 원 내의 새장에 기르고 있는 송골매·매의 먹이로 주고 있다. 송골매만도 200마리가 넘게 사육되고 있다. 대칸은 한 주에 한 번은 친히 새장에 가서 이를 본다. 또 대칸은 표범을 끌고 그 승마 뒤에 따르게 하면서 장벽을 두른 이 궁원 안을 돌아다니는 일도 종종 있다. 그는 기분이 내키면 표범을 풀어 사슴을 사냥하여 이것을 새장의 매에게 먹이로 주는데 이것이 대칸의 즐거움이다.

장벽에 둘러싸인 궁원 중앙부에 멋진 숲이 있는데 여기에는 모든 것이 대나무로 만들어진 다른 궁전이 있다. 정자의 일종인데 기둥은 모두 금박과 회화로 장식했고, 기둥머리에는 각각 거대한 용이 새겨져 있다. 이 용은 용신을 기둥에 감아 좌우로 뻗은 두 다리와 머리로 지붕을 받치고 있다. 궁전 안도 모두 금박을 발라 정교한 솜씨의 새와 동물 그림으로 장식되어 있다. 지붕도 대나무로 되어 있는데, 두터운 옻을 단단히 발라 굳힌 것이므로 어떤 비에도 젖지 않는다. 대나무를 써서 궁전이 건조되어 있는 모양을 설명해 두기로 한다.

우선 대나무는 굵기가 세 뼘이 넘고 길이는 10~15 걸음 정도이다. 이 대나무를 세워서 반으로 쪼개어 마디를 자르면 기와 모양이 된다. 이 대나무 기와는 두께라든지 크기가 다 충분한 것이므로 이것으로 제법 지붕도 이을 수 있고, 정자를 세우는 재료로도 될 수 있다. 이런 까닭으로 이 궁전은 모든 곳에 대나무를 사용하여 200장이 넘는 비단으로 만들어진 밧줄로 죄어져 있다. 따라서 대칸은 언제라도 마음 내키는 대로 이 궁전을 옮길 수 있는 것이다.

대칸은 매년 6·7·8월 석 달 동안은 이 궁전에서
지낸다. 여기 있으면 선선하고 아주 즐겁기 때문
이다. 이 대나무 궁전은 대칸이 머무는 3개월간은
세워진 채로 놔 두지만, 그가 부재중인 9개월간은
해체된다. 이같이 세워져 있으므로 마음대로 조립
할 수도 있고 헐 수도 있다. 음력 8월 28일이 되
면 대칸은 샨두를 뒤로 두고 이 궁전에서 떠난다.
매년 이 날을 정하여 출발하는 데에는 그만한 이
유가 있다. 대칸에게는 담색이긴 하지만 반점 하
나 섞여 있지 않은 순백의 수말·암말의 말 떼가
있는데 암말만도 1만이 넘는다. 오직 제실(帝室)
에 있는 사람들, 즉 칭기즈 칸의 후예들만이 이
암말의 젖을 마실 수 있다. 그러나 여기에 하나의
예외로서 '호리아트'라는 부족에 속하는 자들만,
전에 그들이 칭기즈 칸을 도와 전승을 이룬 공
을*44 가상히 여겨 특별히 이것을 마시는 허가를
얻고 있다. 여하튼 이들 백색의 암말은 이같이 존

해동청 (매)을 든 석상

중되고 있으므로 그것들이 길을 지날 때에는 아무리 신분이 높은 귀족이라
도 감히 그 군열을 빠져 나가는 일은 없고, 말 떼가 통과하는 것을 가만히
기다리든가 또는 우회해서 말 떼 저쪽으로 나가든가 어느 쪽을 택하는 것이
다. 여기에 한 무리의 점성사·우상 숭배자가 있어 대칸에게 다음과 같은 것
을 진언했다.

"매년 음력 8월 28일을 기하여 백마의 젖을 지상과 공중에 뿌려 모든 정
령에게 공양하십시오. 정령에게 이 말젖을 공양하기만 하면 그들은 틀림없
이 대칸이 소유하는 모든 것, 즉 인간·가축·금수·곡물 그 밖의 온갖 것을
보호할 것입니다."

이런 까닭으로 대칸은 이 공양을 하고 나서 샨두를 떠난다.

샨두에 대해서는 전해 드릴 것이 아직 남아 있다. 우선 첫째로 지금까지
잊고 있었던 일대 기이한 일을 소개하자. 그것은 대칸이 이 대나무 궁전에
머물 때 비가 오거나 흐리거나 그 밖의 악천후의 날이 있으면, 대칸을 섬기

는 현명한 점성사·요술사가 그 지력과 주법*45을 다하여 이들 모든 구름이나 악천후를 궁전 상공에서 쫓아버린다. 그 결과 일기는 궁전 상공에 한해서 금세 호전되고 악천후는 모조리 다른 데로 옮겨가고 마는 것이다.

이런 불가사의한 일을 행하는 현인들은 '테베트(Tebeth)'라든가 '케스무르(Kesmir)'라 불린다. 이들은 우상을 신봉하는 두 종족의 이름이다. 그들의 요술·마법이란 것은 그야말로 온 세계 어느 민족에게도 뒤지지 않는다. 그들이 행하는 주술은 요컨대 악마의 요술이다. 그러나 그들은 결코 그것을 인정하지 않고, 주로 신의 조력과 자기의 신성함에 의하여 행하는 거라고 사람들이 믿게 한다. 그들은 체면이나 소문에는 무관심하여 꾀죄죄하고 찌든 옷차림을 하고 배회한다. 얼굴은 땀투성이고, 머리는 감지도 않고 빗질하는 법도 없이 사나운 몰골로 돌아다닌다. 그리고 또 그들에게는 이런 풍습조차도 있다. 즉, 사형을 선고받고 관리 손에 처형된 자가 있으면 그 시체를 갖고 돌아와서 요리해서 먹어버린다. 그러나 천수를 다하여 죽은 인간이면 먹는 일이 없다.

이와 같은 각종의 요술에 노련한 인간들을 '박시(baksi)'라 하며 그들은 또 다음에 서술하는 바와 같은 불가사의도 행한다. 그것은 대칸이 정전(正殿)에 임어(臨御 : 임금이 그 자리에 왕림하는 것을 말함)하여 연석에 앉을 때의 일이다. 정전 중앙에는 포도주·젖 그 밖의 음료를 가득히 채운 잔이 나란히 있고 거기서 적어도 10걸음의 거리에 높이 8척이나 되는 대칸의 탁자가 놓여 있다. 대칸이 그 탁자 곁에 앉는다. 박시라 불리는 그 마술사가 여기에서 그 요술 주문을 행하면, 음료를 채운 잔은 아무도 손대지 않는데도 저절로 마룻바닥에서 떠올라 대칸 앞으로 가게 된다. 이어 대칸이 이것을 다 마시면 잔은 다시 먼저 장소로 저절로 돌아간다. 이 일은 만인이 보는 앞에서 행해진 것으로서 한 조각 거짓도 없는 확실한 사실이다. 참으로 이들 주문을 습득한 요술사들을 여러분들이 보면, 그들이 정말로 불가사의를 해치울 수 있는 자라는 것을 믿을 수 있을 것이다.

박시들은 그들이 신봉하는 우상의 성절(聖節)이 돌아오면 대칸에게 찾아가서 말한다.

"폐하, 아무 우상의 제일(祭日)이 다가왔습니다."

그리고는 그 우상의 이름을 들며 간청한다.

"인자하신 폐하시여, 아시다시피 이 우상은 공물이나 희생을 바치지 않으면 악천후를 불러와 우리 가축·곡물 및 모든 소유물을 손상시킬 것입니다. 그러므로 청원하옵니다. 검은 머리의 양과 말향과 주목(朱木)을 이만큼, 그밖에 이러이러한 물건, 물품을 하사하시옵소서. 이것으로써 우리의 우상에 희생을 바치고 정성을 다하면, 틀림없이 주민과 가축을 보호하고 수확을 풍성하게 할 것이온즉……."

박시는 또 대칸 측근의 중신이나 정부의 대관에게도 이런 말을 하므로 그들로부터도 또 대칸에게 청원이 행해진다. 이리하여 박시는 그 우상의 성절제(聖節祭)를 아주 장엄하게 집행할 만한 물자를 넉넉하게 지급받는다. 요구한 것들을 얻으면 찬가를 부르고 의식을 행하여 우상에 숭경의 정성을 다한다. 즉 그들은 향긋한 향을 태우고 고기를 요리하여 바친 다음 고깃국을 여기저기 뿌리면서, 이것으로 우상도 만복했을 것이라고 생각한다. 그들이 신봉하는 우상에는 그리스도교의 성인들과 마찬가지로 저마다 일정한 성절이 있으며, 그들은 이렇게 하여 그 하나하나의 근행을 집행하는 것이다.

박시는 또 다수의 사원·승원을 갖고 있어 그 속에는 교파를 같이하는 2천 명 이상의 승려도 수용하며, 그 규모는 그야말로 소도시같이 광대한 것이다. 이들 승려는 서민에 비하면 훨씬 산뜻한 복장을 하고 있고 두발과 수염을 모두 깎는다. 그들은 등불을 환히 켜고 범가(梵歌)를 소리높여 낭송하고, 그를 믿는 모든 우상을 위하여 이상과 같은 근행 의식을 집행한다. 이들 박시들 가운데에는 교의상 아내를 얻을 수 있는 자가 있어 그들만은 지금도 그대로 아내를 얻고 많은 자식이 있다.

박시와는 다른, 센신(sensin)이라 하여 교파를 달리하는 수도사가 있다.*46 그들은 계율을 좇아 엄격한 금욕 수행을 하는 사람들이다. 그 생활의 엄격함이란 대개 다음과 같다.

그들은 평생을 통하여 밀기울 이외는 입에 대지 않는다. 밀기울이란 밀가루를 만들고 난 뒤에 남는 껍데기이다. 게다가 그들은 또 이 밀기울마저 더운물에 잠시 담가, 껍데기에 붙어 있는 사소한 밀가루조차도 모조리 떨어버려 그야말로 맛을 없애 버리지 않는 한 먹지 않는다. 그들은 이와 같이 밀기울만을 먹으면서 거기다가 연간 며칠씩 단식을 한다. 그들이 섬기는 우상은 다양한데 때로는 불을 숭배하기도 한다. 다른 교파의 승려들은 엄격한 금욕 생활을 하고 있는 이 교파의 수도사를 지목하여 그들이야말로 '파탈린', 즉 이교도라고 한다. 이들 사이에는 여러 가지 교단 규율에 대한 서로 다른 점이 있고, 우상을 예배하는 양식도 다르기 때문이다.*47 센신은 절대로 아내를 맞이하지 않는다. 두발과 수염을 깎아버리고, 베로 만든 흑색 또는 황색 옷을 걸치고 있다. 때로는 명주로 옷을 만드는 일이 있어도 색깔만은 같은 흑색과 황색 두 색깔에 한정되어 있다. 그들은 나무 선반 위에 돗자리를 깔고 잔다. 이와 같은 형편이므로 센신들의 생활이야말로 정말 상상도 못할 만큼 엄격하다.

그들의 승원 및 우상은 모두 여자 이름인 것으로 보아 여성일 것이다.

여기서 이들 이야기를 마치기로 하고, 다음에는 모든 타타르 인의 여러 왕 중의 대왕 그 이름 쿠빌라이, 그야말로 숭고한 대칸에 대해서 정말 경탄할 만한 사실을 피력하고자 한다.

〈주〉

＊1 타림 분지의 터키화는 동시에 이슬람화도 의미했다. 10세기 말을 시작으로 신장 이북의 터키족 사이에 스며들기 시작한 이슬람교는 지리적 환경상 우선 카슈가르를 먼저 훑고, 11세기 초, 카라칸 왕조의 세력을 배경으로 일거에 차르찬까지 번진다. 《송사》 490권의 '간전국전'에서 이 경위를 엿볼 수 있다.

＊2 중국 문헌에 보이는 무명의 기록은 그것이 확실한 자료라고 한다면 6세기 중엽의 양(梁)시대에 시작한다. 이후 그것은 길패·고패·백첩·두라면·번포 등의 명칭으로써 전해지는데, 그것들은 모두 동남아시아산이 해로를 거쳐 중국에 전해진 것에 연유한다. 송대에 내려가서 광둥·푸젠 지방에 널리 재배되기에 이른 것은 순전히 이러한 데에 유래하고 있다. 이에 대해서 아라비아산 무명은 전래가 드물고, 《남사》 79권 '서역전'에 보이는 고창의 백첩자, 《당서》 198권 '고창전'의 백첩, 《오대사기(五代史記)》 사이(四夷) 부록이 말하는 안서(安西)의 백첩(白氎)이 겨우 지적할 수 있을 정도이다. 따라서 13세기에 내려가서도 북부 중국 사람들에게 무명은 다른 나라의 진귀한 물품이었던 것 같다. 중앙아시아에 원정 중인 칭기즈 칸에게 초대되어 간 구처기는 아리마성(阿里馬城)의 Almalik에 산출되는 무명에 대해서 옛날대로의 '농종양(隴種羊)'의 주장, 즉 양모를 땅에 뿌려 재배하는 곳이라는 설명을 하고 있다. 이것은 단지 장춘진인에 한한 일이 아니고 동시대인인 야율초재의 《담연거사집(湛然居士集)》, 유욱의 《서사기》, 오고손중단(烏古孫仲端)의 《북사기》에도 거의 비슷한 기묘한 기술이 이루어져 있다. 그러나 원조(元朝)도 중기(中期)가 되자 서역계 무명천의 수입 및 재배에 관한 정확한

기록이 나타난다. 따라서 마르코 폴로가 전하는 카슈가르·야르칸 이하의 서역 무명에 관한 보고는 희소한 중국 측 자료를 보충하는 것으로서 귀중하다.

＊3 사마르칸이란 중앙아시아의 대표 도시 사마르칸트이다. 알렉산더 대왕의 동정 당시 이미 마라칸다의 이름으로써 존재하고 있었으므로 그 역사는 아주 오래되었다. 중국에서는 삼국시대부터 수·당에 걸쳐 실만근(悉萬斤)·살미건(薩末鞬)·삽말건(颯秣建) 등으로 기록되고 있다. 몽골 시대의 문헌에서는 《원사》 63권에 살마이간(撒麻耳干)이라 나타난 것 외에 《원조비사》 11권의 설미사견(薛米思堅), 《원사》 1권 이하의 설미사간·잠사간(撏思干), 구처기 《서유기》의 사미사간(邪米思干), 야율초재 《서유록(西遊錄)》의 심사간(尋思干)은 모두 터키 어화 된 세미스켄트(Semiskent)의 음을 베낀 것이다. 마르코 폴로는 발라크에서 와칸 계곡을 거쳐 카슈가르에 이르는 길을 취했으니까 물론 사마르칸트에는 들르지 않았다. 그러나 아버지 니콜로의 제1차 도정(道程)은 부카라에서 사마르칸트를 거쳤을 것이며, 그 지식이 여기에 삽입된 것이다.

＊4 사마르칸트의 당시 지배자는 카이두 칸이므로, 쿠빌라이 칸의 조카가 아니고 사촌 형제가 맞다.

＊5 차가타이 한국의 초대 군주. 칭기즈 칸의 둘째 아들이며 쿠빌라이 칸의 삼촌이다. 1241년 무렵 사망하였다. 그가 그리스도교로 개종했다는 것은 역사적 사실이 아니다.

＊6 Yarcan은 그레고월판에 Carcan으로 되어 있다. 카슈가르 동남쪽이다. 야르칸이란 터키어로 '광대한 나라'를 뜻한다. 한대(漢代) 이래 사차(莎車)·거사(渠莎)의 이름으로 불리던 남도상의 오아시스 국가이다. 《원조비사》 11권에 올리양(兀哩羊)이라 되어 있는 것은 올리한(兀哩罕)의 잘못이며 야르칸을 가리킨다. 《원사》 8·120·180권에는 아아간(鴉兒看)·압아견(押兒牽)·야리건(也里虔)으로 기록되어 있다.

＊7 코탄은 원명을 Kustana라 한다. 남도의 중앙부 코탄 강 유역을 차지하는 이 나라는 구슬의 특산지로서 예로부터 유명하다. 곤륜의 구슬, 간전의 구슬이라는 칭호를 통하여 간전국의 이름은 한대 이래의 중국에 널리 알려졌다. 몽골 시대에 있어서는 《원조비사》 11권에 올단, 《원사》 8권 이하에 간전·홀탄·알단, 야율초재의 《서유록》에 오단으로 나타나 있다. 《원사》 '본기'를 조사하면 1274년 정월, 1286년 정월의 줄거리에 코탄 역참 설치에 대한 것이 보이며, 당시 카이두 전쟁 사이에도 이 땅은 아직 원조의 치하에 머물러 있었던 것을 엿볼 수 있다.

＊8 불교 왕국으로서 번영한 코탄국은 11세기 초기에 이미 카라칸 왕국에게 멸망당해, 유서 있는 불교 문화는 일거에 이슬람화의 물결에 삼켜지고 말았다. 카라칸 왕조의 장군 유스프 카두르 칸은 수도 코탄을 다 파괴해버리고 동남 11.2km 지점에 새 도읍을 구축했다. 이것이 현재의 코탄이다. 금세기 초 탐험 조사에서 구도의 불교 유적이 요트칸에서 발굴되었다.

＊9 펨(pem)은 그레고월판에 Pein으로 되어 있다. 펨은 현장삼장(玄奘三藏)의 《대당서역기》

12권에서 말하는 비마 성에 해당한다. 코탄 성 동쪽 약 160km, 펨 강에 임해 있다.

＊10 마르코 폴로는 코탄을 중심으로 카슈가르에서 롭에 이르는 사이를 '대터키국'의 일부라 부르고, 롭 이동(以東)에 이어지는 사저우(沙州)·간저우(甘州) 등의 지역을 '탕구트국'이라 하여 명확한 구분을 하고 있다. 물론 터키족의 나라, 탕구트족의 나라라는 의미에는 틀림없으나 단순한 종족 분포로서는 이 구분이 부정확하다고 할 수밖에 없다. 보다 구체적으로 몽골 지배 직전의 정치관계, 즉 터키족인 서위구르 왕국의 영역과 티베트계 왕국인 서하국의 영토가 이 사저우와 롭 중간에서 접촉하고 있었다는 역사적 사실을 감안한 구분이라 해석해야 비로소 보다 잘 소통할 것이다.

＊11 Charchan은 파리국립도서관판에 Ciarcian, 그레고월판에 Siarsiam으로 되어 있다. 차르찬은 한대의 차말국이며 현재의 체르첸(Cherchen)에 상당한다. 《원사》 14·167권에는 도전·선선으로 나타나 있다.

＊12 롭은 한대의 누란(Kroraina) 지방으로 지금의 롭노르 남쪽에 해당한다. 《원사》 12·14권에 라복(羅卜)·라부(羅不)로 나타나 있다.

＊13 사치우(사저우)는 파리국립도서관·그레고월판에 Saciou로 되어 있다. 사치우란 당·송 이래의 사주, 원대에서는 간쑤 행성 사주로라 불러 사주성 즉, 현재의 둔황현을 다스렸다. 중국에서 서역에 통하는 서단의 관문으로서 옛부터 너무나 유명하다. 성의 북쪽에 옥문관, 남쪽에 양관이 있어 천산남로의 북도·남도가 여기서 시작된다.

＊14 탕구트는 티베트족의 일파로 수·당 시대부터 당항이라는 이름으로 알려져 있다. 10세기 말 영하성에 서하국을 세웠고, 이어 11세기에 들어가서는 간쑤 성 일대를 송에게서 뺏어 실크로드의 동단을 장악하기에 이르렀다. 13세기 초 칭기즈 칸에게 멸망당하기까지 2세기를 넘는 독립국이다. 원조는 서하국의 구 영역을 감주로·숙주로·영창로·사주로·역집내로·영하부로·올자해로로 나누어 이것으로 간쑤 행성을 구성했다. 마르코 폴로가 탕구트 대주라 칭하는 지역은 이 서하국의 옛 지역, 즉 간쑤 행성을 가리킨다.

＊15 사저우 둔황현의 성 밖 남쪽에 유명한 천불동(千佛洞)이 있다. 이 대규모 석굴 사원도 아울러 서술하고 있는 것이리라. 그리고 여기의 우상 숭배자라는 것은 불교도를, 우상은 부처를 가리키는 것인데, 티베트 불교·위구르 불교·중국 불교를 통틀어 서술하고 있는 듯싶다.

＊16 지전(紙錢)·지마(紙馬)는 중국의 민간 습속이다. 조익의 《해여총고》 39권에 따르면 중당 이래 이 풍습은 사대부층에도 채용하기에 이르렀고 인접 여러 종족에게도 파급되었다. 《오대사기》《오대회요(五代會要)》에는 터키계 사타족 출신인 후당의 장종에 그 바른 예가 나타나 있다. 《원전장》 30권에 보이는 위구르 인의 상사체례에 따르면 13세기 위구르 인 사이에도 화장과 함께 이 풍습이 보편화되어 있다. 이 점은 탕구트족 사이에도 마찬가지였다는 것을 추정할 수 있다. 특히 사저우·간저우는 위구르족의

집단 거주구의 하나인 점으로 미루어 보아, 마르코 폴로의 이 기술은 그 지방의 중국인·탕구트 인·위구르 인을 아우르는 보고라고 해석해도 무방할 것이다.

* 17 이 기묘한 풍습에 대해서는 남송의 홍호의 《송막기문》에 위구르 인에 관한 내용이 전해져 오는 것 외에, 후세의 기록이기는 하지만 민국의 서가의 《청패류초》 풍속류에 청조 초기의 간쑤 지방 풍속으로서 같은 사실이 나타나 있다. 거슬러 올라가서 이것이 13세기경의 간저우·사저우 위구르 인의 풍속에 관련된다면 참고 문헌이 되리라.

* 18 제라드판에 의해서 파리국립도서관판이 보충된 주요한 항목은 세 군데에 이르는데 이절은 그 제1예를 이룬다.

Icoguristan은 펠리오·뮐러의 집성본에 따라서 Iuguristan으로 고쳐야 할 것이다. 이 우구리스탄이란 물론 위구리스탄(Uiguristan)의 뜻이며, 수도는 카라 코조(Kara-Khojo)를 중심으로 천산남로의 동부 일대를 점거한 고창 위구르를 가리킨다. 카라 코조, 일명 고창은 차사전(車師前) 왕국이 도읍한 장소인데, 칸이 이 땅에 고창벽을 쌓은 데서 마침내 이 이름이 나왔다. 원조에는 이것은 합라화탁(哈喇和卓)·합라화탁(哈喇火卓)이라 베꼈고, '오랜 역사가 있는 고창'이라 불렀다. 중국식으로는 생략하여 화주(和州)·화주(火州)라고도 쓰인다. 별명 이디쿠트 샤리(Idiqut Shari)는 '이디쿠트의 국도'를 뜻하는 터키 호칭이다.

* 19 5세기에 건축된 고창국 이래 이 땅은 남도의 코탄국과 함께 동터키스탄에서 불교문화의 일대 중심을 이루었다. 북송의 왕연덕이 쓴 《고창행기》는 10세기 말의 이 사정을 전하고 있으며, 최근 학술 탐험의 결과 유적·유물에 입각해서 구체적으로 그것을 명백히 했다. 그륀베데르가 지휘하는 독일 탐험대가 카라코조에서 마니교 신전, 네스토리우스교 사원의 유적을 발견 조사하여 귀중한 유물을 수집한 것은 알려진 사실이다.

* 20 위구르족의 이 조상 전설은 원조 중기의 우집이 쓴 《도원학고록》 24권 '고창왕세훈지비(高昌王世勳之碑)' 및 그것에 의거한 《원사》 122권 '파이출아이특적근전(巴而朮阿而忒的斤傳)'에 보이는 그것과 부합한다.

* 21 친기탈라스는 여러 텍스트에 따라 Chingintalas, Chinchitalas, Cincitalas, Chinghintalas 등 꽤 다른 형태로 나타나 있다. 이 불일치와 특히 음가가 지명답지 않은 점이 이유가 되어 이 땅의 이름의 결정을 아주 곤란하게 만들고 있다. 아마도 마르코 폴로의 《동방견문록》 전권을 통하여 가장 이설(異說)이 많은 예일 것이다. 종래 제출된 주요한 설로는,

① 선선(Chen-chen)설—두 기뉘
② 중가리아 평원(Jeguin tala)설—크라프로우트
③ 숙주 서북의 적근평야(Chi-kin talas)설—파라디우스
④ 우르무치 평야(Sai-in tala)설—포티에
⑤ 코브도(Sankin hoto)설—엘리어스

⑥진서 바르쿠르(Tchen-si)설—리터 및 샤리뇽

⑦예니세이 상류 겸겸주(Kemkem jut)설—유울

등이 있다. 그러나 음가상으로 위치가 모두 너무나 엉뚱하다. 사저우 서북에 접하여 하미가 있고 그 하미 서북에 지정되어 있으므로 허심하게 임하면 의당 이것은 천산의 북사면 지방으로 정해야 한다. 특히 샐러맨더 광물의 산출이라는 특수 조건이 부수되어 있는 점을 고려하여 그것을 비슈발릭(Bish-balik) 즉, 지금의 고성(Gucheng)을 중심으로 하는 천산북로 일대 지역을 해당시켜야 할 것이다. 이 지방은 몽골 지배 시대에 별실팔리(別失八里) 등 처행중서성(處行中書省)의 관구를 이루었다. 이것이 '행성관품(行省管區)'(Hsing-shing darasi)이라 약칭되고 와전되어 깅깅탈라스로도 마르코 폴로는 말하고 있다.

＊22 Salamander는 섬유상규산염 광물인 석면이다. 중국에서도 화완포(火浣布)라 하여 예부터 소중히 여겨 왔다. 본문에서 말하는 샐러맨더의 관영 채굴은《원사》6권의 1267년 10월에 보이는 Bogeci의 석면 개발과 부합된다. 베게치 산이란 '성산'의 뜻으로 현재 몽골 어인 Bogda ula 즉, 동부천산인 것이다.

＊23 화완포에 대해서는 한대 이래 언제나 특이한 그 성질 때문에 경이의 표적이 되어 있었다.《열자(列子)》부터 이하 수많은 중국 문헌이 이것을 화서(火鼠)·화사(火蛇)의 모발 또는 화산목의 수피(樹皮)에서 직조된다고 설명하는 것은 중세 유럽 이슬람 제국과 순전히 같은 방법인 현상이다. 물론 중국에서는 북송 말기, 즉 12세기 초 채조(蔡條)의《철위산총담(鐵圍山叢談)》6권에서 이들 재래의 잘못된 주장이 일부 깨뜨려졌고, 나아가서 1세기 반 뒤 원조에서의 베게치 산 석면 개발을 계기로 석면의 진상이 밝혀지게 되었다. 마르코의 보고는 화완포에 얽힌 1천여 년의 전설을 완전히 타파한 첫 기록으로서 귀중하다.

＊24 Zurficar의 철자는 파리국립도서관판에 Çulficar, 그레고월판에 Surficar로 되어 있다. 마르코 폴로의 친구 주르피카르라는 인물의 소식은 다행히도 원조 문헌에서 찾아볼 수 있다. 구양현의《규재문집》11원의 '고창설씨가전'에 나타나는 위구르 인 탈열보화(Tou-lieh-pu-hua)가 그이다.

＊25 이런 혼인은 터키나 몽골 유목민 사이에서는 보통의 관례인데, 중국에서는 예법·법률이 엄금하는 것이다. 원조 치하의 중국이 몽골풍의 영향을 꽤 강하게 받은 것은 알려진 사실이다. 간저우 지방에서의 이 혼인 형식이 중국인을 포함한 해당 지역 주민의 풍속이었다면 이것 또한 그 한 예가 되리라.

＊26 Ezina는 파리국립도서관판에 Eçina, 그레고월판에 Esanar로 되어 있다. 에치나는 한(漢)의 거연성이며 거연택(Gash-un-nor)에 임하여 있다. 원조에서는 간쑤 행성 역집내로(亦集乃路)를 치하에 두었다. 20세기 초 러시아의 카즈로프 탐험대 등에 의하여 발굴 조사된 카라호트 폐성지는 마르코 폴로가 여기에서 서술하고 있는 원조 시대의

에치나, 즉 역집내로의 치하에 있었던 곳이다.

*27 카라코룸은 파리국립도서관판에 Caracorom으로 되어 있다. 외몽고의 오르콘 강 상류 에르데니 조(Erdeni-zuio)에 그 유적이 있다. 원대에서는 Kara-Khorum, 화림이라 불리었다. 초대 쿠빌라이 칸, 2대 테무르 칸 조에는 선위사를 여기에 두어 외몽고의 통치를 맡고 있었는데, 제3대 훌라구 칸의 초년에 화림행성을 설치하여 그 치하에 두었다.

*28 1253년 오고타이 칸은 화림에 성벽을 쌓아 그 안에 중국풍의 만안궁(萬安宮)을 지었다. 성벽은 주위 5리의 토성이라고 하므로 환산해서 약 4.8km에 상당한다. 이 화림성·만안궁에 대해서는 13세기 후반 프랑스 왕 루이 9세의 사절로서 이 땅에 왔던 뤼브룩(William de Rubruck)의 상세하고 귀중한 기록이 있다.

*29 초르차는 파리국립도서관판·그레고월판 모두 Ciorcia로 되어 있다. 초르차란 송화강 상류에서 일어나 금 왕조를 세운 퉁구스족의 하나인 주루친족이다. 중국에서는 이것을 여진·여직(女直)이라 하고 몽골은 이를 Churche(왕아차)라 불렀다.

*30 11세기 중엽에서 13세기 말에 걸쳐서의 유럽에서는 거대한 부와 강력한 세력을 갖고 있는 그리스도 교도의 군왕이 동방에 나타났다는 근거 없는 풍설이 나돌았다. 십자군의 전과가 시원치 않은 데에서 희망적 억측이 이 풍설을 이끌어 낸 것인데, 마침 아비시니아 교구에 사제(Presbyter)를 임명하는 문제를 놓고 갈등을 빚은 것이 이 풍설을 견고히 했다. 이리하여 프레스터 존(사제 존)이라는 환상적 인물이 아시아의 그리스도 교도 군주로 십자군과 호응하면서 사라센 인의 배후를 공격했다는 일반적 신념이 생긴 것이다.

*31 1229년 오고타이 칸의 즉위와 함께 창제한 스텝의 세제(稅制)는 소·말·양 각각 100마리에 대해서 한 마리를 징수하는 것이었다. 이어 1233년에는 10마리마다 1마리라는 높은 징수율이 규정되었다. 본문에서 말하는 케레이트 왕에 대한 몽골 인의 공납은 당시의 몽골 유목민 사이에서 상식적인 이 세율을 말한 것이리라. 그리고 몽골부가 '왕 칸'에게 조공하고 예속했다는 사실은 볼 수 없다.

*32 '왕 칸'에 이러한 사실은 없다. 그러나 남송의 조공의 《몽달비록(蒙韃備錄)》은 금나라 세종(재위 1161~1189)이 3년마다 출병하여 몽골 장정을 살육한 사실을 전하고 있는데, 이것은 혼동한 것이리라.

*33 1187년의 기년(紀年)은 그레고월판, 토스카나 방언판, 베네치아 방언판이 다 똑같이 적고 있는 바이지만 파리국립도서관판 이전 문서를 베네치아 어로 번역한 15세기 중엽의 사본은 1287년, 라무시오판은 1172년이라 하고 있다. 몽골부를 통제하고 그 수장으로 추대된 소위 칭기즈 칸 제1회의 즉위는 1189년이다.

*34 1202년 칭기즈 칸은 장자 주치 태자를 위하여 '왕 칸'의 딸 차구르 공주를 아내로 삼으려고 했다. 이것이 거절되어 우호 관계가 결렬되는 것이다.

*35 칭기즈 칸의 죽음은 이 합전으로부터 24년 뒤인 1227년 가을이다. 탕구트 나라를 공

격하다 병을 얻어 간쑤 성 청수현의 합노후 강변 행궁에서 사망했다. 본문에 6년 뒤 사망했다는 것은 잘못이다.

Caaju는 파리국립도서관판에 Caagiu, 그레고윌판에 Calatuy로 되어 있다. 유울은 이 카아주를 사천성 합주의 대음이라 간주하고 본문의 기사로써 합주 공략 중 군영에서 병몰한 몽케 칸의 사적과 혼란이라고 해석하는데 이 견해에는 좇을 수 없다. 이미 포티에가 주기하고 있듯이 카아주는 칼라투이의 형태가 옳고, 쿠툴투이란 《원사》 2권에서 말하는 합노주 행궁에 적합하기 때문이다. 요컨대 칭기즈 칸의 최후를 기록한 본문의 내용은 기년에 있어 틀리는데, 병몰지에 관해서는 옳은 지적이라고 해야 한다.

＊36 칸의 세계에는 잘못된 것이 있다. 제2대인 칭기즈 칸(재위 1206～1227)의 셋째 아들 우구데이(오고타이) 칸(재위 1229～1241), 제3대 오고타이의 장자 구유크 칸(재위 1246～1248), 제4대 칭기즈 칸의 막내아들인 툴루이의 장남 몽케 칸(재위 1251～1259), 제5대 세조는 헌종의 동생 쿠빌라이 칸(재위 1260～1294)이다.

＊37 원조 황제의 성지는 모두 다 '영원한 텡그리신과 복신의 보호와 도움으로'라는 허두로 시작된다. 이 텡그리가 천신이며 복신이 지지(地祇)이다. 따라서 natigai 신은 복신의 하나이리라. 유울은 브리야드족의 샤머니즘에 nougait, nogat라는 정령신이 있는 것을 들어 나티가이 신은 그 와전일 것이라 한다.

장욱의 《가간노인집(可間老人集)》 2권에 샤먼의 전용에 대한 것이 보이는 것은 이 나티가이 신에 상당하리라.

＊38 《원사》 102권 〈형법지〉에 태형·장형으로서 이 타수가 보이며 또한 '나라의 구속'이라 한다. 원말 도종의(陶宗儀)의 《철경록》 2권에도 이에 대하여 기록한 바가 있다.

＊39 텐둑 왕 George란 옹구트 부족장 Alaqu Sidgid Quri의 증손인 Georgis이다. 그러나 그의 본거지는 텐둑 즉, 원조의 서경로 풍주가 아니고 그 북쪽에 접하는 정주로였다. 음산 산맥의 땅에 거점을 삼은 옹구트 부는 일찍이 자발적으로 칭기즈 칸에게 투항했기 때문에, 부족장 아라크 시디깃 쿠리는 부족을 통치하여 옛날 살던 땅에서 살기를 허가하였고 또한 황녀 아라카 공주를 아내로 삼게 했다. 이래로 이 일족은 조왕에 책봉되어 대대로 종실의 여자를 아내로 삼는 것이 통례가 되었다. 게오르기스는 전에 쿠빌라이 칸의 손녀를, 이어 증손녀를 아내로 얻었다. 게오르기스가 네스토리우스 교도였다는 것은 14세기 초 대도에 주재한 카타이 교구의 가톨릭 주교 몬테 코르비노의 서간에서도 추측되는데, 나아가서 내몽고 백영묘(白靈廟), 오롱스무 지방에서 발굴된 그들의 궁전 유적에서의 유물이 이것을 결정짓는다.

＊40 프레스터 존을 한쪽에서는 케레이트 부장 왕 칸이라 하고, 다른 쪽에서는 옹구트 부왕이라고 하는 마르코 폴로의 기록에는 분명히 혼란이 있다. 케레이트 부는 외몽고 중앙부의 오르곤 강·세렝게 강 유역에 거주했고, 옹구트 부는 내몽고 서남변을 한정시키는 음산 지방에 근거하고 있어 둘은 전혀 다른 인물이다. 그러나 둘 다 네스토리

우스 교도였다는 공통점에서 이 혼란이 생긴 모양이다.

*41 중국의 북변은 Yajuu, Majuj라는 서로 다른 두 나라에 연접해 있다는 중세 이슬람의 지리관이 유럽에 전해져서 이것이 Gog과 Magog의 나라로 와전되었다. 마르코 폴로는 이 가공적인 지리관을 여기에 적용시켜 역사 현실에 의해 그것을 설명한 것이다. 즉 Ung이란 Ongut를, Mongul이란 Mongol을 가리키는 것이다. 전자는 또한 백달단(白韃靼)이라고도 불리는 터키계 종족이며 후자는 흑달단의 이름을 가진 몽골족이다. 이들은 그야말로 텐둑 지방에서 저마다의 생활권을 접하는 동시에, 남방을 향해서는 외장성선을 사이에 두고 중국과 맞서고 있는 것이다.

*42 차가노르는 《원사》 11권 이하에 찰한뇌아(察罕腦兒)라 베껴져 있다. 번역해서 '백해(白海)'라고도 한다. 난하 상류의 서쪽인 파인 차가노르 호반에 위치한다. 지원 17년(1280) 여기에 행궁을 조영한 이래 대개 역대 칸의 행락 고장이 되었다.

*43 샨두는 파리국립도서관관과 그레고월판 모두 Ciandu로 되어 있다. 상도의 다른 이름이다. 지금의 내몽고 란 강 상류 좌안의 Chao Naiman Sume-tu의 땅에 해당한다. 1255년 한남한지 대총독에 임명된 쿠빌라이는 이 땅에 성곽 도시를 축조하고 그 근거지로 삼았다. 1206년 그의 즉위와 함께 개평부를 설치하고 1265년에는 승격시켜 상도라 불렀다. 원조 역대를 통하여 대도(베이징)가 겨울의 서울인 데 대해 상도는 여름의 서울로 병립했다. 상도의 규모, 궁전의 결구에 대해서는 남송의 엄광대가 쓴 《기청사행정기(祈請使行程記)》, 원의 왕기가 쓴 《이빈집(伊浜集)》, 양윤부 《란경잡영》, 장욱의 《가란노인집》 등에 그때 실황이 기록되어 있다.

*44 Horiat부는 《원조비사》 4권 이하의 Oirat이다. 칭기즈 칸 즉위 제2년에 해당하는 1207년, 그 서북 몽골 경략에 있어서 부장 쿠두가베키는 자진 투항하여 그 향도(嚮導)에 임명됨으로써 이 정벌을 성공시켰다.

*45 《이빈집》 12권에는 라마승에 의한 이 주술이, 또 명(明)의 송뢰가 쓴 《서오이어(西五里語)》 4권에는 한인도사에 의한 이 기법이 전해지고 있다.

*46 원조에서는 유자를 수재, 불교승을 화상, 도교승을 선생이라 속칭했다. 본문에서 말하는 sensin이란 이 선생의 음을 베낀 것이다. 특히 12세기 중엽의 허베이 지방에서 구도교의 타락을 개혁하려고 일어난 혁신파 도교, 즉 전진교·대도교·태일교는 엄격한 계율을 강조했다. 그리고 본문에서는 라마승과 중국 불교승을 혼동해서 똑같이 박시라 부르고 있는데, 기사 내용으로 봐서 둘을 구별짓도록 해야 할 것이다.

*47 몽골조에서 원조 초기에 걸쳐 불교와 도교와의 사이에 서로 배척하는 심한 논란·분쟁이 계속되었다. 1255년 카라코룸의 만안각에 소림사 장로와 도교 주관도사 이지상을 불러 몽케 칸의 어전에서 행하게 한 논쟁은 저명하다. 그 뒤 쿠빌라이 칸의 지원 17년에도 같은 공개 논쟁이 행해져 모두 도교 측의 패배로 끝났다. 금 말의 야율초재가 쓴 《서유록》, 원의 승려 상매(祥邁)가 쓴 《지원변위록》에 그 자세한 내용이 기록되어 있다.

제3장 쿠빌라이 칸의 통치

83 쿠빌라이 칸에 대해서

이제부터 이 책에 서술하려는 것은 지금의 황제 쿠빌라이 칸에 관한 경탄할 만한 여러 가지 일과 놀라운 권력에 대해서이다.

칸이란 '제왕 중의 대왕'이라는 뜻으로, 그야말로 그가 비로소 이 칭호에 알맞은 자라고 할 수 있다. 이 칸이야말로, 파악할 수 있는 인민·국토·재보의 여러 점에 있어서 우리의 시조 아담 이래 오늘날에 이르기까지, 이 지상에 실재한 여타 어떤 인물에 비해서도 훨씬 거대한 실력을 갖추고 있기 때문이다.

이것은 거짓이나 과장이 아니고 진실이라는 것을 지금부터 여기에서 명시할 작정이다. 여러분도 그야말로 고금을 통하여 최강의 대왕이라고 확신해 주리라 믿는다. 그럼 그 내용을 이야기하기로 한다.

84 대칸의 삼촌 나얀이 꾀한 반란

모든 타타르 인의 대왕인 자는 반드시 칭기즈 칸의 자손이어야 한다는 원칙대로 쿠빌라이는 그 직계 후예이다. 그는 제6대 칸, 즉 모든 타타르 인에 군림하는 제6대째 군왕이다(실제는 제5대. 다음의 즉위 연대도 차이가 난다. 제2장 주36 해설 참조). 1256년, 칸에 즉위하면서부터 그 통치가 시작되었다. 본디 칸의 지위는 마땅히 그에게 돌아갈 것이었으나, 형제와 친족들이 그의 즉위에 동의하지 않았으므로 부득이 그는 실력과 지용을 발휘하여 칸 자리를 장악했다. 즉위한 해부터 헤아려 금년, 즉 1298년까지 42년이 지났다. 그러므로 현재 그의 나이는 적어도 85세에 이르고 있을 것이다.

즉위 이전부터 그는 거의 모든 전쟁에 참가하였던 용감한 전사인 동시에 뛰어난 장수였다. 그러나 대칸이 된 이후에는 1286년에 겨우 한 번만 출진했을 뿐이다. 지금부터 이 원정에 대한 이야기를 해 보자.

쿠빌라이 칸에게 나얀이라는 삼촌이 있다. 그는 젊은 나이에 여러 나라를 소유하는 군주로 40만 기병의 군세를 가지고 있었다. 그의 선조들은 대대로 대칸의 가신이었고 그도 마찬가지로 대칸에 예속되어 있었다. 여하튼 30대의 젊은 나이로 여러 나라를 소유하고 40만 기병의 군세를 믿고 교만해졌다.

"대칸을 군주로 모시는 것도 오늘까지이다. 기회가 보이는 대로 쿠빌라이 에게서 대칸의 지위를 꼭 뺏고 말 테다."

그는 마침내 이렇게 공언하는 한편, 사절을 카이두(Caydu, 오고타이의 손자. 쿠빌라이와 30년간 몽골제국의 종주권을 놓고 반목해 왔다)에게 파견해서 다음과 같은 뜻을 전달시켰다.

'대칸의 영토와 지배권을 빼앗기 위해 나는 이쪽에서 공격을 시작할 계획이니, 그대도 이에 호응하여 그쪽에서 협공해 주기를 바란다.'

카이두는 대칸의 조카이지만 대칸과는 적대지간이며, 이미 일찍부터 대칸에게 반기를 들고 있었던 강력한 군주였다. 카이두는 자신이 원했던 일이므로 군을 정비하여 대칸을 향해 진격할 것을 맹약했다. 이 카이두에게는 실로 10만 기병을 소집하여 싸움터에 투입할 수 있는 실력이 있었다. 이런 까닭에 나얀과 카이두, 두 왕은 공격 준비를 갖추어 보병·기병의 대군을 소집했던 것이다.

85 대칸이 나얀 반격에 직접 나서다

대칸은 이 반란의 보고를 접했어도 의기 상실하기는커녕 과연 지용 겸비한 대인물답게 곧 그 부하를 소집하여 전비를 갖추는 동시에, 만약 이 두 반역자를 죽이지 못할 바에는 대칸의 자리를 떠나 국토를 포기할 생각이라고 선언했다. 그는 작전이 새어나가는 것을 막기 위해 즉각 나얀과 카이두의 영지로 통하는 관문에 수비대를 배치해 봉쇄하는 한편, 캄발룩(Cambaluc, 칸의 서울이란 뜻. 지금의 베이징)으로부터 10일 길 이내에 사는 주민들을 신속히 소집했다. 이 모든 준비는 겨우 22일 사이에 완료되고 각료 이외에는 아무도 눈치채지 못할 만큼 비밀리에 이루어졌다. 마침내 기병 36만, 보병 10만의 군세가 집결했다. 이것은 수도 부근의 군대만을 소집했기 때문에 이 정도의 소수로 끝난 것이다. 이 밖에도 대칸에게는 12군단이 있어 군용은 대단하지만 그것들은 모두 각 지방에서 제국 평정에 종사하고 있었기 때문에 곧바로 소집할 수 없었다. 따라서 만약 대칸이 이들 전군을 소집했더라면 그는 틀림없이 마음껏 자기가 바라는 기병을 휘하에 가졌을 것이며, 그 전체의 수는 그야말로 믿을 수 없을 정도의 전대미문의 대군이 되었을 것이다. 대칸이 소집한 이 36만 기병은 단순히 그를 섬기는 매잡이와 측근의 군사만으로 되어 있었다. 만약 대칸이 카타이 나라에 상주하여 수비를 맡고 있는 여러 부대를 소집하려면 30~40일은 충분히 걸릴 것이고, 따라서 동원 상황도 적 측에 새어버리기 때문에 카이두와 나얀은 세력을 합류하여 유리한 진지에 틀어박히게 될 것이다. 이것은 물론 대칸이 바라는 바가 아니다. 그의 작전은 될 수 있는 한 신속히 군사 행동을 일으켜 나얀을 급습해서, 카이두와 합류하기 이전에 그를 격파하는 데 있었기 때문이다.

여기서 대칸의 군대에 대해서 얼마쯤 설명을 해 두는 것도 그 당시의 사정을 알게 되는 일이라 생각된다. 카타이나 만지, 그 밖에 대칸의 영역에서는 어디서나 그에게 반항하여 난을 일으키기를 바라는 불충 불의의 무리가 결코 적지 않았으므로, 대도시나 다수의 인구가 살고 있는 지방에는 아무래도 제각기 군대를 주둔시켜 둬야 한다. 이 진수군(鎭戍軍)은 지방 각 도시의 교외 6.4~8km의 향촌에 주둔하며*1 그 장병은 2년마다 교체하는 제도로 되어 있다. 진수군이 도시를 피하여 향촌에 주둔하는 것은, 이런 각 도시가 성벽은 고사하고 성문조차 설치하는 것이 허용되지 않아 그야말로 순전한 무방비 상태로 놓여 있어,*2 유사시에는 언제나 병사들이 자유로이 그 안에 들어갈 수 있기 때문이다. 하여간 이러한 억압 밑에서는 민중도 불온의 움직임을 조금도 나타내지 않고 조용함을 유지하고 있었다.

진수군은 항상 각 지방의 공과(公課) 수입 중에서 보수를 지급을 받는데, 그 이외에 그들은 각각 다수의 가축을 키워서 생계에 충당한다. 특히 가축의 젖은 대도시에 반입 매각하여 대신 필수 물자를 구매하는 수단으로 사용되었다. 진수군은 30~40일에서 60일 길의 간격을 두고 각지에 산재되어 있었다. 따라서 대칸이 그 반수만이라도 징집하려고 하면 참으로 믿을 수 없을 만한 놀라운 대군이 소집될 것이다.

대칸은 앞에 적은 바와 같이 소수의 군세를 소집한 후, 점성사를 불러 금

나얀의 반란에 대한 대칸의 반격

번 전투에 무사히 적을 포착하여 공격할 수 있을는지, 또 최후의 승리는 과연 얻을 수 있을는지의 여부를 물어보았다. 이에 대하여 점성사들은 대칸이 마음대로 적을 처리할 수 있으리라고 대답했다. 이리하여 대칸은 스스로 전군을 이끌고 출진하여 20일간의 진군 뒤에, 나얀이 40만 기병을 거느리고 둔영하고 있는 평원에 다다랐다. 대칸의 군대가 이 평원에 이른 것은 마침 새벽이었고, 한편 미리 대칸은 명령을 내려 모든 통로를 점거하여 누구 하나 그곳을 무단히 왕래하지 못하도록 하고 있었으므로 적은 전혀 이를 눈치 채지 못했다. 확실히 나얀군은 대칸의 군세의 침입을 상상조차 못하고 있었다. 대칸의 군세가 그 평원에 이르렀을 때, 나얀은 막사 안에서 그의 아내와 자리를 같이하고 환락에 빠져 있었다. 그는 아내를 몹시 사랑한 나머지 진영 안에까지 그녀를 동반하고 있었던 것이다.

86 대칸과 나얀과의 전투
날이 밝아오자, 대칸은 나얀이 둔영하는 평원 어느 구릉 위에 이르렀다.

그러나 나얀 및 그의 병사들은 설마 적군이 이 땅에 와서 자기들을 공격하리라고는 꿈에도 생각지 않았으므로 아주 안심하고 있었다. 막사에 보초 한 사람 세우지도 않고, 병영의 전후에 정찰대를 보내는 일도 하지 않았던 것은 이런 안전감에서 그만 방심하고 있었기 때문이다. 대칸은 4마리 코끼리 등에 얹어 놓은 망루 가마에 앉아, 배승하는 다수의 사수와 돌을 날리는 노수들이 좌우를 지켜보는 가운데 이 구릉 위에 진을 쳤다.

그는 해와 달이 그려진 황제기*3를 사방에서 보이도록 높이 올리게 했다. 4마리 코끼리는 단단하기 그지없는 가죽 덮개로 온몸을 싸고 그 위에 금실로 짠 비단이 걸쳐져 있었다.

그의 군대는 활로 무장된 1만 명 단위의 30부대로 구분되어 있었는데, 바야흐로 대칸은 이것을 3군단으로 나누어 양쪽으로 전개한 뒤, 나얀군을 포위하였다. 이 대형은 순식간에 완성되었다. 각 부대 선두에는 칼과 단창을 잡은 500명의 보병대가 배치되어 있었다. 그들은 기병이 진격하려고 하면 가장 가까이 있는 말 궁둥이에 뛰어올라 기병 뒤에 앉아서 함께 돌격했다. 그러다가 말이 멈추면 곧 말에서 내려 창으로 적의 기마를 무찔렀다.

이제 대칸은 이와 같이 나얀의 진영 주위에 배치를 끝내고 있었다. 이에 대하여 나얀 및 그 부하들은 이미 대칸의 군대에 포위당한 것을 알자 그야말로 어쩔 줄을 몰라 당황했으나, 황급히 무기를 들고 진용을 정비하여 그럭저럭 혼란을 막고 겨우 대열을 갖추었다.

두 군 모두 이제 막 준비를 끝내고 전단의 개시를 기다릴 뿐이다. 그러자 이때 주악이 일제히 울려 퍼지며, 그 중에서도 어떤 종류의 2현 악기는 유달리 좋은 음색을 울린다. 나팔이 취주되고 군중이 소리높이 부르는 노랫소리가 들려 온다. 이것은 타타르 인의 습관이다. 전열이 정비되면 우선 사령관이 전투 신호로서 두들기는 '나카르', 즉 반원북*4이 울리는 것을 기다려 싸움을 시작한다. 그동안 그들은 주악을 울려 고성으로 합창하는 것이 상례이다. 마침내 두 군 사이에 똑같이 주악·합창 소리가 드높아졌다.

두 군 모두 만반의 준비가 갖추어졌을 무렵, 우선 대칸의 나카르가 우익에서 시작되어 이어 좌익으로 울려 퍼졌다. 나카르가 다 울리면 이제 아무런 유예도 용서되지 않는다. 두 군은 서로 활·창·망치창(이것은 아주 적은 수밖에 사용되지 않는다)을 손에 들고 진격했다. 보병도 또 돌쇠뇌(돌을 날리는 활) 및 그 밖의 무기를 들고 싸운다. 전투는 드디어 시작되었다. 그 양상은 치열하기 그지없고 말로 표현할 길이 없는 처절함이 있었다. 화살은 빗발같이 하늘을 뒤덮고 인마는 잇달아 쓰러져 땅을 깔아, 아비규환 그대로의 소요는 우뢰 소리도 들리지 않을 정도였다. 그런데 나얀은 세례를 받은 그리스도 교도였으므로 이번 전투에서도 십자가를 군기 위에 내걸고 있었다.

전투 상황은 더 이상 구차한 말이 필요하지 않았

대칸은 코끼리 등 망루에서 전군을 지휘하였다.

다. 아무튼 공전절후(空前絶後 : 이전에도 없었고 앞으로도 없다는 전무후무(前無後無)와 같은 뜻임)의 격렬함이었다. 이토록 많은 군세가, 특히 다수의 기병이 한 전장에서 싸우는 일은 우리 시대에는 두번 다시 없을 것이다. 두 군 모두 전사자가 놀라운 숫자에 이르렀다. 전투는 이른 아침부터 시작되어 낮까지 계속되었다. 나얀의 부하들이 주군의 관대한 사람됨을 따르는 나머지, 죽음을 무릅쓰고라도 물러서기를 꺼리고 그야말로 자기의 몸을 잊고 싸웠기 때문이다. 그러나 궁극의 승리는 대칸에게 돌아갔다. 나얀의 장병은 이제 더는 버틸 수 없음을 깨닫자 드디어 달아나기 시작했으나, 끝내 헛일이 되고 말았다. 그리고 나얀은 생포되었고 병사들은 모두 무장한 채 대칸에게 투항하고 말았다.

87 대칸은 어떻게 나얀을 사형에 처했는가

대칸은 나얀이 사로잡혔다는 말을 듣자 그를 사형하라고 명했다. 이리하여 나얀은 사형에 처해졌다. 그 상황은 다음과 같다. 우선 그는 융단으로 꼭 감긴 다음 여기저기 무자비하게 얻어맞고 살해되었다. 이러한 방법은, 대칸의 혈연자는 누구나 피 한 방울이라도 대지에 떨어져 태양에 쬐게 하고 공기를 쏘이게 하면 안 된다는 금기에 의거한 일이다.

이런 경위로 대칸이 승리를 거두자 나얀 휘하의 장병과 주민들은 모두 대칸에게 복종하고 충성을 맹세하게 되었다. 그들은 네 지방의 주민으로 이루어져 있었는데, 네 지방이란 첫째가 조르차(여진족), 다음이 칼리(Karli, 고려), 셋째가 바르스콜(Barskal, 말갈), 넷째가 시킨틴진*5이다.

88 대칸이 십자가를 변호한 연유

대칸이 전투에 승리를 거둔 다음의 일이다. 궁정에 함께 있는 이슬람 교도·우상 숭배자·유대 교도를 비롯하여 신을 믿지 않는 모든 사람들은 나얀이 합전에 임하여 군기 위에 내건 십자가를 우롱했다. 그들은 함께 자리한 그리스도 교도들에게 빈정대며 말했다.

"너희 신의 십자가는 그리스도 교도인 나얀을 돕지 않고 무엇을 하고 있었나?"

이 우롱 조소의 소리가 너무 높았으므로 그만 대칸의 귀에 들리고 말았다. 대칸은 어전에서 십자가를 조롱한 사람들을 몹시 힐책하는 한편, 그 자리에 함께 있던 그리스도 교도들을 불러 위로하며 말했다.

"그대들이 믿는 신의 십자가가 나얀을 가호하지 못했더라도 거기에는 충분한 이유가 있을 것이다. 항상 십자가란 선(善)을 행하게 되어, 그가 행할 수 있는 바는 반드시 선행이나 바른 행위로 한정된다. 나얀은 주군에게 칼을 들이댄 불충한 반역자이므로 이러한 비명의 죽음을 당하는 것이야말로 정당한 것이다. 그대들 신의 십자가가 정의를 배반한 나얀을 비호하지 않은 것은 그야말로 당연한 일, 이것으로 십자가는 선이며 조금이라도 악을 행하지 않는다는 것이 증명되었다."

이에 대하여 그리스도 교도는 이렇게 대답했다.

"위대하신 주군님, 확실히 폐하가 말씀하시는 대로입니다. 십자가는 나얀처럼 자신이 모시는 군주에게 반역을 도모하지 않습니다. 나얀이야말로 마땅히 받아야 할 죗값을 받은 것입니다."

나얀과 군기 위에 내건 십자가에 대해서 대칸과 그리스도 교도 사이에 이와 같은 말이 오갔다.

전투 태세를 갖춘 기병들
대칸의 군대는 적이 방심하는 사이에 순식간에 포위하여 전투 개시 신호를 기다리고 있다.

89 대칸이 그리스도 교도가 되지 않았던 이유

나얀을 쳐부순 대칸은 이어 수도 캄발룩에 개선하여, 굉장한 환호와 축하 속에 성대한 잔치를 벌여 전쟁의 승리를 축하했다. 그런데 반란의 공모자였던 카이두는 나얀이 패배하여 끔찍하게 죽었다는 소식을 듣고 감히 전쟁에 나서지 못했다. 그도 나얀과 같은 운명에 빠지지 않을까 공포에 떨기만 했다.

대칸이 11월에 캄발룩으로 돌아와 2~3월까지 머무는 동안 우리의 부활제 계절이 돌아왔다.*6 부활제가 시작되자 이것이 그리스도 교도의 주요한 제전의 하나임을 알고, 그리스도 교도들을 모두 불러 그들의 복음서를 가져오게 했다. 이것이 바쳐지자 그는 성대한 의식을 개최하여 스스로 몇 번이나 복음서에 분향한 뒤 경건한 태도로 입을 맞추고, 또한 모든 중신·귀족들에게도 명하여 그렇게 하도록 했다.

이 의식은 크리스마스나 부활제 같은 그리스도 교도의 주요한 제전에서는 언제나 거행되었다. 그러나 대칸은 이슬람 교도·우상 숭배자·유대 교도의 주요한 성절에도 마찬가지로 성대하게 의식을 열어주었다. 언젠가 그 이유를 질문받은 일이 있는데, 그의 대답은 이러했다.

"온 세계 사람들에게 찬탄을 받고 숭앙되고 있는 네 사람의 예언자가 있다. 그리스도 교도는 예수 그리스도를 자기들의 신이라 하고, 이슬람 교도는 마호메트라고 한다. 유대인은 모세라 하고, 우상 숭배자는 사가모니 부르단 (Sagamoni Burdan), 즉 최초로 우상이 된 인물(석가모니)을 들고 있다. 나는 이 네 사람을 모두 골고루 존경하고 숭앙한다. 더욱이 네 명 중에서도 신위가 가장 영묘하고 또한 최고의 진리를 갖춘 한 분에 대해서는 특히 존경하며 줄곧 그에게 나를 도와달라고 기도한다."

대칸의 언동으로 생각해 보건대 그는 그리스도교야말로 최선 최상의 진리라고 여기고 있는 것이 확실하다. 왜냐하면 그는 그리스도교가 명하는 바는 모두 신성하고 옳고 참된 것이라 말하고 있기 때문이다. 그런데도 그는 그리스도 교도 앞에서는 구태여 스스로 십자가를 걸려고 하지 않았다. 여기에는 이유가 있는데, 그리스도와 같은 비범하고 위대한 인물이 이 십자가 위에서 사형당하였기 때문이다. 이에 대해서 이런 반문을 하는 사람이 있을지 모른다.

"그리스도교가 가장 훌륭하다고 여기고 있다면 왜 대칸은 이에 귀의하여 그리스도 교도가 되지 않는가."

그 이유는 전에 니콜로와 마페오*⁷를 교황에게 사절로 파견할 때 대칸 스스로 말한 적이 있다. 그도 그럴 것이, 폴로 형제는 평소 이따금 그리스도교에 대해서 대칸에게 설명하고 있었기 때문이다. 대칸의 대답은 이러했다.

"그대는 어찌하여 나를 그리스도 교도가 되게 하려고 하는가? 아는 바와 같이 이 나라의 그리스도 교도들은 무지하고 아무것도 이루지 못하며 또 그 능력도 없다. 이에 비하여 우상 숭배자는 어떠한가? 못 하는 것이 없지 않은가. 이를테면 내가 식탁에 앉으면, 술과 그 밖의 음료를 채워 넓은 방 한가운데 놓여 있는 술잔 같은 것도 남의 손을 빌리지 않고 저절로 내 앞에 이르게 한다. 그리고 나쁜 일기도 원하는 대로 바꿀 수 있으며, 그 밖의 갖가지 기이한 일들도 해낸다. 그것만이 아니다. 그대들도 잘 알고 있듯이 그들이 신봉하는 우상은 그들에게 계시를 내리고, 미리 알고 싶은 것을 무엇이든 예언해 준다. 따라서 만약 내가 그리스도 교도라도 되어 보라. 나의 중신, 그 밖의 그리스도교를 믿지 않는 자들은 반드시 이렇게 말할 것이다.

'폐하는 무슨 까닭에 세례를 받고 그리스도교의 가르침 따위를 좇으시는 겁니까. 도대체 그리스도가 어떤 신위를 나타내고 어떤 기적을 나타냈다는 말씀이십니까.'

또 이들 우상 숭배자들은, 그들이 행하는 법술은 모두 그들 자신의 신성함과 그들이 신봉하는 우상의 영위(靈威) 덕택이라고 말하지 않는가? 도대체 짐이 이들에 대해서 뭐라 대답할 수 있겠는가. 그러한 경우 우상 숭배자들 사이에서는 대단한 비방이 일어날 것이며, 그 같은 기적까지도 행할 수 있는 법술과 지식을 갖고 있는 우상 숭배자의 일이니 아주 쉽게 나의 목숨을 끊을 수도 있을 게 아닌가. 그러므로 너희는 교황에게로 가서 나의 이름으로써 그리스도교의 교법에 정통한 성자 100명의 파견을 간청해 주길 바란다. 그러한 성자라면 반드시 우상 숭배자 앞에서 그 비법을 비난하고, 그러한 비법은 자기들도 이미 터득하고 있으나 요컨대 그것은 악마·악령의 힘으로 행해지는 것이므로 하려고 생각지 않을 뿐이라고 단언할 수 있을 것이다. 또 나아가서 우상 숭배자의 법력을 구속하여, 이후 이들 성자 앞에서 이러한 기적을 두 번 다시 행할 수 없게 해 주길 바라는 것이다. 그렇게 되는 것을 본 다음에 짐은 우상 숭배자와 그 교법을 공공연히 비난하고 세례를 받으리라. 짐이 세례를 받기만 하면 짐의 중신 영주들도 이를 본뜰 것이며 그들의 신하도 모조리 세례를 받을 것은 뻔하니, 그때야말로 이곳의 그리스도 교도의 수는 그대 나라를 훨씬 능가할 것이 틀림없으리라."

이러한 연유로 처음 서술한 바와 같이 교황이 적당한 사람들을 파견하여 그곳 주민들에게 그리스도교의 교의를 설교할 수 있었더라면, 본디 그렇게 되고 싶다고 열망하고 있었던 대칸이니만큼 반드시 그는 그리스도 교도가 되었을 것임에 틀림없다.

이로써 대칸이 단 한 번밖에 행하지 않았던 그 친정(親征 : 임금이 친히 나가 정벌함)의 상황을 전해 드렸다. 이 밖의 여러 합전이나 사건에는 늘 태자나 중신이 파견되는 것이 상례로 되어 있었다. 그러나 나얀의 경우는 그의 외람된 행위가 너무 후한무치했고 괘씸하게 여겨졌기 때문에 남에게 맡기지 않고 스스로 출진한 것뿐이다.

그럼 다음에는 대칸이 이 합전에서 무공을 세운 장군이나 비겁한 행동을 한 자들에 대해 어떠한 보답을 했는지 이야기하겠다.

90 합전에 무훈을 세운 신하에 대한 은상

대칸의 조정에서는 현명한 12명의 대관을 임명하여 지휘관과 병사들의 행동, 특히 전쟁이나 전투에 종사 중인 행동을 심사하여 이것을 대칸에게 보고하는 것을 그 업무로 하게 하고 있다.[*8]

무공을 세운 사람이면, 그것이 백인장(百人長 : 백호의장)이면 천인장으로, 천인장이면 만인장으로 승진시키는 것 이외에 각자의 관위에 따라 은배라든가 권위의 상징인 패부(牌符), 훌륭한 갑주, 금은제의 장신구, 진주 그 밖의 보석, 또는 말 등을 상으로 하사한다. 그리고 패부는 백인장이면 은패, 천인장이면 금패 또는 도금한 은패, 만인장이면 사자머리가 조각된 금패를 본래 저마다 패용(佩用)하고 있는 것이다. 곁들여서 이들 패부의 무게를 말하면, 백인장·천인장이 몸에 달고 있는 패부는 120삭기(1삭기오는 약 4.7그램. 삭기는 복수형), 사자머리가 붙은 것은 220삭기의 중량을 갖고 있다. 이들 패부에는 모두 다음과 같은 명령문이 새겨져 있다.

'위대한 신의 힘에 의하여, 또 신이 우리 황제에게 허용하신 비상한 은총에 의하여, 대칸의 이름에 축복 있으라. 대칸의 어명을 좇지 않는 자는 모두 살해될 것이며 멸망되리라.'[*9]

그리고 이 패부를 가진 사람들은 저마다의 위계에 따라 다해야 할 모든 의무를 기록한 위임장도 가지고 있있다.

만인장 이하가 몸에 달고 있는 패부에 대해서는 여기까지 설명한 대로이지만 좀더 이에 관해서 서술할 것이 남아 있다. 즉 10만 병사의 장인 지휘관이라든가 대군을 이끄는 총사령관 따위의 광범한 지휘권을 갖고 있는 장군은 앞에서 적은 명령문을 새긴 무게 300삭기의 황금패를 가지고 있는데, 각 문의 상부에 일월이, 하부에 사자의 형태가 각각 그려져 있다. 그들도 또한 그 강대한 권한과 광범한 지휘권을 부여한 취지의 위임장을 가지고 있는 점에서는 다름이 없다. 이러한 상급 패부를 가진 자는 여행을 할 때에도 반드시 그 지휘권의 표지인 작은 양산을 머리 위에 받쳐야 하며, 앉아 있을 때에는 반드시 은제 의자에 걸터앉아야 한다. 대칸은 또 이러한 장군에게는 이따금 해청패를 수여한다. 이 패부는 대칸 자신과 그야말로 똑같은 권능을 허용해도 상관 없는 중신에 한해서 주어지는 것이다. 따라서 이 해청패를 가진 자라면 가장 높은 신분인 황태자의 부하 병사 모두를 자기 호위병으로 제공

해청패

가장 높은 지휘관에게 하사하는 신분증명서이자 통행증이다. 이것을 가진 자는 어디를 가든 필요한 모든 것을 징발할 권능이 주어진다.

받을 수도 있고, 또 사자를 보내려고 하는 경우에도 만약 그럴 마음만 있으면 국왕의 말이라도 징발할 수 있다. 여기에서 특히 '국왕의 말'이라 한 것은 요컨대 누구의 소유라도 상관없이 자유로이 징발할 수 있다는 뜻일 뿐이다.

이러한 이야기는 여기서 끝내기로 하고, 이어 대칸에 관한 경탄할 만한 수많은 일을 소개하려고 한다. 대칸의 혈통이나 나이에 대해서는 이미 말했으므로 우선 그의 용모나 품행에 대해서부터 이야기를 시작하기로 한다.

91 대칸의 용모와 품행

제왕 중의 대왕인 쿠빌라이 황제의 용모와 자태를 전하겠다. 대칸의 신장은 크지도 않고 작지도 않은 중키이며 자태는 단정하다. 살도 알맞게 찌고 특히 사지의 균형이 고루 갖추어져 있다. 안색은 흰데다가 불그스름한 빛이 돌아 장미 같고, 눈은 검고 아름다우며 코도 보기 좋고 듬직하게 자리하고 있다.

대칸에게는 네 아내가 있으며 모두 정실로서 대접받고 있다(이 네 황후에게서 태어난 왕자 가운데 가장 나이 많은 자가, 대칸이 죽으면 그를 이어 황제가 되는 정식 권리를 갖는다). 그녀들은 똑같이 황후라는 칭호를 받고 저마다의 이름을 거기에 붙여 불리고 있다.*[10] 저마다 모두 궁전을 갖고 있고, *[11] 그곳에서 황후를 섬기는 미려한 여관(女官)은 각각 300명이 넘는다. 이 밖에 시종으로서 많은 환관이 있고, 남녀 합쳐서 다수의 종들도 여기에 더해지니 각 황후마다 거느리는 궁인의 총수는 1만을 헤아리게 된다. 대칸이 이들 네 황후의 누구와 자리를 같이하려고 생각하면 그 황후를 자기 침실로 부르는 것이 보통이지만, 때로는 스스로 그녀의 방으로 찾아가는 일도 있다.

대칸은 이 외에도 다수의 비첩(妃妾)을 두고 있는데, 어떠한 방법으로 이를 선발하고*[12] 어떻게 해서 그녀들을 다루는지를 설명해 보자. 우선 타타르인의 한 종족으로 웅그라트*[13]라는 부족이 거주하는 지방이 있으며 그 수도도 마찬가지로 웅그라트라 불리고 있다. 이 부족은 얼굴이 희고 용모의 아름다움이 널리 소문나 있다. 대칸은 마음이 내키는 경우, 대개 2년에 한 번이지만 이 지방에 사자를 파견해서 특히 용모가 뛰어난 미녀를 자기 마음에 드는 대로 400명 또는 500명만 찾아내게 한다. 이 사자는 대칸 스스로 요구한 미인 규격을 미리 통고받고 왔기 때문에 이에 준하여 미인 탐색을 한다.

그 구체적인 미녀 평가의 내막은 다음과 같다. 즉 사자가 이 땅에 다다르면 처녀들을 모조리 소집한다. 그러면 처녀의 미모를 전문적으로 평가하는 판정인이 그녀들을 한 사람씩 보면서 평가를 내린다. 머리카락 모양에서 얼굴 생김·눈썹·입가·입술·손발에 대해서 심사하고, 몸매도 균형이 잘 잡혀 있다고 확인되면 그 아름다움에 따라 16단위라든가 또는 17, 18, 20단위 하는 식으로 평가점을 매긴다. 대칸의 주문이 20단위 또는 21단위 이상의 미녀라면 그 정도 득점을 딴 자만을 골라 데려간다. 이들 선발된 미녀들이 대칸의 어전에 나오게 되면 대칸은 다시 한 번 다른 심사인에게 명하여 재평가시켜, 그들 가운데에서 득점이 가장 높은 30~40명쯤을 채용해서 침실에서 시중들게 한다.

이때 다시 한번 그 한 사람 한 사람을 중신들의 아내에게 맡겨 동침하게 하고 그녀들이 정말 처녀인지 아닌지, 온갖 점에서 건강한지 어떤지, 조용히 자리에 들어 코를 고는 버릇이 없는지, 숨결은 깨끗하고 향기로운지 또는 냄새가 나는지 안 나는지, 그 밖에 무슨 불쾌한 체취라도 있지 않은지 등등을

궁정의 관녀들 황녀 묘실의 벽화

세심하게 관찰한다. 이 면밀한 검사를 거친 뒤에 만사에 대해서 아름답고 충분하며 건전하다고 판정된 자가 대칸의 신변에 있게 된다.

이 경우 6명씩 사흘에 걸쳐 대칸의 침실에 들게 되는데, 저마다 이불 속에서 대칸을 맞이하고 대칸의 뜻대로 몸을 맡긴다. 소정의 사흘이 지나면 다음 6명으로 교체한다. 이렇게 해서 사흘마다 교체를 되풀이하여 한 바퀴 돌면 다시 처음 순번으로 돌아가 재차 동침이 시작된다. 그런데 실제로는 한 조의 6명이 대칸의 침실에서 자리를 같이하는 동안 다음 순번인 6명은 이미 이웃 방에서 대기하고 있게 된다. 이것은 대칸이 침실 밖에서 무엇인가를 가져오게 할 때, 예를 들면 음식물 같은 것들인데 그런 경우 침실에 있는 미녀들이 다음 방에 있는 처녀들에게 이 뜻을 전하여 곧 준비시키기 위해서이다. 이상에서도 알 수 있듯이 단지 이들 미녀들만이 대칸의 신변을 돌볼 수 있다.

한편 그 평가 단위가 낮았던 처녀들은 어떻게 되는가 하면, 대칸을 섬기는 다른 시녀들과 함께 궁중에 머물며 장갑을 꿰매는 방법, 만드는 법, 기타 품위 있는 일을 교습받는다. 그리고 누군가 고관이 아내를 바라는 일이 있으면 대칸은 막대한 지참금을 얹어 이 처녀 중 한 사람을 그에게 준다. 이렇게 하여 대칸은 그녀들을 모조리 훌륭한 곳에 시집보내는 것이다. 이와 같은 설명을 들으면 이렇게 반문할 수도 있다.

"그렇게 대칸이 처녀들을 데려가버리면 그 지방의 사내들은 불평하지 않는가?"

그런데 결코 그런 일은 없다. 불평은커녕 그들은 대단한 은혜와 영광으로 생각하고 있다. 아름다운 딸을 두고 있는 어버이들은 대칸이 은혜를 베풀어 어떻게든지 딸이 궁중에 들어가게 되기를 바라고 오히려 몹시 기뻐하여 축복까지 하는 형편이다. 그 증거로 그들은 이렇게 말하는 것이 예사이다.

"만약 내 딸이 좋은 별자리의 행운을 갖고 태어났다면 대칸이 꼭 딸의 운세를 확 터서 고귀한 사람에게 시집보내 줄 것이다. 어버이면서도 우리 신분으로는 어쩔 도리가 없지만 폐하께서라면 할 수 있는 일이다."

그리고 그 딸이 버릇없이 굴든가 또는 무슨 일로 해서 딸과 사이가 좋지 않게 되는 경우가 생기면 이렇게 말하는 것이다.

"딸의 별자리가 나빠서 이렇게 된 것이다."

92 대칸의 아들들

대칸은 이들 4명의 정황후 사이에서 21명의 아들을 얻었다. 장남은 칭기즈 칸에 연관시켜 칭기즈*14라 명명되어 차대의 칸, 즉 전 제국의 군주가 될 인물이었고, 사실 이는 아버지 칸의 존명에서 이미 확인되어 있었던 것인데 불행하게도 일찍 죽고 지금은 없다. 그러나 그에게는 테무르라는 손자가 있으므로 이 테무르*15가 차대의 칸이 될 것이다. 그는 대칸의 장남의 아들이니 그렇게 되는 것이 지당하다. 테무르는 현명하고 용맹하여 지금까지도 자주 전공을 세워 그 지당함을 명백히 증명하고 있다. 대칸은 이 밖에도 첩에게서 난 아들이 25명 있다. 모두 용감하고 뛰어난 무인이어서 다 높은 지위에 올라 있다.

4명의 정황후가 낳은 아들*16 중 7명은 왕이 되어 광대한 영지나 왕국을 소유하고 있다. 또한 모두 그 국토를 잘 다스리고 있는 점으로 미루어 보아 모두 총명하고 뛰어난 인물임을 짐작할 수 있다. 여기에는 그럴 듯한 이유가 있다. 그들의 부군인 대칸은 현명하기 그지없고 전반에 걸쳐 천부의 재능을 갖추고 있으며 국토, 국민을 다스리는 데 가장 적합한 인물로서, 고금을 통하여 타타르 인으로 그를 능가할 자는 아무도 없을 정도의 위인이기 때문이다.

다음에는 대칸 궁정의 모양과 그 관행을 설명하기로 한다.

93 대칸의 궁정에 대해서

대칸은 연간을 통하여 석 달 동안, 즉 12월·정월·2월을 카타이국의 수도 캄발룩에서 보낸다. 그곳의 남쪽에 대칸의 궁정이 있다. 당시 대궁전의 형태를 설명해 보도록 한다.

수도 주위에는 1변의 길이가 약 13km쯤 되는 외성벽이 네모반듯하게 둘러쳐져 있고[17] 이 외벽을 따라 깊은 도랑이 파여 있다. 성벽의 4면 각 중앙에는 각각 한 개의 문이 있어 이 수도에 들어오는 사람들의 통용문으로 쓰인다. 이어 폭 1.6km의 빈 땅이 있는데 여기에 군대가 주둔한다. 성벽 안에는 각 변의 길이가 약 10km 정도인 성벽이 마찬가지로 네모반듯하게 지어져 있다. 이 성벽이 수도의 진짜 성벽을 이루고 있어 다음에 설명하려는 것이다. 대칸 궁전은 이 성벽 안에 있는데 거기에 이르면 다시 이중의 성벽[18]을 넘어야 한다.

우선 처음에 각 1변의 길이 1.6km, 즉 주위 6.4km의 네모반듯한 성벽이 있다. 이 성벽은 대단히 두껍고 높이도 10걸음은 충분히 되며, 위에 설치되어 있는 담은 흰색으로 칠해져 있다. 네 구석에는 아주 장려한 외관을 갖고 있는 성루가 하나씩 세워져 있고, 활·화살통·안장·말굴레·활줄 등 대칸의 군대에 필요한 모든 무구가 들어 있다. 또 이 성벽의 사방 중앙에도 네 구석에서 보는 바와 같은 성루가 있으므로, 주위를 한 바퀴 돌면 도합 8개의 성루가 있는 셈이다. 그 모두에 대칸의 무기가 들어 있다.

여기에서 주의해야 할 것은 성루마다 한 종류의 무구만이 들어 있다는 것이다. 상세히 말하면 안장·말굴레·등자 그 밖의 마구는 한 성루에, 활·활줄·화살·화살통 그 밖의 사수용 무기는 한 성루에, 갑주 그 밖의 유피제(鞣皮製)의 무구는 각각 한데 묶어 다른 성루에 저장되어 있는 식이다. 이 성벽 남면에 다섯 개 문이 있는데 그 중에서도 중앙의 문은 특히 크다. 이것은 대칸의 출입이 있을 때만 열린다. 이 좌우에 각각 한 개씩의 작은 문이 있는데 주민의 통용문으로 쓰이고 있다. 나머지 두 문은 이보다 훨씬 크고 중앙 대문 양쪽에서 구석부터 열리며, 이것도 일반 주민의 통용문으로 쓰인다.

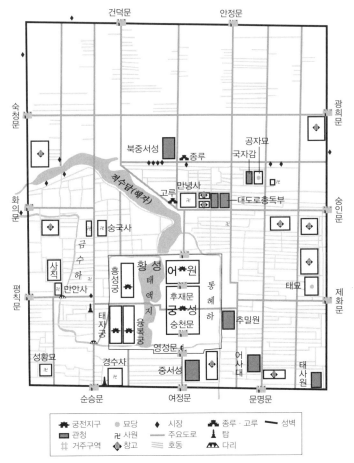

건덕문 　　안정문
숙청문　　　　　　　　　　　　　광희문
화의문
북중서성　　종루　공자묘　국자감
희수담(해자)　　고루　만녕사　대도로총독부
숭인문
숭국사
금수하
사직　만안사
황성
흥성궁　태액지　어　원
통혜하
후재문
궁성
태자궁　융복궁　숭천문　태묘
추밀원
영정문
성황묘　경수사　　어사대　태사원
중서성
평칙문　　　제화문
순승문　여정문　문명문

✹ 궁전지구	● 묘당	◆ 시장	⚒ 종루·고루	─ 성벽
■ 관청	卍 사원	─ 주요도로	▲ 탑	
♯ 거주구역	◈ 창고	≋ 호동	⛰ 다리	

원나라 대도(大都) 유적의 평면 복원도

대도는 궁성의 가로세로 비율을 도시 전체의 설계 기준으로 삼아 궁성의 지위를 강화했다. 이러한 도시 설계는 황제에 의한 중앙 집권적 국가 체제의 관념이 구체적으로 반영되어 있다.

이 제1벽*[19]을 들어가면 제2벽*[20]이 있다. 이것은 넓이보다 안의 거리가 긴 구형(矩形)이다. 각 변 위에는 앞에 설명한 것과 같은 건축법인 여덟 성루가 있어 여기에도 대칸의 무구가 들어 있다. 이 제2벽 남면에는 제1벽과 꼭 같이 다섯 문이 열려 있다. 그러나 남면 이외의 동·서·북의 3면에서는 제1벽이나 제2벽이나 다 문이 한 개씩 있을 뿐이다.

제2벽에 둘러싸인 경내 중앙에 대칸의 궁전이 솟아 있다. 그 모양에 대해서는 계속 설명할 것이지만 하여간 따로 비할 데가 없이 장대하다.

악귀를 쫓는다는 전설적 동물 용 머리로 장식된 궁전 지붕

궁전은 북쪽을 제2벽에 접하여 세워져 있지만 남쪽에는 광활한 광장이 마련되어 있어 그 안을 고관이나 병사들이 다닌다. 궁전은 2층 건물이 아니지만 토대가 지면보다 높게 쌓여 있으며 궁전 지붕은 대단히 높다. 궁전 마루와 같은 평면에 폭 2걸음 정도의 대리석 복도가 둘러져 있다. 궁전은 이 복도 중앙에 세워져 있으므로, 둘러진 이 대리석 복도가 마치 궁전의 회랑과 같다. 이 복도는 그 위를 걸어 일주할 수도, 거기에서 외부를 바라볼 수도 있다. 복도 바깥쪽에 근사한 지주로 받쳐진 노대(露臺)가 하나 세워져 있어 외부를 바라볼 수가 있다. 궁전 사면에는 거대한 대리석 계단이 있는데, 사람들은 이 계단을 올라 지면에서 대리석 복도 위에 다다르며 다시 궁전에 이른다. 궁전 홀이나 각 방의 내벽은 모두 금·은박을 깐데다가 귀부인·기사·용·금수 등 그 밖에 갖가지 그림이 화려하게 그려져 있다. 천장도 마찬가지로 장식되어 회화와 금박 일색으로 메워져 있다. 홀은 굉장히 넓고 6천 명 정도는 충분히 수용해서 잔치를 벌일 수 있다. 방은 믿기지 않을 정도로 많다. 궁전의 미려함, 규모의 광대함에 있어서는 너무나 훌륭해서, 보다 나은 것을 설계하고 건조할 수 있는 기술을 가진 사람이란 온 세계 어디를 찾아도

옛 도시의 궁정 전경

발견하지 못할 것이다.

　지붕은 주홍·초록·파랑·노랑, 그 밖에 가지각색으로 채색되어 그 세공 또한 뭐라 말할 수 없이 정교하므로 마치 수정과 같이 번쩍거리고, 그 빛나는 모양이 사방의 큰 거리 어디에서도 보인다. 이 지붕은 구조도 견고하기 그지없고 영원히 썩을 염려도 없다. 궁전 뒤쪽에 거대한 한 건물(연춘각^{칸의 사저인})이 있는데, 그곳에는 홀과 방의 수도 많고 거기에 대칸의 개인 재산, 즉 금은·보석·진주·금은 기명 등 모든 재화가 수장되어 있다. 대칸의 처첩이 거주하고 있는 곳은 여기이다. 따라서 대칸의 일상생활에 쓰이는 모든 세간도 여기에 있다. 이곳 출입은 아무에게도 허용되지 않는다.

　앞에 서술한 내성 안의 두 벽 사이에는 멋진 나무가 많이 있는 풀밭*21이 펼쳐져 있어, 하얀 수사슴·사향 사슴·백반 사슴·누런 사슴·다람쥐 등 그 밖에 갖가지 예쁜 동물이 무리지어 살고 있다. 이 두 벽 사이의 광장에서는 사람이 오가는 통로만 제외하고 아름다운 짐승이 곳곳에서 놀고 있다. 풀밭에는 아름다운 풀이 무성하다. 통로는 모두 포장되어 지면에서 2큐빗쯤 솟아 있으므로 진흙이 그 위에 흘러들든가 빗물이 괴든가 하는 일은 없고, 모조리 낮은 풀밭으로 흘러가버려 토질을 살찌게 하고 풀을 무성하게 한다.

　이제 다시 한번 궁전 북쪽으로 눈길을 돌려 보자. 역시 두 벽 사이에 있고

궁정의 태화문 앞에는 내금수교 다리로 다섯 개이다.

궁전에서 1사정 거리에 높이 백 걸음, 둘레 1.6km 이상의 작은 언덕인 인공산을 만들게 하여, 연중 늘 초록색을 나타내도록 상록수를 전체적으로 쭉 심게 했다. 어떤 곳에 아름다운 수목이 있다는 말을 들으면 어디든지 사람을 보내, 뿌리째 대량의 흙과 함께 코끼리로 운반해 이 인공산으로 가져오게 한다. 대칸은 어떤 거목이든 반드시 이렇게 해서 날라오게 할 것이다. 이리하여 이 인공산에는 온 세계에서 가장 아름다운 수목이 모아져 있다. 또한 대칸은 이 인공산에 짙은 초록색 유리를 깔게 했다. 그리하여 수목은 모조리 초록색, 작은 언덕 흙빛도 모두 초록색, 따라서 바라보는 눈에 비치는 바 모두 초록 일색이 되어 있어 인공산을 '초록색 언덕'[*22]이라 명명하게 되었다.

인공산 정상에는 이 또한 초록 일색의 근사한 궁전(황한전을 가리킴)이 솟아 있다. 인공산이나 수목이나 궁전이 모두 근사하게 아름다우므로 이것을 바라보는 사람들은 누구나 이 광경에 자기도 모르게 황홀해진다. 대칸은 이 아름다운 풍경을 만들고는 싫증내지 않고 바라보며 즐기는 취향이 있었다.

마찬가지로 두 벽 사이의 부지에서 북서부에 위치하고 보기좋게 들어앉아 있는 깊고 커다란 인공 못(태액지를 가리킴)이 있다. 앞에서 말한 인공산은 실로 이 큰 못을 파서 얻은 흙으로 쌓아 올린 것이다. 이 큰 못에서 한 줄기 내가 흘러나와, 방목하는 짐승들의 물먹이 장소를 이루고 있다. 대칸은 여기에 각종

국가정치의 중추가 되는 궁정의 3대전(태화전, 중화전, 보화전)

어류를 방류시키고 있다. 인공 못에서 유출되는 이 내는 인공산 옆의 수도로 흘러나와 대칸의 궁전과 황태자 칭기즈의 궁전 사이에 있는 또 하나의 깊은 큰 못*²³에 흘러든다. 이 큰 못도 인공적인 것으로, 그 인공산을 만들 때 이 흙도 파내서 사용하여 그 뒤에 생긴 것이다. 이 두 못에는 다종 다양한 어류가 있어, 대칸이 바랄 때에는 언제든지 다량으로 그것을 얻을 수 있다. 내는 이 못에 흘러들었던 물과는 반대 방향으로 다시 계속 흐르는데, 이 못의 주 입구와 유출구에는 쇠나 구리 그물이 설치되어 있어 고기가 빠져 나오지 못하도록 되어 있다. 못에는 또 백조 등의 물새가 떠다니고 지상에는 궁전에서 궁전으로 다리가 걸려 있다.

94 대칸의 후계자 황태자의 궁전

대칸은 황태자를 위해서 자신의 궁전 근처에 세세한 부분까지 모두 똑같은 구조의 궁전을 하나 더 짓게 했다. 궁전의 크기도 꼭 닮고, 둘러싼 담 장벽도 앞에서 적은 것과 완전히 똑같은 모양으로 만들게 했다. 이 궁전(대내 서부에
세워진 융복궁)에는 죽은 칭기즈 황태자의 큰아들이 살고 있다. 이 황자는 대칸을 이어 황제가 될 인물이다. 그는 대칸에게 만약의 일이 있으면 곧 세습하여 황제가 되어야

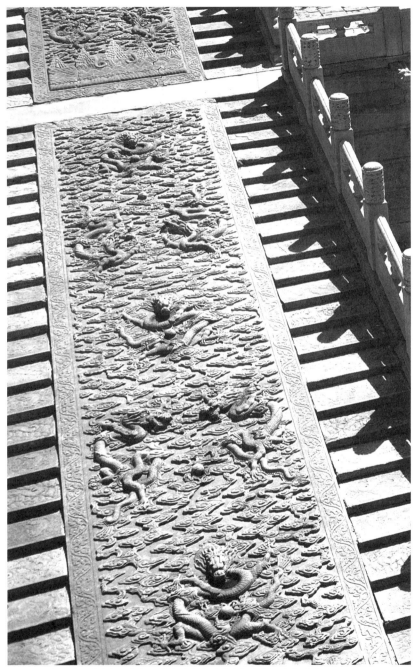

궁전을 통하는 계단 사이에는 용이 조각된 거대한 대리석이 있다(보화전 뒤편).

성벽 네 귀퉁이에 세워진 각루 3층의 아름다운 구조가 궁정과 함께 조화를 이룬다.

하기 때문에 지금부터 대칸이 하는 방법, 관습을 준수하여 행하고 있다. 그는 이미 황제의 옥새를 행사하고 영지(令旨)를 내고 있지만*24 대칸 자신이 발포하는 성지와 같은 완전히 절대적인 권한은 아직 갖추고 있지 않다.

이들 여러 궁전이 소재하는 타이두 건설의 이유와 그 규모를 서술하기로 한다.

95 신도시 타이두

본디 여기에는 캄발룩, 즉 번역해서 '제왕의 도시'라는 거대하고 정교한 아름다운 옛 도시가 있었다. 그러나 점성사들은 이 도시에 반란의 징조가 있으며 나아가서는 제국에 커다란 혼란을 야기시킬 거라고 말한다. 그래서 대칸은 이 옛 도시에서 겨우 강 하나를 사이에 둔 인접지에 신도시를 건설하여 이것을 타이두(大都 : 현재의 베이징)라 명명했다. 앞에서 묘사한 궁은 바로 새 도시에 지어진 것이다. 그리고 카타이국 토착민인 카타이 인의 대부분을 옛 도시에서 새 도시로 이주시켰다. 단, 모반의 우려가 없는 자들은 잔류를 허가했다.*25 신도시가 넓긴 해도 옛 도시만큼 되지 않아, 많은 주민을 다 옮길 수는 없었기 때문이다.

신도시의 전체 형상은 장방형으로 주위 둘레 약 38km, 주위에는 바닥 두께 10걸음, 높이 20걸음에 이르는 흙 성벽이 둘러져 있다. 이 흙벽은 위쪽과 아래쪽이 그 두께를 달리하며, 위쪽으로 갈수록 폭이 줄어들어 꼭대기에서는 겨우 3걸음 폭으로 좁아져 있다. 성벽 위에는 쭉 담장이 설치되어 있고 전체가 백토로 칠해져 있다. 도합 열두 문이 열려 있고 각 문 위에는 장려한 성루가 솟아 있다. 또 성벽 네 구석 위에도 같은 성루가 있어, 타이두의 각 한 면은 세 개의 문과 다섯 개의 성루를 갖추고 있는 셈이 된다. 이들 성루에도 큰 방이 여러 개 있어, 수도의 수비대가 사용하는 무기가 그 안에 보관되어 있다.

가로는 모두 폭이 넓고 일직선을 이루고 있으며 끝에서 끝까지 내다볼 수 있고, 배치 상태도 잘 정비되어 있으므로 각 성문에 서면 맞은쪽 성문을 바라볼 수 있다. 도성 안에는 곳곳에 장려한 궁전, 산뜻한 여관, 근사한 저택이 수많이 건립되어 있고 번화가인 큰 거리에는 각종 점포가 즐비하다. 저택이 세워진 부지는 모두 정방형을 이루어 직선으로 구획되어 있고, 각 부지 내에는 광대한 전당이 알맞은 큰 뜰이나 정원을 갖추어 세워져 있다. 이들 부지는 일족의 가장에게 주어지는 것으로, 아무개 집 가장 아무개는 어디어디의 지구를, 또 다른 일족의 가장 아무개에게는 다른 부지가 주어지는 식이다. 이들 부지 주위에는 사람들이 오가는 아담한 통로가 나 있다. 이와 같이 도성 안은 모두 방형으로 구획되어 있어 마치 장기판 같고 그 아름다움, 교묘한 배치 솜씨를 도저히 필설로는 표현하지 못할 정도이다.

성곽 안의 중앙에 한 누각이 있어 거기에 큰 시계, 즉 거대한 종이 매어져 있다. 이 종은 밤중에 세 번 울리는데, 이것을 신호로 그 이후는 시민의 거리 출입이 금지된다.*26 즉 이 종이 세 번 울리면 긴급한 일, 이를테면 임산부가 산기가 돌았다든가 급한 병자가 생겼다든가 하는 이외에는 누구 한 사람도 거리를 오가는 자가 없다. 만약 이러한 화급한 일로 거리를 지날 때는 반드시 초롱을 지참하도록 되어 있다.

12개 성문에는 저마다 1천 명이나 되는 수비병이 주둔하고 있다. 외적의 공격을 두려워하고 있는 것이리라 생각해서는 안 된다. 이 도시에 거주하는 대칸의 위엄과 엄숙함을 보이기 위해서이며, 동시에 도적이 성내에서 나쁜 짓을 저지르지 않도록 하는 목적에서이다. 물론 앞에서 기술한 점성가들의 말에 의하여 카타이 인에 대해 상당한 혐의가 있는 것은 부정할 수 없다.

성 밖은 어느 성문을 나가도 곧 넓다란 성의 거리로 되어 있다.*27 이들 성 밖 거리는 모두 다 전면적으로 인가가 붐비고 있어서, 각 성문 밖의 시가는 서로 좌우 접속해 한데 어울려 있다. 멀리 6~7km까지 뻗어 있으므로 성 밖 거리 주민 쪽이 성내 인구를 넘어서고 있다. 이들 성 밖 거리에는 성문을 떠나 약 1.6km 되는 곳에 큰 여관들이 있어 각지에서 찾아오는 상인들이 이곳에 숙박한다. 그 제도로서는 나라별로, 즉 우리식으로 말하면 롬바르디아 상인용, 독일 상인용, 프랑스 상인용 하는 식으로 저마다 특정한 여관이 지정되고 있다. 신도시와 구도시에서는 2만 5천 명이나 되는 창녀가 금전 때문에 매춘하고 있다. 그녀들 사이에는 총감독 1명 외에 1백 명 및 1천 명마다 각각 한 사람씩 감찰이 있어 모두 총감독 지휘 아래 들어 있다. 창녀들 사이에 감독역이 마련되어 있는 이유는 이렇다. 즉 대칸을 만나기 위해 찾아오는 사절들은 언제나 조정의 비용으로 타이두에 머무는데—이들 사절들은 극진한 대우를 받는다—이 경우 반드시 밤마다 창녀 1명씩을 이 사절단 각자에게 제공하는 것이 이들 창녀 감독의 임무이다. 창녀들은 무상으로 매일 밤 번갈아 그들의 시중을 들어야 한다. 이것은 그녀들이 대칸에게 바치는 의무적 부역에 해당한다.*28

그리고 또 도성 내에서는 수비병이 30~40기로 일대를 이루면서 밤새도록 순찰한다. 그들은 삼점종(三點鐘)을 넘은 이후의 금지 시각에 문 밖을 배회하는 자가 있지 않은가를 감시하고, 만약 그런 자가 있으면 곧 이를 붙잡아 투옥한다. 이튿날 아침에 담당 계원이 심문을 하여, 범인에게 뭔가 불법 행위가 있어 유죄라고 판정되면 죄의 경중에 따라 약간의 장벌(杖罰)을 가한다. 이 장형의 결과 때로 잡혀온 사람이 목숨을 잃기도 한다. 이것은 죄인의 피를 흘리지 않게 하고 처벌하는 방법이라고 해서 사용되고 있는 것이다. 박시, 즉 그들 타타르 인 사이의 현인인 점성사가 인간의 피를 흘리는 것은 나쁜 일이라고 말했기 때문이다.

　수도 타이두의 상황은 전해 드린 대로이다. 다음에는 (카타이 인에 대해 일말의 혐의가 걸려 있었다는 것을 전에 말해 두었는데) 이 도성 내에서 일어난 반란 사건에 대해서 설명해 보자.

96 타이두에서 일어난 카타이 인의 모반

　대칸은 12명의 대관을 골라 이에 전속령(全屬領)·전주현(全州縣), 기타 모든 정무를 위임하여 그들의 중지를 모아 최선의 조치를 취하도록 하고 있다. 이 12명의 대관 가운데 아크메트라는 유능한 이슬람 교도가 있었다.*29 그는 동료 중에서 누구보다도 커다란 권력을 잡고 대칸의 신임을 얻고 있었다. 대칸은 그를 총애한 나머지, 무슨 일에 관해서도 마음대로 결정하고 행동하는 것을 허용했다. 그런데 아크메트 사후에 비로소 발각된 사실이지만, 그는 마법을 써서 대칸에게 주술을 걸어놓았던 것이다. 그 결과 대칸이 최고의 총애를 그에게 내려 그 언사에 절대적 신뢰를 두고 있었다.*30 아크메트는 만사를 자기 뜻대로 처리할 수가 있었다. 모든 정치와 관직을 독재하고 온갖 죄인을 처벌하는 것은 고관 12명 중에서도 그 혼자뿐이었다. 자기 마음에 들지 않는 자들을 죽여버리려고 생각하면 도리에 맞든 맞지 않든 대칸에게로 가서, 이렇게 주상하는 것이 예사였다.

　"폐하, 누구누구든 이러이러한 연유로 폐하를 배반하였으니 사형에 처하심이 지당한 줄 아뢰오."

　그러면 대칸은 으레 다음처럼 대답했다.

　"좋도록 조치하라."

　그러면 그 사나이는 곧 그의 손에 사형되고 만다. 이렇게 아크메트가 전권을 자행하고 게다가 대칸이 그의 한 마디면 무엇이든지 들어 주었기 때문에 그에게 거역하는 자는 한 사람도 없었다. 아무리 신분이 높고 세력이 큰 인물이라도 그에게만은 두려움을 품고 있었다. 따라서 누구든지 아크메트가 그 죄가 죽음에 해당한다고 탄핵을 올리기만 하면 아무리 본인이 결백을 변호해도 대칸의 귀에 들어가지 못한다. 아크메트의 뜻을 거역하려는 짓은 아무도 감히 하지 않으므로, 그 무죄의 변호에 가담해 주는 자를 찾아낼 수도 없다. 이리하여 그는 무고한 사람들을 무수히 죽였다. 그뿐만이 아니다. 한 번 그 미모에 반하기만 하면 어떤 일이 있어도 그는 그 여자를 당장 자기 것으로 만들어버렸다. 미혼 여성이면 아내로 해버렸고, 그렇지 않은 경우에도 갖가지 수단을 부려 자기 뜻을 따라오게 하였다. 이를테면 아무개에게 미인 딸이 있다는 말을 들으면, 그는 곧 그 심복인 중매쟁이 노파를 그곳에 보내어 처녀의 아버지와 담판하게 한다.

"어떤가? 당신에겐 예쁜 딸이 있으니 그녀를 바일로님 색시로 바치지 않겠는가? —그들은 아크메트를 바일로,*31 즉 시장 대리라고 불렀다—그렇게 하면 그대에게 이러이러한 관직을 3년간 내리시도록 바일로님에게 한마디 거들어 주겠네."

이렇게 되면 그 아버지도 딸을 바칠 수밖에 없다. 그러면 아크메트는 대칸에게 아뢴다.

"지금 어디어디의 관직에 결원이 있으므로"
라든가 또는,

"이러이러한 날에 공적이 생기는데 아무아무개야말로 후임에 적절하다고 생각합니다."

이에 대해서 대칸은 으레 이렇게 대답한다.

"좋을 대로 처리하라."

이렇게 해서 아크메트는 딸의 아버지에게 그 관직을 내리는 것이다. 이리하여 절반은 아비된 자들의 관직에 오르려는 야심과 절반은 그에 대한 공포심을 이용하여 아크메트는 모든 미인을 모조리 자기 아내로 삼고, 또는 아내로 삼지 못하더라도 어떻게든지 자기 뜻을 좇게 했다.*32 그에게는 25명쯤의 아들이 있었으며 모조리 고위 고관을 차지하고 있었다. 이러한 자식들 가운데에는 아버지의 이름을 빙자하여 그 비호 아래 아버지와 똑같은 간통을 저지르고 비행을 일삼는 자가 적지 않았다. 아크메트에게는 막대한 재산이 있었는데, 이것은 관직을 얻으려는 자들이 으레 거액의 선물을 그에게 바쳤기 때문이다.*33

여하튼 아크메트는 22년간에 걸쳐 권세를 계속 휘둘렀기에*34 마침내 이 나라 사람들, 즉 카타이 인들은 아크메트의 그칠 줄 모르는 비행과 파렴치 행위가 그들의 아내나 그들 자신을 희생으로 끝없이 더해 가는 것을 이제 더 이상 참을 수가 없었다. 그러기에 마침내 그들은 그를 죽이고 정부를 전복시키려는 결의를 하기에 이르렀다.

그들 가운데에 카타이 인으로 천추*³⁵라는 자가 있었다. 그는 천인장(千人長, 천호장)이었으나 어머니와 아내와 딸까지도 아크메트에게 능욕당했다. 분노를 이기지 못한 그는 마찬가지로 카타이 인이며 왕저라는 만인장과 함께 아크메트 암살 모의를 하고, 대칸이 항례대로 3개월간의 캄발룩 체재를 끝내고 여름을 보내기 위해 샨두로 출발한 뒤를 노려 거사할 것을 결의했다. 그때라면 황태자 칭기즈도 함께 타이두를 비울 것이며, 뒤에는 아크메트 혼자만이 남아서 정부를 지키고, 긴급 정무가 생기면 그때마다 샨두로 사자를 보내서 보고하는 동시에 처치에 관해서 대칸의 지휘를 받드는 것이 예사로 되어 있었기 때문이다.

이와 같이 계획을 세운 뒤에 천추와 왕저는 결의를 굳혀 그 의도를 이 고장 유력자들에게 털어놓았다. 그리고 그들의 전면적인 지지를 얻었으므로 자진해서 이 계획을 나머지 모든 도시에 있는 동지들에게 통고했다. 정한 날에 봉화가 오르는 것을 보고 일제히 도성 안에서 궐기하여 수염이 있는 사나이를 하나 남김 없이 죽이도록, 이어 나머지 모든 도시에서도 봉화를 사용하여 신호할 테니 동일한 거사를 하도록 하는 것이었다. 그들이 수염 있는 남자는 모조리 참살하라 말하고 있는 것은 다름이 아니라, 카타이 인은 선천적으로 수염이 없으며 따라서 타타르 인·이슬람 교도·그리스도 교도만이 수염이 있는 종족이었기 때문이다.

이에 관하여 알아 두어야 할 것은, 대칸이 타타르 인이나 또 더 많은 이슬람 교도를 총독으로 임명하여 카타이 인 통치를 맡게 하고 있었으므로 그들은 모두 대칸의 정치를 싫어하고 있었던 일이다. 확실히 카타이 인들은 이들 총독에 의하여 노예처럼 다루어졌고 도무지 이것을 감내할 수 없었던 것이다. 본디 대칸은 카타이국을 지배할 정당한 권리를 가지고 있지 않았고, 따라서 그가 지배자가 된 것도 순전히 무력에 의해서였다. 따라서 대칸은 카타이 인을 전폭적으로 신뢰하지 않았다. 그래서 이 고장의 통치를 타타르 인·이슬람 교도·그리스도 교도 등 자기 측근의 충성한 사람들에게만 위임했다. 바꿔 말하면 카타이와 인연이 없는 사람들에게 카타이국의 통치를 맡긴 셈이다.*³⁶

앞에 적은 왕저와 천추는 약속한 날이 되자 야음을 타서 궁전에 들어갔고, 먼저 왕저가 휘황한 등불을 앞에 늘어놓은 옥좌에 앉았다. 이어 부하 한 사람을 황태자의 사자로 가장시켜 바일로 아크메트가 사는 구성시(舊城市)의 저택에 파견하여, 밤임에도 불구하고 방금 칭기즈 황태자가 환궁한 것처럼 꾸미고 황태자의 명령이라고 속여 즉각 아크메트에게 입궁하기를 재촉했다. 아크메트는 황태자를 몹시 두려워하고 있었으므로*37 이 전언을 접하자 대단히 놀라 곧 궁전으로 달려왔다. 그는 성문을 지날 때, 수도에 상주하는 1만 2천 명의 경비대를 지휘하는 타타르 인 장군 코가타이(다루가치의 잘못인 듯)를 만났다. 코가타이가 물었다.

"이런 한밤중에 대감께선 어디로 가십니까?"

"방금 칭기즈 황태자께서 환궁하셨다 하니 급히 뵈려는 참일세."

그러자 코가타이는 미심쩍다는 듯이 말했다.

"그 참, 전하께서는 소신한테 아무런 예고도 없이 갑자기 환궁하시다니 도대체 어찌된 일까."

그러면서 그는 부하를 이끌고 아크메트와 동행했다. 한편 카타이 인들은 평소부터 아크메트만 처치하면 그 다음은 두려울 게 없다고 생각하고 있었는데 아무튼 그건 불찰이었다. 궁전에 들어와 만둥이 휘황하게 번쩍이는 것을 본 아크메트는 왕저를 틀림없는 진짜 황태자라 믿고 그 앞에 무릎 꿇어 예를 했다. 이때 미리 칼을 들고 그 자리에 서서 대기하고 있던 천추가 단칼에 그 머리를 보기 좋게 잘랐다. 그런데 장군 코가타이가 궁전 문 앞에 서서 이 광경을 보고는 소리쳤다.

"모반자다!"

그리고 옥좌 위의 왕저를 향해 활을 쏘아 단번에 그를 사살하는 동시에 부하를 소집하여 천추를 포박하고 곧 도성 안 구석구석까지 포고를 내렸다.

"밖에 있는 자는 누구를 막론하고 모두 사형에 처할지어다."

카타이 인들은 타타르 인에게 이 음모가 발각되어, 그 주모자 한 사람은 죽고 다른 한 사람은 체포되어 결국 아무도 지도하는 자가 없어졌음을 알자 모두 집 안에 틀어박혔다. 때문에 약속대로 봉화를 올려 나머지 여러 도시에서 반란을 일으키게 할 수가 없었다.

장군 코가타이는 곧 사자를 대칸에게 파견하여 사건 전말을 자세히 보고

했다. 대칸에게서는 곧 회답이 있었고, 신중하게 카타이 인들을 심문하고 죄의 경중에 따라 처벌하라는 명령이 내렸다. 이튿날을 기다려 코가타이는 빠짐없이 모든 카타이 인을 문초하고, 이 음모 사건의 장본인임이 명백해진 다수를 사형에 처했다. 그리고 나머지 여러 도시에서도 모반에 가담한 것이 탄로난 사람들을 똑같은 처분에 붙였다.

나중에 대칸은 캄발룩으로 돌아와 이 사건이 발생한 유래를 알고자 했다. 그 결과 이 저주할 아크메트와 그 자식들이 앞에 말한 것과 같은 험한 난행을 수없이 저지르고 있었음을 알게 되었다. 또 아크메트와 그 일곱 아들이 —단 아들들 모두가 못된 짓을 한 것은 아니다—권세를 믿고 강탈한 여자가 그 수를 다 헤아릴 수 없을 만큼 많다는 사실이 판명되었다. 이어 대칸은 아크메트가 구성시 저택에 쌓아둔 거액의 재보를 몰수하였다. 이 재보 또한 그 액수가 막대했다. 대칸은 또 아크메트의 시체를 무덤에서 파내어 길가에 내던져 개가 뜯어 먹도록 했고*38, 그 아버지의 악행을 본뜬 아크메트의 여러 아들들*39에게는 산 채로 살가죽을 벗기는 형을 부과했다.

대칸은 이 사건이 있은 뒤 '이슬람 교도이기만 하면 어떤 죄라도 용서되지만, 그 신앙을 좇지 않는 자라면 죽여도 무방하다'고 하는 이슬람교의 지긋지긋한 교리에 대해서 생각한 끝에, 그 가증할 아크메트와 그 여러 자식이 수많은 죄를 스스로 범하면서도 그것을 죄악이라고 생각하지 않았던 이유를 깨닫고 이슬람교를 몹시 천대시하고 또한 혐오하게 되었다. 대칸은 이슬람 교도를 불러 모아 그들의 신앙이 명하는 갖가지 행위를 엄금한다고 언명했다. 사실 대칸은 이슬람 교도가 아내를 얻으려면 타타르 인의 관습에 따를 것, 식용하기 위해 가축을 도살할 경우에도 그들 식의 도살법을 쓰는 일 없이 복부를 갈라 죽일 것*40 등을 명령했다.

이런 사건이 일어날 때 마르코는 바로 그 현장에 함께 있었다.

그럼 이 이야기를 이 정도로 끝내고 본디 화제로 되돌아가기로 하자.

수도에 대한 설명은 이미 끝났으므로 다음에는 대칸이 그 궁정을 어떤 식으로 유지하고, 그 밖의 여러 가지 일을 어떻게 처리하고 있었는가를 설명하고 나아가서는 대칸에 관한 갖가지 사항도 언급하련다.

97 대칸의 금위대

대칸은 국가 통치를 위하여 1만 2천 기로 구성된 금위대(禁衛隊, 친위대)를 보유하고 있었다. 그들은 케시탄*⁴¹이라 불리고 있는데, 번역하면 '군주에게 충성스런 기사들'이란 뜻이다. 물론 대칸이 이 금위대를 보유하고 있는 것은 무슨 두려운 적이 있어 그에 대비하려는 것은 아니며, 황제의 위엄을 나타내기 위해서이다.

1만 2천 기의 금위대에는 네 명의 지휘관이 있어 저마다 3천 기의 일단을 통솔한다. 3천 명으로 된 이 부대는 사흘을 계속해서 궁중에 숙직하며 금위의 임무를 맡는데 그 동안에는 식사도 궁중에서 한다. 사흘 낮밤의 기한이 끝나면 그들은 궁중을 물러나고 대신 다른 조가 들어와 사흘의 경비 임무를 맡는다. 이렇게 1년 동안 네 부대가 차례대로 교체하며 경호한다. 한 조가 경호하는 동안 나머지 세 개의 조는 낮 동안은 궁 안에서 항상 대기한다. 그러나 대칸의 분부 또는 개인적인 일로 부득이 외출해야 하는 자는 일정한 기한을 붙여 소속 대장의 허가를 받아야 한다. 만약 이들 대원에게 무슨 사고가 생겼을 때, 예컨대 친족이 위독하다든가 또는 무슨 뜻밖의 재난에 처하여 궁중에 돌아올 수 없을 때에도 대칸의 허가를 얻어야 한다. 밤이 되면 대기조 9천 명은 집으로 돌아간다.

98 대칸이 주최하는 갖가지 대향연

대칸이 조회에 임하여 여러 신하에게 잔치를 베풀 때 좌석의 순서는 정해져 있다.

대칸의 식탁은 일반 식탁보다 훨씬 높게 차려진다. 그는 북쪽에 바로 앉아 남쪽을 바라본다. 대칸 옆에는 왼쪽에 제1 황후의 자리가 있다. 오른쪽은 한 단 낮게 되어 있어 앉는 사람의 머리가 바로 대칸 발 밑에 있으며 황자·황손·황족 제왕이 앉는다. 황태자 자리는 이보다 약간 높게 마련되어 있다. 중신들은 한 단 더 내려간 식탁에 앉는다. 황자·황손·황족 제왕의 아내들 자리도 마찬가지로 이것과 대응하여 좌측에 한 단 낮게 마련되며, 여러 중신·무장들의 아내 자리는 더 낮은 자리에 만들어져 있다. 이러한 순서는 대칸이 지정한 것이므로 저마다 자기 좌석을 알고 있다. 향연에 참석하는 사람들이 모두 이런 식으로 식탁에 앉을 수 있는 것은 아니다. 대부분의 무신이나 고관은 홀의 융단 위에 앉아 식사하며 특정한 식탁은 마련되어 있지 않다. 식탁이 이렇게 배열되어 있으므로 대칸은 앉은 채 모든 사람을 바라볼 수 있다. 함께 식사하는 사람의 수는 어마어마한데, 홀 밖에도 4만 명 이상의 사람들이 있다. 많은 사람들, 이를테면 외국에서 진기한 물품을 가져온 사람들이라든가, 지금 관직보다 더 좋은 관직을 얻으려는 사람들이 근사한 헌상품을 가지고 찾아와 있기 때문이다. 이러한 사람들은 대칸이 조회에 임하여 향연을 내리는 날을 노리고 찾아온다.

연회 준비
능묘의 벽화로, 연회를 준비하는 모습.

대칸이 잔치를 벌이는 큰 홀 중앙에는 한 변의 길이가 세 걸음은 될 듯한, 네모반듯하고 궤짝과 같은 예쁘고 큰 조립 상자가 놓여 있다. 이 조립 상자는 표면에는 동물을 새기고, 그 위를 아름답게 도금한 뒤에, 정교한 세공으로 전체를 장식한 참으로 훌륭한 것이다. 그 중앙은 파여 있고, 포도주를 가득 채운 황금 병이 들어 있다. 이 황금 병을 둘러싸고 조립 상자 네 구석에는 용량 2.5바렐(술통 하나의 용량) 크기의 작은 병이 붙어 있는데 저마다 말젖·낙타젖 따위의 특제 음료가 담겨 있다. 조립 상자 위에는 대칸 전용의 술잔이 몇 개 나란히 놓여 있다. 포도주 또는 그 밖의 특제 음료를 경우에 따라 이 황금 병에 붓는다. 이 병에는 8~10명분의 술이 담긴다. 황금 병은 두 사람마다 하나의 비율로 식탁 위에 마련된다. 손님은 저마다 손잡이에 달린 황금잔을 갖고 있어 이 황금 병에서 먹고 싶은 만큼 술을 따라 마신다. 부인에 대해서도 꼭 같으며, 두 사람마다 큰 병 한 개와 술잔 두 개가 주어진다.

이들 주기류(酒器類)는 병이든 잔이든 대단히 값진 것이다. 그야말로 대칸이 소유하는 금은 기명(金銀器皿)의 수량은 너무나 막대해서 실재로 그것을 본 사람이 아니면 도무지 믿지 않을 정도이다.

또 연회장에는 궁정의 관례를 알지 못하고 찾아온 외국인에게 알맞은 좌석으로 안내하는 역할을 하는 고관이 여러 명 배치되어 있다. 그들은 끊임없이 손님 식탁에 뭔가 부족한 것이 없는가를 살펴보며, 누군가가 포도주·말젖·고기, 그 밖에 무엇이든 바라는 눈치이면 곧 음식 시중을 드는 사람에게 명령하여 가져가게 한다.[*42]

대칸이 있는 곳이라면 어디든, 연회장 문 앞에 거인으로 착각할 정도의 큰 사나이 둘이 손에 몽둥이를 들고 좌우에 버티고 서 있다. 그의 직무는 누구든지 문지방을 밟지 않도록 주의시키는 일이다. 우연히 누군가가 실수해서 문지방을 밟는 일이 있으면 이 거인은 그 사람의 옷을 벗겨버리며, 이것을 돌려받으려면 벌금을 지불해야 한다. 옷을 벗기지 않을 경우에는 얼마만큼의 장타(杖打)를 맞아야 한다. 이 규정을 모르는 외국인이 와 있는 경우에는 그 임무를 맡은 고관이 임명되어 그들에게 그것을 알려 유도한다. 이토록 이 규칙을 신신당부하는 이유는, 문지방을 누군가가 밟으면 재앙이 꼭 생긴다고 믿기 때문이다. 연회 자리가 끝나고 사람들이 물러갈 때가 되면 그 중에는 너무 취한 나머지 발걸음이 휘청거리는 자들도 생기므로 이 규칙도 준수되기 어렵다. 이 밖에 주로 대칸의 식사에 시중드는 여러 명의 고관이 있는데, 그들은 근사한 명주천과 금실로 짠 비단으로 입과 코를 가리고 대칸 음식물에 그 입김과 입냄새가 옮겨지지 않도록 하고 있다.

대칸이 잔을 들면 연회장에 설비된 각종 다양한 악기가 일제히 주악을 올린다. 이때 한 시동이 대칸에게 잔을 바친 다음, 곧바로 세 발짝 물러나서 무릎을 꿇고 절한다. 대칸이 술잔에 손 댈 때마다 함께 자리한 중신·손님은 모두 무릎 꿇고 공손하게 절한다. 이 절이 끝나면 대칸은 술을 입에 대는데, 실제로 그가 술을 입에 댈 때마다 이 예법이 되풀이된다.

그 풍부한 음식 종류는 도무지 믿어 줄 것 같지 않으므로 여기서는 설명을 생략하겠다.

여기에 덧붙이고 싶은 것은, 제1 부인을 동반하지 않는 한, 높은 벼슬에 있는 사람이든 무장이든 이 연석에 참석하는 것이 허용되지 않는다는 것이다. 동반한 부인들은 다른 부인들과 함께 식사한다.

식사가 끝나면 식탁이 치워지고 이어 홀에는 한 무리의 기술사·곡예사,

대칸의 탄신일

대칸은 그날 가장 고귀한 금박 예복을 입는다. 그리고 이날 초대된 1만 2천 명의 문무백관들에게도 같은 예복을 하사하여 입게 하였다.

그 밖의 사람이 입장하여 대칸 및 손님들 앞에 선다. 그들은 경이할 만한 여러 가지 기술을 참으로 잘 알고 있다. 대칸은 이것을 보고 매우 만족하며, 다른 사람들도 대칸과 함께 어울려 유쾌하게 웃으며 즐긴다. 이것이 끝나면 사람들은 저마다 물러나서 집에 돌아가든지 여관으로 가든지 한다.

99 대칸 탄신일의 대축연

본디 타타르 인은 태어난 날을 축하하는 것이 예사이다. 대칸은 9월 28일*43에 태어났으므로 그날에는, 나중에 서술하는 신년 잔치만큼은 안 되지만 이에 버금가는 성대한 향연을 나라 각지에서 열고 경축의 뜻을 표한다.

탄신일에 대칸은 금실 자수를 금박처럼 놓은 눈부신 예복을 입으며 1만 2

천의 중신·무장도 같은 색, 같은 모양의 예복을 입는다(이러한 향연을
형손연이라 함). 그러나 신하의 옷이 대칸의 옷과 색깔이나 모양이 같다고는 하지만 질은 도무지 대칸의 것에 따라가지 못하며 보통 등급의 명주·금실로 만들어져 있다. 그들은 모두 폭이 넓은 금띠를 맨다. 이러한 옷은 대칸에게서 하사받은 것이다. 신하에게 하사하는 이런 종류의 옷은 실로 황금 1만 베잔트*44에 맞먹는 보석·진주로 꾸며진 것이다.

이런 값진 예복도 그다지 진기하지는 않다. 대칸은 1년에 13번이나 이 훌륭한 옷을 1만 2천 명의 문무백관에게 하사한다. 더구나 모두 대칸 자신이 착용하는 것과 마찬가지로 한없이 값진 것이므로 그야말로 경탄할 만하다 할 수 있고, 대칸이 아니면 세계 어느 군주라 할지라도 도무지 계속해서 이런 것을 하사할 수 없다.

이 탄신일에는 온 세계의 타타르 인이나, 대칸에게 복종하는 각지·각국에서 저마다의 신분에 따라 막대한 헌상품을 공납한다. 이 밖에도 이를테면 어떤 관직을 얻고자 하는 사람들도 거액의 선물을 보내온다(이러한 사람들의 청원은 대칸이 임명한 12명의 중신에 의해 저마다에 알맞은 관직이 부여되도록 심사한다). 대칸의 탄신일에는 또 우상 숭배자·이슬람 교도·그리스도 교도 및 기타 모든 사람들이 성대히 성가를 합창하고 향불을 피우고 등불을 바친다. 그리고 저마다의 우상이나 신에게 대칸을 수호해달라고 엄숙히 기도하고 만세를 빌며 대칸의 행복과 건강을 기원한다. 이와 같은 것이 대칸 탄신일에 거행되는 축전이다.

다음에는 '백색의 축연'이라 불리는 신년의 대제전에 대해서 설명해 보자.

100 대칸이 거행하는 원단절(元旦節) 성대한 축전

타타르 인의 신년은 우리가 쓰는 태양력의 2월에 해당된다. 대칸과 모든 벼슬아치들 그리고 민중이 이것을 축하하는 모습을 다음에 서술하자.

원단에는 대칸 이하 여유가 없는 자를 제외한 그 나라 백성 모두가, 남녀노소를 불문하고 흰 옷을 입는 것이 관습이다. 흰 옷은 좋은 것, 길조의 것으로 간주되기 때문이다. 1년 동안 행복하고 행운이 깃들기를 바라는 마음에서 신년에는 흰 옷을 입는다. 설날에는 대칸에게 예속되는 모든 사람들, 각 지방 각 왕국에서 금은·진주·보석, 그 밖에 매우 근사한 흰 천 종류가 대칸에게 막대한 선물로 바쳐진다. 즉 이것은 1년 동안 그들의 주군인 대칸이 재보를 풍부하게 갖고 기분좋게, 또한 행복하게 계속 지낼 수 있도록 하기 위해 행해지는 것이다. 이날에는 중신·무장 기타 모든 사람들도 서로 흰 물건을 주고받으면서 껴안고 인사를 나누며 정답게 지낸다. 그들은 우리가 하는 것과 마찬가지로 이런 말을 주고받는다.

"금년에도 제발 행복이 깃들기를."

이것은 이 1년을 통하여 번영과 행운을 향유할 수 있도록 바라는 마음에서이다.

또 당일에는 훌륭한 백마 10만여 필이 대칸에게 헌상된다. 물론 백마라 해도 온전히 순백색이라고는 할 수 없지만 거의 백색이기만 하면 괜찮다. 본디 이 지방에는 백마가 아주 많다. 그런데 대칸에게 선물을 헌상할 경우에는 그 헌상자에게 능력이 있으면 그 물품의 아홉 개를 아홉 배한 수만큼 갖추는 습관을 따라야 한다. 즉 공물이 말일 경우라면 아홉 마리의 아홉 배인 여든 한 마리가 헌상되며, 황금이라면 아홉 개의 아홉 배에 해당하는 여든 한 개가, 또 피륙이라면 아홉 필의 아홉 배에 해당하는 여든 한 필로 하는 등 모든 것은 이런 식으로 갖추어진다.

설날에는 또 5천 마리 이상이나 되는 대칸 소유의 길들인 코끼리가 금수 무늬를 수놓은 아름다운 천으로 꾸며져 행진한다. 그 등 위에는 호사한 세공을 한 특별히 아름다운 상자를 두 개씩 얹는다. 그 속에는 대칸이 쓰는 그릇이라든가 그 밖의 '백색의 조하(朝賀)'에 사용할 값진 물건들이 꽉 차 있다. 코끼리 무리 뒤에는 값진 천으로 장식된, 축전용 물건들을 실은 다수의 낙타 무리 행렬이 계속된다. 이 행렬은 모두 대칸의 어좌 앞을 행진한다. 그 장관은 그야말로 따로 비할 데가 없다.

또 여기에 덧붙여야 할 것은 신년 축하가 거행되는 설날 아침, 잔칫상이 배열되기 이전에 모든 제왕·공작·후작·백작·남작·무장·점성사·의사·매부리 및 이보다 더 수가 많은 민정관·군관 모두가 다 같이 대칸의 어전에 참상하는 일이다. 궁전 홀에 미처 들어가지 못한 사람은 문 밖에서 대칸을 잘 볼 수 있는 곳에 서 있다. 이들 하례자의 순서는 우선 제1열에 대칸의 황자·황손·황족인 왕이 서고, 다음에 왕, 다음에 공작 이런 순서로 저마다 위계에 따라 자리가 정해져 있다. 모두 순서대로 자리에 앉으면 예관의 장이 일어나

'경례' 하고 큰 소리로 외친다. 이 호령과 동시에 모두 머리를 숙인다. 끝나면 다시 일어나 대칸에게 기도를 드리고, 마치 신(神)이 있는 양 이에 배례한다.

"신의 비호가 영원히 대칸 위에 있어 기쁨과 행복이 끊이지 않기를."

예관장이 앞서 말하면 모두 그 뒤를 따른다.

"신이여, 그처럼 해 주소서."

이어 예관장이 외친다.

"대칸의 국토가 날로 넓게, 날로 번창하여 무궁하며 신민 모두 편안하게 은총을 받고 이해는 풍족하게 만물이 모두 번창하도록 해 주소서."

"신이여, 그처럼 해 주소서."

대강 이와 같이 네 번에 걸쳐 대칸을 예배한다. 끝나면 예관장은 화려하게 꾸며진 제단으로 걸어 나아간다. 이 제단에는 대칸의 이름을 적은 홍색의 패(牌)와 장대한 향로가 놓여 있다. 예관장은 경건하게 이 제단과 홍패에 분향한다. 이어 자리에 앉은 순서대로 분향하고 자리에 돌아간다.

의식이 무사히 끝나면 앞에서 말한 바와 같은 아주 값지고 근사한 헌상물이 봉정된다. 모든 공물이 헌정되고 또 일일이 대칸이 이것들을 다 보고 나면 드디어 잔칫상이 준비된다. 식탁 배치가 끝나면 앞에서 말한 바와 같은 서열로 자리에 앉는다.

대칸은 한 단 높게 마련된 식탁에 앉고 제1 황후가 그 왼쪽에 자리하는 이외에 아무도 거기에는 앉지 않는다. 다른 사람들도 저마다의 자리에 앉는데 부인들이 황후 옆에 앉는 것은 이 또한 전술한 바이다. 연회 경위도, 식사가 끝나 기술사가 등장하고 그 자리에 흥을 돋우는 것도 모두가 앞에서 말한 대로이다.

연회가 끝나면 모두 집 또는 여관으로 돌아간다.

신년에 거행되는 '백색의 축연'이란 이러한 것이다.

다음에는 앞에서 잠깐 언급한 바이지만 대칸의 그 고상한 습관, 즉 잔치에 참석하는 경우 중신들은 반드시 일정한 옷을 입어야 한다는 이야기에 되돌아가기로 하자.

101 대향연에 배식이 허용되는 1만 2천 명의 중신들 및 대칸이 하사하는 연회복

대칸의 명령에 따라 정해진 13번의 축전에는(타타르 인은 연간 13개월에 따라 이 13회의 축전을 매우 엄숙히 거행한다) *45 앞에 적은 1만 2천 명의 중신, 즉 '대칸의 충성한 숙위(宿衛)'인 케시탄은 꼭 참석해야 한다. 그것에 대해서 대칸은 색을 달리한 13벌의 예복을 이들 케시탄 한 사람 한 사람에게 하사한다. 이 예복은 단지 이들 13회의 축전에서만 입는 것이다. 이 옷들은 진주·보석, 그 밖의 보화로 호화롭게 장식되어 있으며 막대한 가치가 있다. 이 밖에도 1만 2천 명의 중신에게는 미려하고 값진 황금띠가 하사되며, 은실로 정교한 자수를 한 카무(말 궁둥이의 가죽의 뜻)라고 하는 이 또한 미려하고 값진 장화까지 수여된다. 이 옷들은 화려하고 고상하게 장식되어 있으므로 입으면 누구나 다 임금님같이 보인다. 13회의 축전 동안 1회마다 이 옷들을 바꾸어 입는 것이다. 물론 이 옷들은 매년 새로 만드는 것이 아니라 10년쯤은 그대로 입는다. 대칸이 입는 13벌의 예복도 이들 케시탄에게 하사한 것과 꼭 같지만, 단 같은 것은 단지 그 색채뿐이며 미려함, 값진 점, 호사함, 모두에 있어서 훨씬 훌륭한 것은 말할 것도 없다. 대칸 또한 축전마다 이 예복을 바꾸어 케시탄들과 같은 색채를 입는다.

이로써 대칸이 1만 2천 명의 중신에게 하사하는 옷 13벌에 대해서 이야기했는데, 그것은 도합 15만 6천 벌에 달하는 것이다. 그 미려함과 값어치에 대해서는 도저히 평가할 수 없을 만큼의 재보라고 말할 수밖에 없다. 하물며 이에 뒤지지 않는 막대한 가치를 가진 황금 띠·장화의 경우에도 물론 마찬가지이다. 이러한 호사한 하사품을 대칸이 구태여 하는 것은 요컨대 축전의 장엄함과 화려함을 돋보이게 하려는 의도에서이다.

그런데 이 책에서 당연히 기록하기에 알맞은 사항이면서 지금까지 말하지 않고 빠뜨리고 있었던 한 가지 경이할 만한 일이 있으므로 여기에 그것을 서술하기로 한다. 그것은 다름아닌, 대칸 앞에 호랑이 한 마리가 끌려 나오는데 대칸을 보자마자 호랑이는 마치 공순한 뜻을 표명하는 듯이 그 자리에 엎드리는 것이다. 호랑이마저 대칸을 군주로 생각한다고 해석되지 않을까. 쇠사슬도 아무것도 매이지 않은 채 호랑이가 대칸의 어전에서 웅크리고 있다는 것은 그야말로 경이할 만한 광경이 아닐까.

다음에는 대칸이 주최하는 대규모의 사냥에 대해서 설명하자. 그 경위는 이렇다.

102 대칸이 국민에게 사냥에서 잡은 것을 헌상하도록 명령한 것

대칸이 타이두에 체재하는 3개월(12월·정월·2월) 동안 이 수도에서 약 60일 길 이내의 지역에 사는 사람들은 대칸의 명령을 받아 금수의 포획에 종사해야 한다. 이 명령에 따라 이 지방의 장관들은 산돼지·사슴·누런 사슴·새끼사슴·곰 등 큰 짐승의 대부분을 대칸에게 바친다.[*46] 그들이 사냥하는 방법은 이렇다. 우선 이들 지방 장관들은 관하의 모든 사냥꾼을 모아 인솔한다. 사냥감이 많이 있을 만한 지방에 가서 포위진을 만들어 야수를 안에 몰아 넣고 사냥개를 풀든가, 또는 대개의 경우 활을 사용하여 잡는다. 이 지역에 사는 주민은 모두 여기에 참가한다. 잡은 야수 가운데에서 대칸에게 바칠 짐승을 선택하여 그 내장을 빼 버린 다음 수레에 실어 발송한다. 국도를 떠난 30일 길 이내의 주민은 이와 같이 해서 사냥감을 대칸에게 바치는데 그 수량은 어마어마하다. 30일 길보다 멀고 60일 길 이내에 있는 사람들은 도성까지 거리가 멀므로, 사냥감의 고기는 보내지 않고 대신 가죽을 모조리 무두질해서 바친다. 이것은 대칸의 군대나 군사에 필요한 무구(武具) 제작의 재료가 된다.

다음에는 대칸이 사육하는 야수에 대해서 이야기하기로 하자.

103 대칸의 수렵용으로 훈련된 호랑이·표범·살쾡이 및 독수리에 대해서

대칸은 사냥감을 쫓아 놓치지 않고 잡도록 훈련한 여러 마리의 표범을 갖고 있으며, 또한 수렵용으로 잘 훈련된 살쾡이들도 다수 사육하고 있다. 또 바빌론산(産)보다 훨씬 큰 호랑이도 많이 기르고 있는데, 그 외피는 대단히 근사하여 검고 빨갛고 하얀 세로 줄무늬가 아주 아름답다. 이것들은 산돼지·들소·곰·야생당나귀·사슴·누런 사슴, 그 밖의 야수를 잡기 위해 잘 길들여져 있다. 호랑이가 짐승을 잡는 광경은 그야말로 멋있다. 호랑이를 사냥에 부릴 때에는 우선 우리에 넣어 수레에 싣고 그 옆에 작은 개를 매어 둔다. 우리에 넣어 끌고 가지 않으면, 성질이 너무 사나운 호랑이는 포효하며 짐승에게 덤벼들어 도무지 마음대로 다룰 수 없기 때문이다. 또 호랑이를 사냥에 부리려면 짐승으로부터 바람이 불어오는 쪽에 두고 몰아야 한다. 짐승이 호

대칸은 수렵용으로 잘 훈련된 호랑이를 이용한다.

랑이 냄새를 맡으면 재빨리 도망가 쉽게 가까이 오지 않기 때문이다.

대칸은 이 밖에도 여러 마리의 독수리를 길러 이리·여우·사슴·새끼사슴 등을 잘 포착하도록 길들이고 있다. 이 독수리가 잡는 짐승의 양은 참으로 막대하다. 주로 이리를 잡기 위하여 훈련되는 독수리는 가장 몸집이 크고 힘이 센 것을 특선하여 충당하고 있다. 아무리 큰 이리라도 이 독수리에게 걸리면 도망칠 수 없다.

다음에는 대칸이 우수한 사냥개를 얼마나 많이 사육하고 있는가에 대한 이야기로 옮기기로 한다.

104 사냥개 관리를 맡고 있는 두 형제

숙위(宿衛)의 여러 무사 중에 바얀(Bayan)과 밍간(Mingan)이라는 형제가 있다. 타타르 어로 '쿠율치(cuiucci)' 즉 '맹견 사육계'라는 직무를 띠고 있다. 두 사람에게는 저마다 1만 명의 부하가 있다. 한쪽 부대는 붉은색, 다른

500여 마리의 잘 훈련된 수렵용 매는 대칸의 사냥터에서 그 용맹을 떨친다.

쪽 부대는 황색 옷을 갖추어 입는다. 대칸을 따라 사냥하러 갈 때에는 늘 이 제복을 입는다. 이 1만 명 부대 안에서 각각 2천 명이 1인당 한 마리나 두 마리, 또는 그 이상의 맹견을 맡아 돌보고 있으므로 맹견의 총수는 엄청난 수에 이른다. 대칸이 사냥에 나갈 때 이 두 형제는 각자 1만 명의 부하와 5천 마리의 사냥개를 이끌고 대칸 양쪽에서 수행한다. 처음에 그들은 서로 그다지 멀지 않은 간격을 유지하면서 병행하지만, 그 차지하는 범위는 약 하룻길 정도에 상당하는 지역이다. 이어 차차 모여 이 범위를 좁혀 간다. 이 범위에 걸린 야수들은 그야말로 한 놈도 도망칠 수 없다. 이 사냥 광경, 사냥개와 사냥꾼들의 활동상이란 그야말로 경탄할 만하다. 이제 드디어 대칸이 중신들을 동반하고 이 사냥터에서 사냥하기 시작하면 사냥개가 여기저기에서 곰·사슴, 그 밖의 야수를 몰아 넘어뜨리는데, 그 광경은 참으로 장관이다.

10월 초부터 이듬해 3월 말에 이르는 기간을 통하여 메추리 이외의 새·야수를 1천 쌍씩 매일 대칸 궁정에 공급하는 것도 이 두 형제에게 부과된 임무이다. 이 밖에도 그들은 될 수 있는 대로 가장 품질 좋은 물고기를 공급해야 한다. 물고기의 경우에는 세 사람의 한 끼니 몫을 한 마리로 계산하기로 되어 있다.

다음에는 그 이외의 3개월간에 행해지는 대칸의 행사에 대해서 서술하기로 한다.

수렵도

105 대칸이 짐승을 포획하는 실황

12월·정월·2월을 캄발룩에서 머문 대칸은, 3월이 되면 수도에서 겨우 이틀 길쯤의 남쪽인 해안 지방으로 간다. 뒤따르는 사람은 1만여 명의 매부리이며, 500마리의 해동청 등 다수의 새매나 세이커종 매를 데리고 간다. 이밖에도 물새를 잡기 위해 많은 수의 흰 매가 동반된다. 그러나 이렇게 말한다고 이들 매부리가 모두 함께 대칸의 측근에 집합해 있다고 생각해서는 안된다. 그들은 100명이나 200명씩 또는 그 이상의 무리가 되어 여기저기 흩어져 있는 것이다. 이들 매부리 집단은 새를 사냥하면서 길을 걸어가고 사냥감의 대부분을 대칸에게 보낸다.

대칸이 큰 매나 다른 것을 데리고 스스로 사냥에 나갈 경우에는 '토스카오르(toscaor)' 즉, 번역해서 '감시인'이라 부르는 1만여 명을 둘로 나누어 동반한다. 이들 '토스카오르'는 이름이 나타내는 것과 같은 역할을 다한다. 이들은 두 사람이 한 조가 되어 여기저기 넓은 지역에 흩어져 감시한다. 그들은 저마다 새를 부르는 피리와 매 머리에 씌우는 천을 갖고 있어 필요할 때에는 언제나 매를 불러들인다. 따라서 대칸이 언제 매를 풀라고 명령해도 매부리들은 그때에 이르러 매를 찾지 않아도 된다. 그 감시인이 주위 일대에 흩어져서 늘 매를 감시하고 있고, 매도 이들 감시인의 눈이 닿지 않는 데에는 가지 못하므로 감시인이 있는 곳에는 매도 늘 붙어 있기 때문이다. 만약 매에게 조력해야 할 때에는 곧 거기로 가서 원조하는 것이다.

중신들의 매도 그렇지만 대칸 소유의 매에는 소유자·관리인의 이름을 기록한 은으로 만든 꼬리표가 다리에 매어져 있다. 매를 붙잡아도 곧 누구 소유인가를 알게 되어 본인에게 되돌려 줄 수 있다. 만약 누구의 매인지 판명되지 않을 때에는 '불란가치(bulangazi)', 즉 '유실물 보관계'라는 관리에게 인도된다. 말이나 도검 또는 새, 그 밖의 무엇이든 간에 주인을 알 수 없는 습득물은 곧 관리에게 신고된다. 신고서를 받은 이 관리는 이것을 받아 보관한다. 만일 그 습득자가 곧 신고하지 않으면 도둑으로 벌을 받는다. 또 무엇인가 잃어버린 자는 이 관리를 찾아간다. 만약 거기에 그 물품이 있으면 곧바로 넘겨 준다. 이 관리는 항상 야영지의 가장 높은 곳에 기를 세우고 주둔하고 있으므로 무슨 물건이든 관계없이 습득한 자, 잃어버린 자는 곧 이 관리의 소재를 알 수 있다. 유실물은 발견되면 반드시 소유자에게 반환되도록 되어 있다.

이와 같이 해안 지방으로 가 대칸이 즐기는 사냥 광경은 무엇 하나 장관이 아닌 것이 없다. 그야말로 더 이상의 오락은 이 세상에 또 없을 것이다. 그런데 대칸은 네 마리의 코끼리에 얹어 놓은 화려한 목제 가마를 타고 이 사냥에 나아감을 예사롭게 생각한다. 이 코끼리 가마는 내부를 금실로 자수한 천으로 두르고 외부를 사자 가죽으로 덮어 씌워 장식한 아름답고 고운 것이다. 매 사냥 때 대칸이 이 코끼리 가마에 앉은 채로 있는 것은 그가 지병인 통풍을 앓고 있기 때문이다.*47 대칸은 코끼리 가마에 가장 우수한 해동청 12마리를 늘 준비하고 있다. 또 여러 명의 중신·비빈(妃嬪)이 함께 타고 있어 늘 시중들고 좌흥을 돋우어 준다. 대칸이 코끼리 가마를 타고 행유하는 동안 마침 가까운 곳에서 말을 타고 따르는 중신으로부터 이런 말을 듣기도 한다.

"폐하, 두루미가 날고 있습니다."

그러면 대칸은 장막을 걷어 사냥감을 확인하고 해동청을 두루미를 향해 풀어준다. 해동청은 비술(秘術)을 다해 두루미와 격투하여, 놓치는 일은 좀처럼 없다. 대칸은 자리에 기댄 채 이것을 바라보며 매우 만족해한다. 중신·무장들도 함께 감상한다. 사실 대칸과 같이 여러 가지 오락을 즐길 수 있는 사람, 더구나 이렇게까지 쉽게 유락을 자유로이 할 수 있는 사람은 과거에도 현재에도 없을 것이다.

이와 같이 해서 대칸은 칵차르모딘(Kakzarmodin)이라는 (통주 남쪽 유럽 지방) 지방에까지 여행을 계속하는데, 거기에는 대칸의 장전(帳殿 : 임시로 꾸민 임금의 자리)을 비롯하여, 도합 1만이 넘는 황자·중신·비빈들의 임시 숙소가 화려하게 설치되어 있다.

대칸의 장전은 다음에도 설명하듯이 하나만이 아니다. 조현(朝見 : 신하가 조정에 나아가 임금을 뵙는 일)을 행하는 장전은 아주 큰 것으로 족히 1천 명의 병사를 수용할 수 있다. 문은 남쪽으로 열려 있고 내부에는 고관 이하의 인사들이 서 있다. 이 장전에 접하여 제2의 장막이 서쪽을 향하여 설치되어 있다. 대칸이 상주하는 것은 이 장막으로 대칸의 개인용이다. 심심풀이로 이야기 상대를 구할 때에는 이 장막으로 그 사람을 부른다. 대장전 후방에 대칸의 침실이 있으며 아주 널따랗고 훌륭하다. 그 이외에도 다수의 장막이나 방이 있다. 그것들은 모두 대장전과는 붙어 있지 않다. 이들 두 개의 천막으로 된 홀과 침실의 구조를 살펴보자.

우선 홀은 그 어느 쪽에나 향목 기둥이 세 개씩 있고 그 기둥에는 정교한 조각과 도금으로 장식해 두었다. 바깥쪽은 호랑이 가죽으로 둘러져 있다. 호랑이 가죽에는 검정·빨강·백색의 줄무늬가 붙어 있으므로 미관은 말할 것도 없다. 또 이 호랑이 가죽은 아주 기술적으로 둘러쳐져 있어 비나 바람이 들이칠 염려가 없다. 안쪽에는 털가죽 중에서도 가장 미려하고 값진 담비 가죽이 틈 없이 둘러쳐져 있다. 담비 가죽은 성년 남자용의 외투 1착분이라도 상등 물건이면 금화 2천 베잔트, 보통이라도 1천 베잔트는 나가는 귀중한 물건이다. 타타르 인은 이 담비 가죽을 '모피의 여왕'이라 부르고 있다. 담비는 족제비만한 크기의 짐승인데, 앞에 말한 대칸의 장전의 두 홀은 모두 이 담비 가죽으로 둘러쳐져 있고 또한 눈이 휘둥그레질 만한 세공으로 장식이 되어 있다. 이어 이 두 홀에 접속해 있는 대칸의 침실인데, 이 또한 외부는 호랑이 가죽으로, 내부는 담비 가죽으로 둘려 있다. 세운 솜씨도 정교하고 배치도 매우 정묘하다. 홀과 침실을 잇고 있는 밧줄도 모두 명주이다. 이들 세 장막은 장막이라고는 하나 아주 호사하고 값진 것이므로, 작은 나라 임금은 좀처럼 가질 수 없는 물건이다.

이러한 장전을 둘러싸고 나머지 여러 장막도 모두 뒤질세라 효율적인 구조로 배치되어 있다. 비빈의 장막도 훌륭하다. 참매나 매, 그 밖의 짐승용의 장막도 많이 쳐져 있다. 설명은 대강 이 정도로 해 두지만 하여간 이 야영지에 사람이 이토록 많다는 것은 그야말로 놀라운 일이다. 어디를 가도 많은 사람이 득실거리고 있으므로 마치 그 장관 무비한 도성에 있는 것 같은 느낌이다. 게다가 대칸은 이 여행에 신하들을 모조리 이끌고 와 있고, 의사·점성사·매부리 이하 다수의 관리들도 뒤따르고 있으므로 만반에 걸쳐 정비하여 수도에 있는 것과 조금도 다름이 없다.

대칸은 봄이 될 때까지, 즉 우리의 부활제 계절까지 이 고장에서 머문다. 그동안 매일같이 호반·강변에서 매를 풀어 두루미·백조 등 많은 새들을 잡는다. 호위하며 뒤따르는 신하들도 대칸의 주변에 여기저기 흩어져서 막대한 양에 달하는 사슴고기나 그 밖의 사냥감을 헌정해 온다. 따라서 이 땅에 머무는 동안 줄곧 대칸은 아주 만족에 젖어 있다. 이 대칸의 호사함, 오락의 즐거움은 도무지 필설로는 표현할 수 없는 것이며, 실제로 그 자리에 함께 있어 눈으로 보고 확인한 사람이 아니고는 도저히 믿을 수 없을 것이다.

끝으로 상인·장인(匠人)·농민을 불문하고 적어도 대칸의 치하에 있는 백성인 한 매는 물론이려니와 적어도 매사냥에 사용되는 모든 새와 사냥개들을 사육하는 것이 허용되지 않는다.*48 중신·무장을 비롯하여 기타 어떠한 귀인이라도 매사냥이나 몰이사냥을 함부로 할 수는 없다.

그러나 그들이 매부리의 총관(總管)직에 있는가 또는 대칸의 특별 허가를 얻은 경우만은 일정 기간 안에 허락된다. 그러나 그런 경우에도 대칸의 소재지 부근, 즉 어떤 지구에서는 그것을 닷새 길 이내로 한정하고, 또 어떤 지구에서는 열흘 또는 보름 길 이내로 한정하지만, 아무튼 이러한 범위 안에서는 매사냥·몰이사냥은 엄금되어 있다. 물론 20일 길을 넘은 지방에서라면 중신·무장·귀족인 자는 사냥도 자유이고 사냥개·매를 사육하는 데 제한도 없다. 그리고 또 대칸의 모든 영역에 걸쳐 3월부터 10월에 이르는 기간 중에는 짐승의 번식기에 해당하므로, 왕이든 고관이든 막론하고 모든 자가 토끼·누런 사슴·새끼사슴·수사슴, 그 밖의 동물들을 포획하는 일이 없다. 그

도성으로 들어가는 대상들

것에 관해서는 대칸의 금령이 이미 나와 있으며, 만일 이것을 어기면 몹시 후회하게 될 것이다. 이 금령은 대단히 잘 지켜지고 있다. 토끼·사슴을 비롯하여 그 밖의 짐승이 주민들의 손에 들어오는 일이 있어도 누구 한 사람 이에 손대든가 또는 위해를 가하려는 자는 없다.

이미 말한 바와 같이 대칸은 거의 부활제 전후까지 이곳에 머물다 호종들을 이끌고 이 땅을 떠나가면서, 몰이사냥과 매사냥을 하며 흥겨워하고 즐거움에 젖어 왔던 길과 같은 길을 따라 캄발룩으로 돌아간다.

국도 캄발룩에 돌아온 대칸은 단지 3일간만 궁전에 머문다. 그 사이 성대한 조현식을 행하고 대향연을 열고 황후·비빈들과도 크게 환락한다. 이 3일간에 대칸이 행하는 광경은 그야말로 경탄할 만하다.

대칸의 수렵 일기, 그 행선지의 장전, 각차르모딘 지방에서 국도에 돌아와 여는 대향연에 대해 이로써 다 보고를 마쳤다. 다음에는 국도 캄발룩에 모이는 대인구와, 거기에 따르는 금은보화와 진기한 물건의 풍요함에 대해서 이야기하기로 한다.

106 대도시 캄발룩, 그 많은 인구와 반입되는 다량의 사치 물자

캄발룩의 성 내외(이미 아시다시피 이 성외 시가는 12개 성문 바깥쪽에 각각 확대된

옛 베이징(캄발룩) 거리 광경

열둘의 교외로 이루어지며 면적은 대단히 광범하다)를 합한 호구는 그야말로 막대한 수에 이르며 그것을 정확히 헤아릴 수는 없다.*49 성 밖의 인구가 성내보다는 훨씬 많은데, 상인을 비롯하여 용무가 있어 이 수도에 찾아온 사람들이 모두 성 밖에 거주하고 숙박하기 때문이다. 많은 사람들이 외지에서 이곳에 찾아오는 이유는 대칸이 거주하는 수도이기 때문이며, 동시에 또 캄발룩이 절호의 상업 시장이므로 상인, 기타 사람들이 여기에 모여들어 일을 보기 때문이다. 물론 궁전을 논외로 하고서의 이야기지만, 성 밖에도 성내에 뒤지지 않는 근사한 저택·전당이 있다. 성내에서는 매장이 허용되지 않으므로 우상숭배자의 경우라면 유체를 성 밖의 화장터로 나르고, 다른 종교 신자의 경우도 마찬가지로 교외로 운반하여 매장한다. 하여간 어떤 불길한 일도 성내에서는 허용되지 않는다.*50 이야기는 다르지만 곁들여 말씀드릴 것은, 죄 많은 여인들이 성내에는 살고 있지 않다는 사실이다. 즉, 금전으로 사내에게 몸을 맡기는 창부는 모두 성 밖에 살고 있다. 더구나 그 수야말로 막대하여 도무지 믿을 수 없을 정도이다. 매춘하는 여자 수는 확실히 2만 명은 달할 것이다. 그래도 매일 이 수도에서 거래하는 상인이나 외국인의 수가 많기 때문에 그녀들은 공치는 일이 없이 제법 모두 그 장사를 하고 있다. 창부의 수마저

엄청난 양의 상거래가 이루어지는 대도시 캄발룩에는 그에 따른 세금 수입 또한 막대하였다.

이렇게 많으니, 이 한 가지만 봐도 캄발룩 인구의 엄청남은 충분히 짐작할 수 있으리라.

또 이 수도에서 볼 수 있는 만큼의 진기하고 값진 상품이 전래되어 오는 도시는 온 세계를 다 찾아봐도 따로 없을 것이다. 우선 진기한 고가의 상품이란 도대체 어떤 것인가를 설명하도록 한다. 보석·진주를 필두로 온갖 희귀한 물건·보화가 인도에서 전해지며, 카타이를 비롯하여 기타 여러 지방에서 나는 사치품 등도 모조리 여기에 가져오게 된다. 이곳 캄발룩에는 대칸 이하 수많은 왕비와 중신, 막대한 수의 시민·병사, 게다가 대칸 조정에 조회하기 위해 내경(來京)하는 사람들이 모두 거주하기 때문이다. 이 이유로 캄발룩에는 세계 어느 도시에 반입되는 재물 보화보다 더욱 진기하고 값진 물품이 보다 다량으로 전래되며, 매매되는 상품량도 타의 추종을 불허할 만큼의 거액에 달하고 있다. 한 예를 들면 매일 캄발룩에는 수레 1천 대에 실은 명주실이 반입된다. 그런 만큼 캄발룩 주민이 그것을 재료로 해서 직조하는 금란·견포의 양은 막대하다. 사실 이 나라에서는 아마가 생산되지 않으며 무명이나 베의 산액도 적지만, 그 대신 명주실 생산이 대단히 많으므로 대개

원나라 최초의 지폐
쿠빌라이가 1260년에 발행한 중통원보 교초.
액면은 10문(동전 10개 해당)에서 2관문(2
천문에 해당)까지 있었다.

의 천은 명주실로 만들어져 있다. 그리고 또 캄발룩 주변에는 멀고 가까운 곳까지 도합 2천을 넘는 도시가 있다. 거기에서 캄발룩에 상품을 팔러 오든가 또는 필요한 물건을 사서 돌아가든가 하므로 저절로 이 캄발룩은 번창하는 상업 시장이 되었다.

다음에는 이 같은 캄발룩 시내에 있는 조폐국과 거기에서 만들어지는 통화 이야기를 해 보자. 이 이야기를 듣기만 하면 이 책에서 내가 지금까지 서술한 것 이상으로, 아니 도무지 다 서술할 수 없을 만큼 대칸이 무슨 일이든지 할 수 있는 권한을 갖고, 또 얼마나 막대한 소비를 할 수 있는 사람인가가 저절로 명백해질 것이다.

107 대칸이 국민에게 사용하도록 한 지폐

캄발룩에는 대칸의 조폐국이 있다. 그 정비된 솜씨를 보기만 해도 그야말로 대칸이 최고의 연금술사라는 사실이 분명 틀림 없다는 것을 알 수 있을 것이다. 그 모양을 이제부터 설명해 보자.

대칸은 다음과 같이 통화를 제조한다. 우선 뽕나무라 해서 그 잎이 누에의 먹이가 되는 나무껍질을 벗겨 온다. 이 나무껍질과 나무 줄기 사이에 있는 엷은 내피를 벗겨 내어 잘게 째서, 아교를 가해 풀같이 찧어서 종이 모양으로 편다. 만들어진 얇은 종이는 검은색을 띤다. 종이가 만들어지면 여러 가지 크기로 재단한다. 모두 세로가 가로 폭보다 긴 직사각형을 하고 있다. 가장 작은 종이쪽은 작은 토르네셀 반 개의 가격과 맞먹으며 다음이 1토르네셀(물론 작은 토르네셀이다), 다음이 은(銀) 그로소의 반액, 그 다음이 1은 그로소(베네치아 인이 사용하는 은 그로소와 같은 가치), 다음이 2그로소, 5그로소, 10그로소에 해당하며, 또 나아가서 1베잔트, 2베잔트, 3베잔트부터 누진해서 10베잔트에 상당하는 것에 이른다.*51 이들 지편(紙片)에

"대칸은 보석, 진주, 금은을 모두 지폐로 교환하도록 하여 많은 재물을 모았다"고 마르코 폴로가 쓰고 있다.

는 대칸의 옥새가 일일이 찍힌다. 여하튼 이렇게 만들어진 통화는 모두 순금이나 순은의 화폐와 똑같은 값어치로 발행된다. 또 그 전문 관리가 있어 이들 지편에 서명 날인을 한다. 이 모든 수속이 끝나면 특히 대칸에게서 신임된 조폐국 장관이, 그에게 맡겨 준 옥새에 인주를 묻혀 지편 위에 날인한다. 인주를 바른 옥새의 흔적이 지편 위에 남는 것이다. 이 수속을 거쳐 비로소 이 특이한 통화는 법정 화폐가 된다. 만약 이것을 위조하는 자가 있으면 사형에 처한다. 대칸은 온 세계의 화폐를 모두 이것과 교환할 수 있을 만한 거액까지 이 통화를 제조하고 있다.

이렇게 해서 이 지폐가 만들어지면 대칸은 언제나 이것으로 값을 치르며 치하의 모든 영역과 왕국에 통용시킨다. 유통을 받아들이지 않으면 사형에 처해지므로 누구 한 사람 받는 것을 거부하는 자는 없다. 사실 어느 지방에서나 어떤 사람도 적어도 대칸의 신민(臣民)인 자이면 누구나 쾌히 물건 값을 이 지폐로 받는다. 그들은 어디로 가든 이 지폐로 모든 것을 지불할 수 있다. 즉, 진주·보석·금은에서부터 어떠한 물건이라도 이것으로 살 수 있다. 그들은 바라는 것을 무엇이든 사고 지불할 단계에는 이 지폐를 사용한다. 그러나 10베잔트의 가치에 상당하는 지폐라도 그 중량은 1베잔트에도 못 미친다.

이 밖에 연간 몇 번이나 대상(隊商)이 진주·보석·금은 및 금란 직물·은사 직물 등의 각종 상품을 운반해서 캄발룩에 와서는 지참한 화물을 모조리 대칸에게 헌상한다. 그럼 대칸은 이들 상품에 정통하고 또한 경험이 풍부한 유식자 12명을 불러 대상들의 헌상품을 검사하게 하고 적당한 품가로 대가를 지불하게 한다. 명을 받은 12명의 유식자는 헌상 상품을 검사하고 양심에 따라 평가를 행하여, 대상의 이윤도 고려한 대가를 산출하여 즉각 이 나라 지폐로 값을 치른다. 대상 측에서도 대칸 영역 내라면 어디에서나 이것을 사용하여 물품 구입이 가능하므로 기꺼이 지폐를 받는다. 이같이 해서 상인들이 대칸에게 헌상하는 물품은 연간을 통산하면 넉넉히 40만 베잔트의 액수에 달하는데, 대칸은 무슨 물건이든 간에 이 지폐로 값을 치른다.

그런데 또 1년간에 여러 번, 보석·진주·금은의 소유자는 대칸의 조폐국에 그것들을 제출하라는 포고가 여러 도시에 발포된다. 시민은 모두 이에 따라 막대한 액수에 달하는 이들 물품을 제출하고 대상(代償)을 지폐로 받는다.[*52] 이리하여 대칸은 전국의 금은·보석·진주를 모두 소유하게 된다.

마지막으로 한 가지 더 들려 드려야 할 일이 있다. 오래도록 사용한 결과 이들 지폐가 더럽혀지든가 찢어졌든가 하는 경우의 일이다. 그것들은 조폐국에 가져가면 3%의 수수료를 공제하고 모두 새 지폐와 교환해 받을 수 있다.[*53] 또 그릇이라든가 따라든가, 기타 어떠한 기물이든 간에 그것들을 만들 목적으로 금은이 필요할 때는, 지폐를 조폐국에 가져가 장관으로부터 금은을 사서 이 지폐로 지불·결산을 끝낼 수 있다. 군대의 급여도 마찬가지로 이 지폐로 행해진다.

이로써 대칸이 어떠한 방법으로, 또 어떠한 연유로 세계에서 가장 많은[*54] 재보를 소유하고 있는가 설명했다. 한마디로 온 세계 제왕의 부를 다 합쳐도 대칸 한 사람의 부에는 결코 필적할 수 없는 것이다.

다음에는 대칸의 용무를 띠고 캄발룩에서 파견되는 이 나라 대관들에 대해서 이야기하기로 한다.

108 대칸의 모든 정무를 총할하는 12 중신

대칸은 권세도 갖추고 위계도 높은 중신 12명을 임명하여 군사에 관한 모든 정무, 즉 주둔지 변경, 사령관의 경질 전임, 군정(軍情)의 경중에 따른 증원 부대 보충 등을 재결시키고 있다. 그 밖에도 용감 호담한 전사와 비겁한 무용의 병졸을 식별하여 전자를 승진시키고 후자를 내쫓는 것도 그 직무의 일부를 이루고 있다. 따라서 천인장이라도 전장에서 비겁한 행위가 있어 그들이 이것을 지목하여 직무에 적합하지 않은 자라고 판단하면 직급을 깎아내려 백인장으로 떨구고, 반대로 이 천인장에게 용맹 과감한 행위가 있으면 그들은 이에 상급 사령관으로서의 적격을 인정하여 만인장으로 승진시킨다.

도시 상업 활동 모습
상품의 무게를 다는 모습이 생생하다.

그러나 이것은 모두 대칸의 재가를 얻어 실행된다. 즉, 그들이 누군가의 직함을 내리려 하든가 또는 파면시키려 하면 대칸에게 다음과 같이 아뢴다.

"아무개는 그 같은 지휘관으로 부적격인 줄 아뢰오."

그러면 대칸은 이에 대답한다.

"파면시켜 더 낮은 관직에 떨어뜨려라."

그러면 대칸의 명령대로 실시된다. 이와 반대로 누군가가 그럴 듯한 인재이므로 승진시켜야 한다고 생각하면 이렇게 아뢴다.

"천인장 아무개는 만인장으로 해도 손색이 없습니다."

그러면 대칸은 이 사실을 확인한 뒤에 그 인물에게 만인장의 권위를 상징하는, 앞에서 말한 패부를 수여하는 동시에 막대한 은사품을 주어 다른 사람도 그의 용감성을 본뜨도록 권유한다.

이 12명의 중신이 소속하는 관부를 '타이'*55라 한다. 즉 '최고심의회'라고 번역할 수 있다. 확실히 그 이름과 같이 이 관부의 권위는 대단하여, 대칸의 권위만이 이를 능가할 뿐이다.

'타이'에 소속하는 이들 중신 외에 대칸은 또 그 위계가 높은 12명의 중신을 임명하여, 이에 천하 34행정구의 정무를 위임하고 있다. 이하 그 직무와 기구에 대해서 설명하자.

우선 첫째로는 이들 12명의 중신이 국도 캄발룩의 궁전에 머물러 사는 일이다. 그 관아는 굉장하고 미려하며 그 안에 수많은 넓은 방이 있고, 밖에는 각종 건물이 부속되어 있다. 한편 34개의 각 행정구에는 그 각각에 심사관 1명과 일군의 서기관이 있다. 그들도 모두 훌륭한 한 전당을 자기 집으로 하고 거기에서 산다. 이들 심사관과 서기관은 각자 맡은 행정 지역에 관한 모든 정무를 처리한다. 그 처리 방법은 모두 앞에 적은 12명의 중신의 지휘를 받고 있다.

이 12명의 중신의 권위가 얼마나 대단한 것인가에 대해서 설명해 보자. 우선 첫째는 앞에 적은 행정구의 총독을 임명하는 권한이다. 다음에는 어느 관직에 적임이라고 인정한 인물을 임명하는 권능이다. 이 경우에는 대칸에게 그 취지를 보고하면 대칸은 반드시 그 서임(叙任)을 인정 승낙하고, 신임자 저마다의 지위에 상응한 금은패를 수여한다. 이 밖에도 공물이나 조세의 징수를 관리하고 그 용도와 지출을 감독하는 일부터 시작하여, 군사에 관한 것을 제외한 34행정구의 정령(政令)을 모두 총할한다.

이 12인의 중신을 '셍*56'이라 하는데, 그것은 '최고 의정회의'라는 뜻이며, 대칸 이외에는 이에 필적하는 권위는 하나도 없기 때문에 이렇게 불린다. 그들로써 구성되는 관부도 마찬가지로 '셍'이라 한다. 확실히 대칸의 전 궁정을 통하여 '셍'의 권능은 최고이며 누구에게나 어떤 일이라도 할 수 있는 것이다.

'타이'와 '셍'은 함께 모든 관부에 상위하며 단지 대칸만이 그 위에 선다. 그러나 뭐라 해도 '타이'가 군정·군사의 총할 임무를 띠고 있으니, 둘 사이에서 보다 지위가 높고 보다 권한이 크다고 간주할 수 있다.

이 34행정구에 대해서는 이 책 뒤에 가서 언급할 것이므로 그 하나하나의 명칭에 대해서는 생략하기로 한다.

다음에는 대칸이 사신을 파견할 때 쓰이는 수단 및 그 사신이 만반의 채비

역참제도는 대칸 시대에 급속히 발전했다. 제국 내에 20여만 필의 말과 1만여 곳의 역참이 있었다고 마르코 폴로는 쓰고 있다.

가 갖추어진 역마를 잇달아 이용할 수 있도록 한 상황에 대해서 설명해 보기로 한다.

109 수도 캄발룩에서 곳곳으로 통하는 공도(公道)

수도 캄발룩에서 다수의 공도가 각 지방을 향해 뻗어 있다. 즉 어느 지방을 향해서는 전용의 한 도로가 있고, 다른 지방에 대해서는 또 다른 한 도로가 통하고 있다. 각각의 공도에는 그 행선 지방 이름을 따서 명칭이 주어진다(대칸은 그 사자들이 이들 공로를 따라 이동할 때 그에 필요한 물자는 무엇이든 얻을 수 있도록 준비시키고 있다). 대칸이 시설한 역체(驛遞 : 역참에서 공문을 주고 받던 일을 말함) 제도는 그야말로 나무랄 데 없는 방법으로 정비되어 있다.

대칸의 사자가 캄발룩을 떠나 이 공도를 40㎞ 나아가면 이 역로 한 구간의 종점에 다다른다. 이 역로의 종점을 '얀브'라고 한다. 그것은 번역하면 '역참'이라는 뜻이다. 이 역참에는 넓고 훌륭한 여관이 있는데 대칸의 사신의 숙박에 제공된다. 명주 깔개를 깐 침대가 비치되어 있고 필요한 모든 물건들이 제공된다. 비록 왕후가 거기에 숙박했더라도 틀림없이 만족할 것이다. 이 역참에는 또 대칸의 명령에 따라 언제나 400필 정도의 말이 사육되고 있으며, 대칸이 어디에나 사신을 파견하려 할 때 그들 사신이 말을 타고 가는 데 부족함이 없도록 준비되어 있다.

국내 여러 지방으로 통하는 주요 도로에는 40~50km마다 이 같은 역참이 배치되어 있다. 또한 각 역참에 3백~4백 마리의 말이 준비되어 사신의 자유로운 사용을 기다리고 있다. 숙박 설비로서도 앞에 말한 바와 같은 여관이 있어 호사한 숙박을 할 수 있다. 이러한 시설은 대칸의 정령이 행해지고 있는 모든 지방 모든 왕국을 통틀어 정비되어 있다.*57

또 사신이 민가도 여관도 없는 산간 황야를 갈 때에도 미리 그 땅에 역참을 설치하여 숙박 시설과 말·마구에 이르기까지 모든 물건을 갖추어 놓고 있으므로 그야말로 다른 역참과 조금도 다름없다. 단지 이 경우 역참과 역참의 거리만은 보통보다 길어지며 56~64km가 넘는 경우가 있다. 대칸은 또 주민을 그곳에 옮겨 살게 하고, 땅을 경작하게 하여 역참에 필요한 근무에 복무시키고 있으므로 거기에는 촌락이 제법 형성되어 있다.

이와 같은 제도에 의해서 대칸의 사신들은 가는 곳 어디에나 숙사와 말이 준비되어 있으므로 나날의 여행에 불편이 없다. 이 사실이야말로 예전의 어떤 제왕, 어떤 인물에 의해서도 할 수 없었던 장대함, 위대함을 여실히 나타내는 가장 빛나는 증거이다. 사신에게 제공하기 위해서 20만 필의 말이 이들 역참에서 사육되고 있다. 게다가 또 1만 곳 이상의 여관이 앞에 적은 바와 같이 호사한 설비를 갖추고 설치되어 있다. 그야말로 경탄할 만한 사실이며 그 부유함은 도무지 글로는 다 표현할 수가 없다.

이와 같이 설명해 가면, 그 같은 역참의 모든 의무를 담당하는 데 충분한 백성이 과연 있는 것일까, 가령 있다 하더라도 그들은 어떻게 생활하고 있을까 의문스럽게 생각하는 사람이 있을지 모른다. 이에 대해서는 이렇게 대답할 수 있다. 우상 숭배자들은 모두 이슬람 교도와 마찬가지로 부양 능력에 따라 저마다 6명이나 8명, 또는 10명이라도 아내를 얻을 수 있고, 바라는 만큼 어린아이를 낳을 수 있다. 그러므로 이 나라에서는 30명 이상의 자식을 갖고 그들이 저마다 무장하여 아버지를 따르는 인물들을 얼마든지 만날 수 있다. 이것은 요컨대 다처(多妻)의 덕분이다.

이에 비하면 우리는 일부일처제이므로 만약 아내가 불임인 경우, 부부 간에 한 명의 자식도 얻지 못한 채 일생을 보내게 된다. 우리나라가 이 지방과 같이 수많은 인구를 가질 수 없는 것은 이 탓이다. 식량 문제에서 보아도 이 나라에서는 그것에 부족을 초래하는 일은 없다. 대부분이, 특히 타타르 인·카타이 인 및 만지의 주민은 쌀·피·조를 주식으로 하고, 게다가 이들 여러 지방에서는 이런 종류의 곡물은 한 말의 씨에서 백 배의 수확을 얻을 수 있다. 타타르 인 이하 이들 주민은 빵을 식용하지 않고 단지 쌀·피·조에 젖이나 고기를 섞어 요리하여 이것을 늘상 먹는다. 밀은 이 나라에도 다소 산출되며 튀김 전병이나 반죽 과자로 만들어진다.

역참에서 사용했던 구리 도장
역로(驛路)의 주요 관리기관인 역참은 원나라 시대에 널리 분포되어 있었다. 이 시설은 신속한 통행을 보증하는 데 크게 공헌했다.

이 나라에서는 경작할 수 있는 땅은 남김없이 경작되고 있고 가축도 자꾸만 늘어나고 있기 때문에 그 수는 대단하다. 따라서 전장에 임할 때에는 누구나가 본인이 사용하기 위해서 6마리에서 8마리 또는 그 이상의 말을 끌고 가는 것이 예사이다. 이렇게 설명하면 그 땅의 인구가 왜 그렇게 팽대하고, 게다가 그 팽대한 인구가 왜 식량 부족 없이 생활할 수 있는지 쉽게 이해가 가리라 믿는다.

이에 관련되는 또 하나의 사실이 있다. 그것을 이야기하기로 한다. 그것은 각 역참 간의 5km마다 40호 가량의 부락이 있어, 거기에 대칸 앞으로의 통신 문서를 전달하는 파발꾼이 살고 있는 일이다.[58] 파발꾼은 폭이 넓은 띠를 매고 띠 둘레에 여러 개의 방울을 매달고 있다. 따라서 이들 파발꾼이 공도에 달려오면 먼 데에서도 그 방울 소리가 들린다. 그들은 줄곧 전속력으로 질주하는데, 요컨대 5km만 달리면 된다. 5km 앞에는 다른 파발꾼이 만반의 채비를 갖추어, 아득히 먼 쪽에서 방울을 울리며 뛰어온 같은 패를 기다리고 있다. 그가 도착하면 우편물을 넘겨받아, 아울러 서기관에게서 전표를 받아 쥐고 쏜살같이 달려간다. 그도 또한 5km 계속 달리면 앞의 역참에서 행해진 것과 같은 일이 행해진다. 이들 파발꾼에 의한 이러한 방법으로, 열흘 길이 걸리는 여러 지방으로부터의 보고라도 대칸에게는 하룻밤 사이에 전달된다. 파발꾼들은 열흘 길의 거리를 꼬박 하루 동안 쉬지 않고 달려갈 수 있기 때문이다. 따라서 이틀이 있으면 20일 길이나 되는 저쪽의 보고를 전달해 오며, 마찬가지로 열흘이 있으면 100일 길이 되는 데에서의 보고가 전달된다.[59] 실제로 이들 파발꾼은 겨우 하루 사이에 대칸에게 10일 길 저쪽에서 난 과일을 들고 오는 일이 흔히 있다. 한 예를 들면, 제철 과일이 캄발룩에서 나면 그것이 10일 길 떨어진 샨두에서 머물고 있는 대칸에게로 이튿날 저녁에는 벌써 전달되는 것은 예삿일이다. 5km마다 설치된 역참에는 서기관 1명이 항시 대기하고 있어, 거기에 도착한 파발꾼의 도착 일시 및 이것을 받아 출발하는 파발꾼의 출발 일시를 기록하고 있다. 이 기록은 어느 역참에서도 모두 행해지고 있다. 그리고 또 수 명의 관리가 따로 임명되어 매달 이들 역참을 순회하여 검사하고, 직무를 소홀히 하는 파발꾼이 있지 않은가를 조사하여 발견하는 대로 처벌하고 있다.[60]

대칸은 이들 파발꾼 및 역참 주재의 민가에서 세금을 징수하지 않고, 도리어 대칸의 재산으로 급료를 지급하고 있다.[61]

사신에게 말을 제공하기 위해 각 역참에는 막대한 수의 말이 사육되고 있다고 말했는데, 그럼 도대체 그러한 말을 대칸은 어떻게 조달하는 것일까. 대칸은 스스로 '이러이러한 역참에 가까운 도시는 뭐였더라' 자문하고 '그렇지, 이러이러한 도시였다' 생각이 나면 곧 그 도시의 총독에게 명을 내린다. 이 명령에 따라 총독은 그 계통에 숙달된 자를 불러, 이 도시에는 사신용으로 제공할 말을 몇 마리쯤 사육할 수 있느냐고 묻는다. 이 하문을 받은 인물이 만약 100마리는 문제 없다고 대답했다면 100마리의 말을 가장 가까운 역참에 두도록 하는 명령이 그 도시에 내려진다. 이어 대칸은 그 도시에 인접하는 모든 읍·면에 대해서 그 사육할 수 있는 말 수를 조사시켜, 그 보고에 의거해서 각자에게 가능할 만한 말을 역참에 제출하여 그 사육을 맡으라는 명을 내린다.

한 역참에서 다음 역참에 이르는 길에는 왕왕 다른 도시가 있으므로 이들 둘, 또는 그 이상의 도시 간에는 서로 협정을 맺어 저마다 할당 말 수를 분담하고 있다. 이들 여러 도시에서는 대칸에게 납입할 부과세를 사용하여 이 말을 사육하는 것이다. 예컨대 여기에 한 마리 반의 말을 기를 만한 세액이 부과되어 있는 사람이 있다고 하면, 그는 그 세액분만큼 가장 가까운 역참에 바치고 역참 비용에 충당하라고 명령을 받는다. 물론 이들 여러 도시로서도 400마리의 말 모두를 항시 역참에 두고 있는 것이 아니고, 한 달에 200마리만을 역참에 두고 임무에 종사하게 하며 나머지 200마리는 딴 데에서 사육하게 한다. 월말이 되면 비번으로 살이 오른 말이 역참에 배치되고, 이것과 교대로 현역의 말이 노동에서 풀려나 사육된다. 이하 이런 순번이 되풀이되는 것이다.

그리고 또 파발꾼이나 말을 탄 사신이 건너야 할 강이나 호수가 있다면, 인접한 도시에서 배를 서너 척 준비해 두었다가 건네 줘야 한다. 또는 광막하고 여러 날 사이에 걸쳐 인가가 두절된 사막을 지나야 할 경우에는 가장 가까운 도시가 대칸의 사신에게 말·식량을 공급하고 다 지날 때까지 호송을 맡아야 한다. 이럴 때에는 대칸이 그 도시에 비용을 보조해 준다. 하여튼 이렇게 해서 모든 역참에는 필수 물자가 비치된다. 그리고 대칸 소유의 말에 대해서 말하면, 아주 인적이 두절된 지방에만 대칸이 소유하는 말을 제공할 뿐이고 그 이외는 부담하지 않는다.

어느 지방에서 대칸에게 만약 어떤 권신(權臣)에 의한 반란 같은 화급을 요하는 보고를 전하기 위해서, 또는 대칸이 조급히 필요하다고 하는 정보를 그에게 전달하기 위해서 말을 탄 사신*62이 아주 급하게 역참을 달려야 할 경우에는 이들 사신은 하루에 320km를, 때에 따라서는 400km까지 달릴 수 있다. 사자가 이렇게 고속으로 질주하여 더구나 하루 동안에 장거리를 주파하려 할 때 시급을 요하는 임무를 나타내는 해동청 매가 그려진 패를 몸에 지니고 간다. 이 경우에 만약 사신이 두 사람이라면 둘 다 빠른 말을 타고 동시에 출발한다. 그들은 옷을 묶고 두건을 쓰고 전속력으로 계속 달린다. 다음 역참에 가까이 가면 먼 데서도 알아들을 수 있는 각적(角笛 : 뿔피리)을 울리며 계속해 탈 말을 준비하라는 신호를 한다. 이리하여 그들은 처음의 40km 역참 길을 돌파하여 둘째 역참에 다다른다. 거기에는 이미 원기 왕성한 준마가 두 마리 준비되어 대기하고 있다. 그들은 조금의 쉴 새도 없이 곧 안장에 올라타 다시 전속력으로 다음 역참까지 질주한다. 역참에 도착하면 거기에도 새 말이 만반의 준비를 갖추고 대기하고 있다. 전과 마찬가지로 곧이에 올라타고 출발한다. 이렇게 해서 그들은 해가 떨어질 때까지 줄곧 달리

역참에서는 파발꾼 또는 사신이 갈아타고 갈 말을 즉시 제공해야 하므로 항상 100여 마리 이상을 사육하고 있다.

기를 계속한다. 대칸에게 화급한 정보를 전달하기 위하여 사신이 400km를 주파하는 것은 이러한 수단이 있기 때문이다. 게다가 필요하다면 그들은 480km라도 주파한다. 만약 사태가 아주 긴급하다면 그들은 밤에도 계속 달리는데, 이때 만약 달빛이 없는 어두운 밤이라면 역참 사람들은 등화를 들고 다음 역참까지 사자의 말 앞을 비추며 달린다. 그러나 등불을 손에 들고 말앞을 달리는 자들의 속도가 말만큼은 빠르지 않으므로, 사자는 낮 동안만큼 빨리 달리지는 못한다. 이들 사자들은 대칸의 두터운 신뢰를 받는 자들이다.

역로에 대해서는 이제 이야기할 만큼 했으니 이것으로 끝을 내고, 다음에는 대칸이 매년 두 번씩 백성에게 보여주는 은혜에 대해서 이야기하기로 한다.

110 흉년 및 가축의 폐사 때 행하는 대칸의 구휼

대칸은 영내 곳곳에—속령·제왕국·제주현—사신을 파견하여 국민이 기후 불순, 메뚜기 떼에 의한 피해, 기타 재앙으로 농작물 피해를 입었는지 살펴보게 한다. 만약 피해를 입은 지역이 있으면 그곳에는 그해에 내야 할 세금을 면제할 뿐만 아니라 국가의 창고를 열어 식량과, 이듬해 파종에 부족하지 않도록 종자를 제공한다. 이것은 거짓 없는 사실로서 그야말로 대칸이 백성에게 베푸는 커다란 은혜인 것이다.

농민에 대한 이 보조는 여름에 행해진다. 겨울에는 가축의 피해에 대해서

급체포병(파발꾼)**의 영패**
긴급 공문서 수송 임무를 띤 관리의 신분을 나타내는 영패(令牌)

똑같은 은혜가 베풀어진다. 이 경우에도 사신이 파견되어 전염병에 의하여 가축을 잃은 사람을 조사 보고하면 대칸이 자기 가축, 즉 모두 지방에서 10분의 1세로서 대칸에게 납입되는 가축*63을 이재민에게 지급하게 된다. 이와 같이 피해자를 구조하면서 대칸은 그들의 당년 세금을 면제해 준다.

다음에는 대칸이 국민에게 행하는 또 하나 별개의 구조에 대해서 한마디 하자. 즉 양 떼나 그 밖의 가축들이 벼락을 맞았을 경우 그 소유자가 누구이든, 또 피해 마릿수가 아무리 막대하든, 대칸은 이들 가축에 대해서는 3년간 그 10분의 1세를 징수하지 않는다. 똑같이 상품을 가득 실은 선박이 벼락을 맞았을 경우에도 적하세(積荷稅)는 물론, 현물에 의한 추분세(抽分稅)조차도 징수하지 않는다. 대칸은 누구의 소유물이든 관계없이, 벼락 맞는 것을 지목하여 불길한 조짐으로 간주하고 이렇게 말한다.

"이 사나이는 신의 노여움을 샀기 때문에 벼락을 맞은 것이다."

신의 노여움으로 벼락 맞은 물건을 징수해서 나라 창고에 넣어 두고 싶지 않기 때문이다.

이와 같이 하여 대칸은 국민을 도와 준다. 이야기를 다음으로 옮기자.

111 대칸의 명령에 따라 공도 가장자리에 심은 가로수

대칸은 사신을 비롯하여 상인·나그네가 오가는 공도 가장자리에 2걸음 간격으로 가로수를 심게 했다. 실제 이들 가로수는 키도 높고 커서 멀리에서도 눈에 띈다. 대칸이 이 일을 한 것은 사람들이 길을 잃지 않고 공도를 쉽게 찾을 수 있도록 하기 위해서이다.[*64] 그러므로 황량한 무인 지역을 달리는 공도에도 이 가로수가 쭉 늘어서 있으면 확실히 상인·나그네에게 큰 위안이 된다.

영내의 주·왕국 어디든 그 토질이 나무를 심는 데에 필요한 최소한의 조건만 충족하면 대칸의 명령으로 공도 가장자리에는 수목이 심어졌다. 불모지·자갈땅 또는 암석 등으로 가로수가 자라지 않는 곳에는 퇴석표(堆石標)나 돌기둥을 세워서 길잡이로 했다. 대칸은 또 가로수 담당 관리를 임명하여, 공도가 항상 양호한 상태를 유지하고 있는지의 여부를 감시시키고 있다. 실은, 점쟁이·점성가들이 나무를 심으면 오래 산다고 진언했기 때문에 대칸은 가로수를 심게 했다고 한다.

다음에는 화제를 바꾸어 다른 이야기를 하기로 하자.

112 카타이 인이 마시는 술

카타이 지방에서는 주민 대부분이 쌀로 빚은 술을 즐겨 마신다. 여러 가지 향료를 섞어서 아주 향긋한 맛을 내므로 다른 어떤 술보다도 맛이 좋으며, 아주 맑고 감촉이 부드럽다. 그러나 상당히 도수가 세므로 다른 술보다 취기가 훨씬 빨리 돈다.

113 장작처럼 타는 돌

카타이 땅에는 곳곳에 검은색을 띠는 돌이 있다. 이것은 다른 석재와 마찬가지로 산에서 캐내는데 이상하게도 장작처럼 잘 탄다. 이 돌은 처음 탈 때 약간 불꽃이 나지만 그 뒤는 목탄과 마찬가지로 그저 계속 빨갛게 달아오르기만 한다. 대단한 고열을 내며 불은 장작에 비해 훨씬 오래 간다. 밤에 이 돌을 불 속에 던져 잘 태워 두면 정말 밤새 계속 타며 아침까지도 불기가 남아 있다. 카타이 지방에서는 이 돌을 연료로 쓰고 있다.[*65] 목재 연료, 즉 장작이 부족한 것은 결코 아니지만 아무튼 카타이 인구는 대단히 조밀하고 아주 많은 화덕—욕탕물을 데우기 위해서—을 끊임없이 데우므로 장작만으로는 충분치 않다. 카타이 인은 적어도 매주 세 번은 목욕탕에 가서 목욕하며, 겨울철이 되면 매일같이 욕탕에 다닌다. 특히 귀족·부자들은 저마다 집에 욕탕을 비치하고 이를 사용한다. 따라서 목재만으로는 도저히 이만한 연료를 조달할 수 없다. 카타이 지방의 주민이 이 돌을 몹시 애용하는 것은 단지 싸기 때문만은 아니고, 이렇게 함으로써 많은 목재를 절약할 수 있기 때문이다.

불타는 돌(석탄) 이야기는 이것으로 끝내고, 다음에는 대칸이 늘 곡물의 가격 인상 방지에 유의하고 있는 경위를 이야기하자.

114 국민 구제를 위해 대칸이 비축하고 있는 막대한 저장 곡물

대칸은 그해 농작물이 풍요하고 곡식가격이 저렴한 시기를 가늠해 대량으로 식량을 사 모아 각주에 설치된 큰 전용창고에 넣어 저장시킨다.*66 저장 관리는 대단히 빈틈없이 잘 되어 있으므로 3~4년간은 조금도 썩을 염려가 없다. 저장되는 곡물은 물론 한 종류가 아니고 보리·밀·조·쌀·피, 기타 각종에 걸쳐 있으며 그 양도 막대하다. 어떤 종류의 곡물이 부족하여 기근이 생기면 대칸은 이들 막대한 곡물을 풀어 구제한다. 이를테면 밀이 부족하여 한 단위당 1베잔트의 고가를 호가하는 경우라면 대칸은 1베잔트로 그 네 배의 양을 파는 식이다. 더구나 이 방출 분량이 막대하므로 누구든지 얼마쯤은 얻을 수 있다. 이리하여 모든 사람이 충분한 곡물을 얻어서 기아를 면할 수 있다.

이러한 방법으로 대칸은 흉작에 대처하며 국민을 구제한다. 이 조치는 실로 영내 전역에 널리 행해진다.

다음에는 대칸이 행하는 자선 사업을 알아보자.

115 빈민을 위한 대칸의 막대한 시여

빈민을 구제하기 위하여 대칸이 대량의 곡물을 방출하는 내용은 앞에서 말한 대로이다. 여기에서는 국도 캄발룩의 빈민에 대하여 대칸이 행하는 여러 가지 시여(施與 : 물건을 거저 줌)에 대하여 이야기하기로 한다. 대칸은, 캄발룩의 주민으로 평판도 좋고 중산 계급에 속해 있으나, 어떤 불행이 닥쳐 빈궁에 빠져 노동할 수도 없어 끼니마저 굶게 된 사람들의 명부를 작성하고 있다. 이들은 대개 6명에서 8명, 또는 10명 전후의 가족을 거느리고 있는데 대칸은 이러한 가족에게 1년간은 충분히 끼니를 이어갈 수 있는 밀, 그 밖의 곡물을 무상으로 준다. 이러한 가족은 매우 많다. 그들은 매년 정해진 시기가 되면 그 계통의 관청에 출두해서 신청한다. 대개 이런 종류의 사무를 담당하는 부서가 특설되어 관리가 임명되어 있어, 국비로 하는 시여는 모두 거기서 관장하고 있다. 그들은 전년도에 받은 식량 수량이 기입되어 있는 서류를 거기에 제출한다. 그러면 그것에 따라 금년치 식량이 지급된다.*67 대칸은 식량뿐만 아니라 옷도 그들에게 나눠 준다. 양모·견사·베 기타의 옷 재료에는 10분의 1세가 부과되어 수입이 있으므로 이것으로 비용을 충당한다. 대칸은 이 목적을 위해 특설한 건물 안에 이들 재료로 천을 짜서 옷으로 만들게 하여 저장하고 있다. 이를 위해 직공·재봉공은 매주 하루씩 나와 봉사하게 된다. 천으로 옷을 만들면 계절에 맞추어 겨울에는 동복, 여름에는 하복을 앞에 적은 가난한 가정에 나누어 준다. 대칸은 또 각 도시에서 저마다 상납하는 10분의 1세를 경비에 충당해서 모직물을 짜게 하여 이것으로 옷을 만들어 군대에 지급한다. 그런데 알아 두어야 할 것은, 타타르 인이 우상 숭배자의 교리를 따르기 전의 낡은 습관에서는 무엇을 거저 주는 따위의 일은 털끝만치도 하지 않았다는 것이다. 사실로 말하자면, 만약 빈민이 그들한테 오기만 하면 거칠게 내쫓으며 이렇게 소리쳤다.

"이 벌 받을 놈, 썩 사라져. 하느님이 너를 나와 마찬가지로 불쌍히 여겨 주신다면 뭔가 행복을 너에게도 내릴 것이다."

그런데 우상 숭배자의 현자들, 특히 앞에 서술한 박시들이 대칸을 향하여 다음과 같이 충언했다.

"빈자에게 시여를 하는 것은 커다란 공덕이며, 우상은 이러한 행위를 대단히 기뻐하실 것입니다."

이런 연유로 대칸은 빈자에게 이렇게 베풀게 된 것이다. 사실 대칸의 궁정에 가서 먹을 것을 청하면 그는 결코 거절하지 않는다. 와서 구걸하는 자에게는 모두 시여가 베풀어진다. 이것을 주로 맡고 있는 관리가 임명되어 있으며, 매일 시여되는 쌀·조·피는 그야말로 3만 주발을 넘는다. 더구나 이 시여는 연중 계속해서 행해지고 있다. 이것은 국민의 빈곤자에 대해서 자비로운 대칸이 아니면 할 수 없는 위대한 자선이다. 국민도 또 대칸의 이 자비에 깊이 감격하여 그를 숭경하기를 신과 같이 하는 것이다.

다음에는 캄발룩에 사는 수많은 점성사들에 대한 것을 이야기하자.

116 캄발룩의 점성사들

국도 캄발룩에 거주하는 점쟁이·점성사의 수는 그리스도 교도·이슬람 교도·카타이 인을 합쳐서 약 5천 명에 달한다. 대칸은 빈민에게 하는 것과 마찬가지로 그들에게도 매년 옷과 음식을 지급하고, 그들은 늘 이 시내에서 그 점술을 행한다.

그들은 저마다 천체 관상의(觀象儀 : 천체의 운행과 위치를 관측하던 장치. 혼천의)를 갖고 있어, 거기에는 1년 중 혹성의 기호·시각·위치가 기재되어 있다. 매년 이들 그리스도 교도·이슬람 교도 및 카타이 인의 점성사들은 저마다 자기 방식에 따라 관상의를 조작하고 1년간의 운세, 즉 바꿔 말하면 매달의 운세까지도 점친다. 그들은 혹성이나 성좌의 운행·배치와 그에 수반되는 성격에 의하여 그해 각 달이 어떠한 운세를 야기하는가를 예측할 수 있다고 한다. 즉 모월에는 뇌우와 폭풍우의 조짐이 있고, 모월에는 지진이, 또 모월에는 낙뢰와 호우가, 모월에는 악성 유행병과 병란과 끝없는 불화의 조짐이 있다는 등등 하는 식으로 관측한다. 그들의 주장에 따르면, 이러한 현상은 자연의 운행과 사물의 질서에 따라 생기는 것이다. 신의 힘을 빌리면 이런 일들을 많게 또는 적게 할 수 있다는 것이다. 또 그들은 그해 어느 달에 무슨 일이 일어나는지 적어 작은 책자를 만들어낸다. 이 작은 책자는 타쿠인(페르시아의 달력)이라 불리어 1부 1그로소의 값으로 희망자에게 판매된다. 그해에 무슨 일이 생길까 하는 것을 예지하고 싶은 사람들이 이것을 사는 것이다. 이들 점성사들 사이에서 그 예측이 가장 진실에 가까웠던 자가 사도(斯道)의 대가로 간주되어 최대의 존경을 얻는다.

그리고 또 무슨 중대한 사업에 착수해야 한다든가 무역, 그 밖의 일로 먼 나라에 여행해야 할 때, 즉 무엇인가를 해야 할 처지에 있어 그 결과를 예지하고 싶을 때에는 본인이 믿는 점성사 한 사람을 택하여 문의한다.

"실은 이러이러한 사업을 하려는데 하늘의 뜻은 어떠한지 귀하의 책으로 조사해 주오."

천체관측소

이때 그 의뢰자는 그가 태어난 연월·시각 및 간지*⁶⁸까지를 상세히 점성사에게 알린다. 자기 탄생에 대한 상세한 내용을 어렸을 때부터 가르치는 것이 카타이국의 관습이다. 그러나 타타르 인이 자기 연령을 세는 경우에는 고유의 부호가 붙어 있는 12개의 해(年)*⁶⁹를 사용한다. 즉 제1년은 사자의 부호를 수반하는 해이며 제2년은 소, 제3년은 용, 제4년은 개 하는 식으로 제12년까지 이르고 있다. 이러한 까닭에 언제 태어났는가를 질문받았을 때에는 이런 대답을 한다.

"사자 해의 이러이러한 날 낮 또는 밤의 아무 시각이며 그때의 간지는 이러이러하다."

즉, 출생에 대한 상세한 상황과 그해의 부호를 말하는 것이다. 이런 사항은 모두 아버지가 빠짐없이 문서에 기록해 둔다. 그런데 이 12개의 해는 순번으로 헤아려 제12번째의 해까지 오면 다시 처음 해에 되돌아가, 거기서 다시 계속 헤아려 그 다음에는 같은 순서를 좇아서 되풀이된다.

한편 어떤 의뢰자가 점쟁이·점성사에게 그 출생년의 부호·태어난 달의 방위, 날짜, 시각을 알린 다음, 그가 하는 일의 성과 여하를 질문하면 점쟁이

는 우선 성좌를 조사하
여 어떠한 혹성 밑에
그 인물이 태어났는가
를 찾아낸다. 그런 다
음 여행 중에 생긴 일
이라든가 그 기업의 갖
가지 진행 상태를 훑어
가면서 결국은 행운의
혜택을 받는가, 받지
못하는가를 순서적으로
설명한다. 상인의 경우
라면, 마침 왕성한 운
에 해당하는 혹성이 그
거래에 있어서는 좋지

요나라 무덤에서 발견된 성상도(星象圖)
보통 묘실의 천장에 그려져 있으며, 안쪽의 이십팔수와 바깥쪽의 황
도 십이궁으로 구성되었고, 그 주위에 십이지가 배치되어 있다. 당
시의 역술인들은 이러한 별자리 등을 따져 점을 쳤다.

않다면 더 형편이 좋은 혹성을 기다려야 할 것이며, 그가 출입하는 도시의
성문에 정면으로 대하고 있는 성좌가 마침 그가 속하는 성좌와 상극이 된다
면, 그는 다른 성문을 통해서 이 도시를 떠나든가 또는 다른 성좌가 성문의
정면에 올 때까지 기다려야 한다는 식이다. 동시에 또 점쟁이는 어떤 곳에서
어떤 시각에 도적을 만날 것이라든가, 다른 어떤 곳에서 어떤 시각에는 폭풍
우를 만날 것이다, 어느 곳에 이르러 다리가 분질러질 것이다, 또 그 상품의
일부는 어디에서 상실될 것이며, 어디에서라면 이득이 있을 것이다 등등을
알려 줄 수도 있는 것이다. 이런 식으로 점쟁이는 그의 귀로에 관해서도 별
의 운이 그에게 향해 있는지 아닌지를 바탕으로 하여 행운의 사항, 불운의
사항을 아주 세밀하게 예고한다.

이상 캄발룩의 점성사에 대해서 서술했으므로 다음에는 카타이 인의 종교,
영혼에 관한 신앙, 그 밖의 풍습에 대해서 두서너 가지를 설명하기로 한다.

117 카타이 인의 계율과 관습

카타이 사람들은 끊임없이 학문에 주력하고 과학의 탐구를 지향하고 있으
므로 학식도 깊고 풍습도 순량하다. 이 점에 대해서는 다른 어느 국민보다도

우수하다는 것이 마르코의 견해였다. 그들의 풍습 중에서 마르코가 몹시 혐오를 느끼고 아주 난처했던 것은 겨우 한 가지뿐이었다. 카타이 인은 능변이며 말투는 솔직하다. 남과 인사를 나누는 데에도 부드러운 얼굴로 미소를 지으면서 아주 정중하고, 식탁을 같이 해도 신사답고 예의바르다. 그 밖의 만사에 있어서도 모두 그렇다. 그들은 어버이를 매우 존경한다. 만약 어버이를 화나게 하든가 효를 게을리하는 아들이 있으면, 불효자의 엄벌을 직무로 하는 관청이 당장 불효의 사실을 실증해서 이것을 제재한다.

그들은 모두 우상 숭배자들이며 단지 육체적인 쾌락과 만족만을 생각하고, 양심이나 영혼의 문제는 전혀 신경을 쓰지 않는다.

그들이 믿는 바에 따르면, 인간은 죽지만 곧 다른 육체에 깃들여 다시 태어난다. 이 경우 본인의 생전에 했던 행위가 선이었던가 악이었던가에 따라 보다 나은 환경이나 처지도 되고 또 보다 나쁜 환경이나 처지로도 떨어진다. 그러므로 본인이 평민이라도 생전의 행위가 유덕하였다면 사후는 귀부인의 배에 깃들여 다시 태어나게 될 것이다. 만약 그 인물이 생전에 귀족이며 게다가 선행을 이룩했다면 그는 백작 부인의 배에 깃들여 태어나 그 생애를 마친 뒤, 다시 왕비의 배를 빌려 태어나 잇달아 상승하여 마침내 신이 될 것이다. 반대의 경우도 마찬가지로, 만약 악행을 거듭하면 농부로 다시 태어나고 그 다음에는 개로 태어나며 그 다음에는 더 못한 것으로 태어날 것이다.

카타이 인이 그 신들을 예배하는 모습은 이렇다. 저마다 안방 벽 사이에 천상계에서 가장 높은 지위에 있는 신상(神象)을 매달든가 또는 단순히 신의 이름을 써 붙여 매일 신에게 분향하고, 두 손을 치켜올려 이를 세 번 부딪치면서 복록수(福祿壽)에 넘치는 생애를 빈다. 그들은 또 '나티가이'라는 다른 신상을 바닥에 세워 둔다. 이 신은 지상의 만물을 지배하는 신이며 그들은 이에 향해서는 단지 지상의 일만을, 즉 대지에서 생기는 물건에 대한 기도만을 바친다. 이 나티가이 신 옆에는 신의 아내와 신의 모든 자식 상이 나란히 놓여 있다. 그들이 나티가이 신의 처자를 예배하는 양식도 위와 같으며 우선 분향하고 두 손을 높이 올려 부딪친다. 기후가 순조롭고 작물이 풍요하기를, 또 자손이 행복하기를 소망하며 기도한다.

무슨 죄를 짓고 체포되어 투옥당한 죄인은 3년에 한 번 대칸이 정한 시기가 되면 모두 석방된다.*[70] 이리하여 그들은 자유로이 저마다의 길을 걷는데,

한때 투옥자였다는 것을 나타내기 위하여 그 턱에 낙인을 찍는다.[*71]

또 도박과 사기는 전의 카타이 인 사이에서는 세계 어느 지방에서보다 보편화되어 있었던 악덕이었으나, 현재 통치 중인 대칸은 이것을 엄금하였다. 그들에게서 이러한 풍습을 단절하기 위해서 대칸은 늘 이렇게 말한다.

"짐은 너희를 짐의 군세로 정복한 것이니 너희 소유물은 모두 짐의 것이다. 따라서 너희가 만약 도박하게 된다면 그것은 짐의 재물을 제멋대로 거는 것이 되지 않느냐."

물론 이렇게 말은 하지만 대칸은 그들에게서 무엇을 뺏는 것은 아니었다.

마지막으로 한 가지, 대칸의 백관이나 중신들이 어전에서 문안을 드릴 경우의 행동거지에 대하여 한마디 해 두겠다. 우선 대칸이 있는 곳으로부터 800m 이내에서는 누구나 대칸에게 경의를 표하고 겸손하고 유화하며 또한 정숙하게 행

석조 관음상

동하므로, 고함소리나 높은 말소리는 물론 사람 소리나 무슨 다른 소리 하나도 들리지 않는다. 중신·귀족들은 저마다 멋진 작은 그릇[*72]을 들고 있다. 그들이 알현실에 있는 동안 그 안에 가래를 뱉기 위한 것이다. 누구 한 사람 방바닥에 침을 뱉는 자는 없다. 더구나 이 그릇에 가래를 뱉었을 경우에는 곧 뚜껑을 덮고 폐기해버린다. 그들은 또 멋진 흰 가죽 반장화를 가지고 있다. 궁정에 들어가서 대칸의 부르심을 받아 알현실에 들어가야 할 때 이것과 바꿔 신는 것이며, 그때까지 신고 있었던 신은 종자에게 내준다. 요컨대 알현실의 비단이나 금란제의 융단, 그 밖의 실내 장식품이 너무나 화려하고 멋지게 만들어져 있으므로 그것을 더럽히지 않도록 조심하는 것이다.

이것으로 이 화제에 대해서 말해야 할 것은 모조리 다 서술했으므로, 이제 화제를 돌려 다른 사항에 대해서 이야기하고 싶다. 우선 국도 캄발룩을 뒤로 하고, 카타이 내지를 여행하고 거기에서 볼 수 있는 갖가지 장관이나 훌륭한 일들을 다루기로 한다.

〈주〉

＊1 원조는 남송 평정 후인 1285년 강남·강북 각지의 37만 호부를 설치하여 약 18만의 한 군·몽골군을 배치했다. 즉 진정(허베이 성)·익도·기담(이상 산둥 성), 귀덕·회맹·등 주·채주(이상 허난 성), 숙주·호주·안경·영주·수춘·노주·안풍·저주(滁州)·무위군(이 상 안후이 성), 기주·조양(이상 후베이 성), 고우·비주·진주·태주·진강·회안·강음·건 강·양주·십자로(이상 장쑤 성), 항주·명주·상주·호주·처주(이상 저장 성)의 여러 곳 이다.

＊2 원조가 중국 안의 각 도시, 특히 강남의 도시에 대해서 거의 일률적으로 성곽 파괴를 단행한 경위는《원사》를 보면 알게 된다. 화이허 강 유역의 여러 성, 양한형호(襄漢荊 湖)의 여러 성, 강서의 길주·무주 이하 쓰촨의 성도 등이 한 예이다.

＊3 원조 황제 의장의 하나에 일월기가 갖추어져 있는 내용은《원사》79권 '여복지'에 보인 다. 일기(日旗)·월기(月旗)는 함께 푸른 바탕에 해와 달을, 그리고 붉은 불꽃을 이에 안배한 것이다.

＊4 《원조비사》3권에 '멀리 보이는 독기(황제 깃발)를 받들어 검고 힘센 소가죽으로 만든 우렁찬 소리나는 북을 치고' 출진하는 것이 기재되어 있다. 이 북(kögürge)은 본문의 naccar이다. 마르코 폴로가 이것을 '나카르'라 부르고 있는 것은 페르시아의 naqara를 사용한 것이다. 당시의 몽골 군가에 관해서는 겨우 한 곡이나마 '아라래(阿剌來)'의 노 래가 원말의 공제가 쓴《지정직기(至正直記)》1권에 전해져 있다. 아라래란 몽골 어 동사 alahu(죽이다)의 명령형 ala-garay를 정확히 옮긴 것으로 '죽여라, 때려 죽여라'란 뜻이다. 이 제명에서 미루어 보아 가사의 살벌함이 상상되는데, 합전에 앞서 이것을 합창하여 사기를 고무하는 목적으로 아주 충분하다.

＊5 Sikintinjin은 파리국립도서관판에 Sichintingiu, 그레고월판에 Sichuigui로 되어 있다. 원 조의 개원로, 즉 지금의 선양 성 철령·개원 지방이라 하는 주장, 또는 시흥(현) 조주 (肇州)의 대음으로 간주하며 지금의 제2송화강 분기점 일대의 지역이라 해석하는 주장 이 있다.

＊6 쿠빌라이 칸의 나얀 친정은, 1287년 5월 13일 샨두(상도)를 출발, 6월 3일 살트로의 서전부터 승리를 거듭하고, 그달 하순 시라무렌 유역에 나얀 본영을 격파하여 이를 생 포하고 8월 7일 샨두에 개선, 그대로 예년처럼 9월 하순까지 머물렀다.

＊7 리치의 책에는 이 한 군데에 한해서만 Matteo로 하지 않고 Maffeo로 되어 있다.

＊8 추밀원을 가리킨다고 생각되는데, 당시의 정원은 지원(1), 동지(1), 부사(2), 첨사(1), 원판(2)의 7명이며 본문의 12명과 부합하지 않는다.

＊9 이 각문은 대칸의 조칙 모두에 상투어로서 사용되는 것, 즉 '장생천기력리(長生天氣力裏), 대복음호조리(大福蔭護助裏), 황제성지(皇帝聖至)'(mùnke tenggiri-n kùcù-dùr, yeke suu jalu-in igege-dùr, Kagan-u jarlik)의 일종이다. 드네프르 강 유역에서 출토된 해청 은패의 각문은 mùnke tekri-n kùcù-dùr, yeke suu jalu-in igege-dùr, abdulga-in jarlik ta ùlù bùgùceikù hùmùn aldahu ùgù-gù라 되어 있어 뜻은 본문과 거의 동일하다.

＊10 《원사》 106권 '후비표(后妃表)'에 따르면 쿠빌라이 칸의 황후는 모두 일곱 명을 헤아린다. 대오르다 첩고윤(帖古倫) 대황후, 제2 오르다 찰필(察必) 황후·남필(喃必) 황후, 제3 오르다 탑라해(塔剌海) 황후, 제4 오르다 백요올진(伯要兀眞) 황후, 활활윤(濶濶倫) 황후 및 속가답사(速哥荅思) 황후 등이다.

＊11 칭기즈 칸 이래 정황후는 저마다 장전(Orda)을 소유하며, 칸이 죽은 다음에도 이것을 소유할 수 있다.

＊12 《원사》 126권 '야율주전(耶律鑄傳)' 173권 '최욱전(崔彧傳)'에 제도로서의 처녀 조공이 보인다. 해마다 대군은 3명, 소군은 2명의 미녀를 골라 조공하는 것인데, 물론 이것은 중국 주군에 대해서이다.

＊13 Ungrat(또는 웅구트)란 옹고척부(Ongirat)를 말하는 것. 《원조비사》 1권에도 '옹기라트의 백성은 옛날부터 조카딸의 모습, 딸의 안색 있는 곳'이라 나타나 있다. 칭기즈 칸의 어머니·아내부터 이하 역대 칸의 정황후는 이 부족에서 골라 세우는 것이 제도로 되어 있었다.

＊14 황태자 Chinghis는 그레고월판에 Chingui, 파리국립도서관판에 Cin-cihm, 베네치아 방언판에 Chinchim으로 되어 있다. 나중의 둘이 맞다. 세조 쿠빌라이 칸의 적자 진금(친킴 1243~1285)은 찰필 황후를 어머니로 태어났다. 1273년 31세에 황태자로 책봉되었는데, 43세로 병사하여 제위에는 오르지 못했다. 그 뒤 그의 셋째 아들 테무르가 즉위하게 되어 유종(裕宗)이라는 시호가 증여되었다.

＊15 성종 테무르(재위 1294~1307)는 황태자 친킴의 셋째 아들. 어머니는 활활진 황후 옹기라트이다.

＊16 《원사》 107권 '종실세계표(宗室世系表)'에 따르면 쿠빌라이 칸에게 아들 10명이 있는데 장자 도르지는 요절하고, 차자는 황태자 친킴, 셋째는 시안왕 망갈라, 넷째는 베이완 왕(北安王) 나무간, 다섯째는 윈난 왕 후게치, 여섯째는 아이야치 대왕, 일곱째는 시핑 왕(西平王) 우르치, 여덟째는 닝 왕(寧王) 코코추, 아홉째는 전난 왕(鎭南王) 토곤, 막내아들은 쿠트로테무르 왕이다.

＊17 주위 약 51km—다소 과장이 있지만—의 성곽이란 금나라의 수도 '중도'의 성벽이다.

지금의 베이징 서남의 소위 남성에 그 유적의 일부가 남아 있다. 세조 쿠빌라이 칸이 즉위함과 동시에 천도한 것은 금나라의 '중도', 즉 연경(燕京) 옛 성이다. 이어 '중도' 동북 1.6km 땅에 친성을 쌓고 '대도'라 불러 여기에 옮겼다. '대도성'은 사면에 여정(麗正)·문명·순승(順承)·숭인(崇仁)·제화(齊化)·광희(光熙)·화의(和儀)·평칙(平則)·숙청(肅淸)·건덕(健德)·안정(安貞)의 11문을 만들었다. 남면 중앙의 여정문이 천하 사방으로 통하는 공도의 기점을 이룬다.

＊18 '대도성'은 라성(羅城)·자성(子城)으로 되는 이중 구조는 아니다. 본문에서는 주위 약 50km의 외성 내에 주위 약 40km의 내성이 있는 것처럼 서술되어 있는데 이것은 틀린 것이다. 전자는 재래의 '중도성'이며, 후자가 새로 지은 '대도성'인 것이다. 즉, 간격 1.6km의 별성이다. 그러니까 사실 폭 1.6km의 빈터라고 하는 말이 맞다.

＊19 성내 제1벽이라는 것은 궁성의 내부 담을 가리킨다. 대내(임금이 거처하는 곳)를 둘러싼 궁성벽은 주위 6리 남짓하므로 상당한 길이이다. 궁성에는 남면에 중앙 숭천문(崇天門)·좌우 액문(掖門)·성공문(星拱門)·운종문(雲從門)의 다섯, 동면에 동화문(東華門), 서면에 서화문(西華門), 북면에 후재문(厚載門)을 열고 문 위에 누각이 있다. 각루와 합하여 본문에서 말하는 여덟 기의 성루이다.

＊20 성내 제2벽이란 정전(正殿)인 대명전, 정궁인 연춘각(延春閣)의 장벽을 말한다. 궁전은 모두 붉은색으로 기둥과 창문을 칠하고, 금빛을 칠한 벽화를 꾸며 놓고 유리 기와로 지붕을 이고 있다.

＊21 후재문 밖 북쪽에 접하는 황제의 정원을 말한다.

＊22 만수산, 일명 만세산을 말한다. 원 말의 도종의(陶宗儀)가 쓴 《철경록》 21권에 '산은 전체적으로 영롱석(玲瓏石)을 쌓고, 산봉우리가 그늘을 이루고 소나무가 울창하도다' 하였다. 각종 꽃나무를 심고 진기한 짐승을 풀어 기르고 있다. '초록색 언덕'이라는 것은 속칭이었는지 모른다.

＊23 태액지는 지금도 북해·중해·남해로 구분된다. 만수산은 북해에, 서산대(犀山臺)는 중해에 있다. 황태자 궁전인 융복궁(隆福宮)에 면한 부분은 중해이다.

＊24 《원사》 '본기'에 따르면 1279년 10월 황태자 친킴은 조정에 참여하게 되어, 만기(萬機)의 정치는 우선 그에게 바치고 나서 대칸에게 아뢴다. 22년에 이르러 황태자가 병사하자 황태손 테무르에겐 다시 30년간 황태자 보인(寶印)이 수여되었다. 황제의 명령은 성지, 황후의 명령은 의지(懿旨), 황태자의 명령은 영지, 국사의 명령은 법지라 하며 저마다 격차가 있다.

＊25 지금의 베이징은 당의 유주(幽州)이다. 10세기 전반 거란 요왕조가 오경 제도를 세워 이것을 남경 유도부(幽都府)에 지정한 이래 계속되는 금·원·명·청의 역대 수도가 되었다. 주르친 금 왕조는 12세기 중엽에 이르러 만주에서 이곳으로 천도하여 중도 대흥부라 칭하고 그 동남 2면을 개축 확장했다. 원조에는 1260년에 쿠빌라이 칸에 의하

여 처음에는 우선 중도에 도읍을 정했는데, 이어 동북 2킬로미터 지점에 대도 대흥부가 신축되었다. Taidu라고 하는 것은 대도의 음역이다. 신구 양성이 병존한 셈이다. 구성 주민을 신성으로 옮기는 기준은, 유력자·부자를 우선하고 저마다 약 1천5백 평을 한 구로 하는 부지를 주어 저택을 짓게 했다.

*26 '야금법(夜禁法)'은 단지 수도 타이두에만 그치지 않고 전국 주요 도시를 통하여 행해졌다. 《원전장》 57권에 실려 있는 1264년의 법령에 따르면 초경 삼점종(三點鐘), 즉 오후 9시 12분 이후의 외출은 전면 금지되어 위반자는 매질 27대의 벌에 처해진다. 그러나 화급한 공사와 상병육산(喪病育産)의 경우에만은 예외로 되어 있다.

*27 성벽에 외접한 거주구를 상(廂)이라 한다. 즉, 상이란 성 밖에 걸쳐 있는 성외 거리이다. 성내에는 좌우 경순원이, 구성에는 남성 경순원이 설치되어 있어 저마다 성곽 내의 행정·경찰 임무를 맡게 했는데, 이 성의 거리 발전에 대처하여 다시 네 구석에 경순 분원이 설치되어 있다. 사면의 상 중에서도 특히 성남은 서민 거주 구획으로서 가장 번화하고 풍성했다.

*28 지방관이 칙사를 맞이할 때에는 악인(樂人)·기녀가 의무적으로 영송(詠誦) 의례에 참가 봉사하게 된다. 송대의 영기, 즉 관기 제도를 이어받은 것이다.

*29 이 한 줄은 라무시오판에 의하여 벌충된 것이다. 사라센 인 재상 아크메트(Acmat)란 대칸 때의 권신 중서성 평장정사 아흐마드(Ahmad)를 말하는 것이다. 이 아흐마드 모살 사건은 1282년 3월 17일 밤에 일어났다.

이 해 쿠빌라이 칸은 2월 24일 타이두를 출발, 황태자와 함께 샨두로 갔다. 이 틈을 타서 천호장 왕저라는 자가 요승 고화상과 짜고 아크메트 암살을 꾀했다. 즉 당일 아침부터 왕저는 동지 80명을 이끌고 도성 내에 잠입, 2명의 티베트 승을 중서성에 보내 황태자가 불도를 닦기 위해 국사와 함께 오늘 밤 귀경한다는 위조 영지를 전달시키는 한편, 추밀 부사 장이(張易)에게 거짓 조칙을 내려 밤중에 병사들을 동궁 앞에 집합하게 했다. 이날 밤 이고(二鼓), 즉 오후 10시경 반도(叛徒)의 별동대 수백 명은 동궁의 의장대를 가장하면서 성북에서 출발하여 건덕문에 이르러 문을 열게 하고 성내에 몰려들어가, 다시 궁성 성문에 이르렀다. 그러나 숙위 병사에게 의심받아서 궁성에 들어가지 못하고 부득이 남문으로 돌아 여기에서 궁성에 들어가 동궁에 이르렀다. 이 동안 왕저는 스스로 황태자의 사자라 속이고 아크메트 저택에 이르러 뵙기를 재촉했다. 속아서 동궁에 이른 아크메트를 반도들은 힐책하기를 몇 마디, 구리 망치로 머리를 내리쳐 죽였다. 이어 아크메트 쪽인 중서좌승 학정을 죽이고 우승 장혜를 사로잡았다. 그때 공부상서(工部尙書) 겸 동궁관이었던 장구사는 멀리서 이 광경을 바라보고 '난민 거사'라고 소리쳐 동궁 숙위병을 소집했다. 대도 유수사의 사령관 보돈은 가짜 태자를 쏴 죽이고, 왕저는 포박되었으며, 고화상은 도주했다. 22일 고화상을 붙잡아 모두 시내에서 죽였다. 마르코 폴로의 이 구절의 서술은 아크메트의 전권, 대칸의 총애, 모살의 경위에 대해서 사소한 와전은 있으나 대부분은 아주 정확하다. 이 견문록 내용의 신빙성을 보증하는 실례이다.

＊30 《원사》 '간신전'에 따르면 아크메트의 첩 집에서 대칸을 저주하는 삶은 사람 가죽, 주술 그림이 발견되었다.

＊31 Bailo란 콘스탄티노플에 주재하는 베네치아 시의 대리관 Podesta의 칭호가 시리아 방면에서 사투리화된 것. 시리아에는 베네치아의 바일로가 주재하고 있었다.

＊32 《원사》 '본기'의 1282년 4월 병진 조목에 아내와 자매를 아크메트에게 바치고 관직을 얻은 자의 죄를 면하게 한 조칙이 보인다.

＊33 《원사》 169권 '하영조전(何榮祖傳)'에 따르면 아크메트는 사저에 총고라 부르는 금고를 설치하고 사방의 이(利)를 거두어들여 이를 화시(和市)라 불렀다고 한다.

＊34 1262년 영중서좌우부(領中書左右部) 겸 제로도전운사(諸路都轉運使)에 임명되면서부터 중서평장정사(中書平章政事) 재직 중 암살되기까지 21년간이다.

＊35 리치 영역본의 Chencu, Vancu의 철자는 라무시오판 원문에 따라 Cenchu, Vanchu라 해야 할 것이다. 천추란 왕저의 이름 자체를 가리키고 있는 듯하다. 즉 천호(千戶) 왕저를 나누어 두 사람으로 해석하고 있는 것이다.

＊36 원조의 제도로는 원칙적으로 백관의 장은 단지 몽골 인에만 한하며, 금나라·송나라 유민인 한인·남인에게는 주어지지 않았다.

＊37 아크메트가 재상이 되어 국정을 제멋대로 했을 때에도 황태자 친킴만은 그의 간악한 소행을 명찰하여 용서하지 않았고, 그 때문에 아크메트가 가장 두려워하는 존재였다는 것은 《원사》 115권 '유종전'에 나타나 있다.

＊38 《원사》 '간신전'에 따르면 아크메트의 시체는 '무덤을 파내서 통현문 밖에 내던져 들개에게 물어뜯기도록 했다'고 한다.

＊39 아크메트의 일곱 아들이란 강회행성 평장정사 후사인, 항저우 다루가치관 마수우드, 허난행성 참지정사 베두르 우딘, 하산, 힌두, 세미스 우딘, 샤힘 우딘이다. 모두 처형되었다.

＊40 《원전장》 57권에는 이슬람식 도살법의 금지령이 보인다. 그러나 이 금령은 1279년의 것이므로 아크메트의 죄상 폭로의 결과로서 발포된 것은 아니다.

＊41 Kesitan을 파리국립도서관판은 Questian, 그레고월판은 Questiau로 하고 있다. 케시탄이란 바르게는 Kesikten을 말한다. 몽골 어로 '은총을 입은 자들'이라는 뜻이다. 대칸의 신복이 선출되어 숙위자로 임명되었으므로 금위부대를 이렇게 명명했다.

《원조비사》 7·9권에 그 연혁을 기재하고 있는데, 1204년 칭기즈 칸이 550명의 숙위 시위대를 편성한 것이 그 창설이다. 이어 1206년 몽골리아 통일의 실현과 함께 이 부대는 1만 명으로 대확장된 이래로 그것이 제도로 자리잡았다. 시위군은 사반(四班)으로 나뉘어 칭기즈 칸의 사걸(四傑)이라 불리운 보로굴, 보골치, 무하리, 치라빈 및 그 자손이 통솔했고 3주야 교대로 숙위를 맡았다. 제1케식은 신유술의 3일, 제2케식은 해자축의 3일, 제3케식은 인묘진의 3일, 제4케식은 사오미의 3일이 숙위 당번의 날로 정해진다. 《원사》 99권 '병지'를 참조하라.

＊42 《원조비사》 10권에 따르면 숙위 케식제를 정한 칭기즈 칸은 그 임무를 다음과 같이 말하고 있다. '그릇도 숙위가 갖추어라. 우리의 음식물도 숙위가 준비하라. 많은 고기 음식도 숙위가 준비해서 삶으라. 음식물이 부족하면 마련한 숙위에게 물으라.' 이것이 전통이 되어 대칸의 향연에 향연관으로서 케식 중신이 봉사하게 된다.

＊43 쿠빌라이 칸은 1215년 9월 28일 생이다. 《원사》 71권 '예악지(禮樂志)'에 따르면 이 탄신일은 천수성절(天壽聖節)이라 불리어 수성대라는 악대로 하여금 축하 의식이 거행된다.

＊44 6~15세기에 유럽에서 유통된 비잔틴 금·은화의 명칭. 1베잔트는 당시에 약 250달러의 가치가 있었던 것으로 볼 때 이 금액은 2만 5천 달러에 상당할 것이다.

＊45 괄호 안 구절은 파리국립도서관판 등에는 없다. 연간 13회 축전이란 설날 잔치와 각 달의 천수성절 잔치를 합계한 횟수이다. 몽골 달력이 윤년 이외에도 통틀어 1년이 13개월로 되어 있다는 것은 결코 아니다. 따라서 사족이라기보다는 오히려 오해에 속하는 이러한 괄호 보주(補註)는 삭제해야 할 것이다.

＊46 《원전장》 38권에 따르면 대도를 중심으로 450km 이내는 금지위장(禁地圍場)이라 하여 일반 수렵을 금하고 대칸 소속의 타포호(打捕戶), 즉 사냥꾼만이 들짐승을 잡아 헌상하는 것으로 되어 있다.

＊47 쿠빌라이 칸은 자기 기호대로 마유주(馬乳酒)를 과음하여 그것이 원인으로 다리의 류머티즘이 지병이 되고 말았다.

＊48 매·사냥개의 사육 전반을 금지했다는 것은 잘못된 것이다. 단지 금지 구역 내, 금렵 기간 내에서의 사냥은 엄금되었다. 황제 소속의 매에는 붉은색·자주색·잡색의 가죽 표식을, 민간의 매에는 흑색의 가죽 표식을 다리에 매었다.

＊49 《원사》 58권 '지리지'에 따르면 수도 및 10주 22현을 합친 대도로의 호구는 14만 7천호, 40만 인구이다. 그러나 이것은 순전히 한인 주민에만 한한 것이다. 일반 호적에 기재되어 있지 않은 궁정 인구·종실·관료·군대·특수 호구 및 외국인은 그 대부분이 수도에 집중하고 있을 터인즉, 캄발룩의 인구는 아마 1백만에 가까운 숫자이리라.

＊50 대도에서의 화장 습속에 대해서는 원조의 왕운이 쓴 《오대필보(烏臺筆補)》에 기재되어 있다. 도성 내의 매장은 단지 원조뿐만 아니라 역대에 걸쳐 금했다. 금나라 해릉왕이 연경성 동남 2면을 확장한 결과 여태까지 성 밖이었던 묘지가 성내에 편입하게 되자, 곧 이것을 성 밖으로 이장하였다.

＊51 1260년에 발행된 《중통원보교초》와 1287년에 발행된 《지원보초》를 말한다. 또 토르네셀(tornesel)은 중세 프랑스에서 발행된 투르 소은화, 그로소(grosso)는 베네치아 은

화, 베잔트(bezant)는 이집트 금화이다.

＊52 원조는 거의 완전한 지폐 하나만을 통용하는 통화 정책을 일관한 결과, 금은의 민간 자유 교역을 금하고 천하 각지에 설립된 평준행용초고(平準行用鈔庫)에서만 그 매매를 허가했다. 본문은 이 사실이 와전된 것이다.

＊53 이것을 혼초(昏鈔)라 부른다. 조폐국, 즉 평준행용초고에 가지고 가면 퇴인(退印)을 찍어 받고 신초와 교환된다. 3푼의 수수료를 공묵전이라 한다.

＊54 원조의 교초 발행고는 1260～1273년에는 매년 5백만 관(貫) 전후에 그쳤으나 지원 10년 이후가 되자 급속히 늘어났고, 특히 1276년의 남송 합병을 경계로 하여 이후 연간 5천만 관(貫)을 발행하게 되었다.

＊55 Thai란 대(臺)이며 어사대에 해당할 터이지만 어사대는 백관이 비위, 정치의 득실을 검찰하는 최고의 중앙 기관으로서 군정·군사에는 간여하지 않는다. 군정을 관장하는 최고의 중앙 기관은 추밀원이며, 장관으로서 종일품의 지추밀원사 한 명을 우두머리로 동지 추밀원사 1명, 추밀부사 2명, 첨서 추밀사 1명, 추밀원 판관 2명으로 이루어진다. 본문의 타이는 이 어사대와 추밀원을 혼동한 것이리라.

＊56 Shieng은 파리국립도서관관에 Scieng으로 되어 있다. 마르코 폴로는 타타르 어로 이 관서를 셍이라 부른다고 하지만 물론 이것은 틀린 것이며, 중국 전통의 관제인 중서성을 가리킨다. 중서성은 원조의 최고 행정 기관, 즉 정부 자체이며 정일품인 우승상, 좌승상 각 1명이 있다. 그 밑에 평장정사 4명, 좌우승 각 1명, 참지정사 2명으로 구성되어 있다.

중서성 관하에 지방 행정의 최고 구획인 행중서성, 생략해서 '행성'이 있고, 그 밑에 로(路)·주(부)·현이 순차로 예속한다. 행성의 수는 시대에 따라 증감하지만 마르코 폴로 체재 중인 지원 후반기에는 요양·하남·섬서·감숙·영하·사천·운남·강절·강회·강서·호광·복건의 12개 행성이 존재했다. 그리고 또 행성에 예속하는 로(路)의 수는 200에 가깝고, 로에 속하는 주부(州府)에 이르러서는 400에 가까우니 본문에서 말하는 34개 행정구란 정확히는 행성이나 로·부에도 합치되지 않는 셈인데, 글 뜻으로 미루어 보아 행성을 가리키는 듯하다.

＊57 원조(元朝)의 역참 제도는 몽골의 전통적 관습에 의거하여 제도화된 것이며, 칭기즈 칸이 속국에 부과한 의무의 1항에 역참 설치를 들고 있는 것은 《원사》 208권에도 보인다. 그러나 제국 안에 이 시설이 획일적으로 행해진 것은 《원조비사》 속집, 《원사》 2권에 의해서도 명백하듯이 오고타이 칸 즉위의 1229년부터이다.

＊58 파발꾼이란 급체포병(急遞鋪兵)이다. 체포마다 다섯 명이 배속되어 혁대에 방울을 달고 술이 달린 창을 들고 있다. 교부 문서는 부드러운 명주 보자기에 싸고 한쪽 어깨에서 반대쪽 허리로 걸친다. 밤에는 횃불을 들고 달린다. 하루 밤낮을 교대하면서 240km를 간다. 체포는 6km 또는 9km·15km에 설치되어 있다. 원칙적으로는 6km가 1포

이므로 5km마다라는 본문에 거의 부합한다. 체포에는 관리자인 포사(鋪司)가 있어 12시 진륜자, 즉 시계처럼 본떠서 파발군의 발착 시각을 달력식으로 기록해 둔다. 이것을 포력(鋪曆)이라 한다. 그리고 또 포병에게 착발 증명서를 급부한다. 《원정장》 37권, 《원사》 101권 '병지'를 참조하라.

＊59 급체포의 제도이다. 이 제도도 중국 역대에 보이는데 원조의 그것은 금조의 제도를 직접 본떴다. 《금사》 99·108권 '도단일전(徒單鎰傳)' '서정전'에 따르면 금나라에서는 1206년에 처음으로 이것을 행했다. 원조에는 쿠빌라이 칸 원년(1260)에 대도─상도─장안 간에 우선 설치되고 이후 전국에 미쳤다.

＊60 주현관이 반달마다 검열하고, 각 로(路)의 정관이 석 달마다 감사한다.

＊61 참호(站戶)는 400묘의 전세(田稅)가 우선적으로 면제되고, 포병은 일신의 의무적인 노동이 면제된다.

＊62 해청패 사신을 말한다. 해청패에 대해서는 앞에서 설명했다.

＊63 가축에 대한 추분세는 오고타이 칸 원년(1229)·5년의 법령을 바탕으로 하여 100분의 1세와 10분의 1세가 원칙이었다. 그러나 1304년에 이르러 30~100마리에 대해서 1마리로 고쳐졌다. 《원사》 2권, 《원전장》 57권을 참조하라.

＊64 1272년 대사농사의 말을 받아들여 대도부터 이하의 여러 주현 성곽의 주위, 운하의 양안, 급체포의 이랑 쪽에 느릅나무나 회화나무를 심게 했다. 그러나 그 목적은 제방이나 다리를 수리할 재료를 여기서 얻으려는 것이었다. 《원전장》 23·49·59권을 참조하라.

＊65 중국에서의 석탄 사용은 문헌에서 보는 한 6세기 초 역도원의 《수경주》에서 처음 보인다. 수대(隋代)에 내려가면 《수서》 69권 '왕소전'에, 당에서는 자각대사의 《입당구법순례행기》에 모두 산시 성 타이위안 지방의 석탄에 대한 기사가 있다. 《책부원구》 488권에 인용된 후주 태조의 조칙에 따르면 아마 병주(並州) 관하의 현진이겠지만 그들 지방에서 국가의 조달 물자로서의 석탄이 징발되고 있고, 《속자치통감장편》 72권에도 북송 진종 시대에 병주의 석탄이 국도 개봉에 운반 판매되고 있는 사실을 말하고 있다. 금조에서는 《중주집》 10권에 주변이 마찬가지로 타이위안 서쪽 서산의 석탄을 읊었고, 원조에서는 윤연고의 《옥정초창》이 대도에서 석탄의 일반적 사용을 알리고 있다.

＊66 이것은 중국 전래의 당평창 제도로서 원조에서도 이것을 답습했다. 《원사》 96권 '식화지(食貨志)'를 참조.

＊67 홀아비·과부·고아·무탁자에 대한 구조금 및 수도의 구조 제도이다. 《원사》 98권 '식화지'에 따르면 전자에는 제중원·양제원 시설이 있고, 후자에는 홍첩량의 조치가 있다. 대도의 남성에 거주하는 홀로 사는 노인이나 과부, 빈자에게 옷과 식량, 집, 땔감, 피륙, 돈 등을 거저 주는 자선 사업이며, 또 점포를 관에서 설치하여 관미를 염

가로 불하하는 구제 사업이다.

＊68 이것은 연경월갑(年庚月甲)이라 한다. 탄생의 연월일시에 해당하는 간지, 즉 8개의 간지이다.

＊69 부호가 붙은 12개의 해란 중국식으로 말하면 12지(支)이다. 그러나 몽골 인은 터키 족에서 전승한 십이수의 주기를 사용하여 기년(記年)으로 한다. 남송의 조공이 쓴 《몽달비록》에도 이것을 지적하고 있다.

＊70 마르코 폴로는 북족(北族)의 특이한 '방투(妨偸)' 습관을 그릇 전한 듯하다. '방투'는 요·금·원 시대를 통하여 볼 수 있는 관습이다. 즉 어느 특정한 시기, 이를테면 정월 16일 등을 한정해서 죄수를 석방하고 정해진 날짜까지 다시 감옥에 출두시킨다. 이때 약속을 지켜 복귀한 자에게는 형을 면하는 특전도 행해졌다. 요에 대해서는 《거란국지》 27권, 금에 대해서는 낭영(郎瑛)의 《칠수유고(七修類稿)》 44권, 원조 쿠빌라이 칸에 관해서는 《원사》 160권 '왕반전'에 기사가 있다. 또 중국 고래의 예로서는 주밀의 《계신잡식(癸辛雜識)》 후집을 참조하라.

＊71 절도 초범은 오른쪽 팔꿈치에, 재범은 왼쪽 팔꿈치에, 3범은 목덜미에 문신을 하는 등의 규정은 《원전장》 49권에 상세하다.

＊72 타호(唾壺) 또는 타우(唾盂)라고 불린다. 중국의 귀인·사대부가 쓰는 것이다.

제4장 윈난으로의 사절행

118 이제부터 카타이 지방 이야기. 먼저 풀리상긴에 대하여

대칸은 전에 이 책의 저자 마르코를 사신으로 임명하여 국내의 서부 여러 지방에 파견한 일이 있다. 그래서 마르코는 수도 캄발룩(베이징)을 뒤로 하여 약 4개월간의 서부 여행을 했다. 그가 오가는 길에서 보고 들은 것을 서술하기로 하자.

캄발룩을 떠나 16㎞ 정도 나아가면 풀리상긴이라는 큰 강에 다다른다. 이 강은 큰 바다와 통하기 때문에 막대한 상품을 가진 많은 상인들이 배로 오간다. 이 강에는 아주 근사한 돌다리(루거우차오, 노구교, 풀리상긴)가 걸려 있다.[*1] 그야말로 세계 어디를 찾아도 이에 필적할 만한 것이 없을 만큼 훌륭하다.

석교는 길이 300걸음, 폭 8걸음 남짓하며 열 명이 말을 타고 함께 지나다녀도 불편함이 없다. 23개의 교각이 24개의 아치를 지탱하고 있고, 교량 전체가 회색 대리석으로 되어 있다. 그 세공은 아주 정교하고 얼개는 매우 견고하다. 다리에는 대리석 판석과 석주를 번갈아 이어 쭉 난간을 이루고 있다. 다리의 양쪽 끝부분은 오르막을 이루고 있고, 건너는 다리목 쪽이 건너는 부분보다 다소 폭이 넓게 만들어져 있지만, 건너는 부분은 선을 그은 것처럼 쭉 같은 폭으로 이어져 있다. 난간 구조는 우선 다리가 걸리는 데에 키큰 대리석으로 만든 큰 돌기둥 하나가 대리석 거북등 위에 꽂혀 있고, 이 돌기둥의 위와 아래에 대리석을 정교히 조각한 장식 사자가 설치되어 있다.

이 대리석 기둥에서 한 걸음 반의 거리를 두고, 이것과 꼭같이 만들어진 또하나의 돌기둥이 위쪽과 아래쪽에 대리석으로 된 장식 사자를 붙여 세워져 있다. 이 두 기둥 사이에 각종 조각이 덧붙여진 회색 대리석 판석을 끼워 넣어, 지나는 사람이 실수하여 강에 떨어지지 않도록 담장을 이루고 있다. 한쪽 끝에서 다른 한쪽 끝까지 다리의 양쪽을 이루는 오르막 입구와 내리막 입구

쿤밍 호의 아치 다리

는 둘 다 그 모양이 같다. 이상과 같은 모양이니 그야말로 장관이다.

119 대도시 탁주

이 다리를 건너 서쪽으로 48㎞ 정도를 가노라면, 그 사이에는 훌륭한 여관이나 포도원·화원이 끊일 새 없고 비옥한 논밭, 청렬한 샘이 이어져 있다. 그리고 아름다운 대도시 탁주(涿州, 고우자, 초저우)에 다다른다. 시내에는 우상 숭배자의 사원이 많다. 주민은 상업·수공업을 하고, 미려한 금실·은실 직물이나 품질 좋은 호박 직물을 산출한다. 성내에도 여관이 많다.

성 밖 1.6㎞ 떨어진 곳에서 공도는 둘로 갈라진다. 하나는 서쪽으로, 다른 하나는 동남으로 통한다. 서쪽으로 가는 것은 카타이 지역으로 이어지며, 동남으로 가는 길은 만지 지방으로 이어진다.[*2]

카타이 지방을 지나고 서쪽으로 가면 탁주에서 열흘 길에 있는 도시 타얀푸(太原府, 현재 산시 성에 있는 타이위안푸)에 이른다. 이 사이에 상공업이 성한 도시·촌락을 여러 개 가로질러 아름다운 밭과·들판에 근사한 포도원이 이어져 있다. 본디 카타이 지방에서는 일반적으로 포도가 재배되지 않으므로 포도주는 주로 이 지방에서 들여온다. 뽕나무도 많이 재배되고 있어 주민들은 뽕잎으로 누에를 쳐 많은 비단을 생산한다. 인구가 조밀한 모든 도시가 연달아 있고, 길에는 나그네 무리가 끊일 새 없이 오가고 있기 때문에 주민은 모두 어디서나 친숙하고 친절하다. 나그네가 많은 것은, 이들 모든 도시 사이에 막대한 상품이 끊임없이 운반되어 어느 도시에서든지 정기적으로 장이 열리고 있기 때문이다.

끝으로 이 지방에 대해서는 하나 더 덧붙여 두고 싶다. 앞에서 말한 탁주에서 타얀푸에 이르는 10일 길의 중간, 닷새 길이 되는 곳에 아크발루크*³란 도시가 있는데, 대칸의 수렵지가 이곳까지 이어진다. 사냥터는 일반 수렵을 금하고 단지 대칸과 왕족이나 매부리들만이 들어갈 수 있는 구역이다. 이 아크발루크를 벗어나면, 귀족이라면 누구나 자유로이 사냥할 수 있다. 그러나 실제로 대칸이 이 지방에 사냥하러 오는 것은 매우 드물기 때문에 야생 동물, 특히 토끼가 몹시 많이 번식하여 이 지방 농작물 전반에 피해를 주기에 이르렀다. 이 말을 들은 대칸은 이곳의 수많은 야생 동물을 잡아들이라 명했는데, 그때의 사냥감이란 그야말로 막대한 수량에 달했다 한다.

이제 타얀푸 왕국 이야기로 넘어가 보자.

120 타얀푸 왕국

탁주에서 말을 타고 10일을 가면 타얀푸 왕국에 다다른다. 이 왕국의 수도는 타얀푸라는 대도시로 상공업이 발달하여 거의 모든 생활 필수품이 생산된다. 또한 이곳에서는 대칸의 군대가 사용하는 무기와 군수품을 생산한다. 포도원이 많아 포도주 생산지로서 전국에 공급한다. 뽕나무가 많아 주민들은 뽕잎으로 누에를 쳐 많은 비단을 산출한다.

타얀푸를 떠나 서쪽으로 7일간 여행을 계속하다 보면 아름다운 풍경과 더불어 상업과 제조업이 발달한 많은 촌락을 지나게 된다. 이 부근에서는 많은 상인이 각지로 나가 있어 장사로 많은 이익을 올리고 있다.

7일간의 기행 끝에 피안푸(Pianfu, 산시 성 핑양푸平陽府)라는 도시에 도착한다. 이 또한 중요한 대도시로 상인이 많다. 주민은 상업·수공업에 종사하며 비단을 다량으로 산출한다.

다음에는 카촌푸(Cacionfu)라는 대도시 이야기에 들어가는데, 그보다 앞서 우선 카이추(Caiciu)라는 유서 깊은 성에 대해서 이야기하련다.

121 카이추 고성 이야기

피안푸를 떠나 서쪽으로 말을 타고 이틀을 가면 카이추 성에 다다른다.[*4] 이 성은 그 옛날 '금왕(金王)'이라 부르는 왕에 의하여 창건된 것이다. 성내에는 큰 홀을 갖춘 아주 훌륭한 궁전이 있고, 거기에는 예부터 이 지방에 군림한 역대 제왕의 초상화가 걸려 있다. 홀에는 전면적으로 금박을 가하고 여러 가지 벽화로 장식되어 있다. 이것들은 모두 이 지방을 통치한 역대 국왕이 이룩한 것이다.

'금왕'은 세력 있는 위대한 왕이었다. 그가 이 성에 거주하고 있었던 때에 그는 절세 미녀만을 골라 자기 신변에서 시녀로 있게 했고, 궁정 내에는 수많은 미녀를 거느리고 있었다. 왕이 성내의 정원을 돌아볼 때에는 이 미녀들에게 왕이 탄 수레를 끌게 하였다. 물론 수레는 작고 가벼워서 미녀들도 쉽게 끌 수 있었다. 그녀들은 왕의 시중을 들 뿐만 아니라 그가 소망하는 바는 무엇이든지 그 뜻에 따랐다. 그러나 이 왕은 정의를 지키고 훌륭한 통치를 행하여 존경받는 군주가 되었다.

그럼 다음으로 '금왕'과 프레스터 존과의 사이에 일어난 흥미로운 이야기를 해 보자. 이것은 이 지방 사람들에게서 들은 것이다.

122 프레스터 존이 '금왕'을 포로로 한 경위

금왕은 프레스터 존과 이전부터 교전하고 있었다. 아무튼 그의 성은 견고하기 그지없어, 그토록 용맹한 프레스터 존도 이 성을 공략할 수 없어 애만 태우고 있었다. 그러자 그의 기사 7명이 나서서 금왕을 생포해 오겠노라고 제의했다. 이 말을 들은 프레스터 존은 기뻐하며 허락했다. 그리고 만약 일이 성취되기만 하면 후한 상을 내릴 것이라고 말했다. 일곱 기사들은 프레스터 존에게 작별 인사를 고했다. 그리고 저마다 번듯한 종자를 동반하고 곧장 금왕한테로 찾아갔다. 그들은 금왕에게, 아주 먼 나라에서 신하가 되려고 찾아온 사람이라고 말했다. 금왕은 그들을 융숭하게 대접하고 기대에 어긋나지 않는 대우를 하겠다고 대답했다.

마침내 프레스터 존의 일곱 기사들은 '금왕'을 섬기게 되었다. 그 뒤부터는 오로지 충성을 다하여 마침내 2년째 말에는 왕의 신임을 얻기에 이르렀다. 하여튼 금왕은 7명 모두를 자기 자식같이 신뢰하기에 이르렀던 것이다. 설마 그들이 반역 불충을 모의하리라고 생각하지 않았기에 어느 누구도 그들을 경계하지 않았다. 그리고 그 기회가 마침내 왔다. 어느 날 금왕이 몇 사람만을 데리고 놀러 나갔다. 이 가운데는 일곱 기사도 섞여 있었다. 성에서 1.6㎞ 떨어진 강을 건너자 일곱 기사들은 왕을 호위할 사람이 없음을 확인하고 이제야말로 숙원을 달성할 때가 왔다고 생각했다. 그들은 칼자루에 손을 대고 왕에게 다가서서, 순순히 동행하지 않으면 목숨을 잃을 것이라고 선언했다. 그러자 왕은 무척 놀라면서 반문했다.

"나의 선량한 아들들아, 이게 도대체 어찌된 일이냐, 무슨 소릴 하는 거냐. 도대체 나를 어디로 데려갈 작정인가?"

이에 일곱 기사들은 이렇게 대답했다.

"그대를 우리 주군 프레스터 존 앞으로 끌고 가겠다."

금왕은 이 말을 듣자 매우 놀라서 기절할 것만 같았다. 그는 간청하고 타일렀다.

"제발 부탁이니 돌려보내 다오. 나는 그대들에게 충분한 영예를 주지 않았나. 그럼에도 나를 적의 수중에 넘긴다니 너무하는 처사가 아니냐. 이토록 말해도 뜻을 굽히지 않는다면 그대들은 악역 불충의 오명을 면할 길이 없으리라."

그러나 일곱 기사들은 막무가내로 금왕을 프레스터 존에게로 데려갔다.

프레스터 존은 크게 기뻐하여 말했다.

"어때, 참으로 불편할 테지. 하지만 이제는 제멋대로는 할 수 없는 신세가 된 거야."

이에 대하여 금왕은 아무 말도 하지 못했다. 이윽고 프레스터 존은 금왕에게 가축을 돌보라고 명했다. 금왕이 가축 관리인이 된 경위는 이와 같다. 프레스터 존이 이러한 조치를 취한 것은 순전히 금왕에 대하여 그가 품고 있었던 원한에서이며, 그가 얼마나 금왕을 경멸하고 있는가를 나타내는 동시에, 자기 자신이 얼마나 무가치한 존재인가를 금왕 스스로 납득하도록 했던 것이다.

이리하여 금왕은 엄중한 감시하에 도망할 수도 없는 채 가축 돌보는 일을 계속했다. 2년이 지난 어느 날, 프레스터 존은 금왕을 불러내어 화려한 옷을 내리고 융숭히 대접하고는 다음과 같이 말했다.

"왕이여, 이제 그대는 내게 도전할 수 없음을 알았는가?"

"나의 주군, 그야말로 말씀대로입니다. 감히 폐하께 대항할 수 있는 자가 아니라는 것을 충분히 알았습니다. 아니, 이제 비롯된 것이 아니라 훨씬 이전부터 그리 생각하고 있었습니다."

금왕이 대답했다. 프레스터 존은 이에 대하여 거듭 말했다.

"그대가 그렇게 말하니 더는 물을 것이 없소. 이제부터 그대가 신복(臣服)의 정성을 다하는 것으로 받아들이리라."

프레스터 존은 금왕에게 말과 무기를 내리고 또한 종자까지 붙여 돌아가도록 했다. 금왕이 왕국으로 돌아온 뒤로 두 번 다시 적대하는 일 없이 줄곧 신하로서 프레스터 존을 섬기었다고 한다.*5

123 황허 강

카이추 성을 뒤로 약 32km쯤 서쪽으로 말을 달려가면 황허 강에 이른다. 이 강은 강폭이 너무 넓기 때문에 다리를 만들 수가 없다. 강폭은 아주 넓고 수심은 몹시 깊고 게다가 물살이 아주 빠른 강이다. 이 강은 바다로 통하고 있다. 강을 따라 많은 도시·촌락이 있고, 주민은 대개 상인이 많고 상업이 번창해 있다. 이 지역에서는 생강을 풍부하게 산출하며 비단 생산량도 많다. 새가 많아 베네치아의 1그로소, 아니 좀더 싸게 1아스프르(약 2·8펜스의 가치)만 내면 꿩 세 마리를 충분히 살 수 있을 정도이다. 강 근처에는 굵기 30~45cm에 이르는 큰 대나무가 군생하며 주민들은 이것으로 각종 일용품을 만들어 사용한다. 이 강을 건너 이틀 동안 서행하면 카촌푸(Cacionfu, 허종푸河中府)라는 훌륭한 도시에 다다른다. 주민들은 모두 우상을 숭배한다. 아시다시피 카타이 지방 주민은 대부분이 우상을 숭배하며, 그리스도 교도·이슬람 교도는 얼마 되지 않는다. 카촌푸는 상업과 제조업이 활발하다. 막대한 견사가 제조되는 것 외에도 유럽 제국에는 수입된 일이 없는 생강·고량강(高良薑)·감송향(甘松香) 등 기타 갖가지 향료가 다량으로 산출된다. 각종 금실 직물·견포 직조도 성하다.

이 고장을 떠나 앞으로 나아가, 왕국의 수도를 이루고 있는 대도시 켄잔푸

비단 제조 장면
캄발룩에서 켄잔푸에 이르는 각 도시에서는 많은 비단을 생산한다.

의 이야기를 하기로 하자.

124 대도시 켄잔푸

카촌푸를 떠나 서쪽으로 말을 타고 달리기를 여드레, 지나는 길에는 상업·수공업이 성한 도시·촌락이 많고, 손질이 잘 되어 있는 비옥한 밭이 끊임없이 펼쳐진다. 또 곳곳에 누에의 먹이가 되는 뽕나무가 재배되고 있다. 주민은 모두 우상을 숭배하지만 그 중에 몇몇 이슬람 교도와 네스토리우스파 그리스도 교도인 터키 인이 살고 있다. 이 지방에는 새와 짐승 등 사냥감이 아주 풍부하다.

8일간의 여정*⁶이 끝나면 켄잔푸(Kenzanfu, 시안푸西安府)라는 대도시에 다다른다. 켄잔푸 왕국의 수도로 규모도 크고 참으로 당당한 도시이다. 과거에 부강하고 유서 있는 왕국을 이루고 있었고, 역대 뛰어난 군주를 수많이 배출한 바 있으나, 지금에는 대칸의 아들 망갈라(쿠빌라이의 둘째 아들)가 이 왕국을 이어받아 왕위를 잇고 있다. 또 이곳은 상업·수공업이 번창하며, 생사의 산출이 많아 각종 금실 직물을 비롯하여 다양한 종류의 비단이 대량 생산되고 있다. 이 밖에도 여러 종류의 군장품 제조도 성하다. 생활 필수 물자는 무엇이든 풍부하고 또한 가격도 저렴하다. 이 도시는 카타이 지방의 서부에 위치한다. 주민은 대개 우상을 숭배하며, 네스토리우스파를 신봉하는 터키 인이 약간 있고 그 밖에 소수의 이슬람 교도가 살고 있다.

이 밖에 망갈라 왕의 아주 아름다운 궁전이 솟아 있다. 이 궁전은 곳곳에 강이 있고 샘이 있고 늪과 연못이 있는 넓은 평야에 서 있다. 궁전 주위로 8km쯤 되는 성벽이 둘러져 있다. 성벽은 두껍고 높으며 아주 견고하게 만들어져 있고 위쪽 부분에 담장이 있다. 이 성 안에는 각종 새와 동물들이 서식하고 있다. 그리고 이 중앙부에 어느 것에도 비길 데가 없을 만큼 굉장하고 미려한 궁전이 세워져 있다. 궁전에는 훌륭한 홀이나 방이 많은데 모두 벽화를 그려 금박이 덧붙여 있고, 파란 유리로 만든 걸작품이나 무수한 대리석으로 장식되어 있다. 망갈라 왕은 정의롭고 공정하게 왕국을 잘 다스려 신하에게 경애의 대상이 되고 있다. 궁전 주변에는 군대가 주둔하고 있으며, 사냥감이 풍부하므로 마음껏 사냥을 즐길 수 있다.

다음에는 산악이 중첩한 한중 지방의 이야기로 옮기기로 한다.

125 카타이와 만지의 국경인 한중 지방

망갈라 왕의 궁전을 뒤로 하고 아름다운 평야 서쪽으로 나아가기를 사흘, 가는 길에는 도시·촌락이 끊임없이 이어져 있다. 주민은 대개 상업·수공업에 종사하고 있고 비단 산출이 많다. 이 3일간의 여정이 끝날 무렵에 드디어 한중(漢中) 지방의 고산 유곡 지대에 접어든다. 이들 산악 지구에도, 계곡 부분에도 몇 개의 도시·촌락이 의연히 계속되고 있다. 주민은 몇 안 되는 이슬람 교도와 터키 인 네스토리우스파 교도를 제외하면 모두가 우상을 숭배하며 농경·벌목·사냥을 생업으로 하고 있다. 이 지방의 삼림에는 곳곳에 사자(실은 호랑이이다. 이하에 나오는 사자도 마찬가지다)·곰·살쾡이·누런 사슴 그 밖의 야수가 번식하고 있으므로 그들은 사냥감이 많고 따라서 수입도 많다.

이렇게 해서 산골짜기·삼림 지대를 20일간이나 계속 기행한다. 그동안 쭉 도시·촌락이 여기저기 있고, 산뜻한 여관도 있어서 나그네는 그런 대로 기분 좋게 숙박할 수 있다.

한중 지방에 대해서는 이 설명으로 끝내고, 그 다음 계속해서 지나가게 되는 지방의 모양과 형세를 전하고자 한다.

126 아크발루크 만지 지방

한중 지방의 산간을 20일에 걸쳐 여행하면 아크발루크 만지라는 평원 지역에 다다른다. 여전히 많은 도시·촌락이 보인다. 이 지방은 카타이에서도 서쪽에 위치한다. 주민은 우상을 숭배하며 상업·수공업에 종사하고 있다. 생강 산출이 아주 많아서 광대한 카타이 지방 전역에 판매하고 있어, 주민의 수입도 대부분 여기에서 얻고 있다. 밀·쌀 기타의 곡물도 산출량이 많고 값도 싸다.

사실 이 지방은 유용한 물질이 무엇이든 풍부하게 있는 고장이다. 수도를 아크발루크 만지라 하며, 번역하면 '만지 국경에 있는 하얀 도시'라는 뜻이다.

평야는 이틀 길의 넓이를 갖고 있다. 이 고장은 농작물이 풍부하고, 크고 작은 마을도 많으므로 이틀간의 여행은 아주 유쾌하다. 이틀째 마지막 무렵부터 길은 다시 깊은 산골짜기나 삼림 지대에 접어든다. 그대로 약 20일간을 줄곧 서쪽으로만 나아가면 그 길에는 몇 개의 도시·촌락이 보인다. 주민은 모두 우상을 숭배하며 농경·수렵·목축에 종사하고 있다. 호랑이·곰·살쾡이·누런 사슴·새끼사슴이 야생하고, 사향이 채집되는 작은 동물도 매우 많다.

127 광대한 신두푸(청두) 지방

산악 지대 서쪽으로 여행을 계속하기를 20일간, 마침내 평야가 나온다. 신두푸(Sindufu, 청두푸成都府) 지방이라 하여 역시 만지 국경에 위치하는 고장이다. 수도도 마찬가지로 신두푸라 하며, 전에는 부강을 자랑한 국왕의 거처로서 유서 있는 대도시를 이루고 있다.

이 도시는 주위 약 32km 규모이며 현재에는 3구획으로 나뉘어 있다. 그것은, 전의 이 나라 왕에게는 세 아들이 있었는데 왕이 임종 시에 성내를 3분하여 각자에게 1구씩 주었기 때문이다. 삼분된 각 구획은 이 도시 전체를 둘러싼 외성벽 안에 있으면서 각각 별개의 성벽을 두르게 되었다.*7 세 왕자는 그 뒤 모두 왕위에 올라 부왕의 뛰어났던 부강을 이어 저마다 광대한 영지와 막대한 부를 소유하고 있었으나, 대칸에게 정복되어 왕위를 박탈당하고 모두 대칸의 영토가 되었다.

이 신두푸에는 아득한 산너머에서 발원하는 크고 작은 강물이 흘러와서 성내를 관통하고 있다. 이들 여러 강은 한쪽에서 이 성시를 둘러싸고 다시 성내를 종횡으로 관류한다.*8 모두 다 수심은 아주 깊지만 어떤 강의 강폭은 800m 정도 또는 200걸음, 150걸음 등 여러 지류의 하천이 있다. 어류는 풍부하고 어획량도 매우 많다. 이들 여러 강은 시내를 관통하고 성 밖에 나가면 하나로 합류하여 큰 강을 이루며, 약 80~100일 길을 흘러가서 바다에 닿는다. 이 큰 강 유역에는 수많은 도시가 늘어서 있고 강 위에는 선박의 항행이 빈번하다. 이 선박의 왕래가 많다는 것은 그곳에 가서 친히 본 사람이 아니면 도저히 믿을 수 없다. 큰 강의 위아래로 상인들이 가져오고 또 날라가는 교역량 또한 직접 보지 않는 한 믿기지 않을 정도로 막대하다. 이 강은 엄청나게 넓어서 바다라 불러도 좋을 정도이다.

성내에는 이들 여러 하천에 크고 훌륭한 석교가 많이 있다. 석교 양쪽에는 대리석 돌기둥이 다리를 지탱하며 서 있고, 다리 위에는 모두 아름다운 목조지붕이 있는데 아래쪽에는 붉은색으로 칠했고, 위에는 기와를 얹었다. 또 모든 다리에는 작은 집 모양으로 지붕을 달고 이동할 수 있는 가게들이 양쪽으로 늘어서 있다. 그 안에서는 상인이나 기능공들이 열심히 일하고 있다. 이들 가게는 모두 목조이며 아침이 되면 여기로 끌고 나오고, 날이 저물면 끌고 간다. 다리 위에는 또 대칸의 세관이 설치되어 있다. 세관이라지만, 다리위의 가게에서 판매되는 물품에 대한 시장세 또는 통행세를 징수하는 역할이다. 이 다리 위의 이러한 가게라도 시장세 납부를 소홀히 할 수는 없으며, 세관에는 하루에 금화 2천 베잔트는 거뜬히 모인다. 이 도시 주민들은 모두 우상 숭배자들이다.

신두푸를 뒤로 하고 몇몇 도시·촌락을 지나쳐서 평야를 가로지르고 계곡을 따라 5일간 말을 타고 간다. 이 사이의 주민들은 농경에 종사하고 있다. 이곳에는 호랑이·곰 그 밖의 야수류가 많다. 수공업 역시 주민의 생업이다. 여기에서는 상질의 비단과 기타 직물이 제조되고 있다. 이 근처 역시 신두푸지방의 역내이다.*9 5일간의 여행을 끝내면 티베트라는 황량한 지방에 다다른다.

128 티베트 지방

5일간 말을 달리면, 과거 몽케 칸의 정벌로 인해 황폐해진 버린 황량한 지방

티베트 고원

에 이르게 된다.[*10] 이곳에도 과거에는 많은 도시·성읍·촌락이 있었으나 모두 파괴되고 지금은 그 유적만 남아 있다.

인가가 없는 그 땅을 20일 동안 가로질러 간다. 이 사이에는 호랑이·곰·살쾡이 그 밖의 야수가 무리지어 살고 있어 여행자에게는 아주 위험한 지역이다. 이 위험을 막기 위해서 다음과 같은 방법이 고안되었다. 이 지방에 무성하게 있는 큰 대나무는 둘레가 세 뼘 정도, 길이가 15걸음 정도 되며, 마디와 마디 사이도 넉넉히 세 뼘은 된다. 여행객들은 밤중 숙영지에서 이 큰 대나무를 잘라서 태운다. 대나무를 태우면 아주 커다란 소리를 내면서 폭발하므로 호랑이·곰 그 밖의 야수는 이에 놀라 쏜살같이 도망친다. 여행자들은 이 지방에 많은 야수로부터 가축을 지킬 경우에도 이 방법을 사용한다. 이 폭음이 얼마나 멀리 울려퍼지며, 야수에게 어떠한 공포를 주고 또 그 결과가 어떤가를 설명해 보자.

이들 대나무 중에서도 아주 푸른 것을 잘라내서 활활 타오르는 모닥불 속에 던지면, 잠시 뒤 대나무는 비틀어지기 시작하고 이윽고 두 동강이 나면서 터진다. 이 폭음은 밤이면 16㎞ 밖에서도 들릴 정도로 크다. 사람들은 평소 이런 큰 소리에 귀가 익숙하지 않으므로 경악한 나머지 입도 벌리지 못할 정도이다. 따라서 이런 큰 소리에 익숙하지 못한 사람들은 귀에 솜을 틀어막고 옷가지로 머리나 얼굴을 덮어야 한다. 말도 역시 여태껏 한 번도 이런 소리를 들은 적이 없으므로 보통 놀라는 게 아니어서, 고삐와 매 놓은 밧줄을

티베트 전통 결혼식

모두 끊어버리고 뒤도 돌아보지 않고 달아나버린다. 나그네 중에서도 종종 이런 봉변을 당한 사람들이 있다. 여행자 중에 만약 자기 말이 이런 소리를 지금까지 들은 적이 없다고 생각되면 말 머리에 덮개를 씌워야 한다. 특히 눈과 귀를 꼼꼼히 싸매고 사지에 쇠로 된 족쇄를 채운다. 이렇게 해두면 말이 비록 이 대나무의 폭음을 듣고 놀라 도망치려 해도 할 수 없다. 이런 방법으로 밤길의 나그네들은 이 지방에 수많은 호랑이·살쾡이 그 밖의 흉포한 야수의 이빨로부터 자신과 말을 지킨다.

이 20일간의 여정 중에 사흘이나 나흘 정도만 숙사나 식량을 얻을 만한 곳이 있고 이외에 전혀 그럴 곳이 없으므로, 사람이나 말이나 다 함께 식량을 가지고 가야 한다.

무리지어 사는 사나운 야수를 끊임없이 만난다는 위험과 공포에 쭉 직면해야 하는 이 20일간을 마치면, 산간에 다수의 작은 촌락이 산재하는 지방에 이른다. 이 고장에는 다음과 같은 결혼 풍습이 있다.

여기에서는 무슨 일이 있어도 처녀를 아내로 맞이하지 않는다. 다수의 남자와 교접한 적이 없는 여자는 가치가 없다. 사내를 한 사람도 모르는 여자는 신들이 싫어하고 꺼리기 때문이라 믿고, 사내들은 이러한 여자를 기피한다. 바꿔 말하면, 만약 모든 우상에게서 사랑을 받을 정도의 여자라면 사내들은 이 여자를 쫓아가서라도 손에 넣으려고 할 것이 틀림없다고 생각한다. 이것이 이 고장 주민이 갖는 결혼에 대한 풍습이다. 그러므로 외지에서 찾아온 낯모르는 사람들이 이 고장에서 천막을 치고 숙박할라치면, 나이 지긋한 여자들이 저마다 자기 딸을 데리고 20명에서 40명쯤 무리지어 찾아와 자기 딸들을 이들에게 권한다. 즉, 여행자들은 이 처녀들을 자기 마음대로 할 수가 있고 함께 잘 수도 있다. 여행자들이 그 고장을 떠날 때면 자기와 같이 잔

처녀에게 보석, 그 밖의 기념품을
주는 것이 의무로 되어 있다. 이것
은 이 처녀들이 나중에 결혼할 때에
이르러 전에 애인이 있었다는 증거
가 된다. 처녀들은 이러한 수단으로
이 기념품을 20개 이상은 손에 넣어
야 한다. 그녀들은 이 기념품을 손
에 넣으면 곧 이것을 목 둘레에 드
리워, 자기에게는 수많은 애인이 있

사향노루

어 많은 남자들이 자기와 같이 잤다는 것을 사람들에게 나타낸다. 기념품을
가장 많이 소유한 여자, 즉 가장 많은 애인을 갖고 가장 많은 사내들과 잤다
는 것을 나타낼 수 있는 처녀는 누구보다도 존중된다. 그 고장 남자는 이런
처녀라면 당장에라도 결혼하며, 그녀야말로 여러 신들에게 가장 사랑을 받
은 여자라고 선전한다. 이들 처녀가 만약 나그네의 씨를 잉태했을 때는, 그
자식은 그녀의 남편이 될 남자가 자기 자식들과 함께 같은 대우로 양육해야
한다. 그러나 한번 결혼하면 남편은 아내를 엄중히 감시한다. 남의 아내에게
손대는 것은 발칙한 행위라고 여기므로 누구나 조심해서 이것을 피한다.

특기할 만한 이 고장의 결혼 풍습은 이와 같다. 이 점에서 이 지방은 16세
에서 24세까지의 젊은이라면 꼭 한번 가 보고 싶은 낙원이 아닐까.

주민들은 우상을 숭배하는데, 그야말로 형편없는 악당들이다. 그들은 나
그네를 약탈하고 살해하는 것은 별로 죄가 된다고 여기지 않는다. 아무리 세
계가 넓다고는 하지만 이만큼 엉뚱한 도적·산적은 어디에도 없다. 그들은
금수를 사냥하고 땅을 갈고 또는 가축을 사육하여 생계를 유지한다. 또 이
고장에는 '굿데리'(^{사향}_{노루})라 불리는 짐승이 많이 있어 사향이 채취된다. 이 짐
승이 많다는 것은 그야말로 대단한 것이며, 보름달이 돌아올 때마다 사향을
뿜어내므로 가는 곳마다 그 향기가 날 정도이다. 이 동물의 배꼽 부근에 피
가 괸 고름집이 마치 혹처럼 생겨나는데 이 피가 바로 사향이다. 보름달이
떠오를 때마다 이 고름집에 피가 너무 괴어 넘쳐 나오므로, 굿데리가 많은
이 지방에서는 여기저기 사향이 뿌려져 어디로 가나 이 냄새가 코를 찌른다.
성질이 고약한 토인들은 우수한 사냥개를 많이 기르고 있어 이들을 사용하

여 굿데리를 수없이 포획하므로, 그들은 많은 사향을 늘 가지고 있다. 토인 사이에서는, 대칸이 발행하는 지폐는 물론이려니와 그 밖의 경화도 사용하지 않고 주로 소금을 통화로 쓴다. 그들의 옷차림은 몹시 초라한데 가죽·부크람·삼베로 옷을 만들어 입는다. 그들끼리만 통용되는 특유한 언어를 쓴다.

티베트 지방은 대단히 광대하므로 간단하나마 좀더 이에 대해서 서술하려고 한다.

129 계속해서 티베트 지방

티베트는 광대한 지방으로 그들만의 언어를 사용하며 우상을 숭배한다. 만지를 비롯한 여러 나라와 경계를 접하고 있다. 경내에는 산적이 아주 많다. 광대한 지방이므로 안에 여덟 개의 왕국이 있고 도시·촌락의 수는 무수하다. 국내 여기저기에 사금이 대량으로 나는 강과 호수·산악이 있다. 계수나무가 무성하다. 호박이나 산호도 이 지방 시장에서 보이는데, 이것은 기쁨의 표시이며 우상이나 여자들의 목에 걸기 때문에 대단히 비싸다. 또 여기에 덧붙이고 싶은 것은, 낙타 모포를 비롯하여 견포·금실 직물 등의 피륙이 이 지방에서 직조된다는 것이다. 그리고 또 유럽에서는 여태껏 볼 수 없었던 각종 향료도 산출된다. 이 지방의 무술사들은 독자적인 기술을 갖고 있어 주변 제국보다도 훨씬 수준이 높다. 그들은 그 마력을 부려 아주 가공할 마술이나, 보기에도 불가사의하며 듣기에도 이상한 괴기한 것을 보여 준다. 즉, 뜻대로 폭풍우를 일으켜 천둥을 부르고 또 뜻대로 이것을 중지시킨다. 이러한 기적은 실로 끝이 없어서 그것을 다 서술하면 독자의 놀라움이 너무 클 것이므로 생략하기로 한다.

주민은 야만적이다. 그들은 당나귀만한 크기의 맹견을 기른다. 이 맹견은 야수, 그 중에서도 이 지방에 수많은 '베야미니'라는 사나운 대형 들소를 잡는 데 신묘한 능력이 있다. 이 밖에도 각종 사냥개를 기르고, 또 높이 나는 새를 잘 잡는 참매도 사육하고 있다.

다음에는 카인두라는 다른 지방으로 화제를 옮기기로 한다. 그러나 이 티베트도 대칸에게 예속된 고장이라는 것을 잊지 말아 주기를 바란다. 이 책에서 서술하는 지방 중에 단 하나 앞에서 말한 지방만이 아르곤 왕자에게 속해 있으며 그 이외에는 어느 왕국이나 어느 지방, 또는 어느 속령이든 모두가 대칸의 지배 아래 있다. 따라서 아르곤 왕자의 영역은 별도로 하고, 그 이외에 이 책에서 서술되는 곳은 모두 대칸에게 예속되는 것이다.

130 카인두 지방

카인두(Kaindu, 지안두建都)는 서쪽에 위치하는 지방이다. 물론 여기에서 서쪽에 위치한다고 해도 이들 제국이 유럽보다 서쪽에 있다는 것은 아니다. 그저 내가 동북쪽에 있는 지방에서 출발해 서쪽으로 여행하고 있으므로 이들 제국을 '서쪽 땅'이라 부르는 것뿐이다. 카인두는 전에 독립된 왕을 모시고 있었으나, 대칸에게 귀속된 뒤부터는 대칸이 파견하는 총독의 치하에 놓여 있다. 주민은 우상을 숭배하며 대칸에게 예속되어 있다. 이 지방에는 도시·촌락이 많다. 수도도 역시 카인두라 하며 그 지방의 가장자리에 위치하고 있다. 또 일대에는 물맛이 짠 호수가 있는데 거기에서 많은 진주가 산출된다. 이 진주는 색깔은 나무랄 데 없지만 구슬 모양이 아니고 네다섯 개 또는 그 이상이 한데 굳어진 것처럼, 말하자면 울퉁불퉁한 모양을 하고 있다. 이 진주는 대칸만 채취할 수 있다. 누구나 발견하는 대로 채취하면 그 양은 막대해질 것이며 값이 떨어져 마침내는 가치가 없어지고 말 것이다. 물론 대칸이 바랄 때에는 사람을 보내서 채취시키지만, 이외의 사람이 제멋대로 채취하면 사형에 처해진다. 또 이 지방에는 아주 훌륭한 터키옥이라는 보석이 다량으로 산출되는 산이 있다. 이것도 역시 대칸만이 채굴할 수 있다. 이 지방의 여자에 관한 풍습 하나를 소개한다.

이 고장 남자들은 외국인이나 기타 어떠한 종류의 남자가 자기 아내·딸·자매를 비롯한 가족 내의 여자들을 간음해도 누구 한 사람 그것을 발칙한 행위라고 힐책하지 않는다. 그뿐만 아니라 누군가가 이들 여자들과 함께 자려고 하면 오히려 기꺼이 이를 맞아들인다. 이렇게 함으로써 여러 신들이나 우상이 그들에게 은총을 내리고 현세에서 여러 가지 복을 내려 준다고 믿기 때문이다. 이런 까닭에 그들은 다음에 이야기하듯이, 그야말로 기꺼이 가족 중의 여자들을 여행자에게 제공한다. 즉 이 고장 주민은 여행자가 숙소를 구하거나 또는 그 밖의 이유로 자신의 집을 찾아오면, 곧 그 집 여자들에게 여행자의 어떤 요구라도 들어 주라고 명하고 자기는 외출한다. 이리하여 그들은 논밭이나 포도밭에 가서 작업하며, 여행자가 자기 집에서 떠날 때까지 결코 돌아오지 않는다. 여행자가 3일간 씩이나 그 집에 계속 머물며 이 불쌍한 여자와 함께 자는 일이 실제로 자주 있다. 그런데 이 여행자는 그가 아직 머물고 있는 중이라는 것을 나타내기 위해서는 자기 모자, 그 밖의 소지품을 문 밖에 매달아 그 표시로 한다. 가련한 그 남편은 이 표시가 문간에 매달려 있는 동안은 결코 집에 오지 않는다. 이 풍습은 이 지방을 통틀어 행해지고 있다. 사실 대칸은 전에 이 풍습을 금한 일이 있었으나 토민은 이 관습을 버리지 않았다. 그들은 모두 자발적으로 이 관습을 지켰을 뿐만 아니라, 금령 위반을 서로 고소하는 자는 한 사람도 없었다.

산악 지대의 길에 가까운 거리나 마을에는 지나가는 상인에게 자기의 아름다운 아내를 제공하는 사내들이 많다. 상인들이 여자와 향락을 다 즐기고 떠나려고 하면 이들 토민 부부는 그 뒤에서 이렇게 말하며 조롱한다.

"어어이, 당신은 도대체 어디로 가는 거야. 우리한테서 가져간 게 도대체 어떤 물건인지 보여 주기나 해요. 어어이 건달 같은 사람, 무슨 이득을 봤는지 보여 달라잖아. 네가 남기고 간 물건이라면 자아, 보여 주지. 잊고 간 물건은 이거란 말이야(이렇게 외치면서 그들은 상인에게서 받은 아마천 조각을 흔들어 보인다). 우리는 네게서 이것을 받았지만 멍청이 같은 놈, 그런데 네놈은 아무것도 뺏지 않고 돌아가는 거냐?"

이렇게 부부는 함께 상인을 비웃는데, 이것이 그들의 풍습인 것이다.

다음에는 그들 토민이 사용하고 있는 통화에 대한 이야기를 하자. 그들은 금괴를 길게 가닥으로 늘여 화폐로 사용한다. 그 가치는 중량에 따라 '삭기오' 단위로 계량된다. 그러나 주조된 화폐는 갖고 있지 않다. 단, 소액의 화폐는 다음과 같은 것으로 대용한다. 이 땅에는 소금물이 있으므로 이것을 원료로 소금을 만든다.[11] 소금물을 우선 냄비에 넣어 한 시간 바짝 끓이면 끈적끈적해진다. 이것을 거푸집에 흘려 넣는다. 그 크기는 2펜스의 가치를 지닌다. 바닥이 평평하고 위가 둥글게 솟아오른 모양을 하고 있다. 다음에는 불 옆의 가열된 돌 위에 이것을 나란히 놓고 건조시켜 굳힌다. 이 소금 화폐에는 대칸의 도장이 새겨져 있다. 단, 이것을 제작할 수 있는 것은 대칸의 관리뿐이다. 이 소금 화폐 80개는 황금 1삭기오에 해당한다. 이것이 이 고장에서 사용되고 있는 잔돈인 것이다.[12]

보석을 감정하는 대칸
카인두 지방에서 채취하는 진주·터키옥 등은 오직 대칸만이 채굴할 수 있다.

그러나 상인이 이 소금으로 만든 화폐를 가지고 외부와 교통이 불편하고 인적이 희박한 산간부에 가면, 그 지방의 미개한 정도나 도시 및 개화한 사람들로부터의 거리에 따라 소금 화폐 60개 또는 50개, 장소에 따라서는 40개로 황금 1삭기오와 교환할 수가 있다. 이것은 원주민이 그 황금을 팔려고 해도 이들 산간부에서는 당장 살 사람을 찾기 어렵기 때문이다. 그리고 이것은 사향, 그 밖에 그들의 토산물에 대해서도 마찬가지이다. 따라서 그들은 그 황금을 싼값에 팔아버린다. 거기에 더해서 이 지방의 강이나 호수에서도 황금이 채취되고 있는 판이니 더욱 그렇다. 상인들은 이 소금 화폐가 통용되는 이 산간 지방이나 티베트 각지를 널리 여행하며 막대한 이윤을 얻는다. 이들 주민은 필수품을 매입할 때뿐만 아니라 음식을 조리하는 경우에도 똑같이 이 소금 화폐를 사용하기 때문이다. 그러나 음식의 조리에는 망가진 소금 화폐만을 사용하고, 완전한 것은 통화로서 사용한다.

사향이 채취되는 동물이 아주 많이 있으므로 사냥꾼들은 이것을 포획해서 대량의 사향을 얻는다. 또 호수에는 진주가 채취되는 것 외에 맛 좋은 물고기가 다량으로 잡힌다. 그리고 호랑이·곰·살쾡이·누런 사슴을 비롯하여 각종 새들이 아주 많다. 이 지방에는 포도주는 없지만 밀이나 쌀에 각종 향료를 배합하여 만든 술이 있어 아주 맛이 좋다. 정향나무가 많은데, 그 나무는 월계수를 닮았으나 다소 그것보다 길쭉한 잎을 갖고 있고 유럽의 정향나무와 꼭같은 하얀 잔꽃이 핀다.*13 또 이 지방에는 생강·계피를 비롯하여 유럽에 수입되고 있지 않은 각종 향료도 많이 생산되는데 특기할 만한 가치가 없으므로 생략하기로 한다.

카인두를 떠나 꼬박 열흘간 몇몇 도시·촌락을 지나치면서 여행을 계속한다. 주민의 기질이나 풍습도 모두 앞에서 말한 것과 똑같다. 수렵하기 좋은 곳이 많다.

열흘이 지나면 카인두 지방의 끝이라 할 수 있는 브리우스 강(양작 강 상류를 이루는 금사강)에 다다른다. 이 강에는 사금이 많고, 이 지방에는 계수나무가 많아 계피가 많이 생산된다. 이 강은 바다로 흘러들어간다.

이 강에 대해서는 각별히 이야기할 만한 사항도 없으므로 지금부터 곧장 카라잔 지방의 이야기를 시작하고자 한다.

131 카라잔 지방

브리우스 강을 건너면 카라잔(Karazan, 윈난 성雲南省)에 들어간다. 이 지방은 아주 광대하여 적어도 7왕국이 포함되어 있다(우선 그 중의 야치 왕국부터 이야기해 보자).

야치 왕국은 서쪽에 위치하며, 주민은 우상을 숭배하며 대칸에게 예속한다. 대칸의 손자 에센테무르가 이 나라의 왕이다.*14 에센테무르는 총명하고 재력과 권력을 두루 갖춘 왕으로서 공평하게 잘 다스리는 것으로 알려져 있다.

앞에 기술한 강을 뒤로 서쪽을 향하여 가다 보면 수많은 도시·촌락을 지나치게 되는데, 그곳에는 좋은 품종의 말이 많이 사육되고 있다. 주민들은 목축과 농경에 종사한다. 이들은 외지인이 배우기 어려운 독자적인 언어를 가지고 있다.

닷새 되는 날 밤에 야치(Iaci, 쿤밍昆明)에 다다른다. 이곳은 아주 웅장한 대도시로 이 왕국의 수도이다. 상인·장인(匠人)들이 많이 살고 있다. 주민은 종교적으로 다양하며, 대다수가 우상 숭배자이지만 이슬람 교도*15, 또 그 수는 적지만 네스토리우스파 그리스도 교도도 있다. 토지가 비옥하여 쌀과 밀이 풍부한데, 이 고장에서는 건강에 좋지 않다는 이유로 밀빵을 먹지 않고 쌀을 주식으로 한다. 쌀에 향료를 넣어 빚는 술은 투명하고 아주 풍미가 좋아 포도주처럼 마실 수 있다. 이들은 하얀 자안패를 화폐 대용으로서 사용하고 있다. 자안패란 바다에서 잡히는 조개이며, 이탈리아의 귀부인들이 높은 칼라에 흔히 붙여 장식하는 그 조개껍데기이다.

이 자안패 80개가 은 1삭기오, 즉 베네치아의 화폐 2그로소로 환산되며, 순은 8삭기오가 순금 1삭기오 가치가 있다.[16] 이 고장에는 염정(鹽井)이 있어 그 염수에서 소금을 만들며 이 지방 전역의 수요를 충분히 충족시키고 있다. 따라서 국왕이 이 소금에 부과하는 세금은 실제로 상당한 액수에 달한다.

또 이 지방에서는 여자 쪽에서 먼저 원한 것이라면 어떤 사내가 남의 아내와 동침해도 별로 개의치 않는다.

다음에는 카라잔 왕국의 이야기에 옮기려고 하는데, 그에 앞서 한 가지 잊은 것이 있으므로 여기에 그것을 말하고자 한다.

야치에는 둘레가 160km나 되는 호수가 있어 보기 드물게 커다란 많은 종류의 물고기가 다량으로 잡힌다. 또 이곳 주민들은 닭·양·들소·물소 등 어떤 고기라도 생식한다. 가난한 사람은 도살장에 가서 생간을 구해 이것을 잘게 썰어 마늘양념장에 찍어 먹는다. 그 밖의 고기들을 먹는 방법도 이것과 다를 바 없다. 상류의 사람들도 역시 고기를 생식한다. 그 경우에는 우선 고기를 아주 잘게 썰어, 각종 고급 향료를 섞은 마늘즙을 넣은 장에 담가 두었다가 먹는 차이만 있을 뿐이다. 우리가 조리된 고기를 먹는 것과 똑같이 그들은 입맛 다시며 이 생고기를 먹는다. 그럼 이제부터 드디어 카라잔 왕국의 이야기에 들어가기로 하자.

132 계속해서 카라잔 지방

야치를 떠나 서쪽으로 10일을 가면 카라잔 왕국에 당도한다. 왕국의 수도도 마찬가지로 카라잔이라 한다. 주민들은 우상을 숭배하며 대칸에게 예속된다. 왕은 대칸의 황자 코가친이다. 이 나라에는 사금이 채취되는 강이 몇 개 있고, 호수나 산에서도 대량으로 채취된다.[17] 실제 이 고장은 산금량이 대단하므로 은 6삭기오를 금 1삭기오로 교환해 준다. 여기에서도 자안패가 통화로 쓰인다. 그러나 이 조개는 그 지역에서 나는 것이 아니고 인도에서

들여온 것이다.

이 나라에는 이야기를 듣기만 해도 눈이 휘둥그레질 만큼 큰 뱀(악어를)이 있는데, 길이는 10걸음을 넘고 굵기도 10뼘쯤 되어 마치 거대한 술통과 같다. 전반신의 머리 쪽 가까이 두 개의 짧은 다리가 있다. 다리에는 종아리 부분이 없고 대신 세 개의 발톱이 있다. 한 개는 크고 다른 두 개는 작다. 사자나 매의 발톱과 비슷하다. 머리는 아주 거대하고 커다란 빵조각보다도 더 큰 눈을 갖고 있다. 턱도 인간을 통째로 삼킬 만큼 크고, 게다가 이빨도 크고 날카롭다. 이 동물은 거대한데다가 사나워서 인간은 물론 짐승류도 공포를 느끼지 않을 수 없다. 게다가 작은 것도 길이가 5걸음에서 8걸음이나 된다.

이 큰 뱀을 포획하는 방법은 다음과 같다. 낮에는 더위가 심하기 때문에 이 큰 뱀은 동굴 속에 숨어 있다가 밤이 되면 먹이를 찾아 나돌아다니며 닥치는 대로 어떤 동물이라도 잡아 먹는다. 또 강이나 호수나 샘에 가서 물을 마신다. 그러고 나서 기어갈 때 몸이 너무 무거워 바닥에 깊은 흔적을 남기는데, 마치 술이 가득 찬 술통을 질질 끌고 간 자국이 아닌가 의심이 날 정도이다. 사냥꾼들은 이 큰 뱀 자국을 발견하면 거기에 올가미를 장치하여 포획하려 한다. 그들은 이 큰 뱀이 물을 마시러 갈 때에는 언제나 험준한 둑을 지나는 습성을 알고 있으므로, 이 가파른 둑의 경사면에 굵고 튼튼한 말뚝을 땅 속 깊이 보이지 않을 정도로 박아 넣고 말뚝 대가리에 면도칼이나 창끝처럼 예리한 강철 칼날을 붙여 둔다. 이 칼날은 말뚝 대가리에 약 한 뼘쯤 튀어나와 있어 큰 뱀이 오는 방향을 향해 비스듬히 붙여져 있다. 사냥꾼들은 이 칼날이 붙은 말뚝을 아주 많이 박아 둔다. 그러다가 드디어 시간이 되어 큰 뱀이 물을 마시러 강으로 찾아온다. 칼날이 붙은 말뚝을 박아 놓은 지점에 이르면, 본디 그곳이 험준한 경사면을 이루고 있는 관계로 큰 뱀은 구르는 듯한 속력으로 내려간다. 따라서 큰 뱀은 자연히 이들 칼날에 세게 부딪쳐서 가슴에서 배꼽 언저리까지 모두 째어져 즉사한다. 사냥꾼들은 새가 시끄럽게 지저귀는 소리로 큰 뱀의 죽음을 짐작하여 현장에 간다. 그렇지 않으면 결코 그 자리에 접근하지 않는다. 토민 사냥꾼들이 이 큰 뱀을 잡는 경위는 대개 이와 같다.

큰 뱀을 잡으면 사냥꾼들은 곧 그 큰 뱀에서 간을 빼내어 아주 높은 값으

악어
카라잔(윈난 성雲南省) 지역에서, 폴로가 큰 뱀이라고 표현한 악어 사냥에 대한 이야기를 한다.

로 판다. 이 간이 의약으로서 다방면에 사용되기 때문이다. 첫째로, 미친개에 물렸을 때는 아주 조금, 1페니에도 미치지 못할 정도만 먹어도 단번에 치유되며, 둘째로, 부인이 난산으로 괴로워하며 울부짖는 경우에도 이 간을 아주 조금만 먹이면 대뜸 무사히 분만할 수 있다. 셋째 용도는 종기에 잘 듣는 것이다. 이 또한 아주 적은 양을 환부에 바르면 2~3일 내에 다 낫는다. 이러한 까닭에 이 뱀의 간은 그곳에서는 아주 값진 것이다. 그리고 또 이 큰 뱀의 고기도 맛이 아주 좋아 토민이 가장 좋아하는 것이므로 비싼 값으로 팔린다.

끝으로 덧붙이자면, 이 큰 뱀은 호랑이나 곰, 그 밖의 야수가 새끼를 기르고 있는 굴까지 들어가 급습하여 어미와 새끼를 모두 잡아먹는다.

그 밖에 이 지방에는 대단히 많은 말이 사육되며 주로 인도에 팔린다. 주민들은 말꼬리를 두세 마디쯤 잘라버린다. 이것은 말에 올라탔을 때 꼬리가 사람을 치든가, 달릴 때 꼬리가 너무 드리워지면 꼴사납다고 생각하므로 미리 그것을 피하기 위해서 하는 짓이다. 이 고장 주민은 프랑스 인같이 긴 등자(鐙子 : 말을 탔을 때 두 발을 디디는 제구)를 사용하고 있다. (긴 등자라는 말은, 타타르 인과 몇몇 다른 부족들의 등자에 비해 길다는 말이다. 이 부족들은 말 위에서 활을 쏘기 때문에, 활을 쏠

때에는 항상 그 몸을 말 위에서 꼿꼿이 세워야 하므로 짧은 등자를 사용한다)

주민들은 또 무소 가죽으로 만든 갑옷을 입고 긴 창·방패·노궁(弩弓 : 큰 활)으로 무장하며, 화살촉에는 모두 독을 바른다.

뭔가 나쁜 짓을 꾸미고 있는 자는 특히 그렇지만, 주민은 남녀 모두 언제나 독약을 지니고 있다. 무슨 죄를 저지르고 잡혀서 고문을 당해야 할 때를 위한 준비이다. 장형(杖刑 : 곤장으로 볼기를 치는 형벌)의 고통에 견디기보다는 오히려 빨리 이 독약을 입에 넣고 삼켜서 자기 목숨을 끊는 것이 낫기 때문이다. 그러나 이에 대해서는 관헌도 또 적당한 수단을 강구한다. 늘 개똥을 마련해 두었다가, 죄수가 이 같은 이유로 독을 삼켰을 때에는 때를 놓치지 않고 개똥을 먹여 독약을 토하게 한다. 이것이 관헌 쪽에서 강구하고 있는 해독법이며 이 방법이 종종 실행되고 있다.

여기서 잠시 화제를 바꾸어 대칸이 이 나라를 정복하기 이전, 주민들 사이에서 잘 행해지고 있었던 악습에 대해서 전한다. 그것은 용모가 단정하고 고아한 인물이 우연히 이 고장에 숙박을 청했을 경우, 그들은 야간을 틈타 독을 사용하든가 또는 다른 방법으로 손님을 살해하곤 했다. 그들이 손님의 소지품이 탐나서 이러한 행위를 한다고 생각하면 안 된다. 실은 손님의 단정한 용모와 자태, 고상한 기질의 혼백이 그 집에 남는 것이라 믿고 이러한 살해 행위를 하는 것이다. 대칸의 정복 이전에는 이러한 관습으로 그들은 많은 사람들을 죽였다. 그러나 대칸이 이 지역을 정복한 뒤로는 대칸의 엄중한 금령을 두려워하여 이 악습은 행해지지 않게 되었다.

133 카르단단 지방

카라잔을 떠나 서쪽으로 가기를 닷새 만에 카르단단(Kardandan, 금치金齒. 현재는 다리大理)*18에 다다른다. 주민들은 우상을 숭배하며 대칸에게 예속되어 있다. 수도를 보찬(Vocian 또는 Uncian운찬, 영창푸永昌府)*19이라 한다. 주민들은 누구나가 금니를 하고 있다. 즉, 황금을 이에 씌우는 것이다. 그들은 우선 자기 이에 맞추어 황금 포피(包皮)를 만들어 이것을 윗니·아랫니 모두에 씌운다. 그러나 이것은 남자에만 한하고 여자는 하지 않는다. 또 남자들은 두 팔, 두 다리 주위에 고리 모양과 띠 모양의 문신을 하고 있는데, 이 문신 방법은 이렇다. 우선 묶은 다섯 개 바늘로 피가 흐를 때까지 살을 찌르

고 거기에 흑색 안료를 칠한다. 이렇
게 하면 이 안료는 아무리 해도 떨어
지지 않게 된다. 그들은 이러한 고리
모양의 문신을 하고 있는 것을 아름
답고 고상하다고 여긴다. 남자들은
그들 나름으로 말해서 모두가 신사이
므로, 출진하고 출렵하고 매사냥 하
는 데에만 세월을 보내고 있다. 모든
일은 여자들과, 전쟁에서 사로잡은
노예로서 사역당하고 있는 남자들이
하는 것이다. 사실 이 여자들과 노예
들은 필요한 가사일을 다 해낸다.

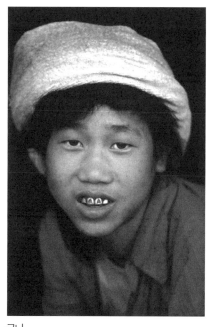

금니
카르단단(금치, 다리大理) 주민 남자들은 모두
금니를 하고 있다.

　아내가 아이를 낳으면 즉시 목욕시
키고 배내옷을 입혀 남편에게 준다.
그러면 남편은 아내 대신 자리에 들
어가 갓난아기를 보살핀다. 남편은
무슨 필요한 일이 일어나지 않는 한

20일간쯤이나, 아니 장소에 따라서는 더 긴 기간쯤 자리에 들어박힌 채 있
다. 그러면 친구나 친척들이 모두 문안하러 와서 그와 상대를 한다. 이 동안
쭉 성대한 잔치를 벌여 접대가 계속된다. 이 풍습은 아기를 잉태하고 있는
동안 아내가 몹시 고생했으므로 그 보상으로 일정한 기간, 즉 20일간이라든
가 그 이상 이 고생에서 벗어나도 좋다고 생각하는 데서 행해지는 것이다.
이리하여 분만하고 나면 곧 여자는 자리에서 나와 집안일을 하며 자리에 있
는 남편과 아이, 손님까지 돌본다.

　주민들은 고기라면 무엇이든 날것으로 요리해 먹는다. 쌀은 그들 나름대
로 고기나 그 밖의 것과 혼합해서 요리하여 식용으로 한다. 술은 쌀에 양질
의 향료를 가하여 빚은 것으로 맛이 아주 뛰어나다.

　통화는 황금을 사용하고 있는데 자안패도 사용되고 있다. 여기에서는 은
5삭기오로 황금 1삭기오와 교환할 수 있다. 이것은 5개월 거리의 먼 데까지
가지 않으면 은광이 없기 때문이다. 그러므로 상인이 다량의 은을 지참하여

이 지방에 와서 은 5삭기오 대 황금 1삭기오의 비율로 지역 주민의 금과 교환하여 막대한 이익을 거두고 있다.

지역 주민들은 우상이나 사묘(寺廟)를 갖고 있지 않고 단지 가족의 조상을 제사지내고 있을 뿐이다.

"조상이 있음으로써 우리가 태어날 수 있었다."

그들은 이렇게 말한다. 그들에게는 글도 없고 문자도 모른다. 그러나 별로 이상하게 여길 일은 아니다. 그들이 태어난 이 고장은 외부 세계와의 교통이 두절된 땅, 즉 여름이 되면 특히 공기가 혼탁하여 불결해지고 토착인 이외의 사람은 도무지 무사히 지낼 수 없을 만큼 깊은 삼림과 험준한 산악에 둘러싸인 지역이기 때문이다. 타인과 거래할 때는 둥글거나 네모반듯한 막대기에 바라는 만큼의 눈금을 새긴 다음 둘로 쪼개어 하나씩 갖는다. 상대가 약속한 물품을 가져오면 그것과 교환해서 화폐 또는 그 밖의 물건을 지급하고 그런 뒤에 상대가 갖고 있던 막대기의 절반을 되찾는 방법을 쓴다.

그런데 앞에서 기술한 여러 지방, 즉 카라잔·야치·보찬을 통틀어 의학 지식을 가진 자는 아무도 없다. 그러므로 신분이 있는 자가 병에 걸리면 마술사, 즉 신들려 넋두리하는 자들이나 우상을 모시고 있는 무당을 부른다. 이들 마술사가 오면 병자가 이들에게 병의 상태를 알린다. 그러면 마술사들은 우선 음악을 연주하고 노래 부르며 병자 주위를 춤추며 돈다. 그러는 중 마술사 한 사람이 입에 거품을 뿜고 마치 죽은 사람같이 바닥에 쓰러진다. 동료 한 사람이 이런 식으로 쓰러지는 것을 보면 나머지 마술사들이 (그들은 여러 명이 몰려온다) 다가와 환자의 병에 대해 묻는다. 그러면 쓰러진 마술사는 이에 대답한다.

"이 병자는 이러이러한 일로 모 정령의 기분을 상하게 했으므로 지금 그 벌을 받고 있는 것이다."

그리고 그 정령의 이름을 말한다. 다른 마술사들은 이것을 듣고 기원한다.

"모쪼록 병자를 용서하소서. 병이 낫기만 한다면 무엇이든 바치겠나이다."

이리하여 마술사들이 무엇인가를 계속 지껄이며 갖가지 기도를 드리면, 쓰러진 마술사의 체내에 깃든 정령이 응답한다. 그런데 병자가 아무래도 살 것 같지 않다면 정령의 회답은 다음과 같이 된다.

"이 병자는 이러이러한 정령의 노여움을 크게 샀으며 악행도 심하여 결코 정령의 용서는 얻을 수 없으리라."

이것이 죽어가는 병자가 받는 회답이다. 그러나 병자가 나을 듯한 경우이면, 쓰러진 마술사의 체내에 깃든 정령은 이렇게 대답한다.

"병자의 죄업은 무겁지만 용서되리라. 그러나 완전히 낫기를 바란다면 두세 마리의 양을 정령에게 바치고 값진 고급술을 열 병쯤 준비하라."

이 계시는 더욱 상세하게 설명되며 양은 검은 머리의 것에 한한다든가, 또는 무슨 종류의 것이어야 한다고 명령한다. 그리고 또 공물은 아무개 우상과 아무개 정령에게 바치고, 그 봉납에는 몇 사람의 마술사와 몇 명의 여자 무당—정령이나 우상을 섬기고 있는 패들—이 참여해야 한다는 것, 성대한 봉찬식(奉贊式)이나 잔치를 벌여 정령과 우상에게 축하할 것 등을 덧붙인다. 마술사들의 이 계시를 받으면 병자의 친구들은 마술사의 말을 곧 실행한다. 그들은 지정된 종류대로의 양을 장만하고 술도 정령이 요구한 대로의 분량과 품질의 것을 준비한다. 그들은 양을 도살하여 그 피를 지시된 장소에 뿌리고 정령에 대한 경의를 나타내는 동시에 희생으로서 이것을 바친다. 이에 그들은 병자의 집에서 양을 요리한다. 그러자 거기에 지명된 만큼의 마술사와 여자 무당이 모여든다. 그들의 얼굴이 보이고 양고기와 술이 준비되면, 마술사들은 주악을 올리고 가무를 하면서 정령에 대하여 어떤 송가를 부른다. 그러고는 고깃국과 술을 뿌리고, 향이나 주목(朱木) 따위를 여기저기 피우고 등불을 환히 켠다. 잠시 이렇게 하고 있는 동안에 마술사 한 사람이 땅 위에 푹 쓰러진다. 그러면 나머지 마술사들이 다가와 병자가 정령의 용서를 얻어 완쾌될 것인지 묻는다. 쓰러진 마술사는, 아직 용서되지는 않았으니 다시 따로 이러이러한 일을 하면 그때야말로 사면되리라 대답한다. 이 계시는 곧 그대로 실행된다. 실행되자, 쓰러진 마술사에게 붙어 있던 정령은 이런 계시를 내린다.

"희생을 비롯한 만사가 명령대로 실행된 이상, 병자는 용서받고 머지않아 완쾌되리라."

이 계시를 받자 사람들은 다시 고깃국과 술을 뿌리고 휘황하게 등불을 켜고 향을 담뿍 피우며 말한다.

"정령은 마침내 우리에게 편들어 주었다."

이어 마술사와 여자 무당은—정령을 섬기는 여자이다—양고기를 먹고 술을 마시며 잔치 기분에 도취한 뒤에 모두들 물러간다. 이 행사가 모두 순조롭게 끝나면 병자는 순식간에 낫는다. 그것은 생각건대, 정령의 계시는 거의 항상 실수하는 일이 없기 때문이다. 그러나 때로는 병자가 완쾌되지 않을 때가 있다. 그러면 마술사들은 '희생이 손상되어 있었다, 즉 조리인이 우상에게 바치기 전에 공물의 일부를 뜯어 먹었기 때문' 이라고 말한다. 물론 이런 의식은 일반 서민 사이에서는 행해지지 않으며 거의 부유층에서 한 달에 한두 번 정도 행해질 뿐이다. 이 풍습은 카타이나 만지의 도처에서도 의연히 행해져 우상 숭배는 거의 모두 이 풍습을 좇고 있다. 이것은 의사가 매우 적은 탓이다.

134 대칸에 의한 미엔·방갈라의 정복

전에 보찬 왕국 내에서 이루어진 혁혁한 승리의 전투에 대해서는 물론 이 책에서 기술되기에 충분히 적합한 화제이지만, 지금까지 이야기하는 것을 잊고 있었다. 여기서 그 전쟁의 원인·결과에 대해서 상세한 설명을 하기로 한다.

그것은 1272년에 일어난 일이다.[20] 대칸은 대군을 보찬 왕국·카라잔 왕국에 파견하여 외적이 이들 왕국에 침입하려는 것을 막게 했다. 당시 대칸은 아직 황자를 이 지방에 보내지 않았다. 대칸이 황손, 즉 요절한 황자의 세자인 에센 테무르를 이 지방에 보내 왕이 되게 한 것은 그보다 훨씬 뒤의 일이다. 그런데 미엔(미얀마)과 방갈라(벵갈)를 겸하고 있는 왕이 있었다. 국토는 광대하고 백성은 많은데다가 나라는 부유하며 더구나 대칸에게 예속되어 있지 않았다. 물론 대칸은 그 뒤 이 왕을 격파하고 두 왕국을 빼앗았다. 미엔 및 방갈라의 왕은 대칸의 군대가 보찬에 출동했다는 말을 듣자, 넉넉한 대군을 보내 대칸의 군세를 격파하여 대칸이 두번 다시 이 지방에 새 군대를 파견하려고는 생각지 못하도록 해야겠다고 작정했다. 그래서 왕은 이를 위해 대단한 준비를 했다. 그것이 어떤 정도의 것이었는지를 여기에 기술해 보자.

미엔 왕은 2천 마리의 큰 코끼리를 모아 그 등 위에 각각 기술적으로 만든 전투에 알맞은 견고한 목제 망루를 설치하고 망루 속에는 최소 12명, 때로는 16명이 넘는 병사를 타게 했다. 여기에 더해서 기병과 소수의 보병을 합하여 도합 4만 이상을 헤아리는 대군을 집결시켰다. 그가 갖춘 이 전투 준비는 위대하고 강력한 왕인 그에게는 그야말로 어울리는 규모의 것이었다. 정말 이 당당한 그의 군세는 대사업을 수행하는 데 충분한 위용을 갖추고 있었다. 이와 같은 준비가 완전히 갖추어지자, 왕은 잠깐의 유예도 없이 군을 이끌고 곧 보찬으로 출진하여 대칸의 군세를 습격하려 했다. 이리하여 그는 특별한 위험을 만나는 일도 없이 행군을 계속하여, 마침내 타타르군과의 거리가 사흘 길이 되는 지점에 이르렀다. 왕은 여기에서 휘하 군대에 휴식을 주기 위해 군을 주둔시켜 야영했다.

135 대칸 군대와 미엔 왕과의 전투

타타르군의 사령관은 미엔 왕이 이러한 대군을 이끌고 진격 중이라는 보고를 받자, 그의 휘하 기병은 1만 2천에 지나지 않았으므로 불안한 마음을 금할 길이 없었다. 그러나 이 사령관은 확실히 용맹무쌍한 전형적인 지휘관이었다. 그 이름은 나시르우딘*[21]이라 했다. 이때 나시르우딘 장군은 부하를 정연히 배치하고 사기를 북돋아 주고, 그 국토와 주민을 방위하기 위하여 모든 노력을 기울여 만전의 방책을 세웠다. 타타르군은 보찬 평원에 진출하여 이곳에 주둔하고 적군의 내습을 기다렸다. 이 행동이야말로 타타르군의 전략의 깊이와 지리에 대한 완전한 파악을 나타내는 것이었다. 보찬 평원은 그 한쪽에 수목이 울창한 삼림을 두고 있기 때문이다.

이렇게 타타르군은 평원에서 적의 내습을 기다렸다. 여기에서 잠시 타타르군의 동정에서 떠나 적군 쪽 동태를 살펴보기로 한다. 타타르군에 대해서는 곧 뒤에 다시 설명할 때가 있을 것이다.

미엔 왕과 그 군대는 잠시 휴식한 뒤 군영을 정비하고 다시 진군을 개시하여, 타타르군이 준비를 충분히 하고 대기하고 있는 보찬 평원에 도착했다. 평원에 접어들어 타타르군에서 약 1.6㎞ 거리까지 접근하자, 미엔 왕은 우선 완전 무장한 병사들이 망루에 타고 있는 코끼리 부대를 전열에 나서게 하고, 이어 기병과 보병을 이 또한 신중하고도 교묘한 진열로 배치했다. 이러한 처치는 그야말로 지모(智謀)의 왕에게 알맞은 작전이었다. 이같이 명령을 내리고 그 만반의 준비가 갖추어지자, 왕은 전군에게 총공격을 명했다.

한편 타타르군은 적의 이 진격을 보고도 기가 죽지 않고 도리어 왕성한 투지를 충만시켰다. 그러나 미엔의 군대는 한치의 틈도 없는 교묘한 대열을 갖추고 전군이 바싹바싹 다가왔다. 두 군은 서로 접근하여 바야흐로 교전하기에 이르렀다. 이때 타타르군의 군마는 코끼리 떼를 보고 공포에 떨어, 기사가 아무리 제지하고 적에게 대항하게 하려 해도 듣지 않았다. 모든 방책이 다 떨어진 타타르군은 부득이 퇴각할 수밖에 없었다. 이것을 틈탄 미엔군은 의연히 코끼리 부대를 선두로 추격을 계속했다.

136 계속해서 미엔 왕과의 전투

이 형세를 본 타타르군은 크게 당황하여 어찌할 바를 몰랐다. 군마를 앞으로 나아가게 할 수가 없으므로 전군이 괴멸당하는 것은 뻔한 노릇이기 때문이다. 그러나 그들은 곤란을 참으로 재치있게 극복했다. 그 경위는 이렇다. 타타르 인은 자기들의 말이 몹시 떨고 있는 것을 보자 모두 말에서 내렸다. 그러고는 말을 숲 속으로 끌어들여 나무에 매어놓고 저마다 활을 들어 적의 코끼리 부대에 화살을 집중시켰다. 그 격렬함이란 그야말로 장관의 극치를 이루었고, 코끼리는 이 때문에 심한 상처를 입었다. 미엔군도 기가 꺾이지 않고 타타르군에 빗발같이 화살을 쏘며 악착같이 다가왔다. 하지만 전세가 이렇게 되자 타타르군은 적에 비하여 전사의 자질이 훨씬 더 뛰어났다. 그들은 용감하게 잘 방어했다.

미엔군의 코끼리 부대는 타타르군의 심한 화살 세례를 받고 상처를 입자, 대뜸 발길을 돌려 천지도 무너뜨릴 정도로 광폭하게 도망쳐 자기 군대 속에 돌진해 갔다. 코끼리 떼는 계속 달려 밀림에까지 이르자, 무턱대고 밀림 속으로 돌진하여 난동을 부렸다. 등 위의 망루는 깨지고, 닥치는 대로 모든 것을 밟아 뭉개고 밀며 망가뜨렸다. 공포에 쫓긴 코끼리는 밀림 속을 우왕좌왕하며 미쳐 날뛰었다. 타타르군은 코끼리가 발길을 돌리는 것을 보자, 곧바로 말 위에 올라타고 미엔군을 덮쳤다. 두 군은 다시 사격전을 벌였다. 미엔군도 용감하게 방어에 힘썼으므로 그 격렬함이란 그야말로 대단했다. 이리하여 두 군은 사격전에 화살이 모두 동이 나자 칼을 휘두르고 망치창을 들어 맹렬히 대항하여 처참한 격전이 전개되었다. 칼이나 망치창을 있는 힘껏 내려치는 자, 그 일격을 정통으로 맞고 쓰러지는 자, 칼을 맞고 쓰러지는 기병과 군마의 무리, 손이 달아나고 팔이 끊기고 허리가 찔리며 목이 잘렸다.

이미 숨이 끊어진 자나 빈사 상태에 있는 자가 겹겹이 쌓여 대지를 덮고

미엔군의 코끼리 부대
미엔군은 전술 실패로 막강한 코끼리 부대를 효과적으로 이용하지 못하고 타타르군에 지리멸렬 괴멸되고 말았다.

아비규환, 함성의 요란한 울림은 천둥소리도 그 때문에 들리지 않을 정도였다. 두 군 모두 사력을 다하여 혼전 또 난전, 소름이 끼치는 처참함이었으나 결국 타타르군의 우세는 변하지 않았다. 이날 단 하루의 합전에서 이렇게 막대한 전사자를 냈으니, 미엔 왕과 그 군대에 있어서는 그야말로 전투 개시의 시각이 운이 없었다고 할 수밖에 없다. 합전은 오후까지 이르렀으나 미엔군의 사상자는 늘어나기만 하여 이미 패색이 짙었기에, 더 이상의 전투를 지속하면 전군 괴멸은 누가 보아도 면하지 못할 상황에 이르렀다. 이리하여 미엔군은 완전히 전의를 잃고 나 살려라 패주했다. 도주하는 적군을 본 타타르군은 그 틈을 타서 추격을 늦추지 않고 사정없이 살육을 자행했다. 그야말로 참담한 광경이었다. 그들은 거목을 넘어뜨리고 코끼리의 앞길을 막아 도주를 저지하려고 했으나, 이 수단으로도 코끼리를 붙잡기에는 역부족이었다. 그러나 포로가 된 미엔군 병사를 사역하여 이 목적은 이루어졌다. 코끼리라는 동물은 다른 어느 동물보다도 영리하여 주인을 잘 알고 있기 때문이다.

이리하여 타타르군은 200마리가 넘는 코끼리를 생포했다. 이 합전 이후 대 칸은 비로소 많은 코끼리를 사육하게 되었다.

이러한 경과로써 싸움은 끝나고 타타르군은 승리를 거두었다. 이 승리의 원인으로는 다음과 같은 이유를 말할 수 있다. 첫째로는 미엔·방갈라 국왕 의 군대에는 타타르군에 필적할 만한 무장이 없었다. 둘째는 전열의 선두에 배치된 코끼리 부대가 적의 최초의 사격에 견딜 만한 견고한 갑옷을 두르지 못했다는 점이다. 그래서 코끼리 부대는 화살을 두려워하지 않고 적군에 쳐 들어가 그 진열을 교란시킬 수 없었다. 그러나 그보다도 더 중요한 원인으로 는, 미엔 왕이 등 뒤에 밀림을 둔 위치에서 타타르군에 공격을 시도했던 잘 못된 전술을 들 수 있겠다. 미엔군으로서는 의당 광활한 평원 내부에서 타타 르군의 진격을 기다려야 했다. 왜냐하면 아무리 타타르군이라 해도 평원에 서의 회전이었더라면, 미엔군의 최전열에 배치된 무장 코끼리대의 공격에는 도저히 견딜 수 없었을 것이며, 또한 미엔군이 기병과 보병을 좌우에 전개시 켰더라면 타타르군을 포위하여 괴멸시킬 수도 있었을 것이다.

137 경사 지대

보찬 왕국을 떠나자 길은 거대한 경사지에 접어든다. 말을 타고 이틀 반 남짓은 그냥 계속해서 구릉을 내려가기만 한다.*²² 그 이틀 반의 여정 사이에 는 각별히 이렇다 할 만한 기삿거리는 아무것도 없다. 하지만 한 가지 말한 다면, 가는 길에 있는 일대 평지에 큰 시장이 열리는데, 이 지방 주민이 모 조리 매주 세 번 정해진 날에 모여서 황금 1삭기오 대 은 5삭기오의 비율로 금은을 교환한다. 아주 먼 나라에서도 상인이 은을 들고 와서 지역 주민의 황금과 교환하여 막대한 이익을 거둔다. 황금을 시장에 가져가는 토착 주민 들은 주거지가 아주 험준하여 외부 세계와 교통하기 어렵고, 타향인으로서 는 무사히 거기까지는 도저히 갈 수 없을 정도의 벽지 주민이다. 토착 주민 이외에는 누구 한 사람 그들의 주거지에 찾아갈 수 있는 자가 없으므로 그들 이 과연 어디에 살고 있는지 아는 자도 없다.

경사 지대를 이틀 반에 걸쳐 계속 내려가면 미엔 지방에 들어간다. 이 지 방은 남쪽에 위치하며 인도와 국경을 접하는 나라이다. 여기에서 더 보름 동 안 험준한 지방을 지나서 코끼리·들소, 그 밖의 야수가 서식하는 대삼림을

미얀마 수도원의 불탑
대칸은 정복 지역에서 죽은 자의 영혼이 깃든 물품에는 비록 황금이라 해도 절대로 손대지 않았다.

넘어 여행을 계속한다. 그 사이에는 마을을 볼 수 없다.

138 미엔

험준한 지방을 보름 동안에 걸쳐 계속 여행하면 이윽고 미엔(蒲甘)이라는 도시(_{미얀마의}_{고도 아미엔})에 다다른다. 미엔 왕국의 수도이며 훌륭한 대도시이다. 주민들은 우상을 숭배하며 고유한 언어를 쓰고 대칸에게 예속되어 있다. 이 미엔에는 아주 훌륭한 건축물이 있다.

옛날 이 도시에 부강한 왕자가 군림하고 있었다. 왕은 죽으면서 무덤에 그를 기념하는 황금탑과 은탑을 세우도록 유언했다. 이 탑은 유언대로 만들어졌다. 우선 석재로써 2개의 탑을 만들고 그 한쪽은 손가락 굵기만한 두께의 황금으로 덮어 마치 속까지 금으로 되어 있는 듯한 외관을 나타냈다. 탑 높이는 넉넉히 10걸음은 되리라. 가로 폭은 적당한 높이와 균형을 이루고 있다. 위쪽은 원형이며 주위에 도금을 입힌 방울이 드리워져 있어 바람이 불면 땡그랑거리는 소리를 내며 울린다. 다른 한쪽 탑은 은제이며 모양이나 크기도 모두 황금탑과 같다. 무덤은 온통 금과 은으로 덮여 있다. 왕이 이러한 탑을 세우게 한 이유 중의 하나는 그의 영광을 나타내기 위함이며, 또 하나는 영혼의 행복을 바라서이다. 이 탑은 그야말로 전 세계에 다시 없는 아름다운 자태를 나타내고 있고 막대한 가치를 가진 것이다. 태양빛을 받으면 찬연하게 빛나고 아득히 먼 데에서도 그 광휘를 바라볼 수 있다.

이 나라가 대칸에게 정복당한 경위는 이렇다. 다 알고 있는 바와 같이 대칸의 궁정에는 많은 요술사·곡예사가 있었다. 대칸은 그들을 향하여, 자기는 미엔 지방 토벌을 위해 그들을 사령관으로 파견하고 원군도 줄 것이라고 선언했다. 이것은 대칸이 미엔 국왕을 얼마나 경멸하고 있는가를 보여 주는 동시에, 대칸에게 반항하는 태도로 나온 미엔 왕의 죄를 힐책한 것이다. 요술사들은 기꺼이 왕의 뜻을 좇았다. 이리하여 그들은 대칸이 내린 장군과 함께 원군을 이끌고 출진했다. 어쨌든 요술사들은 그들과 동행한 군사와 함께 미엔 지방을 정복했다. 정복하고 나서 수도 미엔 시에 입성했을 때, 그들은 굉장히 호화로운 2개의 탑을 보고 아주 경탄하고 말았다. 그래서 곧 대칸에게 서신을 보내 이 탑의 규모·미관·가치를 보고하는 동시에, 대칸이 원한다면 탑을 부숴서 그 금은을 보내 드리겠다고 덧붙였다. 그러나 대칸은 미엔 왕이 자기 영혼의 행복을 바라고 또한 사후 오래 자신을 기념하도록 바란 나머지 그 탑을 세우게 한 경위를 알고, 자기로서는 탑을 파괴할 뜻이 전혀 없고 오히려 건립자인 미엔 왕이 그 신하에게 유언한 것과 마찬가지로 그것을 보존하고 싶다는 뜻을 전했다. 이러한 대답은 타타르 인으로서의 대칸에게는 당연한 일이다. 특별히 이상하다고 생각할 필요가 없는 것이다. 타타르 인은 죽은 자의 영혼이 깃든 물건이면 무슨 물품이든 간에 절대로 이에 손을 대지 않으며, 더욱 번개나 악성 전염병 등 신의 제재를 받은 인간의 소유물도 조공으로서 받는 일은 절대로 없기 때문이다.

이 지방에는 코끼리나 들소가 많이 서식하며 모두 늠름하고 거대한 체구를 하고 있다.

다음에는 방갈라 지방 이야기로 옮기기로 하자.

139 방갈라 지방
방갈라는 남쪽에 위치하는 지방이다. 이 지방은 나, 즉 마르코가 대칸 궁정에 머물던 1290년에는 아직 정복되어 있지 않았지만, 대칸의 군대는 당시 이미 이 지방(^{뼁갈}^{지방})을 정벌하기 위해서 이곳으로 파견되어 있었다. 이 나라에는 고유의 왕이 있고 고유의 언어가 사용되고 있다. 주민은 대다수가 우상숭배자들이다. 이 나라는 인도와 접경하고 있다. 거세된 남자가 많고, 이웃 각국의 귀족·진신(縉神 : 모든 벼슬아치를 통틀어 이르는 말)은 모두 이 나라에서 재물을 얻고 있다. 또 그다지 크지는 않지만 코끼리와 비슷한 소가 서식하고 있다. 주민의 주식은 고기·젖·쌀이다. 목면의 산출이 아주 막대하다. 감송향(甘松香)·고량강(高梁薑) 뿌리·후추·생강·설탕, 그 밖의 여러 가지 값진 향료가 생산되므로 주민은 이들 거래에 종사하며 번창한 상업을 생업으로 하고 있다. 인도 상인이 이 나라에 찾아와 앞에서 말한 거세된 남자나 노예를 각국에 데려가 팔고 있다. 이 나라에 거세된 남자나 노예가 많은 것은, 이 고장 주민에게 잡힌 자는 누구나 곧 거세되기 때문이다.*²³

다음에는 동쪽에 위치하는 '칸지구'라는 지방의 이야기를 해 보자.

140 칸지구 지방

칸지구*²⁴는 동쪽에 위치하는 지방으로 고유의 왕이 있다. 주민들은 우상을 숭배하며 그들만의 언어가 있으나, 대칸에게 예속되어 해마다 조공을 바치고 있다. 국왕은 음탕함을 즐겨 비빈 수가 300명이 넘는다. 국내에 미녀가 있다는 말만 들으면 곧 불러서 후궁으로 삼는다. 황금을 많이 산출하며 진기한 향료도 종류가 많고 또한 풍부하게 채취되지만, 아무튼 바다에서 멀리 떨어져 있는 지리적 여건 때문에 이들 상품도 아주 싼값으로 팔리고 있다. 야생 당나귀와 코끼리 외에 각종 짐승도 서식하고 있어 사냥감이 충분하다. 주민은 고기·젖·쌀을 주식으로 한다. 포도주는 없으나, 쌀과 향료를 원료로 하여 양질의 술을 빚고 있다. 주민은 일반적으로 남녀 모두 피부에 그림을 그리고 있다. 온몸에 호랑이·용·새, 그 밖의 여러 가지 그림을 지워지지 않도록 바늘로 그리고 있는데, 그 방법은 다음과 같다.

우선 본인이 희망하는 사물을 얼굴·목·배·팔다리에, 즉 온몸에 바라는 수만큼 먹으로 윤곽을 그린다. 윤곽이 다 그려지면 본인의 손발을 묶어 두 사람 또는 그 이상의 남자가 그를 못 움직이게 붙잡는다. 그리는 동안 전문가가 바늘 다섯 개를 묶은 도구로, 그려진 물상의 윤곽대로 온몸을 마구 찌른다. 이 다섯 개의 바늘은 하나만을 중앙으로 하고 나머지 네 개가 직사각형의 네 구석에 가도록 한 형태로 묶여 있다. 바늘 다발로 피부를 다 찌르면 곧 흑색 액체 염료가 그 위에 부어진다. 이렇게 하면 윤곽이 그려져 있는 도형은 바늘로 찌른 자국대로 나타난다.

이 수술은 대단히 고통스러워 마치 지옥의 괴로움을 당하고 있는 것과 같다. 그럼에도 그들이 구태여 이것을 행하는 것은 그것이 대단히 고상한 표지라고 인정받기 때문이다. 그들은 이 문신을 많이 하면 할수록 멋있고 아름답다고 생각한다. 이 수술 때문에 많은 피를 흘리게 되므로 죽는 자도 적지 않다고 한다.

141 아뮤 지방

아뮤(Amu) *25는 동쪽에 위치하는 지방으로 대칸에게 예속한다. 주민들은 우상을 숭배하고 목축·농업에 종사하며 그들만의 언어를 쓴다. 여자는 팔이나 다리에 값진 금·은고리를 끼고 있다. 남자도 여자 것보다 더 멋지고 값진 팔찌·발고리를 낀다. 좋은 말이 많고 많은 수가 인도로 팔려 간다. 인도인은 이 말의 거래에 종사한다. 이 지방은 비옥하고 목축지도 많으므로 물소·황소·암소가 대단히 많이 사육되고 있다.

아뮤 너머의 칸지구에 이르려면 보름이 걸리며, 칸지구에서 그 앞인 방갈라까지는 30일이 걸린다.

그럼 더 동쪽으로 꼬박 8일 길이 되는 다른 지방, 톨로만으로 가 보자.

142 톨로만 지방

톨로만(Toloman) *26은 동쪽에 위치한 지방이다. 주민들은 우상을 숭배하며 그들만의 언어가 있고 대칸에게 예속되어 있다. 주민의 용모는 꽤 단정하고 아름답다. 피부는 갈색이며 희지 않다. 타고난 무사 체질로 병사에 적합하다. 이 지방에는 도시가 많이 있으며, 특히 험준한 산 위에 도시가 많다. 죽은 사람은 화장하는 관습이 있다. 그때 다 타지 못한 뼈는 주위 모아 작은 상자에 넣어 깊은 산의 동굴에 가져가 인간이나 짐승이 접근하지 못하도록 매달아 둔다.

황금 산출량이 많다. 통화로는 소규모 교역이면 자안패를 사용한다. 이것은 방갈라·칸지구·아뮤에서도 마찬가지여서 황금과 자안패가 통화로 사용된다. 이 지방에는 상인이 그리 많지 않지만 그중 몇몇은 매우 부유하며 활발한 거래에 종사하고 있다. 주민의 주식은 고기·젖·쌀이다. 포도주는 만들지 않지만 쌀과 향료로써 양질의 술을 빚는다.

다음에는 역시 같은 동쪽에 위치하는 친티구이 지방에 대해서 이야기해 보자.

143 친티구이 지방

친티구이(스챤 성의 서주)도 동쪽에 위치하는 고장이다. 톨로만을 떠난 뒤 강을 따라 12일간의 여행을 계속한다. 연안에는 도시와 촌락이 많으며 특기할 만한 일은 없다. 강을 따라 이 12일간의 여행을 끝내면 친티구이라는 근사한 대도시에 다다른다. 주민들은 우상을 숭배하며 대칸에 예속하고, 상업·수공업에 종사하고 있다. 나무껍질로 아름다운 천을 짜서 여름 옷을 만든다. 주민은 그 성격이 병사에 적합하다. 통화로는 대칸 발행의 지폐만이 유통되고 있다. 우리의 여행도, 이것으로 다시 대칸이 발행하는 지폐의 유통권 내에 되돌아온 셈이다.

이 지방에는 호랑이가 아주 많기 때문에 밤에 밖에서 자는 일은 없다. 순식간에 호랑이 먹이가 되고 말기 때문이다. 강을 통해 여행하는 자가 밤에 어딘가에 정박할 경우에도 물가에서 꽤 떨어진 강 한복판에 배를 정박시키지 않으면, 호랑이는 쉽게 배 안에 뛰어들어 인간을 덮친다. 그러나 주민은 이에 대해 스스로 몸을 지키는 법을 잘 알고 있다. 아무리 크고 사나운 맹수에 대해서도 이 방법을 쓴다고 하면 여러분은 틀림없이 놀랄 것이다.

즉, 이 지방에는 호랑이에게 대항할 만한 용감한 개가 있다. 이 경우라면 적어도 이 개가 두 마리 필요하다. 두 마리의 개만 데리고 있으면 큰 호랑이 한 마리쯤은 대적할 수 있다. 그 방법은 이렇다. 활을 가지고 큰 개 두 마리를 데리고서 말을 타고 간다. 호랑이를 만나면 대담하고 힘이 센 이 개는 아주 용감하게 호랑이를 향해 돌진한다. 한 마리는 뒤에서 덮치고 한 마리는 앞에서 짖는다. 호랑이는 이에 맞서서 이쪽 개에 향하는가 하면 다음에는 저쪽 개에게 덤비지만, 개는 민첩하기 때문에 쉽게 잡히지 않는다. 호랑이는 아무래도 개를 잡을 수 없다 싶으면 마침내 단념하고 물러간다. 그러나 개들은 곧 추적하여 호랑이의 사타구니나 꼬리를 문다. 호랑이는 성을 내며 방향을 바꾸어 덤비지만 개는 방어하는 방법을 잘 알고 있으므로 잡히지 않는다. 이리하여 호랑이는 개가 귀찮게 짖는 바람에 완전히 위축되어, 마침내는 서 있는 나무를 찾아 이를 등지고 궁지를 벗어나 개에게 덤비려고 한다. 개는 호랑이가 물러나면 뒤에서 덤벼 물기 때문에 호랑이는 오른쪽으로 도는가 하면 왼쪽을 돌아보며 그야말로 눈코 뜰 새 없다. 이 사이에 인간이 활을 잡아당겨 한 발 또 한 발 화살을 쏘아 대고 마침내 이를 넘어뜨린다. 이 방법으로 많은 호랑이가 잡힌다. 두 마리의 우수한 개를 이끌고 있는 말 탄 인간에 대항해 스스로를 지킬 방도가 없기 때문이다.

이 지방에서는 비단을 비롯하여 각종 상품이 다량으로 제조된다. 이러한 상품은 앞에서 기술한 강물을 이용하여 각지로 수송되어 간다.

그런데 이 강을 따라 끊임없이 도시·촌락이 연속하는 길을 다시 12일간 나아가는데, 그 사이의 주민들은 모두 우상을 숭배하며 대칸에게 예속되고 또 대칸이 발행하는 지폐를 쓰고 있다. 그들은 상업과 수공업에 종사하며 체질이 병사에도 적합하다.

이 12일간의 여행 끝에 신두푸에 다다른다. 이 도시에 대해서는 이미 앞에서 서술한 바 있다. 신두푸를 떠나 말을 타고 가기를 70여 일, 스쳐가는 여러 지방은 지난 번 왔던 길로 이 또한 이미 설명이 끝났다. 이 70여 일의 기행 끝에 탁주에 이른다. 여기도 이미 지났던 곳이다. 탁주를 떠나 도시·촌락이 수많이 이어져 있는 지방을 사흘간에 걸쳐 여행을 계속한다. 이 사이의 주민들도 우상을 숭배하며 모두 번창한 상업·수공업에 종사하고 있다. 화폐는 대칸이 발행한 지폐를 쓰고 있다. 이리하여 사흘간에 걸친 여행을 끝마치면 카찬푸라는 도시에 다다른다. 이 고장은 남쪽에 위치하고는 있으나 역시 카타이 지방의 경내에 있는 도시이다.

다음은 이 카찬푸의 모습을 전해 드리기로 한다.

〈주〉
＊1 산시 성 북부에서 발원하여 동류하는 상건강(桑乾河)은 베이징 서쪽 16킬로미터인 완평현 부근에 이르러 조구강(趙溝河)이라 불리며, 다시 영정강(永定河, 융딩 강)이 되어 톈진 동쪽에서 발해만으로 흘러든다. 노구교(루거우차오)는 완평현 성외에 있으며

남쪽에서 수도에 이르는 공도상의 요충에 해당한다. 급류 때문에 배를 이용해 건넜으나, 금나라 장종 때(1189~1192) 3년을 소비해서 이 석교가 비로소 설치되었다. 정식 명칭은 광이교(廣利橋)이다. 《금사(金史)》 9·27권을 참조하라. 금나라 사람 조병문의 《부수집(滏水集)》 8권에 '강은 다리 기둥에 의해 갈라져 참외덩굴과 같다'고 아치식 교각을 설명했고, 원나라 사람 왕욱(王旭)의 《난헌집(蘭軒集)》 2권에 '거북등의 다리는 높고 말굽은 매끄럽도다'라고 휘어진 특이한 다리 모양이 시의 테마가 되고 있다. Pulisanghin이란 페르시아 어로 '돌다리'라는 뜻이다. 노구교가 호화한 대리석으로 만들어진 석교인 점을 전하여 원조 시대에 살던 서역인 사이에서도 이렇게 불렸던 것을 알 수 있다.

*2 원조의 역참은 탁주(涿州, 초저우)에서 분기한다. 하나는 하간(河間)을 거쳐 산둥으로 향하는 정남로이다.

탁주―신성―웅주(雄州)―임구(任丘)―하간

다른 것은 보정(保定)을 거쳐 산시로 향하는 서남로이다.

탁주―정흥(定興)―백탑(白塔)―보정―경도(慶都)―중산(中山)―신악(新樂)―진정(眞定)―획록(獲鹿)―정형(井陘)―백정(柏井)―평장(平漳)―근천(芹泉)―태안(太安)―오겸―태원

전자는 마르코 폴로가 이 책의 제5장에서 지나는 길이며, 후자가 이 장에서 기술하는 윈난(운남) 여행의 노정을 이룬다.

*3 아크발루크(Achbaluch)란 터키 어로 '하얀 도시'의 뜻이며 보통 대칸의 거주지를 가리킨다. 본문에서 말하는 아크발루크가 허베이 성 정현, 즉 당시의 진정로 중산부에 해당하는 것은 여정의 전후 관계로도 쉽게 짐작된다. 13세기 당시의 황하 이북에서는 대도를 제외하면, 이 진정로성이 번화하고 인구가 많기로는 첫째라 했다. 원의 납신이 쓴 《하삭방고기(河朔訪古記)》, 남송 말의 정소남이 쓴 《심사》를 참조하라. 그리고 또 진정(전딩)이 특히 아크발루크라 불린 이유는 오고타이 칸에 의하여 이 고장의 8만 호가 투루이가의 영유지였고, 즉위 이전의 왕 시대의 쿠빌라이가 그것을 이어받아 영유하고 있었기 때문이다.

*4 본문에서는 '평양에서 서쪽으로 이틀을 가면 카이추에 이른다' 하고 있으므로, 이 범위 내에서 카이추는 문희현 근처에 해당할 것이다. 당시 평양로 해주의 속현인 문희는 해주 동북 120리, 강주 남쪽 70리에 위치했고, 춘추 시대 진나라의 도시 카이추였다.

*5 이 땅에 전해졌다는 이 기묘한 설화에 대해서는 정확한 사실을 알기 힘들다. 《사기》 39권 〈진세가(晉世家)〉, 《좌전》 희공 15년의 대목에 보이는 진혜공과 진무공의 관계가 혹시 그 원형일지 모른다.

진(秦)을 경시하고 이와 대치하고 있었던 혜공은 기원전 645년 한원의 싸움에서 포로가 되었으나, 곧 석방되어 귀국하자 태자를 볼모로 하여 진에 보내고 그 밑에 예속

하게 되니 설화의 개요와 일치한다. 이 경우 서융의 왕인 진무공이 프레스터 존으로, 진혜공이 중국 왕인 '금왕'으로 비겨져 있다는 것을 주의해야 할 것이다.

*6 하중부에서 풍릉도에 가서 거기서 황하를 건너고 화음―화주―위남―임동을 거쳐 경조부, 즉 산시 성 서안에 이르는데, 이 사이는 약 150킬로미터이므로 그것을 8일 길이라고 하는 것은 이해하기 힘들다.

*7 성도는 나성·자성·소성의 세 구획으로 나뉘며 제각기 성곽을 갖고 있다. 나성은 당 말의 검남 절도사 고변이 쌓은 것이다. 그러나 본문에서 말하는 것처럼 이 세 구획에 거점을 두고 세 왕이 정립한 사실은 없다. 성도를 수도로 하는 지역을 신두푸 왕국이라 부르는 것은 5대의 왕씨 전촉국, 맹씨 후촉국이나 또 남송 초기의 반역 장군 오희에 의해 세워진 일시적인 촉 왕국의 사실을 잡고, 또 원조 당시의 사천행성의 수도로서의 성도를 의식한 발언이다.

*8 율도성과 내강이다. 전에는 둘 다 성내를 관류했었는데, 고변의 나성 구축 때 외강은 성북에서 성동을 거쳐, 내강은 성서에서 남류시켜 문강으로 흐르게 했다. 따라서 이후 성내를 관통해서 흐르는 것은 내강의 분수 한 줄기뿐이다.

*9 성도에서 이남으로 뻗는 역로는 문강을 따라가면서 가정현에서 서주에 이르는 수참·육참의 한 길만 있을 뿐이며, 서쪽에는 나라에서 설치한 역참 시설은 없다. 마르코 폴로는 성도 이후의 길은 역로를 벗어난 서쪽으로 기운 코스를 채택하여, 서강성 경계를 따라서 금사강 상류의 깊은 계곡을 몇 번이나 건너 윈난 성 서북쪽으로 들어갔다. 성도에서 5일 만에 티베트 국경에 들어간다는 것은 스촨 성 절주, 절래현을 거쳐 아주 아안현에 이르는 약 200킬로미터의 길을 따라가야 가능하다.

*10 몽케 칸의 제3년에 해당하는 1253년에 황제 쿠빌라이를 파견하여 운남에 독립해 있는 대리국을 토벌케 했다. 이때 그 통로에 해당하는 동부 티베트가 공략을 받아 몽골에 복종했다.

*11 라라(羅羅) 선위사 관하의 백흥부는 윤염현과 금현이라는 두 현으로 이루어져 있다. 전자에는 염정이, 후자에는 금광이 있어 현의 이름은 각각 거기에서 유래되었다. 염제의 화폐에 원료가 되는 염수란 이 염정을 가리키는 것이리라.

*12 원조의 통화 제도에 있어서는 윈난 행성에만 유일한 예외 조치로 패화(貝貨)의 유통을 인정하고 있다. 패화란 즉, 관제의 패각 통화로 《원전장》 20권, 《통제조격(通制條格)》 18권에 기재되어 있다. 본문에서 말하는 소금 화폐에 대해서는 원조의 문헌에서는 언급되어 있지 않다. 이것은 누락된 부분을 보충할 중요한 재료가 될 것이다.

*13 흰 잔꽃이 피는 전향나무 종류인 이 관목은 석결명(石決明)이라고 하는 주장도 있으나 포티에는 아샘 종(種)의 차라고 해석한다. 본디 스촨 성에는 무명·려지(荔枝)·사탕수수·차 등 남방 원산 식물이 일찍부터 재배되고 있었다. 당연히 그 전래를 윈난 경로라 해석해야겠지만, 포티에의 주장이 맞다면 차의 전래 과정이 증명될 것이다.

＊14 쿠빌라이 칸의 다섯째 아들 후게치는 1819년 8월 윈난 왕에 책봉되어 대리·곤명 땅을 지배했으나 신하에게 독살당했다. 그 뒤 1280년 10월 그의 세자 에센테무르가 성인이 되어 윈난 왕을 잇고 곤명을 지배했다.

＊15 윈난의 이슬람 교도는, 몽케 칸이 행한 쿠빌라이의 대리국 정벌에 참가한 외국인 부대가 그 땅에 주둔하여 자리잡은 데서 비롯된다. 원나라 때 윈난 행성 평장정사에 임명된 세미스 우딘에게는 모스크 건설 사업이 있고, 그 일족이 윈난 영주자가 많았다는 것은 특히 유명한 사실이다.

＊16 윈난의 패각 화폐에 대해서는 ＊12에서 기술했다. 이것은 단지 원조에 한한 현상이 아니고, 이미 《당서(唐書)》 197권 〈남만전〉에 남조국의 풍습으로서 '조개로써 시역(市易)하고 조개 16개를 일멱(一覓)으로 한다'라고 나타나 있다. 원조에서는 패자 20삭으로써 황금 1전(錢)과 환산했다. 명의 주국정의 《용당소품(湧幢小品)》 30권에는 서남에서 사용되는 패화에 대해서 1삭 80개라 불렀다.

＊17 《원사》 94권 〈식화지(食貨誌)〉에는 천하 산금의 땅을 열거하고 있는데, 윈난 행성 관내의 땅이 절반을 차지한다. 즉, 위초(威楚)·려강(麗江)·대리·금치·임안(臨安)·곡정(曲靖)·원강·라라·회천·건창·덕창·백흥·오살(烏撒)·동천·오몽(烏蒙) 등이다.

＊18 Kardandan이란 페르시아 어로 '황금 이'를 뜻한다. 원조에서 '금치만'이라 불리는 종족이 그것에 상당한다. 금치만은 당대에 망시만(茫施蠻)이라 불린 부류로 백만(白蠻: 현재의 백족(白族))에 속한다. 습속으로서 이에 황금을 씌우든가 또는 옻칠하는 데에서 금치만의 이름이 생겼다. 버마 국경에 접하는 윈난 성 영창부가 그 거주지이다.

＊19 보찬은 파리국립도서관판에 Uncian, 그레고월판에 Vocian으로 되어 있다. 원조에서는 금치만은 윈난 행성의 대리금치 등처 선위사 도원수부(大理金齒 等處 宣慰司 都元帥府)에 통할되어 주현 제도상으로는 영창부·등충부(騰衝府) 등을 그렇게 불렀다. 그 수도 보찬이란 영창부(Yung-chang)를 지적해야 하는 것이 마땅하므로 파리국립도서관판의 Uncian을 바른 형이라 할 수 있다.

＊20 미엔 국왕이 금치만 지방에 처음 침입한 것은 바로 1272년 3월의 일이다. 그러나 원조의 반격은 1277년 3월의 제2차 침입 때 장군 신저일(信苴日), 납속척정(納速剌丁)에 의하여 처음으로 개시되었다. 갠지스 강과 브라마푸트라 강의 하류 지방으로 현재 미얀마 국경 서쪽에 접한다.

＊21 윈난 행성의 초대 장관인 세미스우딘(Semis-uddin Umar, 섬사정(瞻思丁))의 장자로, 1835년에는 아버지의 관직을 이어 평장정사에 임명되었다. 본문에서 말하는 이 합전은 1277년의 사건으로 당시 운남로 선위사 도원수였던 그가 대리총관 신저일과 함께 이 임무를 맡았던 것이다.

＊22 금치만의 거주구인 영창부·등충부 경계를 넘어 대영강을 따라 서남행하여 미얀마령 바아모에 이르는 사이가 이틀 반 길의 대경사지인 것이다. 등충은 해발 1,717미터,

바아모는 110미터, 게다가 이 사이의 거리는 150킬로미터이므로 100분의 1의 기울기
이다.

＊23 중국 문헌상에서 남북조 때부터 보이기 시작하는 곤륜노(崑崙奴)는 남해 제국의 원주
민 노예인데, 그들의 일부는 거세된 엄인(奄人 : 閹)이었으리라. 원조가 되자 화자(火
者)라는 명칭이 종 비슷한 지위로 주어졌다. 《원사》 100권 〈병지(兵志)〉에 보이는
영전 제거사(營田 提擧司) 소속의 화자가 그것이다. 화자(hoja)란 서역의 관칭이다.
본디 존칭이 왜 종의 호칭으로 변했는지 설명할 수 없지만 외국에서 들어온 종, 즉
지난날 곤륜노의 종족인 것만은 추측할 수 있다. 명조에 내려가서 화자라는 이 명칭
이 모든 엄인에게 적용되었다. 《대명률(大明律)》 10권에 보이는 엄할(閹割) 화자가
그것이다. 명대의 이 용어는 아마 원조로부터의 유물이겠지만, 그렇다면 원조의 화자
에게도 엄인 노복이 포함되어 있었던 셈이다. 이 화자가 주로 벵갈 지방에서 공급되
었다고 하는 확증은 없지만, 남해 무역을 통하여 중국에 초래된 가능성은 충분히 인
정되리라.

＊24 윈난 성의 남쪽에서 라오스 북서부에 걸친 땅으로 짐작되는 곳이다.

＊25 파리국립도서관판을 비롯한 대부분의 문서가 Amu로 되어 있고 다만 그레고월판만이
Aniu로 되어 있다. 포티에는 아니우의 형태를 취하여 남월(Nan-Yueh)의 와음(訛音)
으로 해석하여 베트남의 하노이에 해당시켰고, 페리오는 안남(Annam)의 와음으로
본다. 유울은 본문의 지리적 기술에서 포티에 설(設)을 물리치고, Anin을 올바른 형
태로 보아 지금의 윈난 성 임안부 아미주(阿迷州)로 본다. 따를 만한 견해이다.

＊26 Toloman은 베네치아 방언판 계통의 사본에만 Coloman이라 되어 있다. 유울은 이에
따라 귀주성 대정부의 라라족, Luluh 특히 과라족(Kolo)이라고 본다. 샤리농은 톨로
만의 형태를 취하여 윈난 성 북동부의 원주민인 토노만(土老蠻)·독노만(禿老蠻)으로
본다.

제5장 대운하 연안 공도를 따라 푸젠으로 가는 여정

144 카찬푸 시

카찬푸(^{베이징 남방}_{130킬로미터의 하간부})는 남쪽에 있는 훌륭한 도시로서 카타이 지방에 속한다. 주민들은 우상을 숭배하며 화장하는 풍속이 있다.

그러나 그리스도 교도도 조금 살고 있기 때문에 시내에는 교회당이 하나 있다. 대칸의 지배 아래 속해 있고 지폐가 통용된다. 생사가 많이 생산되며 주민은 상업·수공업에 종사한다. 금란직물과 호박직물의 생산량이 대단하다. 이 카찬푸는 많은 도시를 관할 아래 두고 있다. 큰 강이 성내를 꿰뚫고 흐르는데, 많은 운하와 수로에 의해 멀리 캄발룩 시까지 연결되므로 다량의 상품이 이 강을 통해서 캄발룩에 보내진다.

카찬푸를 뒤로 하고 남쪽으로 사흘을 여행하면 그곳이 창글루이다.

145 창글루 시

창글루(Changlu, 허지안푸河間)도 역시 남쪽에 자리하는 대도시로 카타이 지방에 속해 있다. 대칸의 통치를 받으며 통화는 지폐이다. 주민들은 우상을 숭배하며 죽은 사람을 화장하는 풍속이 있다.

이 창글루의 성내나 그 근처의 지역에서는 제염이 활발하다. 그 모양을 다음에 전해 보기로 하자. 우선 염분을 진하게 포함한 흙을 모아서 높이 쌓아 올리고 거기에다 대량의 물을 끼얹는다. 이렇게 하면 이 흙에서 염분을 충분히 흡수한 물이 여과되는데, 그것은 미리 만들어진 도랑을 통해서 모아진다. 깊이는 손가락 길이 네 개쯤밖에 안 되지만 모양은 몹시 거대하고 납작한 철제 냄비에 이 소금물을 넣고 오랜 시간 동안 졸인다. 그러면 염분이 결정이 되어 희고 고운 소금이 된다. 이 소금은 부근 여러 지방의 수요에 따라 반출되므로 그곳의 주민이 제염으로써 얻는 이익은 막대하다. 대칸은 그들로부터 염세를 거두어들인다.

이 근처에는 한 개에 2파운드(0.9kg)가 넘는 커다란 복숭아가 난다.

다음에는 마찬가지로 남쪽에 위치하는 창글리에 대해 얘기하고자 한다.

146 창글리 시

창글리(Ciangli, 린칭臨淸)는 카타이 지방에 속하는 도시로 남쪽에 위치하며 대칸의 통치 아래 있다. 주민들은 우상을 숭배하며 지폐가 유통된다. 창글루에서 5일쯤 걸리는 거리에 있는데 그 사이에 많은 도시와 촌락이 계속 이어져 있다.

모든 도시와 촌락이 대칸에 예속하며, 상업이 번창하여 대칸의 재정에 있어 중요한 재원이 되고 있다.

창글리 시의 중앙을 꿰뚫고 폭이 넓은 큰 강이 흐르며, 이 수로를 통해서 비단·향료 그 밖의 값진 상품이 운송된다.

다음에는 남쪽으로 엿새쯤 걸리는 곳에 있는 도시 툰딘푸에 관한 이야기이다.

147 툰딘푸 시

창글리를 출발하여 남쪽으로 6일 동안의 여행을 계속한다. 큰 도로 좌우에는 번성하고 훌륭한 도시가 수없이 이어진다. 모두 다 대칸의 통치 아래에 있으며 지폐가 통용된다. 주민들은 우상을 숭배하며 죽은 사람을 화장하는 풍습이 있다. 그들은 상업·수공업을 생업으로 하며 생활 필수 물자는 모두 풍부하다. 길목의 이들 여러 도시에 관해서는 각별히 내세워 소개할 만한 일도 없으므로 곧장 툰딘푸(Tundinfu, 지난푸濟南府)의 이야기로 들어가기로 하자.

툰딘푸는 대도시이다. 예전에는 일대 왕국을 이루고 있었으나 대칸이 무력으로 정복했다. 툰딘푸는 이 근처 지방에서 제일가는 유서 깊은 훌륭한 도시로, 활발한 상거래에 종사하는 상인이 많이 살고 있다. 그들이 사들이는 비단의 양은 그야말로 놀랄 만하다. 그들은 또한 온갖 맛있는 과실이 잔뜩 열려 있는 훌륭한 과수원을 많이 소유하고 있다.*1 그런데 이 툰딘푸는 그 관할 아래 우열을 가릴 수 없을 만큼 서로가 다 번성한 도시를 자그마치 11개나 가지고 있으며, 그 도시들은 모두가 막대한 비단을 쌓아 놓고 있어 각기 다 규모도 크고 이윤도 풍부한 상업의 중심지를 이루고 있다.

툰딘푸에 관해서 한 가지 더 전해야 할 사실이 있다. 그것은 1272년에 대칸이 리탄(李壇) 산곤에게 기병 8만을 주어 툰딘푸 및 그 일대의 지방에 파견하여 그곳의 평화와 안녕의 유지를 담당하게 한 것이다. 이 리탄은 잠시 동안 이 땅을 지키기는 했으나, 본디 반역자였으므로 마침내

마니교 사원
푸젠성 취안저우(泉州)에 마니교 유적이 있다.

대담한 모반을 결심하기에 이르렀다.*² 그 내력은 이러하다. 리탄은 이 지방 일대의 여러 도시 장로들과 머리를 짜내어 대칸에게 반기를 들기로 결정했다. 이 모반은 이 지방 전역이 다 함께 지지하는 가운데 결행되었다. 그들은 대칸을 배반하고 그 명령에 복종하기를 거부했다. 그 소식을 듣자 대칸은 앙굴과 몽가타이에게 기병 10만여를 주어 이들을 토벌하게 했다.*³ 이 두 장군은 부하를 이끌고 반란자 리탄과 그가 집결시킨 10만의 기병, 또한 그와 비슷한 숫자의 막대한 보병에 대해 토벌을 개시했다. 결국 리탄군에 대타격을 주어 이를 격파하고 리탄은 죽임을 당했다. 리탄의 반란이 진압되자 대칸은 즉시 이번 반역에 동참한 무리를 조사하여 죄 있는 자들은 한 사람 남김 없이 사형에 처했으나, 그 밖의 사람들은 모조리 용서하고 죄를 묻지 않았다. 그 때문에 그들은 그 뒤부터 오랫동안 충성된 신하가 되었다.

리탄의 반란에 대해서는 이쯤 해 두고 다른 지방으로 옮기기로 하자. (그러나 그에 앞서 모처럼 카타이에 다시 찾아왔으므로 이 기회에 카타이 인의 풍습에 대해 이야기하고자 한다. 그중에서도 여기서 이야기하고 싶은 첫째는 카타이 지방 여자들이 얼마나 정조가 굳은가 하는 점이며, 그녀들이 어떻게 한평생을 보내는가이다)

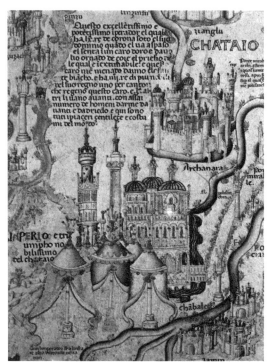

카타이 (중국)의 수도
캄발룩 (베이징)을 나타낸 지도

148 카타이 인의 풍습

카타이 인의 처녀들은 정숙하고 몸가짐이 특히 단정하다. 그녀들은 쓸데없는 이야기에 정신이 팔리거나 보기 흉한 유락(遊樂)에 빠지지 않는다. 가무를 즐기거나 집요하게 사람을 조르지도 않는다. 더군다나 창가에 앉아서 지나가는 사람의 얼굴을 바라보거나 또는 통행인에게 자기 용모를 자랑하는 일 따위는 절대로 하지 않는다. 뜬소문 따위에 귀를 기울여 믿는 일도 없으며, 연회석이나 그 밖의 환락장에 출입하는 일도 없다.

어쩌다가 우상을 모셔 놓은 사원에 가서 참배하거나 친인척을 방문해야 하는 일이 생겨 외출할 경우 어머니를 따라간다. 그런 경우에도 발부리밖에 볼 수 없게 생긴 귀여운 모자를 쓰며 똑바로 남의 얼굴을 쳐다보거나 하는 일은 절대로 없다. 따라서 외출하여 걸어갈 때에도 그 눈길은 언제나 자기 발밑에 가 있다. 손윗사람 앞에서는 더할 나위 없이 겸손한 태도를 가진다. 허튼소리를 하는 따위는 생각지도 못할 일이며, 말을 건네 오지 않으면 한마디도 하지 않는다. 그녀들은 항상 자기 방에 들어앉아서 자기 일을 열심히 하며, 집안 어른이나 그 밖에 가족 내의 손윗사람 앞에 나가는 일도 드물다. 물론 멋쟁이 남자의 말에 귀를 기울이는 일 따위는 절대로 없다.

이 점은 청소년 남자에 관해서도 꼭 같아서 그들 역시 손윗사람 앞에서는 말을 건네 오지 않는다. 대충 이런 식으로 겸양의 덕이라는 것이 그들 사이에서는 매우 중요하므로, 친척 간이라 할지라도 두 사람이 같이 목욕하러 가는 일 따위는 상상도 할 수 없는 일이다.

또한 자기 딸을 시집 보내려고 하거나 아니면 남에게서 딸을 달라는 청이 들어오면, 처녀의 아버지는 딸의 남편 될 사람에게 그녀가 처녀임을 보증해야 한다. 그리고 실제로 처녀의 아버지와 남편 될 사람은 만약 이 보증이 진실이 아니라는 것이 판명되면 결혼은 무효가 된다는 뜻의 증서를 쓰고 계약을 맺는다. 이 계약서는 매우 엄숙하게 작성되며 서로가 서명한다. 이 계약이 끝나는 대로 처녀는 진짜 처녀인가 아닌가를 검사받기 위해 목욕실로 끌려 들어간다. 욕실에는 두 집안 대표로서 그녀의 어머니,

카타이 여인
카타이 처녀들은 정숙하고 처녀성을 중시하였다.

남편 될 사람의 어머니, 친척되는 부인들 등이 특별히 이 임무를 위촉받아 기다리고 있으며 처녀의 처녀성은 주로 비둘기 알을 써서 검사한다. 이때 미래의 남편 쪽을 대표하는 부인들은 약품을 쓰면 여자의 국부는 쉽게 오그라들게 할 수 있다는 것을 알고서 이 비둘기 알에 의한 검사만으로 만족하지 않을 수 있다. 그러면 한 매파가 얇은 흰 헝겊을 손가락에 감고 조심해서 이것을 처녀의 국부에 넣어 이 흰 헝겊이 처녀 혈액으로 살짝 물들 정도로 가볍게 처녀막을 건드린다.

왜냐하면 처녀 혈액은 한번 헝겊에 묻으면 아무리 빨아도 지워지지 않는다는 특성이 있기 때문이다. 그래서 만약에 이 흰 헝겊에 묻은 피가 빨아서 쉽게 지워진다면 이 처녀는 이미 더럽혀졌고 이 피도 순결한 처녀의 피가 아니라는 증거가 된다. 이 검사의 결과 만약에 딸이 처녀로 증명되면 결혼은 성립되고 그렇지 않은 경우에는 무효가 된다. 무효가 된 경우 처녀의 아버지

는 보증 계약서에 서명한 책임으로 벌금을 물어야 한다. 따라서 카타이의 아가씨들은 그 처녀성을 지키기 위해 걸음걸이가 매우 조심스러우며, 한 걸음의 너비가 손가락 하나 길이를 넘지 않을 정도의 작은 걸음으로 발자국을 뗀다.*4 크게 걸으면 처녀의 국부도 넓어진다고 믿기 때문이다.

단, 이제까지 말한 것은 모두 카타이 지방의 토착민에 대한 것이며 타타르인에게는 이러한 이상한 풍습은 없다. 그들 사이에서는 아내와 딸이 말을 타고 남편이나 형제와 동행하므로, 처녀들의 처녀성은 이 일로 해서도 어느 정도 손상된다는 것은 충분히 상상할 수 있을 것이다. 그리고 만지 지방의 주민은 카타이 인의 이러한 습관을 따르고 있다. (카타이 인의 풍습에 관해서는 이책에서 소개할 만한 것이 이 밖에도 더 있으므로 계속하여 기술하기로 하겠다)

149 계속해서 카타이 인의 풍습

우상으로는 총 84체(體)를 믿고 있으며, 그 하나하나에 이름이 붙어 있다. 그들의 말에 따르면 이 각각의 우상에는 하늘의 신이 부여한 독자적인 덕성이 있다고 한다. 즉 어떤 우상은 분실물을 찾아내는 데 영험이 있는가 하면, 어떤 우상은 농지에 순조로운 기후와 풍요를 가져다 주는 데 영향을 미친다. 또한 어떤 우상은 가축을 보호한다. 이런 식으로 길흉 양면에 걸친 여러 가지 우발 사항에 대해 하나하나 거기에 대응하는 우상이 있는 셈이다. 이들 우상은 모두가 고유의 이름으로 불리며, 그 기능과 영겁을 우상 숭배자들은 모조리 알고 있다.

잃어버린 물건을 찾아 준다고 믿는 우상에 대해 말한다면, 그것은 12세 전후의 소년과 같은 모양을 한 2체의 작은 목상(木像)*5으로서 우상 숭배자는 이것을 여러 가지 장식으로 꾸민다. 이 우상을 모신 사묘(寺廟)에는 안내승에 해당하는 노파 한 사람이 우상 곁에 상주하고 있다. 그런데 자기 소유물을 도둑맞았거나 어디서 잃어버렸거나 또는 다른 이유로 분실한 사람이 있으면, 이 노파는 그 분실물의 소재(所在)를 우상에게 물어볼 수 있는 인물이므로 노파에게로 직접 오든가 또는 심부름꾼을 보내오든가 한다. 그러면 이 노파는 그 사람을 향해 우선 우상에게 분향하라고 이른다. 그는 명령대로 분향한다. 분향이 끝나면 노파는 이 우상에게 분실물에 관해 여쭈어 본다. 이렇게 하면 우상은 바로 계시를 내리므로 노파는 거기에 따라 이렇게 전한다.

"아무아무 데를 찾아보렴. 있을 거야."

만약에 그것이 잃어버린 것이 아니고 도난당한 것이라면 이렇게 말한다.

"아무아무개가 갖고 있으니 그렇게 말하고 돌려받아라. 그 남자가 거부하거든 내게 고하라. 반드시 찾도록 해 주마. 돌려주지 않겠다고 해 봐라. 손발이 잘린다든가 높은 데서 떨어져서 사지가 부러진다든가, 아니면 그 밖의 다른 재난이 그 남자에게 닥치도록 해 줄 테니까, 훔친 걸 돌려 주지 않고는 못 배기게 될 거야."

그러면 언제나 틀림없이 그가 말한 대로

옥돌로 조각된 우상
카타이 인이 숭배하는 우상에는 하늘의 신이 내려준 영험이 있다고 믿는다.

된다. 사실 만약에 누군가가 남의 물건을 훔쳤으면서 그 사실을 부인하여 돌려주라는 명령을 무시한다면, 그게 여자일 경우는 부엌에서 칼질을 하다가 손을 베거나 또는 그 밖의 집안일을 하다가 화상을 입거나 아니면 다른 재난을 만나게 되고, 남자인 경우라면 나무를 베는 중에 반드시 발이나 팔에 상처를 입게 된다. 그러면 사람들은 평소의 경험에서, 이런 재난을 당하는 것도 자기가 도둑질한 것을 감추고 있는 탓이라는 것을 깨닫고 즉시 그 훔친 물건을 되돌려준다. 만약에 우상이 노파의 아룀에 대해 즉시 계시를 내리지 않는 경우에 그녀는 이렇게 말한다.

"신령님은 지금 어디 가신 모양이니 우선 집에 돌아갔다가 여차여차한 시간에 한 번 더 오너라. 신령님도 곧 돌아오실 테니 그때 여쭈어 볼 수 있을 거야."

그 사나이가 노파의 지시대로 그 시간에 오면 그동안에 신령은 노파에게 계시를 내리고 있다. 신령님의 계시는 무엇을 말리는 쉬쉬 하는 소리와 꼭 같이 낮고 쉰 목소리로 속삭여진다. 계시가 내리면 노파는 두 손을 쳐들고 이를 세 번 부딪치면서 우상에게 감사한다.

"오오, 영험하신 신령님. 고맙기도 하시지."

말을 잃어버린 사나이에게는 이렇게 말한다.

"어디어디로 가보아라. 아마 네 말을 찾을 것이다."

"도둑놈은 이러이러한 곳에서 말을 훔쳐가지고 여차여차한 쪽으로 끌고 갔으니까 서둘러 가면 찾을 것이다."

그리고 무슨 물건이건 정말로 노파가 말한 대로 찾게 된다. 그러므로 어떤 분실물이라도 반드시 발견되어 다시 임자의 손에 돌아온다. 분실물이 이렇게 하여 돌아오면 그들은 우상에 대한 존승과 신심(信心)의 표시로, 이를테면 금란(金襴)이라든가 비단 같은 값비싼 옷감을 1엘쯤 바친다.

그런데 이 책의 저자인 마르코도 잃었던 반지를 이와 같은 방법으로 찾은 경험이 있다. 그렇다고 해서 우상을 믿지는 않았고 봉납물을 바치는 일도 하지 않았다.

다음에는 같은 남방에 위치하는 신구이 마투에 대해 쓰기로 하겠다.

150 신구이 마투

툰딘푸를 떠나 남쪽으로 말을 타고 가기를 3일, 길가에 보이는 많은 도시·취락은 모두 상업·수공업이 번창하여 살기가 넉넉한 훌륭한 도시들이다. 이 지대에는 각종 새나 짐승이 많아 수렵의 최적지인 동시에 자원이 풍부하다.

3일 동안의 여행을 마치면 훌륭한 도시 신구이 마투(Singui Matu : 허베이 성 신저우新州, 마투馬頭는 부두)에 이르는데, 이 도시는 규모도 크고 살기가 넉넉한 데다 상공업이 매우 활발하다. 주민들은 우상 숭배자들로 대칸의 지배 아래 있으며 지폐를 사용한다.

이 도시에는 한 줄기 큰 강이 흐르고 있어 주민에게 막대한 편리를 제공해준다. 이 강은 남쪽에서 신구이 마투에 흘러들어온다. 주민들은 이 강을 두 갈래로 나누어 하나는 동쪽으로, 다른 한쪽은 서쪽으로 흐르게 하였다. 앞의 것은 만지로 통하는 수로가 되고, 뒤의 것은 카타이로 흐르는 수로(산동운하)를 이룬다. 또한 이 도시에는 엄청나게 많은 배가 있는데 직접 보지 않고는 믿기 어려울 정도이다. 이들 배는 모두가 이 큰 강의 항행에 충분히 견딜 만한 크기를 갖고 있다. 그렇다고 해서 터무니없이 거대한 선박으로 상상하면 안 된다. 어쨌든 이 많은 배가 어떤 것은 만지를 향하고, 어떤 것은 카타이를 향하며 그 운반하는 상품의 분량은 상상을 초월한다. 더구나 그들 배는 모두가 빈 배로 돌아오는 것은 없고 무엇이든 뱃짐을 가득 싣고 돌아온다. 막대한 화물이 이 강을 오르내리는 모습은 확실히 일대 장관임에 틀림없다.

다음에는 같은 남쪽에 위치하는 린구이 지방의 사정을 전하기로 하겠다.

151 대도시 린구이

신구이 마투를 떠나 남쪽으로 여행을 계속하기를 8일, 길목에는 부유하고 훌륭한 도시가 수없이 이어지고 모두 상업·수공업으로 번창하고 있다. 주민들은 우상을 숭배하며 사람이 죽으면 화장을 한다. 대칸의 지배 아래 있으며 지폐가 통용되고 있다.

8일째 밤에 린구이(Lingui, 쉬저우徐州)라는 도시에 이르는데, 이 근처 일대의 지방도 린구이라고 불린다. 이곳은 왕국*6의 수도이며, 인구가 많고 재물이 넉넉하기로 이 지방에서 으뜸간다. 주민들은 병사가 되기에 알맞은 소질도 갖추고 있으며, 한편으로는 또 상공업에도 활발하게 종사하고 있다. 이 지방에는 새·짐승 할 것 없이 사냥감이 많다. 식량도 풍부하다. 또 곳곳에서 대추를 많이 생산하며 그 크기는 대추야자 열매의 두 배나 된다. 주민들은 이 대추 열매로 빵을 만들어 먹는다. 린구이도 먼저 말한 강(황허 강)에 임하고 있으며, 여기서는 신구이 마투에서 본 것보다 더 큰 배가 값진 상품을 잔뜩 싣고 수송하고 있다.

계속 화제를 옮겨 핀구이라고 하는, 이 또한 손색없이 훌륭한 대도시에 대해 말하고자 한다.

152 핀구이 시

린구이를 떠나 남쪽으로 3일 길을 가는 동안 훌륭한 도시가 끊임없이 이어진다. 이들 여러 도시는 모두가 아직 카타이 지방에 속해 있다. 주민들은 우상을 숭상하며, 죽은 사람은 화장하며 대칸의 통치를 받고 있다. 그들은 무엇이고 이미 앞에 쓴 여러 지방의 주민과 다를 바가 없다. 통화로서는 지폐가 쓰이고 있다. 이 지방은 새나 짐승 등이 많아서 흔히 볼 수 없을 만큼 좋은 수렵지를 이루고 있으며, 게다가 생활 필수품 물자는 무엇이든 풍부하다.

사흘 동안의 여정을 마치면 핀구이(Pingui, 피저우조州)에 닿는다. 상업·수공업이 활발한 훌륭한 도시로 비단 생산량이 많다. 상인들은 이 도시에서 여러 가지 상품을 사들여 그것을 수레에 싣고 만지의 여러 도시에 가져다 팔므로, 이 도시는 대칸의 재정 수입에 크게 기여하고 있다.

더 남쪽에 있는 친구이로 화제를 돌리자.

153 친구이 시

핀구이를 뒤로 하고 남쪽으로 2일간의 여행을 계속한다. 강을 끼고 있는 일대 모두가 산물이 풍부한 지역으로서 새·짐승이 많은 훌륭한 수렵지이기도 하다. 이틀간의 여정을 마치면 상공업으로 번영하는 대도시 친구이 (Cingui, 쑤콴宿遷)에 다다른다. 주민들은 우상을 숭배하며 죽은 사람은 화장한다. 대칸의 지배 아래에 있으며 지폐가 통화로 쓰인다. 성 밖은 일대가 훌륭한 평야로 손질이 잘된 논밭이 널려 있으며, 밀과 그 밖의 각종 곡물을 다량으로 산출한다.

이 친구이를 떠나 남쪽으로 여행을 계속한다. 여행길에 지나치는 모든 곳은 경치가 좋고 훌륭한 도시와 경작이 잘된 논밭이 이어지며 새·짐승 등 온갖 사냥감이 많다. 밀과 그 밖의 각종 곡물이 풍부하다. 주민들은 우상을 숭배하고 대칸의 지배 아래 있으며 지폐가 통화로 쓰인다.

이틀 동안의 여행 끝에 카라모란(몽골 어로 검은 강의 뜻, 황허 강)이라는 큰 강에 이른다. 이 강은 프레스터 존의 영역에서 흘러나온 큰 강으로서(남류 황허 강), 강폭이 실로 1.6km나 되며 수심도 대단히 깊으므로 큰 배의 항행도 자유롭고 큰 물고기가 많이 잡힌다. 강에는 1만 5천 척에 이르는 대칸의 선박이 정박하고 있는데, 모두가 군대를 바다에 있는 섬나라에 수송하는 사명을 띠고 있다.[7] 이곳에서는 약 하루의 항행으로 바다에 나갈 수 있기 때문이다. 이들 함선에는 각각 선원 20명, 기병 15명과 말 15필 및 거기에 필요한 무기와 식량을 싣고 있다. 그런데 상상할 수 없을 만큼의 많은 배를 볼 수 있는 것은 여기뿐만이 아니라, 이 큰 강에 임한 도시라면 어디서나 볼 수 있는 풍경이다.

이 큰 강을 사이에 두고 양쪽에 대도시 코이간주(Koiganzu, 화이안저우淮安州)와 소도시 쿠안주(Kuanzu, 하이저우海州)가 있다. 이 강을 건너면 드디어 부유하고 화려한 만지 지방이 되므로, 여기서 대칸에 의한 만지 지방 정복의 내력을 말하겠다.

독자 여러분은 이로써 카타이 지방에 대한 모든 것을 이야기했다고 생각해서는 안 된다. 사실 그것은 카타이 전역의 20분의 1에 지나지 않는다. 나,

즉 마르코는 카타이 지방을 여행함에 있어서 보통 누구나 지나는 길을 통해 여행했고, 그 길과 접한 도시에 대해서만 기술했을 뿐으로, 이 길에서 약간 벗어난 좌우의 여러 도시나 좀더 깊숙이 흩어진 도시에 관해서는 전혀 기록을 하지 않았다. 이들 하나하나에 대해 기록하려다가는 끝이 없어 도저히 해낼 수가 없기 때문이다.

154 대칸의 만지 지방 정복

만지 지방은 팍푸르(Facfur : 중국 황제를 타타르 군주와 구별하기 위해 아라비아인들이 이렇게 불렀다. 당시 황제는 도종이었다)라고 불리는 황제가 통치하고 있었다. 그는 부유함과 많은 국민, 국토의 광대함에 있어 드물게 보는 강대한 군주였다. 단 한 사람, 대칸의 강력함과 부유함을 빼면 세계에서 그에게 필적하는 군주는 없었다. 그러나 무인으로서의 자격에 부족한 점이 있었다. 그는 주로 여자와 빈민에 대한 자선에서 기쁨과 즐거움을 찾았다. 본디 만지 지방에는 말이 나지 않고*8 국민은 무사(武事)에 능하지 않으며 무기도 군대도 갖추어지지 않았다. 만지 지방은 가장 넓은 강(양쯔 강)으로 둘러싸인 뛰어난 자연의 요새를 차지하고 있었기 때문이다. 각 도시는 모두 폭이 넓고 깊은 해자(垓字)로 둘러져 있어, 어느 도시를 보아도 해자의 수심이 얕거나 물의 너비가 활의 사정거리 안에 드는 곳은 없다. 성내에의 출입은 어디나 다리를 건너야 한다. 따라서 만약에 만지의 왕이 군사 훈련을 중요하게 여겼더라면 결코 망국의 비운을 맛보지는 않았을 것이다. 그러나 그들은 하나같이 나약하고 병법을 배우지 않았기 때문에 결국 나라를 잃고 말았다.

1269년의 일이다. 타타르 인의 황제 쿠빌라이 칸은 바얀(Bayan, 백안百眼)*9에게 만지 정벌을 명령했다. 바얀 친산이란 '백 개의 눈을 가진 바얀'이라는 의미이다. 전부터 만지 국왕은 점성사에게서, 백 개의 눈을 가진 사나이가 쳐들어오지 않는 한 나라는 평안하고 태평하리라는 말을 듣고 있었다. 그런데 이 바얀 장군이 보병·기병의 대군을 이끌고 만지에 진격해 왔다. 또한 그는 필요하다면 원군을 속속 후속시킬 수 있게 하기 위해 많은 수송선까지 준비하고 있었다. 휘하의 대군을 이끌고 만지 국경, 즉 현재 우리가 지금 와 있는 이 코이간주―이 도시에 대해서는 다음에 기술하겠다―에 도착한 바얀 장군은 먼저 주민들에게 항복할 것을 권고했다. 그러나 주민들은 완강

바얀(1237~1295)
원대(몽골제국) 후반에 활약하는 몽골족 대신으로, 그의 한족 억압정책으로 인해 한족 지식인으로부터 많은 저항을 받았다.

하게 이를 거부했다. 그러자 바얀은 아무런 공격도 가하지 않은 채 군대를 진격시켜 다른 도시에 이르렀다. 여기서도 주민들은 투항하기를 거부했다. 바얀은 또 이것을 방치하고 군대를 진격시켰다. 바얀이 그러한 태도로 나온 것은 필경 대칸이 후속 부대를 잇달아 보내올 것을 알았기 때문이다. 어쨌든 그는 다섯 도시에 이르렀으나 모두가 투항을 거부했기 때문에 어느 곳도 점령할 수가 없었다. 그러나 여섯 번째 도시에 이르자, 바얀은 드디어 그곳을 무력으로 공략하고 주민들을 도살했다. 이후 그는 다음 도시도, 또 그 다음 도시도 똑같이 공략하여 12개의 도시를 점령했다.*10 바얀은 이렇게 하여 이들 여러 도시를 함락시키면서, 만지 왕이 거주하는 수도 킨사이(Kinsai, 항저우杭州)를 향해 곧장 진격했다.

한편 만지 국왕은 바얀 장군이 쳐들어온다는 말을 듣자 공포에 떨어, 많은 부하와 함께 1천여 척의 배에 타고 수도를 버리고 바다 안의 섬으로 달아났다. 그때 왕비만은 군신을 거느리고 수도에 남아 전력을 다해 적의 공격을 막아 내려 했다. 그러던 어느 날 적군 장수의 이름을 묻고 뜻밖에도 '백 개의 눈을 가진 바얀'이라는 것을 알게 되었다. 왕비는 '백 개의 눈을 가진 사나이'야말로 그 왕국을 탈취하리라는 점성사의 예언을 생각하고 마침내 성문을 열고 바얀에게 항복했다.*11 왕비가 항복하자 국민 누구 하나 항전에 힘쓰는 사람이 없었다. 만지 국왕이 갖고 있던 부(富)는 그야말로 경이할 만한 것으로 세계가 넓다 해도 이 나라가 가진 부의 절반에 필적할 만한 나라도 없었으므로, 바얀에 의한 만지 지방 정복은 정말로 위대한 사업이었다고 하겠다.

이에 곁들여 만지 국왕의 자선에 관한 이야기를 하기로 한다. 왕은 매년 2만 명이 넘는 유아를 돌보고 있었는데 그 내력은 이러하다. 이 나라에서는 갓난아이가 태어나면, 가난하여 도저히 키울 수 없는 어머니는 바로 그 아이를

버린다. 왕은 이들 갓
난아이를 모두 맡아서
각자의 운성(運星)을
적(籍)에 올린 후에,
상시 고용되어 있는
많은 유모들의 손에
넘겨 각지에서 이들을
키운다.*12 한편 자식
이 없는 부자가 아이
를 원한다면, 왕은 이
들 고아 가운데에서

만지 왕의 선정
양호원을 설치하여 노숙 불구자들을 수용하였다.

몇 명이라도 마음에 드는 아이를 데려가게 한다. 또 만일에 이 아이들이 어른으로 성장했을 때 그 친부모가 데려가겠다고 하면 왕은 이들을 부모에게 돌려준다. 단, 이 경우에는 친자식이라는 증명을 할 수 있는 어떤 서류가 필요하다. 또한 아이들이 결혼할 나이에 이르면 저마다 짝을 지어 주고 불편없이 살아갈 수 있을 만한 물자를 지급한다. 만지 국왕이 매년 이렇게 양육시킨 고아의 수는 2만 명이나 된다.

이 밖에도 또 한 가지 만지 국왕이 행한 자선이 있다. 왕이 여러 곳으로 시찰을 다니다 보면 훌륭한 두 채의 저택 사이에 초라한 집이 한 채 끼어 있는 것을 볼 때가 있다. 왕은 그 집이 초라한 이유를 묻고 가난한 사람들의 집이라는 것을 알게 되면, 즉시 신하에게 명하여 이웃 저택과 같이 아름답게 고쳐 주었다.

또한 만지 국왕은 1천 명이 넘는 젊은이, 처녀에게 왕의 비용으로 호화로운 옷을 입혀서 항상 이들로 하여금 시중을 들게 했다.

만지 왕은 무척 선정을 베풀었으므로 죄를 짓는 자는 아무도 없었다. 상점은 밤새도록 문을 열어 놓아도 없어지는 것이 없었고, 밤중의 여행도 낮이나 다름없이 안전했다. 만지 왕국의 장려함은 말과 붓으로 다 표현할 수 없다.

다음에는 왕비에 대해 쓰기로 하자. 그녀는 대칸에게 연행되었으나 대칸은 알현을 허락하고 예를 갖추어 받아들여 왕비 시절과 다름없이 우대를 하였다. 그런데 만지 국왕은 끝까지 바다의 섬에서 나오려 하지 않고 결국 거기서 죽었다.

만지 국왕과 왕비 이야기는 이것으로 마치겠으나, 만지 지방에 관한 보고는 다음에 계속하여 그 풍속과 습관과 그 밖의 여러 가지를 순서대로 말할 것이므로 정확한 지식을 얻을 수 있을 것이다. 우선 코이간주 시부터 시작한다.

155 코이간주 시

코이간주(화이안저우淮安州)는 동남에 위치하는 장려하고도 부유한 대도시로서 만지 지방으로 들어가는 들머리이다. 주민들은 우상을 숭배하고 죽은 사람은 화장하며 대칸의 치하에 속해 있다. 이 도시는 카라모란이라는 큰 강에 면하고 있기*13 때문에 수많은 선박이 여기에 모여 있다. 또 이 지방의 수도이기도 하므로 여러 많은 도시에서 그들의 상품이 이 도시에 운반되었다가, 이 강에 의해 다른 여러 도시로 분산 수송된다. 또한 이 도시에서는 제염도 행해지며 40여 개가 넘는 여러 도시가 이곳의 소금에 의지하고 있다. 소금세와 이곳에서 이뤄지는 성대한 상거래에 대한 과세에 의해, 이 도시는 대칸의 재정에 있어 중요한 재원이 되고 있다.

이곳을 출발하여 다음에는 파우긴이라 부르는 도시에 대해 말하기로 하겠다.

156 파우긴 시

코이간주를 떠나 만지 지방 들머리에서 시작되는 둑길을 따라 동남쪽으로 하룻길을 간다. 둑길은 상당히 훌륭한 석재로 포장되어 있다. 길 옆에는 늪과 연못이 계속 이어진다. 한쪽은 눈에 보이는 곳마다 호수와 늪과 못이며, 또 다른 한쪽도 처음에는 똑같은 늪과 못지대를 이루고 있으나 이윽고 깊은 호수로 변하여 배가 다니고 있다. 이 지방을 갈 때에는 물길이나 둑길을 지나는 도리밖에 없다.*14

이렇게 하룻길을 가면 훌륭한 대도시 파우긴(Paughin, 바오잉寶應)에 다다른다. 주민들은 우상을 숭배하며 사람이 죽으면 화장하는 풍습이 있다. 네스토리우스파 그리스도교를 믿는 터키 인이 약간 살고 있어 교회당 하나를 세우고 있다.*15 이곳도 대칸의 치하에 속하고 지폐가 유통된다. 주민들의 생업은 상공업이다. 비단 생산량이 많으며, 각종 금실 섞인 직물을 짠다. 생활 필수품도 대단히 풍부하다. 다음에는 화제를 카인으로 옮기기로 한다.

157 카인 시

파우긴을 떠나 동남쪽으로 다시 하룻길을 가면 카인(Kain, 가오유高郵)이라는 웅장한 대도시에 다다른다. 주민들은 우상을 숭배하고 대칸의 지배 아래 있으며 지폐가 통화로서 유통되고 있다. 그들은 상공업에 종사하고 생활 필수품도 풍부하다. 어류가 풍부하며, 또 새·짐승이 많아 사냥하기에 좋다. 베네치아 은화 1그로소를 내면 꿩 세 마리를 살 수 있을 정도이다.

이어 틴구이의 이야기로 옮기자.

158 틴구이 시

카인을 뒤로 하고 수많은 취락이 잇달아 이어지는 논과 들 사이로 꼬박 하루를 가면 틴구이(Tingui, 타이저우泰州)에 다다른다. 이 도시는 그다지 크지는 않으나 각종 산물이 풍부하다. 주민들은 우상을 숭배하고 지폐를 쓰며 대칸에 예속해 있다. 그들은 상공업을 생업으로 하며, 많은 화물을 취급하여 커다란 이익을 올리고 있다. 이 도시는 동남에 위치한다. 배도 많고 새·짐승할 것 없이 사냥감도 풍부하다.

이 도시에서 왼쪽을 향해, 즉 동쪽으로 3일쯤 가면 바다가 나온다. 이 도시와 바다와의 중간 지대에서는 대량의 소금이 생산된다. 조금 더 가면 친주(Chingiu, 장쑤 성 江蘇省 퉁저우通州)*16라고 하는 번성한 대도시가 있는데, 그곳에서 생산된 소금은 인근 지역 모든 도시에 공급할 수 있을 만큼 충분하다. 대칸이 이런 소금에서 거둬들이는 세금은 굉장하여, 실제로 이곳에 와보지 않은 사람은 도저히 믿을 수 없을 정도이다. 주민들은 우상을 숭배하고 지폐를 쓰며 대칸의 지배를 받는다.

다음에는 얀구이 시의 이야기로 옮기기로 한다.

159 얀구이 시

틴구이를 떠나 동남쪽으로 하루를 여행하면 대도시 얀구이(Yangui, 양저우揚州)에 다다른다. 이 얀구이는 27개 도시를 관할하는 요지이며, 그 모두가 상업이 번창하는 경제적으로 넉넉하고 인구가 많은 대도시이다. 대칸의 중

얀구이의 총독 마르코 폴로
대칸은 세금관리를 위해 마르코 폴로를 각지에 파견하였다. 얀구이(양저우)에 총독으로 3년간 봉직
하였다.

신 12명이 천하를 나누어 통치하는데,*[17] 얀구이에 열두 중신의 한 사람이 주
재하고 있다. 주민들은 우상을 숭배하고 지폐를 사용하며 대칸에 예속된다.
덧붙여 말하건대, 이 책의 저자인 마르코도 이전에 대칸의 명을 받아 3년간
이 도시의 통치를 맡은 적이 있다.*[18]

얀구이 및 주변 지방 일대에는 대부대가 항상 주둔하고 있다. 따라서 이곳
에서는 보병·기병용의 군장품이 다량으로 제조되고 있으므로 주민의 생업도
자연히 상업·수공업이 중심이 된다.

다음에는 같은 만지 지방의 일부를 이루는 2대 지방에 대해 말하겠다. 이
두 지방은 다 같이 서쪽에 위치하고 있으며 여러 가지로 보고할 것이 많은
지방이어서 그 풍속·습관을 모조리 전하려고 한다. 우선 남긴부터 시작한
다.

160 남긴

남긴(Namghin, 난징南京)은 만지 지방의 서남쪽에 위치한다. 주민들은 우
상을 숭배하고 상업·수공업에 종사한다. 대칸의 지배 아래 있으며 지폐를
쓰고 있다. 생사와 금실, 은실이 섞인 비단직물을 생산한다. 땅이 아주 비옥

하기 때문에 각종 곡류와 생활 필수품이 풍부하게 산출된다. 새와 짐승 등 사냥감이 많다. 죽은 사람을 화장하는 풍습이 있다. 이 지방에는 호랑이가 많다. 부유하고 규모가 큰 상인이 많아 대칸에게 바치는 공물·과세의 액수는 막대하다.

다음에는 사얀푸라는 대도시 이야기로 옮기자. 이 도시는 매우 중요한 도시로서 이 책에서 소개되기에 충분한 가치가 있다.

161 사얀푸 시

사얀푸(Sayanfu, 상양襄陽)는 만지 지방의 대도시로 12개의 도시를 관할하고 있으며, 그 하나하나가 모두 훌륭하다. 이 도시는 상공업이 활발하다. 주민들은 우상을 숭배하며 죽은 사람은 화장한다. 대칸의 지배 아래 있으며 지폐를 쓴다. 생사의 산출이 많으며, 금실 섞인 비단직물을 생산한다. 새·짐승 등이 많아 사냥감은 풍부하다. 사얀푸에는 대도시라면 어디나 꼭 필요한 물자가 모두 갖추어져 있다.

사얀푸는 만지 지방의 다른 모든 곳이 항복한 뒤에도 3년 동안이나 저항을 계속한 도시이다.[*19] 그동안 내내 대칸의 대군은 이 도시의 정면에 포진하여 공격을 늦추지 않았으나 이 도시에는 북쪽을 제외한 다른 세 곳에 깊고 넓은 호수가 있어, 공격군도 북쪽이 아니면 공격할 방법이 없었다. 대칸의 군대가 공격을 하기 위해 북쪽에만 진을 치고 있는 틈을 타서, 성내 백성들은 다른 세 군데의 수로를 통해 필요하고 충분한 군량을 자유로이 보급받을 수가 있었다. 따라서 다음에서 말하는 것과 같은 사정이 없었다면 아무리 대칸의 대군일지라도 이곳을 공략할 가망은 없었을 것이다.

대칸의 대군은 3년 동안이나 이 도시를 계속 공격했으나 점령하지 못했으므로 사기가 떨어져 있었다. 마침 이때 니콜로, 마페오, 마르코 세 사람이 말했다.

"저 도시를 지금 당장에라도 항복시킬 수 있는 방법을 가르쳐 드리지요."

군지휘관들은 예상치 못한 제안이었으나 기꺼이 이 말에 동의했다. 이 대화는 사실 대칸의 어전에서 오갔다. 때마침 참모들이 전장에서 대칸의 진영으로 와 있었기 때문이다. 사얀푸에는 외부로부터 식량 보급이 이루어지고 있는데, 이 보급을 끊을 길이 없기 때문에 아무리 공격을 가해도 함락시킬 수가 없다는 사실을 아뢴 결과 대칸은 단호하게 말했다.

"그럼 이 도시를 점령하기 위해 어떤 다른 수단을 고려해야겠다."

그리하여 폴로 형제와 그 아들이며 조카인 마르코가 나아가 건의하였다.

"폐하, 우리의 종자 가운데는 투석기라 하여 어떤 돌이라도 던질 수 있는 기계를 제작할 수 있는 자가 있습니다. 이것을 써서 성내로 돌을 쏘아 넣으면 성의 백성들은 도저히 견딜 수 없어 즉시 항복할 것입니다."

대칸은 니콜로와 그의 형제 그리고 그의 아들을 향해 대답하였다.

"그대들의 건의를 짐은 매우 만족스럽게 생각한다."

그리고 대칸은 서둘러 그 투석기를 제작하라는 명령을 내렸다.

그래서 폴로 형제와 마르코는 이 기술에 정통한 알란 인 한 명과 네스토리우스파 그리스도 교도 한 명에게 즉각 135kg의 돌이라도 투사할 수 있는 투석기*20 두세 대를 만들게 했다. 명을 받은 두 사람은 주문대로의 투석기 세 대를 제작했다. 세 대가 다 크고 훌륭한 것이어서 135kg의 돌을 능히 먼 곳까지 투척할 수 있는 성능이 있었다. 돌도 135kg짜리를 60개 이상이나 준비하였다. 투석기가 완성되자 대칸을 비롯해서 중신들은 이것을 보고 감탄했다. 그리고 그들의 눈앞에서 먼저 말한 중량의 돌을 몇 개 시험해 본 결과 그 위력에 경탄해 마지않아 칭찬을 아끼지 않았다. 그리하여 대칸은 사얀푸를 함락시키지 못하고 있던 부대에게 이 기계를 건네 주었다. 투석기가 진영에 도착하여 설치되자 타타르 인은 누구나 다 경탄하여 아주 신기한 병기라고 생각했다. 투석기의 조립이 끝나 만반의 준비가 갖추어지자 돌 1발이 성내에 발사되었다. 돌은 인가 사이에 떨어져서 모든 것을 부수고 짓이기며 굉장한 울림과 무서운 소리를 내었다.

성내의 백성들은 생전 처음 보는 이 재해에 혼비백산하여 무서움에 떨면서 도무지 어찌할 바를 몰랐다. 그들은 대책을 논의했으나 투석기를 막을 방법을 발견할 수 없었다. 이윽고 성을 열고 항복하지 않는 한 온 성내가 몰살을 면할 수 없을 거라고 생각했으므로 어떠한 대가를 치르더라도 항복하는 수밖에 없다고 결심하기에 이르렀다. 그래서 그들은 공성군(攻城軍) 총사령관에게, 만지 지방의 다른 여러 도시와 같은 조건으로 항복하여 대칸의 치하에 들어가고 싶다는 뜻을 제안했다. 공성군 총사령관은 이를 받아들였다. 그리하여 성내의 주민을 접수하고 이에 도시는 투항하기에 이르렀다. 이러한 결과를 거둘 수 있었던 것도 오로지 니콜로, 마페오, 마르코 세 사람의 노력에 의한 덕택이라고 감사받은 것은 물론이다. 사실 이것은 보통 공훈이 아니었다. 왜냐하면 사얀푸와 그 관하의 지방은 대칸 영내에 편입된 뒤에도 제1급에 속하는 지방을 이루었고, 대칸의 재정에 막대한 세수입을 가져왔기 때문이다.

이로써 사얀푸에 관해 설명했고 니콜로, 마페오, 마르코가 제안한 투석기의 덕택으로 이 도시가 투항하게 된 내력도 다 이야기했다.

투석기의 개념도
서아시아식 회회포 투석기이다.

다음에는 신구이 시 이야기로 넘어가 보자.

162 신구이 시

얀구이를 떠나 15일 나아가면 신구이(Singui, 장쑤 성 이정선儀徵縣, 원조의 진주)에 이른다. 그다지 큰 도시는 아니나 많은 배가 모여 있고 상거래가 활발하다. 주민들은 우상을 숭배하고 대칸에 예속되며 지폐를 사용한다. 이 도시는 키앙(Kiang, 양쯔 강揚子江)이라고 하는 세계 최대의 강을 마주하고 있다. 이 큰 강은 폭이 10~16km에 이르며 길이는 무려 120일 길이나 된다. 이 거대한 긴 강에는 모두 항행 가능한 큰 강이 무수한 지류가 되어 여기저기에서 흘러들고 있으므로 하류로 갈수록 차차 넓어진다. 신구이는 이 큰 강의 본류와 닿아 있는 관계로 가지각색의 상품을 실은 선박이 무수히 모여들고, 따라서 대칸에게 납입되는 공물·과세의 액수도 상당하다.

키앙 강은 길이가 길고 유역도 넓고 게다가 연안 도시가 매우 많기 때문에, 그리스도교 여러 나라의 모든 바다와 강을 오가는 배를 합해도 이 강을 오르내리는 배의 수에는 도저히 미치지 못한다. 또한 거기 실려 있는 상품 쪽이 훨씬 비싸고 귀중한 것이라고 단언해도 잘못이 아닐 것이다. 왜냐하면 나 자신이 전에 이 도시에서 1만 척이나 되는 배가 오가는 것을 실제로 본 일이 있기 때문이다. 또한 이것은 대칸의 세관리로부터 직접 들은 이야기지만, 신주를 거쳐 이 강을 거슬러 올라가는 배만을 계산하여도 1년 동안에 20만 척에는 이른다고 한다. 그다지 대단한 도시도 아닌 이곳에만도 이만한 배가 있는 것으로 미루어 생각하면, 이 밖의 여러 도시에는 모두 얼마만큼의 많은 배가 있는지 쉽게 상상할 수 있을 것이다.

이 큰 강의 유역은 16주 이상이나 되며 양안에 접해 있는 대도시는 200개 남짓 헤아리는데, 각 도시는 모두 이 신구이보다 훨씬 많은 배를 갖고 있다. 게다가 이것은 본류에 한한 이야기이며 지류에 접해 있는 여러 도시, 여러 취락을 포함한 것은 아니다. 거기에도 또 각각 많은 배가 있을 것이다. 이들 배는 모두가 상품을 싣고 신구이에 오거나 아니면 신구이에서 짐을 싣고 여러 도시로 운반한다. 이 큰 강에 의해 운반되고 거래되는 주요한 상품은 소금이다. 상인은 이 도시에서 소금을 싣고 연안의 여러 지방에 판다. 그들은 또한 이 큰 강의 본류에서 지류로 옮겨 중심지역까지 가며 여러 지역에 빠짐없이 소금을 공급한다.

즉 제염이 행해지고 있는 바다 가까운 여러 지방에서 소금은 먼저 이 신구이로 운반되어, 여기서 배에 실려 먼저 말한 여러 지방으로 팔려나가는 것이다.*21 신구이 시에서 오는 배에는 소금 이외에 소도 싣고 있다.*22 이들 배는 돌아오는 길에 목재·숯·대마(大麻) 따위의 각종 화물을 싣고 돌아와서 이것을 바다 가까운 제염 지방에 공급한다. 또한 이들 화물 수송을 배에만 의존하고 있어서는 부족하므로 뗏목을 이용하여 운반하는 분량도 상당한 양에 이르고 있다. 이와 같으므로 도시라기보다는 오히려 항구라는 편이 적절한 이 도시에서 대칸에게 납입되는 세액은 막대하다.

키앙 강에는 곳곳에 바위산이나 작은 언덕이 튀어나와 있고 그 위에 사원과 그 밖의 건축물이 솟아 있으며, 그 사이에 촌락과 거주 지구도 이어지고 있다.*23

강 위를 항행하는 배는 돛대가 하나 있고 지붕이 있으며 적재량은 상당히 커서, 우리네 셈법으로 계산하여 한 척에 4천 대칸타르(1칸타르는 약 75.4킬로그램)에서 1만 2천 대칸타르까지 실을 수가 있다.

화제를 신구이로부터 카인구이라고 하는 다른 도시로 옮기고 싶으나, 깜박 잊고 말하지 않은 것이 하나 있어서 먼저 그것을 전하겠다. 그것은 정말로 이 책에 쓰기에 알맞은 것이다. 이 큰 강을 오르내리는 배에는 마스트와 돛을 빼고는 삼으로 된 밧줄이 전혀 쓰이지 않는다는 사실이다. 강을 거슬러 갈 때 배를 상류로 향해 잡아당기는 밧줄은 대나무로 되어 있다. 이것의 소재로 쓰이는 대나무는 앞에서도 말한 바 있는 15걸음이나 되는 키를 가진, 저 길고 굵은 큰 대나무이다. 이 큰 대나무를 우선 가늘게 쪼개어 서로 합해서 꼬아 300걸음은 충분히 되는 밧줄을 만들어내는데, 그 탄탄함이란 삼

수로를 이용한 화물 수송
큰 강과 운하를 이용하여 엄청난 양의 화물을 배로 실어 나른다.

밧줄 이상이다. 또한 각 배마다 8마리에서 12마리의 말을 싣고 있다. 이것을 부려서 배에 물건을 실어 올린다.

이것으로 신구이 이야기를 마치고 카인구이 이야기로 들어가 보자.

163 카인구이 시

카인구이(Kayngui, 장쑤 성 자오조우瓜州)는 키앙 강에 접해 있는 작은 도시로 동남쪽에 위치하고 있다. 주민들은 우상을 숭배하고 대칸에 예속되며 지폐를 사용한다.

이 도시로 막대한 양의 쌀과 밀이 운송되고 여기서부터 수로를 통해 대칸 궁정의 소재지 캄발룩에 수송된다. 단, 내가 여기서 '수로'라고 한 것은 결코 해로라는 의미가 아니라 모두 강과 늪과 호수를 이용한다는 뜻이다. 대칸의 궁정에 있는 사람들의 식량은 거의가 여기서 운송되는 곡물에 의지하고 있다. 이 도시에서 캄발룩까지 직통하는 운하를 건설한 것도 바로 대칸이다. 대칸은 강에서 강으로, 호수에서 호수로 폭도 넓고 수심도 충분한 해자를 만들고 물을 끌어 왔다. 그것은 마치 큰 강처럼 보이며, 사실 큰 배가 그곳을

항행하고 있기도 하다.

이 운하를 이용하여 만지에서 캄발룩에 여행할 수도 있다. 한편, 운하를 팔 때 파내어진 흙을 이용하여 운하의 모든 노선을 따라 제방길이 놓여 있으므로 이곳을 통해 육로 여행도 할 수 있다. 즉, 수륙양로(水陸兩路)의 어느 쪽을 취해도 만지에서 캄발룩까지 도달할 수가 있다.*24

이 도시의 맞은편에 해당하는 키앙 강 안에 암질(岩質)로 된 한 섬이 있다. 거기에 200명의 승려를 거느린 사원이 세워져 있으며 안에는 수많은 우상이 안치되어 있다. 이 대사원은 관할 아래 많은 탑두사원(塔頭寺院)이 딸려 있다. 그 이치는 우리 그리스도 교도 간의 대주교 관구와 같은 것이라고 생각하면 된다.

이번에는 강 건너 찬기안푸 이야기로 옮기기로 한다.

164 찬기안푸 시

찬기안푸(Changhianfu, 전장鎭江)는 만지 지방의 도시이다. 주민들은 우상을 숭배하고 대칸에 예속되어 있으며 지폐를 사용한다. 그들의 생업은 상업·수공업이다. 생사의 생산이 많고 이것을 소재로 하여 각종 금사나 은사 직물을 생산한다. 이 도시에는 부유하고 규모가 큰 상인들이 많다. 새나 짐승이 많아 사냥꾼이 많으며, 식량 자원도 매우 풍부하다.

이 도시에는 1278년에 건설된 네스토리우스파 그리스도교의 교회당이 2개 있다. 그 전에는 그리스도교의 신자도 교회당도 없었다. 당시 네스토리우스파 그리스도교 신자인 마르 사치스(Mar Shchis)가 대칸의 명을 받아 3년간 이곳의 총독을 지냈다. 현재 있는 2개의 교회당은 이 마르사치스가 온 뒤에 건립한 것이며, 지금도 잘 보존되고 있다.

다음에는 틴구이구이라고 하는 대도시에 대해 말하기로 하자.

165 틴구이구이 시

찬기안푸를 떠나 동남으로 사흘을 여행하면 강변에는 상업·수공업이 성한 많은 도시·취락이 이어진다. 주민들은 우상을 숭배하고 대칸에 예속되어 있으며 지폐를 사용한다.

3일간의 여행을 마치는 저녁 무렵 틴구이구이(Tinguigui, 장쑤 성 창저우常

州)라고 하는 훌륭한 대도시에 이른다. 주민들은 우상을 숭배하고 대칸에 예속되며 지폐를 사용한다. 그들의 생업은 상공업이다. 이곳은 생사의 생산이 많아 각종 금사직물 비단을 많이 생산한다. 새나 짐승 등 사냥감이 많고, 땅이 비옥해서 생활이 넉넉하다.

여기서 전하고 싶은 것은, 이 도시의 주민이 이전에 파렴치한 배신 행위를 저지르고 얼마나 혹독한 대가를 치렀던가 하는 것이다. 그것은 바얀 장군이 이끄는 대칸의 군대가 만지 지방을 정복했을 때의 일이다. 바얀은 이 도시를 공략하기 위해 알란 인 그리스도 교도로 편성된 부대를 파견했다. 본디 이 도시는 이중의 성벽으로 둘러져 있었다. 제1성벽을 돌파하고 성내에 침입한 알란 인 부대는 좋은 술이 많이 있음을 발견하고 실컷 마셨고, 모두가 술에 만취한 나머지 곯아떨어지고 말았다. 이때 이 도시의 시민들은 모두 제2성벽 내에 있었다. 정복자들이 마치 죽은 사람과 같이 술에 곯아떨어진 것을 보자, 그들은 기회를 놓칠세라 그날 밤 알란군을 한 사람도 남김없이 모조리 죽이고 말았다. 전군의 총사령관인 바얀은 시민들의 반역으로 부하가 몰살된 것을 알자, 즉각 대부대를 이 도시로 보냈다. 틴구이구이는 강력한 공세로 삽시간에 함락되었으며 몽골군은 점령과 동시에 시민을 모조리 도살해버렸다. 이것은 정말 있었던 일이며, 이와 같은 경위로 이 도시의 주민들은 대부분이 살육당했다.

이번에는 수주 시에 대해 이야기하기로 하자.

166 수주 시

수주(Sugiu, 장쑤 성 쑤저우蘇州)는 매우 아름다운 도시이다. 주민들은 우상을 숭배하고 대칸에 예속되며 지폐를 사용한다. 그들의 생업은 주로 상공업이다. 비단 생산량이 많아 교역량이 엄청나므로 부유한 상인의 수도 많다. 주민들은 비단으로 옷을 해 입는다.

이 도시는 매우 규모가 커서 둘레가 96km나 된다. 인구도 매우 많아서 도저히 헤아릴 수 없을 정도이다. 사실 만약에 이곳 인구가 모두 무인이었다면, 만지 인은 그 병사만으로도 온 세계를 거뜬히 정복할 수 있었을 것이다. 그러나 그들은 무인의 성격이 아니라 대부분 상술에 능한 장사꾼, 온갖 기예에 뛰어난 장인이며, 그중에는 자연철학의 이치에 통달한 철학자와 병

비단을 평평하게 다림질하는 여인들

의 진단과 치료에 능한 명의도 있고, 주술을 터득하여 점복술에 통달한 자도 많다.

이 도시에는 6천 개의 돌다리가 있다. 어느 것이나 노 젓는 배가 한 척, 곳에 따라서는 두 척이 나란히 지나갈 수 있을 만큼 크다. 또한 이 도시를 에워싼 교외의 산들에는 대황(大黃)과 생강이 많이 자라고 있어*25 베네치아 은화로 1그로소만 내면 제일 좋은 생강을 27kg 넘게 살 수 있다.

수주는 16개의 도시를 관할하고 있으나 그 모두가 당당한 대도시로서 상 공업이 번창하고 있다. '수주'라는 이 도시의 이름은 풀이하면 '지상의 도시'라는 의미이며, 이 근방에 '천상의 도시'라는 의미의 다른 도시가 있는데, 이 두 도시 모두 아름답고 훌륭하다고 해서 그렇게 부르는 것이다. '천상의 도시'라는 곳에 대해서는 어차피 좀더 나중에 이야기할 기회가 있을 것이다.

다음은 수주에서 하루가 걸리는 곳에 있는 부주(Vugiu, 워장저우吳江州)로 화제를 옮기자. 이 도시도 상업·수공업으로 번창한 부유한 대도시이다. 그러나 별로 내세울 만큼 진귀한 것은 없으므로 이 도시에 대해서는 이것으로 끝마치고 킨사이의 이야기로 들어가자.

167 킨사이 시

부주를 떠나 나아가는 사흘 길 내내 아름다운 풍토가 펼쳐진다. 그 사이에는 상업·수공업이 번성한 훌륭하고 부유한 도시·취락이 많다. 주민들은 우상을 숭배하고 대칸에 예속되며 지폐를 사용한다. 이 근방에는 무엇이든 물자가 풍부하여 생활에 불편함이 없다.

사흘간의 여정을 마칠 저녁 무렵 킨사이(Kinsai, 항저우杭州)라고 하는 장려하기 그지없는 대도시에 다다른다. 킨사이란 풀이하면 '천상의 도시'라는 의미인데, 정말 그 말대로의 장려함이다.

이 도시에 온 이상, 그 웅장하고 화려한 모습을 남김없이 전하고 싶다. 이 킨사이란 곳은 틀림없이 세계에서 가장 호화롭고 부유한 도시이므로 이야기하는 보람이 있을 것이다. 나는 이 도시의 장대함을 소개함에 있어, 전에 만지 지방의 왕비가 정복자인 바얀 장군에게 제출한 기록 문서*²⁶의 내용에 비추어 설명하려고 한다. 바얀 장군이 그 문서를 대칸에게 보고하여 킨사이의 웅장하고 화려한 모습을 충분히 납득시킨 덕분에, 이 도시는 파괴와 황폐를 면할 수 있었다. 이제부터 이 도시에 관한 모든 사실을 이 문서의 내용대로 순서를 좇아 설명해 보자. 더구나 이 문서의 내용이 모든 점에 있어 진실이었음은 이 책의 저자인 마르코 폴로 자신이 나중에 직접 눈으로 보고 확인할 수 있었다.

앞서 말한 기록 문서를 보면 서두에 킨사이가 둘레 160km의 도시라고 적혀 있다. 이것은 (인구가 많다는 점은 제쳐 놓고라도) 성내에 폭이 무척 넓은 도로·운하가 있는데다가, 도시 여기저기에 광장이 있기 때문이다. 게다가 이 광장에서 시장이 열리고 많은 군중이 모여드는 관계로 광대한 부지가 필요하다.

이 도시는 맑고 깨끗한 담수호를 한쪽에 두고, 다른 한쪽은 큰 강에 접하는 자연환경 속에 있다. 이 큰 강은 크고 작은 무수한 운하와 연결되면서 성내를 골고루 돌아 흐르고, 그 뒤에 호수로 흘러들어 거기서 바다로 흘러나간다. 그동안에 성내의 쓰레기가 모조리 떠내려가므로 도시의 공기는 정말 깨끗하다.

성내는 구석구석까지 도로가 뚫려 있고 운하가 통한다. 가로나 운하는 모두 폭이 넓으므로 짐수레건 짐배건 자유로이 오갈 수 있어 시민의 필수품을 운반한다. 시중에 있는 1만 2천 개의 다리는 일부 목조인 것을 빼고는 대부분이 돌다리이다. 주요한 운하의 번화한 가로에 걸려 있는 다리는 큰 배도 돛대를 꺾지 않은 채 그 밑을 지날 수 있게 정밀하고 치밀한 아치 설계로 짜여 있다. 이러한 다리의 높이에도 불구하고 가로는 경사 없이 평탄하게 만들어져 있으므로 수레와 말이 자유롭게 오간다. 작은 배라면 어느 다리 밑이나 쉽게 지날 수가 있다. 이렇게 많은 다리가 있다고 해도 그리 놀랄 것은 못된다. 왜냐하면 무수한 수로가 거미줄처럼 이 도시를 뚫고 흐르며 또 도시의 주위를 에워싸고 있어서, 마치 시가는 물 위에 구축되어 있는 것과 같기 때문이다. 시민이 시내 곳곳을 자유롭게 오가기 위해서는 당연히 많은 다리가 필요하게 되었다.

성 바깥쪽으로 강에 맞닿은 곳에 길이 약 64km나 되는 폭넓은 해자[27]가 있는데, 평소에도 강물을 끌어와 항상 가득차게 하고 있다. 이것은 이곳을 통치한 역대의 군주들이 이루어 놓은 것으로, 강물이 넘쳐 제방을 넘는 경우 그 물을 해자 안으로 흘러들게 하는 동시에 일종의 방어수단을 겸한 것이다. 이 해자를 만들 때 파낸 흙이 해자의 안쪽에 퇴적되어, 마치 이 도시를 에워싸는 작은 언덕과 같은 모양을 이루고 있기 때문이다.

성내의 거리는 많은 구획을 이루고 있다. 그중에서도 중요한 것은 10개의 구획이며 각 변이 800m 되는 정사각형을 이루고 있다. 이들 구획의 앞면은 모두 성내를 끝에서 끝까지 일직선으로 꿰뚫는 폭 40걸음의 큰길과 마주하고 있으며 이 큰길에는 평탄하고 건너기 쉬운 여러 개의 다리가 걸려 있다. 이 주요 구획은 6.4km 간격으로 만들어지고, 그 둘레는 앞서 말한 바와 같이 3.2km에 이른다. 주요 구획의 후면에는 큰길과 평행한 폭넓은 운하가 통하고 그 제방 근처에는 돌로 지어진 거대한 창고[28]가 늘어서 있다. 필요한 때는 언제든지 운하 가까이에서 그들의 상품을 인도할 수 있기 때문에, 동방에서 온 상인들은 모두 거기다 물품을 보관한다. 그리고 그곳에서는 일주일에 세 번 모든 주요 거리에서 시장이 서고 4만에서 5만에 이르는 사람들이 모여든다. 그들은 저마다 온갖 종류의 식료품을 팔러 오기 때문에 이 시에는 식료품이라면 무엇이든 풍부하다. 이를테면 짐승고기는 황갈색 사슴·붉은 사슴·암사슴·토끼·산토끼 따위 종류이고, 새 종류라면 자고새·꿩·메추라기·닭·거

킨사이의 대운하

'천상의 도시' 킨사이는 물을 빼고는 그 화려함을 논할 수 없을 정도 곳곳이 물길이다. 대운하는 이곳에서 베이징까지 연결되어 있다.

세한 닭 등이 있으며, 오리나 거위는 호수에서 쉽게 사육되므로 베네치아 은화 1그로소만 내면 거위는 2마리, 오리는 4마리나 살 수 있다.

또한 송아지·황소·염소·양 등 큰 짐승을 잡는 도축장도 있다. 이들 짐승 고기는 주로 귀인이나 부유한 계급의 식용으로 제공된다. 그러나 일반 하층민은 선택권이 없으므로 아무 고기나 먹는다. 이 시장에는 이 밖에도 각종 채소와 과일이 항상 나돌고 있다. 그중에서도 훌륭한 것은 한 개 4.5kg이나 나가는 큰 배로, 그윽하고 달콤한 향기와 하얀 과육을 가지고 있다. 철이 되면 맛좋은 흰색·황색 복숭아도 나온다. 단, 이 지방에서는 포도는 생산되지 않지만 외지에서 질이 좋은 포도주와 건포도가 수입되고 있다. 그러나 이곳 사람들은 쌀에 향료를 가미한 독특한 술을 음용하며, 포도주는 그다지 즐기지 않는다.

시장에는 매일같이 엄청난 양의 물고기가 나온다. 그 물고기는 이 도시에서 24km 떨어진 해안에서 이곳까지 수로를 통해 운반된다. 호수에도 낚시질을 전업으로 하는 낚시꾼들이 많아 민물고기도 시장에 많이 나온다. 생선의 종류는 계절에 따라 차이가 있다. 시의 하수가 모조리 호수에 흘러드는 관계로 어느 계절의 생선이나 맛이 좋고 속살이 많다. 시장에 모여드는 막대한 생선의 양을 보노라면 이것을 다 팔 수 있을 거라고는 도저히 생각할 수 없으나 눈 깜짝할 사이에 모두 팔리고 만다. 이것은 한 번 식사에 생선과 육류를 같이 먹는 사치스러운 시민이 많기 때문이다.

앞서 말한 주요 10개 구획에는 어디나 높은 누각이 즐비하다. 누각의 아래층은 점포인데 수예품·향료·진주·보석 등 각종 상품이 팔리고 있다. 쌀과 향료로 양조한 술만을 전문으로 파는 가게도 있다. 이런 종류의 고급 점포*²⁹에서 파는 상품은 항상 신선하고 가격도 적당하다.

주요 10구획에는 몇 개의 길이 통하고 있다. 어떤 거리에는 때밀이를 두고 있는 냉수 목욕탕들이 늘어서 있다. 이 고장 사람들은 1년 내내 찬물로 목욕하는 습관을 어릴 때부터 몸에 익히고 있으며, 그것은 건강에 매우 좋은 방법이라고 알고 있기 때문이다. 그러나 그러한 습관에 익숙하지 않은 외래인은 도저히 찬물로는 목욕할 수 없으므로, 이런 사람들을 위해 더운물을 비치한 특별 욕실*³⁰이 따로 준비되어 있다. 이 고장 사람들은 매일 몸을 씻는 것이 습관이며, 목욕한 뒤가 아니면 식사를 하지 않는다.

어떤 거리에는 창녀들이 모여 살고 있다. 그 수는 어찌나 많은지 도저히 셀 수 없을 정도이다. 그녀들은 주요 구역의 지정된 장소*³¹가 있지만 성내 곳곳의 후미진 곳에 살고 있다. 그녀들은 많은 하인을 부리며 화려한 집에서 호사스럽게 살고 있으며, 진한 화장을 하며 향수로 사람을 취하게 한다. 그녀들은 매우 영리하여 손님을 매료시키는 수단에 능하며, 온갖 아양과 교태로 손님들을 유혹한다. 그러므로 외지의 나그네로서 한 번 이 곳에 발을 들여놓으면 그야말로 한시도 그녀들에게서 떠나지 못하고 매력의 포로가 되어, 집에 돌아가야 한다는 사실을 잊어버린다. 그리고 집에 돌아가더라도 '천국의 도시' 킨사이에서 즐겼던 이야기를 하며 또다시 갈 것을 열망한다.

또 어떤 거리에는 의사와 점성사가 모여 살고 있다. 점성사는 공부도 가르친다. 이와 마찬가지로 그 밖의 여러 가지 기술이나 재주가 있는 사람들도 각각 동업자와 한 무리가 되어 이들 주요 구역의 가까운 거리에 살고 있다.

또한 이들 각 구역에는 그 양끝에 서로 마주 보는 두 개의 큰 관청이 있으며, 거기에 대칸이 임명한 관리가 있어 상인들 간의 분쟁이나 부근 주민들의 싸움을 즉시 알리는 역할을 맡고 있다. 이 관리는 이 밖에도 규정대로 파수병(이에 대해서는 나중에 설명할 예정이다)이 각 다리 곁에서 지키고 있는가를 매일 확인할 의무가 있으며, 만약에 경비가 소홀하거나 하면 마음대로 파수병을 처벌한다.

성벽 한쪽 끝에서 다른 끝까지 곧장 나 있는 큰길에는

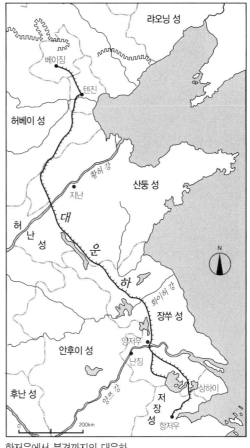

항저우에서 북경까지의 대운하
중국의 만리장성과 함께 2대 토목공사의 하나로 전장 1794 km나 된다.

정원이 달린 저택과 큰 전각이 양쪽에 높이 늘어서 있다. 이에 잇달아 장인의 작업장이 늘어서 있는데, 거기에는 장인이 영업하는 점포가 주택에 붙어 있다. 밤이나 낮이나 이 큰 거리에는 볼일로 오가는 사람이 끊이지 않는다. 따라서 얼핏 본 것만으로는 이렇게까지 많은 인구를 충분히 먹여살릴 만한 식량이 도대체 어디에 있는가 의심스러워진다. 그러나 장이 설 때마다 앞서 말한 주요 구획에서는 어디나 배와 수레에 식량을 싣고 온 상인과 주민으로 넘치고 온갖 상품이 팔려 나간다. 현재 이 시에서 매매되는 막대한 식량·고기·향료, 그 밖의 각종 물품의 일례를 들어 보자. 나, 즉 마르코가 세관원에게 들은 이야기에 따르면, 킨사이에서 하루 후추 판매량이 100kg들이 자루로 43개나 된다고 했다.

만지 왕비가 제출한 기록 문서에는 또한 킨사이에 12개의 공장동업조합이 있다고 적혀 있다. 이 12개의 조합이란 중요한 업종만을 한정시킨 직종별 조합이다. 즉 가장 번창하고 있는 수공업조합이 12개이며, 그 밖의 작은 조합에 이르러서는 실로 무수하다고 할 수 있다. 이어 이 기록문서에 따르면 12개 조합에는 각각 1만 2천 개씩의 공장 점포, 즉 장인 1만 2천 호(戶)가 가입하고 있으며 한 개의 공장 점포에서 일을 하는 직인(職人)은 대략 10명 남짓―때로는 15명·20명·30명에서 40명의 경우도 있다고 한다. 물론 이들 직인 모두가 기술자는 아니고 기술자의 지도를 받아 일하는 도제가 대부분이다. 직인의 수가 이렇게 많아도 이 킨사이는 만지의 여러 도시로부터 항상 주문이 쇄도하기 때문에 일손이 남는 법이 없다. 상인도 그 수가 매우 많고 그 부의 축적도 막대하여, 상상을 초월한 그 실태는 도저히 말로 다 표현할 수가 없다. 또한 위에서 말한 공장 우두머리들은 상류 계급의 귀인 부부와 마찬가지로 무엇 하나 자기 손으로 하는 것이 없다. 그들의 생활 방식은 정말로 우아 청초하여 왕자와도 비할 만하며, 그들의 아내들 역시 단아하고 아름다워 마치 하늘의 선녀와도 같다.

만지 국왕의 통치 시대에는 모두 아버지의 직업을 이어야 한다는 법률이 있었다. 설령 10만 베잔트의 재산이 있는 자일지라도 아버지의 직업을 폐거나 아니면 다른 직업으로 옮기는 것은 허락되지 않았다. 물론 그렇게 말하기는 하여도 이 법률에서는 몸소 그 일에 종사해야 한다는 것은 아니고, 상기한 바와 같이 실제로 그 일에 종사하는 사용인을 부려서 경영을 계속하기만 하면 되었다. 그러나 대칸의 지배 아래 들어와서 법률은 답습되지 않았다. 어떤 직인이라도 폐업하여 생활이 궁색하지 않을 만한 재산이 있고 또 폐업을 원한다면, 강제로 무리하게 그 직업을 계속시키는 일은 없었다. 대칸은 그 이유를 이렇게 말하고 있다.

"가난하기 때문에 그렇게 하지 않으면 살아갈 수 없어 그 직업에 종사하고 있는 남자가, 이윽고 훌륭한 생활을 할 수 있을 만큼 성공했을 경우, 그의 의지와 상관없이 그 직업을 계속하라고 어찌 강요하겠는가. 그야말로 신의 은총을 받은 사람들을 방해하는 것이나 마찬가지로 불법이고 불합리한 것이다."

킨사이의 공신교
킨사이 북쪽 15km 운하에 설치된 길이 98m, 폭 5.9m의 아치형 돌다리(현 항저우 시).

킨사이의 남쪽에는 둘레가 48km가 넘는 호수가 있다. 호수를 둘러싼 그 주변에는 귀인·부호들의 화려한 전각·저택들이 수없이 늘어서 있다. 모두가 화려하고 장대한 미를 다투고 호사를 자랑한다. 이 밖에 절과 도교 사원이 곳곳에 있는데, 수많은 승려와 비구니들이 사원 안에 살면서 아침저녁으로 예불을 올린다.

호수의 중심부에 섬이 두 개 있다. 양쪽에 다 호화의 극치를 이루는 전각이 서 있는데, 상상조차 할 수 없을 만큼 많은 객실과 정관(亭館)이 마련되어 있다. 이 전각의 현란한 장식 모양은 실로 황제의 이궁(離宮)이 아닌가 할 정도이다. 시민은 결혼 피로연, 그 밖의 연회를 열 때에는 모두 이곳을 회장으로 한다. 거기에는 연회에 필요한 모든 물건, 즉 도자기·접시·쟁반·식탁보 등이 갖추어져 있어 피로연이건 연회건 다 열 수가 있다. 이들 도구는 킨사이 시민이 낸 돈으로 마련되어 이러한 용도에 대비하여 전각 내에 공동 보관되어 있다. 때에 따라서는 한 번에 100명이나 되는 사람들이 이곳을 이용하기도 한다. 어떤 무리는 결혼식을 올리고 어떤 무리는 연회를 열기도 하는데, 각자가 다른 방이나 관을 배당받기 때문에 혼란스럽지 않다.

호수 위에는 아름답게 장식된 갖가지 유람선과 작은 배가 갖추어져 있다. 이들 배는 모두가 길이 15~20걸음으로 폭이 넓고 밑이 평평하게 되어 있어 한쪽으로 기울어질 염려가 없으므로 10명, 또는 15~20명, 또는 그 이상도 수용할 수 있다. 부부 동반 또는 친구들이 함께 호수 위에서 청유(淸遊: 아담하고 깨끗하며 속되지 아니한 놀이)를 즐기고 싶을 때에는 이 배를 빌린다. 배에는 훌륭한 의자·탁자, 그 밖의 연회에 필요한 모든 것이 항상 갖추어져 있기 때문에 좋은 술과 좋은 안주만 배에 들고 가면 된다. 배에는 지붕과 갑판이 있다. 갑판에는 삿대를 쥔 여러 명의 사공이 있어 호저(호수는 수심 2걸음 정도이다)에 명령하는 대로 어느 쪽이던지 배를 움직여 준다. 배 안에는 비단 갑판 아래 만들어진 선실뿐 아니라 곳곳이 갖가지 모양으로 장식되어 있다. 선실의 주위에는 여닫게 되어 있는 창이 많이 달려 있다. 이 창가에 자리를 잡으면 앉은 채 사방을 둘러볼 수 있으며, 차례차례 안내되는 장소마다 달라지는 아름다운 풍경에 눈을 빼앗길 정도이다. 사실 이 호수 위의 청유만큼 마음 즐겁고 유쾌한 유락은 이 세상에 다시는 없을 것이다. 그도 그럴 것이 이 호수는 킨사이의 한쪽을 따라 끝까지 뻗어 있으므로 호수를 따라 들어서 있는 궁전·절·도교의 사원, 심지어는 거목이 울창한 정원에 이르기까지 이 도시의 모든 모습과 미관을 이 유람선에서는 똑똑히 바라볼 수가 있기 때문이다.

이런 까닭으로 호수의 유람선은 청유를 즐기는 손님으로 언제나 만원이다. 하루의 일을 마치며 부인이나 애인을 데리고 그날의 여가를 호수 위에서 이 청유로 보내는 것을 유일한 낙으로 삼는 사람이 많다. 그들은 이처럼 친구들이 모여 연유한다는 물질적 쾌락에 주로 탐닉한다. 호수에서 즐기는 이 청유 외에 그들에게는 마차를 달려 시내를 돌아다니는 낙이 있다. 이 취향은 킨사이의 성내에 사는 시민에게 있어 호수의 뱃놀이에 뒤지지 않는 유락이므로 이 마차에 대해서는 뒤에 말할 작정이다.

시내에는 구조의 교묘함과 장식의 호화로움을 자랑하는 멋진 저택이 무수히 건축되어 있다. 그들이 장식·회화·건축에 대해 갖는 관심은 지대해서 이 방면에 소비되는 경비는 그야말로 대단하다. 시내의 길마다 돌로 지어진 건축물과 망루가 있다. 화재 경보가 울리면 주민들은 그들의 재산을 이 건축물 안으로 옮겨 놓는다. 어쨌든 이 도시에는 목조 가옥이 많으므로 화재의 발생도 빈번하다.

시민들은 우상을 숭배하고 대칸에 예속되며 지폐를 사용한다. 그들은 개고기, 그 밖에 우리 그리스도 교도라면 절대로 먹지 않는 부정한 동물의 고기도 구별없이 육류라면 무엇이든 먹는다. 남자나 여자나 얼굴이 희고 단정하다. 대부분이 비단옷을 입고 있다. 비단이 흔하기 때문이며, 킨사이 지방에서 생산되는 것 이외에도 상인이 항상 외부로부터 보다 많은 양을 이 도시로 수입하기 때문이다.

토박이 킨사이 주민은 평화를 사랑하는 역대 군주의 교화를 받아 사람됨됨이가 매우 온화하다. 그들은 무기

킨사이 교외 대운하 남단
베이징~항저우 간의 대운하 남단 끝부분에 해당한다.

를 다룰 줄도 모르고 그것을 간직하지도 않는다. 그들이 서로 말다툼을 하거나 격론하는 것을 목격하거나 전해 듣는 일도 드물다. 그들은 정직하고 성실하며 주로 장사에 힘쓰고 수공업 재질을 나타낸다. 남자나 여자나 선의를 다하여 누구와도 이웃처럼 서로 친애하므로, 시내의 전역이 마치 한 가족과 같은 느낌을 준다. 서로 몹시 친밀한 교제를 하고 있음에도 아내들에 대해서는 진심으로 존경을 하고, 질투나 시기심은 조금도 없다. 따라서 기혼 부인에게 야비한 말이라도 건넨다면 그야말로 단번에 불량배로 보일 것이다. 어쩌다가 찾아온 초면의 손님에 대해서도 친애하기는 마찬가지로 쾌히 집안에 맞아들여 매우 친절하게 접대하고, 또한 거래를 함에 있어서 조언이나 협력을 아끼지 않는다. 그런데 군인에 대해서는 이와 전혀 반대여서, 대칸의 수비대에게는 친절은 고사하고 그들을 보는 것조차 싫어한다. 이것은 이전에 그들을 통치한 군왕·귀족이 이들 군인 때문에 허무하게 멸망했다는 쓴 기억을 떠올리기 때문이다.

시내의 1만 2천 개 다리에는 저마다 위병 10명이 항상 배치되어 지키고 있다. 그들은 5명씩 주야 교대로 다리 곁에 주재하므로 총계해서 6만 명의 위병이 부단히 근무하고 있는 셈이다. 그들은 불량배를 단속하여 시내의 안전을 도모하는 한편, 무모한 자들이 성내에 근거를 두고 모반을 일으키는 일이 없도록 경계하고 있다. 위병소에는 목제의 커다란 북과 징, 그리고 밤낮을 통해 시간을 나타내는 누각이 비치되어 있다. 밤이 되어 1각(一刻)이 지

나면 위병은 반드시 북과 징을 각각 한 번씩 쳐서 울리는데, 근처 지구에서는 이 소리를 들으면 밤이 깊어 일경(一更)이 된 것을 안다. 2각이 지나면 북과 징을 두 번씩 울리고 이하 1각이 지남에 따라 타수를 하나씩 더해 간다. 위병은 불침번을 서서 경계한다. 다음 날 새벽이 되면 이번에는 주간의 제1경의 북을 치기 시작하여 이하 1각이 지남에 따라 전날 밤과 같이 시각을 알린다. 위병의 일부는 관할 구역을 순회하여, 소정의 시간이 지났는데도 아직 불이 켜 있거나 또는 불을 피우고 있는 자가 없는가 돌아본다. 만약 위반자가 있으면 그 집 문에 표시를 해 두었다가 다음 날 아침에 관청으로 부른다. 만일 그때 본인에게 정당한 구실이 없으면 벌을 받아야 한다.

또한 밤 외출 금지 시간인데도 나다니는 자가 있으면 구류하여 다음 날 이를 관계관에게 인도한다. 낮에도 마찬가지로 위병은 순회를 계속하여, 불구자여서 일을 할 수 없는 빈궁자를 발견하면 이를 양호원에 데려다 살게 한다. 킨사이에는 이런 종류의 양호원이 많이 설치되어 있다. 모두 전 왕조의 역대 군주에 의해 설립되어 후한 지급을 받고 있다. 이에 반해 건강한 몸을 가지고도 빈궁해 있는 자들을 발견하면 위병은 강제적으로 이들을 일에 종사케 한다. 위병은 또한 민가의 어디서 화재가 발생한 것을 발견하면 즉시 목제의 북을 쳐서 그 사실을 전한다. 그러면 다른 다리에 근무하고 있던 위병들이 지체 없이 달려와서 소화 작업을 하는 한편, 상인이나 일반 시민의 재산을 앞서 말한 바 있는 돌로 지어진 건축물 또는 누대로 옮기거나 하여 구조 작업을 한다. 밤중에 화재가 생기는 경우라면 자기 재산이 위험에 직면하고 있는 사람이 아닌 이상, 대개는 아무도 집을 비우고 현장에 달려가려고는 하지 않는다. 그러나 그런 때에도 위병이 구원을 맡아 하며 그 수는 1천 명에서 2천 명까지 이른다.

이 밖에도 시내에는 1.6km 간격으로 많은 토산(土山)이 축조되어 있고, 그 위에 목조 망루가 있으며 그 안에 목제의 경(磬)을 매달아 놓았다. 아무나 이 목경을 치면 그 소리가 멀리까지 들린다. 이 목경은 시내에 화재가 발생했거나 소요가 일어났을 때에 반드시 치도록 되어 있으므로 뜻밖의 불행한 일이 일어나면 즉각 이것이 울려 퍼진다.

대칸은 보병·기병으로 이루어지는 대부대를 시의 안팎에 상주시키고, 중신들 중에서도 가장 믿을 만한 장군을 파견하여 이 킨사이의 수비에 소홀함

화려한 킨사이 시내 모습
"킨사이에는 수많은 망루가 있다. 길과 운하는 대단히 길고 넓다." 마르코 폴로는 킨사이에 대해서 이렇게 말했다.

이 없도록 하고 있다. 이 도시는 만지 지방의 고도(古都)인 동시에 으뜸가는 중요 도시이고, 또한 믿을 수 없을 정도로 거액의 과세가 국고에 납입되는 거대한 부력(富力)을 갖고 있기 때문이다. 그와 동시에 만일의 경우에 일어날지도 모르는 반란을 억압하기 위한 준비이기도 하다.

시내의 넓은 도로는 돌과 벽돌로 깔려 있다. 이것은 킨사이 시내만 그러한 것이 아니라 만지 지방의 주요 도로가 모두 그러하다. 따라서 말이건 사람이건 만지 지방의 어디를 여행하더라도 진창에 발이 더럽혀질 우려는 없다. 단, 말을 타고 신속하게 달려야 하는 역졸들을 위하여 포장도로 한편에 흙길을 남겨 두었다. 또한 킨사이 시내 큰길도 마찬가지로 양쪽으로 각각 10걸음 폭쯤 돌과 벽돌로 포장되어 있으며, 가운뎃길은 조약돌을 깐 도로가 있다. 그리고 아치형 배수관이 설치되어 있어 빗물이 근처 운하로 쉽게 흘러들어가므로 거리가 항상 깨끗하다.

길에는 지붕 달린 직사각형의 마차가 언제나 오간다. 마차 안에는 비단 커튼이 쳐져 있고, 쿠션을 갖춘 6명이 앉을 수 있는 자리가 있다. 이 마차는 매일 남녀 손님을 태우고 가는데, 이들은 모두 유락원에 가는 사람들이다. 유락원에는 관리인이 있어 이들 손님을 위한 휴게소를 서늘한 나무그늘에 마련해 놓는다. 그들은 그곳에서 종일토록 즐겁게 지내고, 해가 지면 다시 같은 마차에 타고 집으로 돌아간다.

시내에는 3천 개 정도의 목욕탕, 즉 증기탕이 있다. 시민은 목욕을 매우 좋아해서 언제나 그 몸을 청결하게 유지하기 위해 한 달에 몇 번은 여기를 다닌다. 이들 목욕탕은 굉장히 넓고 훌륭하며 설비가 좋아 남녀를 한꺼번에 100명은 수용할 수 있다.

그리고 킨사이에서 동북동으로 40㎞ 거리에 바다가 있는데, 그 해안에는 좋은 항구를 갖춘 간푸(^{저장성 해염현}_{감포진})가 있다. 이 항구에는 인도와 그 밖의 지방으로부터 값진 상품을 잔뜩 실은 큰 배가 온다. 킨사이와 이 항구는 강으로 이어지므로 이들 외국 선박은 이 강을 따라 킨사이에까지 이른다. 다시 또 킨사이의 위쪽 유역에도 여러 지방이 있으므로 킨사이를 지나 다시 더 거슬러 올라 항해를 계속하는 일도 있다.

대칸의 제도로는 만지 지방은 9지구로 구획되어 있다. 즉, 대칸은 광대한 아홉 왕국으로 구분하여 각 지구에 왕을 한 명씩 배치했다. 아홉 명의 왕은 서로 우열을 가릴 수 없는 대왕들이나, 여기서 특히 주의해야 할 것은 이들 아홉 왕이라 할지라도 대칸에게는 한낱 관리에 지나지 않는다는 사실이다. 각 왕국은 과세 수입원을 상세하게 설명하여 연간 수지결산을 매년 대칸의 대리인인 집정관에게 보고해야 할 뿐 아니라, 이 왕들도 그 밖의 다른 일반 관리와 마찬가지로 3년마다 바뀐다. 킨사이에도 이 아홉 왕 가운데 한 사람이 머물며 부유한 대도시 140개 정도를 관할 아래 두고 있다.*³²

그러면 다음에는 독자 여러분의 흥미를 아주 틀림없이 끌게 될 것으로 생각되는 다른 이야기로 옮기고자 한다. 만지 지방에는 총 1천 2백여의 도시가 있어 모두 대칸의 명을 받은 수비대가 주둔하고 있다.*³³ 그 자세한 이야기는 이렇다. 즉 이들 여러 도시 가운데 가장 소수의 수비대가 주둔하는 곳만도 1천 명, 그 이외에는 1~3만 명을 헤아린다. 따라서 수비대의 총수는 헤아리기조차 어렵다. 이 모두가 타타르 병이라고 생각해서는 안 된다. 실은 모두가 카타이 인 병사이며 기병 부대도 아주 일부이고 대부분은 보병으로 편성되어 있다. 타타르 인은 말할 것도 없이 기병이므로 승마에 적합한 단단하고 건조한 지방에는 살 수가 있으나, 바닥이 낮고 습기가 많은 지방의 도시에는 살지 않는다. 그러므로 비습한 지방의 도시에는 카타이 인을 파견하거나, 아니면 만지 인—이라기보다 오히려 현재 병적(兵籍)에 있는 만지 인이라고 해야 할 것이다—을 파견하기로 되어 있다. 사실 대칸은 예속된 국민 중에서 무기를 들 만하다고 생각되는 자를 해마다 선발하여 이들을 군적에 등록시키고 있다. 단, 이렇게 해서 만지 지방으로부터 선발된 병사는 그 지방에 주둔시키지 않고 본적지로부터 20일 길 거리의 지방에 보내는 것이 통례이다. 그들은 4년에서 5년의 기간을 주둔지에서 복무하면 다른 부대와 교체되어 귀향이 허락된다. 이 제도는 카타이 인 병사에 대해서도 마찬가지이다.

대칸의 국고에 납입되는 만지 지방 각 도시로부터의 과세 수입은 그 대부분이 이들 수비대의 경비에 충당된다. 어떤 도시가 모반을 일으킨 경우—만지의 백성이라도 어쩌다 갑작스러운 분노에 못 이겨 잔인성을 발휘하여 총독들을 죽이는 경우가 결코 적지 않기 때문이다—근처의 여러 도시에 주둔하는 수비대가 즉시 현지에 파견된다. 그 병력은 매우 강대하여서 어떠한 반란 도시도 문제없이 격파되고 만다. 이런 경우 만약에 카타이 지방의 어디선가 진압 부대를 보내려고 하면 그야말로 두 달은 걸리므로 도저히 급한 때에는 쓸모가 없는 셈이다. 킨사이에는 3만 명의 수비대가 상주하고 있다.

요컨대 만지 지방은 부유하다는 점에서나 또는 대칸의 국고에 들어가는 과세 수입액의 면에서나 정말로 엄청난 것이어서, 실제로 이 땅에 발을 들여놓은 사람이 아니고는 도저히 믿을 수가 없다.

그럼 이제부터 만지 주민의 풍습에 관해 얘기하기로 한다. 아이가 태어나면 부모는 즉시 탄생한 날·간지·시각·28수(宿)·구요성(九曜星 : 고대 인도에서 점성에 이용된 아홉 개의 별)을 기록해 둔다. 따라서 누구나 자기 출생에 관해 상세한 것을 알고 있다. 여행을 떠나고 싶다면 먼저 점성사에게 가서 자기의 태어난 날과 시간을 말하고 여행을 떠나도 좋은지 묻는다. 이때 점성사는 여행을 중지할 것을 권고할 때가 종종 있다. 마찬가지로 혼담이 생긴 경우에도 점성사가 우선 신랑·신부의 구요성을 조사하여 궁합이 맞는가 어떤가를 판단한다. 만일에 맞으면 결혼은 성립되지만, 맞지 않는다고 판명되면 혼담은 깨지고 만다(이 밖에 모든 중요한 일은 다 점성사의 판단을 듣고 이루어진다).*34 이들 점성사는 점성술에 능하고 거기다가 마법의 주문에도 능통하므로, 종종 그 예언대로 현실이 되는 경우가 많아서 사람들이 그들을 여간 신용하는 것이 아니다. 그러한 점성사와 마술사의 무리는 곳곳의 시내 광장에 떼지어 있다.

다음은 장례식에 대한 이야기이다. 시체를 화장장으로 옮길 때에는—비천한 신분인 자의 장례식이 아닌 한—가족과 친척들 모두 상중의 표시인 삼베옷을 입고 뒤따른다. 이 행렬에는 악사와 승려도 포함되어 있으며 도중에 모든 우상에 대한 기도를 노래로 읊으면서 행진한다. 장지에 도착하면 종이로 만든 남녀 노비·낙타·말·비단옷·돈 따위를 불 속에 던져 넣어 시체와 함께 태워버리는 것이 이들 만지 인의 관습이다. 즉, 이것은 죽은 자가 저승에서도 이런 물자와 노복의 이득을 누릴 수 있다고 믿는 것이다. 시체가 태워질 때 이에 존경을 보내고 정중하게 대하면, 황천에 이른 본인이 반드시 신들과 우상들로부터 그만큼 존경을 받는다고 그들은 생각한다.

이 신앙 때문에 만지 인들은 조금도 죽음을 두려워하지 않는다. 그들이 죽고 난 뒤 충분한 존경이 자기에게 보내어지리라는 확신만 있으면 내세에서도 그와 똑같은 영예가 얻어질 것이기 때문이다. 거기다 또 그들은 다른 어느 나라 사람보다도 감정이 격하기 쉬워서, 일시적 흥분에 쫓기고 비탄에 빠진 나머지 흔히 자살을 하곤 한다. 이를테면 어떤 남자가 다른 사람의 얼굴을 손바닥으로 때렸다든가 머리카락을 잡아당겼다든가, 또는 다른 방법으로 그의 감정을 해치고 화나게 했을 때 이 가해자의 신분이 높아 앙갚음을 하려고 해도 못 하는 경우, 피해자는 분하고 원통한 나머지 가해자의 집 문 앞에서 목을 매어 앙갚음보다 더한 모욕과 수치를 상대에게 가한다. 이렇게 되면 이웃 사람들이 증인이 되어 가해자의 불법이 밝혀지고 그에게 배상의 벌이 부과된다.*35 이 배상이란 상기한 바와 같이 악사와 수행자를 비롯하여 그 밖의 모든 것을 관습대로 갖춘 훌륭한 장례식을 거행하여, 죽은 자에 대한 영예를 보여 주는 일이다. 그런데 이 가엾고 불행한 사나이가 왜 목을 매었느냐 하면 그 이유는 바로 이런 것이다. 즉 지위도 재산도 훨씬 나은 가해자가 자기 장례식 때에 반드시 영예롭게 해 줄 것이니, 내세에서 자기는 그만큼 충분한 영예를 가질 수 있으리라는 신념 때문이다.

킨사이에는 전 만지 왕의 왕궁이 남아 있다. 이 왕이 대칸의 군대에 쫓겨서 도망간 것은 이미 말했다. 이 왕궁은 비할 바가 없을 만큼 굉장히 웅장하고 화려하므로 그 모습을 소개하겠다.

팍푸르 왕의 선대들은 사방 16km의 성벽으로 둘러싸인 영토를 소유하고 있었는데 성내는 3구획으로 구분되어 있다. 그 가장 중앙부(즉 왕궁,그 자체이다)에 들어가려면 높이 솟아 있는 큰 정문을 지나야 한다. 문의 양쪽에는 20개의 주랑이 있는데 각각 거대한 기둥이 늘어서 있고 위에는 지붕이 덮여 있다. 화려하게 채색된 천장과 이를 지탱하고 있는 기둥은 금칠과 남청색으로 빈틈없이 장식되어 있다. 가장 깊숙한 곳에 훌륭한 정전(正殿)이 있는데, 이것도 똑같이 금박의 기둥과 금칠을 한 천장을 갖추고 있다. 네 벽에는 역대 군주의 역사적인 모습으로 초상화가 그려져 있고 온갖 새와 짐승, 기사와 숙녀, 그 밖에 경탄할 만한 온갖 것을 묘사하고 있어 실로 일대 장관을 이룬다. 벽이건 천장이건 남김없이 그림과 금칠로 메워져 있는 것이다. 해마다 곽푸르 왕은 우상의 제삿날이 되면 이 정전에서 알현식을 거행하며 중신을 비롯해서 킨사이의 대표적인 동업조합장, 부유한 장인들까지도 초대하여 연회를 베풀었다. 무려 1만 명이나 되는 사람들이 동시에 이 궁전의 유쾌한 축연(祝宴)에서 식사를 제공받았다. 이 연회는 10일에서 12일간에 걸쳐 계속되었다. 연회에 초대된 사람들은 저마다 자신의 호사와 화려함을 다하여 그 자리에 오려고 애썼다. 그들은 비단·금사직물 옷으로 호사를 겨루고 몸에는 수많은 보석을 휘감는 호화로움을 유감없이 발휘하였으므로, 경탄할 만한 그 광경은 정말 상상도 못할 정도였다.

앞서 설명한 주랑 맞은편에는 웅장한 궁전이 있는데 그 주랑 뒤에 담이 있어 왕궁의 외궁과 내궁을 구분하였다. 내궁은 넓은 정원으로 구성되어 있으며 왕과 왕후가 사용하는 건물과 연결되어 있다. 정원으로 들어가면 또 주랑이 있는데, 폭이 6걸음에 지붕이 달린 복도가 하나 튀어나와 있다. 이 복도는 한없이 길게 이어지고 그 끝은 내려가서 호숫가에 이른다. 이 복도의 양쪽에는 모두 합해서 10개의 궁전이 있다. 모두가 주랑으로 둘러쳐진 승방과 같이 생긴 직사각형의 건물이다. 승방풍의 이 궁전에는 각각 정원이 딸린 50개의 방이 있다. 여기에는 모두 만지 왕이 거느리는 1천 명의 궁녀들이 산다. 때때로 왕은 왕비와 함께 이들 궁녀를 거느리고, 온통 비단으로 포장을 친 배를 타고 호수 위의 청유를 즐기거나 아니면 사원에 참배하러 가기도 한다.

궁성 안의 다른 두 구획에 숲이 우거져 있고, 온갖 진귀한 과실을 맺는 여러 개의 과수원과 가지각색 물고기가 헤엄치는 연못이 많다. 그 밖에 샘도 많이 솟고 있으며 또 새끼사슴·누런 사슴·수사슴·산토끼·집토끼 따위의 각종 짐승들이 있다. 만지 왕은 비빈과 궁녀들을 거느리고 때로는 마차, 때로는 말을 타고 이 어원에 나가 즐긴다. 남자는 이 어원에 출입이 금지되어 있으므로, 왕은 궁녀들에게 명하여 사냥개를 데리고 사냥감을 쫓게 한다. 궁녀들은 짐승을 쫓다가 힘들면 호숫가의 우거진 숲 속에 들어가 옷을 벗고 헤엄쳐 다닌다. 왕은 멀리서 이것을 바라보고 즐거워한다. 또한 때때로 왕은 거목이 울창한 이 숲에서 식사를 하는데, 같이 온 수많은 궁녀들이 그의 식사 시중을 든다. 요컨대 만지 왕은 언제나 이렇게 궁녀들을 희롱하며 세월을 보냈고 군사 문제는 전혀 모른 채 자랐기 때문에 그 결과로서, 대칸에게 화려한 영토와 군주의 자리도 빼앗기는 한심한 굴욕의 신세가 되어버린 것이다.

이 세 이야기는 내가 킨사이에 머물 때 그곳의 한 부유한 상인이 이야기해 준 것이다. 이 상인은 당시에 고령이었는데, 전에 팍푸르 왕과 친교가 있었던 인물이다. 그는 왕의 생애에 대해 남김없이 알고 있었으며, 왕궁이 지금처럼 일부가 파괴되지 않고 완전한 모습을 하고 있던 당시의 모습도 직접 목격했던 사람이다. 내게 왕궁을 구경시켜 준 것도 실은 그였다. 만지 지방의 킨사이를 통치하도록 대칸으로부터 임명받은 새 왕이 현재 이 왕궁을 맡고 있으며, 왕궁의 제1구획, 즉 정전 이하의 전각은 옛 그대로이나, 본디 궁녀가 살고 있었던 많은 건물은 헐려서 지금은 겨우 유적이 남아 있을 뿐이다. 옛 어원의 숲과 과수원을 에워싸고 있던 담장도 허물어져서 지금은 숲도 없고 짐승도 없다.

킨사이에는 160토만의 아궁이, 즉 160토만의 호수(戶數 : <small>집의
수효</small>)가 있다. 토만이란 1만을 말하므로 총계 160만 호 있는 셈이다. 그중에는 궁전 같은 대저택도 많이 섞여 있다. 교회당은 네스토리우스파 그리스도교 것이 하나 있을 뿐이다.

킨사이의 이야기는 이것으로 대략을 마쳤으나 꼭 전해 드려야 할 일이 하나 더 남아 있다. 이 시의 시민은 누구나—이것은 비단 킨사이뿐 아니라 다른 여러 도시에서도 모두 같지만—다음과 같은 습관에 따르고 있다는 사실이다. 즉 집집마다 문에 호주의 이름을 비롯해서 아내의 이름, 여러 자식의 이름, 며느리의 이름, 노비의 이름, 그 밖에 같은 한 세대에 속하는 사람 모두의 이름을 쓰는 동시에 키우는 말의 수까지 써넣는 풍습이다. 문에 적혀 있는 가족 중에서 누가 죽으면 그 이름은 말소되며 반대로 아이가 태어나면 그 이름이 첨가된다. 이리하여 각 도시의 통치자는 그 인구가 얼마나 되며 어떤 인물이 관하에 포함되어 있는가를 알 수가 있다.

이 풍습은 만지 지방 전역뿐 아니라 카타이에서도 행해지고 있다. 이 밖에 또 하나 더 상당히 잘 된 관습이라고 생각되는 것을 전해 드리겠다. 그것은 여관의 경영자나 나그네에게 숙소를 빌려 준 자가 모두 숙박인의 이름과 그 숙박한 기간을 빠짐없이 적어 두는 일이다. 이 관습 덕분으로 대칸은 언제든지 그 영내에 출입하는 사람을 알 수가 있다. 확실히 이것은 현명한 관습이라고 할 수 있다.

또한 만지 지방에서는 빈민이면 대부분 그 아들이나 딸을 판다. 이 경우 아이들을 사는 사람은 부호이고 귀인이므로 그 사람들이 지불하는 돈은 가난한 부모의 생계를 돕는 한편, 팔려간 아이들도 안락한 생활을 할 수 있다.

마지막으로 또 하나, 바얀 장군이 킨사이를 포위했을 때 일어난 기적만은 도저히 이야기하지 않을 수 없다. 그것은 팍푸르 왕이 수도에서 달아나던 때의 일이다. 이때 많은 킨사이 시민도 배에 타고 강을 따라 탈출했다. 그런데 갑자기 강물이 말라버려 강바닥이 드러나고 말았다. 바얀은 이 말을 듣자 현장에 서둘러 가서 탈출자를 모조리 몰아 시내로 돌아가게 했다. 그러자 보기만 해도 기괴한 물고기 한 마리가 강바닥의 저쪽에서 이쪽으로 걸쳐 메마른 산과 같은 큰 몸뚱이를 누비고 있는 것이 발견되었다. 이 괴어는 100걸음은 족히 되는 길이를 갖고 있으며 게다가 너비는 길이에 비해 정말로 어울리지 않는 것으로, 온몸이 털로 덮여 있었다. 몇 명의 대담한 사나이가 무모하게도 이 고기를 먹었다가 그 대부분이 목숨을 잃고 말았다. 그런데 나 자신, 즉 이 책의 저자인 마르코 폴로는 이 괴어의 머리를 우상을 숭배하는 사원에서 직접 보았다.

다음에는 이 킨사이가 전 만지 지방을 구성하는 아홉 지구 중의 겨우 하나를 차지할 뿐임에도, 대칸에게 납입하는 과세액이 얼마나 방대한가에 대해 얘기하고 싶다.

168 대칸이 킨사이에서 징수하는 거액 세수입

여기서는 앞서 말해 온 킨사이와 그 관할 아래의 여러 도시로부터—그렇다고 해도 그것은 전 만지의 겨우 9분의 1에 지나지 않지만—대칸이 징집하는 거액의 세수입에 관해 보고하기로 하자. 그 첫째는 소금세이며, 이것이야말로 세수입의 가장 큰 부분을 차지하는 항목이다.

킨사이가 납부하는 소금 과세는 정칙(正則)으로서 황금 80토만에 이른다. 1토만은 황금 7만 삭기오에 해당하므로 80토만이라고 하면 황금 560만 삭기오이다(황금 1삭기오의 가치는 1플로린*[36]이나 1듀카 금화보다 크다). 정말 믿을 수 없을 만한 거액이다. 킨사이의 소금 과세가 그렇게까지 거액인 것은, 이 도시가 연해 지구에 위치하여 근처에 함호(鹹湖 : 소금기가 많아 물맛이 짠 호수)와 소택(沼澤 : 늪과 연못)이 많아 여름이 되면 그 물이 응결하여 막대한 양의 소금이 생기기*[37] 때문이다. 적어도 만지의 다섯 왕국은 킨사이의 이 소금에 의지하고 있다. 소금 외에 설탕의 생산*[38] 또한 만지의 다른 여덟 왕국과 마찬가지로 이곳에서도 활발하다. 이것이 막대한 세수입을 낳는다.

다음에는 향료에 대해 일괄하여 이야기해 보자.

향료는 모두 30분의 1을 현물로 징수당한다. 이 30분의 1세, 즉 약 3퍼센트의 현물을 세로서 납입한다. 이 법은 상인이 육로로 이 도시에서 상품을 갖고 온 경우에나, 상인이 이 도시에서 상품을 들고 나가 수로나 육로로 다른 도시에 판매할 때도 똑같이 적용된다. 바닷길로 이 도시에 반입된 상품에는 다시 10퍼센트의 과세가 붙는다. 이것은 비단 다른 나라에서 배에 실려 온 상품에 한정된 것이 아니고 이 지방에서 생산된 모든 물자, 가축이건 작물이건 그 10분의 1은 당연히 대칸의 소득으로 돌아가게 되어 있다.*[39]

이 밖에 쌀을 원료로 한 양조주와 석탄, 그리고 또 앞에서 말한 1만 2천의 점포를 갖는 12개 동업조합에서 취급하는 상품 따위에서 생기는 세수입도 굉장히 크다. 이들 12개 동업조합에서 거액의 세수입을 얻을 수 있음은 그들이 만드는 모든 상품이 모조리 과세의 대상을 이루고 있기 때문이다. 또한 이 지방에서 다량으로 생산되는 견직물에서의 세수입도 많다. 이 이상 누구이 설명하는 것은 생략하겠으나, 견직물에 과해지는 10분의 1세만도 총계는 대단한 액수에 이른다. 이와 같은 이야기에 대해 요컨대 나, 즉 이 책의 저자인 마르코 폴로는 이들 여러 상품에서 생기는 과세 수입의 총계는 직접 들은 것이므로, 소금 과세를 포함한 매년의 세수 총액은 실로 황금 210토만, 즉 황금 1470만 삭기오를 헤아릴 수 있다고 확언할 수 있다. 물론 킨사이는

세수입의 원천은 소금 및 설탕과 향료
킨사이(항저우)에서는 소금 외에 설탕, 계피 등 향료와 비단 등을 많이 생산하였다. 상품에 따라 추징 세액은 10~30% 현물로 징수하였다.

만지 지방 중에서도 가장 광대하고 부유한 지구이긴 하지만, 그렇다고는 해도 전 만지의 9분의 1에 지나지 않음에도 세수입이 이 정도라면 대칸이 만지 전역에서 거두어들이는 세액의 정도는 미루어 알 만하다고 할 것이다. 대칸의 수중에 들어오는 막대한 세수입은 수많은 각 지방·각 도시에 주둔하는 수비대의 유지와 수많은 여러 도시에 사는 빈궁자의 구제를 위해 쓰인다.

킨사이에 관해서는 무척 많은 것을 얘기했으므로 이제 이것으로 이 도시에 이별을 고하고, 앞으로 더 나가서 타핀주로 화제를 옮기고 싶다.

169 대도시 타핀주

킨사이를 떠나 동남으로 말을 타고 가기를 하루, 전원의 아름다운 모습이 보이고, 보기만 해도 기분 좋은 채소밭이 이어진다. 어디나 다 생활 필수 물자가 풍부한 곳이다. 그날 저녁 나절에, 앞서 말한 타핀주(Tapinzu, 얀저우嚴州)라고 하는 훌륭한 대도시에 닿는다. 이 도시는 킨사이 행정청 관할 아래에 있다. 주민들은 우상을 숭배하고 대칸에 예속되어 있으며 지폐를 사용한다. 사람이 죽으면 화장한다. 생업은 주로 상공업이며 생활 필수 물자는 무엇이든 풍부하다. 다음에는 부주의 이야기로 옮긴다.

타핀주를 떠나 동남으로 사흘간의 여행을 계속한다. 이 동안 규모가 크고 훌륭한 도시·취락이 연달아 이어진다. 값진 산물이 이것저것 담뿍 있어 무엇이건 만사가 싼 고장이다. 주민들은 우상을 숭배하고 대칸에 예속되어 있으며 지폐를 사용한다. 이 근방 일대도 또한 킨사이 행정청의 관할 아래에 있다. 사흘간의 여정 끝에 부주에 이르는데, 상당한 대도시이다. 주민들은 우상을 숭배하고 대칸에 예속되며 지폐를 사용한다. 상업·수공업을 영위하고 있다. 이 도시도 킨사이 행정청의 관할 아래에 있다.

부주를 뒤로 하고 동남쪽으로 가기를 이틀, 많은 도시·취락이 끊이지 않고 이어지므로 마치 한 도시를 통과하고 있는 기분이 들 정도이다. 이 일대의 지방에는 무엇이든 물자가 풍부하다. 그중에서도 특산물인 큰 대나무는 둘레가 4뼘, 길이가 열다섯 걸음이나 되어 만지 영내에도 이와 필적할 것이 없다. 이틀간의 여행 끝에 도착하는 젠구이(Gengui, 구이저우衢州)는 매우 크고 아름다운 도시이다. 주민들은 우상을 숭배하고 대칸에 예속되며 킨사이 행정청의 관할 아래에 있다. 주민의 생업은 상업과 수공업으로 많은 비단을 생산한다. 생활 필수품은 무엇이든 풍부하다.

젠구이에서 동남쪽으로 4일간의 여행을 한다. 도중에는 많은 도시·취락이 이어지고 온갖 생활 필수 물자가 풍부한 고장이 이어진다. 주민들은 우상을 숭배하고 대칸에 예속되며 지폐를 사용한다. 이 지방도 역시 킨사이 행정청의 관할 구역이다. 주민들은 상업·수공업에 종사한다. 이 지방에는 새·짐승할 것 없이 사냥감이 많으나 호랑이도 있다. 만지에서는 대체로 어디서나 물소·황소·암소·산양·돼지를 기르나 양은 기르지 않는다.

젠구이를 출발한 이래 나흘간의 여행을 하여 첸기안(Zingian, 젠더션建德縣)에 닿는다. 상당히 훌륭한 대도시이다. 이 도시는 언덕 위에 위치하고 한 개의 강에서 나누어져 흐르는 두 수로가 그 주위를 두르고 있다. 즉 강이 이 언덕에서 둘로 나뉘어 하나는 동남으로, 다른 하나는 북서를 향해 전혀 반대 방향으로 흐른다. 주민들은 우상을 숭배하고 대칸에 예속되며 상업·수공업에 종사하고 있다. 생활 필수 물자가 풍부하고 새·짐승이 많아 사냥감이 흔하다.

첸기안에서 사흘 길을 가면 쿠주(Cugiu, 신저우信州)라고 하는 훌륭한 대도시에 다다른다. 주민들은 우상을 숭배하고 대칸에 예속한다. 킨사이 행정청의 관할은 이곳에서 끝나고 이제부터는 그 권한이 미치지 않는다. 대신 만지 9왕국의 다른 하나인 콘차 왕국의 관할구에 들어가게 된다.

170 콘차 왕국

쿠주를 떠나 드디어 만지 9왕국의 마지막인 콘차 왕국(Koncha, 푸젠 성福建省)에 들어가게 된다. 수도는 푸주이다.

산간 계곡 지대를 건너며 동남쪽으로 6일 동안 여행을 계속하는데 도중 일대에는 도시·취락이 조밀하게 분포하고 있다. 주민들은 우상을 숭배하고 대칸에 예속되며 상업·수공업을 생업으로 하고 있다. 생활 필수 물자는 모두가 풍부하다. 새와 짐승 등 사냥감도 많은데, 큰 것으로는 성질이 사나운 호랑이가 또한 많다. 이 지방에는 생강을 많이 산출하므로 베네치아 화폐 1 그로소만 내면 신선한 생강 36㎏은 충분히 살 수 있다.

이 지방에 관해 특별히 말할 것은 주민이 어떤 더러운 것도 가리지 않고 먹는다는 일이다. 이를테면 사람 고기라도 병으로 죽은 사람의 것이 아니라면 개의치 않고 먹는다. 누구든 천수를 다하지 못하고 횡사한 사람의 고기라면 어느 것이나 즐겨 먹으며 매우 맛있다고 말하기까지 한다. 따라서 전장에 가는 사나이들, 즉 병사들은 잔인하기 짝이 없는 무리들로서 그야말로 항상 사람을 죽여서는 먼저 피를 마신 다음 고기를 다투어가며 먹는 그런 자들이다. 대장 이하 모든 병사들은 머리를 빡빡 깎고 얼굴 한가운데에 칼날과 같은 표지를 푸른색으로 칠하고,[*40] 모두 손에 창칼을 들고 있다. 이들은 언제나 누구를 죽여서 피를 마시고 고기를 먹으려고 그 기회를 노리고 있다.[*41]

계속하여 6일간의 여정 중 사흘간의 여행을 마치면 케린푸(젠닝푸建寧府)라는 훌륭한 대도시에 다다른다. 이곳은 대칸에 예속되며 콘차 행정청의 통치를 받고 있다. 케린푸는 강을 끼고 있으며, 이 강에는 세상에 둘도 없이 웅장하고 화려한 세 개의 다리가 놓여 있다. 그 세 개의 다리는 모두 한쪽 끝이 성벽에 맞붙어 있다. 길이는 족히 1.6㎞나 되고 폭이 9걸음이나 되는 석교로 대리석 난간이 있다. 굉장히 멋진 구조로 추측건대 다리 하나를 만드는데 상당한 비용이 들었을 것이다. 주민들은 상업·수공업에 종사하며 비단의 직조가 매우 활발하다. 여기서는 또 만지 지방의 수요를 채우기에 충분할 만큼의 면포를 짜내고 있다. 생강도 대량으로 생산되며 수출한다. 부인들은 대체로 미인이 많으며 대단히 사치스럽다. 또 한 가지 다른 데서는 볼 수 없는 진귀한 것으로서 털 없는 닭*⁴²이 있다. 온몸이 새까맣고 고양이 같은 피부를 하고 있으나 알을 낳는 것은 보통 닭과 다를 바 없다. 이것은 식용으로 하는데 무척 맛이 좋다. 또 이 지방에는 호랑이가 매우 많이 살고 있으므로 여행할 때에는 여럿이 떼지어 가지 않으면 위험하다.

위에서 말한 6일 동안의 여정 중 나머지 사흘간에 지나가는 지역은 많은 도시·취락이 이어지고 많은 상인·공장이 살며 막대한 화물이 드나드는 지방이다. 비단 생산이 특히 왕성하다. 주민들은 우상을 숭배하고 대칸에 예속된다. 새·짐승 등 사냥감이 많으나 호랑이도 많아 종종 나그네에게 해를 끼친다.

3일 동안의 여정에 더하여 다시 24km를 가면 제당업으로 유명한 운구엔(Unguen, 하우간候官)에 다다른다. 대칸의 궁정에서 쓰는 설탕은 모두 여기서 공급된다. 대칸이 이 지방을 지배하기 이전에 고장 사람들은 설탕을 곱게 만드는 방법을 알지 못했다. 그들은 그것을 응결시켜 틀에 넣어 굳히는 제법을 쓰지 않고 다만 졸여서 진액을 취할 뿐이었으므로 굳은 덩어리 사탕밖에 만들지 못했다. 그러나 대칸에게 정복되고 나서부터 이곳에도 대칸의 조정을 섬기는 바빌론 인이 와서 숯을 사용한 정제법을 가르쳤다. *⁴³

운구엔을 떠나 24km를 가면 왕국의 수도인 웅장하고 화려한 푸주에 이른다.

171 푸주 시

푸주(Fugiu, 푸저우福州)는 만지 9지구의 하나인 콘차*⁴⁴ 왕국의 수도이다. 이 도시에는 많은 상인과 장인이 있으며 성대한 상거래가 이루어지고 있다. 주민들은 우상을 숭배하며 대칸에 예속된다. 여기에는 대칸의 대부대가 주둔하고 있다. 그것은 이 땅의 주민들은 죽음을 두려워하지 않는다는 것, 또한 산간의 험준한 곳에 자리잡고 있다는 지리적 여건을 기회로 종종 반란을 일으켰기 때문에 그들을 경계하기 위해서이다. 왕국 관할 어떤 도시에서 반란이 일어났다고 하면 푸주 주둔의 군대가 즉시 출동하여 진압해버린다.

푸주를 관통하는 큰 강이 하나 있는데 강폭이 1.6km나 되며, 그 양쪽 강변에 크고 아름다운 건물이 줄지어 있다. 강에는 뗏목 위에 만들어진 멋진 다리가 걸려 있다. 이들 뗏목에는 무거운 닻을 달아서 움직이는 것을 방지하고 그 위에 아주 두꺼운 판자를 못박아 놓았다. 또한 강 위를 왕래하는 배도 이곳에 정박해 있다.

이 지방에는 호랑이가 많이 있으나 토민들은 이를 특수한 덫으로 잡는다. 즉, 적당하다고 생각되는 장소에 약 1엘 폭의 대상 지지대를 가운데에 남기고 깊은 도랑을 두 개 나란히 판다. 도랑의 양쪽 끝에는 높은 담을 만들어 막으나, 도랑에 병행하는 양측은 트인 채로 놔둔다. 도랑을 파고 나면 밤이 오기를 기다려 양 도랑의 대상 지대에 강아지를 매놓고 철수한다. 주인에게 버림을 당한 강아지가 짖어댄다. 이 강아지는 흰 것이라야 된다. 호랑이는 어떤 먼 곳에서 개짖는 소리를 듣고 먹이를 향해 사납게 달려온다. 그리고 어둠 속에서 강아지를 향해 달려들다가 보기 좋게 도랑에 빠지고 만다. 고기는 그들의 식용으로 쓰이는데 맛이 좋다고 하며 가죽은 무척 비싼 값으로 팔린다. 단 이때 호랑이를 산 채로 잡으려고 한다면, 도랑에서 끌어내는 데 특수한 방법을 사용해야 한다.

이 지방에는 또 여우를 닮은 파피오니라고 하는 동물이 있는데, 사탕의 원료인 사탕수수를 갉아먹는다. 상인들이 떼지어 이 지방을 여행하다가 어느 곳에서 야영을 하게 되면, 그들이 잠자는 동안에 이 파피오니가 살금살금 다가와 무엇이든 끌고 가버리므로 상인들은 막심한 손해를 입는 일이 있다. 이 동물도 다음과 같이 하면 뜻밖에 쉽게 사로잡을 수가 있다. 즉, 커다란 표주박의 윗부분을 잘라내고 이 파피오니가 그 안에 목을 집어넣을 만한 구멍을 만들어 둔다. 단, 이 동물이 목을 쑤셔 넣었을 때 그 압력으로 구멍이 찢어지지 않도록 표주박의 표면에 작은 구멍들을 뚫어서 끈 한 가닥을 꿰어 놓는다. 이렇게 해놓고 표주박 밑바닥에 지방을 발라 야영지 주위에 적당한 간격을 두고 던져둔다. 아무것도 모르는 파피오니는 뭔가 끌고 갈 것이 없는가 하고 다가와서, 표주박에 칠한 지방의 냄새를 맡자 쏜살같이 표주박으로 달려 와서 목을 그 속에 밀어 넣으려고 하나 좀처럼 잘 들어가지 않는다. 그렇지만 안에 든 먹이에 끌리고 있는 참이라 억지로 애를 써서 다행히 목을 쑤셔넣을 수 있게 된다. 그렇게 되면 이제는 절대로 표주박에서 목을 뺄 수가 없다. 표주박은 가벼우므로 목을 쑤셔 넣은 채 머리로 이것을 들어 올려 뒤집어 쓴 채로 가져가려고 하나, 눈이 보이지 않으므로 방향을 몰라 우왕좌왕하게 된다. 이렇게 해서 상인들은 문제없이 이것을 사로잡을 수가 있다. 이 동물의 고기는 매우 맛있을 뿐 아니라 그 가죽은 비싼 값으로 팔린다.

또한 이 지방에서는 무게가 11kg 가량 되는 커다란 거위가 많이 사육되고 있다. 이 거위는 목에 커다란 모래주머니가 붙어 있으며, 콧구멍과 가까운 부리 위에 백조 부리보다는 훨씬 크나 그것과 닮은 혹이 있다.

이 지방에서의 막대한 설탕 생산량은 좀처럼 믿지 못할 정도이다. 그리고 진주·보석의 거래가 활발한데, 그것은 순전히 인도 제도에서 장사에 종사하고 있는 상인들을 가득 실은 배가 멀리 인도로부터 수없이 이곳에 입항하는 덕분이다. 즉, 푸주에서 6일쯤 걸리는 앞쪽에 바다와 접한 차이툰 항이 있어, 막대한 상품을 실은 많은 배가 인도로부터 이 항구에 입항하기 때문이다. 그곳을 떠나면 앞서 말한 강으로 푸주까지 거슬러 온다.[*45] 푸주에 들어온 상품은 같은 강에 의한 수로나, 아니면 육로에 의해 재차 각지로 운반된다. 이렇게 해서 고가의 물건을 다량으로 인도에서 들여오고 그들은 막대한 이윤을 남긴다.

푸주에는 생활 필수 물자가 무엇이든 풍부하다. 시내에는 멋진 과실이 주렁주렁 달린 훌륭한 정원이 눈에 띈다. 어느 점으로 보나 이 도시는 정말로 훌륭해서 감탄할 만하다.

이 도시에는 우상 숭배자 외에 그리스도교 신자가 약간 살고 있다. 어찌하여 그리스도 교도가 이 도시에 살게 되었는가를 알기 위해 꼭 이야기해야 할 두서너 가지 일이 있다.

마르코가 그의 숙부인 마페오와 함께 이 푸주에 머물고 있을 때, 현명한 이슬람 교도 친구가 얘기해 준 것이다.

"어떤 사람들이 모모 마을에 살고 있습니다만 그들이 도대체 어떤 종교를 믿고 있는지 알고 있는 사람은 아무도 없습니다. 그들은 우상을 갖고 있지 않으니까 물론 우상 숭배자는 아니고, 불을 숭배하지 않으므로 배화 교도도 아닙니다. 그렇다고 해서 이슬람교를 믿는 것도 아니고 또한 그리스도 교도로도 보이지 않습니다. 괜찮으시다면 함께 거기 가서 그들과 이야기해 보시지 않겠습니까. 그러면 그들이 믿는 종교에 대해서도 무슨 단서를 얻을 수 있을 것입니다."

그래서 마르코와 사람들은 함께 그곳으로 가 그들에게 풍속과 신앙에 대해 물어보았다. 그러나 그들은 모두 그들의 신앙을 금할 목적으로 심문하는

무역 상선이 드나드는 항구 도시 차이툰
값진 보석과 진주를 가득 실은 인도 상선들이 차이툰(취안저우) 항에 입항하여 상거래 활동을 한다.

것은 아닌가 하고 겁을 먹은 모양이었다. 마페오와 마르코는 그들이 두려워하는 이유를 알아차리고 이렇게 말했다.

"달리 걱정할 필요는 없습니다. 우리가 이렇게 온 것은 절대로 여러분에게 해를 끼치기 위한 것이 아니라 오히려 여러분을 위하여, 즉 여러분의 지위를 조금이라도 개선할 수 있으면 좋겠다는 취지에서 온 것입니다."

그러면서 그들을 격려하였다. 분명히 그들은 마페오와 마르코가 대칸으로부터 파견되어 그들을 심문하러 온 사람으로 생각하고, 어떠한 화가 미치지는 않을까 두려워하고 있었다. 그러나 마페오와 마르코는 매일 부지런히 그들을 방문하여 차차 그들과 친해짐에 따라 그 생활 상태에 흥미를 갖게 되었고, 그 결과 마침내 그들이 그리스도교를 믿는 자들임을 발견하기에 이르렀다. 그들은 경문책을 몇 권 갖고 있었는데 마페오와 마르코가 이것을 빌려 읽던 중, 한 마디 한 마디를 원어에서 번역하여 본즉 그것은 〈성시편(聖詩篇)〉의 말임을 알게 되었던 것이다. 그래서 두 사람은 그들이 언제부터 이 교리, 이 교법을 받들게 되었는가를 물었더니 거기에 대한 그들의 대답은 이랬다.

"조상 때부터입니다."

그들의 교회당에는 3명의 사도—세계 곳곳에 전도하러 다닌 70명의 사도 중 셋—를 나타낸 초상이 실제로 걸려 있었다. 그리고 그들의 말에 따르면 옛날에 그들의 조상은 이 세 사도로부터 그리스도교를 전도받아 회개하고 그 뒤부터 700년 동안 이 신앙을 믿어 왔으나, 오랫동안 그 교리를 듣지 않아 교의의 깊은 뜻을 모르게 되었다. 그렇긴 하지만 그들은 말했다.

"우리는 경전이 가르치는 대로 이 세 성자를 사도로서 제사 지내고 예배한다는 단 한 가지 교훈만은 조상으로부터 계승하여 저버리지 않고 있습니다."

그래서 마페오와 마르코는 그들에게 또 이렇게 말했다.

"당신네들은 우리와 마찬가지로 그리스도 교도이니까, 대표자를 대칸에게 보내 여러분의 이 같은 사정을 호소하기를 권합니다. 그렇게 하면 대칸도 아마 여러분을 양해하고 여러분은 교리를 자유로이 믿을 수 있게 될 것입니다."

왜냐하면 그들은 주민의 대다수인 우상 숭배자들을 꺼려서, 자기네들의 신앙을 표면에 드러내지 않고 은밀히 숨어서 그 교법을 지키고 있었기 때문이다. 그들은 대표자 2명을 대칸에게로 파견했다. 마페오와 마르코는 이 대표자에게 거듭 주의를 주고, 수도에 가면 맨 처음 대칸의 궁정에 재직하고 있는 그리스도 교도의 수뇌자*46를 먼저 만나 그를 통해서 그들의 사정을 직접 대칸에게 설명하도록 타일렀다. 두 대표자는 이 충고대로 실행하였다. 그리하여 궁정의 그리스도 교도 수뇌자는 친히 대칸을 배알하고, 이들이 진실로 그리스도 교도이니 이를 공인하여 영역 내에서의 자유로운 신앙을 허가해달라는 뜻을 상주했다. 그런데 우상 숭배자의 장로가 이 말을 듣고 반대를 했다. 그들의 주장에 따르면 이 사람들은 과거에도 내내 우상 숭배자였고 현재도 그러하니 새삼스럽게 그리스도 교도라고 한다는 것은 거짓말이라는 주장이었다. 이 결과 대칸의 어전에서 이 문제에 관해 일대 논쟁이 벌어졌다.*47 그러나 결국 대칸은 기분이 언짢아 모두 어전에서 물러나게 하고, 단지 이들 주민 대표자만을 불러 그들이 그리스도 교도이기를 원하는가 아니면 우상 숭배를 원하는가 물었다. 이에 대해 대표자는 대답했다.

"폐하께서 만약에 싫어하지 않으시고 또 폐하의 위엄을 더럽히는 일이 되지 않는다면, 우리는 조상과 마찬가지로 그리스도 교도이기를 원합니다."

그래서 대칸은 그들이 이후 그리스도 교도로 불릴 것과 그리스도 교도의 교법과 교리에 의해 정해진 모든 의식을 허락하는 문서를 그들에게 교부했다. 이 결과, 만지 지방 곳곳에 흩어져 사는 이 종교의 신봉자들은 모두 70만 가구가 넘는다는 것이 판명되었다.

172 차이툰 시

푸주를 떠나 강을 하나 건너 동남쪽으로 6일간의 여행을 계속하는데, 그 사이에는 많은 도시와 취락이 끊임없이 이어지고, 각종 물자가 풍부하여 주민들이 모두 부유한 생활을 하고 있다. 산악과 계곡이 있고 평야도 있으며, 또한 깊은 수풀도 있어 거기에는 장뇌(樟腦 : 녹나무를 증류하여 얻은 향료) 원료가 되는 나무가 무성하다. 새·짐승 등의 사냥감도 많다. 주민들은 우상을 숭배하며 대칸에 예속된다. 상업과 수공업을 생업으로 한다. 푸주 행정청 관할 아래 있으므로 그 장관의 통치에 따른다.

5일째에 차이툰(취안저우泉州)이라는 훌륭한 대도시에 다다른다.

이곳은 항구 도시로 사치 상품, 값비싼 보석, 굉장히 알이 굵은 진주 따위를 잔뜩 실은 인도의 배가 잇따라 들어온다. 또 이 해항에는 이곳의 주변에 퍼져 있는 만지 지방 각지로부터의 상인들도 모여든다. 요컨대 이 항구에서 각종 상품·보석·진주가 거래되는 모습은 뭐라고 해야 좋을지, 다만 경탄하는 도리밖에 없다. 이 항구 도시에 모여 쌓인 상품은 여기서 만지 전역에 운반되어 판매된다. 그리스도교 여러 나라에 팔려고 알렉산드리아나 그 밖의 항구에 후추를 실은 한 척의 배가 입항한다고 하면, 이곳 차이툰 항에는 실로 그 100배가 되는 100척의 배가 입항한다. 그 무역액(貿易額)만으로도 차이툰은 확실히 세계 최대를 자랑하는 2대 해항의 하나라고 단언하기를 서슴지 않는다.

따라서 대칸이 이 차이툰 시와 해항에서 징수하는 세수입은 그야말로 엄청나다. 인도로부터 입항하는 배는 모두 10퍼센트의 수입세, 즉 적재하는 모든 상품·보석·진주 가격의 10분의 1을 징수당한다. 다시 또 거기다가 상등 상품에 대해서는 그 물건 가치의 30퍼센트, 후추는 44퍼센트를 내야 하며, 단향목이나 기타 약재 및 부피가 나가는 큰 화물은 40퍼센트를 내야 한다. 때문에 상인의 수중에 남는 물건은 절반으로 줄지만, 그래도 막대한 이익이 나므로 상인들은 모두 더 많은 상품을 가지고 오기를 열망한다. 이와 같으므로 대칸이 이 도시에서 얼마나 많은 세수입을 올리고 있는지 상상하고도 남을 만하다.

차이툰으로 흘러드는 강이 하나 있다. 폭이 넓은 큰 강인 동시에 심한 급류이기도 하다. 물살이 급하므로 저절로 수로가 파진다. 즉, 많은 지류가 여기저기로 나뉘어서 갈라진다. 이 강은 킨사이를 흐르고 있는 강의 한 지류이다.[*48] 이 강이 방금 말한 본류에서 갈라지는 지점에 틴구이(Tingui, 더화德化)가 있다. 이곳에는 훌륭한 다섯 개의 돌다리가 걸려 있는데, 그 중에서 가장 큰 것은 길이가 약 4.8㎞나 된다. 이들 다리는 큰 돌을 쌓아서 교각을 만들었으며 그 모양은 중앙부가 두껍고 아래에서 위로 갈수록 가늘어진다. 또한 바다에 면한 하류 쪽과 강물을 거스르는 상류 쪽이 각각 뾰족하다. 바다를 향한 것은 만조 때의 밀물이 강한 힘으로 역류해 오는 데 대비한 것이며, 상류를 향해 뾰족한 것은 강물이 급격하게 부딪치는 것에 대비한 것이다.

차이툰의 주민들은 우상을 숭배하며 대칸에 예속되어 있다. 또한 풍경이 수려하고 자원이 풍부하여 주민들의 생활도 풍족하다. 이 도시에는 뛰어난 문신 기술자들이 많이 살고 있어, 문신을 원하는 인도 내지 사람들이 많이 온다.

또한 이 지방에는—이 틴구이 시내도 그렇지만—크고 작은 갖가지 청자가 만들어진다.[*49] 그 됨됨이의 훌륭함은 상상할 수 없을 정도이다. 이 도시는 자기 그릇을 만드는 것 이외에는 별로 특별한 것이 없다. 이 도시에서 만들어지는 자기는 이 지역 내에 팔려 나간다. 그렇다고는 해도 현지에서는 그것이 다량으로 구워지므로 값도 싸다. 베네치아 화폐로 1그로소이면 아름다운 청자를 세 개나 살 수 있을 정도이다.

이곳에서 자기 제작 공정은 다음과 같다. 어떤 종류의 진흙 또는 부식토를 산더미처럼 쌓아올려 놓고서 비바람과 햇볕에 노출시킨 채 30~40년 동안 그대로 둔다. 그동안 토질 중의 불순물은 제거되고 진흙은 더욱 곱고 부드러워져 각종 그릇을 만들기에 적합해진다. 이 흙으로 각종 그릇을 빚어 구워, 다시 유약을 바르고 원하는 안료로 채색하여 가마[*50]에 넣어 구워 낸다. 그런데 앞서 말한 진흙을 쌓아두는 것은 순전히 자식들을 위해서이다. 이 흙은 순화하기까지 오랜 기간을 그대로 묵혀 두어야 하는 것이므로, 후계자인 자식 세대가 되어서야 비로소 그 흙에서 수익이 얻어지기 때문이다.

차이툰 주민이 쓰는 언어는 독특하다. 만지 전역을 통해 쓰이고 있는 언어·문자는 단일종으로 한정되어 있다고는 하지만 각 지방마다 다소나마 방언적인 차이가 있다. 우리 사이에서도 롬바르디아 인·프로방스 인·프랑스인 따위로 용어가 다른 것과 같다. 그러나 만지 지방에서 방언의 차이는 어떤

도시 주민이 다른 도시 주민의 말을 전혀 이해할 수 없다고 할 정도로 심한 것은 아니다.*51

이 왕국에서 대칸이 징수하는 세수입은 단지 킨사이 지방을 별도로 한다면 다른 어느 왕국보다도 훨씬 많다. 이것은 곧 차이툰 항에서 거두어들이는 막대한 세수입에 의한 것이다.

만지 아홉 왕국 중 지금까지 소개한 건 겨우 얀구이, 킨사이, 콘차 세 왕국뿐이다. 이 세 왕국에 대해서는 상세한 사정을 알게

청화 팔릉(팔각형)**항아리**
틴구이(더화德化)는 청자로 유명한 곳이다. 이 자기는 형태가 묵직하고 장식 문양이 푸른색으로 채색되어졌으며, 간결하고 매끈한 원나라 시대의 진품 청화이다.

되었을 것이나, 마찬가지로 다른 여섯 왕국에 대해서도 얼마든지 여러 가지 보고할 일들이 있다. 그러나 화제가 너무 광범해서 도저히 감당할 수가 없다. 앞서 말한 세 왕국은 마르코의 여행 길목에 해당하였으므로 그가 스스로 직접 발자취를 남긴 고장이어서 상세한 것을 보고할 수가 있었다. 그러나 다른 여섯 왕국은 직접 그 고장을 여행하지 않았으므로, 전해 들은 일들이 결코 적은 것은 아니나 세 왕국만큼 자세하게 알지는 못한다. 따라서 그에 관해서는 여기에서 설명하지 않기로 한다.

이로써 만지와 카타이, 그 밖의 여러 지방에 대해 그 주민, 새·짐승의 종류, 금은과 보석과 진주와 그 밖의 상품, 심지어는 토민들의 풍속·습관에서 기타의 온갖 일에 이르기까지 자세한 보고를 했다. 그러나 아직 이것만으로는 이 책에서 말하려고 하는 모든 것을 다 하지는 못했다.

인도인에 관해 아직 이것저것 얘기해야 할 것이 많이 남아 있다. 이것은 인도인에 관해 아무것도 모르는 사람들에게는 꼭 들려 줄 가치가 있는 것이다. 왜냐하면 인도에는 이 세상 어디에서도 볼 수 없는 이상한 일이 무척 많

아서 이것이야말로 이 책에 적어 두어야 하는 것이며, 적어 두는 데 가장 적당하고 또한 적어 두어서 유익한 일들인 것이다. 그러므로 마르코 폴로가 이야기한 대로 자세한 것을 남김없이 이 책에 써두고자 한다.

또 마르코는 실로 오랜 세월에 걸쳐 인도에 머무르면서 인도인의 생활·풍습·상거래에 관해 매우 많은 지식을 얻은 인물이므로, 그보다 더 정확한 보고를 가져온 사람은 아직까지 없었다. 사실 지금부터 전해 드리는 이야기 가운데에는 듣고 놀라지 않는 사람이 없을 것으로 생각되는 그런 진기한 이야기가 적지 않게 섞여 있다. 그러나 마르코 폴로가 정말이라고 하면서 직접 이야기한 것이므로 그대로 하나하나 빼지 않고 적어 둘 작정이다.

〈주〉

＊1 산둥산의 대추는 특히 유명하여 명나라 서충의 《난주유필(暖姝由筆)》, 이시진의 《본초강목》에도 언급되어 있다.

＊2 리탄 산곤의 반란이란 익도로(益都路)를 본거지로 하는 강력한 제후 리탄이 꾀한 것이다. 산곤이란 중국어의 '장군'에 유래하는 몽골 어 Senggun이나, 아니면 '상공'(siang-kung)의 차음이다. 리탄은 1262년 2월에 청주 익도현에서 반란을 일으키고 동진해서 제남까지 휩쓸었으나, 결국 반 년 뒤인 7월에 실패하여 제남에서 처형되었으며 동평까지는 파급되지 않았다.

이점에서 이 글의 기사는 연대나 장소 모두 정확하지 않다. 생각건대 당시의 제남에는 '동평의 엄씨'와 함께 하북의 사대 세후의 하나인 장영 일족이 버티고 있어 동평과 이웃 관계에 있었을 것이며, 사실상 이 장씨 세력의 일부가 리탄과 통모해 있기도 했을 것이다. ―이 점에 관해서 이 글은 지방 일대의 장로와 기맥을 통하고 전해들은 이야기를 다시 전하고 있는 식이다. ―또한 제남이 말기에는 반란의 중심지가 되었던 관계로 동평과의 혼란이 생겨서 이런 기사가 되었을 것이다.

＊3 토벌군의 총지휘는 친왕 카비치가 맡았으나 그 밑에서 우리안하이 부의 장군 아쥬, 케레이트 부의 장군 망그다르가 부장으로서 활약했다. 이 책에서 말하는 Agul 및 Mongatai 두 장군은 이에 해당한다.

＊4 예로부터의 관습에 따르면 중국의 혼인은 가장을 혼주로 하여 번거로운 의식 아래 행해졌다. 이러한 절차를 밟지 않는 자는 야합이라 하여 천대받았을 뿐 아니라 법률상의 금기에도 저촉된다. 특히 상류 계급에서는 예법의 속박이 엄하다. 옛 예법의 번거로움을 간소하게 한 남송의 《주자가례(朱子家禮)》에 의한다 해도 역시 의혼·납채·납폐·친영·부견구고(신부가 시부모를 뵘)·묘견(조상의 사당에 인사함)·서견부모(사위가 신부의 부모를 뵘) 따위 의례의 준수가 요구되었다. 중국의 결혼에 관해 이 글이 전하는

바 이상한 대목은 이들 번잡한 혼례식에 대한 마르코 폴로의 어설픈 지식과, 거기다 또 특히 그 당시 중국의 상류 부녀자 사이에 보급되고 있던 전족의 관습에 대한 무지가 중복되어 만들어진 설명으로 생각된다. 17년이나 머물렀음에도 중국인 사회와의 접촉이 매우 드물었던 마르코 폴로는 전족에 대해 전혀 아는 바가 없었던 것 같다. 만약에 그렇지 않다면 이국인에게 있어 그야말로 특필할 만한 이 관습이 이야기되지 않을 리 없는데 그것이 전혀 언급되지 않고 있는 것이다. 따라서 전족을 한 부인의 불안한 걸음걸이를 이따금 목격한 그는 처녀성을 상하지 않으려는 조심성 있는 몸가짐일 것으로 단정하여 억측 반의 그런 엉뚱한 설명으로 그럴 듯하게 이야기하게 된 것임에 틀림 없다.

*5 잃어버린 물건을 찾아준다는 이 우상이란 만회가가(萬回哥哥) 또는 만회불(萬回佛)로 불리던 것이 아니었나 생각된다. 그러나 한 쌍을 이루고 있다는 점을 중시하면 지금의 민간 신앙 가운데 계속되고 있는 화합신(和合神), 즉 화성한산(和聖寒山)과 합성습득(合聖拾得)이었다고 추정할 수도 있다.

*6 린구이를 왕국이라고 부르는 이유는 분명치 않다. 행성이나 거기 준하는 구획을 의미한다고 보아도 쉬저우(徐州)에는 이전에 행성도 행원도 설치되지 않았다. 다만 쉬저우의 서쪽에 이웃하여 이곳을 통할하는 귀덕부(하남성 상구현)가 이전에 몽골 조의 초기에 단기간이긴 하지만 경동행성으로 불렸으므로 어쩌면 이것의 잘못인지도 모르겠다.

*7 1281년의 제2차 일본 원정준비 광경일 것이다.

*8 중국 본토에서는 회수 유역의 일부에 한하여, 이른바 회마라고 불리는 열등한 말이 약간 날 뿐이다. 따라서 역대 중국 왕조는 군마 공급을 전적으로 만주·몽골리아·청해·티베트에 의존했다. 서역에서 수입되는 아라비아 종의 말은 한대에는 한혈마(汗血馬)라 불릴 정도로 귀중했다. 말의 수입은 후세에는 주로 차(茶)와의 교역에 의했다. 차마(茶馬) 무역으로 불리는 것이 이것이다.

*9 중서좌승상 바얀은 몽골족 파림부 출신이다. 일 한국의 사자로서 원 왕조에 와서 그대로 잔류하여 쿠빌라이 칸을 섬겼다. 본문의 Chincsan이라는 칭호는 승상 Cheng-siang의 와음이다. 바얀은 1276년에 완료한 남송 공략 총지휘관이었다. 그러나 그의 임명은 지원 1274년 6월에 시작된다. 본문에서 말하는 1268년이란, 본격적인 남벌(南伐)의 서곡으로서 이해에 장군 아주가 상양 공격에 착수한 것과 혼동한 것이다.

*10 1273년 2월 말로, 송의 상양을 지키는 여문환(呂文煥)은 5년에 걸친 완강한 항전을 그치고 투항했다. 송·원이 교체되는 전국은 이 사건을 계기로 하여 바뀐다. 즉, 다음 해 6월 장군 바얀은 9월 초에 상양에서 총공격을 시작한다. 한수를 내려가서 양쯔 강 델타 부에 진격하려는 작전이다. 이때 그는 한수가 강과 양쯔 강의 합류점에 있는 악주(후베이 성 무창 시)의 점거를 가장 중시하여 맨 처음 영주(후베이 성 종상현), 다음에는 한구를 함락하지 못한 채 앞으로 나아갔다. 12월 하순에 악주를 공략한 바얀

군은 파죽지세로 양쯔 강을 내려가 다음해 2월 말에는 벌써 건강(장쑤 성 난징 시)에 이르렀다. 이어 위로를 위해 경사(수도)로 소환된 뒤 같은 해 8월에 재차 전선으로 가게 되는데, 이때는 대운하의 선을 따라 화이안저우·바오잉·가오유를 함락시키고 남하한다. 단, 양주만은 송의 수장 강재의 저항 때문에 포위군을 남기고 앞으로 나아 갔다. 이 글은 이 전후 두 번의 바얀군의 행동을 일괄하여 이야기하는 듯하다.

＊11 남송 최말기의 정국은 다음과 같은 개략이다. 1274년에 도종이 죽자 다섯 살 된 어린 임금 공종이 세워져 할머니 사태후가 섭정한다. 장군 바얀이 수도 구안을 포위한 것은 그 다음해 즉, 쿠빌라이 칸의 지원 13년(1276) 정월이다. 이때 남송 측은 강화를 제안했으나 거절당했기 때문에, 3월에 이르러 사태후는 마침내 수도의 무혈입성을 단행한다. 이 결과 공종과 생모 전태후는 즉시 쿠빌라이 칸에게 소환되어 원 왕조의 궁정으로 가지만, 사태후만은 노환으로 동행하지 못하고 뒤에 8월에 입조하여 수춘군부인의 봉작(封爵)을 받았다. 그때 재상 진의중·문천상·장세걸 등은 항복에 동의하지 않고, 공종의 동생 단종을 푸저우에 옹립하였다. 그 뒤 단종이 죽자, 그 동생 위왕을 강주(㗳州, 광둥 성 광저우 만 외해에 있는 주)에다 세우고 송의 사직을 유지하려고 애썼으나 3년 만에 멸망하게 된다. 이 글에 대양 안의 섬으로 달아난 국왕이라 함은 단종과 위왕을 가리키며, 수도에 남아 방전(防戰)한 왕비라 함은 사태후에 해당하나, 그간의 세계(世系) 관계에 약간의 잘못된 곳이 있다.

＊12 부양자가 없는 노인을 수용하는 시설로서는 당대의 불교 승니가 시작한 비전원(悲田院)이 중국 최초의 것이리라. 당대에 이미 비전원은 관영이 되었으나 송도 이를 이어받아, 북송 이래 안제방·거양원·루택원이라고 하는 관영 시설이 이루어졌다. 각각 가난하고 병든 자를 보살피고, 홀아비와 과부를 돌보고 연고자가 없는 죽은 자에게 묘지를 제공했다. 고아·기아의 양호 시설로서는 남송 이종의 1247년에 자유국을 설치한 것이 최초이다. 또한 푸젠 지방에서 행해진 익녀(溺女, 낳은 직후 여아이면 죽이고 기르지 않는 풍습)의 나쁜 풍습을 금지시키기 위해 남송 초기 주자가 의견을 내어 뒤에 실현된 '거자창' 시설도 그 가운데 하나로 헤아려야 할 것이다.

＊13 화이안저우가 임해 있던 곳은 남류 황허가 아니라 양저우 운하이다. 마르코 폴로는 대운하를 황허 강의 지류로 알고 있었던 모양이다. 화이안저우는 회동염의 출하지로서 번영했다. 마치 양저우가 회서염의 출하지로서 번영한 것과 좋은 대조가 된다.

＊14 화이안저우에서 남하하여 양쯔 강 안에 이르는 관도는 화이안저우—바오잉—가오유—소백—양저우—자오조우 이렇게 이어진다. 공도를 따라 서쪽에 가오유 호가 있다.

＊15 바오잉 현 성내의 경교 즉, 네스토리우스교 사원에 관해서는 원조의 문헌에는 기록이 없다.

＊16 장쑤 성의 연해 지구는 중국에서 소금 생산지로서 최대 중심지이다. 이곳에서 제조되

는 소금은 회염이라 불리며 전국에서 나오는 소금의 40%를 차지한다. 송에서는 장쑤 성에 제염을 관리하는 이풍감을 설치하였으며, 원조에서도 양회도전운염사사(兩淮都轉運鹽使司)를 양저우에 설치하여 국가적인 소금의 전매사업을 관장하게 했다. 관할 아래 제염장은 29곳이며 연산액은 1281년에 16만 톤에 이르고, 강절·강서·하남·호광의 4행성 전역에 배급되어 그 세액은 지폐로 3천 3백만 관에 달했다.

*17 12개 통치구획이란 행성(行省)을 의미하는 듯하다. 원조의 행중서성(行中書省)은 변천이 있어 반드시 일정한 것은 아니나, 마르코 폴로의 원조 체재 중의 12행성을 헤아린다면 요양(遼陽)·감숙(甘肅)·영하·섬서(陝西)·사천·운남·호광·강서·복건·강절·강회의 여러 행성과 중서성 복리(腹裏)와의 합계를 생각할 수 있을 것이다. 강회행성은 지원 1276~1291년까지 양저우를 성도로 했다.

*18 마르코 폴로가 양저우에서 3년간의 통치를 맡았다는 기술은 매우 주목할 만하다. 색깔 있는 눈을 가진 사람이 특히 우대받던 원조인 것을 생각하면 무조건 터무니없는 말이라고 배척할 까닭은 없다. 그런데 양저우를 통치했다고 하니 문자대로 해석하면 양주록사사(揚朱錄事司)의 다루가치, 조금 더 여유있게 말하면 양주로 총관부나 의곽의 현인 강도현의 장관이었던 모양이다. 그러나 원조 시대에 편찬된 양저우 관계의 옛 지지(地誌)는 없고 겨우 명나라 말기의 양순·서란이 공편한 《만력양주부지(萬曆揚州府志)》가 현존하는 가장 오래된 지방지인데, 유감스럽게도 역대관수(歷代官守)에 대한 부분은 원조에 관한 한 매우 소홀해서 해당되는 기록이 없다.

*19 원조의 남송 평정에 있어서도 이 땅은 방어의 중심이 되었다. 1270년 이래 원군의 공격에 대해 수장 여문덕·여문환 형제는 수군(水軍)에 의한 보급선을 확보하여 능히 3년 동안 방어했다. 상양의 함락에 회회포(回回砲)라 불리는 투석기가 위력을 발휘한 것은 사실이나 이것을 너무 과대평가해서는 안 된다. 가장 큰 원인은 송 측의 내분, 재상 가사도(賈似道)와 여문환과의 불화에 있었던 것이다. 1273년 정월 한수이 강북안에 있고 상양 전면의 요새인 번성(樊城)이 먼저 함락되고, 이어 투석기에 의한 공격이 상양에 가해져 다음 달 여문환은 성문을 열고 원조에 항복했다. 따라서 '만지 지방의 다른 모든 곳이 항복한 뒤에도 3년 동안이나 저항을 계속한 도시이다'는 이 글은 항거의 시기가 사실과 다르다.

*20 회회포라는 서아시아식 투석기이다. 《원사》 제203권 〈공예전〉에 밝힌 바와 같이 이 투석기는 사라센 인 알라 웃딘과 이스마일 두 사람이 만들었다. 그렇기 때문에 회회 포라고 불렀던 것이다. 1271년 초빙되어 일 한국에서 원에 온 두 사람은 대도에서 이 것을 제작하여 시사했다. 효과가 확인되어 상양에 배치된 회회포에는 이것을 조작하는 기술부대인 회회포수군이라는 것이 편성되었다. 상양 공격에 쓰인 회회포는 무게가 90kg, 투사된 돌은 땅속 2m까지 박혔다고 한다.

이 사실로서도 분명하듯이 이 투석기의 제작에는 폴로 일가는 아무런 관련이 없었다. 또한 이 시기(1271~1275)에 폴로 일족은 대칸의 명령으로 로마 교황에게 사절로 갔다가 돌아오는 길이어서, 때마침 중앙아시아를 동쪽으로 향해 여행하는 도중이었다. 이 글은 완전히 마르코 폴로가 꾸민 말에 지나지 않는다.

＊21 회동·회서의 양회염은 중국 역대의 소금 생산량의 절반을 차지한다. 원조의 통계에서 보이는 최대량은 1328~1329년의 70만 톤이며, 염세는 문초 4억 관에 달했다. 소금은 나라의 통제 아래 연해 지방의 염장에서 생산되어 저장된다. 소금 상인은 정부에 소금세를 바치고 소금의 운수 판매허가증인 염인(鹽引)을 손에 넣어, 이것을 가지고 염장에 가서 소정의 염화를 교부받는다. 그들은 자기네들의 수단껏 이것을 우선 양저우 동관에 운반한 다음, 운하로 진주에 가져가 여기서 양쯔 강 용(用)의 배에 싣고 각자의 행선지를 향해 양쯔 강을 거슬러 오르기도 하고 또는 따라 내려가기도 한다. 따라서 진주(장쑤 성 이정선)는 이들 회서염 수송로의 주요 지점에 해당했다.

＊22 당송 이후 양저우는 동기(銅器)의 특산지를 이루어 특히 동경(銅鏡)은 유명했으나, 철기에 관해서는 기록된 바가 없다. 이에 비해 양쯔 강을 사이에 둔 대안의 전장(진강)에서는 철기를 토산물로 하고 있음이 원 말의 유희노의 《지순진강지(至順鎭江志)》 제4권 〈토산(土産)〉이라는 대목에 보인다. 짐작컨대 강북의 철재가 운하를 경유하여 진주에 집화되어, 여기서 강남에 운반되어 원료를 공급했던 것 같다.

＊23 양저우·진주의 근방에, 예를 들면 전장의 서북에 해당하는 강안에 금산·초산이 있다. 전자에는 보통 금산사로도 불리는 강천사가 있고, 후자에는 흡강정(吸江亭)이 있어, 예로부터 유명한 절과 명승 건조물로 경승을 이루고 있다.

＊24 원조의 역전제에는 마참(馬站)·수참(水站)·구참(狗站)·차참(車站)이 있다. 우차(牛車)로 관물을 운반하는 차참과, 주로 만주 북부 설원 지대에만 있는 개 썰매를 이용하는 구참은 특수한 것이며, 보통은 역마·관선을 쓰는 마참과 수참이 대부분이다. 따라서 수로가 통하는 곳에서는 간혹 이 두 가지가 함께 쓰였는데, 특히 대운하의 연선(沿線)은 그 전형이었다.

＊25 쑤저우(蘇州) 근교에서 대황이 대량으로 생산된다는 것은 이해하기 힘들다. 대황류는 쓰촨·산시·간쑤와 같은 한랭 지역이 주산지이므로, 강남의 따뜻하고 습기가 많은 지방에서 많이 생산된다고 함은 이해가 안 간다. 쑤저우 경내에서는 약초로서 구기(枸杞)·하수오(何首烏)·사상자(蛇床子) 따위가 생산되므로 아마 이것들을 대황으로 잘못 전한 것 같다. 생강은 호주(湖州) 남장의 산지에서 재배된다.

＊26 1276년 2월 남송의 도성을 피흘리지 않고 접수한 장군 바얀은 비서성의 책, 태상사의 제기·악기·법복·악공·노부(鹵簿: 천자가 거둥할 때의 행렬을 적은 장부)·의위, 종정부의 보첩(譜諜)과 그 밖의 천문 지리의 그림책, 전고(典故)의 문자, 호구판적(戶口版籍) 등을 압수하여 대칸에게로 보냈다. 만지 왕비가 제출한 기록 문서란 이러한 것들이 아닌가 생각된다. 그러나 과연 그러한 국가의 비밀 서류를 마르코가 열람했으리라고는 생각하기 어렵

다. 본문의 뒷부분에서도 언급하고 있듯이 송의 고궁·도성의 고사에 관한 마르코 폴로의 지식은 남송의 옛 백성인 그곳의 거상으로부터 얻은 것이라고 하므로, 아마 그 참고가 된 문서란 남송 초기의 주종의 《건도임안지(乾道臨安志)》, 남송 말기의 시악의 《순우임안지(淳祐臨安志)》, 잠설우의 《함순임안지(咸淳臨安志)》, 주밀의 《무림구사(武林舊事)》 등의 잡지지(雜地志) 등이 아니었을까.

＊27 외사강(外沙江)과 이사강(裏沙江)을 가리킴. 앞의 것은 항저우 성 밖 동남쪽 혼수갑(渾水閘)에서 전당강(錢塘江) 물을 끌어, 라성(羅城) 바깥쪽을 따라 북상하여 서쪽으로 구부러져 간산문(艮山門) 밖에 이르러 운하와 만난다. 뒤의 것은 보안수문(保安水門)으로부터 성내에 들어가 여러 운하와 이어진다. 방벽의 역할을 하는 언덕은 항저우 성의 동남 간의 동쪽이 되는 혼수갑 일대의 제방을 가리키는 듯하다.

＊28 당시의 칭호로 탑방(塌坊)이라 불리는 것. 원거리 상인을 고객으로 하는 여관 겸 창고 시설인 동시에 상거래의 위탁 중개도 하였다. 《몽양록(夢梁錄)》 제19권에는 성내 북쪽에 있는 운하를 따라 권세가와 부호가 경영하는 수십 개의 탑방이 수천 칸의 창고를 늘어세워, 객상의 짐을 보관하여 많은 이익을 올렸다고 기록하고 있다.

＊29 상인·공장들은 각각 동업조합을 조성하고 있었다. 그것을 단(團) 또는 행이라고 하며 뒤의 것은 작분(作分)이라 하였다. 동업의 점포는 한 곳에 모여 있었다. 화단은 성서, 청과단은 이로(泥路), 어행은 성북, 게아행(鷄鵝行)은 횡하두(橫河頭)라는 식이다.

＊30 욕탕은 욕당(浴堂)이라 했다. 욕탕 경영자도 동업조합을 갖고 이것을 향수행이라 불렀다. 《몽양록》에 따르면 성내 북쪽에 있는 여항문(餘杭門) 밖에 욕당교(浴堂橋)가 있는 것으로 미루어, 이 근처에 유명한 욕탕이 있었던 것 같다. 약간 오래된 이야기이지만 북송 시기의 수도 개봉부의 욕사(浴肆)에 관한 흥미 있는 기록이 남송 초기 홍매(洪邁)의 《이견삼지이(夷堅三志己)》에 실려 있다. 같은 욕탕이라 해도 향수행이라 부르는 것은 고급 종류이다. 하층민을 고객으로 하는 것은 혼당(混堂)이라 하였다. 원 말 명 초기 항저우의 혼당에 관해서는 명의 낭영(郞瑛) 《칠수유고(七修類稿)》 제16권에 기록이 보인다.

＊31 《이견지》에는 항저우 성내 평강방(平康坊)의 기녀, 부춘방의 창녀, 또한 채하반(蔡河畔)의 기가(妓家)에 관해 적은 것이 많은데, 이 정세는 백 년의 태평을 누린 남송 말에도 그대로 이어진다. 즉, 《무림구사》 제6권은 미기(美妓)가 모이는 곳으로서 평강방·청하방·융화방·태평양·사피항(沙皮巷)·사자항(獅子巷)·신가(新街)·천교(薦橋) 등을 열거한다.

＊32 항저우를 치소(治所)로 하는 저장성은 관하에 30로·1부·28주·143현을 차지했다.

＊33 남송의 구령성(舊領城)에는 한인 부대를 주로 하는 진수군이 30여의 만호부(1만 명 부대)를 이루어 배치되었다. 그렇긴 하나 이들 부대의 주둔지는 대체로 양쯔 강 유역에 한정되고 양쯔 강 이남의 오지에는 드물었다.

사천행성 관할 아래에는 성도 만호부 이하 5개, 호광행성 관할 아래에는 악주 만호부 이하 6개, 하남강북행성 관할 아래에는 양저우·화이안저우 등지의 강북 운하의 요충이 포함되는 관계로 양주 만호부 이하 14개, 또한 강절행성 관할 아래에 이르러서는 남송의 고도 항저우를 비롯하여 강남 운하 연선의 창저우·전장·쑤저우 또는 양쯔 강 하구를 제압하는 송강·전장·쑤저우, 또는 양쯔 강 하구를 제압하는 송강·강음의 요지를 안고 11개의 만호부가 배치되었다.

*34 오자목의 《몽양록》 제20권에 임안 주민의 결혼에 대해 이렇게 말하고 있다. '혼례는 우선 중매인이 초첩자(草帖子)를 가지고 신랑집에 간다. 신랑집에서는 초첩을 가지고 점쟁이에게 묻거나 아니면 기도를 한다. 길하고 무극(본인의 운수가 가족의 운수를 꺾지 않음)의 괘를 얻으면 그제야 초첩을 돌려 준다. 또한 중매인의 말을 점쳐 보고 그 뒤에 세첩(細帖)을 준다. '세첩'은 또 정첩이라고도 한다. 세첩 안에는 신랑집 3대의 관품·직위·이름과 본인은 몇째 아들이며, 그의 관직·생년생일 생시와 부모가 살아계신지 아닌지를 적는다.'

*35 원조의 형률에서 볼 수 있는 독특한 소매은(燒埋銀) 규정이 이에 관련되는 것 같다. 단 소매은이란 살인죄의 경우, 가해자가 그에 상당하는 형벌을 받음과 동시에 피해자의 유족에게 지불해야 하는 배상은(賠償銀)이다. 가해자가 사형에 처해진 경우에도 그 유족은 이의 지불 의무를 진다.

*36 플로린은 1252년 피렌체 공화국이 발행한 금화이며, 베네치아 공화국이 1283년에 발행한 듀카 금화와 더불어 약 9실링 4펜스의 영국 돈과 같은 값이다. 중세 베네치아 도량형(度量衡)에서의 1삭기오는 약 4.7그램에 상당하므로, 황금 1삭기오의 가치 약 12실링 6펜스에 비하면 앞의 두 가지는 작다는 것이 된다.

*37 이른바 양절염(兩浙鹽)이다. 양절염 운사(運司) 밑에는 제염장 44개가 있었다. 1289년 소금의 연간생산고는 10만 톤, 소금세 수입은 문초(文鈔)로 6백만 관에 이르며 전염세 총액의 20%를 차지했다. 《원사》 제96권 '식화지'를 참조할 것. 마르코 폴로가 여기서 지적하는 소금세의 액수가 1289년 이후의 것이었다고 해도 그것이 황금 560만 삭기오에 해당한다는 것은 있을 수 없다. 대략 계산해 보아도—금 대 은의 비가(比價)를 10대 1로 보고—황금 560만 삭기오는 백은(白銀) 26만 3천2백kg이다. 이에 대해 문초의 공정 비가는 1관에 대해 은 반 냥은 18.75그램이다. 1287년 당시의 중통초(中統鈔)는 이미 그 가치가 본래의 5분의 1까지 하락되었다. 하지만 그 대신 중통초의 5배 가치를 가지는 공정된 지원초(至元鈔)가 발행되어 과세 징집은 주로 지원초에 의하게 되었다. 따라서 일단은 교초 대 은의 비가(比價)는 은 1냥은 초(鈔) 2관이라는 중통 초년의 상태를 유지했다고 볼 수 있다. 교초 6백만 관은 은 11만 2천5백kg으로 환산될 것이다. 즉, 마르코 폴로의 소금세 평가는 약 2배가 넘게 높여진 셈이다.

＊38 감자(甘蔗)는 옛날 한대에는 제자(諸柘)라 부르며 약제 또는 매우 귀중한 식품이었다. 남방의 특산물이었으므로 북쪽에서는 특히 진귀했던 것이다.

감자는 적자(荻蔗)와 죽자(竹蔗)의 2종으로 나뉜다. 앞의 것은 주로 과품으로서 그 감미로운 액즙을 즐기고, 뒤의 것이 사탕 제조의 재료가 된다. 송대에는 광둥·푸젠·후난·스촨·저장 땅에 감자 재배가 행해졌다. 감자가 재배되는 곳에는 많고 적은 차이는 있으나 제당업이 따르기 마련이다. 하기야 제당이라고는 해도 단순히 감자즙을 졸여서 사탕엿의 단계에서 끝나는 것과, 다시 더 정제하여 사탕을 얻는 것과의 구별이 있다. 북송 말부터 남송에 걸쳐 왕작의 《당상보(糖霜譜)》는 스촨 성 수령 지방(성도의 동쪽, 부강 유역에 있음)에 한정된다고는 하지만 송대의 제당업을 상세하게 잘 기술하고 있다. 당시에 이미 사탕은 단순한 약품으로서가 아니라 조미료로서 상품으로 생산되고 있었던 것이나 여전히 고급 식품의 부류였고, 일반적으로는 감자죽과 사탕엿이 보급되는 상태였다. 유명한 장택단의 〈청명상하원도(淸明上河圖)〉에는 북송 말의 수도 변량(汴梁) 성내에서 감자죽을 가게 앞에 늘어놓고 파는 상점이 그려져 있다. 한편, 남송 초기의 맹원지의 《동경몽화록(東京夢華錄)》 제2권에는 거기에 대응하는 기사가 전해지고 있고, 북송의 왕벽지의 《민수연담록(澠水燕談錄)》에도 북송 변경가두(汴京街頭)에서 사탕엿을 팔고 다니는 영세한 행상인의 기록이 보인다. 남송에 내려오면 오자목의 《몽양록》 제13권이 항저우 임안부 성내에서의 똑같은 소식을 전한다.

마르코 폴로가 본문에서 언급한 것은 앞의 여러 예처럼 단순히 항저우 성내에서의 사탕 판매·사탕 소비의 사실이 아니라 오히려 그것도 내용 안에 포함시킨 사탕 생산에 대한 지적이므로, 보기에 따라서는 보다 더 중요한 기록이라고도 평할 수 있다. 생각건대 당시의 강절행성 관내에서의 사탕 생산이라고 하면 아마 명주(明州) 지방에서 주로 하는 그것을 말한 것 같다.

＊39 상세(商稅)와 시박세(市舶稅)를 말한다. 상세는 30분의 1세이며, 도시의 성문을 들어갈 때마다 상세무(商稅務)에 납입하는 것. 이에 대해 시박세란 배를 타고 들어오는 물화에 대한 수입세이다. 원조에서는 남송의 제도에 따라 10분의 1을 추분(현물 징수)하는 것이 원칙이나—작은 물건은 10분의 1이나 큰 물건은 15분의 1이다—이것에 덧붙여 상세로서의 30분의 1세가 제2차 추분으로서 덧붙여 징수된다.

＊40 송의 병사는 으레 손과 얼굴에 문신을 했다. 남송 멸망 뒤 이들 군대는 원조의 정규군에 편입되어 신부군(新付軍)이라 이름지어졌으나, 문신 때문에 날수군(湼手軍)이라고도 불리었다. 마르코 폴로가 말하는 얼굴의 푸른색 표적이란 이 문신을 가리키는 듯하다.

＊41 인육을 먹는 관습이란 무슨 오해임에 틀림없다. 푸젠 지방에서는 사신(邪神)을 섬기는 귀도(鬼道)가 성행하여 고독(蠱毒)·요법(妖法)을 비롯해서 산 사람을 죽여서 귀

신에게 제사지내는 야만스런 풍속이 행해지고 있었으므로, 이런 것이 뒤섞여서 식인의 풍습으로 오해된 것 같다. 아니면 또 복연의 산골 지방에 많은 화전민, 즉 만족(중국 서남 지방의 만족)의 이상한 풍습을 과장한 말인지도 모른다.

＊42 샤리눙이 일찍이 지적하고 마울이 그것을 부연했듯이, 이 특이한 종의 닭은 중국에서 예로부터 오골계로 불리던 것으로 흑모 오골·백모 오골·반모 오골로 나뉜다. 이시진의 《본초강목》 제48권에 따르면, 비단실같이 부드러운 털로 덮이고 다섯 발가락이 있으며 뼈도 고기도 검은 것이 특징이다.

＊43 사탕에 2종이 있는데 유동체의 것을 자당(蔗糖), 결정체의 것을 사당(砂糖)이라고 한다. 중국에서도 처음에는 감자의 즙액을 졸여서 얻는 자색의 자당뿐이었으나, 7세기 전반에 해당하는 당 태종 시대에 정제하여 결정시키는 방법이 서역인에 의해 전해져서 이에 비로소 설탕이 제조되었다. 남송의 육유의 《노학암필기(老學菴筆記)》, 홍매의 《용제수필(容齋隨筆)》을 보면 이에 대한 지적이 있다. 이 정제법은 졸이기에 앞서 감자즙(甘蔗汁)을 녹나무로 만든 통에 저장하는 점에 특징이 있었던 모양이나, 후세에는 석회를 즙액에 섞어서 응결시키는 방법이 송응성의 《천공개물(天工開物)》 상권에 보인다. 따라서 푸저우의 사탕에 관해 마른 결정체의 제조가 바빌론 인의 기법을 수입해서 원조에 시작되었다고 하는 마르코 폴로의 설은 틀린 것이라고 해야 하겠다. 또한 원조에서는 왕실에서 쓰는 식품을 관장하는 선휘원(宣徽院)이 관하에 종5품의 사탕국을 설치하여 사탕·꿀의 제조를 맡게 했다. 물론 그 재료는 강남 지방, 그중에서도 푸젠 지방에서 바쳐지는 자당이었음은 《원사》 제22·30권에 보이는 바이다.

＊44 파리국립도서관관과 제라드판에는 Choncha, 그레고월판에는 Chonka, 라무시오판에는 Concha라 한다. 이른바 '콘차 왕'이란 것이 푸저우에 처소를 갖는 행중서성을 가리키는 것은 분명하다. 그렇다고는 해도 콘차라는 음은 복주행성·복연행성 어느 것에도 소리가 맞지 않다. 아마 옛날에 H. 크라프로트 등에 의해 제출된 강절행성(Chiang-che)의 와음이거나 아니면 천주행성(Tsuan-chou)의 와음일 것이다. 본디 지금의 복연성 땅은 처음에 강서행성에 속했고, 이후 복건행성 또는 천주행성의 이름으로 독립하나 얼마 뒤에 다시 강절행성의 관할 아래 포섭되고 만다. 1285년에 설립된 강절행성은—이 이전은 강회행성이다—다음해가 되어 처음으로 복건행성을 병합한다. 단 그 후에도 복건행성의 부활과 폐지는 잦았으며, 바로 본문의 서술에서도 분명하듯이 당시에 있어서 강절행성에 포괄되었던 역사가 있는 만큼, 그 별명으로 강절행성(Choncha) 왕국의 이름이 마르코 폴로에 의해 전해질 가능성은 있다고 할 것이다.

또 그것이 천주행성의 와음이라고 한다면 다음 이유가 붙을 수 있다. 즉 복건행성은 설립 연차와 존속 기간이 분명치 않으나, 적어도 설치되었던 것이 확실한 기간에 대해 말하면 그 치소(治所)는 푸저우와 취안저우 사이를 빈번히 교대하고 있었다. 이를테면 1278년·1281년, 1283~1285년은 푸저우에, 1279~1280년, 1282년은 취안저우에 있었다. 따라서 푸저우에 치소를 옮긴 때에도 계속 그것을 천주행성으로 부를 수 있었던 것이다.

* 45 취안저우와 푸저우 사이의 수로면 물론 그것은 바닷길밖에 없다. 마르코 폴로는 이 점을 잘못 알고 마치 강에 의해(이 경우는 민강에 의해) 연락되고 있는 것처럼 해석하고 있다. 이 오해는 취안저우에 대한 다음 절에서도 보인다.

* 46 그리스도교의 수뇌자란 십자사(十字寺)를 관장하는 종2품 숭복사(崇福司)의 장관이며, 불교의 장로란 불교를 관장하는 종1품 선정원(宣政院)의 장관을 가리킨다.

* 47 원조에서는 1281년에 백련교 금지령이 발포되어 성종 원년 1295년에 이를 해제하였으나, 이어 무종(1308) 때 재차 금지령이 내렸다. 또한 이때에도 불교의 일파로서 의론되고 있다. 따라서 마르코 폴로가 말하는 것과 같은 논쟁의 결과로 새삼스럽게 그리스도 교도로서 독자적인 공인 대우를 획득했다는 사태는 인정하기 어렵다. 또한 명교의 경전이 많이 민간에서 간행되었다는 사실, 그들이 믿는 신상(神像)에 소상(塑像)·화상(畵像)이 있었던 것도 송·원의 문헌에 보이는 바이다. 푸저우 근방의 마니교는 아니지만 같은 푸젠 성에 속하는 천주교 외에서 최근에 새로이 원조 시대의 마니 교도 관계의 비문, 마니교 사원이 발견되었다. 앞의 것은 황경(皇慶) 2년(1313)의 일부로 된 '강남 제로 마니교·네스토리우스교 사제'의 묘비이며, 뒤의 것은 보강현(普江縣)의 서남에 위치하는 화표산(華表山) 기슭에 있는 석실초암(石室草菴)으로 '지원 5년 계명 4일기·사점시신사진진택등건상(謝店市信士陳眞澤等建像)·흥화로산장요흥상작석실(興化路山場姚興像作石室)'의 비명(碑銘)이 남아 있다.

* 48 차이툰(취안저우가 임해 있는 강은 진강이며 항저우)이 임한 곳은 전당강(錢塘江)이므로 수로는 전혀 별도이다. 앞절에서도 마르코 폴로는 푸저우를 뚫고 흐르는 민강과 이 진강을 서로 연결된 수로로 오해하고 있는 듯하다. 아마 그는 대도와 양저우 간의 강북 운하와, 전장과 항저우 간의 강남 운하가 눈에 익은 탓에, 항저우 이남에서도 그와 같다고 추측한 것 같다.

* 49 마르코 폴로는 취안저우에서 생산된 청자를 porcelain—파리국립도서관판은 procelain, 그레고월판은 pourceainnes, 제라드판은 porcelanis, 라무시오판은 porcellana, 베네치아 방언판은 porzellan—이라는 단어로 여기에 쓰고 있다. 본디 자기란 백색 질흙을 쓴 유기(釉器)가 1200∼1300도의 고열을 받아 많이 유리화된 결과 거의 흡수성이 없는 반투명체로 구워진 것을 말한다. 물론 이들 완성된 자기는 중국에서, 그것도 송대에 이르러 처음으로 출현하는 것이다. 유럽에는 십자군 전쟁에 따라 소아시아를 거쳐 전해진 것이 되겠으나, 마르코 시대에 그것이 일반적으로 무엇이라 불리었는지는 분명치 않다. 그러나 적어도 마르코 폴로는 중국 본고장의 청자를 눈으로 직접 보고 이것을 procelain이라 부르고 있는 것이다. 프랑스 어로 porcelaine, 이탈리아 어로 porcellanan 라고 하는 말은 본디 '돼지의 음문' 모양을 한 자패(紫貝)에 대한 또 다른 이름이다.

이 명사가 자기를 의미하는 이름으로서 채용된 것은 말할 것도 없이, 그 조개의 광택 있는 백색이 자기의 외관과 무척 닮았기 때문이다. 포슬레인이란 말은 그리하여 유럽인에게 있어 처음 보는 물건인 중국의 자기에 대한 명사로서 정착하게 된 것인데, 이 착상이 어쩌면 마르코 폴로에게서 나온 것이었는지도 모른다. 만약 그렇다고 한다면 마르코 폴로야말로 자기의 명명자(命名者)가 되는 것이며, 원조의 취안저우 청자 또한 그 영광에 참여하는 셈이다.

＊50 취안저우요(泉州窯)에서는 청자 외에 각종 색채 문양의 자기도 구워 만들었다는 본문은, 만약 그것이 청화·유이홍(釉裏紅)으로부터 유상오채(釉上五彩)에 이르기까지의 채색 그림 자기를 의미하는 것이라면 원대 취안저우의 요장 사정으로는 도저히 납득이 가지 않는다. 생각건대 본문의 이 1절은 청자의 항은 제라드판에 의해, 채색의 항은 라무시오판에 의해 보충된 것인 듯하다. 파리국립도서관판을 보충하는 데 제라드판의 한 부분은 귀중한 것이 될 수 있으나, 라무시오판 부분은 오히려 내용의 모순을 초래할 위험이 있는 것 같다.

＊51 중국어에 사투리가 심한 것은 익히 아는 사실이나, 그중에서도 푸저우의 말은 광둥의 산터우와 함께 남중국 방언의 대표를 이룬다. 카를 그랜의《중국 어음학 연구》를 참조할 것.

제6장 남해 경유 귀국 항로

173 인도−먼저 인도 항로 선박에 관하여

대륙의 여러 지방에 관한 보고를 마쳤으므로 여기서 이야기를 인도로 옮겨, 그곳의 불가사의를 빠짐없이 소개할까 한다.

맨 먼저 인도를 오가는 상인들이 이용하는 선박에 관하여 이야기하겠다.

이들 선박의 구조는 다음과 같다. 먼저, 선박의 재목은 전나무와 소나무를 사용한다. 갑판은 단층이고, 이 갑판 위에 보통 60개의 선실이 있다. 각 선실은 상인 한 명이 편히 지낼 수 있는 구조이다. 키는 한 개, 돛대는 4개가 보통이다. 때때로 이 밖에도 필요에 따라 자유로이 올리거나 내릴 수 있는 보조 돛대 2개를 예비로 갖고 있다. 대형 선박에는 객실 외에 선창에 13개에 이르는 칸막이형 차단실이 있다. 이것은 만약 배가 암초에 부딪치거나 굶주린 돌고래의 일격을 받아 선체의 일부가 파손되는 사고를 당하여(돌고래의 사고는 선박이 밤에 항행할 때 이따금 일어나는 일이다. 때마침 근처를 지나가는 돌고래가 선체 양쪽으로 바닷물이 갈라져 거품이 이는 것을 보고, 이것이야말로 먹이라고 생각하여 쏜살같이 돌진해 와 배에 부딪쳐 선체 일부가 파손되는 경우가 있다) 뜻하지 않게 배 옆구리에 구멍이 뚫렸을 때, 이 구멍으로 흘러들어오는 바닷물이 비어 있는 차단실로 흘러들어가도록 준비된 것이다.

이 경우 선원들은 구멍 난 곳을 확인하여 물품을 죄다 옆방으로 옮기고 차단실에 차 있는 물을 빼낸다. 차단실 사이의 칸막이는 매우 튼튼하게 맞붙어 있으므로 바닷물이 다른 곳으로 밀려 들어가지는 않는다. 이와 같은 응급 조처를 취한 다음 구멍을 수리한 후 짐을 본디 장소로 되옮긴다.

선체를 튼튼하게 하기 위한 구조에 관하여 설명하겠다. 이들 선박은 모조리 이중 구조로 되어 있다. 즉, 이중으로 된 두꺼운 판자로 선체의 둘레를 빙 두르고 있다. 이 이중 구조 사이에는 뱃밥을 꽉 채운 다음 물 새는 것을 막았고, 그 위에 쇠못을 박아 밀착시켰다.

이 지방에는 역청이 없으므로 배 밑바닥에 이것을 칠하지는 않았지만, 역청 이상의 효과가 있는 다른 물질로 배 밑바닥을 칠하는데 그 물질은 다음과 같은 방법으로 만든다. 잘게 썬 대마에 석회와 어떤 특정 나무의 진을 섞어서 찧는데 이 세 재료를 섞어서 찧으면 참으로 끈끈이와 같은 접착력이 생긴다. 이렇게 만든 칠감을 선체에 칠한다. 이것은 역청과 다름없는 효력을 발휘한다.

선박은 그 크기에 따라 최고 300명에서, 200명 또는 150명의 선원을 승선시킨다. 그 화물의 양도 우리 유럽의 선박을 능가하여, 많으면 6천 상자, 보통 5천 상자의 후추를 싣고 있다. 그런데 이전에는 지금보다 더 큰 배를 사용했으나, 남해의 여러 섬에 설치된 하역 부두가 심한 파도로 인하여 파손되어 지금은 대개의 섬에 그와 같은 대형 선박을 정박시킬 수 있는 부두가 남아 있지 않다. 그래서 하는 수 없이 옛날에 비하여 훨씬 작은 선박을 사용하고 있다.

그리고 이들 선박에는 노도 사용되고 있는데, 한 개의 노에 4명의 노 젓는 사람이 달려 있다.

대형 선박은 보통 2~3척의 소형 선박을 동반하여 항해한다. 소형 선박이라 하지만 그것들도 후추 1천 상자를 충분히 실을 수 있으며, 선원들의 수도 60명에서 80명, 때로는 100명에 달한다. 그 밖에도 많은 상인을 승선시킬 수 있다. 대형 선박은 적어도 이들 소형 선박을 2척은 동반하고 있다. 이들 소형 선박도 노를 저어서 나아갈 수 있으며 언제나 밧줄을 사용하여 모선을 끈다. 수 척의 소형 선박은 한 척의 대형 본선을 각각 밧줄로 연결하여 선행하며 노를 젓거나 혹은 옆바람을 돛으로 받으면서 끌고 간다. 그러나 풍향이 바뀌어 뒤에서 똑바로 불어오는 순풍이 되면, 소형 선박은 본선을 끄는 일은 하지 않아도 된다.

대형 선박은 일반적으로 10여 척의 거룻배를 가지고 있어 닻을 올리거나 내릴 때, 물고기를 잡을 때와 그 밖의 용도에 쓰인다. 이들 거룻배는 대형 선박의 양쪽 뱃전에 매달려 있다. 소형 선박에도 마찬가지로 몇 척의 거룻배가 실려 있다.

대형 선박은 1년간 항해를 하면 반드시 보수를 해야 한다. 그 수리하는 방법은 다음과 같다. 두꺼운 이중 판자로 된 외곽의 바깥쪽에, 또 한 꺼풀의 두꺼운 판자를 선체의 모든 주위에 못질한다. 즉 이중의 외곽으로 하는 것이며, 새로 생긴 그 틈에 물건을 채워 선체를 다시 칠한다. 이와 같은 수리 방법으로 다음 번에는 두꺼운 판자를 4중으로 못질하며, 그 다음에는 6중에 이르기까지 한다. 6중을 마지막으로 선체는 폐기 처분하여, 그 이상은 항해에 사용하지 않는다.

이 밖에 또 한 가지 말해 두고 싶은 것은, 선박이 출항하기 전에 이번 항해가 순조롭게 이루어질 수 있는지를 알아보는 예

인도 항로의 선박들
대형 선박은 2~3척의 소형 선박을 대동하고 항해한다. 이들 선박에는 또 10여 척의 거룻배(보트)를 가지고 있어 여러 용도로 쓰인다.

측 방법이다. 선원들은 버드나무 가지로 엮은 발을 한 개 준비하여 네 귀퉁이와 각 변의 중앙에 끈을 단다. 즉, 모두 8개의 끈으로 발을 묶고 이들 8개 끈의 다른 끝을 모아 별도의 기다란 밧줄에 연결한다. 그리고 술 취한 사람이나 미친 사람 한 명을 찾아내어 그를 발에 묶는다. 확실히 제정신이거나 술 취하지 않은 사람이라면 이런 위험한 짓을 할 생각이 들지 않을 것이다. 선원들은 거센 바람이 불 때를 택하여 이 일을 행한다. 먼저 이 발을 바람을 향하여 들어올린다. 그렇게 하면 발은 바람을 타고 공중 높이 떠오른다. 선원들은 모두 발에 달아맨 밧줄을 잡고 있다. 바람에 떠오른 발이 떨어지기 시작하면 그들은 밧줄을 조금 끌어당긴다. 그러면 발은 자연적으로 똑바로 된다. 선원들은 밧줄을 계속 풀어 늦추어 준다. 발은 다시금 올라가기 시작한다. 발이 다시금 떨어지기 시작하면 한 번 더 발이 똑바로 될 때까지 밧줄을 끌어당기고, 이어 또 밧줄을 풀어 늦추어 준다. 이렇게 하여 밧줄만 충분

히 길면 발은 눈에 보이지 않을 정도로 높이 떠오른다.

이것으로 다음과 같은 예측을 하게 된다. 즉, 만일 발이 똑바로 떠오르게 되면 그 선박은 아무 사고 없이 항해를 할 수 있다. 그렇게 되면 많은 상인들이 화물을 배에 싣기 위해 모여들고 그 배는 출항할 것이다. 그러나 반대로 발이 똑바로 떠오르지 못할 경우, 그 배에는 단 한 명의 상인도 찾아오지 않을 것이다. 그 배는 목적지에 도착하지도 못하고 온갖 재난과 맞닥뜨릴 것이라고 사람들이 믿기 때문이다. 따라서 그 배는 그해 내내 출항하지 못한다.

이것으로 선박에 관한 이야기는 마치고, 인도에 관한 이야기로 옮기고자 한다. 그 전에 또 한 가지, 넓은 바다 가운데 흩어져 있는 몇몇 섬들에 관한 보고를 해두고 싶다. 이들 섬들은 모두 동방에 위치하고 있다. 맨 먼저 지팡구 섬부터 이야기를 시작하겠다.

174 지팡구 섬

지팡구(Chipangu, 일본국)는 대륙으로부터 1500마일 떨어진 동쪽 대양 가운데 있는 아주 큰 섬이다. 주민들은 피부색이 희고 예절 바르다. 우아한 우상을 숭배하고 독립국을 이루어 자기들의 국왕을 받들고 있다. 이 나라에서는 곳곳에서 황금이 발견되므로 이곳 사람들은 누구나 막대한 황금을 가지고 있다. 대륙으로부터 이 나라로 간 사람은 아무도 없다. 상인들조차 찾아가지 않으므로 풍부한 이 황금은 아직 한 번도 나라 밖으로 나가지 않았다. 이와 같이 막대한 황금이 그 나라에 현존하는 것은 모두 이런 이유에서이다.

이어 이 섬나라의 국왕이 소유하고 있는 한 궁전의 훌륭한 모습에 관하여 이야기해 보겠다. 이 국왕의 커다란 궁전은 그야말로 순금으로 이루어져 있다. 우리 유럽 사람들이 집이나 교회당 지붕을 납판으로 잇는 것처럼 이 궁전의 지붕은 모조리 순금으로 이어져 있다. 따라서 그 값어치는 도저히 헤아릴 수 없다. 궁전 안에 많이 있는 각 방의 마루도 죄다 손가락 두 개 폭의 두께로 순금이 깔려 있다. 이 밖에도 넓은 객실이라든가 창문은 죄다 황금으로 만들어져 있다. 사실 이 궁전은 이처럼 측정할 수 없는 호화의 극치를 이루고 있으므로, 비록 누군가가 그것에 대한 올바른 평가를 보고하더라도 도무지 믿어지지 않을 것이다.

그리고 이 나라에서는 많은 진주가 산출된다. 그것은 장밋빛을 띠고 있으

대칸의 일본 원정
쿠빌라이 칸은 두 번에 걸쳐 일본 원정을 시도했으나 모두 실패하였다. 이 그림은 1281년의 두 번째 원정에서 원나라 대형선에 일본 소형선이 반격하는 장면을 묘사한 그림이다.

며, 둥글고 커다란 아주 아름다운 진주이다. 장밋빛 진주의 값은 흰 빛깔의 진주 못지않다. 사람이 죽으면 땅에 묻거나 화장한다. 땅에 묻을 때는 진주 한 알을 죽은 사람의 입에 넣어 주는 것이 관습이다. 진주 이외에도 갖가지 보석이 이 나라에서 산출된다. 이곳은 참으로 부유한 섬나라이며, 그 부의 진상은 도저히 필설로서는 형용할 수 없다.

　이 섬나라의 부를 전해 들은 현재의 쿠빌라이 칸은 무력으로 이 나라를 정복하려고 결심하여, 중신 2명에게 보병과 기마병의 대군과 대함대를 맡겨 이 섬나라를 원정하게 하였다.*¹ 중신 중 한 명은 아바카탄(Abbacatan)이라 하고, 또 한 명은 본산친(Vonsancin)이라 하며 모두 유능하고 용감한 장군이었다. 그 자세한 점은 생략하기로 하겠다. 이 원정군은 드디어 차이툰 및 킨사이 항을 출범하여 해양으로 나아갔다. 이리하여 그들은 항해를 한 끝에 목적지인 이 섬나라에 도착, 상륙하여 많은 평야와 촌락을 점령하였다. 그러나 아직 도시는 하나도 공략하지 못한 사이에, 다음에 말하는 재난이 원정군을 덮쳤다. 이 중신 2명 사이에는 깊은 시기심이 도사리고 있어, 서로 돕기를 완강히 거부하였기 때문이다.

　어느 날의 일이다. 북쪽으로부터 불어오는 폭풍이 몹시 거칠었다. 함선을 그대로 해안에 정박시켜 두면 한 척도 빠짐없이 조난될 거라는 것이 군사들 모두의 견해였으므로 서둘러 배를 타고 해안을 떠나 바다에 나가기로 하였다.

그러나 4마일도 채 항행하지 못한 동안에 폭풍은 점점 심해지기만 하였다. 원정군의 함대는 아주 많은 선박 집단이었으므로 이 풍랑 때문에 서로 부딪쳐서 그 대부분이 파손되어버렸다. 다만 밀집한 선단에 편성되지 않고 독자적으로 항행한 배만이 난파를 모면하였다. 마침 그 부근에 그다지 크지 않은 외딴 섬(다카시마)이 있어, 이곳에 상륙할 수 있었던 사람들은 구조되었으나 그 수는 3만 명 미만이었다. 그러나 처음에 난파를 모면한 함선 중에도 폭풍 때문에 이 외딴 섬의 암벽에 부딪쳐 파괴된 것도 적지 않았으며, 이들 함선의 군사들은 이 외딴 섬에 상륙하지도 못하고 모두 익사해버렸다.

폭풍우가 멎자 총지휘관 두 사람은 바다로 대피하여 난파를 모면한 함선을 거느리고(그래도 상당히 많은 함선이 무사하였다) 이 외딴 섬으로 돌아왔다. 그런데 백인장·천인장·만인장과 같은 장교들만은 전원 그 함정에 수용하였으나 나머지 병사들은 수가 많아서 도저히 수용할 수 없었기 때문에, 그들을 이 외딴 섬에 남겨 놓은 채 고국을 향해 떠나버렸다. 외딴 섬에 남겨진 군사들은 ―이미 말하였듯이 그들은 엄청난 수에 달하였다― 이 섬을 떠나 안전한 항구에 도착할 방법이 없었으므로 죽은 것이나 다름없다고 생각하여 깊은 절망에 빠졌다. 그들은 폭풍우에 의한 난파를 모면한 함선들이 자기들을 버리고 고국으로 떠나는 것을 그저 지켜보고 있을 따름이었다. 사실 이 두 총지휘관은 많은 군사들을 죽게 내버려둔 채 본국을 향하여 떠나버린 것이다. 무사히 본국으로 돌아간 사람들의 이야기는 생략하고, 죽은 것과 다를 바 없이 이 외딴 섬에 남겨진 군사들의 그 뒤 사정에 관하여 이야기하기로 한다.

175 외딴 섬에 남겨진 대칸 군대가 적지의 도시를 점령하다

생존한 3만 명의 군사들은 절해의 고도에 버려진 채 탈출할 길이 없음을 알자, 차라리 죽어버리는 편이 낫다고 생각하였다. 그들은 슬픔에 잠기고 절망에 빠져서 어찌할 바를 몰랐다. 이처럼 슬픈 마음을 간직하면서 그들은 외딴 섬에서 목숨을 근근이 이어갔다.

한편 지팡구 본섬에 사는 영주와 주민들은 적군이 이와 같이 무너져서 흩어져 대부분은 도망쳤으나, 아직도 그 일부가 외딴 섬에 남아 있다는 소식을 듣고 매우 기뻐하였다. 그리하여 바다가 잔잔해지는 것을 기다려, 그들은 많은 선박을 각 지방에서 징집하여 외딴 섬을 향해 갔다. 그들은 살아남은 적병을 모조리 사로 잡으려고 앞을 다투어 상륙하였다. 살아남은 원정군 3만 명은 적병이 한 사람도 빠짐없이 상륙하여 배를 지키는 사람도 없음을 알자, 현명하게도 다음과 같은 술책을 썼다.

원정대의 탈출
일본군이 섬에 고립된 원정군을 치러 상륙한 사이에 다른쪽으로 섬을 탈출하여 일본배로 오르는 장면을 묘사한 그림이다.

즉, 적병이 그들을 잡으려고 진격해 오는 틈에, 은밀히 외딴 섬의 가장자리를 타고 적의 선박이 있는 곳에 가려는 것이다. 이 외딴 섬은 중앙부가 고지로 되어 있어, 오른쪽이든 왼쪽이든 어느 쪽 길을 돌더라도 가고 싶은 지점에 도달할 수 있는 지형으로 되어 있었다. 그들은 이 방책을 실행하여 적선에 도달하였는데, 거기에는 그들을 가로막는 단 한 명의 적도 없었으므로 모두가 아무 탈 없이 배에 오를 수 있었다.

적군의 배를 탈취한 그들은 이 외딴 섬을 떠나 뱃머리를 지팡구 본섬으로 돌려 마침내 이곳에 상륙, 지팡구 왕의 국기를 펄렁거리며 상륙하여 본섬의 수도로 진군하였다. 섬 주민들은 그들이 본국 국기를 내걸고 있는 것으로 보아 틀림없이 자기네 군대라고 생각하여 도성 안으로 그들을 들이고 말았다. 공교롭게도 성내에는 남자라고는 늙은이밖에 남아 있지 않았으므로 대칸의 군대는 간단히 이곳을 점령하고, 아름다운 여자 몇 명을 남겨 일을 보게 한 것 이외에는 나머지 주민 모두를 놓아 주었다. 이리하여 대칸의 군사들은 적의 수도를 점령하였다.

한편 본섬의 영주와 그의 주민들은 그들의 수도가 적에게 함락되고 사태가 이렇게 되었음을 알자 슬픔에 빠져 생기를 잃고 말았으나, 이윽고 다른 배를 마련하여 본섬으로 돌아와 도성을 공격하며 엄중한 포위진을 쳤다. 대략 이렇게 대칸의 군사들은 7개월에 걸쳐 이 도시를 사수하고, 그 사이에 밤낮을 가리지 않고 온갖 노력을 다하여 이 상황을 대칸에게 전달하려고 시도

하였으나 모든 것이 헛일이 되고 말았다. 대칸과 연락할 수 없음을 깨닫자 그들은 마지막으로 포위군과 강화를 맺어, 구명되면 한평생을 이 섬에서 살겠다는 조건으로 항복하였다.*² 때는 1269($^{1281년}_{이어야 함}$)년의 일이었다.

이렇게 대칸의 지팡구 원정은 결말을 짓게 되었으나, 대칸은 원정군의 지휘를 맡은 중신의 한 사람을 참수형에 처하고, 또 한 사람은 조르자(Zorza, 사할린) 섬이라는 무인도에 유배시켰다.*³ 대칸이 이 섬에서 중죄인을 처벌하는 방법은 다음과 같다. 중죄인이 이 섬에 오면, 먼저 갓 잡은 물소 가죽으로 그의 두 손을 싸서 단단히 꿰맨다. 물소 가죽이 말라감에 따라 움직이지도 못할 만큼 두 손을 죄게 된다. 이 상태로 섬에 버려져 무참한 죽음을 당하게 된다. 실제로 이렇게 되면 꼼짝도 못하게 된다. 그리고 음식을 주지 않으므로 굶주린 나머지 풀이라도 뜯어 먹으려고 땅을 기어야 하며, 죽기 전까지 고통에 시달리게 된다. 대칸이 원정군 지휘를 맡은 2명의 중신을 모두 중죄로 다스린 것은, 이 두 장군이 모두 본분을 다하지 못하였기 때문이다.

마지막으로 이제까지 빠뜨린 또 하나의 불가사의한 이야기를 덧붙이기로 한다. 지팡구 섬의 어느 마을에서 적병의 한 무리가 대칸의 두 장군에게 붙잡혔다. 그들은 항복을 거부하였으므로 두 장군은 모두에게 사형을 선고하고 목을 베라고 명령하였다. 이 명령으로 포로들은 잇달아 목이 잘렸는데, 그들 중 8명만은 아무래도 목을 벨 수가 없었다. 이것은 그들이 몸에 지니고 있는, 어떤 종류의 돌이 가지고 있는 마력 때문이었다. 실제로 그들은 팔의 안쪽 피부 밑, 근육 위에 돌 한 개를 집어넣어 외부에서는 알 수 없도록 하여 몸에 지니고 있었다. 이 돌에는 주술이 들어 있어 마력을 발휘하는데, 즉 날붙이에 의해서는 죽지 않도록 되어 있다. 두 장군은 이 8명이 칼을 써도 좀처럼 죽지 않은 이유를 알자, 명령을 다시 내려 때려 죽이도록 하였다. 그러자 마석의 위력도 듣지 않게 되어 8명은 곧 맞아죽고 말았다. 두 장군은 이 돌을 매우 귀하게 여겨, 죽은 사람의 팔에서 뽑아내 남몰래 감추어 두었다.

176 우상 숭배의 여러 모습

지팡구의 여러 섬에서 이루어지는 우상 숭배는 만지와 카타이의 우상과 같은 계통에 속하고 있다. 그들이 믿는 것도 마찬가지로 소·돼지·개·양, 그 밖의 동물 머리를 가진 우상이다. 머리가 하나인데 네 개의 얼굴을 가진 우상이 있는가 하면, 목과 두 어깨 위에 하나씩 모두 세 개의 머리가 달린 우상도 있다. 팔이 네 개 또는 10개, 1천 개나 있는 우상까지도 있으며, 특히 1천 개의 팔을 가진 우상*4은 최고의 지위를 차지한다. 이 우상에 대한 그들의 기도는 더할 나위 없이 경건하다. 그리스도 교도가 그들에게 왜 이다지도 갖가지 우상을 만드느냐고 질문하면 그들의 대답은 이러하다.

"조상님들 이래 이런 식으로 전해져 내려왔습니다. 우리도 이대로의 형태로 이것을 자자손손 전해 갈 생각입니다."

우상 숭배는 참으로 황당무

천수관음보살도

계한 악마의 술법의 연속인데, 그 자세한 것을 듣는다는 것은 그리스도 교도로서는 무거운 죄악이 되기 때문에 이 책에서는 자세히 설명하여서는 안 된다고 생각한다.

그러나 이 한 가지 일만은 반드시 알아 두는 것이 좋다고 생각되므로 이야기한다. 지팡구의 여러 섬의 우상 숭배자들은 자기들의 한패가 아닌 사람을 포로로 삼을 경우, 만약에 그 포로가 몸값을 지불할 수 없으면 그들은 모든 친구와 친척에게 다음과 같은 초대장을 보낸다.

"꼭 와 주십시오. 저희 집에서 식사를 같이 합시다."

그리고 그 포로를 죽여서—물론 요리하여—모두들 그 고기를 먹는다. 그들은 사람 고기가 어떤 고기보다 맛있다고 생각한다.*5

그럼 우상 숭배자에 관한 이야기는 이 정도로 해 두고 본론으로 들어가기로 하겠다.

지팡구의 여러 섬이 흩어져 있는 바다를 '친 해(Sea of cin, 만지 해, 즉 중국 해)'*⁶라고 부른다. 지팡구 말로 친은 만지를 말하므로 만지에 면한 바다(지나 해의 뜻)라는 뜻이다. 이 바다를 항행하는 데 익숙하고 사정을 잘 아는 노련한 선원이나 수로 안내인의 말로는 이 해역에는 7천1백 개의 섬들이 있으며, 그 대부분의 섬에 사람이 살고 있다고 한다. 이들 섬들에 우거져 있는 나무들은 모두 강한 향기를 내뿜는 매우 귀중한 향나무인데, 이를테면 침향과 그 밖의 향나무에 비하여 조금도 손색 없는 값비싼 것이다. 또한 다른 갖가지 향료도 역시 다량으로 산출되며, 검은 후추는 물론 눈같이 흰 후추도 풍부하다. 황금을 비롯한 갖가지 귀중한 물품의 산출량도 역시 놀라울 정도로 엄청나다. 그러나 거리가 너무도 멀기 때문에 이들 섬으로 가는 것은 무척 어려운 일이다. 차이툰과 킨사이의 상선으로 이들 섬에 항행하는 사람은 막대한 이익을 거두지만, 그 대신 꼬박 1년간은 항해의 어려움을 겪어야 한다. 왜냐하면 '친 해'에는 단 두 종류의 바람밖에 불지 않으므로—그 하나는 겨울철 바람으로 그쪽으로 갈 때의 순풍이며, 또 하나는 여름철에 부는 그 반대 바람으로 돌아올 때 이용할 수 있는 바람이다—겨울철에 출발하여 여름철을 기다려 돌아와야 하기 때문이다. 지팡구의 여러 섬은 인도에서도 아주 먼 거리에 있다는 것을 알아 두어야 한다. 그리고 이 바다는 '친 해'라 불린다고 말하였으나 실은 대양이며, 그것은 마치 유럽인들이 '영국 해', '에게 해' 등이라 부르고 있는 것과 같다. 이곳 사람들도 '친 해', '인도 해' 등이라 부르고 있으나, 사실은 둘 다 대양의 일부이다.

'친 해'와 지팡구 여러 섬은 우리가 돌아가는 길에서 아주 먼 지역에 떨어져 있으며, 또한 나 자신도 아직 그곳에 가본 적이 없으므로 이 이야기는 이것으로 마치기로 한다. 다만 그 위대한 대칸도 지팡구의 여러 섬에 대해서만은 어찌할 수 없었고, 그들은 마지막까지 공물을 바치지 않았다. 따라서 대칸도 그 곳에는 과세를 할 수 없었다는 한 가지 사실만은 마지막으로 덧붙여 두고 싶다. 그럼 화제를 다시금 차이툰으로 돌려, 이 책의 본론을 진행시키기로 한다.

177 참바국

차이툰 항을 출항하여 서남서로 1500마일 항해하는데, 그 도중 하이난 만

(취안저우泉州)을 지나게 된다. 이 만은 북쪽으로 올라가면 항행 2개월이 걸리는 넓이를 지니고 뻗어 있다. 이 만의 동남쪽에 접하는 것은 만지의 한 지방뿐이지만, 서북계에는 톨로만(윈난 성 중부의 곡정부)을 비롯하여, 앞서 그들 지방을 이야기하였을 때 함께 보고한 여러 지방과 경계를 접하고 있다. 만 안에는 아주 많은 섬들이 흩어져 있으며, 또 그 대부분에는 사람이 살고 있다. 이들 섬(하이난 섬)에서는 막대한 사금이 산출되며, 그것은 섬 안에 있는 강이 바다로 흘러들어가는 강 어귀에서 채취되고 있다. 구리 등의 산출량도 역시 엄청나다. 섬 주민들은 교역을 통하여 산물을 교환하는 것 이외에 대륙 본토와도 교역을 행하여 금·구리, 그 밖의 물자를 팔고 그들이 필요한 필수품을 사들이고 있다.

거의 대부분 섬에서는 곡물이 풍부하게 산출된다. 이 만은 그 넓이와 주민의 수로 볼 때 충분히 독립된 세계를 형성할 수 있음을 알 수 있다. 케이난 만에 관한 이야기는 이 정도로 그치고 이어 본론으로 돌아가도록 한다.

차이툰 항을 출범하여 이미 말한 만의 아래 방면을 횡단하면서 서남서로 1천5백 마일을 항행하면 참바국(Ziamba, 남베트남)이라는 부유한 큰 나라에 도착한다. 이 나라는 현지인 국왕을 받들고 고유의 언어를 가지며, 우상을 숭배한다. 대칸에게는 해마다 코끼리와 침향을 공물로 바친다. 그들로서는 외국 군주에게 바치는 공물은 이것뿐이다. 참바 왕이 대칸에게 공물을 바치게 된 유래를 소개하겠다.

1278년에 대칸은 소그투(sogutu)라는 중신에게 보병과 기마병의 대군을 주어서 참바 왕을 정벌할 것을 명령하였다.*7 소그투 장군은 참바국에 대하여 격렬한 공격을 시작하였다. 당시의 참바 왕은 이미 나이가 많기도 하거니와 또 대칸의 파견군에 맞설 만큼의 대군도 없었다. 따라서 야전을 벌여 침략군을 무찌를 가망이 도무지 없었으므로, 국내의 크고 작은 여러 도시에서 버티어 고수할 계획을 세웠다. 이들 여러 도시는 그 방비가 매우 튼튼하였으므로, 여기에 거점을 두는 한에는 어떠한 적도 두렵지 않았다. 그러나 그 대신 국내의 넓은 논밭과 들, 수많은 촌락은 죄다 파괴됨을 모면할 수는 없었다. 소그투 장군에 의하여 왕국 곳곳이 파괴되고 황폐해져 가는 것을 알게 된 왕은 몹시 슬퍼하여 즉시 사신들을 불러들였다. 그러고는 전언과 함께 이들을 대칸에게로 보냈다. 사신단은 도중 많은 어려움을 겪으면서 대칸의 어

전쟁을 피한 참바 왕

대칸의 정벌군이 들이닥치자 왕은 사신을 대칸에게 보내 화친을 청원하고, 그 보답으로 매년 코끼리 20마리를 공물로 바치기로 한다.

전에 도착하자 이렇게 말하였다.

"폐하, 참바 왕은 대칸의 신하로서 예의를 갖추어 폐하게 인사 말씀 올립니다. 왕은 이미 나이가 몹시 많으며, 이제까지 오랫동안 왕국을 평화롭게 통치해 왔습니다만, 사절을 파견하여 자발적으로 폐하의 신하가 될 것을 청원합니다. 그리고 해마다 공물로 몇 마리의 길들인 코끼리와 침향을 바칠 것을 허락해 주십시오. 그리고 우리 국토를 겁탈하고 있는 폐하의 장군과 원정군을 불러들이기를 간절히 부탁드립니다."

이렇게 전언을 마치자 사신은 입을 굳게 다물고 그 외에는 한마디도 하지 않았다. 대칸은 참바 왕의 이 공손한 청원을 듣고 늙은 왕을 불쌍히 여겨, 즉시 명령을 내려 장군 소그투와 그의 휘하 군대를 참바국으로부터 철수시킨 다음 다른 지방으로 이동시켜 그곳을 정복하도록 하였다. 원정군은 대칸의 명령을 충실히 실행하여 즉시 그곳을 떠나 다른 곳으로 향하였다. 이와 같은 경위로써 참바 왕은 해마다 막대한 침향과 국내에서 가장 크고 훌륭하게 길들인 코끼리 20마리를 공물로 대칸에게 바치고 있다.

이 이야기를 끝내고, 이어 참바 왕과 그 나라에 관한 재미있는 이야기를 소개하기로 한다.

이곳 참바국에서는 용모가 뛰어난 처녀는 반드시 먼저 국왕을 뵙지 않고는 마음대로 결혼할 수가 없다. 만약 왕의 마음에 들면 왕은 그녀를 아내로

후추나무

육두구나무

삼고, 마음에 들지 않으면 정도에 따라 조금씩 돈을 하사하여 저마다 남편을 얻게 한다. 이에 관해서는 1285년*8에 이 책의 구술자인 마르코 폴로 자신이 마침 이 나라에 와서 그 사실을 목격하였다. 그 당시 왕에게는 모두 336명의 아들과 딸이 있었는데, 그 가운데 군인이 되기에 적합한 청장년의 왕자는 실로 150명 이상에 달하였다.

이 나라에는 매우 많은 코끼리가 있다. 침향의 산출도 막대한 양에 달한다. 흑단나무 숲도 도처에 있는데, 칠흑색을 띤 이 흑단으로 장기의 말과 잉크 병이 제작된다.

그럼 이번에는 자바 섬에 관한 이야기로 넘어가도록 한다.

178 대자바 섬

참바 왕국을 떠나 남남동으로 1500마일을 항해하면 대자바(Java, 인도네시아 공화국. 수도(首島) 자바)라는 큰 섬에 도착한다. 이 방면의 사정을 잘 아는 노련한 선원들에 따르면 이 자바 섬은 세계 최대의 섬이며, 둘레가 4800km에 달한다고 한다. 단 한 사람의 왕이 이 섬을 통치한다. 주민들은 우상을 숭배하며 다른 어떤 나라에도 예속되지 않는다. 이 섬은 아주 부유하며 후추·육두구·고량강(高良薑)·감송향(甘松香)·정향(丁香), 후추과에 속하는 식물 등 모든 값비싼 향료가 생산되는 곳이다. 각종 물자를 사기 위하여 찾아오는 많은 상인을 태운 배가 아주 많이 이곳으로 모여들며 상인들은 이것들을 거래함으로써 크게 이득을 보고 있다. 이 섬의 부(富)는 참으로 엄청나며 필설로써 설명할 수 없다. 그런데 이 섬은 너무도 거리가 멀고 도중의 항해가 어려워 대칸의 용맹으로도 정복할 수 없었다. 그러나 차이툰이나 만지의 상인들은 예로부터 이 섬과 거래하여 막대한 이익을 올렸으며, 현재도 역시 계속 그렇게 하고 있다. 온 세계에 판매되고 있는 향료는 그 대부분이 이 섬에서 생산된다.

자바 섬에 관해서는 이로써 보고를 마쳤으므로 주제를 바꾸어 이야기를 진행시키기로 하겠다.

179 손두르 섬과 콘두르 섬

자바*⁹ 섬을 떠나 남쪽 및 서남쪽으로 700마일을 항해하면 손두르(Sondur) 섬과 콘두르(Kondur) 섬이라고 하는 크고 작은 두 개의 섬에 도착한다. 이 두 섬은 모두 무인도이므로 이곳은 그냥 지나치기로 하겠다.

이 섬에서 동남쪽으로 약 500마일을 항해하면, 대륙의 일부이며 로칵 (Lochac, 타일랜드 혹은 말레이)이라고 하는 넓고 풍요한 곳에 이른다. 한 대왕이 이 지방을 다스린다. 주민들은 우상을 숭배하며, 독자적인 언어를 쓰고 있다. 외부에서 침입하여 피해를 끼칠 수 없는 지형이기 때문에 이 로칵 사람들은 어느 나라에도 예속되지 않고 있다. 만약 외부로부터의 침입이 가능하다면 대칸은 결코 방치해 두지는 않았을 것이며, 즉시 군대를 파견하여 이를 예속시켰을 것이다. 이 나라에는 소목(蘇木 : 약제로 쓰는 열대산 상록수)과 흑단이 무성하다. 그리고 황금의 산출도 막대하여 실제로 목격한 사람이 아니라면 도저히 믿을 수 없을 정도이다. 코끼리가 많이 살고 있고 새와 짐승 등 사냥감도 풍부하다. 그리고 앞서 설명하였듯이, 여러 지방에서 화폐로서 사용되는 자안패는 모두 이곳에서 채취된다. 이 나라에 관하여 마지막으로 한마디 덧붙이자면, 이 나라는 미개지이며 여행자도 좀처럼 그곳에 가지 않고, 왕 자신도 역시 여행자의 내방을 좋아하지 않으므로, 이 나라의 풍요에 관해서나 나라 사정에 관해서 아는 사람은 아무도 없다는 것이다. 이와 같은 이유 때문에 이 나라에 관한 이야기는 이 정도로 그칠 수밖에 없다.

180 펜탄 섬 및 그 밖의 섬들

로칵을 떠나 남쪽으로 500마일 항해하면 펜탄(Pentan, 싱가포르와 마주보는 빈탄 섬) 섬이라고 하는 미개 섬에 도착한다. 이 섬 전체를 덮고 있는 밀림은 모두 값비싼 향나무 종류이다. 이 섬에서 그다지 멀지 않은 곳에 두 섬이 있다.

그럼, 펜탄 섬을 떠나 이 두 섬 사이로 가 보자. 두 섬 사이는 약 60마일이고 수심은 약 4걸음밖에 되지 않는다. 큰 배가 여기를 지날 때는 선체가 물에 4걸음 정도밖에 잠기지 않으므로 키를 죄다 끌어올려야 한다. 이 60마일의 얕은 여울을 지나 더욱 동남쪽으로 약 30마일 항해하면

자바 섬의 프람바남 힌두 사원

말라유르(말라카 왕국)라는 섬에 이른다.

이 섬은 왕국을 이루고 있으며, 같은 이름의 도시가 수도로 되어 있다. 왕이 군림하며 그들만의 언어를 쓰고 있다. 수도는 훌륭한 대도시이며 향료와 그 밖의 다른 물자가 활발하게 거래되고 있다. 이 섬에는 이와 같은 산물이 매우 풍부하다.

이곳을 떠나 소(小)자바 섬에 관하여 보고하기로 한다.

181 소자바 섬

펜탄 섬을 떠나 동남쪽으로 약 100마일 나아가면 소자바(수마트라) 섬이 있다. 소자바 섬이라고 하여 작은 섬이라고 생각해서는 안 된다. 실은 둘레가 3200km나 되는 큰 섬이다.

이 섬은 8개 왕국으로 나뉘어 8명의 왕이 살고 있다. 주민들은 모두 우상을 숭배하며 그들만의 언어를 쓰고 있다. 그러나 8개 왕국이 저마다 쓰는 언

어가 다르다. 이 섬에는 값비싼 향료·침향·소목·흑단, 그 밖에 각종 향료가 풍부하며 이 나라의 번영은 참으로 대단하다. 그러나 거리가 멀다는 점과 항해하기가 어렵다는 점으로 말미암아 이러한 부가 유럽까지 미치지 못하고 오로지 만지와 카타이의 여러 지방에만 미치고 있다.

다음에 섬 주민의 성질을 낱낱이 이야기할 작정이지만, 그에 앞서 틀림없이 여러분을 깜짝 놀라게 할 이상한 현상이 있으므로 먼저 그것을 소개할까 한다. 그것은 다름이 아니라, 이곳은 먼 남쪽에 위치하고 있으므로 북극성도 북두칠성도 모두 안 보인다는 사실이다.

그럼 이제부터 이 섬의 주민에 관한 이야기로 들어가 보자.

먼저 펠렉 왕국의 사정이다.

182 펠렉 왕국

펠렉(Felech, 수마트라 동해안 북단쪽의 다이아몬드 곶) 왕국의 주민은 본디 모두가 우상을 숭배하였으나, 사라센 상인들이 이곳에 자주 내항함으로써 일부 도시 주민들이 마호메트의 가르침으로 개종하게 되었다. 산악 지대의 섬 주민은 마치 야수와 같으며, 고기라면 깨끗하건 더럽건 간에 무엇이든지 닥치는 대로 먹고 사람 고기마저도 먹는다. 그들의 예배의 대상은 갖가지이며, 아침에 먼저 눈에 띄는 것이 모두 예배의 대상이 된다. 다음은 바스만 왕국에 관한 이야기이다.

183 바스만 왕국

펠렉 왕국을 떠나 바스만(Basman, 수마트라 북해안의 파세이 지방) 왕국으로 들어간다. 이곳은 독립된 왕국이며 그들만의 언어를 쓰고 있다. 주민은 야수라고까지는 할 수 없더라도 규율을 모르는 자들이다. 그들은 대칸의 신하라 칭하고 있으나, 대칸의 군대도 도달할 수 없는 먼 곳에 살고 있으므로 정규적으로 별다른 공물을 바치지도 않고 있다. 그럼에도 그들은 모두 대칸의 신하라 자칭하고, 이곳을 지나는 여행자에게 부탁하여 때때로 아름답고 진기한 물품, 특히 이곳의 특산물인 흰 매를 증정품으로서 대칸에게 보내는 일이 있다.

이 지방에는 야생 코끼리와, 코끼리보다 조금 작은 코뿔소가 많이 살고 있다. 코뿔소는 털이 물소와 비슷하고 발이 코끼리를 닮아 있으며 이마 한복판에 매우 큰 검은 뿔을 가진 동물인데, 이 뿔로는 다른 짐승을 해치지 않고 혓바닥과 무릎으로 위해를 가한다. 이 혓바닥에는 매우 길고 날카로운 가시가 돋혀 있어, 성이 잔뜩 나면 상대를 쓰러뜨려 무릎으로 누른 다음 이 혓바닥으로 해친다. 그 머리는 멧돼지와 같으며, 언제나 눈을 내리떠서 땅을 보고 있다. 진창을 좋아하며 그 속에 산다. 보기만 해도 소름끼치는 동물이며, 유럽 따위에서 공상되거나 이야기되고 있는 것과 같은, 소녀의 무릎 위에 스

코뿔소
마르코 폴로는 코뿔소의 생김새와 행태에 대해서 상세하게 해설하였다.

스로 몸을 던져서 붙잡히는 일각수 따위와는 전혀 비슷하지도 않다. 되풀이해서 단언하지만, 그것은 유럽 사람들이 전하고 있는 것과는 아주 정반대의 동물인 것이다.

이곳에는 원숭이가 아주 많고 그 종류도 갖가지이며, 특히 진기한 종류도 적지 않다. 그리고 까마귀처럼 새까만 큰 매가 있는데, 이것은 매 사냥용으로서 안성맞춤이다.

그리고 또 한 가지 여러분에게 알려 드리고 싶은 것은, 어떤 여행자들이 난쟁이를 데리고 돌아와서 이 난쟁이는 자기가 인도에서 직접 데려왔다고 주장하는데 이건 새빨간 거짓말이라는 점이다. 그들이 사람이라고 주장하는 이들 난쟁이는 실은 이 소자바 섬에서 다음과 같이 만들어진 것에 지나지 않기 때

문이다. 이 섬에는 사람과 아주 비슷한 얼굴을 가진 작은 원숭이(유인원오랑우탄)가 있다. 여행자들은 그 원숭이를 붙잡아 어떤 종류의 고약을 사용하여 생식기 부분 이외의 모든 몸의 털을 없앤다. 또 이 원숭이의 턱에 기다란 머리카락을 이식하여 말려서 턱수염 비슷하게 하는 것이다. 피부가 마르면 털을 이식한 구멍이 수축하므로 마치 자연적으로 난 수염처럼 보인다. 그런 다음에, 손발과 몸이 사람하고 똑같지는 않기 때문에 이것을 끌어당기거나 틀어박거나 하여 사람과 닮게 한다. 이 공정이 끝나면 이번에는 이 원숭이를 햇볕에 쬐어 장뇌 따위를 발라서 어떻게 해서든지 사람 비슷하게 될 때까지 꾸민다. 이른바 난쟁이라 일컬어지는 것은 이미 말한 것처럼 인공적으로 만들어진 것에 지나지 않으므로 전혀 믿을 수 없는 속임수이다. 그리고 본디 그런 작은 몸을 가진 난쟁이는 인도는 고사하고 그 이외의 어떤 미개국을 가더라도 여태껏 본 적이 없다.

바스만 왕국에 관해서는 더 이야기할 것이 없으므로 다음은 사마트라 왕국으로 이야기를 옮기기로 하겠다.

184 사마트라 왕국

바스만 왕국을 떠나 사마트라(Samatra, 스마트라 동북단 파세이 만) 왕국에 들어가보자. 이 왕국도 같은 소자바 섬 안에 있다. 마르코 폴로는 악천후 때문에 항해를 못하고 이 사마트라 왕국에 5개월간 머물렀다. 여기서도 북극성·북두칠성은 보이지 않는다. 주민들은 우상을 숭배하며, 대칸의 신하라 자처하는 막강한 왕이 있다.

마르코가 이곳에서 5개월간을 어떻게 살았는지 전하겠다.

이 섬에 상륙하여 같이 간 2천 명과 함께 5개월간을 보낸 마르코는 먼저 야영지 둘레에 해자를 만들어 외부의 접근을 차단하였다. 이것은 그들을 잡아먹을 기회를 호시탐탐 노리는 미개한 원주민의 접근을 막기 위한 조처였다. 이 해자의 양쪽 끝은 그들의 선박들이 정박해 있는 항구까지 이어져 있으며, 해자를 따라 목제 망루 다섯 개를 설치하였다. 이와 같은 보루에서 몸을 지키며 5개월간 머물렀다. 다행히도 부근에는 목재가 많아 이러한 망루를 제작할 수 있었다. 그동안에 이들과 주민 사이에 믿음이 생겨, 식량과 그 밖의 물자를 팔기 위하여 주민들이 모여들기 시작하였다.

보로부두르
인도네시아 자바에 있는 불교 사원, 뒤에 종 모양 스투파 안에 불상이 있다.

　이 지방에서는 그 맛이 정말 세계 제일이라고 할 수 있는 물고기가 잡힌
다. 밀은 산출되지 않고 쌀이 주식이다. 술은 다음에 설명하는 종류의 것만
있다. 이 섬에 자라는 나무가 있는데, 주민들은 그 나무의 가지를 잘라 내고
그 아래에 통 하나를 받쳐 둔다. 그러면 나뭇가지 잘린 부분에서 한 방울씩
수액이 흘러나와 떨어진다. 이렇게 하룻동안이면 이 통에 술이 가득 찬다.
이 술은 참으로 맛있다. 그리고 창만(脹滿 : _{복강 안에 액체가 가득}
_{차 배가 팽창하는 증상})·해수병·비장병 등
을 고치는 효능이 있다. 이 나무는 얼핏 보면 대추야자 비슷하며 가지도 겨
우 조금밖에 없지만, 적당한 시기에 그 가지 하나를 자르기만 하면 이와 같
이 맛있는 술을 얻을 수 있는 것이다. 그리고 자른 자리에서 더 이상 수액이
나오지 않으면 그들은 부근에 있는 개울에서 끌어들인 도랑의 물을 충분히
이 나무의 뿌리에 뿌려 준다. 그렇게 하면 한 시간 뒤면 수액이 다시금 배어
나온다. 하지만 두 번째에는 최초의 것과 같은 붉은 액체가 아니라 연한 빛
깔을 띤다. 어쨌든 이렇게 하여 붉은 술과 연한 빛깔의 술 두 종류를 얻을
수 있다.[10]

또한 이곳에서는 사람의 머리만 한 맛있는 인도 호두가 산출된다. 신선한 과육에 들어 있는 액체의 맛과 감미는 다른 어떤 음료도 따를 수 없을 정도이다. 원주민들은 고기라면 무엇이든지 가리지 않고 먹는다.

이어 다그로얀 왕국에 관한 이야기를 하겠다.

185 다그로얀 왕국

다그로얀(Dagroian, 수마트라 북단 페딜 지방)도 같은 섬 안에 있는 독립 왕국이며, 그들만의 언어를 갖고 있고 그들만의 왕을 받들고 있다. 주민들은 매우 야만적이고 우상을 숭배하며 스스로 대칸의 신하라 칭한다. 그들의 불길한 악습을 소개하기로 한다.

남자이건 여자이건 병자가 생기면, 그 가족은 병이 나을지 안 나을지를 점치기 위하여 마술사를 부른다. 마술사는 '마술'과 주문과 우상의 힘을 빌려 병자가 나을지 안 나을지를 알아낼 수 있다. 나는 방금 이것을 '마술'이라고 말하였으나 그들은 결코 '마술'이라고는 생각하지 않고, 마술사의 능력에 따라 신의 계시가 예지되는 것이라고 주장한다.

그런데 이 마술사가 진단하여 병자가 살아나지 못할 운명에 있다고 말하면, 병자의 가족은 즉시 죽음 선고를 받은 이들 병자의 뒤처리를 직업으로 삼는 사람을 부른다. 이 직업을 가진 사람은 초청 받은 집에 와서 먼저 병자를 눌러놓고 그의 입을 틀어막아 질식시켜 죽여버린다. 그리하여 병자가 숨을 거두면 가족들은 시체를 요리하여 모든 친척을 부른 다음 이를 죄다 먹어치운다. 정말 글자 그대로 뼈골까지 죄다 먹어치우는데, 이는 죽은 사람의 육체를 조금이라도 남겨 두어서는 안 된다고 하는 신념에서 우러난 것이다. 뼈 속에 살이 조금이라도 남아 있으면 거기에 구더기가 들끓는데 그 구더기는 먹이가 떨어져서 얼마 뒤 죽겠지만, 본디 이 구더기는 죽은 사람의 육체에서 생긴 것이므로 이 많은 구더기를 죽게 하는 것은 마땅히 그 점으로 보아서도 깊은 죄가 된다. 따라서 죽은 사람의 넋에 재앙이 생길 것이라는 것이 실제로 그들이 지니는 신념이다. 그러므로 그들은 죽은 사람의 육체를 조금도 남기지 않고 먹어치운 다음, 뼈를 모아서 이를 깨끗한 상자에 넣어 야수와 다른 악마들도 접근하지 못할 깊은 산 속 동굴 안에 매달아 두는 것이다.

그리고 기회만 있으면 다른 나라 사람을 사로잡는데, 만약 그 사람이 몸값을 지불하지 못하면 즉시 그를 죽여 먹어치운다. 이상이 이곳 원주민들이 지니는 가장 더러운 악습이다.

다음에는 람브리 왕국에 관한 이야기를 하겠다.

186 람브리 왕국

람브리(Lambri, 수마트라 최북단) 왕국에는 그곳을 다스리는 왕이 있으며 스스로 대칸의 신하라 칭한다. 주민들은 우상을 숭배한다. 이곳에는 소목·장뇌, 그 밖에 여러 가지 향료가 풍부하지만, 소목만은 야생이 아니라 주민들이 재배하고 있다. 즉 씨를 뿌려 그것이 묘목이 되면 한 차례 파내어 다른 곳으로 옮겨, 3년간 그대로 둔 다음 다시금 뿌리째 파내어 이식한다. 나는 검은빛을 띤 그 종자를 베네치아로 가져가서 심어 보았으나, 싹이 하나도 나지 않았다. 그것은 베네치아의 기후가 춥기 때문이다. 또 한 가지 기묘한 일이 있었는데 그것을 소개하겠다. 이 나라 대부분의 남자는 길이 한 뼘 정도의 꼬리를 달고 있다는 것이다. 하지만 이러한 남자들은 도시에 살지 않고 산간 분지에 살고 있다. 그 꼬리는 대략 개의 꼬리 정도 길이이며 털이 없다.

이곳에는 또 일각수가 많이 살고 있다. 그 밖에 사냥감으로서 새와 짐승이 풍부하다.

다음에는 판푸르 왕국에 관한 이야기로 옮겨 보자.

187 판푸르 왕국

판푸르(Fanfur, 지금의 바로스)는 독립 왕국이며, 그들의 왕을 받들고 있다. 주민은 우상을 숭배하며, 스스로 대칸의 신하라 칭한다. 이 왕국도 소자바 섬의 일부분이다. 이 나라에서는 가장 좋은 품질의 장뇌, 즉 판푸르 장뇌를 산출한다. 이 장뇌의 값은 그야말로 엄청나며, 같은 중량의 황금과 같은 값으로 매매된다. 이곳에는 밀이나 그 밖의 곡물이 없고, 쌀을 주식으로 하고 우유를 마신다. 술은 앞서 말한 바와 같은, 수액으로 만들어지는 술이 있을 뿐이다.

또 한 가지 매우 기묘한 일이 있는데, 나무(사곡야자)에서 맥분이 산출된다. 이 지방에는 무척 키가 큰 교목이 있다. 그 줄기 속에 맥분이 잔뜩 들어 있는 것이다. 이 나무의 목질부는 손가락 세 개 폭의 두께를 가진 껍질로 이루어지며 그 이외에는 모두 고갱이인데, 이 고갱이가 바로 맥분이다. 그리고 이

나무는 모두 커다란 남자 두 사람이 겨우 들어올릴 수 있을 정도로 크다. 고갱이 부분을 이루는 이 가루는 먼저 물이 든 통에 넣어 막대기로 휘젓는다. 그렇게 하면 찌꺼기와 먼지는 물 위에 뜨고 가루는 통바닥에 가라앉는다. 그리고 물을 버리면 통바닥에 깨끗한 가루만이 남는다. 이 가루에 조미료를 넣어 과자와 그 밖의 여러 가지 식품을 만들고 있다. 이렇게 만들어 낸 식품은 그 맛이 아주 좋다. 마르코와 친구들은 이따금 이 빵을 먹었으므로 실제로 그 맛을 잘 알고 있다. 마르코는 이 가루와 그것으로 만든 빵을 조금 가지고 돌아갔는데 이 빵은 보리빵과 비슷한 맛이었다.

이 나무는 또 쇠와 같이 단단하고 물 속에 던지면 뜨지 않고 쇠처럼 가라앉으며, 마치 대와 같이 나무 꼭대기에서 줄기 끝까지 일직선으로 쪼갤 수도 있다. 가루를 제거해버리면 손가락 세 개의 폭을 가진 고갱이가 남는데, 주민들은 이것으로 투창을 만든다. 이 투창은 짧은 것으로 그다지 길지는 않다. 이 나무는 매우 무거우므로 긴 창을 만들면 자유로이 사용하기는커녕 들고 다닐 수도 없기 때문이다. 원주민들은 이 투창의 끝을 뾰족하게 하여 살짝 불 속에서 태우는데, 이렇게 하면 던지는 창은 쇠로 만든 것보다도 날카로워져 어떤 갑옷이라도 뚫을 수 있다.

이것으로 소자바 섬 여러 왕국에 관한 보고를 모두 마쳤다. 다만 이들과 다른 지역에 있는 몇몇 왕국만은 아직도 언급되지 않고 남아 있으나, 그들 나라에는 가 보지 못하였으므로 이야깃거리가 없다. 이제 네쿠에란이라는 작은 섬에 관한 이야기를 하겠다.

188 네쿠에란 섬

자바의 람브리 왕국을 떠나 북쪽으로 약 150마일을 항해하면 쌍둥이 섬에 이른다. 그 중 하나가 네쿠에란(Necueran, 니코바르 제도) 섬이다. 이 섬의 주민들은 아직 왕을 세우지 않고 마치 야수와 같은 생활을 하고 있다. 그들은 실제로 남녀 모두가 벌거벗은 채 돌아다닌다.

주민들은 우상을 숭배한다. 그들은 길이는 3엘이며 갖가지 색채를 띤 아름다운 비단 냅킨이나 손수건을 가지고 있는데, 이것은 배를 타고 이 섬으로 온 상인으로부터 사들인 것이다. 그들은 이 비단헝겊을 언제나 집 안의 기둥에 걸어 두고, 그것을 부와 고상함의 상징으로 삼는다. 그것은 마치 우리가 진주나 보석이나 금과 은으로 된 그릇을 소장하는 것과 같다. 이처럼 그것을 사용하는 것이 아니라 다만 사람들에게 자랑하기 위하여 장식하고 있다. 그리고 이 비단헝겊을 가장 많이, 또 가장 훌륭한 것을 갖고 있는 사람이 그들 사이에서는 가장 고귀하고 훌륭한 인물로 여겨진다. 또한 이 섬의 숲 곳곳에 귀중하고 값비싼 나무가 우거져 있다. 자단(紫檀)·백단(白檀)을 비롯하여 여기서는 '팔라오 호두'라 불리고 있는 인도 호두, 정향·소목 등 각종 귀중한 나무들이다.

다음에는 안가만이라는 다른 섬에 관한 이야기를 하겠다.

기이한 모습의 원주민
마르코 폴로는 섬 지역을 여행하며 꼬리 달린 사람, 개의 머리와 같은 사람 등이 있다고 했다. 이것은 그가 미개인을 처음 접했을 때의 첫 인상에 대한 느낌일 수도 있고, 어떤 신화 속의 환상적인 동물을 흥미롭게 도입했을 수도 있다.

189 안가만 섬

쌍둥이 섬을 떠나 서쪽으로 100마일 항해하면 안가만(Angaman, 벵갈 만의 안다만 제도)이라 불리는 풍요한 큰 섬에 다다른다. 주민들은 아직 왕을 세우지 않았으며, 모두가 우상을 숭배하며 동물 같은 생활을 하고 있다. 이 섬의 주민은 그야말로 이 책에서 특필되어야 할 종족이라고 생각되므로 그 광경을 이야기하기로 하겠다. 섬 사람은 머리와 이빨과 눈이 정말로 개와 비슷하다. 그 중에서도 머리는 특히 진짜 사나운 개와 같다. 원주민들의 성질은 매우 잔인하여, 사람을 사로잡으면 그 사람이 같은 종족이 아닌 한 모두 잡아먹는다. 이곳에서는 각종 향료를 다량으로 산출한다. 원주민의 일상 식량은 쌀·우유 및 생선이다. '팔라오 호두', '파라다이스 능금'을 비롯하여 유럽의 과일과는 전혀 다른 각종 과일이 이 섬에 열리고 있다.

섬은 수심이 깊고 조류가 빠른 바다 가운데에 있기 때문에 선박은 이 섬에 닻을 내릴 수도 없으며, 그냥 지나쳐 항해를 계속하려고 하여도 그것 또한 어렵다. 조류가 배를 만 안으로 밀어 넣기 때문에 만에서 나가지 못하게 되는 것이다. 한번 만 안으로 밀려들면 쉽사리 밖으로 나가지 못하는 것은 다음과 같은 사정 때문이다. 큰 폭풍우가 되면 조류가 밀어닥쳐 섬을 침식하여 나무를 뿌리째 쓰러뜨리고 만 안으로 흘러들어가게 한다. 만 안에는 이와 같이 조류에 흘러들어온 나무가 만 밖으로 흘러 나가지 못한 채 모이게 되는데 그 양은 실로 엄청나다. 따라서 조류에 밀려 만 안으로 들어간 선박은 이 나무 사이에 끼여 꼼짝도 못하며 영원히 그곳에 갇혀버리고 만다.

다음에는 세일란 섬의 광경에 관하여 보고하기로 하겠다.

190 세일란 섬

안가만 섬을 떠나 서남서로 1천 마일을 항해하면 세일란(Seilan, 실론 섬)에 다다른다. 이 섬은 둘레가 3840㎞나 되므로 틀림없이 세계 최대의 섬이다. 그리고 이 섬은 이 방면의 해역을 항해하는 선원들의 해도(海圖)를 보면 알 수 있듯이 이전에는 더욱 커서 5760㎞의 둘레를 지니고 있었다. 그러나 이 부근 일대는 북풍이 심하여 섬의 상당 부분이 바다 속으로 꺼져버렸기 때문에 지금은 이미 옛날처럼 크지는 않다. 이 섬은 북풍이 휘몰아치는 쪽이 매우 낮고 또 평탄하기 때문에, 바깥 바다에서 배로 섬에 접근할 때 해안에 들어오기 직전까지 그 육지를 알아볼 수 없을 정도이다.

이 섬은 센데만*[11]이라고 하는 위대한 왕이 통치하고 있다. 주민들은 우상을 숭배하며 어떤 나라에도 예속되지 않고 있다. 그들은 허리만 가리고 이외에는 벌거벗고 있다. 곡물은 오직 쌀만 생산된다. 이 밖에 깨가 생산되며 이것은 기름의 원료가 되고 있다. 그들은 주로 쌀·우유·고기를 먹는다. 마우의 액체에서 생기는 술이 이곳에서도 만들어지고 있다. 또 이 섬에 풍부한 소목은 세계에서 가장 우수한 품질이다.

이들 화제는 이 정도로 마치고 이번에는 세계 최고의 귀중한 물품에 관하여 소개하고자 한다. 세계 어느 곳을 찾아도 발견할 수 없는 질이 좋은 귀중한 루비가 오직 이 섬에서만 산출되며, 그 밖에 사파이어·황옥·자수정·석류석 등 갖가지 보석류도 마찬가지로 채취된다. 이 섬의 왕이 소유하는 루비는 세계에서 비할 데 없이 훌륭한 것이고, 과거에도 그것에 맞먹는 것은 없었으며, 앞으로도 아마 없을 것이다. 이 루비를 자세하게 설명한다면, 먼저 크기는 길이가 약 한 뼘, 두께는 남자의 팔뚝 정도나 된다. 눈부실 만큼 반짝이고 티끌만큼도 흠이 없다. 빛깔은 불꽃처럼 진홍색을 띠고 있다. 그 막대한 값어치를 말하자면 돈을 아무리 쌓아도 구입할 수 있는 물건이 아니다. 이전에 대칸도 사자를 이 왕에게로 파견하여 그 루비를 꼭 사고 싶은데, 만약에 양도해 준다면 도시 한 개에 해당하는 가격을 지불하여도 상관 없다고 제안하였다. 그러나 왕은 조상으로부터 내려오는 보물이므로 아무리 많은 대가를 지불하더라도 이 루비만큼은 내놓을 수 없다고 회답하였다. 그리하여 대칸의 권세로도 이 루비만은 손에 넣을 수 없었다.

섬 주민들은 전쟁과는 대체로 인연이 멀고 매우 나약한 사람들이다. 따라서 군대가 필요하면 다른 나라 사람, 특히 사라센을 용병으로 삼는다.

다음은 마아바르에 관한 이야기이다.

191 대마아바르 지방

세일란 섬을 떠나 서쪽으로 약 60마일 항해하면 마아바르(Maabar, 인도 동남단의 코로만델 해안)에 다다른다. 이곳은 섬이 아니라 대인도 대륙의 한 지역이며, 인도에서 가장 귀족적이며 부유한 나라로 알려져 있다. 서로 형제인 5명의 왕이 분할 통치하고 있다. 다음에 이들 각 왕국을 자세히 보고하겠다.

마아바르 중 가장 가까운 지방을 통치하고 있는 사람은 센데르반디(Senderbandi, 판디야 왕조의 마지막 군주)라는 왕인데, 그는 5명의 형제 중에서 가장 위대한 왕이다.

이 왕국에서는 겉보기에도 아름답고 품질이 우수한 커다란 진주가 산출된다. 세계 각지에서 볼 수 있는 진주와 보석은 그 대부분이 이 마아바르 및 세일란 섬 사이에서 산출되는 것이다. 이 진주 채취와 운영하는 방법은 이렇다.

세일란 섬과 대륙 사이의 해역에 하나의 만이 있다. 만 내의 수심은 어느 곳이든 10걸음 정도이며, 가장 깊은 곳이라도 12걸음, 장소에 따라서는 고작 2걸음 정도로 얕다. 이 만에서 진주가 채취된다. 그 채취 방법은, 먼저 몇몇 상인이 모여 하나의 조합을 형성하고 채취용의 큰 배를 사들인다. 배에는 그들 각자가 전용으로 쓸 방을 그들의 수만큼 칸을 막아 만든다. 각 방에는 수조나 작업에 필요한 도구를 갖추어 둔다. 이런 조합의 수도 많으며 따라서 진주 채취에 종사하는 어부도 많이 있으므로 채취하는 배도 역시 많은 셈이다. 조합에서는 이 큰 배 이외에 모선을 끌거나 닻을 싣기 위한 작은 배를 서너 척 소유하고 있다.

채취선을 준비한 상인들은 또한 일정한 임금을 지불하여 많은 사람들을 고용한 다음, 4월 초부터 5월 중순에 걸친 채취 기간에 작업을 한다. 진주 상인이 채취에 들인 경비는 다음과 같다. 그들에게는 또한 다음과 같은 각종 의무금이 부과된다. 첫째로 왕에게 바치는 10%가 있다. 그 다음은 진주를 찾아 바닷속으로 잠수하는 잠수부들에게 위해를 끼치지 않도록 큰 물고기에게 주문을 거는 주술사에 대한 사례금인데, 이것은 5% 납부된다. 주술사는 모두 브라만 승려인데, 그들은 낮 동안에만 주문을 걸고 밤에는 이를 푸는 습관이 있으므로 밤에는 큰 물고기들도 자유로이 행동할 수 있다. 이들 브라만 승려들은 물고기뿐만 아니라 날짐승이나 길짐승, 그 밖의 모든 생물에 대해서도 주문을 걸 수 있다.

상인들은 크고 작은 배와 고용된 잠수부가 갖추어지면 4월 초부터 5월 중순에 걸쳐, 앞서 말한 만에 임한 본토 해안에서 베탈라(Bettalar, 세일란 섬 서북 해안의 파틀람)를 향하여 출발한다. 이곳으로부터 남방 약 60마일 정도까지 어장이 형성되어 있다. 이곳에서 다음과 같은 요령으로 진주 채취에 착수한다.

상인에게 고용된 잠수부들은 먼저 작은 배에 옮겨 타고 바다에 뛰어들어 해저로 잠수한다. 4걸음에서 5걸음, 때로는 12걸음 깊이까지 잠수한다. 그들은 가능한 한 오랫동안 잠수하며, 더 이상 견디지 못하면 비로소 떠오른다. 잠시 쉰 다음 다시 잠수하는데, 이렇게 온종일 되풀이한다. 이렇게 하여 해저에 다다르면 진주조개가 발견된다. 이 조개 속에 크고 작은 갖가지 진주가 자라고 있다. 조개를 물통 속에 넣어두면 살이 썩어서 부드러워지며, 마침내 달걀의 흰자위처럼 된다. 이렇게 되면 살은 물 위로 떠오르고, 완전히 깨끗해진 진주만이 물통 바닥에 남는다.

이와 같은 방법으로 엄청난 양의 진주를 채취한다. 여기서 채취된 진주는 그 대부분이 세계 각지로 수출된다. 둥글고 광택이 있는 것이 바로 그것이다. 진주 채취 사업에서 거두어들인 세액은 굉장한 액수에 달하며, 이것이 왕의 주요한 수입원이다.

진주 채취를 위한 방법은 이미 설명한 바와 같다. 이에 관련하여 한마디

진주 채취
상인들은 매년 4, 5월에 잠수부들을 채용하여 어장으로 나가 진주를 채취한다.

덧붙이자면, 5월 중순이 되면 진주를 가지고 있는 이 조개가 없어진다는 것이다. 앞서 말한 곳에서 300마일 더 나아간 바다에서는 때때로 발견할 수 있으나 이는 9~10월 중순까지의 한정된 기간뿐이다.

마아바르 지방에서만 통하는 이야기지만, 이 지방 주민들은 사계절 내내 벌거벗은 채 살고 있으므로 옷 만드는 사람이 필요치 않다. 기후가 따뜻하여 춥고 더운 고통을 받지 않기 때문에, 원주민들은 다만 그들의 허리를 한 조각의 천으로 가리는 이외에는 언제나 벌거벗은 채 나다닌다. 이 점에 있어서는 왕이라 할지라도 마찬가지이며, 다만 서민과 다른 점은 허리에 댄 천 이외에 다소 별개의 것을 몸에 달고 있을 뿐이다.

왕은 허리에 훌륭한 천을 두르고 목에는 루비·사파이어·에메랄드 따위의 보석으로 장식한 매우 값진 목걸이를 달고 있는 이외에는 역시 벌거벗은 채

다니고 있다. 왕은 길이 1걸음 정도의 아름다운 비단 천을 목에 걸고 가슴팍까지 늘어뜨린다. 이 천에는 모두 104개의 매우 훌륭한 큰 진주와 매우 값진 루비가 한 줄로 박혀 있다. 왜 이것이 모두 104개인가를 설명해 두겠다. 왕은 매일 아침과 저녁에 그가 믿는 우상들을 향하여 104번의 기도를 올려야 하기 때문에 이 104개의 보석을 드리우고 있는 것이다. 이것은 그들의 신앙과 관습이 그렇게 만든 것으로서 그들의 조상인 여러 왕들도 모두 이 기도를 올렸으며, 이 관습이 자손인 지금의 왕에게 전승해 오고 있다. 왕이 104개의 보석을 목에 걸고 있는 것은 이와 같은 이유에서이다.

그런데 왕이 우상에게 바치는 기도는 어떤 것인가. 그것은 다만 '파우카 파우카 파카우카*[12]'라는 말을 반복할 뿐이며, 이 이외에는 아무 말도 하지 않는다. 왕은 또 두 팔에 황금팔찌를 세 개씩 끼고 있는데, 이것에도 굉장히 값진 보석과 굉장한 값어치의 큰 진주가 박혀 있다. 마찬가지로 두 다리에도 팔찌에 못지 않은 귀중한 보석과 진주로 장식된 황금발찌를 세 개씩 끼고 있다. 왕은 발가락에도 훌륭한 진주와 갖가지 보석을 끼고 있으므로 그 겉보기는 참으로 놀랄 만하다. 왕이 달고 있는 보석의 값어치만 계산해도 어지간한 도시는 충분히 살 것이다. 왕이 몸에 달고 있는 보석류의 값어치는 도저히 평가할 수 없으며, 또 말로써 표현하기도 어렵다. 그러나 이와 같은 다수의 보석을 왕이 소유하고 있다 하더라도, 본디 이들 값진 진주와 보석은 모두 이 왕국에서 산출되는 것이기 때문에 특별히 이를 이상히 여길 것은 없다.

말이 나온 김에 이런 것도 덧붙여 둘까 한다. 이 왕국으로부터는 커다란 보석, 값진 보석, 그리고 무게가 반 삭기오 이상인 진주는 하나도 국외 반출이 허용되지 않는다. 왕은 한 해에 몇 차례 전국에 포고를 내려 훌륭한 진주, 값진 보석을 가진 사람은 한 명도 빠짐없이 그것들을 궁정으로 가져오도록 한다. 그렇게 하면 두 곱의 값으로 왕이 모두 사들인다. 본디 이 왕궁에서는, 훌륭한 진주와 값진 보석에 대해서는 두 곱의 값을 지불하는 것이 관습이다. 그러므로 상인이건 일반인이건 간에 값진 보석을 지니고 있으면 돈벌이가 충분히 보장된 값으로 팔 수 있으므로 누구나 기꺼이 궁정으로 가지고 간다. 이 왕이 굉장한 재물을 보유하고 막대한 보석류를 지니고 있는 내력은 대략 이와 같은 이유에서이다.

다음에는 또 다른 놀랄 만한 일에 관하여 이야기를 계속할까 한다.

이것은 거짓말도 아니고 과장된 것도 아닌 바로 사실 그대로이다. 이 왕은 500명의 아내와 500명의 첩, 그러니까 모두 1천 명의 배우자를 거느리고 있다. 이 왕은 남의 아내이건 처녀이건 간에 미인을 한번 보면 참지 못하고 자기 것으로 만들어버리는 버릇이 있다. 그 결과 이제부터 이야기하려는 사건마저도 일어나게 되었다. 왕의 동생 중에 절세 미인을 아내로 삼은 자가 있었다. 어느 경우와 마찬가지로 왕은 곧 동생의 아내를 빼앗아 자기의 후궁으로 삼았다. 동생

값진 보석과 진주로 치장한 왕
훌륭한 보석과 진주는 국외 반출이 엄격히 제한되며, 이것은 왕이 후한 값을 치르고 사들인다.

은 생각이 깊은 사람이었으므로 이 모욕을 참고 싸움을 걸지는 않았지만, 그것이 원인이 되어 형과 전쟁을 벌일 만큼의 사태가 이따금 일어났다. 그러나 두 사람 사이의 형세가 험악해질 때마다, 그들을 낳은 어머니가 두 사람에게 자신의 젖가슴을 가리키며 말했다.

"그대들 형제 간에 만약 전쟁이라도 일어난다면 너희들을 먹여 키운 이 젖가슴을 도려낼 것이니라."

이런 까닭에 전쟁은 항상 억압되어 표면화되지 않았다.*13

이 왕에 관해서는 또 한 가지, 이것도 역시 깜짝 놀랄 만한 이야기이다. 즉, 이 왕은 많은 수의 충신을 거느리고 있다. 이 충신이라 함은 여러분에게는 믿어지지 않을지 모르지만, 요컨대 현세에서도 내세에서도 변함없이 왕의 신하라는 사람들이다. 이 기이한 집단에 관해서는 좀더 자세히 설명해 보려고 한다. 이 충신들은 궁정에서 회의 때도 함께 참석하고, 왕이 행차할 때

도 항상 같이 다니며 모든 영역에서 그들의 지위는 매우 높다. 그런데 왕이 죽어 그의 유해가 화장될 때면, 이미 말한 바와 같이 왕의 생존 때 그의 충신으로서 권세를 부린 그들은 스스로 불 속에 뛰어들어 따라 죽음으로써 내세에서도 변함없이 왕의 신하가 되려고 한다.

그리고 이 왕국에는 다음과 같은 관습도 있다. 막대한 재산을 남기고 왕이 죽을지라도 그의 아들은 아버지가 남긴 재산에 절대로 손을 대지 않는다.

"나는 부왕이 남긴 왕국과 국민이 있으므로, 부왕이 축적한 정도의 재물은 내 생전에 충분히 축적할 수 있다."

그리고 아버지가 했던 것처럼 열심히 재산을 모은다. 이렇게 세대를 이어가면서 엄청난 재산이 축적된다.

이 왕국에서는 말을 기르기에 환경이 적합하지 않기 때문에, 해마다의 세수입으로 들어오는 돈의 대부분이 말을 사들이는 데 사용된다. 그 방법은 다음과 같다.

호르무즈·키시·두파르·에시에르·아덴의—이들 지방은 어느 곳이건 각종 말이 풍부하다—상인들은 가장 좋은 말을 사들여 선박에 실어 이 왕과 그의 형제인 다른 네 왕에게로 가져간다. 상인은 이들 말을 한 해에 2천 필씩 쉽사리 사들이며 형제인 네 왕도 같은 정도로 사들인다. 그러함에도 한 해가 지나면 왕이 각자 가지고 있는 말은 100필 정도로 줄어들고 만다. 이곳에는 수의사도 없고 원주민들도 말을 돌보는 데 익숙하지 못하므로 자꾸만 죽어나가기 때문이다. 확실히 말을 제대로 사육하지 못해 죽어버리는 셈이다. 그럼에도 이 왕국에 말을 팔기 위하여 들어오는 상인들은 왕의 말이 이렇게 죽어버리는 것을 오히려 바라고 있으므로, 어느 누구도 수의사를 데리고 오지 않는다.

이 왕국에는 다음과 같은 풍습도 있다. 어떤 남자가 죄를 저질러 사형이 선고되어 왕의 명령에 따라 사형이 집행되려고 할 때, 그 사형수가 어떤 신상을 가리키며 자기는 이 신상의 명예를 위하여 목숨을 바치고 싶다고 제안한다고 가정하자. 이 경우 왕은 이의 없이 그의 희망을 받아들인다. 그렇게 되면 자살이 허용된 그 사형수의 가족과 친구들이 그 사람을 의자에 앉혀 그에게 12자루의 단검을 갖게 한 다음, 온 거리를 메고 다니면서 이렇게 말을 퍼뜨린다.

"이 사람은 신상의 명예를 위해 목숨을 바치려고 한다."

되풀이하여 외치면서 거리를 돌아다닌 끝에 형장에 도착한다. 여기서 사형수는 12자루의 단검 중에서 두 개씩을 뽑아들고 외친다.

"나는 신상의 명예를 위해 내 목숨을 바친다."

그러고는 허벅지, 팔, 배 등을 빠르게 찌르고 마지막 남은 칼로 목을 찔러 숨을 거둔다. 이렇게 하여 자살이 순조롭게 이루어지면 가족들은 환호를 지르며 시신을 화장한다. 이때 그의 아내가 스스로 불 속으로 몸을 던지면 사람들로부터 크게 칭찬받는다. 그렇게 하지 않은 여인은 평생 멸시 당한다.

이곳 원주민들은 우상을 숭배하는데 그 대부분이 소이다. 그들 주장에 따르면 소야말로 가장 뛰어난 동물이기 때문이라고 한다. 따라서 그들은 결코 소를 죽이지 않으며, 어떤 일이 있어도 그 고기를 먹는 일이 없다. 그렇지만 그들 중에도 가우이(Gaui)*14라 불리는 종족이 있어 이들은 예사로 쇠고기를 먹는다. 그러나 이 가우이족이라도 소를 죽이는 일만은 감히 하지 않는다. 그들이 쇠고기를 먹는다고 하더라도 그것은 다만 소가 수명이 다해 죽거나 또는 사고로 죽을 경우에만 한정되어 있다. 이 소 숭배에 관련하여 마지막으로 덧붙여 두고 싶은, 것은 이곳 주민의 집은 모두 그 벽이 쇠똥으로 발라져 있다는 것이다.*15

이 밖에도 다음과 같은 풍습이 아직도 이곳에서는 인정되고 있다. 국왕과 중신을 비롯하여 서민에 이르기까지 누구나 땅바닥에 앉기로 되어 있다. 왜 좀더 다른 방식으로 앉아서 위풍을 갖추지 않느냐는 질문을 받으면 이에 대한 그들의 대답은 다음과 같다.

"우리는 흙에서 나 흙으로 돌아가니, 땅에 이렇게 앉는 것은 다른 어떤 것에 앉는 것보다도 위풍이 있는 방법이다. 우리는 아무리 흙을 숭상하여도 결코 지나치지 않다. 하물며 이 흙을 얕보아도 좋을 사람이 있겠는가?"

앞서 말한 가우이족에 관하여 좀더 이야기할 것이 남아 있다. 수명이 다하거나 사고로 죽은 쇠고기라면 예사로 먹는다는 이 종족은, 그 옛날에 사도 토머스를 죽인 자들의 자손이다. 그것과 관련하여 전달하고 싶은 것은, 성 토머스의 유체를 안치한 성전에 이 가우이족만큼은 어느 한 사람도 들어갈 수 없다는 점이다. 10명, 20명 혹은 더 많은 사람들이 힘을 모아 가우이족의 누군가 한 사람을 성 토머스의 유체가 있는 성전 안에 들이려고 해도 불

가능하며 또 무리하게 들어가려고 해도 헛일이다. 이 성전은 가우이족을 전혀 받아들이려고 하지 않는데, 이야말로 성스러운 유체의 영험일 따름이다.

이 왕국에서는 쌀 이외의 곡물은 산출되지 않는다. 그것보다 더 기묘한 일로서 전달할 만한 가치가 있는 것은, 이곳에서 훌륭한 종마를 훌륭한 암말과 교배시켜도 그 사이에 태어나는 망아지는 모두 다리가 굽고 볼품 없으며 사람이 타도 견디지 못하는 전혀 쓸모 없는 것들이라는 사실이다.

그리고 이곳 주민은 전쟁터에 갈 경우에만 창과 방패로 무장하고 그 이외에는 벌거벗고 있다. 용기도 없고 무술에도 익숙하지 못한 형편 없는 나약자들이다. 그들은 동물은 물론이고 생명이 있는 것은 그 어떤 것도 죽이지 않는다. 따라서 양고기를 먹고 싶다든가, 그 밖의 짐승고기와 새고기를 먹고 싶을 때에는 사라센 사람이나 이 신앙과 습관을 따르지 않는 사람들에게 의뢰하여 도살케 한다.

그리고 또 한 가지 습관은, 남녀를 불문하고 매일 아침과 저녁 두 번에 걸쳐 목욕하며 이를 마치지 않고는 먹지도 마시지도 않는다. 하루에 두 번 목욕하지 않은 사람은 우리가 이교도를 보는 것과 마찬가지로 간주된다.

그들은 식사할 때 오른손만을 사용하고 왼손으로는 음식물에 손대지 않는다. 깨끗한 것, 아름다운 것에 대해서는 반드시 오른손을 쓴다. 왼손은 일반적으로 부득이하여 하는 싫은 행위, 깨끗하지 못한 행위, 이를테면 콧구멍을 닦아낸다든가 뒤를 본 뒤 밑을 닦는 것과 같은 동작을 한다. 그들은 또 음료를 마실 경우 반드시 각자의 컵을 사용하며 결코 남의 컵으로 마시지 않는다. 마시는 방법에도 규칙이 있어, 입술을 컵에 대지 않고 컵을 높이 쳐들어 음료를 입 안으로 쏟아 넣는다. 어떤 일이 있어도 컵에 입술을 대거나 자기의 컵을 남에게 빌려 주지 않는다. 타향에 갔을 때 갈증이 나서 무엇인가 마시고 싶지만 자기 컵을 가지고 있지 않을 때는 손바닥에 술이나 물을 받아서 마신다. 즉, 자기의 손바닥을 컵 대신으로 쓴다.

이 왕국의 재판은 살인·절도죄 등 그 밖의 범죄자에 대하여 매우 엄중한 처벌을 가한다. 부채에 대해서도 다음과 같은 법규와 관습이 실시되고 있다. 채권자로부터 몇 차례나 되풀이하여 돌려 줄 것을 재촉받은 채무자가 언제나 갚아 주겠다고 약속하면서도 하루하루 늦추어 지불을 게을리할 경우, 채권자는 다음과 같은 방법을 취하는 데 성공한다면 유효한 청구를 할 수 있

힌두교와 소
힌두 교도들은 우상으로 소를 숭배하며 함께 생활한다.

다. 채권자가 채무자의 주위에 원을 그리는 것이다. 이렇게 하면 채무자는
지불을 마치든가, 혹은 적어도 그날 안으로 모든 부채를 갚을 만큼 충분한
담보를 제공하지 않는 한 이 원 밖으로 나가지 못한다. 그럼에도 부채자가
빚을 갚지 않고, 또 그날 중으로 지불액에 상당하는 담보를 제공하지 않은
채 뻔뻔스럽게 이 원 밖으로 나간다면, 그는 법규와 정의를 위반하게 되며,
따라서 왕은 즉시 그에게 사형을 내린다.

　그런데 마르코는 왕이 이런 방법으로 채무 독촉을 받는 실례를 목격하였
다. 그것은 왕이 외국 상인으로부터 어떤 물품을 구입했으면서도 자금 사정
이 여의치 못하여 값을 치르지 못하고 거듭되는 상인의 독촉을 모르는 척하
자 벌어진 일이었다. 이래서는 손실을 감당할 수 없다고 생각한 상인은 왕이
성 밖으로 나온 기회를 노려, 왕이 탄 말 주위에 재빨리 원을 그려버렸다.
왕은 고삐를 당겨 앞으로 나아가기를 멈추었다. 왕은 상인이 요구한 만큼의
지불을 하지 않는 한, 그 원 밖으로 나가지 못한다. 때마침 근처에서 이 광
경을 보고 있던 민중은 크게 놀라면서 저마다 말하였다.

"저것 봐, 임금님도 저렇게 법률을 지키잖아."

왕이 말하였다.

"이 법률을 만든 내가, 나에게 불편하다고 해서 어겨도 되는 것일까? 아니다, 나는 누구보다 더 이 법률을 잘 지켜야 한다."

그리고 이 나라에서는 대부분의 사람들이 술 마시는 것을 금하고 있다. 술을 마시는 사람은 증인도 보증인도 될 수 없다. 선원도 역시 마찬가지인데, 그들의 견해로는 선원들은 분별이 없고 믿을 수 없기 때문에 그들의 증언을 받아들일 수 없다는 것이다.

그러나 그것과는 대조적으로 아무리 음탕한 모습을 하고 있어도 이곳에서는 조금도 죄가 되지 않는다.

이곳의 더위는 그야말로 놀라운 것으로, 주민이 벌거벗은 채 지내는 것도 바로 기후 탓이다. 비는 6~8월 이외에는 내리지 않는다. 이 3개월 동안에 내리는 비야말로 참으로 대기를 시원하게 하며, 만약에 이 비가 내리지 않는다면 더위는 조금도 꺾이지 않을 것이므로 사람은 살지 못할 것이다. 이 비의 덕분으로 더위가 다소나마 완화된다.

그리고 이곳 주민 사이에는 이른바 관상술(觀相術)에 정통한 사람이 많다. 관상술은 상대가 남자이건 여자이건 그 성격이 착한가 나쁜가를 알아내는 술법이다. 그들은 사람을 한 번 보고는 곧바로 그의 성격을 알아낸다. 어떤 짐승이나 새를 볼 때에도 그들은 그 징후를 정확하게 알아낼 수 있다. 그들은 각종 징후에 주의를 기울여 그것이 길조인지, 흉조인지를 틀리지 않게 누구보다도 잘 예고한다. 그러므로 이곳 주민은 여행 도중 코 고는 소리나 재채기 소리라도 듣는다면 재빨리 그곳에 주저앉아 한 발짝도 더 나아가지 않는다. 그리고 또 한 번 재채기 소리를 들으면 비로소 일어나 발걸음을 옮기지만, 두 번째 재채기 소리가 귀에 들리지 않는다면 여행을 단념하고 집으로 돌아가버린다.

그리고 그들의 말에 따르면 하루에 한 시간씩 초이악(Choiah)*16이라는 불길한 시각이 있다. 이를테면 월요일에는 낮 1시 반이, 화요일에는 3시가 이에 해당한다. 수요일만은 이 불길한 시각이 없으나, 한 해를 통하여 거의 매일 불길한 시각이 있다고 한다. 이 불길한 시각에 관해서는 그 자세한 점과 뜻을 기록한 책이 발행되고 있다. 그들은 또 그림자의 길이를 푸드로 환산하여, 즉 사람 그림자의 길이를 측량하여 불길한 시간을 알 수 있다. 이를테면 태양 광선에 의하여 투영되는 사람 그림자의 길이가 7피트에 달하면 그것은 초이악의 시각이며, 7피트를 넘거나 또는 7피트 이내가 될 경우, 즉 태양이 그 시점보다 더 하늘 높이 솟아 그림자가 짧아지거나 서쪽으로 기울어 그림자가 길어지면 이미 초이악의 시각은 아니다. 그러나 다른 날에는 그림자가 12피트를 나타낼 때가 초이악이며, 12피트를 넘거나 모자라면 마찬가지로 불길한 시각이 지나간 것이다. 이것에 대한 모든 자세한 내용도 책에 기록되어 있다. 이와 같은 매일의 초이악 시각에는 거래나 그 밖의 모든 일은 중단된다. 따라서 두 사람이 매매 계약을 맺으려고 할 때, 마침 누군가가 밖에 나가 그림자의 길이를 재어 보고 그 그림자의 길이가 책에 기록되어 있는 그날의 초이악에 해당된다는 것을 알면 그 사람은 곧 두 사람에게 말한다.

"초이악이다. 어떤 일을 해서도 안 된다."

그러면 두 사람은 상담을 중지한다. 이어 다시 그림자를 재어 불길한 시각이 이미 지난 것을 알면, 또 이렇게 말한다.

"초이악은 지났다. 자유로이 어떤 일을 해도 좋다."

어쨌든 그들은 언제나 초이악에 유의한다. 그리고 그들의 말에 따르면, 이 불길한 시각에 매매 계약을 맺으면 실제로 누구라도 손해를 본다. 즉, 반드시 불행에 빠진다는 것이다.

그리고 이곳 주민의 집에는 '타란툴라(tarantula, 독거미의 일종)'라고 하여 도마뱀 비슷하며, 벽을 타고 오르는 작은 동물이 있다. 이것에는 독이 있는데, 사람이 물리면 지독한 해를 입는다. 이 작은 동물은 '시스'라고 하면서 사람 목소리 비슷한 소리를 내는데, 이것이 그 울음소리이다. 이 타란툴라를 본 사람들은 다음과 같은 일의 전조라고 해석한다. 즉 두 사람이 집 안에서 매매 계약을 할 때 마침 이 작은 동물이 있어, 그 울음소리가 두 사람이 대담하는 동안에 천장에서 들려왔다고 가정하자. 그러면 그들은 소리가 집을 사는 사람 쪽에서 들려오는 것인지 파는 사람 쪽에서 들려오는 것인지, 오른쪽인지 왼쪽인지, 앞에서인지 뒤에서인지, 또는 위쪽인지 다른 방향인지를 먼저 살피고, 그 뒤에 이 전조가 길한 것인지 흉한 것인지를 알아낸다. 만약에 길조일 때는 매매 계약을 맺고, 흉조일 때는 이를 파기한다. 그들은 이 전조에 따라서 어느 때가 파는 사람에게 길하고 사는 사람에게 흉한지, 또 사는 사람에게는 길하고 파는 사람에게는 흉한지, 또는 서로에게 길하고 서로에게 흉한지를 알 수 있으므로, 모든 그들의 행동을 이 울음소리로 규제한다. 그들은 모두 이것을 경험에 의하여 얻는다.

그리고 이 왕국에서는 아기가 태어나면 사내건 계집아이건 아버지 또는 어머니가 아기의 출생에 관한 기록, 즉 생년월일 및 그 시각을 적어 둔다. 이것은 모든 일에 있어서 그들이 점성사와 점쟁이의 충고에 따라 자기의 행동을 규제하기 위해서이다. 이곳의 점성사나 점쟁이는 주문·마술·지복술(地卜術)에 정통하며, 개중에는 성학(星學)에 관한 지식을 갖춘 사람도 있다.

그리고 이곳에서 아들을 가진 아버지는 아이가 13살이 되면 집에 두지 않고 사회로 내보내 더는 식사를 제공하지 않는다. 그들의 말에 따르면 13살이 되었으므로 이제는 충분히 자기의 끼니는 자기가 마련하고 장사를 해서 돈을 벌 수 있을 만큼의 주변머리는 지니고 있을 것이며, 자기들도 실제로 13살부터 그렇게 해 왔다고 한다. 이리하여 아들마다 20그로트 상당의 화폐를 자본금으로 주어, 그것으로 상품을 사서 이윤을 얻게 한다. 아버지가 이와 같은 조치를 취하는 것은, 아들들이 어떤 일에 있어서도 노련하고 기민하여 상거래에 익숙해지도록 하기 위한 염원에서 나온 것이다. 그러므로 아들들은 어떤 상품들을 사들이고 팔아넘기면서 온종일 오로지 이리 뛰고 저리 뛴다. 진주를 채취하는 계절이면 어부로부터 진주를 5개나 6개, 혹은 자금이 허용하는 한 사들여서 이를 상인에게로 가지고 간다. 상인은 때마침 더위를 피하여 가게에 있으므로 즉시 거래를 할 수 있다.

"진주를 사시지 않겠어요? 실은 무척 비싼 값을 치르고 산 것입니다만, 얼마라도 좋으니까 적당한 구전을 붙여서 사 주십시오."

이렇게 말하면 상인은 보통 시세보다 조금 비싼 값으로 사 준다. 매매를 마치면 소년들은 즉시 다음 거래를 위하여 뛰어간다. 그렇지 않으면 그 상인에게 묻는다.

"필요한 물건이 있으면 말씀해 주십시오."

이리하여 소년들은 우수한 상인, 무척 영리한 상인이 된다. 이렇게 함으로써 비로소 그들은 자기에게 필요한 모든 식료품을 사서 어머니에게 가지고 갈 수 있다. 어머니가 이를 요리하여 먹인다. 부모가 결코 거저 식사를 제공하지 않는다.

인도 전역 어느 곳이라도 그렇지만, 이 왕국의 날짐승과 길짐승은 모두 유럽의 것과는 다르다. 다만 다르지 않은 것은 메추라기뿐이다. 메추라기만은 확실히 유럽의 것과 같지만, 그 이외에는 모두 보지 못한 색다른 것뿐이다. 이를테면 밤에 날아다니는 날개도 털도 없는 박쥐가 있는데, 이곳 박쥐는 검은매만큼이나 크다. 검은매는 까마귀처럼 검고 몸뚱이가 유럽의 것보다 훨씬 크다. 이 검은매는 힘이 세고 나는 속도가 빨라서 새를 잡는데 매우 쓸모 있다. 화제를 바꾸어보자. 이것은 특필할 가치가 있을 것이다. 다름이 아니라 이곳에서는 말의 사료로서, 요리한

힌두교의 시바 여신상

고기를 쌀에 섞거나 그 밖에 여러 가지로 조리한 음식을 사용하고 있다.

이곳의 사원에는 남성과 여성의 우상을 많이 모시고 있는데, 이들 우상에게 많은 처녀들이 다음에 말하는 것과 같은 방법으로 바쳐진다. 그것은 부모가 그들이 믿는 우상에게 딸을 바치는 것인데, 바쳐진 처녀들은 이 우상을 모시는 사원의 승려로부터 명령 받은 대로 우상을 위로하기 위하여 즉시 그 제단 앞에 나아가 노래와 춤을 바친다. 이러한 처녀들은 그 수가 매우 많으며 몇 개의 조로 나눠서 한다. 그녀들은 한 달에 몇 번, 또는 한 주에 몇 번 그녀들이 봉사하는 우상에게 음식을 바친다. 이때 어떻게 음식이 바쳐지는지, 그리고 바쳐진 음식을 우상이 먹는다고 하는데 그것은 어떤 의미인가에 관하여 지금부터 좀더 설명하기로 하겠다. 처녀들은 몇 명이 한 조가 되어 산해진미를 푸짐하게 준비한 뒤 사원으로 간다. 그리고 우상 앞에 식탁을 마련한 다음 가져온 음식을 차려 놓고 잠시 그대로 둔다. 그동안에 그녀들은

노래를 부르고 춤을 추며 축하한다. 이 환락은 귀족들이 푹 쉬면서 식사를 마치는 데 필요한 시간만큼 계속된다. 이 노래와 춤이 끝나면 그녀들은 이로써 우상의 넋이 음식을 충분히 먹었을 것이라고 말하면서 바쳐진 음식을 내린다. 그러고는 몹시 기뻐하고 축하하면서 물린 음식을 먹은 뒤 집으로 돌아간다. 처녀들은 결혼할 때까지 이처럼 우상에게 봉사하는데, 왕국 안에는 이와 같은 처녀가 많다.

왜 그녀들은 이와 같이 우상을 위로하는 것일까? 이에 관해서는 우상을 모시는 사제가 이렇게 설명한다.

"남신과 여신은 사이가 나빠서 서로 사귀지도 않고 말도 건네지 않으며 서로 미워하고 화내고 있으므로, 그 사이를 조정하여 화해시키지 않으면 남신과 여신으로부터 축복과 은총을 받을 수 없습니다. 그렇게 되면 우리가 하는 일은 만사가 잘 이루어지지 않고 매일매일 불행이 거듭되기 때문입니다."

그러므로 이 처녀들은 이미 말한 바와 같이 사원으로 가서 허리만을 가린 알몸으로 남신과 여신 앞에서 노래 부르며 춤추는 것이다. 남신은 뚜껑이 있는 제단에 혼자 서 있으며, 여신도 뚜껑 밑에 있는 제단에 혼자 서 있다. 사람들의 말에 따르면 남신은 때때로 여신과 즐기면서 정교(情交)를 하는 일도 있으나, 두 신이 서로 화내고 있을 때는 그렇게 하지 못한다. 그러므로 처녀들이 승원에 가서 두 신의 사이를 화해시키려고 한다. 그녀들은 제단 앞에 나아가서 노래 부르고 춤추며, 혹은 몸을 눕혀 몸부림치거나 모든 기교를 다하여 오로지 남신과 여신을 위로하고 두 신을 화해시키려고 노력한다. 이 동작이 최고조에 달하면 그녀들은 입을 모아 이렇게 말한다.

"신이여, 왜 당신은 여신을 미워하고 멀리하십니까? 여신에게 매력이 없다고 그러십니까? 아니, 우리 여신만은 결코 그럴 리가 없습니다. 참으로 여신만큼 귀여운 분은 없으니 화해하셔서 여신을 즐기십시오. 반드시 만족하실 것입니다."

이렇게 말하고 나서 그녀들은 한쪽 다리를 목 위까지 높이 올려 남신과 여신의 환심을 모은다. 이렇게 하여 환락을 다 마친 다음 그녀들은 집으로 돌아간다. 그 다음 날 아침엔, 우상을 모시는 사제로부터 남신과 여신이 정교를 나누는 것을 보았으므로 두 신의 화해가 이루어진 것이 틀림없다는 축사가 전달된다. 그리하여 모두들 매우 기뻐하면서 신에게 감사를 올린다.

그리고 이들 처녀들은 그녀가 처녀로 있는 한 그 근육이 단단하여 온몸의 어느 부분도 쥐어지거나 잡히지 않는다. 그러므로 그녀들은 남성들이 약간의 화폐를 지불하면 그 대가로써 자기의 육체를 마음대로 하게 해 준다. 결혼한 뒤라도 그녀들의 근육은 단단하지만, 처녀 때만큼 단단하지는 못하다. 이 근육이 단단한 탓으로 그녀들의 유방은 축 늘어지지 않고 언제나 탄탄하다.

이곳 주민은 등나무로 만든 매우 가벼운 침대를 사용한다. 가볍게 만들어져 있으므로 침대 속에 들어가서 잠자려고 할 때 밧줄을 사용하여 끌어 올려 천장 부근에 매달 수 있다. 이것은 타란툴라와 그 밖의 독충을 피하고, 그와 동시에 바람을 잘 통하게 하고 더위를 피하기 위해서이다. 그러나 누구나 그렇게 하는 것이 아니라 다만 귀족이나 가장(家長)만으로 한정하며 일반인과 그 밖의 사람들은 거리에서 잠자도록 되어 있다.

마지막으로 왕이 제정한 좋은 법률에 관하여 한마디 해두겠다. 진주와 그 밖의 귀중품이 든 자루를 짊어진 남자가 밤에 여행을 하다(이 나라에서는 여행을 할 경우 낮 동안의 더위를 피하여 조금이라도 선선한 밤을 택하는 것이다) 어디선가 잠을 자고 싶으면 이 자루를 베개 삼아 눕는다. 이렇게 하면 도둑이나 그 밖의 사고로 물건을 잃어버릴 염려가 좀처럼 없다. 만약에 잃어버려도 그 손해는 즉시 보상된다. 그러나 이는 그가 거리에서 잠을 잤을 경우에만 한정되고, 그 밖의 경우라면 아무런 보상도 받을 수 없다. 뿐만 아니라 오히려 혐의를 받게 된다.

"왜 너는 도로에서 떨어진 곳에서 잠자고 있었는가? 아마 누군가의 소지품을 도둑질하려는 속셈이었는지도 모르지."

관리는 이렇게 캐묻는다. 그리고 그 결과 손해가 보상되기는커녕 처벌을 받고 만다.

이곳을 떠나 앞으로 나아가, 무트필리라는 다른 왕국에 관한 이야기로 옮길까 한다.

192 무트필리 왕국

무트필리(Mutifili, 마드라스 주) 왕국은 마아바르 북쪽 800㎞ 떨어진 곳에 있다. 매우 현명한 여왕이 다스리고 있다.[17] 우리가 이곳에 왔을 때 여왕은 부군을 잃은 지 이미 40년이 되었다. 여왕은 남편을 더없이 사랑하고 있었으므로 그가 죽자 엄숙하게 다음과 같이 선언하였다.

"내 몸보다 더 사랑하는 남편이 죽었으므로 앞으로 두 번 다시 결혼하지 않겠다."

그리하여 이 선언과 같이 여왕은 지금도 독신을 계속하고 있다. 그리고 이 40년간을 그녀는 올바르고 평등하게 왕국을 통치해 왔다. 남편이 살아 있다고 해도 이보다 더 나은 통치는 하지 못하였을 것이다. 이 여왕이 국민으로부터 받은 두터운 존경은 어느 국왕이나 여왕도 이에 못 미칠 정도이다.

주민들은 우상을 숭배하며 외국의 어느 나라에도 공물을 바치지 않고 있다. 그들의 주식은 쌀·고기·우유·생선·과일 등이다.

이 왕국에는 다이아몬드를 산출하는 산이 많다. 그 채취 광경은 다음과 같다. 겨울철에 비가 오면, 산악 지대에서 흘러내리는 물은 깊은 암굴 속을 폭포처럼 급류를 이루어 넘쳐 흐른다. 비가 멎으면 이 물도 빠지므로 사람들은 급류 뒤에 강바닥을 뒤져 많은 다이아몬드를 얻게 된다. 여름철에는 비가 한 방울도 내리지 않으므로 이 시기에는 산중에 들어가서 채취할 수 있지만, 더 위가 심하므로 보통사람은 견딜 수가 없다. 산중에는 몸뚱이가 굵고 기다란 큰 뱀이 우글거리므로 감히 접근할 수 없다. 그러나 산악 지대에는 최고급의 다이아몬드가 채취되므로 그들은 위험을 무릅쓰고 산중에 들어가는데, 가기만 하면 틀림없이 크고 훌륭한 것을 발견할 수 있다. 말한 김에 덧붙이지만, 이곳에 사는 큰 뱀은 독이 있고 또 사나우므로 뱀이 사는 암굴 속만은 들어가지 않는다.

다이아몬드를 채취하는 방법은 이것만으로 그치지 않는다. 왜냐하면 이 지방에서는 깊은 계곡에서도 채취되기 때문이다. 그러나 이 계곡은 양쪽 언덕이 절벽을 이루고 있어 사람이 골짜기 바닥에 내려갈 수 없으므로 다음과 같은 방법을 쓰고 있다. 먹이로서 적절한 날고기 덩어리를 많이 만들어 이것을 골짜기의 바닥에 내던진다. 골짜기 바닥에는 다이아몬드가 여기저기 흩어져 있으므로 이것이 고깃덩이에 박힌다. 한편 이 산간에는 독사를 잡아먹는 흰독수리가 많이 살고 있는데, 이 독수리가 골짜기 바닥에 던져진 고깃덩이를 발견하여 내려와서 이를 채간다. 사람들은 끝까지 이 독수리에서 눈을 떼지 않고 그 행선지를 주의 깊게 살펴보다가, 마침내 독수리가 땅에 내려앉아 고기를 쪼아먹는 것을 보면 곧 그 방향으로 달려간다. 독수리는 사람이 갑자기 다가오자 놀라 고깃덩이를 버려둔 채 날아가버린다. 사람들은 고깃덩이가 버려진 곳에 가서 그것을 줍는데, 이 고깃덩이에는 많은 다이아몬드가 박혀 있다.

그리고 다음과 같은 수단으로 다이아몬드를 얻을 수도 있다. 앞서 말한 고깃덩이를 독수리가 먹을 때 다이아몬드도 함께 먹으므로, 밤이 되면 독수리가 집에 돌아가 배설한 똥에 이것이 섞여 나온다. 이 똥을 모아 오면 꽤 많은 다이아몬드를 얻을 수 있다.

이와 같은 세 가지 방법 이외에도 다른 여러 방법을 연구하여 다이아몬드를 채취한다. 아무리 세계가 넓다 해도 다이아몬드는 오직 이곳 무트필리 왕국에서만 산출된다. 이 지방에는 질이 좋은 것이 실로 풍부하다. 하지만 질이 좋은 다이아몬드는 유럽 여러 나라에는 팔려나가지 않고 대칸과 이 지방의 여러 왕과 귀족에게로 모두 모인다. 이 사람들이야말로 막대한 재물을 가지고 최고급 보석류를 사들이는 것이다.

다이아몬드에 관한 이야기는 이것으로 끝내고 좀 다른 이야기를 하겠다.

이 왕국에서는 다른 것과 비교할 수 없는 양질의 훌륭한 경마포(硬麻布)가 직조되고 있다. 물론 그만큼 값도 비싸다. 내가 본 바로는 라인 지방의 특제인 아마포와 비슷하다. 어쨌든 참으로 훌륭한 마포여서 이것으로 지은 옷은 위대한 국왕과 여왕들이라야 비로소 어울리며, 그야말로 왕좌의 관록을 돋보이게 한다.

이곳에서는 가축이 많이 사육되고 있으며 특히 양은 굉장히 크다. 생활 필수품은 무엇이든지 풍부히 갖추어져 있다.

다음에는 사도 성 토머스의 유체를 안치한 곳에 관한 보고를 하겠다.

193 사도 성 토머스 유체를 안치한 성전

사도 성 토머스의 유체는 마아바르 지방의 어떤 작은 마을에 안치되어 있다.*18 이 마을은 인구도 적고 사들일 상품도 없는데다가 큰 거리에서 약간 떨어져 있으므로 상인들의 왕래도 없다. 그러나 이 마을에는 순례자들이 많은데, 그리스도 교도는 물론 이슬람 교도의 수도 꽤 많다. 이 지방의 이슬람 교도들은 성 토머스를 매우 숭배하여 그가 이슬람 교도였다고 주장하기 때문이다. 그들은 성 토머스가 위대한 예언자였다고 믿으며 그를 '아바리운'

즉, '성자'라 부르고 있다.

교회를 관리하고 있는 그리스도 교도는 수액주(樹液酒)가 생기는 나무와 '팔라오 호두'를 가꾸고 있는데, 이 호두 한 개로 성년 남자 한 사람분의 식사를 충당할 수 있다. '팔라오 호두' 껍데기층은 그 조직이 마치 섬유로 되어 있는 것 같아 여러 곳에 쓰이고 있다. 그 속에 식용으로 쓰이는 과육이 한 사람분의 식량이 될 만큼 들어 있다. 우윳빛을 띤 이 열매의 과육은 설탕처럼 달고 매우 풍미가 있다. 그러나 이 과육도 속까지 가득 차 있지 않고 층 모양을 이루며 그 내부는 맑고 신선한 액체가 플라스크 병 한 개 정도로 차 있다. 이 액체는 이루 말할 수 없을 만큼 좋은 맛을 지니고 있다. 호두의 과육을 먹은 다음 즙을 마실 수 있다. 따라서 이 호두 한 개로 한 사람이 배불리 먹을 수 있다. 그리스도 교도는 매월 이 '팔라오 호두' 한 그루에 1그로소의 세금을 센데르반디 왕의 형제 한 사람에게 바치고 있다.

그런데 이 마을에는 이상한 일이 있다. 이곳에 순례하기 위하여 오는 그리스도 교도들이 성인이 죽은 곳이라 하여 흙을 조금씩 모아 자기 나라로 가지고 돌아가는데, 이 흙을 약으로 한 차례 먹으면 격일열(隔日熱)이나 학질 그 밖에 어떤 열병에 걸린 병자라도 당장 낫게 된다. 이 효험은 이 흙을 복용한 환자라면 누구에게도 나타난다. 마르코도 이 흙을 약간 가지고 베네치아로 돌아가 많은 환자를 낫게 하였다. 이 흙은 붉은빛을 띠고 있다.

다음에 또 한 가지 1288년에 일어난 기적을 소개하겠다. 이미 말한 이곳의 왕, 즉 센데르반디 형제 중 한 사람은 막대한 양의 쌀을 보유하고 있었다. 그는 이 쌀을 성 토머스 교회는 물론 민가에까지 쌓아 놓게 하였다. 왕은 우상을 숭배하였기 때문에, 이와 같은 조처를 거리낌 없이 행했다. 이렇게 되자 순례자들이 묵을 곳이 없어져, 유체를 관리하는 그리스도 교도들은 몹시 슬퍼하였다. 그들은 왕에게 이를 중지해 줄 것을 간청하였지만 왕은 가혹하고 오만한 사람이었으므로 이 간청을 들어 주지 않고, 모든 건물에도 자기 마음대로 쌀을 쌓아 놓고, 교회를 관리하는 그리스도 교도의 소원을 무시해버렸다. 이러한 때 이제부터 이야기하려는 커다란 기적이 일어난 것이다. 왕이 명령을 내려 쌀을 집집마다 쌓아 놓게 한 그날 밤의 일이다. 사도 성 토머스가 손에 포크를 쥐고 왕 앞에 나타나 왕의 목에 들이대며 이렇게 말하였다.

"내 하인이여, 이제 곧 내 집을 비우게 하여라. 빨리 쌀을 치우지 않으면 너는 뜻하지 않은 죽음을 당하게 될 것이니라."

이렇게 말하고 나서 성인은 왕의 목을 포크로 힘주어 눌렀으므로, 왕은 심한 고통을 느껴 이러다가 죽어버리는 것이 아닐까 생각하였다. 성 토머스는 이 말을 하자마자 사라져버렸다. 이런 일이 있었던 다음 날 왕은 아침 일찍 일어나 집집마다 쌓인 쌀을 죄다 들어내게 한 다음, 그에 대한 성 토머스의 계시를 세상 사람들에게 말하였다. 사람들은 이 말을 듣고 모두 다 커다란 기적이라고 생각하였

코코넛 껍데기 벗기기
'팔라오 호두'는 코코넛(코코야자) 나무열매를 뜻하는 것 같다. 이 나무는 열대 지방 전역에 걸쳐 자란다.

다. 그리스도 교도들은 기쁨에 넘쳐 성 토머스에게 감사를 드리는 동시에 존경하는 마음을 깊이 하였으며, 성인의 이름을 크게 축복하였다. 이 일이 일어난 이후, 왕은 교회당과 성전을 관리하는 그리스도 교도들로부터 이제까지 징수해 온 '팔라오 호두'에 대한 세금을 비롯하여 다른 모든 공물 부과를 면제하게 하였다.

이곳에서는 누구라도 들으면 놀랄 만한 갖가지 기적이 매일 일어난다. 특히 그리스도 교회에서 앉은뱅이나 불구자가 완치되었다는 이야기는 참으로 이상한 일이다.

기적에 관해서는 충분히 말하였으므로, 다음에는 성 토머스가 죽게 된 경위를 그곳 사람들로부터 전해 온 대로 이야기할까 한다. 그때 성 토머스는 숲 속에 있는 암자에서 밖으로 나와 하느님에게 기도를 올리고 있었다. 그런

데 이 지방은 공작이 많이 사는 곳으로 세계에서 가장 유명한 곳이므로, 성 토머스의 주위에는 여기저기 많은 공작이 떼지어 있었다. 그가 이런 곳에서 기도를 올리고 있을 때, 가우이족의 이교도가 성인 주위에 떼지어 있는 공작을 잡으려고 화살을 쏘았다. 물론 이 가우이족은 그곳에 성인이 있다는 것을 알지 못하였다. 그는 확실히 공작을 맞혔다고 생각했지만 화살은 공작이 아닌 성인의 오른쪽 겨드랑이에 맞았다. 화살의 상처를 입은 성인은 그래도 조용히 하느님께 기도를 올리고 있었으나, 결국 이 상처가 원인이 되어 죽었다. 이 성인은 이곳에 오기 이전에 누비아에서 많은 사람들을 개종시키고 있었다. 그가 누비아에서 이곳으로 어떤 길을 지나 어떤 목적으로 왔는가에 관해서는 적당한 다른 대목에서 정확하고 자세한 보고를 할 작정이다.

화제를 조금 바꿀까 한다. 이곳 주민의 어린이들은 날 때부터 피부가 검은 빛을 띠는데, 더욱이 다음과 같은 풍속 때문에 그 검은빛을 더하게 된다. 즉, 태어난 그날부터 빠지지 않고 일주일에 한 번씩 부모가 깨기름을 어린이의 몸에 발라 주므로 갓난 당시보다 더욱더 검게 되는 것이다. 왜냐하면 이곳에서는 피부색이 가장 검은 사람이 가장 존경받고 다른 사람들보다 높은 자리에 앉게 되는 관습이 있기 때문이다. 그리고 이곳 주민은 그들의 신들과 우상을 그릴 때도 검게 칠하고, 악마는 오히려 희게 칠한다. 이는 그들의 신이나 성자가—물론 그것은 우리가 믿는 신이나 성자가 아니라, 그들이 믿는 신이나 성자이지만—검은 피부를 갖고 있으며, 악마는 흰 피부를 갖고 있기 때문이다. 그들이 신이나 악마를 이와 같은 빛깔로 그리는 것은 바로 이 신념 때문이다. 그림뿐만 아니라 조각에서도 그 우상은 검게 칠해진다.

이곳 주민은 소를 숭배하여 그것을 신성한 것으로 생각하고 있으므로, 그들이 전쟁터에 갈 때에는 야생 황소의 털을 몇 개 뽑아 가지고 간다. 기병(騎兵)이라면 이 황소의 털을 말의 갈기에 매달고, 보병이라면 각자의 방패에 드리우고 있다. 개중에는 자기의 머리카락에 매달고 있는 사람도 있다. 요컨대 이것은 황소 털의 은총으로 위험을 모면하고 고난을 피할 수 있다고 믿기 때문이다. 출전하는 병사는 누구나 이렇게 하고 있다. 따라서 황소 털은 값이 매우 비싸다. 이렇게 하지 않으면 아무도 안심하지 못하는 것이다.

다음에는 브라만 교도가 살고 있는 곳에 관하여 이야기하기로 하겠다.

194 브라만교의 발상지 라크 지방

라크(Lac, 인도 서해안 북부 구자라트와 콘칸 지방) 지방은 성 토머스의 유체를 안치한 지방의 서쪽에 있다. 온 세계의 브라만 교도는 모두 이곳 출신이다. 즉 브라만 교도의 발상지인 것이다.

확실히 이들 브라만 교도의 상인만큼 훌륭하고 믿을 수 있는 사람들은 없다. 그들은 절대로 거짓말을 하지 않으며, 그들이 말하는 것은 모두 사실이다. 외지의 상인이 거래를 하기 위해 이곳에 왔으나 현지의 풍습을 알 수 없을 경우 브라만 교도 상인을 찾는다. 그리고 그에게 상품을 맡긴 뒤 자기는 이곳 풍습을 모르므로 아무쪼록 대리인이 되어 좋은 거래를 할 수 있게 도와달라고 부탁하면, 그는 결코 속이는 일이 없다. 브라만 상인은 외지 상인으로부터 거래 위탁을 받으면 물건을 팔건 사건 간에 매우 정직하게 일을 처리하여 외지 상인이 이익을 볼 수 있도록 백방으로 노력하므로, 본인 자신이 일을 처리하더라도 그 이상으로는 더 바랄 수 없을 정도이다. 더욱이 그는 이 알선에 대한 보수를 자기가 먼저 요구하지 않고, 얼마만큼의 사례를 할 것인가는 오로지 위탁한 사람의 마음에 맡겨버린다.

브라만 교도는 육식과 음주를 금하고 있으며, 그들의 관습에 따라 결백한 생활을 한다. 아내 이외의 여자와는 관계를 맺지 않으며, 또 남의 물건을 훔치지 않는다. 생물의 이름이 붙은 모든 것은 죽이지 않으며, 그들 나름대로 말하여 죄가 되는 행위는 결코 저지르지 않는다. 그들은 독특한 옷차림을 하고 있으므로 곧 다른 교도와 구별할 수 있다. 그들은 어떤 지방에서도 똑같이 흰 무명천으로 한쪽 어깨에서 반대쪽 겨드랑이 밑까지 걸쳐 휘감고 있다. 즉, 가슴에도 등에도 비스듬히 무명천을 휘감고 있다. 이런 옷차림을 하고 있는 사람이면 어떤 지방에서 보든지 반드시 브라만 교도이다.

브라만 교도의 왕은 재력이 풍부하며 재물을 산더미같이 소유하고 있다. 그럼에도 그는 진주와 그 밖의 각종 보석을 사들이는 데 열을 올리고 있다. 자기 나라 상인이 솔리국*¹⁹으로부터 그에게로 진주를 갖고 들어오면 두 곱의 값으로 그 모두를 사들이는 관습을 만들었다. 이 솔리국은 마아바르 지방에 있는 한 왕국인데, 가장 좋은 진주가 채취되는 본고장의 하나이므로 인도에서 가장 부유한 나라이다. 브라만 교도들은 마아바르의 이 왕국에 가서 훌륭한 진주를 발견하는 즉시 남김없이 사서 자기 나라의 왕에게로 갖고 온다.

이때에도 그들은 바로 그 정직한 마음으로 사들인 값을 그대로 보고하면 왕도 관습대로 즉시 두 곱의 값으로 사들인다. 왕은 언제나 이 관습을 고치지 않으므로 그 때문에 브라만 교도들은 매우 훌륭한 큰 진주를 다량으로 가져오게 되는 것이다.

브라만 교도는 이교도이다. 그들만큼 조짐에 유의하고 새나 짐승을 길흉의 징조로서 중요시하는 종족은 온 세계에 그 예가 없다. 그들의 이 방법을 좀더 설명하기로 하겠다.

한 예로 그들이 남과 절충할 때의 습관을 이야기하기로 한다. 그들은 다음과 같이 매일 그날의 고유한 조짐을 생각한다. 그들이 어떤 상품의 거래에 종사하고 있을 때, 선견지명이 있는 매수자라면 먼저 일어나서 태양빛을 살펴보고 '오늘은 어떤 날에 속하는가'를 물어, '오늘은 이러이러한 날에 해당합니다'라는 말을 들으면 곧 자기의 그림자를 잰다. 그리고 그 그림자가 그날에 알맞은 길이를 나타내면 현재 진행 중인 거래를 성립시키지만, 반대로 만일 알맞지 않은 길이를 나타내면 절대로 거래를 성립시키지 않은 채 그림자가 적절한 길이가 될 때까지 기다린다. 이와 같이 적당한 그림자의 길이가 날에 따라 정해져 있으므로 그림자가 그 길이가 되기 전에는 거래도 확정하지 않고, 그 밖의 모든 일도 진척시키지 않는다. 그림자의 길이가 그날에 알맞은 길이를 나타내게 되면 곧 모든 거래를 결정하여 일을 진행시킨다.

이보다 더욱 기묘한 습관은, 집 안이든 집 밖이든 상품을 거래하는 상담 중에 타란툴라─이 작은 동물은 이 지방에서는 어디든지 많이 있다─를 보았을 때이다. 그것이 자기에게 길조라고 생각되는 방향에서 나온 것이면 매수인은 당장 계약을 맺지만, 반대로 흉조라고 생각되는 방향에서 나온 것이라면 상담을 중지하여 사들이는 것을 단념한다.

외출할 때 누군가의 재채기 소리가 들렸을 경우, 자기에게 길조라고 생각되지 않으면 그들은 걸음을 멈추어버린다. 그리고 걸어가는 도중 참새가 앞에서 날아오는 것을 보면─똑바로 오건, 오른쪽 또는 왼쪽에서 오건 간에─그들 식으로 말하여 운수가 좋은 방향에서 온다면 걸음을 계속하지만, 반대로 흉한 방향에서 온다면 가던 걸음을 멈추고 그만 돌아가버린다.

브라만 교도들은 세계에서도 가장 오래 사는 종족이다. 이 장수의 비결은 아주 적게 먹으며 엄격한 금주를 실행하는 것이다. 그들은 식사 때 어떤 종류의 풀을 씹는데 이 때문에 이가 무척 튼튼해지며, 더구나 이 풀이 소화를 크게 돕기 때문에 몸을 아주 건강하게 만든다. 그들은 혈관에서 피를 빼는 일은 하지 않으며, 온몸의 어떤 부분에도 부황을 뜨는 일이 없다.

그들 사이에는 '추기(수행자)'라 불리는 몇몇 수도사가 있다. 그들은 일반 브라만 교도 중에서도 더 장수를 누려 150세에서 200세까지도 산다. 이 추기는 매우 건장하고 건강하므로 원하는 대로 어디든지 갈 수 있고, 그의 사원이나 신상에 대한 봉사는 무엇이든지 이루어진다. 그의 방법은 참으로 노자와 같다. 그것의 원인을 캔다면 건강에 알맞은 음식만 조금씩밖에 섭취하지 않는다는 엄격한 절제의 덕분이며, 사실 그들의 일상 음식은 쌀

브라마 (브라흐마)
힌두교 주요 신의 하나. 브라마는 황금알에서 땅과 그 위의 모든 것을 차례로 창조했다고 한다. 4개의 얼굴, 4개의 팔로 연화에 앉은 자세로 표현된다.

과 우유뿐이다. 이러한 장수를 누리는 추기들은 이 밖에도 다음과 같은 음식을 섭취한다. 이것은 아마 독자 여러분에게는 매우 이상하게 느껴질 것이다. 그것은 다름이 아니라 수은과 유황을 혼합하여 음료[20]를 만들어 마시는 것이다. 그들은 이것을 장수의 묘약이라고 한다. 그리고 사실 그 덕분으로 대단한 장수를 누린다. 그들은 이 물약을 매달 두 번씩 마시는데, 어린 시절부터 이것을 계속 마시고 있다. 150세에서 200세의 장수자는 예외 없이 수은과 유황의 합성 음료를 늘 마시고 있다.

그리고 이라크 왕국에도 마찬가지로 추기라 불리는 종파가 있다. 그들의 엄격한 절제와 준엄하고도 고통스러운 생활 양상을 소개할까 한다.

그들은 알몸으로 지낸다. 음부에도 사지에도 실오라기 하나 걸치지 않은

바로 알몸이다. 그들은 황소를 숭배하여, 대부분의 사람들이 청동 또는 도금한 놋쇠로 만든 송아지를 이마 한복판에 달고 있다. 물론 그것을 이마 위에 달아매고 있다. 그들은 또 쇠똥을 태워서 가루로 만들어 이것을 가지고 다니는데, 길을 갈 때 그들을 보고 예배하는 사람들이 있으면 마치 신성한 의식이라도 행하는 것처럼 이 가루를 그 사람의 눈썹에 발라준다. 그들은 또 매우 경건한 태도로 자기의 온몸에도 이것을 칠한다. 그것은 마치 그리스도 교도가 성수로써 몸을 축복하는 경우와 다름없는 경건한 태도이다. 그들은 식사 때 그릇이나 접시를 사용하지 않고 '파라다이스 능금' 잎이나 다른 큰 나뭇잎에 음식을 담아 먹는다. 그러나 푸른 잎은 사용하지 않고 시든 잎을 사용한다. 푸른 잎에는 넋이 있으므로 이를 사용하면 죄가 된다는 것이 그들의 주장이다. 그들은 세계 어느 종족보다 조심성이 많으며, 신념에 바탕을 두어 죄가 된다고 생각되는 행위를 저지르지 않도록 힘쓴다. 그들은 죄가 되는 행위를 할 바에야 차라리 죽는 편이 낫다고 생각한다. 어떤 사람이 그들에게 왜 발가벗고 지내는가, 음부까지 드러내어 부끄럽지 않느냐고 물으면, 그들은 이렇게 대답한다.

"우리는 옷을 입고 이 세상에 태어난 것이 아니라 알몸으로 태어났다. 따라서 내 소유물은 이 세상에 아무것도 없으므로 이처럼 발가벗은 채 지내고 있다. 그리고 음부를 드러내고 있어도 별로 부끄럽다고 느끼지 않는다. 그 이유는, 음부를 사용하는 육체적인 욕망의 죄를 조금도 짓지 않기 때문에 이것을 남에게 보여도 조금도 부끄럽지 않은 것이다. 당신들이 손이나 얼굴 그 밖의 육체적인 욕망의 죄를 짓지 않은 몸의 일부를 드러내도 부끄럽게 생각하지 않는 것과 같은 이치이다. 그러나 당신들은 음부를 사용하여 음탕한 죄를 짓기 때문에 그 부분을 부끄럽게 여기고 언제나 감추어 두고 싶어하는 것이다. 우리는 음부로 죄를 짓지 않기 때문에 그것을 남에게 보여도 등을 남에게 보이는 것처럼 조금도 부끄럽게 여기지 않는다."

그리고 그들은 어떤 일이 있어도 짐승은 물론, 적어도 생명이 있는 것은 모두—파리·이·벼룩에서 해충류에 이르기까지—죽이지 않는다. 그 이유는 이들 모두가 넋을 지니고 있기 때문이라고 말한다. 죄를 짓는 것이 되기 때문에 이것들을 죽이지 않는다는 것이 그들의 설명이다.

그들은 또 풀이건 뿌리이건 푸른 것은 모두 식용으로 삼지 않으며, 시든

브리만 수행자
수행자들은 요가를 하면서 정신력을 배양하며 장수를 누렸다.

것밖에 먹지 않는다. 이것도 푸른 것에는 넋이 있기 때문에 그렇게 한다고 한다.

그들은 또 대변을 보고 싶으면 해안으로 가 물가의 모래 속에 뒤를 보고 나서 매우 정성껏 몸을 씻는다. 다 씻고 나면 작은 가지나 막대기를 집어 대변을 부수어 원형을 남기지 않도록 이를 모래 속에 흩뜨려 파묻는다. 왜 그렇게 하느냐고 물으면, 이렇게 대답한다.

"대변을 그대로 내버려두면 구더기가 들끓는다. 그런데 구더기의 식량인 대변이 햇볕으로 말라버리면 끓는 구더기는 식량을 잃고 죽을 것이다. 이 대변은 우리 몸에서 배설된 것이므로 이 대변에 사는 많은 넋을 죽게 한다는 것은—음식이 없어지면 우리도 살지 못한다—우리에게 깊은 죄가 된다. 그래서 우리는 이 대변을 부수어 여기에 구더기가 생겨도 식량이 없어 죽게 되는 것을 방지함으로써, 쓸데없는 죄를 짓는 것을 피하는 것이다."

그들은 또 무엇 하나 깔지도 않고 덮지도 않으며, 알몸으로 땅에 누워 잠을 잔다. 이렇게 하여도 죽지 않을 뿐더러 오히려 장수를 누린다.

그리고 그들은 식사에 관해서 더할 나위 없이 엄격한 금욕 고행을 한다.

즉, 물 이외에는 무엇하나 섭취하지 않는 단식을 1년 동안이나 하는 것이다.

또 한 가지 그들에 관하여 보고해 두겠다. 신상에게 봉사하기 위하여 사원에 거주하고 있는 추기 종도(宗徒)가 부득이한 사정으로 위계가 변동되거나 또는 직무가 바뀔 경우, 이를테면 누군가가 사망하여 그 자리에 다른 사람이 추대될 경우 그들에게는 다음과 같은 시험이 부과된다. 즉 신상에게 바쳐진 처녀들이 불려와서, 이와 같은 승진이 예정된 남자를 애무하는 역할을 하도록 명령받는다. 그녀들은 그 남자의 몸을 아무 데나 애무하고 포옹하며, 그 밖의 모든 수단을 다하여 그를 흥분시킨다.

이와 같은 처녀들의 애무를 받아도 그 남자가 조금도 동요하지 않고 애무를 받지 않았을 때와 조금도 변함이 없다면, 그는 이 시험에 합격하여 사원 안에서 묵는 것을 허락받는다. 그러나 처녀의 애무를 받고 무관심해질 수 없게 되어 육체적인 욕망의 반응을 나타내면 사원에서 묵을 수 없으며 당장 추방당한다. 추기 종도 사이에 그런 음탕한 남자를 둘 수 없다는 것이 그 이유이다.

추기 종도는 참으로 잔혹하고 신앙심이 없는 우상 숭배자들인데, 그 이유는 다음과 같은 이야기를 통하여 충분히 알 수 있을 것이다.

그들은 시체를 불태우는 관습이 있다. 만약에 시체를 불태우지 않으면 거기에서 구더기가 들끓는다. 구더기는 그 시체를 다 파먹은 다음 따로 먹을 것이 없기 때문에 아무래도 죽게 된다. 그러나 이 구더기를 죽게 한다는 것은 그들에 따르면 그 죽은 자의 넋에 대하여 깊은 죄를 짓게 되는 것이다. 이와 같은 이유 때문에 그들은 시체를 태운다. 그들은 구더기도 넋이 있다고 믿기 때문이다.

이것으로 라크 지방 우상 숭배자들의 관습을 모두 이야기하였다. 이제 앞서 세일란 섬에 관하여 이야기할 때 깜박 잊었던 훌륭한 이야기를 소개하려 한다. 독자 여러분은 이 이야기를 듣고 아마 놀랄 것이다.

195 계속해서 세일란 섬

세일란은 거대한 섬이다. 이 섬에는 한 높은 산(아담)이 솟아 있는데, 매우 험준한 바위산이므로 다음에 말하는 것 같은 방법이 아니면 아무도 이 산에 오를 수 없다. 그 등산 방법은 이러하다. 이 산에는 많은 쇠줄이 드리워져 있는데, 그 장치가 매우 정교하게 되어 있으므로 사람들은 이 쇠줄을 타고 비로소 안전하게 꼭대기에 오를 수 있다. 그런데 이 산꼭대기에 우리의 조상인 아담의 무덤이 있다고 한다. 적절한 표현을 한다면 사라센 사람들은 그것을 아담의 무덤이라 부르고, 우상 숭배자들은 그것을 석가모니 보르칸(샤카족의 현인)의 무덤이라 주장하고 있다.

석가모니라는 이름은 이 세상에서 처음으로 만든 우상에게 붙인 이름이다. 우상 숭배자들의 견해에 따르면 석가모니야말로 그들 사

실론 섬 스리파다의 아담봉 최정상
실론 섬 (스리랑카) 산꼭대기에 아담의 무덤이 있다고도 하고, 석가모니의 무덤이 있다고도 한다.

이에서 가장 뛰어난 인물이었으므로 그들 최초의 성자라고 생각해, 처음으로 우상을 만들어 그의 이름을 붙인 것이라고 한다.

석가모니는 권세와 부력을 겸비한 어느 대왕의 왕자였으나 선천적으로 무척 신앙심 깊은 심성을 지녔고, 이 땅 위의 어떤 것에도 마음이 끌리지 않았으며 왕위에 오르는 것조차도 원하지 않았다. 이와 같이 왕자가 왕위 계승을 바라지 않고 현세의 어떤 것에도 마음이 끌리지 않는 것을 알게 된 부왕은 매우 괴로워했다. 그러므로 대왕은 왕자에게 하나의 제안을 하였다.

"국왕의 자리를 너에게 넘겨주고 네 뜻대로 통치할 수 있도록 맡겨 주겠다. 내가 왕위를 물러나서 모든 권한을 포기한다면 너만이 독존의 왕자가 될 것이다."

그러나 왕자는 아무것도 원하지 않는다고 대답하였다. 왕자가 아무래도 왕위를 계승할 의사가 없다는 것을 안 대왕은 슬퍼한 나머지 죽을 지경이었

다. 그에게는 이 왕자 이외에는 자식이 없었으며, 왕국을 넘겨 줄 사람도 따로 없었기 때문이다.

그러므로 왕은 다음과 같은 방법을 취하였다. 왕자가 현세의 일에 흥미를 가지고 왕위를 받아 왕국을 이을 마음이 들도록 만드는 일이다. 왕은 이를 위하여 왕자 전용의 굉장히 아름다운 궁전을 지어 왕자를 그곳에 살게 한 다음, 가려 뽑은 미인 3만 명을 모아 왕자의 시중을 들게 하였다. 이 궁전은 남성 금지 구역이며, 다만 처녀만이 자유로이 출입할 수 있었다. 그녀들만이 왕자와 잠자리를 함께 하고 식탁에서 시중 들며 그의 곁을 떠나지 않았다. 그녀들은 왕의 명령대로 왕자 앞에서 노래 부르고 춤추며, 모든 기교를 다 부려 위안하기에 힘썼으나 모든 것이 헛일이었다. 그렇게 해도 왕자의 가슴 속에는 한 조각의 음탕한 욕심도 생겨나지 않았다. 오히려 왕자는 이전보다 더 엄격하고 순결해질 뿐이었다. 그리고 우상 숭배자가 주장하는 바에 따르면, 왕자는 더할 나위 없이 경건한 생활을 그곳에서 계속하였다는 것이다.

그런데 이 왕자는 애지중지 몹시 소중하게 키워졌으며 아직 한 번도 궁전 밖으로 나간 적이 없었기 때문에, 죽은 사람을 볼 기회도 없었으며 불구자나 폐인을 볼 기회도 없었다. 아마도 부왕이 노인이나 불구자를 그에게 보이는 것을 금지시켰기 때문일 것이다. 어느 날 왕자가 때마침 말을 타고 성 밖으로 나갔을 때 거리에서 죽은 사람을 보았다. 이제까지 이런 광경을 본 적이 없었기 때문에 그는 매우 놀랐다. 그는 즉시 뒤따른 종자에게 저것은 무엇인가 질문하였다. 종자가 죽은 사람이라고 대답하자 왕자는 이렇게 말하였다.

"도대체 사람은 왜 마지막에는 죽어야 하는 것일까?"

"정말 말씀하시는 대로입니다."

종자는 다만, 이렇게 대답할 따름이었다. 왕자는 그 이상 아무 말도 하지 않은 채 말을 앞으로 나아가게 하였으나 속으로는 생각에 잠겨 있었다. 말을 타고 간 지 얼마 뒤에 이번에는 나이 많은 늙은이와 마주쳤다. 너무 늙은 탓으로 이가 죄다 빠지고 걷지도 못할 정도였다. 왕자는 이 늙은이를 보고, 그는 어떤 사람이며 왜 걷지 못하는가 다시 물었다. 종자는 나이가 많기 때문에 이도 빠지고 걷지도 못한다고 설명하였다. 죽은 사람과 늙은이에 관한 종자들의 설명을 들은 왕자는 그대로 궁전으로 돌아갔으나, 더 이상 이 흉측한 세상에서 살아갈 마음이 들지 않았다. 결국 그는 영원한 생명을 가진 신, 그를 창조한 신을 구하여 그에게 가기로 결심하기에 이르렀다.*21 이리하여 그는 부왕을 남긴 채 궁전을 버리고 어느 험준한 높은 산으로 들어가 엄격한 금욕을 지키며, 더할 나위 없이 신성하고 깨끗한 생활 속에서 그의 여생을 보냈다. 만약에 그가 그리스도 교도였다면 아마 그는 그리스도와 비견할 위대한 성자가 되었을 것이 틀림없다.

이 왕자가 죽었을 때 부왕이 그의 유체를 인수하였

삼매경의 붓다
세일란 섬에 있는 불상으로, 삼매경에 든 부처의 모습이다.

는데, 자기 몸보다 더 사랑한 왕자가 지금은 허무한 유해가 되어 누워 있는 것을 보자, 그의 슬픔과 놀라움은 이루 말할 수가 없었다. 부왕의 슬픔은 언제까지나 가시지 않았다. 그래서 그는 황금과 보석으로 왕자를 꼭 닮은 상을 만들게 하여 모든 국민으로 하여금 그것에 예배하게 하고 신과 같이 숭배하게 하였다.

전하는 바에 따르면 왕자는 84차례나 생사를 되풀이했다고 한다. 맨 처음 죽었을 때는 황소로 태어나고 두 번째로 죽었을 때는 말로 태어났는데, 이와 같이 모두 84차례에 걸쳐 죽고 그때마다 개와 그 밖의 짐승으로 태어났으며, 마지막인 84번째에는 마침내 신이 되었다는 것이다.*22

우상 숭배자에게는 이 석가모니가 최고의 신이다. 그들 사이에서 맨 먼저 우상으로 만들어진 것은 다름아닌 바로 그이며, 그 이후 잇따라 만들어진 우상은 모두가 그에게서 유래하고 있다. 이와 같은 일은 모두 인도의 세일란 섬에서 일어난 것이다.

이로써 맨 처음 우상이 만들어진 연유를 이야기하였다. 석가모니의 무덤이라고 하여 마치 그리스도 교도가 성 제임스의 자취를 좇아 순례하는 것처럼, 우상 숭배자들은 먼 곳에서 순례를 위하여 이곳으로 온다. 그들의 말에 따르면 이 산꼭대기의 무덤에는 앞서 말한 왕자의 유체가 있으며, 현재 그곳에 보존되어 있는 치아와 머리카락과 그릇 등은 모두 이 왕자, 즉 석가모니 보르칸의 유품이라고 한다. 석가모니 보르칸이라 함은 성자 석가모니라는 뜻이다. 한편 사라센 순례자들 역시 이곳으로 많이 온다. 그들의 말에 따르면 이 무덤은 우리의 시조 아담의 무덤이며, 앞서 말한 치아와 머리카락과 그릇도 마찬가지로 아담의 유품이라는 것이다.

이처럼 이 산꼭대기의 무덤은 우상 숭배자에 따르면 그들의 첫 우상인 동시에 신이기도 한 왕자의 무덤이라고 하며, 사라센 인에 따르면 그것은 우리의 시조인 아담의 무덤에 틀림없다는 이유를 말하였다. 그러나 이 무덤에 들어 있는 인물이 과연 누구이며 어떤 인물이었는가는 단지 신만이 아는 일이다. 성서에는 아담의 유체가 이곳과는 다른 지방에 묻혀 있다고 하므로, 이 산꼭대기의 무덤에 안치되어 있는 것이 아담이라고는 믿어지지 않는다.

그런데 대칸은 이 산꼭대기에 아담의 무덤이 있으며, 또 그의 치아와 머리카락 및 식기로 사용하던 그릇이 지금도 그곳에 남아 있다는 것을 어떤 사라센으로부터 듣고, 이것을 꼭 손에 넣겠다고 결심하였다. 그는 1284년에 이 목적을 위하여 대사(大使)를 파견하였다.*23 대칸의 사신은 많은 종자를 거느리고 출발하여 수로와 육로를 거쳐 멀리 이 세일란 섬에 도착하였다. 그는 즉시 이곳의 왕에게로 가서 교섭한 결과, 마침내 성공적으로 2개의 어금니와 몇 개의 머리카락과 그릇을 얻을 수 있었다. 치아는 단단하고 컸으며, 그릇은 아주 훌륭한 녹색의 반암(班岩)으로 만들어진 것이었다. 대칸의 사신은 이것을 입수하자 귀로에 올라 무사히 대칸의 궁전으로 돌아갔다. 그들은 대도시인 캄발룩에 다다르자, 때마침 이 도성에 머물러 있던 대칸에게로 먼저 사자를 보내어 그가 원하던 것들을 무사히 가져왔다고 말하였다. 대칸은 주민에게 영을 내려, 성직자이건 아니건 간에 모든 사람에게 이 고귀한 유물을 맞아들이게 하였다. 모든 국민은 그것이 아담의 유물이라고 믿었다. 어쨌든 이와 같이 하여 캄발룩의 모든 시민은 성곽 밖으로 나가서 이 성스러운 유물을 맞아들였다. 성직자가 이를 받들어 대칸에게 바치자, 대칸은 매우 만족하여 축전을 베풀고 정중하게 이를 받았다. 그리고 이 그릇에는 글이 새겨져 있었는데, 그 글에 의하여 다음과 같은 영험이 현저하다는 것이 뒤에 판명되었다. 즉, 음식 1인분을 그 속에 담으면 그것을 5명이 먹어도 충분히 배가 부를 수 있다는 불가사의한 일이다. 이에 관해서는 대칸 자신이 실험해 보아 거짓이 아님을 확인하였다고 증언한다.

이와 같이 하여 대칸은 이 성스러운 유물을 손에 넣었는데, 이를 위하여 그가 들인 경비는 참으로 막대한 액수였다.

이로써 이 이야기를 진실에 근거를 두어 차례대로 모두 이야기하였다. 이제 다른 화제로 옮기기로 하겠다. 그럼 먼저 카엘 시에 관한 보고를 할까 한다.

196 카엘 시

카엘(Kael, 마드라스 주 티루넬 베리 현에 있던 항구)은 훌륭한 대도시로, 형제 다섯 왕 중의 맏형 아스티르*24 왕이 다스린다. 서쪽의 호르무즈·키시·아덴과 아라비아 각지로부터 말과 그 밖의 상품을 싣고 오는 배는 모두 이곳에 들렀다가 간다. 카엘은 지리적으로 매우 편리한 항구이며, 거래하기에 좋은 시장을 이루고 있기 때문에 말과 그 밖의 상품을 사기 위해 곳곳에서 많은 상인이 모여든다. 왕은 보화를 많이 갖고 있으며 훌륭한 보석들을 몸에 지니고 화려한 옷을 입고 있다. 이 왕은 정의를 존중하고 특히 외국에서 찾아오는 상인을 보호하며 그들에게 평등한 대우를 해 준다. 따라서 왕의 보호가 고루 미치고 있으므로 외국 상인들은 편히 이 도시에 드나들며, 또한 그들이 이곳에서의 거래에서 얻는 이익은 매우 크다.

왕에게는 어림잡아 300명 이상의 비(妃)가 있으며, 이 나라에서는 많은 아내를 갖는 사람일수록 위대하다고 여겨진다. 또한 어버이가 같은 왕들 사이에 불화가 생겨서 전쟁이 일어나는 경우에는 이미 이야기한 바와 같이 그들의 생모가 스스로 중재에 나서 전쟁이 나지 않도록 노력한다. 그래서 생각건대, 이 모후가 죽으면 아마 다섯 왕 사이에는 대전쟁이 일어나서 서로 파멸시키지 않고는 못 배길 것이다.

카엘 시의 주민에게도 인도의 일반 민중과 마찬가지로 다음과 같은 풍습이 있다. 즉 항상 '탄부르'라고 하는 나뭇잎을 씹고 있으며, 입 속에 그 즙이 괴면 찌꺼기는 뱉어낸다. 이것은 단순히 습관이지만 실은 그렇게 하는 것이 그들의 즐거움이다. 특히 신분이 높은 사람들에게서는 이 풍습이 더욱 현저하게 드러난다. 왕이나 귀인쯤 되면 이 잎은 장뇌나 그 밖의 향료로 조합하여 거기에다 부드러운 끈끈이를 섞어서 씹는다. 이렇게 항상 이 약제를 씹고 있으므로 그들은 늘 건강하다.

모멸의 말을 던져서 누구를 화나게 하거나 경멸할 생각이면, 그 상대를 만났을 때 입 속에 씹고 있던 이 탄부르 잎을 꺼내어 그의 얼굴에 던지고 이렇게 말하면 된다.

"네까짓 것은 이보다도 못하다."

즉 상대 얼굴에 던진, 씹고 있던 찌꺼기보다도 못하다는 뜻이다. 이런 꼴을 당한 사람은 커다란 모욕을 당했다고 생각하여 화를 내며 즉시 왕에게로 가서, 그가 아무개로부터 모욕당한 내력을 말하고 불만을 호소하여 스스로 설욕할 허가를 청한다. 혹시 무례자가 그의 가족까지 모욕하려 했다면, 그는 본인을 상대로 하고 그의 가족은 저쪽의 가족을 상대로 결투 허가를 청하는 것이다. 요컨대 이렇게 함으로써 체면을 지키려고 한다. 그러나 무례자로부터의 모욕이 자기에 대한 것뿐이라면 자기 혼자만 결투 허가를 청한다. 그러면 왕은 결투를 허락한다. 결투가 가족 사이에서 행해진다면 가장이 가족을 지휘하여 결투 준비를 한다. 그러나 이 결투에서 그들은 갑옷으로 무장하는 것은 아니고 몸을 방비하는 물건이라곤 다만 타고난 피부뿐이다. 이렇게 그들은 결투장에 가서 서로 잡아뜯거나 칼싸움을 벌여 다치고 혹은 죽는 수도 있다. 그들은 앞서 밝힌 바와 같이 갑옷을 입지 않으므로 칼을 막을 수가 없어 쉽게 칼에 다치기 때문이다. 결투장에는 왕을 비롯해서 군중이 밀어닥쳐서 이를 구경한다.

양쪽에 죽은 사람이 나오기 시작하고 한편이 우세하여 다른 쪽을 압도할 단계에 이르면, 왕은 자기가 입고 있는 외투의 한 끝을 입에 물고 한 끝을 손에 쥔다. 그러면 결투자들은 즉시 싸움을 끝낸다. 가족 간이 아니고 개인 간의 결투라면 다음과 같이 행해진다. 당사자 두 사람이 칼을 손에 쥐고 여느 때와 같은 알몸으로 결투장에 나타난다. 그들은 칼로 하는 싸움에 매우 능하여 교묘하게 칼로 몸을 보호하면서 틈을 엿보아 상대에게 일격을 가하는 명수들이다. 일례를 들어 그 방법을 설명해 보자. 그들은 검은 피부를 하고 있으므로 한쪽이 상대 몸 아무데나 미리 흰 원을 그리고 나서 이렇게 말한다.

"반드시 내 칼이 그 동그라미에 빗나가지 않게 꽂힐 것이다. 할 수 있다면 막아 보아라."

그러면 상대도 이와 똑같이 한다. 이렇게 하고서 두 사람은 칼을 손에 들고 싸움을 시작한다. 이 방법은 솜씨가 좋은 쪽에는 유리하지만 미숙한 자에게는 화가 된다. 왜냐하면 능숙한 사람은 몇 번을 찔러도 언제나 노리고 있는 곳을 정확하게 맞추기 때문이다.

그러면 화제를 다음으로 옮겨서 코울람 왕국의 소개로 들어가겠다.

197 코울람 왕국

코울람(Koulam, 인도 남단 서해안 퀼런 지방)은 마아바르의 남서 800km에 위치하는 왕국이다. 원주민들은 우상을 숭배하며 그들만의 언어를 쓰고 있다. 약간의 그리스도 교도*²⁵ 유대 교도도 살고 있다. 왕은 어느 나라에도 조공을 바치지 않는다.

이 나라에는 코울람 소목(인도가 원산지인 상록 교목으로 염료·약재로 쓰인다.)이 무성한데 그 질이 매우 좋다. 또한 질이 좋은 생강도 나는데, 나라 이름을 붙여 코울람 생강이라 불린다. 후추도 대량으로 생산된다. 이것은 국내 곳곳의 숲에서 자라며 5월에서 7월에 걸쳐 채취된다. 후추나무는 야생이 아니라 재배한 것이다. 이곳에서는 품질이 좋은 쪽(藍)도 많이 산출된다. 쪽물감은 그 풀에서 만들어진다. 먼저 그 풀을 채취하여 뿌리를 잘라내고 큰 통에 넣어 물을 가득 채워 풀이 썩을 때까지 그대로 놓아 둔다. 풀이 썩으면 통의 물을 뜨거운 태양에 쬐어서 졸아들게 하여 응축시킨다. 이것이 쪽물감이 되며, 이것을 부수어 작은 조각으로 만든다. 또 이곳의 기온은 높을 때는 도저히 견디기 힘들 정도이다. 강을 항행(航行)할 때 물 속에 달걀을 담가 놓으면 배가 그리 많이 가기도 전에 달걀이 충분히 삶아질 정도이다.

이 나라에는 만지·아라비아·근동 여러 나라의 상인이 와서 활발하게 무역을 한다. 그들은 각각 자기 나라의 산물을 배에 싣고 건너와서 팔고 이 왕국의 상품을 사가지고 돌아간다.

이곳에는 세계 어느 지방에서도 볼 수 없는 이상한 동물이 많이 산다. 이를테면 온몸이 검정색으로 점도 없고 털도 다른 색이 섞이지 않은 사자, 부리와 다리만이 빨갛고 온몸이 눈처럼 흰 앵무새, 같은 앵무새라도 빨강과 푸른색으로 채색된 것, 녹색만인 것, 또는 몹시 작고 귀여운 것 따위가 있으며, 이들은 어느 것이나 보기에 매우 아름답기 그지없다. 공작은 유럽산에 비해 훨씬 크고 아름답다. 닭도 우리나라 것과는 다르다. 모든 것이 다를 뿐 아니라 보다 아름답고 보다 좋은 종류이다. 조류뿐 아니라 그 밖의 산물도 유럽의 것과 같은 것은 하나도 없다. 이것은 오로지 이 지방의 심한 더위 때문이다. 곡물도 단지 쌀 한 가지만 생산될 뿐이다. 이곳에서는 술이라기보다는 음료라 하는 것이 더 어울리는 대추주가 있다. 이 술은 매우 풍미가 있으며 포도주보다도 더 빨리 취한다. 생활 필수 물자는 무엇이든 풍부하다. 단지 곡물만은 달라서 쌀 이외에는 다른 종류가 없다.

이곳에는 뛰어난 많은 점성사가 있으며 또 사람의 건강을 잘 조절할 수 있는 명의(名醫)도 많다.

주민들은 모두 피부가 검다. 그들은 허리를 아름다운 헝겊으로 두르는 이외에는 남자나 여자나 다 같이 벌거벗은 채로 살고 있다. 그들은 음탕한 행위도 육욕적 범죄도 형법상의 죄라고 생각하지 않는다.

그들의 결혼에 관한 풍습에서는 종형제 자매혼이 행해진다. 또한 아버지가 죽으면 아버지의 아내를 취하고, 마찬가지로 형제가 죽으면 그 과부를 아내로 삼는 것이 허용된다. 이것은 이 왕국뿐만이 아니라 전 인도에 퍼져 있는 풍습이다.

다음은 코마리 지방으로 화제를 옮기기로 하자.

198 코마리

코마리(Komari, 인도 남단의 코모린 곶)도 인도의 한 지방이다. 자바 섬 이래 내내 보이지 않던 북극성이 이곳에 와서 겨우 희미하게 보이기 시작한다. 즉, 30마일쯤 바다로 나가서 바라보면 수평선에서 1큐빗쯤 위에 북극성이 보인다. 이 나라는 그다지 개화되지 않았고 미개에 가까운 편이다. 여러 이상한 짐승이 있으나 원숭이가 특히 그러하며, 사람으로 착각할 만큼 이상한 원숭이도 있다. 그런 진귀한 원숭이를 보면 다만 놀랄 뿐이다. 그 밖에도 사자·표범·살쾡이가 많다.

엘리 왕국의 이야기로 옮겨 보자.

199 엘리 왕국

엘리(Eli, 인도 서해안의 남부 카날노르의 북쪽 델리산 지방) 왕국은 코마리의 서쪽 약 480㎞ 지점에 위치하며 그들의 왕이 다스린다. 주민들은 우상을 숭배하고 그들만의 말을 쓰며 어느 외국에도 예속되지 않는다. 이 왕국의 풍습과 산물에 대해 지금부터 상세하게 말하겠다. 코마리 따위에 비하면 이 왕국은 훨씬 개화된 곳이다.

이 왕국에는 항구는 없으나 무척 넓은 하구를 가진 한 줄기의 큰 강이 흐르고 있으며, 후추와 생강 및 각종 향료의 대산지이다. 국왕은 훌륭한 재보를 소유하고 있으나 군사적 세력은 그다지 강대하지 못하다. 그러나 국경이 몹시 험난해서 외부의 군대가 왕국 내에 침입하여 위해를 가할 염려는 없으므로 국왕은 안심할 수 있다.

이야기는 조금 달라지지만, 이 나라에 들를 작정이 아니었던 배가 어떤 사정으로 이 하구에 들러서 닻을 내리기라도 하는 날이면 원주민들은 짐이 실린 그 배를 포획하여 이렇게 말한다.

"너희는 다른 땅으로 갈 작정이었지만 신이 그것을 거부하여 우리에게로 보내 준 것이다. 그래서 우리는 너희가 갖고 있는 화물 모두를 이렇게 빼앗는 것이다."

이리하여 그들은 배 안의 짐을 모조리 빼앗아 자기들 것으로 하는데 그것을 별로 죄라고도 생각지 않는다. 인도 내 이 지방 일대에서는 곳곳에서 이런 일들이 벌어진다. 나쁜 날씨를 피하려고 기항 예정지도 아니고 목적지도 아닌 땅, 즉 어느 나라, 어느 땅이건 처음부터 갈 작정이 아니었던 곳에 부득이 배를 기항시킨 경우, 배는 억류되고 화물은 모두 약탈당한다. 이에 대한 원주민의 변명은 이러하다.

"너희가 다른 곳으로 갈 예정이었음에도 부득이 이곳에 와버린 것은 오로지 우리의 행운이다. 그렇기 때문에 우리는 너희 재물을 우리 것으로 할 수가 있다."

만지를 비롯한 여러 나라의 배는 여름철에 이 나라에 와서 짐을 부리기 위해 3∼4일, 길어도 8일간의 정박을 하나, 이것이 끝나면 서둘러 출항해버린다. 이곳에는 갯벌이나 모래밭은 있지만 항구가 없으므로 위험이 커서 오래 정박할 수가 없기 때문이다. 그러나 만지의 배만은 어떤 태풍을 당하여도 정선시킬 수 있을 만큼 큰 나무로 만든 닻이 있으므로, 물가의 갯벌에 닻을 내리기를 다른 나라의 배만큼 크게 겁내지 않는다. 이 나라에는 사자와 그 밖의 야수가 많으며 사냥감으로 새와 짐승이 다 풍부하다.

다음은 말라바르 왕국의 이야기로 옮기고자 한다.

200 말라바르 왕국

말라바르(Malabar, 인도 서남 해안)*²⁶는 서쪽에 위치하는 큰 왕국으로 그들의 왕이 다스린다. 주민들은 우상을 숭배하고 그들만의 말을 쓰며, 어느 외국에도 예속되지 않는다. 이 나라까지 오면 북극성은 훨씬 확실하게 보이며, 수평선 위 5큐빗의 높이에 나타난다.

이 말라바르 왕국 및 인접한 고주라트(구자라트) 지방에서는 매년 100척이 넘는 배가 해적질을 하기 위해 바다로 나간다. 그들은 흉악한 해적이므로 다른 배를 발견하기만 하면 이를 포획하여 타고 있는 상인을 약탈한다. 그들은 해적질을 하러 갈 때 처자를 데리고 출항하며, 여름 내내 바다 위에 있으면서 상인에게 막대한 피해를 준다. 수를 믿고 횡행하는 이 흉악한 해적선은 바다 위를 여기저기 떠돌아다니면서 상선을 몰아내거나 또는 매복하고 기다리기도 하고 해상에 비상선을 치는 등의 간악한 수단도 취한다. 즉, 그들은 서로 약 5마일의 간격을 유지하면서 바다 위에 흩어져 있다. 따라서 20척 정도가 출동하여 죽 늘어서면 100마일에 걸치는 해역이 그 정찰권 내에 들어오게 된다.

그들은 상선을 발견하면 곧 서로 봉화를 올려서 신호를 하므로, 어떤 배도 이 정찰선을 돌파하여 그들의 마수로부터 탈출할 수는 없다. 그러나 상인 쪽에서도 이들 해적이 주로 쓰는 수단이 무엇인지 잘 알고 있으며, 그뿐 아니라 이 지역을 꼭 지나야 한다는 것을 알고 있다. 그러므로 충분히 무장하고 장비를 튼튼히 하기 때문에 설령 해적의 그물에 걸렸다 해도 그다지 두려워하지는 않는다. 상인들은 분투하여 자기 배를 지키며 해적에게 많은 손해를 입힌다. 그러나 때때로 상선이 해적에게 붙잡혀 가는 것은 면할 수 없다. 해적은 상선을 포획하면 싣고 있는 짐째로 배를 압수하여, 타고 있는 상인들에게는 해를 입히지 않고 다만 이렇게 말한다.

"너희 나라에 돌아가서 다시 한 번 재산을 만드는 거야. 하지만 아마 그 재산도 우리가 가지게 될걸."

이 왕국에는 후추·생강·계피가 많이 나며, 인도 호두를 비롯한 자극적인 각종 향료가 풍부하다.

또 대량의 경마포가 제조되는데 얄찍하고 훌륭한 품질은 온 세계에서도 비할 바가 없다. 이 밖에도 여러 가지 귀중한 물건이 많이 제조되고 있다.

외국 상인이 이곳의 물품을 사들이기 위해 상선을 타고 올 때 그들이 싣고 오는 것은, 구리·비단·호박(琥珀) 직물·금·은·정향(丁香)·감송향(甘松香) 따위의 이 나라에 없는 물건들이다. 특히 구리는 배에 안정감을 주기 위해 바닥 짐의 역할도 한다. 이들 상품은 모두 이 나라의 토산물과 교역된다.

각지로부터, 이를테면 만지 같은 곳에서 많은 생선이 이 왕국으로 들어온 다. 그리고 상인들은 모두 이곳에서 산 상품을 곳곳에 팔아넘긴다. 이를테면 아덴으로 가져간 물건은 다시 알렉산드리아로 운반해서 파는 것과 같은 식 이다.

다음은 고주라트 왕국의 이야기로 옮기기로 한다. 그러나 이야기가 너무 지루해지면 안 되겠기에 이 나라의 도시를 하나하나 들지는 않겠다. 고주라 트 왕국뿐 아니라 어느 왕국에도 다 설명하기에는 도시가 너무 많다.

201 고주라트 왕국

고주라트(Gozurat, 인도 서부 해안 구자라트)*27도 넓은 왕국이며 그들의 왕이 다스린다. 주민들은 우상을 숭배하며 그들만의 말을 쓰고, 어느 외국에도 예 속되지 않는다. 이 왕국은 인도 서쪽에 위치한다.

이 나라에서는 북극성이 더욱 뚜렷이 보인다. 수평선에서 6큐빗쯤 되는 곳에서 볼 수 있다. 이 고주라트에도 세계에서 최악인 해적들이 있다. 그들 이 범하는 흉악한 짓은 이러하다. 이 극악한 해적은 상인을 잡으면 타마린드 (페르시아 어로/인도 대추)의 열매를 바닷물과 함께 먹인다. 그러면 상인은 설사약을 먹은 격 이 되어 뱃속에 있는 모든 것을 배설한다. 해적은 이 배설물을 모조리 모아 서 혹시 진주나 보석이 그 속에 섞여 있지 않나 조사한다. 해적에게 잡힌 상 인은 가지고 있는 진주나 보석을 빼앗기지 않으려고 이것을 삼켜버리는 일 이 있기 때문이다.

이 왕국에는 후추·생강·쪽이 많이 생산된다. 목화의 생산량도 많은데, 이곳의 목화는 나무에서 나는 것으로, 수령이 20년이 되면 6걸음 높이로 자란다. 그런데 고목에서 나는 목화는 방적(紡績)에는 맞지 않고, 주로 이불솜으로 적합하다. 12년 정도까지는 방적용의 좋은 솜을 딸 수 있으나, 그 이후부터는 품질이 점차 떨어진다.

또 이 나라에서는 염소·물소·들소·코뿔소 그 밖의 짐승 가죽이 다량으로 생산된다. 이렇게 많은 가죽이 생산되므로 배에 실어 해마다 수출하는 분량도 매우 많다. 그런 것들은 아라비아와 그 밖의 지방으로 실려 간다. 실제로 많은 왕국과 여러 지방이 이 나라에서 생산된 가죽을 공급받고 있다. 또한 이 지방에서는 빨강이나 청색 가죽으로 양탄자를 만드는데, 새나 짐승 모양을 금실·은실로 정교하게 수놓은 매우 아름다운 제품이다. 너무 아름다워 넋을 잃고 볼 정도이다. 이 가죽 깔개는 그 위에 누우면 무척이나 아늑하여, 사라센 인이 침구로 애용하고 있다. 이 밖에도 금실로 수를 놓은 훌륭한 쿠션이 만들어진다. 한 개에 은화 6마르크, 고급품은 10마르크나 값이 나간다. 어쨌든 이 왕국에서 만들어지는 가죽 제품은 실로 세계에서도 가장 좋은 품질이며 따라서 값도 세계에서 제일 비싸다.

다음은 타나 왕국을 이야기해 보자.

202 타나 왕국

타나(Tana, 인도 서해안 봄베이 북동 사르세트 섬의 도시)는 인도 북서에 위치하는 큰 왕국이다. 방대한 땅을 차지한 훌륭한 왕국이며 그들의 왕이 다스리고 어느 외국에도 예속되지 않았다. 주민들은 우상을 숭배하며 그들만의 말을 쓰고 있다. 후추와 그 밖의 향료를 산출한다. 그 양은 여태까지의 다른 왕국만큼은 풍부하지 않다. 유향(乳香)이 이곳에서 많이 산출된다. 빛깔은 희지 않고 갈색을 띤다. 거래는 빈번하며 많은 배와 상인이 모여들어 갖가지 기교를 부린, 질이 좋고 아름다운 가죽 제품과 고급 경마포 또는 목화 따위를 사들인다. 이곳에 오는 상인들은 금·은·동과 그 밖에 이 왕국에서 필요한 각종 물건을 배에 싣고 와서 팔고, 이익이 많은 토산 상품을 사가지고 돌아간다.

또 한 가지, 이것은 좋지 않은 이야기지만 겸해서 전해야 되겠다. 예의 해적들이 여기에도 많은 소굴을 이루고 있어 바다로 나가 돌아다니면서 상인에게 큰 피해를 주고 있다는 사실이다. 더구나 이 나라의 경우, 그런 일이 왕에 의해 행해지고 있다. 즉 왕이 해적들과 맹약하여, 그들이 노획하는 말을 모조리 헌상하라는 의무를 부과하고 있기 때문이다. 여하튼 인도 전역을 통해서 말의 거래가 활발하므로 상인들은 많은 말을 이곳에 가져다 판다. 적어도 말을 싣지 않고 인도로 가는 상선은 거의 없다고 할 정도이다. 따라서 해적들은 항상 이 말을 약탈할 수 있다. 왕은 바로 이 점에 착안하여 해적과 짜고 그들의 약탈물 가운데 말은 모두 왕에게 바치게 하고, 금은보석을 비롯한 그 밖에 것들은 해적의 몫으로 정하고 있다. 정말 당치도 않은 나쁜 풍습으로, 한 나라의 국왕이라는 자로서 부끄럽기 짝이 없는 일이다.

다음은 캄바에트 왕국의 이야기로 옮기겠다.

203 캄바에트 왕국

캄바에트(Cambaet, 인도 서해안 중앙 북부 캄베이 만)는 서쪽에 위치한 왕국으로 그들의 왕이 다스리고 있다. 주민들은 우상을 숭배하고 그들만의 언어를 갖고 있으며 외국에는 예속되지 않았다.

이 왕국에서는 북극성이 더욱 똑똑히 보인다. 북극성은 서쪽으로 갈수록 더욱더 뚜렷하게 보임을 명심하기 바란다.

이 왕국에서는 교역이 활발하며 양질의 쪽이 풍부하다. 경마포와 무명천도 대량으로 직조되며 많은 다른 지방과 각 왕국에 수출하고 있다. 무두질한 가죽의 가공도 다른 여러 지방에 못지 않게 성해서 세공한 가죽의 거래도 활발하다. 그 하나하나에 대해 설명하다가는 지리해서 견딜 수 없게 되므로 이 책에서는 생략하겠으나, 이 왕국에서는 갖가지 상품이 그 이외에도 많이 만들어지고 있다.

자기 나라의 상품을 배에 싣고 온 상인은 그것과 교환해서 이곳의 금·은·동·아연화(亞鉛華)를 가져가고 있다. 그들은 자기 나라의 산물을 가져와서 돌아갈 때에는 이 왕국의 토산품 중에 이익이 많을 것으로 생각되는 물건을 사들인 뒤 출범한다.

이 왕국에는 해적이 없다. 주민들은 상공업에 종사하는 선량한 백성이다.

다음으로 옮겨서 세메나트 왕국의 사정을 전해 드리겠다.

204 세메나트 왕국

세메나트(Semenat, 구자라트 반도 부에라부아르)는 서쪽에 위치하는 큰 왕국으로서 그들의 왕이 다스리고 있다. 주민들은 우상을 숭배하고 그들만의 언어를 쓰고 있으며 어느 외국에도 예속되지 않았다. 이 나라에도 해적은 없으며 주민들은 상공업에 종사하는 선량한 백성들이다. 이 왕국에서는 상업이 매우 번창하다. 각지의 상인이 여러 상품을 가지고 와서 팔고 대신 이곳 특산물을 사들여서 돌아간다.

이곳의 원주민은 아주 잔인하고 흉악한 우상 숭배자들이다. 다음으로 옮겨서 케스마코란 왕국 이야기를 해 보자.

205 케스마코란 왕국

케스마코란(Kesmacoran, 구자라트 북쪽 지방)*28은 그들의 왕이 다스리고 있으며 그들만의 언어를 쓴다. 주민들의 일부가 우상을 숭배하고 대부분은 사라센이다. 그들은 거의 상공업에 종사하고 있다. 쌀과 밀이 풍부하게 생산되며, 주민의 주식은 쌀·고기·우유이다. 이곳에는 바다와 내륙 양쪽으로 많은 상인이 각종 상품을 가지고 와서 팔고 그 대신 이 왕국의 특산물을 사들여서 돌아간다. 그런데 서쪽과 서북쪽으로 여행하는 사람에게 이곳은 인도의 마지막 지방이다. 미이비르에서 이 왕국에 이르기까지의 여러 나라, 즉 내가 마아바르를 출발한 이래 지금까지 차례로 보고해 온 여러 지방과 여러 왕국은 모두가 대인도에 속하며 인도에서도 가장 좋은 지대이다. 이제껏 말한 곳들은 주로 해안선에 따른 대인도의 여러 나라, 여러 도시들뿐이며, 같은 인도에서도 내륙 지방에 대해서는 이야기를 시작하면 끝이 없겠으므로 생략하고 언급하지 않았다.

다음은 이 또한 인도에 속하는 몇몇 섬에 대해 말하고자 한다. 우선 맨 처음은 남도와 여도*29의 이야기이다.

206 남도와 여도

남도는 케스마코란 왕국의 남쪽 500마일 되는 바다 가운데에 있다. 주민들은 그리스도교의 세례를 받아 구약성서의 신앙과 관습을 따르고 있다. 이곳의 남자는 아내가 임신하면 아이를 낳을 때까지 절대로 가까이 하지 않으며, 낳고 나서도 40일 동안은 그 상태를 계속 유지한다. 40일이 지나서야 비로소 마음대로 아내에게 가까이 간다. 그런데 이 섬에는 유부녀이건 아니건 여자는 아무도 살고 있지 않다. 그녀들은 여도로 불리는 다른 섬에 몰려 산다. 그리고 남자들은 자기네들이 사는 섬에서 여도로 건너가 3월에서 5월까지 3개월 동안을 거기서 묵는다. 이 3개월간 남자들은 이 섬에서 아내와 동거하여 서로 부부의 사랑을 다 하지만 3개월이 지나면 다시 남도에 돌아가, 그 뒤 계속되는 9개월간을 남녀 따로따로 생업에 종사한다.

이 섬에는 질이 좋고 보기에도 아름다운 용연향(龍涎香)이 풍부하게 산출된다. 그것은 이 근해에서 잡는 고래에서 나오는 것이다.

이 섬의 사람들은 쌀과 젖과 육류를 주식으로 하고 있다. 그들은 모두 능숙한 어부들이다. 어획량이 대단히 풍부하기 때문에 건어물 위주로 1년분 식량을 비축하고, 남는 것은 다른 곳에 내다 판다.

왕은 없으며 단지 소코트라 섬의 대주교에 예속된 주교 한 사람이 있을 뿐이다. 남도에서 여도까지의 거리는 약 48km이다.

그들에 따르면, 1년 내내 아내와 같이 지내면 오래 살 수 없으므로 이처럼 별거를 한다고 한다. 부부 사이에 태어난 아이는 여도에서 어머니가 양육하지만, 남자아이는 12살이 되면 남도의 아버지에게로 보낸다.

이와 같은 것이 남도와 여도의 관습이다.

한 가지 덧붙이자면, 아내와 함께 생활을 하는 이 3개월 동안 남자들은 논밭에 씨를 뿌린다. 이것을 가꾸고 수확하는 것은 여자들의 일이다. 여자들은 이 밖에도 섬에 야생하는 각종 과실을 재배하기도 하지만, 역시 가장 주요한 일은 육아이며 처자의 필수품은 무엇이든 남편이 제공한다.

207 소코트라 섬

남도·여도에서 남쪽으로 약 500마일 가면 면적이 크고 물자가 풍부한 소코트라(Socotra, 아프리카 동쪽 과르다푸이 곶) 섬에 이른다. 섬의 주민들은 세례를 받은 그리스도 교도이며 대주교가 한 사람 주재하고 있다.

이 섬에서는 많은 용연향이 산출된다. 그것은 바닷고기 중에서도 가장 대형에 속하는 고래 중 향유고래에서 채취한다. 말이 나온 김에 이 지방에서의 고래잡이 광경을 전해 드리겠다.

먼저 어부들은 지방이 많은 다랑어(참치)를 잔뜩 잡는다. 그런 다음 이 다랑어를 잘게 썰어서 큰 독이나 큰 통에 넣고 소금에 절인다. 이렇게 준비한 젓갈이라고도 할 수 있는 다랑어를 배에 실으면, 고래잡이 어부들은 16명가량씩 작은 배에 나누어 타고 바다로 나간다. 그들은 헝겊조각 뭉친 것을 젓갈에 충분히 적셔 밧줄에 묶어 이것을 바닷속에 던져 넣고 종일토록 바다위를 떠다닌다. 이렇게 하고 있으면, 배가 지나간 곳은 어디에나 젓갈에 함유된 지방분이 띠 모양을 이루며 수면에 남게 된다. 배가 지나간 뒤를 고래가 지나다가 다랑어의 지방 냄새를 맡을 수도 있다. 만약 다랑어를 실은 배에서 상당한 거리에 있더라도 한번 냄새를 맡으면 100마일이라도 쫓아 온다. 어부들은 뱃전에 나와서 고래가 드디어 배에 접근해 오는 것을 발견하면 다랑어 고깃덩이를 두서너 개 던져 준다. 고래는 이 고깃덩이를 삼키면 마치 사람이 술에 취하듯 차차 취하기 시작한다. 이쯤 되면 여러 명의 어부가 저마다 작살을 들고 고래의 등에 기어오른다. 어부 한 사람이 고래의 머리에 작살을 박아 넣는다. 고래는 취해서 등에 사람이 타고 있다는 것을 느끼지 못하므로 어부들은 마음대로 행동할 수가 있다.

작살에는 300걸음이나 되는 밧줄이 매여 있다. 이 밧줄에는 50걸음마다 작은 통에 잡아맨 판자가 붙어 있으며 그 판자는 언제나 돛대 모양으로 서 있다. 이 통의 밑바닥에는 평형추가 장치되어 있어 통이 뒤집히는 것을 막고 있으므로, 돛대 모양의 판자는 언제나 똑바로 서 있게 된다. 밧줄의 한쪽 끝은 아직 몇 명의 어부가 남아 있는 작은 배에 매여 있다. 그러는 동안에 깨어나 아픔을 느낀 고래는 방향을 바꾸어 달아나기 시작한다. 그러면 등 위에서 작살을 박고 있던 어부들은 바닷속으로 뛰어들어 헤엄쳐서 배로 돌아온다. 이윽고 돛대 모양의 판자를 붙인 작은 통이 바닷속에 던져지고 50걸음의 밧줄이 풀려 나간다.

고래가 물 속에 들어가서 달아나면 밧줄로 연결된 작은 배는 저절로 당겨 나가게 되는데, 이 경우에 만약 고래가 우세하여 작은 배를 바다 밑으로 끌어들일 염려가 있으면, 배 안에서 돛대가 달린 작은 통을 잇달아 바다에 집어던진다. 이렇게 하면 제아무리 힘센 고래라도 이들 몇 개의 통을 한꺼번에 끌고 바닷속으로 들어갈 수 없다. 이리하여 여러 개의 작은 통을 한꺼번에 끌고 다니느라 피로에 지치고 상처까지 깊어진 고래는 마침내 기진맥진하여

고래사냥

다랑어(참치) 기름으로 고래를 유인하여 작살을 꽂는다. 그리고 달아나는 고래가 지칠 때까지 밧줄을 늦추었다 당겼다 하여 잡는다.

죽는다. 이러는 동안 어부들은 내내 바다 위에 뜬 작은 통을 따라 고래를 추적한다. 고래의 숨통이 끊어진 것을 확인하면 이번에는 고래를 작은 배 가까이로 끌어당겨 이것을 끌고 자기네 섬이나 가까운 섬에 가서 이 수확물을 판다. 고래 한 마리로 1천 파운드 정도의 수익을 올릴 수 있다. 배에서는 용연향*30을 채취하고, 머리에서는 몇 통분의 기름을 얻는다. 그렇기 때문에 섬사람들은 고래잡이를 생업으로 한다.

소코트라 섬에는 훌륭한 무명천과 그 밖에 막대한 물건들은 물론, 맛좋은 염장 물고기가 많이 산출된다. 섬사람들은 쌀·고기·젖을 주식으로 하며 그 이외의 곡식은 없다. 그들은 벌거벗은 채로 생활하며 이 점은 인도의 풍습, 즉 우상 숭배 풍습에 따르고 있다.

이 섬에는 장사할 물건을 대량으로 실은 상선이 끊임없이 들어온다. 그들은 섬의 토산물을 사들여서 돌아가 막대한 이익을 올린다. 아덴으로 가는 상선 중에 이 섬에 들르지 않는 배가 없다.

이 섬에 주재하는 바우다크의 대주교는 전에 언급한 야톨릭에 예속되어 있으므로 로마 교황과는 관계가 없다. 야톨릭은 로마 교황과 마찬가지로 세계 곳곳에 주교를 파견하고 있다. 이들 주교는 로마 교회에는 속하지 않고, 다만 바우다크의 대주교만을 그 교황으로 인정하고 있다.

또 이 섬에는 상당수의 해적들이 배를 몰고 온다. 그들은 이 섬에서 야영하며 그들의 약탈품을 판다. 이 약탈한 전리품은 정말로 잘 팔린다. 그리스도 교도인 이 섬의 주민들은 이 약탈품이 우상 숭배자들이나 이슬람 교도로부터 약탈한 것이지 그리스도 교도에게서 빼앗아 온 것이 아님을 알고 있으므로 거리낌 없이 그것을 사들이기 때문이다.

소코트라 섬의 대주교가 죽으면 후임자는 원칙적으로 바우다크에서 파견되어야 하지만, 어떤 이유로 섬사람들 스스로 후임자를 선정한 경우에는 야톨릭도 그 인물을 인정해야 한다.

또한 이 섬의 그리스도 교도들은 세계에서도 보기 드문 마술사이다. 대주교는 주민들이 그러한 마법을 쓰는 것이 마음에 들지 않아 그들에게 경고하고 또 권고도 하지만 받아들여지지 않는 실정이다. 섬사람의 말로는, 그들의 조상이 옛날부터 해 온 것이므로 자기들도 마찬가지로 그것을 행하고 싶다는 것이다. 섬사람이 이처럼 마술을 행하고 싶어하므로 대주교도 그것을 어쩔 수가 없고 또 달리 방법도 없기 때문에 묵과하고 있다. 그리하여 이 섬의 그리스도 교도는 마음대로 마술을 행하고 있다.

이 마술에 대해 조금 설명하겠다. 이 마술사들은 실로 이상야릇한 술법을 알고 있어 원하는 바는 거의 무엇이든 행할 수가 있다. 이를테면 해적선이 섬사람에게 어떤 해를 끼치기라도 하는 날이면, 그들은 즉시 이 술법으로 해적선을 억류하고 완전한 배상이 이루어지기 전에는 결코 섬에서 내보내 주지 않는다. 혹시 해적선이 이미 섬을 떠나 항해 중이면, 설령 순풍이 불고 있더라도 그들은 즉시 그것을 역풍으로 바꾸어버리기 때문에 하는 수 없이 섬으로 되돌아오게 된다. 이처럼 그들은 원하는 대로 바람을 불게 할 수가 있다. 이를테면 날씨가 좋기를 바랄 때에는 바다를 잔잔하게 할 수 있으며, 반대로 해상에 폭풍을 불러일으킬 수도 있다. 그들은 여러 가지 이상한 마법을 행할 수가 있으나, 이 책에 그러한 것들을 상세하게 늘어놓는 것은 적당하지 않다. 왜냐하면 그들은 방금 말한 바와 같이 놀라운 마술사이므로 그들의 상세한 이야기를 들으면 아마 여러분은 기절할 만큼 놀랄 것이기 때문이다.

그러므로 마술에 관해서는 이 정도에서 이야기를 마치기로 한다.

208 모그다시오

모그다시오(Mogdasio, 소말리아의 모가디슈)는 소코트라 섬의 남쪽 약 1천 마일 되는 곳에 있는 섬이다.*31 주민들은 사라센으로 마호메트를 믿고 있다. 그들은 4명의 셰이커 즉, 장로를 추대한다. 이 4명의 장로가 섬 전체의 통치권을 쥐고 있다. 그런데 이 섬은 매우 훌륭한데다 둘레가 4800km 정도가 되므로, 세계에서도 가장 큰 섬이다.

주민들은 상공업을 생업으로 한다. 이 섬에는 어느 나라보다도 코끼리가 많이 서식하고 있다. 상아 매매는 이 섬과 잔지바르(탄자니아) 지방이 세계에서 최고를 차지하고 있다. 이 섬에서는 낙타 고기 이외에는 거의 먹지 않으므로 매일 도살되는 낙타 수는 그야말로 막대하여, 실지로 그것을 본 사람이 아니면 믿을 수 없다. 그들에 따르면 낙타 고기는 모든 육류 가운데 가장 훌륭하고 건강에도 좋다고 한다. 그래서 그들은 1년 내내 하루도 빠짐없이 낙타 고기를 먹는다.

이 섬에는 자단나무가 무성하게 자라고 있다. 그 크기는 유럽의 것과 별로 다를 바가 없다. 자단이 다른 나라에서는 매우 비싼 목재이지만 여기서는 곳곳에 자단나무 숲이 있어 마치 유럽의 숲을 보는 듯하다. 이 근처의 바다에서도 향유고래가 많이 잡혀 용연향 산출량이 엄청나다. 섬에는 표범·살쾡이·사자가 많이 서식하며, 그 밖에 사슴·누런 사슴·새끼사슴 따위도 많다. 조류도 여러 가지 종류의 것이 많으며, 아주 거대한 타조도 꽤 많이 서식하고 있다. 유럽의 것과는 전혀 다른 각종 새가 있어 참으로 볼 만하다. 이 섬은 여러 가지 물자도 풍부하므로, 외국의 많은 상선들이 황금과 각종 비단, 그 밖에 여기서 일일이 다 말할 수 없을 만큼의 상품을 싣고 와서 그것을 팔고 대신 섬의 특산물을 사들여서 돌아간다. 이 교역에 의한 그들의 이윤은 결코 적지 않을 것이다.

배가 아무리 남쪽을 향해 항해하여도 이 섬이나 잔지바르 지방보다 이남으로 나아갈 수는 없다. 왜냐하면 해류가 이 근해에서 거칠게 남류하고 있으므로, 한번 배를 이남으로 항행시키면 되돌아오기가 아주 힘들어지기 때문이다. 따라서 어떤 선박도 이 이상 남쪽으로 나아가는 일은 없다. 또한 마아바르에서 이 모그다시오 섬까지 갈 때에는 20일 만에 도착하나, 돌아오는 길은 3개월은 잡아야 한다. 이것은 오로지 남류하는 해류*32 때문이다. 이 해류는 항상 같은 방향으로 움직이고 있어 변하는 일이 없다.

또한 여기서 이남에 위치하는 다른 많은 섬에는 해류 관계로 배가 자유롭게 갈 수 없지만, 그곳에는 괴조 '그리폰'*33이 한 해 중에서 어느 정해진 계절에 날아온다고 한다. 이 괴조 그리폰은 유럽에서 일반적으로 믿어지고 그려지는 그런 새는 아니다. 우리 사이에서는 이 괴조가 몸의 절반은 새이고 절반은 사자인 것으로 얘기되고 있다. 그러나 실제로 이것을 본 사람의 말에 따르면 결코 그런 모습을 하고 있지 않으며, 생김새는 여느 독수리와 비슷하나 다만 엄청나게 큰 새라고 한다.

이 괴조를 실제로 본 사람의 보고와 나 자신의 소견도 아울러 이야기하고자 한다. 들은 바에 따르면 이 괴조는 매우 거대하고 힘이 세며 코끼리 한 마리를 그 발톱으로 낚아채어서 힘 안 들이고 공중 높이 날아오를 수가 있다. 이 괴조는 공중 높이 들어 올린 코끼리를 땅에 떨어뜨려서 산산조각을 낸 다음, 즉시 날아 내려와 날카로운 부리로 살을 뜯어먹는다고 한다. 또한 목격자의 말에 따르면 두 날개의 총길이가 30걸음에 이르고 깃털의 길이가 12뼘, 굵기도 그에 어울릴 정도라 한다. 여기까지는 그리폰을 직접 본 사람들이 이야기한 내용이었다. 그러면 이번에는 나 자신이 실제로 본 바를 이야기할 차례가 되었다. 들은 말에만 의지하는 것이 아니라 체험으로 그것을 확인하는 것은 이 책이 갖는 성격상 당연한 일이며 또 필요한 일이기도 하다.

대칸은 이전에 사절로 파견되었다가 억류된 자를 석방시키려는 목적으로 또다시 새로운 사신을 이 섬에 파견했다. 잡혀 있던 사신과 구조를 위해 파견된 사신은 귀국하여, 멀리 있는 여러 섬에 관한 갖가지 진기한 소문을 대칸에게 보고했다. 두 사신은 그때 대칸에게 무척 거대한 멧돼지 이빨을 바쳤다. 대칸이 그 이빨의 무게를 재었더니 한 개가 6.3kg이나 되었다. 이렇게 무거운 이빨을 가진 멧돼지의 크기는 상상조차 할 수 없다. 사신이 대칸에게 보고한 바에 따르면 그 멧돼지는 물소만한 크기이며, 기린과 야생 당나귀가 무리지어 살고 있다고 한다. 다시 말하면 이들 짐승은 모두가 유럽의 것과 매우 다르며 말만 들어도 놀라운 것이므로 실제로 보면 더욱 더 이상하기 그지없을 것이다. 그러면 이제 문제의 괴조 그리폰으로 화제를 되돌리기로 하겠는데, 실은 전에 억류해 있던 사신이 그 깃털을 대칸에게 가져온 것이다. 이것을 이 책의 주인공 마르코 폴로 자신이 재어 보았는데, 놀랍게도 그 길이는 90스판이고 깃털의 줄기 둘레가 2뼘에 이르렀다. 이야말로 진짜로 놀라운 사실이며 대칸도 매우 기뻐하면서 이것을 받았다고 한다.[34]

섬의 주민은 이 거대한 새를 그냥 '루크'라고만 불러 다른 이름을 붙이지 않고 있으며, '그리폰'이라고 해도 통하지 않는다. 그러나 목격자가 얘기하는 그리폰의 거대한 날개 길이를 생각하면, 원주민이 말하는 '루크'가 바로 그리폰임은 누구도 확신할 수 있다.

다음에는 잔지바르 섬의 이야기로 옮겨 보자.

209 잔지바르 섬

잔지바르(zangebar, 탄자니아 섬)는 매우 크고 훌륭한 섬이다.[35] 둘레는 3200km가 넘는다. 주민들은 우상을 숭배하고 그들만의 언어를 쓰며, 그들의 왕이 다스린다. 어느 나라에도 예속되어 있지 않다. 원주민들은 키가 크지만 워낙 억센 체격을 하고 있어서 그다지 커 보이지 않는다. 그래도 살이 찌고

골격이 늠름하여 마치 거인처럼 보인다. 여하튼 그들은 혼자서 네 사람이 짊어질 만큼의 양을 운반할 수 있으니 분명히 뛰어나게 강한 것은 틀림없다. 따라서 5인분 정도를 먹어치워도 별로 이상할 것은 없다. 피부는 온몸이 새까맣고 허리 부분을 가리는 외에는 모두 벌거벗은 모습이다. 머리카락은 아무리 물로 고쳐 빗어도 똑바로 되지 않을 만큼 곱슬머리이다. 코는 하늘을 보고 있으며 게다가 입술과 입이 엄청나게 커서 보기만 해도 오싹해지는 외모이다. 그러므로 딴 나라에서 그들을 만나면 누구라도 악마로 잘못 알 것이다.

이 지방에는 많은 코끼리가 서식하고 있으므로 상아의 매매가 번창하다. 호랑이도 있으나 털색이 새까만 게 다른 나라의 호랑이와는 약간 다르다. 이밖에 살쾡이·표범도 그 수가 많다. 요컨대 이곳의 짐승은 모두가 다른 나라의 것과 다르다. 양도 있긴 하지만 흰 것이 아니라 색깔이 있는, 즉 검은 머리에 흰 몸을 한 종류뿐이다. 온 섬을 뒤져도 그 이외의 양은 볼 수 없다.

또 매우 아름다운 기린이 많다. 이 기린에 대해 조금 설명해 보자. 이 동물은 몸이 길고 뒷다리가 짧기 때문에 엉덩이가 훨씬 아래로 처져 있다. 그러나 앞다리와 목은 굉장히 길어 머리가 땅에서 3걸음이나 되는 높이에 붙어 있는데 머리는 작다. 사람에게 해를 끼치는 동물은 아니다. 붉고 흰 반점이 온몸을 싸고 있어 멋진 외관을 하고 있다.

코끼리에 대해 빠뜨린 이야기가 있으므로 여기에 덧붙여 두겠다. 코끼리는 교미하려고 할 때에 우선 땅에다 큰 구덩이를 파고 암놈을 그 구덩이에 똑바로 눕힌다. 이것은 코끼리의 성기가 훨씬 배 앞쪽에 붙어 있기 때문이다. 이렇게 해서 수코끼리는 사람과 같은 모양으로 교미한다.

이 섬의 여자는 입도 눈도 코도 다 크므로 정말 보기만 해도 끔찍한 얼굴이다. 가슴도 보통 부인의 4배는 되므로 가슴을 어깨너머로 늘어뜨리면 등 아랫부분까지 닿을 것이다. 여하튼 말할 수 없을 만큼 추악하다.

주민들은 쌀·고기·우유·대추야자를 주식으로 한다. 포도주는 없으나 쌀에 설탕과 향료를 넣은 술을 만들고 있으며, 그것은 맛이 상당히 좋고 포도주에 못지 않게 취기가 오른다. 여기서는 상거래가 활발하다. 많은 상인들이 각종 상품을 상선에 싣고 와서 하나도 남김없이 이곳의 특산물, 특히 상아를 대량으로 사들여서 돌아간다. 이곳도 역시 고래잡이가 활발해서 용연향의 산출이 많다.

Tem eſt leſtia elephans nomine. phiſiologus dicit de eo
qñ intellectum magnum halet in ſe. Concupiſcentiam
uernis minime in ſe halere di. Tempore cum uoluerit
filios percare. uadit in orientem cum femina ſua uſq̃ in
primum paradiſi. eſt autem ibidem herba mandragora
nomine. de cuis fructu femina prior deguſtet. Et tunc maſ
culum illuc deducet. ut ipſa ſus manducet. poſtquam
uero manducauerit amlo conuenient ſibi ſtatimq̃ co
apit. Cum autem uenerit tempus pariendi. pgit ad la
cum magnum ⁊ ingreditur uſq̃ ad utera ⁊ ibidem par
curit ſuper aquam ⁊ hoc propter draconem facit epiſidia

코끼리의 상아는 주요 수출품이며, 또한 많은 코끼리를 전투용으로 훈련시켜 전쟁터로 내보내기
도 한다.

원주민 남자는 용감하여 죽음을 두려워하지 않으므로, 전쟁터에 나가면 용감하게 싸우는 우수한 병사가 된다. 그러나 이곳에는 말이 없으므로 낙타나 코끼리를 타고 싸운다. 코끼리 등에 망루를 만들어 야수의 가죽으로 이를 단단히 둘러싸고, 16명에서 20명 가량의 병사가 창·칼·돌을 무기로 삼아 올라탄다. 이렇게 코끼리 등에서 벌어지는 전투는 실로 잔인하기 그지없다. 그들은 갑옷을 입지 않고 다만 가죽 방패만으로 몸을 보호하며 창과 칼만을 무기로 한다. 그래도 그들은 두려워하기는커녕 매우 태연하게 서로를 살육한다. 또 한 가지 덧붙이면 그들이 코끼리를 전쟁터에 데리고 나오는 경우 미리 술을 잔뜩 먹여 둔다. 이렇게 하면 코끼리는 취해 매우 대담하고 포악해져서 전투에 임하여 훌륭한 활약을 하기 때문이다.

자리를 바꾸어 다음은 광대한 아비시니아 지방의 이야기로 옮기고자 한다. 그러나 그 전에 인도에 관해 얼마쯤 이야기를 해두고 싶다. 여태까지 인도의 여러 섬 이야기를 하였으나, 여기서는 다만 그 지역에서 가장 중요한 지방·왕국·섬들만 다루었다. 왜냐하면 인도의 여러 섬 전반에 걸쳐 거짓말이 섞이지 않은 완전한 진상을 이야기할 수 있는 사람이란 이 세상에 한 사람도 없기 때문이다. 내가 지금까지 이야기한 바는 모두가 그 중의 가장 멋진 섬들, 다시 말하면 인도의 정수라고 할 수 있는 부분인 것이다. 그 밖에도 내가 언급하지 않은 많은 섬들이 있어, 지금까지 말해 온 섬들에 종속되고 있다. 그들의 풍속은 이미 말한 주요한 여러 섬의 풍속에서 추측할 수 있을 것이다. 사실 항상 인도해를 항해하여 익숙해진 노련한 뱃사람의 해도나 기록에 의하면 사람이 사는 섬, 살지 않는 섬을 합해서 이 인도양에는 무려 1만 2천7백 개나 되는 많은 섬이 있다고 한다.

그러면 이것으로써 드디어 대인도에서 떠나기로 하자. 대인도란 마아바르에서 케스마코란 사이에 퍼져 있는 13왕국—그 중의 10왕국에 대해서는 이미 말한 바이다—을 포함한 지역이다. 이에 대해 소인도란 참바로부터 무트필리 사이의 8왕국 지역을 가리킨다.[36] 단 여기서 한 마디 해두어야겠는데, 내가 왕국으로 꼽은 것은 주로 대륙에 있는 왕국에 한해서의 이야기이다. 섬에 있는 왕국까지 헤아리다가는 끝이 없으므로 이들은 생략하였다. 그러면 이제부터 중인도, 즉 아비시니아 지방의 이야기를 하겠다.

210 아비시니아 지방

아비시니아(Abyssinia, 에티오피아)는 매우 넓은 지방이며, 중인도 또는 제2의 인도로 불리는 큰 나라이다. 이 지방에 군림하는 대왕은 그리스도 교도이다. 이 대왕에 예속되는 6명의 왕이 있다. 그 중 3명은 그리스도 교도, 나머지는 사라센이다.

이곳의 그리스도 교도는 얼굴 세 군데에 표시를 하고 있다. 하나는 이마에서 코에 걸친 중간에 있으며, 나머지는 두 볼에 하나씩 있다. 어릴 때 뜨겁게 달군 쇠로 낙인한 것이며, 그들에게는 이것이 세례이다. 먼저 물로 세례를 한 뒤에 이 낙인을 실시한다. 그들에게 이 낙인은 고귀한 표시인 동시에 세례를 마친 표시이기도 하다. 또 그들은 이것이 건강에도 좋다고 생각한다.

이 지방에는 유대인도 살고 있다. 그들은 두 볼에 하나씩, 모두 두 개의 표시를 한다. 사라센은 단 하나, 즉 이마에서 코에 걸친 중간에 표시를 할 뿐이다. 대왕은 이 지방의 중앙에 거주하고 사라센들은 아덴 지역에 산다.

사도 성 토머스가 포교한 것은 이 지방이다. 그는 처음에 누비아 왕국에서 포교하여 주민을 개종시키고, 이어 이곳 아비시니아에 와서 그의 설교와 기적에 의해 일부 주민들을 그리스도의 가르침으로 개종시켰다. 아비시니아에서 주민의 일부를 개종시킨 뒤 마아바르로 옮겨 그곳에서 살해되었으며 유체가 그곳에 안치되었다. 이에 관해서는 앞에서 말했다.

아비시니아 지방에는 우수한 병사, 기사가 많으며 또한 말도 많이 보유하고 있다. 이것은 아비시니아가 아덴의 술탄이나 누비아, 그 밖의 이웃 여러 나라와 전쟁을 치러야 하는 상황 아래 놓여 있는 사정을 이해한다면, 매우 당연한 것으로 생각될 것이다. 끊임없는 교전 덕택으로 아비시니아 사람은 인도 전역에 걸쳐 가장 용감한 병사가 되었다고 생각된다.

여기서 한 가지, 1288년에 일어난 흐뭇한 이야기 하나를 전하기로 한다.

어느 날, 그리스도 교도인 아비시니아의 대왕이 예루살렘으로 순례하여 그리스도의 무덤에 참배하겠다고 말하였다. 그러나 중신들은 대왕이 그곳에 가는 것은 매우 위험하다고 진언하며 주교 또는 이에 상당하는 고급 성직자를 대리로 파견하도록 권고하였다. 대왕도 이를 따르기로 하고, 특히 덕행이 높은 주교 한 명을 택하여 대리로서 파견하기로 하였다. 대왕은 이 주교에게, 자기 대신 예루살렘을 순례하여 예수 그리스도의 무덤에 참배할 것을 당부하였다. 주교는 신하로서 마땅히 이 사명을 완수하겠다는 뜻을 진언하였다. 대왕은 그에게 즉시 채비하여 떠나도록 명령하였다.

이리하여 주교는 출발하였다. 육지와 바다 여행을 거듭한 끝에 마침내 예루살렘에 이르렀다. 그는 즉시 그리스도의 무덤에 참배하고, 따로 비길 데 없을 만큼 숭고한 이 무덤에 그리스도 교도라면 누구나 마땅히 바칠 경의와 존숭하는 마음을 다하였다. 그는 왕을 대신하여 여러 가지 훌륭한 공물을 바쳤다. 그는 모든 사명을 엄숙하게 끝내자 다시 종자를 인솔하고 귀국길에 올랐으며, 여행을 계속하여 아덴에 다다랐다. 그러나 아덴에서는 그리스도 교도를 매우 혐오하였으며, 사람들은 이들을 돌아보지도 않았을 뿐더러 원수같이 미워하였다. 아니나 다를까, 아덴의 술탄은 즉시 그를 체포하여 그가 정말로 그리스도 교도임이 틀림없는가를 신문하였다. 주교가 사실대로 그리스도 교도라고 대답하자, 술탄은 그에게 사라센 종교로 개종하지 않는다면 모욕을 주겠다고 선언하였다. 이에 대하여 주교는 모욕을 받을 바에는 지금 죽는 편이 낫다고 대답하였다. 그러자 술탄은 크게 노하여 주교를 붙들어 할례(割禮)를 가하라고 명령하였다.

마침내 주교는 수 명의 교도들에게 붙들린 채 사라센 율법에 따라 할례를 받고 말았다. 이 처벌이 끝나자 술탄은 주교에게, 이 불명예스러운 형벌을 그에게 기한 것은 아비시니아 대왕을 미워하고 모욕을 주기 위한 것이라 말하고, 그를 석방하였다. 주교는 이런 치욕을 받고 매우 슬퍼하였으나, 문득 다음과 같은 생각이 머릿속에 떠올라 위안을 받았다. 즉 그가 이 불명예스러운 형벌에 처해진 것은 모두 그리스도의 가르침 때문이므로, 하느님은 반드시 저 세상에서 그의 영혼에 보상을 해 줄 것이라고 스스로 위로하였다.

주교는 건강을 회복하여 말을 탈 수 있게 되자, 종자를 거느리고 출발하였다. 바다와 육지의 여행을 거듭한 끝에 아비시니아 대왕에게로 돌아갔다. 왕은 매우 만족한 태도로 주교의 노고를 치하하면서 예루살렘의 성묘(聖墓)에 관한 보고를 들었다. 주교가 본 그대로 모두 보고하자, 왕은 경건한 마음으로 신성한 이 보고에 열심히 귀기울였다. 성묘에 관한 보고를 마친 주교는 계속하여 아덴의 술탄이 대왕에게 모욕을 주려고 그에게 할례의 형벌을 가했다는 것을 말하였다. 자기에 대한 원한에서 주교에게 그와 같은 무례한 짓을 시행한 것을 들은 왕은 분노하였다. 그리고 왕은 모든 신하들에게 큰 소

아비시니아 왕은 예루살렘 순례를 마치고 돌아오는 자국의 주교에게 모욕을 준 아덴의 술탄을 응징하기 위해 코끼리 부대를 출동시켰다.

리로 이렇게 외쳤다.

"내가 왕위에 앉아서 이 나라를 지배하는 한, 온 세계 사람들의 이야깃거리가 될 만큼 분명한 복수를 해 줄 것이다."

아비시니아 대왕은 그야말로 구름 떼와 같은 보병과 기병의 대군을 소집하는 동시에, 코끼리 부대를 징발하였다. 코끼리 부대의 망루는 매우 커서, 평시라면 쉽사리 20명을 넣을 수 있는 여유를 갖고 있으나, 전사들의 전투 동작을 방해하지 않기 위하여 각 망루마다 12명씩을 태우기로 하였다. 이 준비가 완료되자, 왕은 휘하 부대를 거느리고 출발하여 아덴 왕국을 향하여 진격하였다.

아덴 왕은 적군이 육박해 온다는 소식을 듣자 이웃 나라에 있는 사라센 왕 두 명을 초청하여 조력을 요청했다. 한편, 이들 역시 보병과 기병 대군을 모아 국경의 험준한 좁은 길로 진군하였다. 아비시니아 왕이 군대를 거느리고 이 좁은 길에 다다르자, 아덴의 대군은 이미 이들을 기다리고 있었다. 이리하여 무서운 격전이 이곳에서 벌어졌다. 아비시니아 왕의 군대는 모두 정예인 데다가 수도 많았으므로 결국 3명의 사라센 왕의 전세는 기울었다. 어쨌든 아비시니아 전사들은 사라센 전사들에 비하여 훨씬 우수하였기 때문이다. 이리하여 사라센군은 후퇴하고, 아비시니아 대왕과 그의 병사들은 아덴 왕국으로 진격하게 되었다. 국경의 좁은 길에서 전사한 사라센 병사의 수는 실로 막대하였다. 아비시니아 왕과 그의 군대가 아덴으로 침입하자, 사라센 병사들은 또다시 몇 군데의 험준한 고개에서 항전했으나 막을 수 없었고, 많은 전사자를 내었을 뿐이었다. 아비시니아 왕은 적국에 군대를 머물게 한지 약 1개월, 그동안에 적국을 약탈하고 유린하여 수많은 사라센들을 죽였다. 이리하여 아비시니아 왕은 그 주교에게 가해졌던 치욕에 대하여 충분히 설욕하였으므로, 자랑스럽고 당당하게 본국으로 개선할 것이라고 선언하였다. 실은 아비시니아 왕도 적에게 그 이상의 타격을 줄 수 없었다. 아직도 공략하지 못한 요새가 남아 있었지만, 그것들은 모두 험준하고 견고해서 약간의 수비병만 포진해 있어도 상대편에게 큰 손해를 입힐 수 있기 때문이었다. 그러므로 소기의 목적을 이룬 아비시니아 왕의 군대는 마침내 아덴 왕국으로부터 철수하여 귀국길에 올랐다. 그들은 쉬지 않고 행군을 계속하여 본국으로 개선하였다.

이로써 주교가 받은 치욕을 유감없이 사라센에게 복수하게 된 전말을 소개하였다. 적의 전사자는 실로 헤아릴 수 없을 만큼 많았으며 유린당한 적지도 매우 광범위한 지역이었다. 사라센들이 그리스도 교도에게 이길 도리는 없었으므로 아비시니아군이 대승을 거두었다고 해도 그리 놀랄 것이 없다.

여기서 화제를 바꾸어 아비시니아에 관한 다른 사항을 소개하겠다. 이 나라에는 생활 필수 물자가 풍부하다. 주민들은 쌀·밀·고기·우유·깨를 주식으로 한다. 이곳에서는 코끼리를 많이 볼 수 있지만, 이것들은 이 땅의 것이 아니라 대인도의 여러 섬에서 데려온 것이다. 이곳에는 기린이 많이 살고 있다. 사자·표범·살쾡이 그 밖의 야수들도 많이 살고 있지만, 모두 유럽산과는 매우 다르다. 야생 당나귀도 역시 이곳에 많다. 이곳의 가금(家禽 : 집에서 기르는 날짐승)은 세계적으로 훌륭하다. 그리고 커다란 타조가 있는데, 이것은 야생 당나귀만큼이나 크다. 그 밖에도 유럽산과는 다른 여러 동물이 살고 있다. 요컨대 사냥감으로 새나 짐승 모두가 풍부하다. 앵무새도 많이 있는데 모두 아름답고, 원숭이는 그 종류도 많다. 사람과 아주 닮은 얼굴을 가진, 실로 진기한 비비나 유인원도 있다. 그리고 이 지방은 황금 산지인데, 그 산출량은 대단하다.

이로써 아비시니아 지방에 관한 보고는 모두 마쳤으므로 화제를 진행시켜 아덴에 관한 이야기를 할 작정인데, 그 전에 또 한 가지 전해 줄 말이 있다. 다름이 아니라 아비시니아에는 많은 도시·취락이 있고, 교역에 종사하는 상인도 많으며, 훌륭한 경마포나 무명 옷감이 다량으로 직조되고 있다는 사실이다. 이 밖에도 생산물은 여러 가지 있으나, 그것들을 하나하나 이 책에서 말할 필요는 없을 것이다. 그러면 아비시니아 지방에 관한 보고를 마치고, 이번에는 아덴에 관한 이야기를 할까 한다.

211 아덴 지방

아덴(Aden, 홍해 입구)은 술탄이라 불리는 왕이 다스린다. 모든 주민들은 마호메트의 율법을 지키는 사라센이며, 그리스도 교도를 혐오한다.

이 나라에는 화물을 가득 실은 인도 상선을 모조리 입항시킬 만큼 충분한 항구가 있으며, 많은 상인들이 그곳에 모여든다. 상인들은 이 항구에서 그 상품을 작은 배에 실어 대략 20일 정도를 해안(홍해)을 따라 항해한다. 항구에 도착하면 낙타에 옮겨 실어 나일 강까지 육로로 짐을 나른다. 나일 강에 도착하면 다시 제름스(jerms)라 불리는 작은 배에 짐을 옮겨 실어, 강의 흐름을 따라가면 바빌론*37에 도착한다. 바빌론에서 칼리젠(Kalizene) 운하를 경유하여 알렉산드리아까지 운반된다. 이렇게 하여 알렉산드리아의 사라센들은 아덴을 경유한 인도의 산물인 후추·향료 그 밖의 귀중한 물자를 얻게 된다. 알렉산드리아까지 가자면 이 길 이외에는 다른 편리한 길이 없다.

마찬가지로 아덴 항에서 상품과 상인을 가득 실은 많은 선박들이 인도의 여러 지역을 향해 출범한다. 이 항구에서 인도로 가는 상인들은 값비싼 아라비아 군마나 두 개의 안장을 얹어도 끄떡도 하지 않는 준마를 많이 수출하여 큰 돈을 벌고 있다. 이들 상인들이 좋은 말 한 필을 인도에 팔아 넘기는 값은 실제로 은화 100마르크 또는 그 이상이 되기도 한다.

아덴의 술탄은 이들 상선과 상인에 대해 무거운 세금을 부과함으로써 엄청난 재산을 축적했다. 그가 세계에서 손꼽히는 부유한 왕 중의 한 사람인 것은 바로 이와 같은 이유, 즉 그 나라에 오는 상인에게 부과한 무거운 세금 덕분이다.

그럼 여기서 이 술탄이 어떻게 그리스도 교도에게 해를 입혔는가를 소개하겠다. 전에 바빌론의 술탄이 아크레 시를 공격하여 함락시킬 때 아덴의 술탄이 기병 3만 기, 낙타 4만 마리를 바빌론의 술탄에게 제공하였다. 이것은 사라센들에게는 매우 큰 도움이 되었으며, 반대로 그리스도 교도에게는 매우 큰 타격이 되었다. 그러나 그가 이와 같은 행동으로 나온 것은 바빌론의 술탄을 위한다거나 특별한 친애 때문이 아니라, 모두 그리스도 교도가 미운 마음에서 우러난 행동이었던 것이다.

또 한 가지 여기에 덧붙여 말해 두고 싶은 것은, 아덴이나 호르무즈·키시 그 밖의 여러 나라 선박 중 인도해를 항해하는 선박이 선체가 취약하기 때문에 이따금 조난을 당하는 일이다. 바다가 거칠어져 날씨가 험악해지고 폭풍우가 휘몰아칠 때는 유럽의 바다도 마찬가지지만, 이들 선박은 한 척도 목적지에 이르지 못하고 모두 도중에 조난당할 수밖에 없다. 상인이나 선박 선원들은 많은 가죽 주머니를 가지고 있다가 날씨가 험악해지고 바다가 거칠어지기 시작하면 진주, 보석 따위를 식량과 옷, 그 밖의 소지품과 함께 모두 이 가죽 주머니에 넣고—그러나 식량은 적당한 분량으로 한정한다—이 가

아덴 지방의 준마는 이 지역의 수출 특산품이다.

죽 주머니들을 한데 묶어 뗏목을 만들어 놓는다. 그리하여 마침내 폭풍우가
휘몰아쳐서 배가 가라앉을 상태가 되면, 상인과 선원들은 모두 이 뗏목으로
옮겨 타고 폭풍우가 노호하는 방향으로 몸을 맡겨 매일매일 표류를 계속한
다. 이리하여 때로는 육지에서 멀리 200마일이나 떨어진 해상을 표류하는
경우도 있다.

이 뗏목에 몸을 맡겨 표류하고 있는 동안에 음식을 먹고 싶으면 가죽 주머
니에 들어 있는 음식물을 필요한 분량만큼 꺼낸 뒤에 다시 입으로 바람을 불
어넣어 가죽주머니를 불룩하게 해놓는다. 이런 방법으로 그들은 조난으로부터
몸을 구조하지만, 선체와 부피가 큰 짐만은 어찌할 도리도 없이 잃고 만다.

다음에는 아덴의 술탄에 예속되는 다른 대도시를 소개할까 한다.

이 대도시는 에시에르라 불리는데 서북 방향에 자리잡고 있으며, 여기에
는 원주민의 영주가 있어 이 도시를 다스리고 있다.

212 에시에르 시

에시에르(Escier, 아덴 북동 해안)는 아덴 항에서 북동쪽으로 640km 떨어진

곳에 있는 대도시이다. 이곳의 영주는 백작 칭호를 가지고 있으며, 그의 통치는 잘 이루어지고 있다. 그는 이 밖에도 많은 도시들을 지배하고 있다. 그러나 그는 아덴의 술탄이 책봉하는 봉신(封臣 : 봉건 사회에서, 봉토를 받는 신하)이며, 마호메트를 숭상하는 사라센이다.

에시에르 시에는 훌륭한 항구가 있다. 많은 상선과 상인들이 많은 분량의 상품을 가지고 인도에서 이곳으로 오며, 한편 이곳으로부터도 많은 상인들이 막대한 상품을 배에 싣고 인도로 항해한다. 여기서 한마디 덧붙이자면, 훌륭한 군마와 안장 두 개를 달 수 있는 많은 준마를 인도로 수출하는 것은 이곳 상인들이다. 이 말들은 명마이므로 그만큼 값도 비싸며, 따라서 상인들은 마필 무역으로 막대한 이익을 올리고 있다.

이 지방에는 백유향(白乳香)과 야자열매의 산출량이 매우 많다. 그러나 곡물은 그저 알이 작은 쌀과 수수만 생산되므로 상인들이 외지로부터 곡물을 수입하여 큰 돈벌이를 하고 있다. 생선은 풍부하며 특히 큰 다랑어가 많이 잡힌다. 따라서 값도 싸 베네치아 은화 1그로소로 큰 다랑어 두 마리를 살 수 있다. 주민들은 쌀·고기·우유·생선을 주식으로 한다. 포도주는 없으나, 쌀에 설탕과 야자열매 즙을 섞어서 술을 만든다. 그 술은 상당한 풍미를 지니고 있다. 화제를 돌려서, 이곳의 양들은 귀가 없다. 아니, 차라리 귓구멍이 없다고 하는 편이 나을 것 같다. 귀에 해당하는 부분에는 작은 뿔이 나 있다. 몸집이 작고 귀여운 양이다.

이 밖에도 독자 여러분을 깜짝 놀라게 할 이야기가 있다. 즉, 양·소·낙타·망아지 같은 이곳의 가축들이 모두 생선을 먹는다는 사실이다. 이 지방은 세계에서도 가장 건조한 지대이므로 풀이 나지 않기 때문에 이들 가축들도 자연히 생선을 사료로 삼는다. 이들 가축들이 먹는 생선은 매우 작은 물고기이며 3월부터 5월에 걸쳐 잡히고, 그 어획량은 참으로 놀랄 만하다. 원주민들은 이를 말려 저장해 두었다가 한 해의 가축 사료로 이용한다. 그리고 이들 가축들은 물에서 갓 잡은 살아 있는 물고기도 먹는다.

이곳에서는 이 밖에도 맛있는 큰 물고기가 많이 잡히며 값도 매우 싸다. 따라서 주민들은 생선 비스킷을 만들고 있다. 먼저 생선을 잘게 썰어 여기에 밀가루 비슷한 것을 섞어서 풀같이 걸쭉한 액체를 만들고 생선을 갈아 뭉쳐서, 0.45kg 정도의 덩어리로 잘라 볕에 말린다. 이것을 저장해 두었다가 비스킷처럼 1년 동안의 식량으로 충당한다.

백유향도 이곳에서 많이 생산된다. 영주가 그것을 1칸타르(약 67.5kg)당 황금 10베잔트로 사들이고 다시 상인들―외국 상인까지도 포함하여―에게 1칸타르당 황금 40베잔트로 판다. 에시에르 영주는 아덴의 술탄 대리인으로서 이를 수행하고 있을 뿐이다. 앞서 말한 것처럼 전체 영역 내의 백유향을 10베잔트로 사들이고 40베잔트로 되파는 장본인은 사실 아덴의 술탄인 것이다. 그는 이 백유향을 독점함으로써 막대한 수입을 올리고 있다.

다음으로 옮겨 두파르 시에 관한 이야기를 하겠다.

213 두파르 시

두파르(Dufar, 에시에르 북동 해안)는 에시에르 시에서 북동쪽으로 800km 떨어진 곳에 자리잡고 있다. 그곳은 크고 훌륭한 도시이다. 주민들은 사라센이며, 마호메트를 숭상한다. 이 지방도 아덴 술탄의 영역에 속하고 있으므로 두파르 시의 영주인 백작도 역시 아덴 술탄의 신하이다.

이 도시는 해안에 자리잡고 있으며 좋은 항구를 가지고 있다. 다수의 상선과 상인들이 이 항구에 드나들어 막대한 상품을 가져온다. 이들 상인들은 아라비아 등지에서 사육된 말을 이곳에서 입수하여 다시 수출하는데, 이 말 무역에 의한 이익은 막대하다. 이 두파르 시는 그 관할 아래 수많은 도시, 성읍을 예속시키고 있다.

이곳에서도 좋은 질의 백유향이 많이 생산된다. 백유향이 어떻게 채취되는가를 소개하겠다. 유향이 채취되는 나무는 그리 크지 않고 전나무 비슷한 나무이다. 이 나무의 여기저기에 칼자국을 내놓으면 수액이 뚝뚝 떨어지며, 이것이 굳으면 백유향이 된다. 어떤 경우엔 이런 칼자국을 내지 않아도 매우 기온이 높기 때문에 나무 줄기 몇 군데에 수액의 혹이 생기는데, 이것 역시 백유향이다.

이곳에서는 인도로 수출되는 말과 함께 이 백유향의 거래가 활발하다. 이번에는 칼라트 지방에 관하여 말할까 한다.

214 칼라트 시

칼라트(Calatu, 두파르 북동 해안)는 두파르에서 북동쪽으로 960km 떨어진 곳에 자리잡은 대도시이며, 같은 이름을 가진 만에 임한다. 해안에 자리잡아 훌륭한 도시를 이루고 있다. 주민들은 사라센이며 마호메트를 숭상한다. 이 곳은 호르무즈에 속하고 있다. 호르무즈의 멜리크가 자기보다도 유력한 상대와 싸울 경우에는 언제든지 그 피난처가 되는 장소이다. 이 도시는 방위가 매우 튼튼한 요새를 이루고 있으므로, 이곳으로 도망가면 어떠한 적일지라도 두려울 것이 없기 때문이다.

이 지방에서는 곡물이 전혀 나지 않는다. 모든 곡물은 외지로부터 수입하며, 상인이 선박에 실어 오는 것에 의존하고 있다. 이 도시에는 훌륭한 항구가 있으며, 많은 선박들이 물자를 가득 싣고 인도에서 온다. 이 항구에서 내륙 지방의 여러 도시에 화물과 향료가 수출되기 때문에, 이곳은 이들 상인에게 매우 유리한 시장이 된다. 그리고 이 도시에서 다수의 좋은 말이 인도로 수출되고 있으며, 상인들은 이 마필 무역으로 막대한 이윤을 올리고 있다. 이 지방과 앞서 말한 여러 지방에서 인도로 수출되는 좋은 말의 수는 엄청난 것이며, 실로 믿기 어려울 만큼의 수량에 달하고 있다.

이 도시는 칼라트 만 들머리에 자리잡고 있으므로, 시민의 마음에 들지 않는 선박은 한 척이라도 이 만 안으로 들어갈 수 없다. 그 결과로서 호르무즈의 멜리크는 케르만의 술탄에 예속되어 있으면서도 매우 유리한 입장에 있다. 예를 들어 호르무즈의 멜리크가 술탄의 말을 거부했다 하자. 설사 술탄으로부터 토벌군이 파견되더라도 멜리크가 호르무즈에서 배를 타고 이 칼라트 시로 와 한 척의 배도 통과시키지 않게 되면, 술탄으로서는 그야말로 커다란 타격이 된다. 그렇게 되면 술탄으로서도 호르무즈의 멜리크와 강화(講和)를 하여야 하며, 따라서 당초에 요구했던 대로 과세 징수를 중지해야 한다. 그리고 호르무즈의 멜리크는 이 도시 이상으로 험준한 요새를 또 하나 따로 가지고 있어, 칼라트 만·칼라트 해의 운명을 훌륭하게 제어하고 있다.

이곳의 주민들은 야자 열매와 소금 절인 생선을 주식으로 한다. 이 두 가지 다 이곳에서 다량으로 산출된다. 그러나 주민 중에서도 부유한 사람과 고귀한 사람들은 이것과는 다른 더 고급 요리와 질이 좋은 식사를 한다.

다음 화제는 호르무즈의 차례가 된다. 왜냐하면 칼라트 시를 출발하여 북북서로 300마일을 가면 호르무즈 시에 다다르지만, 키시는 칼라트에서 북서서로 500마일 떨어진 곳에 자리잡고 있기 때문이다. 따라서 키시에 관해서는 생략하고 호르무즈에 관한 이야기를 하겠다.

215 호르무즈 시

호르무즈(Hormuz)*38는 바다에 임하여 세워진 훌륭한 대도시이며, 케르만의 술탄에 예속되고 있다. 그러나 도시 호르무즈의 통치는 한 명의 멜리크가 독점하고 있다. 그리고 호르무즈 시는 그 관할 아래 다수의 도시 성읍을 가지고 있다. 주민은 사라센이며 마호메트를 숭상한다. 이곳은 엄청나게 덥기 때문에 모든 가옥에는 바람을 받기 위한 통풍 창구가 설비되어 있다. 통풍 창구는 바람이 불어오는 쪽을 향해 만들어져 있어 집 안으로 바람을 흘러들어오게 한다. 이것이 없으면 주민들은 도저히 심한 더위를 견딜 수 없으므로 널리 보급된 설비이다.

호르무즈 시에 관하여서는 이미 이 책의 앞 장에서 키시·케르만과 함께 말해 두었으므로 더 이상 말할 것은 없다. 어떤 경로를 취하여 오더라도 이 호르무즈 시에는 반드시 들러야 하기 때문에 마지막 항목으로 다룬 것뿐이다. 그러나 앞서 말한 것처럼 이곳에 관한 보고는 이미 마쳤기 때문에 다시 되풀이할 필요는 없으므로, 곧 화제를 다음으로 옮겨 터키에 관한 자세한 사정을 설명할까 한다.

〈주〉

*1 본문에서 말하는 원정은 1281년의 싸움이다. 군선 900척과 4만 명의 몽골·고려·한군을 거느린 흔도(忻都)와 홍다구(洪茶丘)의 동로군(東路軍)은 1281년 5월 3일에 합포(경상남도 마산)를 먼저 출발하고, 범문호·이정이 거느린 군선 3천5백 척에 10만 명의 강남군은 6월 18일에 경원(저장 성 닝보)을 출항하였다. 동로군은 대마도와 이키 섬을 거쳐 6월 상순, 히카타 만의 시카 섬에 상륙하여 일본 땅에서의 첫 교전이 벌어진다.

*2 오룡산에 버려진 타타르군의 병사들은 장백호장(將百戶長)을 수령으로 삼아 단결하였으나, 결국은 왜군의 토벌을 받아 2~3만 명이 포로가 되었고, 이어 하카타에 연행되어 대부분 살육되었다.

*3 범문호·이정 이하의 장령(將領)은 패전의 책임을 추궁받아 벌을 받았으나 그 자세한 것은 분명하지 않다.

*4 천수관음(千手觀音)·팔면육비신상(八面六臂神像) 종류를 가리킨다.

*5 식인의 풍습은 무엇을 근거로 삼은 말인지 알 수 없지만, 말할 것도 없이 마르코 폴로의 오해이다.

＊6 마르코 폴로의 이 부분의 서술은 동해와 남해를 혼동하고 있다. 동해라 함은 산둥성 라이저우에 자리잡고 있는 동해신의 지배 관구로서 한국·일본 방면의 바다를 가리키며, 남해라 함은 광둥성 광저우에 자리잡고 있는 남해신의 지배 관구로서 필리핀·보르네오·수마트라·자바·동남아시아에서 인도 방면의 해역을 뜻한다. 그리고 송나라 말·원나라 초엽 무렵부터 이들 해역을 통하여 동양과 서양으로 분할 구분이 생기는데, 그 내용은 대략 이에 준하는 것이다.

＊7 남송의 마지막 제왕을 따라 차오저우·광저우로 진격한 몽골 장군 소그투(Sogutu)가 사자를 참바국에 파견하여 공물을 바칠 것을 촉구한 것은 바로 1278년이며, 2년 후에 조공이 실현되었다. 1282년에 소그투는 점성행성우승(占城行省右丞)에 임명되어 참바국에 주재하였으나, 이전부터 신하로서 원나라를 대하는 부왕의 태도에 불만을 품은 왕자가 이 해 10월에 모반을 일으켰기 때문에 이로부터 장군 소그투의 참바 정벌이 시작된다. 1284년 3월에 참바의 노왕은 항복하여 공물을 바칠 것을 다시금 약속하게 된다.

＊8 마르코 폴로가 쿠빌라이 칸의 사절로 참바국에 주재했던 연대는 문헌마다 다르다. 베네치아 방언판은 1275년, 라무시오판은 1280년, 제라드판에는 연대가 없다. 그러나 대부분 1285년으로 되어 있다. 마르코 폴로가 이 해 참바국에 가 있었다면, 중국에 머문 동안의 그의 발자취를 고증하는 데 있어서 중요한 하나의 단서를 제공해 줄 것이다.

＊9 여러 책에 자바로 되어 있으나, 이것은 W. 마아스덴이 지적했듯이 참바의 잘못이다. 자바 섬은 마르코 폴로의 귀국 항로에는 해당되지 않으며, 700마일로 손두르 섬에 이른다는 거리로 보아도 이 지적은 옳을 것이다. 참바에 관해 기술하는 김에 전해 들은 지식으로써 자바 섬의 사정을 부연한 것이므로, 화제의 본줄거리로 돌아간다면 당연히 참바에서 재출발하는 셈이다.

＊10 수액에서 만들어지는 이 술을 설명하여, H. 유율은 자바 어의 아렝·사카리펠라, 말레이 어의 고무티라고 한다. 조여괄의 《제번지(諸番志)》 상권에는 당시 팔렘방에 도읍한 사마트라 왕국 삼불제에, 누룩 발효에 의하지 않은 화주(花酒)·야자주(椰子酒)·빈랑밀주(檳榔蜜酒)가 있음이 기술되고 있다. 아마도 이 야자주가 마르코 폴로가 이야기하는 수액주에 해당하는 것인 듯하다. 명나라 이시진의 《본초강목》은 북송의 악사 《태평환우기(太平寰宇記)》를 인용하여 수액주의 상세한 설명을 하고 있다. 즉, 버마(미얀마)에 패수(貝樹)라 부르는 종려와 닮은 교목이 있는데 실은 야자류에 속한다. 토민은 이 열매에 칼집을 내어 그릇을 나무 열매 밑에 대고 나오는 액즙을 모아 이것으로 술을 만든다. 이것을 수두주(樹頭酒)라 부른다는 것이다. 이런 종류의 주조 방법은 구태여 버마에만 한정되는 것이 아닐 터이므로 옮겨서 사마트라의 야자술에도 적용시킬 수가 있을 것이다.

＊11 세일란 왕의 이름을 파리국립도서관판과 제라드판은 Sendernam, 그레고월판은 Sendemain, 라무시오판은 Sendernaz로 하였다. 리치 영역본이 Sendeman으로 한 것은 그레

고월판을 채용한 것이다. 당시의 세일란 왕은 판디타 프라크라마바프 3세이나, 이에 대해 '덕이 높은 자'를 의미하는 존칭 Soudhamma로서 부른 것이 Sendernam이라고 한다.

*12 이 기도어는 파리국립도서관판과 그레고월판에는 보이지 않고, 제라드판에 "Pauca, Pauca, Pecaua"로 하였고 라무시오판에 "Pacauca, Pacauca, Pacaua"의 형태로 보인다. 유울에 따르면 '신'을 의미하는 산스크리트 어인 Bhagavata, 타미르 어의 Bagava, Pagava에 해당될 것이라고 한다.

*13 아들들이 싸우자 어머니가 자신의 유방을 가리키며 훈계하는 이 유명한 예는 칭기즈 칸의 어머니에게서 볼 수 있다. 샤먼의 참언을 들은 칭기즈 칸이 친동생을 죽이려 했을 때의 일이다. 급보를 듣고 달려온 어머니가 아들들에게 유방을 내보이더니 키우던 옛날 얘기를 하며 칭기즈 칸을 힐책하여 그의 동생을 석방시킨 사실이 《원조비사》 제 10권에 이야기되고 있다. 마르코 폴로는 17년간의 원조 체재 중에 아마도 유명한 이 이야기를 전해 들은 모양이다. 만약에 그렇다고 하면 마아바르 왕 형제의 생모에 대해서도 윤색을 가하여 이렇게 설명했거나, 또는 그것이 사실이었다면 칭기즈 칸 어머니의 행위와 같은 데에 인상을 받아 여기에 특필한 것인 듯하다.

*14 가우이족은 지금 이 지방에서 파라이야르로 불리는 힌두 하층의 카스트에 해당될 것이다.

*15 주거비(周去非)의 《영외대답(嶺外代答)》 제3권의 남니화라국(南尼華囉國)의 대목에 집의 벽과 앉는 자리를 모조리 쇠똥으로 칠하는 풍습이 기술되어 있다. 남니화라는 구자라트의 수도 Nehrwālah의 음역으로 볼 수 있으니 마아바르와는 구별해야 할지 모르나, 힌두 교도의 황소 숭배에 의거한 일반 풍습이라는 관점에서 보는 한 이 경우의 참고 문헌으로 할 수 있을 것이다.

*16 제라드판의 coiach, 라무시오판의 choiach라는 말에 대해서는 다음과 같다. 인도인 점성술사가 '불길한 시각'이라는 뜻으로 쓰는 tyojya라는 말을 타미르 어로 tiyacham이라 하며, 이것을 사라센이 tiyach로 잘못 발음하고 거기다 또 마르코 폴로가 choiach의 형태로 전한 것이다.

*17 당시 테린가아나 왕국에 군림한 여왕은 카카테야 왕조의 Rudrama Devi 왕비이다.

*18 성 토머스는 12사도의 한 사람이다. 그에게는 예로부터 파르티야·인도 등 동방에의 전도 설화가 따른다. 따라서 인도의 그리스도교는 그의 교화를 말하며 교회당은 그의 전설로 장식된다. 마르코 폴로가 있던 당시, 마드라스 지방에선 미스트르파 그리스도 교도가 수천 명을 헤아렸다. 마드라스 남쪽 교외 5킬로미터 지점에 있는 마이라푸르 ―'공작의 도시'의 뜻―가 성 토머스의 유체를 안치했다고 하는 성전이 있는 곳이다.

*19 이 왕국은 마드라스 서남의 대칸치를 수도로 하여 코로만델 해안의 중부를 차지하고 있었다.

＊20 불로불사를 구하는 중국의 신선술은 4세기 경에 이르러 이른바 단약(丹藥)을 그 중요
수단으로 삼는 경향을 나타낸다. 단약이란 진사(^{황화}_{제2수은})를 주제로 하여 조제되는 약제
이므로 바로 수은과 유황의 화합물이다. 본문에서 말하는 바 인도의 요가 종파가 쓰
는 강장제와 중국의 단약이 완전히 같은 성분인 것은 흥미있는 일이다. 이 두 가지는
과연 서로 관계가 없는 것이었을까.

＊21 마르코 폴로는 여기서 석가의 사문관(四門觀)을 오해 없이 간략하게 설명하고 있다.

＊22 불교의 Jātaka＝본생경(本生經)의 이야기이다.

＊23 《원사》 제131의 〈역흑미실전(亦黑迷失傳)〉에는 1284년 대칸의 명을 띠고 해외의 실
론에 사자로 간 이크미슈가 그곳에 남아 있는 부처사리와 그릇을 목격하고 대칸에게
보고했고, 그가 1287년 마아바르에 재차 사신으로 갔을 때 이 부처사리와 그릇의 입
수를 명령받고 다행히 그 일을 해내어 다음해 귀국했다는 것이 있다. 이크미슈는 위
구르 인 불교도이나 눈빛이 파란 사람이었으므로, 마르코 폴로는 이 사람을 사라센으
로 잘못 알았던 것 같다.

＊24 포티에는 이를 1272〜1288년에 이곳의 통치자들이 공통적으로 부르던 칭호 Hoisana
arasu의 와음으로 해석하고 있다.

＊25 사도 토머스가 인도에 그리스도교를 전파했다는 설은 후세까지 오랫동안 전해 내려왔
지만 실은 단순한 전설에 지나지 않는다. 그러나 중세의 인도에 그리스도교—동방계
의 그것일 것이다—가 실제로 있었던 것은 사실이다. 코울람 왕국은 주요한 일곱 교
회 소재지 가운데 하나였다. 로마 교회가 이곳에 주교를 임명한 것은 1329년부터다.
《원사》 제210권에 따르면 1282년 말 상기한 광동 초토사 다루가치 양정벽이 재차 이
코울람국에 사절로 갔을 때, 그곳 야리가온(也里可溫 : ^{그리스도}_{교도})의 수령으로 올찰아철리
마(兀咱兒撒里馬)라는 자가 그를 배알하고 원조에 대한 입공을 간청하였다고 기록되
어 있다. 이 또한 당시 코울람국의 그리스도 교도 소식을 명시하는 문헌으로 삼을 수
있을 것이다.

＊26 인도 서남 해안 일대를 차지하는 말라바르 지역을 가리킴. 말라바르의 이름은 '산골
사람의 통로'를 뜻하는 산스크리트 어 Mala-vāra를 아랍 인이 Malibār로 한 결과이다.
중국에서는 주거비의 《영외 대답》 제3권에 마리발국(麻離拔國)・마라발국, 조여괄의
《제번지》 상권에 마리부국(麻哩部國)으로 베껴진 외에도, 이 지역 내의 도시 람브리
라는 이름에 의해 남비국(南毗國)으로 불리고 있다. 당시 말라바르 해안에서는 캘리
컷이 대표적인 항구를 이루고 있었으나, 이곳에 내왕하는 중국 상선의 빈번함이 본문
에 의해 증언되고 있다.

＊27 인도 서부 해안 중앙부의 구자라트 반도를 중심으로 하는 지방이다. 조여괄의 《제번
지》 상권에서 말하는 호다랄국(胡茶辣國)이 이에 해당한다.

＊28 파리국립도서관관의 Kesmacoran은 그레고월판에 Quesivacuran, 라무시오판에 Chesmacoran으로 되어 있다. 포티에는 그레고월판의 철자에 따라 'Wāgur와 Ketch(Koutch)의 지방'을 의미하는 페르시아 어 Qiesi-wāgurān에 어원을 찾아 인더스 강 이동 아지메르 이남, 구자라트 반도 이북의 지역이라고 주장한다. 이에 대해 유울은 마아스덴 설에 따라 인더스 강을 서쪽 파키스탄의 Mekran 지방으로 가정한다. 그러나 마르코 폴로는 대인도라는 이름으로 고유한 인도를 의식하고 있으므로, 이 Mekran 설이 성립하려면 마르코 폴로가 말한 인도는 파키스탄까지 포괄하고 있었음을 전제로 해야 할 것이다. 유울은 이 점에 관한 증명을 시도하고 있으나 불충분한 느낌을 면치 못하는 것 같다.

＊29 남도·여도를 일설에는 아프리카 대륙의 최동단 과르다푸이 곶에 가까운 압둘크리 섬 —형제 섬 또는 자매 섬이라고도 불린다—이라고도 하지만 그렇다면 다음 절에 설명되는 소코트라 섬과의 거리 500마일과 맞지 않다. 거리·방향에 따라 포티에 말과 같이 아라비아 해에 면한 오만 남부 해안에 가까운 크리아 섬·무리아 섬이라고 하는 것이 옳을 것이다. 본절부터 이하의 9절, 즉 제214절 칼라트 시까지의 기술은 모두 마르코 폴로가 실제로 지나가서 얻은 지식이 아니라, 전해오는 말을 기술한 것이다.

＊30 중국인에게 용연향은 그 이름이 가리키듯 미지의 나라에서 나는 신비로운 향료였다. 주거비의 《영외 대답》 제7권의 설명은 이러하다. '아라비아의 서해에는 많은 용이 산다. 용은 돌을 베고 자는데 그때 흘린 침이 바닷물 속에서 굳어 떠다니는 것이 용연향이다.' 시대가 지나서 명대에 들어서자 용의 침 외에 어떤 큰 물고기의 뱃속에서도 이것을 채취할 수 있다 하였으며 겨우 그 진상에 가까워지고 있다. 이시진의 《본초강목》의 설이다. 그러나 먼 서쪽 바다에서의 산물이므로 값은 매우 비싸서 현지에서도 한 냥(37.5그램)에 천 전이나 하였다.

＊31 본절의 표제는 여러 사본 사이에 상당히 심한 차이를 보인다. 파리국립도서관판은 Mogedaxo, 그레고월판은 Madeisgascar, Madeigascar, 제라드판은 Mogdaxo, 라무시오판은 Magastar로 하고 있다. 기술 내용으로 보아 분명하지만 소말리아의 모가디슈 지방과 마다가스카르 섬이 본절에서는 한데 섞여서 기술되고 있는데, 이런 혼란이 표제에도 나타나 있는 것이다. 한편으로 세계 최대의 섬으로서 기술되고 있는 기사 가운데 소말리아의 풍속임에 분명한 낙타 도살에 대한 내용이 포함되어 있으므로, 잘못 기술된 것이다. 그러한 혼란은 마르코 폴로가 이들 두 지방에 대해 단순히 전해 들은 지식밖에 갖고 있지 않았음이 원인이다. 파리국립도서관판과 제라드판은 모가디시오의 대음을 전하는 것이며, 그레고월판과 라무시오판은 마다가스카르의 와음임을 단번에 알 수 있다. 리치 영역본은 전자를 따라 Mogdasio의 철자로 고친 것이다.

＊32 마다가스카르 섬의 좌우에는 인도양으로부터 남하하는 마다가스카르 해류와 모잠비크 해류가 흐르고 있다. 잔지바르 이남의 항해를 어렵게 하는 해류란 모잠비크 해류를 말하는 것이며, 마아바르에서 모가디슈 내지 마다가스카르 섬에의 왕복 항해에 작용

하는 해류란 적도 해류 및 마다가스카르 해류를 가리킨다.

＊33 상상의 괴조에 관한 이야기는 동서를 막론하고 예가 많다. 중국에서는 한 번 날면 3천 리를 간다는 장자의 '붕(鵬)'이 있으며, 인도에는 비슈누 신이 타는 '가르다'가 있고, 그리스 신화에는 '그리프스'가 있다. 아라비아의 '안가', 페르시아의 '심루그' 일명 '루크'도 이와 같은 종류이며, 특히 후자는 '천일야 이야기'에 등장하여 유명하다. 마르코 폴로가 이야기하는 이 '그리폰'은 아랍 또는 페르시아 상인으로부터 전해들은 이야기인 듯하다. 왜냐하면 주거비의 《영외대답》 제3권, 조여괄의 《제번지》 상권에는 잔지바르에서 마다가스카르 섬을 포함한 층기국·층발국의 대목이 있어 그곳의 대붕(大鵬)은 낙타를 꿀꺽 삼키는 거조라 했고, 이 점은 마르코 폴로의 그것과 전혀 다를 것이 없는데, 실은 이 주거비나 조여괄의 기술도 그 근거는 남중국의 항구에 출입하는 페르시아의 해상들로부터 얻어 들은 지식에 불과했기 때문이다.

＊34 원나라 초기에는 아프리카 대륙에까지 사신을 파견한 일이 없었을 것이므로, 이 서술은 마르코 폴로가 지어낸 이야기이거나 또는 기억의 착오에 의거하는 것으로 보아도 무방할 것이다.

＊35 아랍 인이 이곳을 가리켜 Belad al Zendj 즉, '젠지의 나라'라 부른 것을 유럽 인이 Zangebar로 잘못 발음하여 이에 잔지바르라는 이름이 생겼다. 섬이라고 했으나 코끼리에 대한 설명으로 보아서 그 범위는 아프리카 동해안 중부 지방, 즉 킬리만치 하구에서 데르가도 곶에 걸친 지역을 가리킨다. 따라서 본문에 잔지바르를 큰 섬이라고 설명한 것은 물론 마르코 폴로의 오해이며, 마다가스카르 섬과의 혼란이 거기에도 보인다.

＊36 유럽 측에서 부르는 '인도'라는 개념은 예로부터 무척 막연한 내용이 포함되어 있었다. 유럽·아프리카와 병칭되는 인도는 그의 가장 대표적인 예이다. 이어 페르시아에서 마아바르까지를 '소인도', 마아바르에서 동쪽을 '대인도'로 하는 2분류가 생기고 다시 또 아프리카 동해안 잔지바르를 '제3인도'에 편입하는 견해가 나타난다.

　　마르코 폴로의 인도 구분은 기본적으로는 이 3구분을 답습하고 있다. 그 자신의 체험과 이슬람 항해자로부터의 전문이 덧붙어서 특히 동부 인도의 내용을 명확하게 하고 있음이 주목되어야 할 것이다. 즉 동쪽에서부터 말하면 우선 '소인도'이겠으나, 이것은 참바에서 무트필리까지, 즉 지금의 남베트남에서 마드라스에 걸쳐라고 하는 설명에서도 알 수 있듯이, 남지나 해의 남단에서 벵갈 만 일대에 걸치는 지역이다. 이어 '대인도'란 마아바르에서 케스마코란까지, 즉 코로만델 해안에서 인더스 하구에 이르는 구역이므로 대충 말해서 아라비아 해에 면한 인도 서해안 전역에 해당한다. 끝으로 셋째는 '중인도'인데 이것은 이디오피아와 소말리아로 이루어지는 아프리카 대륙의 동단 돌단부(突端部)에 한정된다. 이란·아라비아 이외에 더구나 인도양에 임해 있다는 지리적 위치가 억지로 이 지역을 인도의 일부로 만들고 있는 것이다. 또한 '소인도'의 8국이란 참바·펠렉·바스만·사마트라·다그로얀·람브리·판푸르·무트필리일 것이며, '대인도'의 10국이란 마아바르·코마리·코울람·엘리·말라바르·고주라트·타나·캄바에트·세메나트·케스마코란을 가리킨 것이다.

＊37 마르코는 이집트의 수도 카이로를 바빌론이라고 불렀다.

＊38 Cormos, Hormos, Ormus로 표기되었지만, 원래 호르무즈는 3세기 사산조 초기 도시로, 조로아스터교의 신 Ahuramazda, Ormazd에서 다소 전화되어 오르무즈 또는 호르무즈로 불리게 되었다.

제7장 터키국의 사정

216 대터키국

대터키(지금의 투르키스탄 지역)에는 '카이두'라는 이름의 왕이 있는데, 그는 대칸의 조카가 되는 인물이다. 즉, 대칸의 친형제인 차가타이의 아들인 것이다. 이 카이두 왕의 영토 안에는 많은 도시와 성읍이 있으며, 그는 이곳을 통치하는 대영주이다. 그는 타타르 인이며, 그가 통치하는 주민도 역시 타타르 종족이다.

타타르 인은 전투를 일과로 삼고 있으므로, 모두가 전사인 것은 당연한 일이다. 이 카이두는 잠시도 대칸과 화목하게 지낸 적이 없으며 끊임없이 전투를 벌였다.

터키는 호르무즈의 북서쪽에 위치한다. 존 강(아랄 해로 흘러들어가는 암 강)의 맞은편에 있으며, 북쪽은 대칸의 영토까지 뻗어 있다.

카이두는 이제까지 이미 몇 차례나 대칸과 교전을 했는데, 그 불화의 원인이 무엇인가를 설명하기로 한다.

카이두는 대칸에게 자기와 대칸이 정복한 땅 중에서 자신의 몫, 특히 카타이 지역과 만지 지역의 일부를 계속 요구해 왔다.[*1] 이에 대하여 대칸은 늘 다음과 같이 회답하였다.

"나는 나의 아들들에게 주는 것과 똑같이 카이두에게도 기꺼이 몫을 주겠다. 그러나 조건이 있다. 그러자면 카이두도 다른 여러 왕과 마찬가지로 내가 부를 때는 언제든지 조정에 와서 회의에 참석해야 한다."

대칸은 그의 아들들과 다른 신하들처럼 카이두도 복종할 것을 요구하였다. 그러나 카이두는 삼촌인 대칸을 전혀 믿지 않았으며 이런 대답을 보냈다.

"복종은 하겠으나 대칸의 궁정에는 가지 않을 것이다."

궁정에 가면 틀림없이 죽일 것이라고 생각했기 때문이다.

이 때문에 카이두와 대칸 사이가 나빠졌으며 마침내는 큰 전쟁이 일어나

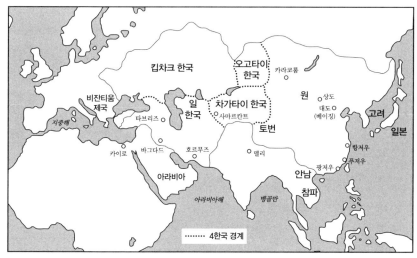

몽골제국 전성기

게 되었다. 대칸은 카이두의 영토 주변에 군대를 배치시켜 놓고, 그의 백성들에게 카이두가 해를 가하지 못하도록 하였다. 그러나 카이두는 종종 대칸의 영토 안으로 침입하여,[*2] 여러 차례 교전하였다.

카이두에게는 잘 훈련된 10만 기병이 있다. 더구나 그의 휘하에는 황족, 즉 제국의 창시자 칭기즈 칸의 혈통을 이어받은 다수의 영주가 있다(내가 '칭기즈 칸의 혈통을 이어받은 사람'이라고 할 때는 바로 '황족'을 말하는 것이다. 왜냐하면 칭기즈 칸이야말로 제국의 창시자이며 황제권을 확립하고 세계의 일부를 정복한 최초의 인물이기 때문이다). 카이두와 대칸의 군대 사이에 벌어진 교전에 관해서 자세히 말해 보자.

먼저 타타르 인이 출진하기 전에 어떤 준비를 하는지 소개하겠다. 출진하는 타타르 전사들은 저마다 60개의 화살을 가지고 다닌다. 그 가운데 30개는 짧은 화살인데, 이것은 장거리용 화살로 적을 꼼짝 못하게 하기 위하여 사용된다. 나머지 30개는 긴 화살로서 화살촉도 큰데, 이것은 근접거리에서 적병의 얼굴이나 팔을 관통시키거나 적병의 활시위를 절단하거나 그 밖에 직접 손상을 주기 위해 사용된다. 이 60개의 화살을 모두 써버리면, 그들은 칼이나 쇠몽둥이나 창을 휘둘러 서로 치는 백병전으로 돌입한다. 타타르 전사의 출진 모습을 설명하였으므로 이제 주제로 들어가 보겠다.

대칸의 조카인 카이두는 수차례 대칸의 영토에 침입하여 막대한 피해를 입힘으로써 대칸의 심기를 불편하게 하였다.

1266년, 카이두는 예수다르(Jusudar)를 비롯한 자신의 사촌들과 함께 대군을 모아, 역시 그의 사촌지간이지만 대칸에게 충성을 다하는 두 왕을 공격하였다. 대칸 휘하에 속하는 이 두 왕은 각각 치바이(Cibai)와 치반(Ciban)으로, 대칸의 종형제이며 그리스도 교도인 차가타이의 손자들이다(치반은 주치의 5남인 샤이반이다). 이 두 왕도 대군을 지휘하고 있었으므로, 교전에 참가한 양쪽 병력을 모두 합하면 약 10만 명에 달하였다. 교전은 매우 처절하여 두 군이 서로 수많은 전사자를 냈다. 결과는 카이두가 승리했으며, 대칸의 영토와 군대가 받은 손실은 실로 막대한 것이었다. 그러나 두 왕은 아주 빠른 준마를 타고 재빨리 대피하였으므로 성한 몸으로 탈출할 수 있었다.

카이두는 이 전투에 승리하자 자만심에 빠졌다. 이 전승 뒤 그는 본국으로 개선하였는데, 그 이후 2년간은 전쟁을 하지 않고 평화 속에서 지냈다. 대칸 측에서도 역시 그동안 카이두 왕에게 전쟁을 도발하지는 않았다.

2년 정도 지날 무렵 카이두는 다시 기병들로 이루어진 강력한 군대를 대규모로 집결시켰다. 그는 카라코룸에서 대칸의 아들 나무간(칸의 넷째 아들)이 프레스터 존의 손자 조지(옹구트 부족장 알라쿠시 증손자 기오르기스)와 더불어 기병 대군을 거느리고 주둔하고 있다는 정보를 탐지하였기 때문이다. 카이두는 휘하 전군을 소집하자 특별한 사건이나 빌미도 없이 카라코룸으로 군대를 이끌고 갔다.

한편 나무간과 프레스터 존의 손자는 카이두가 이처럼 엄청난 대군을 거느리고 온다는 것을 알고도 조금도 당황하지 않았다. 오히려 카이두의 군대와 맞서는 용맹성을 유감없이 발휘했다. 그들은 6만이 넘는 휘하 기병을 이끌고 전진하여 카이두 진영으로부터 평원을 사이에 두고 약 16㎞ 떨어진 곳에 이르러 진을 쳤다. 양쪽 진영은 서로 휴식을 취하며 다가오는 교전을 준비하였다.

나무간과 프레스터 존의 손자가 이 평원에 도착한 지 사흘째 새벽에 이르러 두 군은 각각 무장을 갖추고 만반의 준비를 완료하였다. 양쪽 진영은 모두 병력 수가 똑같이 6만 기이며, 활과 화살, 칼과 쇠몽둥이, 창과 방패로 무장했다. 양 진영은 모두 1만 기씩 6군단으로 나뉘어 저마다 유능한 지휘관에 의해 통솔되고 있었다. 마침내 양 진영은 전투 대형의 포진을 마치고, '나카르'(솥 모양의 큰 쇠북)가 울리기만을 기다리고 있었다. 타타르 인의 전법에는, 그들 지휘관이 두드리는 나카르 소리가 울리기 전에는 결코 전투에 들어가지 않는 관습이 있기 때문이다. 이 사이에 반드시 그들의 고유 악기를 연주하고 노래 부르면서 기다린다. 요컨대 반주를 하고 노래를 부르며 스스로 즐기면서 전투 개시를 기다리는 것이다.

마침내 양 진영에서 일제히 나카르 소리가 울려 퍼졌다. 그와 동시에 타타르 전사들은 맹렬하게 공격을 개시하면서 화살을 쏘아댔다. 비처럼 퍼붓는 화살은 하늘을 덮었으며, 많은 병사와 군마가 쓰러졌다. 함성과 비명은 천둥소리도 덮을 정도였다. 그들은 불구대천의 원수처럼 싸웠으며, 화살이 바닥이 나지 않는 한 쏘는 것을 멈추지 않았다. 너무 많은 병사들이 목숨을 잃거나 치명적인 부상을 입었다. 이렇게까지 많은 전사자가 났다는 것은 두 군에 있어서 확실히 이 교전은 저주받은 악마의 시간에 시작되었음이 틀림없었다. 화살이 다 되자, 병사들은 칼과 쇠몽둥이, 창을 들고 적에게 돌격하여 있는 힘을 다해 서로 싸웠다. 많은 병사들이 말에서 떨어져 죽어갔다. 실로 칼로 하는 싸움은 시작하기가 무섭게 대지 위에 전사자와 중상자의 산더미를 이루어 놓았다.

이 교전에 임할 때 카이두의 용맹은 참으로 훌륭하였다. 그가 용감하게 싸우는 모습을 보이지 않았다면 그의 부하들은 번번이 싸움터에서 도망가, 전군이 궤멸하는 비운에 빠졌을 것이다. 그러나 그의 교전 행위가 너무도 용감하고 부하를 고무하는 데 비상한 능력이 있었기 때문에, 전사들도 사력을 다하였다. 한편 나무간과 프레스터 존의 손자도 카이두에 못지않은 활약을 하였다. 그들은 가장 격렬한 혼전에도 꺾이지 않고 용맹을 보여 주었으며, 손에 가진 무기를 잘 사용하여 부하를 크게 격려하였다.

이 교전은 이제까지 타타르 인들 사이에서 벌어진 가장 격렬한 전투의 하나로 남게 되었다. 함성의 격렬함, 칼과 쇠몽둥이와 창이 부딪치는 소리의 굉장함은 이루 형용할 수 없었다. 양 군은 서로 상대에게 이기려고 있는 힘을 다하여 초인적으로 싸웠다. 그러나 결국 그 보람은 없었다. 어느 쪽도 상대를 전멸시킬 수 없었기 때문이다. 이 교전은 밤까지 계속되었으나 여전히 일진일퇴, 한쪽이 다른 한쪽을 싸움터에서 몰아 낼 수가 없었다. 두 군 모두 전사자가 엄청난 수에 이르고 보기에도 처참한 결과가 되고 말았다. 확실히 이 교전은 저주받은 악마의 시간에 시작된 것이었다. 수없이 많은 병사들이 전사하여 수없이 많은 과부와 고아가 생겨났다. 그뿐만 아니다. 더욱 많은 여성들이 여생을 비탄에 잠겨 눈물로 보내게 되었다. 전사자의 어머니와 자매들도 마찬가지이다.

교전은 이와 같은 상태로 질질 끌었으며, 사방에 주검이 산더미처럼 쌓이는 가운데 날이 어두워진 다음에야 전투는 중지되었다. 두 군은 싸움터에서 물러나 야영지로 돌아왔으나, 병사들은 모두 지칠 대로 지쳐 휴식을 하지 않는 한 도저히 교전을 계속할 수 있는 상태가 아니었다. 이리하여 그들은 낮 동안의 대혈전에 지쳐버려 그날 밤에는 정신없이 곯아떨어졌다.

다음날 새벽 카이두는 대칸이 별동대를 파견하여 그를 습격하려 한다는 정보를 입수하였다. 그는 더 이상 이곳에 머물러 있어서는 불리하다고 판단하여 즉각 전군에 무장을 갖추게 한 다음 본국으로 철군했다. 한편 나무간과 프레스터 존의 손자는 카이두군의 철수를 눈앞에 보면서도 너무도 지쳐 버렸기 때문에 추격할 수 없어 그대로 지켜보고만 있었다. 카이두와 그의 부하들은 쉬지 않고 행군을 계속하여 마침내 무사히 그의 영토인 대터키의 사마르칸트(Samarkand, 우즈베키스탄의 도시)로 돌아왔다. 카이두는 잠시 이곳에 머물렀으나 다시 전투를 도발하지는 않았다.

카이두는 이와 같이 대칸의 영토와 백성들에게 피해를 입혔기 때문에 대칸의 분노는 극에 달했다. 대칸으로서는 만약 카이두가 그의 조카만 아니었다면, 어떤 일이 있어도 그를 그냥 두지 않고 반드시 극형에 처했을 것이다. 그는 참기를 거듭하여 응징하는 것을 망설였던 것이다. 카이두는 이와 같이 대칸으로부터 벗어날 수 있었다.

다음에는 카이두 왕의 왕녀에게 관련되는 하나의 기담을 소개하겠다.

217 카이두 왕의 왕녀와 그녀의 용감한 행위

카이두 왕에게는 아이기아룩(Aijaruc)이라는 딸이 있었다. 아이기아룩이란 타타르 어로 '빛나는 달'이라는 뜻이다. 이 왕녀는 너무도 용맹하여 왕국 내의 무사이건 젊은이건 누구 한 사람 그녀에게 이기는 사람이 없었다. 그녀가 젊은 무사들을 모두 이긴 경위는 다음과 같다.

카이두는 그녀를 귀족인 어떤 사람과 결혼시키려고 생각하였으나, 그 말을 듣지 않고 자기를 이길 사람이 나타날 때까지는 결혼하지 않겠다고 선언했다. 카이두도 하는 수 없이 그녀의 소원대로 그녀가 남편을 골라도 상관없다는 허가서를 주었다.

여성 측에서 본다면 반드시 그런 것은 아니지만, 본디 타타르 인들은 결혼할 때 상대의 사회적 지위를 문제삼지 않는다. 왕이건 왕자이건 혹은 귀족이건 아내를 맞이하려고 할 경우 여자 집안이 귀족 출신이라든가 혹은 자기와 같은 계급에 속하고 있다든가 하는 조건은 전혀 따지지 않는다. 비록 신분이 높지 않더라도 용모가 단정하고 아름답기만 하면 어떤 여성이라도 아내로 삼았다. 그들 말에 따르면, 어떤 가문이나 혈통이라도 그 가명(家名)은 아버지 계통을 통하여 전해지는 것이지, 결코 어머니 계통을 통하여 전해지는 것은 아니기 때문이다. 사실 타타르 인 사이에서는 우리와 마찬가지로 남자는 '피터의 아들', '마틴의 아들'이지, 결코 '벨타의 아들', '마리의 아들'이라고는 불리지 않는다. 아내를 고르는 데 있어서 그들이 여성의 신분을 고려하지 않는 것은 요컨대 이와 같은 이유 때문이다.[3]

왕녀는 부왕으로부터 그녀가 소망하는 남편을 골라서 결혼하여도 좋다는 승낙서를 받고 매우 기뻐하였다. 그녀는 세계 각지에 포고하여, 만약에 자기에게 도전하고 싶은 귀족 젊은이가 있어 자기와 싸워 이긴다면 그 남성을 남편으로 정하겠다고 선언하였다. 이 보도가 여러 나라 곳곳에 전달되자, 많은 귀족들이 모여들었다. 이 힘 겨루기란 어떤 식으로 행해지는 것일까? 먼저 왕이 남녀 다수의 신하를 거느리고 천막 속에 자리를 정한다(타타르 인은 언제나 천막을 치고 야영한다). 이어 왕녀가 호화로운 장식을 한 가죽하의를 입고 이 대장전 정면에 나타난다. 그 뒤를 이어 역시 같은 가죽하의를 입은 귀족의 젊은이가 입장한다. 그런데 시합 조건은 다음과 같은 것이었다. 즉, 만약에 젊은 무사가 왕녀에게 이겨 그녀를 내던질 수 있다면 왕녀를 아내로 삼을 수 있다. 그러나 반대로 왕녀가 젊은 무사에게 이긴다면, 그는 100필의 말을 왕녀에게 바쳐야 한다. 이와 같은 조건을 가진 시합에 의하여 그녀는 이미 1만 필 이상의 말을 얻었다. 즉 어떤 귀족의 젊은 용사, 무사라 할지라도 그녀를 이길 수는 없었던 것이다. 그것도 그럴 것이, 그녀의 몸은 지극히 아름답고 균형이 잡혀 있을 뿐만 아니라 동시에 거인과도 같이 키가 크고 발달된 근육을 지니고 있었기 때문이다.

1280년에 있었던 일이다. 어느 부유한 국왕의 왕자이며 또한 잘생긴 젊은이가 이곳에 나타났다. 아름다운 시종들을 거느리고 명마 1천 필을 몰고 왕녀에게 도전하기 위하여 온 것이다. 이 왕자는 도착하자마자 곧 그의 도전 의사를 전하였다. 카이두 왕은 이 소식을 듣고 매우 기뻐하였다. 왜냐하면 이 왕자는 다름 아닌 파마르 왕의 왕자였고, 이 왕사에게 어떻게 해서는지 자기의 왕녀를 출가시키고 싶었기 때문이다. 그러므로 카이두 왕은 은밀히 왕녀를 불러, 이 시합에 일부러 승리를 양보하라고 타일렀다. 이에 대하여 왕녀는, 어떤 일이 있어도 부조리한 승부는 할 수 없다고 대답하였다.

시합 당일, 카이두 왕과 왕비는 남녀 다수의 시종들을 거느리고 대장전에 입석하였다. 이어 왕녀와 파마르 왕의 왕자가 그 자리에 나타났다. 이 두 사람은 똑같이 미남 미녀였으므로 그 광경은 참으로 훌륭하였다. 그런데 이 왕자는 본디 무술에 매우 뛰어나고 힘이 세었으므로 이제까지 누구 한 사람 그의 힘에 대항할 사람이 없었다. 이 두 사람은 대장전의 중앙, 즉 앞서 말한 카이두 왕 밑에 있는 자리로 나아갔다. 이어 시합 조건이 선언되었다. 왕자가 이기면 왕녀를 아내로 삼을 수 있으며, 만약 지게 되면 몰고 온 1천 필의 말을 죄다 왕녀에게 바쳐야 한다는 것이다. 이 선언이 끝나자마자 왕녀와 왕자는 서로 격투를 벌였다. 모든 구경꾼들은 마음속으로 이 왕자가 승리를 거

카이두 왕의 왕녀 이야기는 마치 그리스 신화 아탈란테와 히포메네스를 연상하게 한다.

두어 왕녀의 남편이 되기를 빌었다. 카이두 왕과 왕비도 역시 마음속으로 그렇게 되기를 빌었다. 간단히 시합의 모습을 말하면, 두 사람이 서로 맞붙어 싸우며 갖은 기술을 다 써서 힘을 겨루었으나 결국은 왕녀가 왕자를 내던지고 승리를 거두었다. 왕자는 패배하여 1천 필의 말을 바치고 즉시 시종들을 거느리고 아주 면목 잃은 꼴이 되어 본국으로 돌아갔다. 한편 대장전 속에 있던 모든 사람들은 이 결과에 대하여 탄식하지 않을 수 없었다.

카이두 왕은 왕자를 패배시킨 이 왕녀를 몇 차례나 싸움터로 데리고 갔지만, 격전이 한창 벌어지고 있을 때에도 그녀를 이겨 낸 용맹스러운 기사는 끝내 한 사람도 나오지 않았다. 그녀는 종종 적진에 뛰어들어가 적의 기사를 힘으로 생포하여 자기 진지로 데리고 왔다. 이와 같은 일은 결코 드물지 않았다.

다음은 아바카의 왕자이며 근동 타타르 인의 왕인 아르군과 카이두 왕 사이에 벌어진 일대 격전 이야기를 시작하기로 하겠다.

218 아바카 칸이 아르군 왕자를 보내 싸우게 한 이야기

아바카 칸은 방대한 영토를 영유하고 있었으며, 그의 영토는 카이두 왕의 국토와 이웃하고 있었다. 이 경계를 이루는 지역은 '아르브르 솔' 방면에 있는데, 이곳은 '알렉산더 이야기'에서 '아르브르 세크'라 부르고 있는 지방이다. 아바카 칸은 자신의 영토를 카이두의 침입으로부터 지키기 위하여, 아르군 왕자에게 기병의 대군을 맡겨 이 '아르브르 솔'에서 멀리 존 강에 이르는 지역까지 출병시켰다. 아르군은 카이두의 군대가 침공하지 않도록 '아르브르 솔' 지방에 주둔하였다.

아르군이 '아르브르 솔' 평원에 주둔하여 여러 도시와 성읍을 방위하고 있을 무렵, 카이두는 기병의 대군을 집결시켜 이를 그의 사촌인 바락(Barac, 차가타이 증손자 보락)에게 맡겼다. —이 바락은 현명하고 신중한 인물이었다— 카이두 왕은 이 병력을 가지고 아르군을 공격해 주기 바란다는 취지를 전하였다. 바락은 이 명령을 좇아 힘이 미치는 한 전력을 다하여 아르군군에 타격을 가하겠다고 회답하였다. 바락은 막대한 총병력을 거느리고 출진하였다. 도중 이렇다 할 난관에 봉착하지 않고 며칠간의 행군을 계속한 끝에 마침내 존 강변에 도착하였다. 이곳은 아르군의 본영에서 16㎞ 떨어진 지점에 있었다.

아르군은 바락이 대군을 거느리고 진군해 오고 있다는 소식을 듣자, 지체 없이 명령을 내려 휘하 전군에 대하여 전투 준비를 철저히 하였다. 그로부터 사흘이 넘지 않는 동안에 두 군은 곧 포진을 마치고 전쟁터에서 만나게 되었다. 아르군과 바락이 각기 휘하 부대를 거느리고 대치했다. 실수없이 진열이 정비되고 전투 준비가 완료되어 나카르 소리가 울려 퍼지자, 두 군은 모두 조금도 망설임 없이 적진을 향하여 공격을 시작하였다. 사방팔방으로 날아가는 화살은 비와 같았으며, 하늘을 온통 뒤덮었다. 병사와 군마가 쓰러지고 죽어 가는 동안에 화살이 바닥나 이번에는 화살 대신 칼과 쇠몽둥이와 창으로 돌격하여 눈 뜨고는 못 볼 잔인한 격전이 벌어졌다. 병사들은 손이나 팔이 잘려 나가고 군마도 역시 칼을 맞아 쓰러져 갔다. 양 군은 서로 참혹하게 살육을 행했다. 무기들이 부딪치는 소리는 함성과 겹쳐 귀청이 떨어질 정도였으며, 그 때문에 천둥소리도 들리지 않았다. 순식간에 대지는 전사자와 중상자로 덮이고 말았다. 결국 바락의 군대도 아르군군의 위력에 맞설 수 없어 마침내 존 강의 언덕까지 철수하였다. 승리를 거둔 아르군군은 도망치는 적군을 추격하여 매우 커다란 전과를 올렸다.

이것이 이 교전의 결말이며, 아르군의 승리로 끝난 것이다. 이와 같이 아르군에 관하여 말했으므로, 곁들여 그가 아버지, 아바카 칸의 사망 뒤 어찌하여 포로가 되었으며, 또 어찌하여 왕위를 장악하기에 이르렀는가를 자세히 설명하기로 하겠다.

219 왕위를 얻고자 아르군, 귀경길에 오르다

바락이 지휘하는 카이두 왕의 군대를 격파한 뒤 얼마 안 있어 아르군 왕자에게 아바카 칸의 사망 소식이 전해졌다. 곧 그의 모든 군대에 이동 준비를 명령하여 수도를 향해 출발하였다. 물론 궁정으로 돌아가 왕위를 계승하기 위해서였다. 그는 목적지인 수도에 이르기 위해서는 40일을 여행해야만 하였다.

한편, 아바카 칸에게는 아코마트 솔단(Acomat Soldan, 아바카 칸의 막냇동생)이라 불리는 이슬람으로 개종한 동생이 있었다. 그는 형 아바카의 사망 소식을 듣자, 왕자 아르군이 먼 변경에 주둔하여 수도에 없는 것을 기회로 스스로 왕위에 오르고자 하였다. 그는 대군을 소집, 이를 거느리고 즉시 형 아바카 칸의 궁정에 다다라 스스로 왕이 되었다. 궁정에는 그 가치를 숫자로 나타내어 보았자 일반에게는 도저히 믿어지지 않을 정도의 엄청난 재물이 저장되어 있었는데, 아코마트는 그 일부를 부하인 기사와 귀족들에게 아낌없이 나누어 주었다. 아코마트 솔단이 이렇게까지 관대하게 재물을 하사하는 것을 본 귀족과 장군들은 모두 아코마트 솔단을 경애하였으며, 이 군주 이외에는 따로 추대할 만한 군주가 없다고 말하였다. 아코마트 솔단이 너그러운 정치를 하여 인심을 얻은 것은 사실이지만, 그 반면 그가 형 아바카 칸의 아내와 첩을 모조리 자기 후궁으로 삼았다는 커다란 추행이 있었으므로 많은 사람들로부터 비난을 받고 있었다.

아코마트는 아르군 왕자가 대군을 거느리고 수도를 향하여 진군해 오고 있다는 소식을 들었다. 그러나 그는 조금도 주저하지 않았으며 당황하지도 않았다. 그는 결연히 그의 휘하 장군을 소집하고 부대를 징집하였다. 일주일도 채 지나지 않아 기병의 대군이 집결되었다. 그들은 사기가 드높았으며 그 기세로 아르군을 요격하기 위하여 출진하였다. 그들은 이구동성으로 아르군 왕자를 싸움터에서 죽이든가 아니면 사로잡아 그를 사형에 처함으로써 대중에 대한 경고로 삼겠다고 선언하였다.

220 아코마트의 아르군 요격

6만의 기병을 집결한 아코마트 솔단은 스스로 이를 거느리고 아르군 왕자가 지휘하는 군대를 요격하기 위하여 수도를 출발하였다. 그들은 휴식도 취하지 않은 채 10일간에 걸쳐 진군을 계속하였다. 10일째 저녁 무렵이 되어 아르군군이 5일 정도의 거리를 두고 이쪽을 향하여 진격해 오고 있다는 것, 그리고 그 군대가 자기편에 비하여 열세라는 것을 알아냈다. 아코마트는 부근의 넓은 평원에 진영을 설치했다. 또한 대중들에게 이 평원이야말로 교전에 알맞은 곳이므로 이곳에 주둔하여 아르군군이 도착하는 것을 기다리는 작전을 펴고 있다는 포고문을 내렸다.

진영의 포진이 무사히 완료되자, 아코마트는 부장들을 모아 회의를 열었다. 그 석상에서 다음과 같은 격려의 연설을 하였다.

"제군들, 내가 형인 아바카 칸을 계승하여 모든 국토와 민중 위에 군림하는 것은 정당한 권리에 의한 것이며 결코 부당하지 않다는 것은 모든 사람이 다 알고 있는 일이다. 왜냐하면 나는 아비카 칸의 형제이며, 또한 우리 국토를 지키기 위한 전쟁에도 언제나 참가해 왔기 때문이다. 그러나 아르군이 아바카 칸의 친아들임을 들어 혹시 그를 정당한 왕위 계승자라고 주장하는 사람이 있을지도 모르겠다. 그렇게 주장하고 싶은 자는 마음대로 하도록 내버려두겠다. 하지만 그것은 전혀 근거도 없으며 이유도 되지 않는 주장이다. 왜냐하면 아르군의 아버지는 대중들이 알고 있는 바와 같이 매우 오랜 기간에 걸쳐 왕위에 있었고, 그가 사망한 지금에 와서는 내가 대신 왕위에 오르는 것이 너무도 당연한 일이기 때문이다. 사실은 그가 생존하고 있을 때라도 왕국의 절반을 받을 권리가 나에게 있었지만, 나는 본디 심성이 어질어 그냥 모든 왕국을 그에게 양보한 데 지나지 않았다. 그러나 현재 사태가 이렇게 된 이상 그대들의 도움에 힘입어 내가 권리를 지키고 아르군을 물리쳐야만 한다. 그렇게 함으로써 이 왕국과 왕위는 우리들의 수중에 보존될 수 있는 것이다. 그 증거로서 나는 다음과 같이 언명한다. 즉 '내가 원하는 것은 그저 명예와 영광뿐이다. 모든 실리와 부와 영토에 직결되는 모든 권위는 모조리 그대들에게 주어질 것이다. 나는 그대들이 현명하고 정의를 사랑하기 때문에 반드시 실리와 영예를 함께 가질 수 있는 행동을 선택할 것이라 믿고 있으므로 이 이상 더 말할 필요가 없다고 확신한다'는 것이다."

그는 이렇게 말하고 더 이상 아무 말도 하지 않았다.

그 자리에 있던 장군·기사들로부터 병사들에 이르기까지 모든 장병들이 아코마트의 이 말을 듣자, 자기들이 숨 쉬고 있는 한 그를 배반하는 일은 없을 것이다, 누구든 그의 적수가 되면 그의 편에서 조력을 아끼지 않을 것이며, 특히 아르군을 상대로 한다면 더욱 그러할 것이라고 일제히 대답하였다. 그리고 반드시 아르군을 사로잡아 왕에게 보일 것이므로 걱정하지 말라고 장담하였다.

아코마트는 연설 후 전선을 점검해 본 결과, 병사들은 한결같이 아르군군의 내습에 대하여 만반의 준비를 갖추고 있음을 확인하였다.

한편 아르군 및 그의 군대의 동정을 살펴보기로 하겠다.

221 아코마트 공격을 의논하는 아르군

아르군은, 아코마트가 이미 포진을 마치고 그를 기다리고 있다는 확실한 정보를 입수하자 이를 크게 우려하였다. 그러나 그는 이 우려를 잠재우고 애써 대담하게 행동했다. 그는 모든 장령과 참모를 소집하여, 그들이 본진의 대장전에 모두 모이기를 기다려—그는 매우 험준한 어느 지점에 본진을 두고 있었다—다음과 같이 언명하였다.

"내 동족인 제왕들, 그리고 친애하는 내 동지들이여, 너희들은 내 아버지 아바카 칸의 각별한 은혜를 벌써 잊어버리지는 않았을 것이다. 선왕은 생시에 그대들을 육친 형제처럼, 그리고 아들처럼 대우하였다. 그대들은 또 선왕을 따라 종종 전투에 참가하여 그를 돕고 영토의 경영 통치에 이바지하였다. 나야말로 그대들에게 은혜를 베풀어 주신 그 선왕의 남은 아들이며, 선왕보다 더 그대들을 내 몸처럼 아끼고 사랑하는 자이다. 그렇기 때문에 저 적들에 맞서 그대들이 나를 지지하는 것은 지극히 당연한 것이다. 저 적들은 나를 공격하여 왕위 계승권을 빼앗으려는 어처구니없는 악행을 저지르는 파렴치한 무리들이다. 그는 또 우리 타타르 인의 율법을 버리고 사라센으로 개종하여 마호메트를 숭배하고 있다. 사라센 주제에 타타르 인의 통치자가 되려는 꿈을 꾸다니, 그런 짓이 실현된다면 그거야말로 종말이 다가온 시대일 것이다. 내 동족 제왕 및 내가 믿는 동지들이여! 모든 정당성은 우리에게 있으므로 이를 믿고 용기를 내어 전력을 다해 이 사태를 극복할 결의를 굳건히 하여야 한다. 원컨대 용기를 더욱 갖고 온갖 노력을 기울여 전투에 임하기를 빌겠다. 그렇게 하면 승리는 우리의 것이며, 왕국의 통치권은 사라센에게로 넘어가지 않고 우리 수중에 장악될 것이다. 무엇보다도 정의는 우리편이고 부당성은 적에게 있으므로 필승의 신념을 굳게 가지는 것이야말로 가장 중요한 일이다. 내가 말하고 싶은 것은 단지 이것뿐이다. 나머지는 다만 그대들 각자가 힘을 다하여 본분을 완수할 것을 바랄 뿐이다."

이렇게 말한 뒤 아르군은 입을 다물고 더는 아무 말도 하지 않았다.

222 아르군에 대한 장령들의 회답

아르군 앞에 모여든 장령·기사들은 당당하고 조리있는 아르군의 이 말을 듣고, 모두들 마음속으로 자신의 목숨을 버리는 한이 있어도 이 전투에 반드시 이겨야 한다고 생각하였다. 잠시 침묵이 흐른 뒤 우두머리 장령이 일어서서 이렇게 대답하였다.

"경애하는 우리 군주 아르군 전하. 전하의 말씀 한 마디 한 마디가 극히 당연하다는 것을 우리는 모두 잘 이해하였습니다. 저는 여기서 전하를 좇아 전투에 임하려는 모든 장병들의 이름으로 회답을 드리겠습니다. 우리는 목숨이 붙어 있는 한, 우리 군주를 저버리는 일은 절대로 하지 않을 것입니다. 전투에 패배할 바에야 차라리 깨끗이 죽을 각오입니다. 전투는 반드시 이기겠습니다. 정당성은 우리에게, 부당성은 적에게 있으므로 필승의 신념을 가지겠습니다. 따라서 저는 한시라도 빨리 출진하여 적과 싸울 것을 제언하는 바입니다. 저는 모든 동료들을 대표하여 청원합니다. 이 전투에서 온 세상 사람들의 이야깃거리가 될 만한 눈부신 활약을 우리들이 할 수 있도록 해 주십시오."

이렇게 말하고 이 용감한 장령은 입을 다물고 더는 아무 말도 하지 않았다. 이 장군에 이어 아무도 발언하는 사람이 없었으나, 모두가 그의 말에 동의하고 있었다. 모두가 원하는 바는 단 한 가지, 빨리 적과 맞닥뜨리고 싶다는 일념뿐이었다.

이튿날 아르군과 그의 부대는 새벽에 일어나 출발하였다. 장병들의 가슴은 적을 산산이 쳐부술 희망으로 불타고 있었다. 이리하여 행군을 계속한 끝에 그들은 마침내 적이 야영하는 평원에 이르렀다. 아코마트군에서 16㎞ 떨어진 지점을 선정하여 신중하고 정연하게 포진을 하였다.

포진을 마치자, 아르군은 신임이 두터운 부하 2명을 뽑아 이들을 그의 삼촌인 아코마트에게로 보냈다.

그의 전언은, 다음과 같은 내용이었다.

223 아르군, 사자를 아코마트에게 보내다

뽑힌 2명의 사자는 나이도 지긋하고 분별력 있는 인물이었다. 아르군 왕자로부터의 사명을 받은 사자들은 즉시 말을 타고 출발, 곧장 적의 진영으로 가서 아코마트의 본진 앞에서 말을 내렸다. 아코마트는 다수의 장령을 좌우에 거느리고 그들을 맞았다. 사자와 아코마트는 평소에 잘 아는 사이였다. 2명의 사자가 공손히 절하자 아코마트도 부드러운 낯빛으로 이들을 환대하고, 대장전 안에 있는 그의 자리 앞에 자리를 마련해 주었다. 잠시 침묵이 흐른 뒤, 사신 한 사람이 일어서서 이렇게 말하였다.

"공명한 전하, 전하의 조카인 아르군 왕자는 전하가 하신 일을 보고 매우 놀라고 계십니다. 그가 계승하여야 할 왕위를 전하가 빼앗고, 더구나 군대를 모아 그와 결전을 하려 하고 있기 때문입니다. 이와 같은 일은 아무래도 좋지 못한 것, 적어도 삼촌으로서 조카에게 취할 행동은 아닐 것입니다. 그리하여 우리를 보내 다음과 같은 말씀을 전하에게 드리게 하였습니다. '아버지와도 같이 생각하는—사실, 아르군 왕자는 전하를 그렇게 여기고 계십니다만—삼촌 전하여, 제발 생각을 바꿔주시기 바랍니다. 생각을 바꾸기만 하면 전투도 살육도 피할 수 있기 때문입니다' 이렇게 말씀하셨습니다. 그리고 아르군 왕자는 기꺼이 전하를 존장으로도 아버지로도 여기며, 국내 최고의 영예 있는 영주로서 대우할 것을 보장하고 계십니다. 전하의 조카인 아르군 왕자가 우리 두 사람을 보내 전하게 한 것은 바로 이 같은 간절한 소망인 것입니다."

이렇게 말한 뒤 2명의 사자는 입을 다물고 아무 말도 하지 않았다.

224 아르군 사자에 대한 아코마트의 회답

그의 조카 아르군으로부터의 전언을 들은 아코마트 솔단은 이에 대하여 다음과 같은 회답을 하였다.

"사신들이여, 내 조카의 주장은 전혀 도리에 맞지 않는다. 아르군의 아버지에 못지않게 나도 국토 경영에 힘썼다. 따라서 마땅히 이 왕국은 나의 것일지언정 아르군의 것일 수는 없다. 그러니 너희 두 사람은 돌아가서 아르군에게 이렇게 전하도록 하여라. '만약에 아르군이 그럴 의사가 있다면 나는 그를 대영주로 임명하고 그에게 여러 지방을 영토로 줄 것이며, 또 나의 왕자라 여겨 모든 귀족의 윗자리에 둘 것이다. 그러나 만약 그것이 불만이라 한다면, 나는 전력을 다하여 반드시 그를 처형할 것이다' 나는 조카에게 다만 이것만을 바랄 뿐이다."

이렇게 말하고 아코마트는 입을 다물었다. 아코마트 솔단의 이 말을 듣고 사자들은 되물었다.

"정말 이 이외에는 회답할 말이 없습니까?"

"내가 살아 있는 한, 그 이외의 회답은 없다."

아코마트 솔단은 이렇게 대답하였다.

2명의 사자는 아코마트의 이 회답을 듣자 더 이상 그곳에 머무르지 않고, 즉시 돌아가는 길에 올라 그들의 군주 아르군의 진영에 다다랐다. 그들은 아르군의 대장전에 가서 아코마트로부터 받은 회답을 아르군에게 전하였다. 아르군은 삼촌으로부터의 전언을 듣고 매우 큰 슬픔에 빠졌다. 그의 마음을 가라앉힌 뒤, 그 자리에 있던 모든 신하가 잘 들을 수 있도록 큰 소리로 이렇게 외쳤다.

"이런 극악무도한 일, 삼촌이 나에게 이런 폭거를 한 이상, 온 세상 사람들 입에 오르내릴 만한 복수전을 하지 않고서는 더 살고 싶지도 않거니와 왕국을 유지하고 싶지도 않다."

그는 장령과 기사들에게 이렇게 말하였다.

"더는 망설일 수 없다. 한시라도 빨리 출격하여 저 불충한 반역자를 죽여버리자. 내일 당장 습격하여 전력을 다해 적군을 멸망시켜버리겠다."

그날 밤새도록 그들은 다음날의 접전에 필요한 모든 준비를 갖추었다. 한편, 아코마트 솔단도 그의 첩자로부터 아르군이 다음날을 기하여 습격하려

아코마트와 아르군과의 접전
아바카 칸이 죽자, 아르군 왕자가 변방에 나가 있는 틈을 타 칸의 아우 아코마트가 왕위에 올랐다.
결국 왕위의 정당성을 주장하는 양쪽이 치열한 접전을 벌였으나, 아르군군이 패퇴하고 아르군 왕자
는 사로잡히는 신세가 된다.

하고 있다는 정보를 듣고, 역시 만반의 준비를 갖추는 동시에 장병을 독려하
여 사기앙양에 힘쓰고 있었다.

225 아르군군과 아코마트군의 회전

다음날, 아르군은 스스로 무장을 단단히 하고 전군을 지휘했다. 부대를 교
묘하게 안배하여 포진하는 한편, 모두가 본분을 다하여 싸우도록 간절히 격
려하였다. 만사가 순조롭게 준비된 것을 확인하고 적을 향해 진군을 시작하
였다.

아코마트 술단도 마찬가지로 군대를 편성하고 배열시켜, 아르군의 내습을
기다릴 것 없이 스스로 부대를 이끌어 진격하였다.

아코마트군은 행진한지 얼마 되지 않아 곧 아르군군과 마주쳤다. 양 진영
이 서로 대치하자, 각각 상대를 향해 돌격하려는 기세가 왕성하였기 때문에
조금의 망설임도 없이 곧바로 전투에 돌입하였다. 무수한 화살은 사방팔방
으로 날아 마치 빗발이 떨어지는 것 같았다. 말로 표현하지 못할 처참한 전

투가 벌어졌다. 기병들이 화살에 맞아 땅에 떨어지고 함성과 죽어가는 중상자의 고통으로 절규하는 소리가 귀를 멍하게 했다. 병사들은 화살을 모두 써버리자, 칼과 쇠몽둥이와 창을 들고 맹렬한 기세로 서로 치고 찌른다. 손이나 팔, 머리가 잘려 산산이 흩어진다. 무기 부딪치는 소리와 함성 때문에 천둥소리도 귀에 들리지 않는다. 확실히 이 전투야말로 양 군 모두에게 저주받은 악마의 시간에 시작된 것이 틀림없다. 수를 헤아릴 수 없을 만큼 많은 사람이 죽어갔으며, 그 수에 상당하는 과부들이 이 순간부터 슬픔과 울음 속에서 세월을 보내게 되었다.

그날 아르군의 용맹스러운 활약은 장렬했다. 그가 보여 준 용맹스러운 행위는 참으로 부하 장병에 대한 본보기를 만들었다. 그러나 그럼에도 불구하고 이 용맹스러운 분투도 결국은 헛일이 되고 말았다. 승리의 여신은 아르군의 손을 들어 주지 않았다. 더는 적의 공격을 감당할 수 없다고 판단하자, 사기가 떨어진 아르군군의 장병은 서로 앞을 다투어 도망쳐버렸다. 승리에 편승하여 추격하는 아코마트군은 닥치는 대로 도망치는 패잔병들을 쓰러뜨렸는데, 그때 살해된 자는 막대한 수에 달했다. 그리고 아르군 자신도 역시 사로잡히고 말았다.[4]

아르군을 사로잡자, 아코마트군은 추격을 멈추고 환호와 더불어 미친 듯이 춤추면서 진영으로 돌아왔다. 아코마트는 조카 아르군을 쇠사슬로 묶어 엄중한 감시 아래 가두었다.

그런데 본디 이 아코마트는 매우 음탕한 자였다. 그는 승리를 거두자, 즉시 궁정으로 돌아가 후궁으로 삼은 미녀들과 함께 쾌락 속에 잠들고 싶었다. 그는 멜리크(대장군)를 시켜서 군대를 지휘하게 함과 아울러 아르군을 감시하도록 위임하였다. 그는 그때 멜리크에게 아르군을 엄중히 감시하라고 또 한번 강조하는 동시에, 병사들이 지치지 않을 정도로 서둘러서 뒤따라 수도로 돌아오도록 명령하였다. 아코마트는 다수의 시종을 거느리고 먼저 출발하여 그의 궁정으로 향했다.

이리하여 아코마트는 이 멜리크에게 군대의 지휘권을 위임한 채 자신은 먼저 출발하였고, 한편 포로가 된 아르군은 원한에 사무쳐 차라리 죽어버리는 것이 낫다고 생각하면서 슬픔 속에 빠졌다.

226 아르군의 추대를 꾀하는 귀족들

그런데 이곳에 나이 많은 한 타타르 인 귀족이 아르군을 몹시 불쌍히 여겼다. 그는 자기들의 행위가 나쁜 짓이었다 단정하고, 자기 군주가 갇혀 있는 것을 그대로 보고 있는 것은 신하로서의 명분이 서지 않는다고 생각했다. 그리하여 자기의 힘이 미치는 한 어떻게 해서라도 그를 도와야 한다 결심하고, 즉시 다른 몇 명의 장령들에게 말했다.

"정당한 군주를 이런 식으로 가두어 두는 것은 옳은 일이 아니오. 그를 석방하고, 그의 정당한 권리를 인정해서 왕으로 추대하는 일이야말로 찬양받을 행위라 생각하오."

이 늙은 귀족은 평소에 가장 뛰어난 지모를 가진 인물이었다. 또한 그의 제안도 도리에 어긋남이 없었다. 장령들은 그 늙은 귀족의 제안에 따르기로 결심했다. 모두의 찬성을 얻을 수 있었으므로 보가—이것이 이 제안자의 이름이었다—는 그의 동지인 엘시다이, 토간, 테가나, 타가차르, 오울라타이, 사마가르 등*5과 함께 아르군이 갇혀 있는 천막으로 갔다. 그가 갇혀 있는 곳에 다다르자, 이 혁명의 주도자이며 또한 가장 중요한 역할을 하는 보가가 여러 사람에 앞장서서 이렇게 말하였다.

"우리의 선량한 전하시여, 우리는 전하를 포로로 삼았습니다만, 그것이 잘못이었다는 것을 솔직히 인정했습니다. 그러므로 우리는 지금 여기에 와서 우리가 공정과 정의를 다시 한번 되찾고 싶다는 생각을 지니게 되었음을 전해 드립니다. 즉 우리는 전하를 석방하여, 전하에게 갖추어져 있는 정당한 권리대로 우리의 군주가 되어 주시기를 바랍니다."

227 아르군, 자유의 몸이 되다

보가의 말을 들은 아르군은 놀림을 받고 있는 것은 아닐까 의심하였다. 그러므로 슬퍼하고 괴로워하면서 다음과 같이 말하였다.

"경들이여, 나를 놀려서는 아니되오. 경들이 나에게 한 행위는 확실히 잘못이었지만, 그러나 경들은 그것이 정당하다 생각했을 것이오. 그렇지 않으면 어찌하여 경들은 나를 군주로 삼아야 했음에도 오히려 나를 붙잡아 이와 같은 포박의 창피를 줄 수 있겠소? 지금에 이르러 경들이 그릇된 판단을 하여 죄를 범했다는 것을 알았다면 그것은 그것대로 좋은 일이오. 그러니 제발 저쪽으로 가서, 나를 더 이상 놀리는 일은 삼가주기를 바라오."

이 말에 보가는 이렇게 말하였다.

"나의 선량한 군주님, 전하를 놀리다니 천만의 말씀입니다. 방금 말씀드린 것은 하느님께 맹세하거니와 조금도 거짓이 없는 진심에서 우러나온 것입니다."

이어 동행한 장령들이 아르군을 우러러보며 군주로 추대할 뜻을 서약하였으므로, 아르군도 역시 그들이 자기를 가둔 과오를 용서하여 처벌하지 않을뿐더러 부왕 아바카 칸이 나라를 다스렸던 시대와 변함없는 친애로써 중직에 기용할 것을 서약하였다. 이 서약이 교환되자 장령들은 아르군의 쇠사슬을 풀어 주고, 그를 자기들의 군주로 받들었다. 아르군은 아코마트가 신임하는 멜리크의 천막을 가리켜 명령하였다.

"저 천막에 화살을 쏘아 나를 가둔 멜리크, 이 군대의 총지휘관을 죽여버려라."

명령이 떨어지자, 곧 수많은 화살이 그 천막에 집중하여 멜리크는 사살되고 말았다.

멜리크를 쓰러뜨리고 지휘권을 되찾은 아르군은 잇따라 왕으로서 포고하여야 할 갖가지 칙령을 내렸는데 이를 거스르는 자는 아무도 없었다. 그런데 아르군이 풀려나자 곧바로 살해된 총지휘관을 지금까지는 다만 멜리크라고만 불렀으나, 그는 다름 아닌 아코마트파에서 가장 유력한 귀족인 알리낙 솔단*6이라는 인물이었다.

이 같은 경위로 아르군은 다시금 그의 통수권을 회복하였다.

228 아르군, 그의 삼촌 아코마트를 처형하다

아르군은 통수권을 회복하자, 수도에 있는 궁정에 진격하라고 전군에 명령하였다. 전군은 때를 놓치지 않고 수도를 향하여 진군을 시작하였다.

한편 아코마트는 이때 궁전에서 호화로운 잔치를 벌이고 있었다. 그때 한 전령이 도착하여 다음과 같은 보고를 하였다.

"폐하, 보고드리겠습니다. 좋지 못한 보고이므로 말씀드리기가 대단히 거북합니다만, 실은 귀족과 장령들이 아르군을 석방하여 그를 왕으로 추대했습니다. 그들은 아군의 대장군 알리낙 솔단을 죽이고, 이어 폐하를 죽이고자 이곳을 향해 진격하고 있습니다. 시급히 대책을 세워 주시기 바랍니다."

　이 전령—이 전령은 그가 신임하는 가신이었다—의 보고를 들은 아코마트는 공황에 빠진 나머지 말도 못하고 또 아무것도 할 수 없었다. 그러나 본디 용맹한 사람이었으므로 이내 정신을 차리고, 전령으로 하여금 굳게 함구하도록 명령하였다.

　이렇게 해놓고, 아코마트는 즉시 가장 믿을 수 있는 부하 몇 명과 함께 말을 타고 바빌론 술탄*7의 궁정을 향하여 출발하였다. 그곳에 가면 일신상의 안전을 꾀할 수 있다고 믿었기 때문이다. 그의 소식에 관해서는 이들 부하 이외에는 누구 한 사람 아는 자가 없었다.

　이렇게 달리기를 엿새째, 아코마트는 어느 고개에 다다랐다. 이 고개를 넘는 것밖에는 길이 없었으므로 반드시 이곳을 지나야 했다. 그런데 고개를 지키는 수비대장은 아코마트가 온다는 것을 알고 있었으며, 또 그가 망명하려 한다는 것을 눈치챘으므로 즉시 그를 사로잡았다.*8 아코마트는 제발 도망가게 해 달라고 간청하며, 만약 달아나게 해 준다면 재물을 푸짐하게 주겠다고 약속했다. 그러나 대장은, 자신은 아르군의 신복이므로 아무리 간청하여도 쓸데없고 또한 자기는 재물 따위에는 눈이 어두워지지 않으며 다만 그를 정당한 국왕인 아르군에게 넘기고 싶을 뿐이라고 대답하였다.

　수비대장은 즉시 호송대를 편성하여 궁정을 향하여 출발하였다. 그는 늘 아코마트에게 붙어다니며 감시의 눈을 소홀히 하지 않았으므로 아코마트는 도망칠 틈을 찾아내지 못하였다. 이리하여 휴식도 취하지 않고 길을 재촉한 끝에 궁정에 무사히 도착하였다. 아르군은 그보다 바로 사흘 전에 궁정에 들어갔는데, 그는 아코마트를 놓쳐버렸다고 매우 우려하고 있던 참이었다.

　고개를 지키는 수비대장이 아코마트를 연행하여 아르군을 알현하자, 그의 기쁨은 무엇에도 비길 데 없이 컸다. 그는 이 반역자를 후대하여서는 안 된다고 명령하는 동시에, 자기는 정의에 입각한 처분을 그에게 가하겠다고 언명하였다. 이리하여 그는 자기 면전에서 아코마트를 물리치고, 그를 참형에 처하라고 명령하였다. 명령을 받은 가신은 아코마트를 어떤 곳으로 연행해 갔으며, 그 이후 아코마트는 두 번 다시 모습을 나타내지 않았다. 그는 참살되어 사람 눈에 안 띄는 곳에 버려졌기 때문이다.

　이상이 아르군과 그의 삼촌 아코마트 사이에 벌어진 참극의 전부이다.

229 귀족들, 아르군에 충성을 서약하다

이와 같은 조치를 모두 완료한 아르군은 그의 주권을 확보하고 왕궁에 거처를 정했다. 이렇게 되자 아버지 아바카 칸의 옛 신하인 영주들은 여러 지방에서 잇따라 궁정으로 와, 자기들의 군주인 국왕에 대하여 마땅히 하여야할 충성 서약을 하게 되었다. 그들은 모두 신하의 본분인 복종을 아르군에게 맹세하였다.

확고한 왕권을 쥔 아르군은 왕자 카산(Casan, 아르군의 아들 Ghazan Mahmud)에게 3만 병력을 주어 '아르브르 솔' 지방에 파견, 국경의 영토와 백성을 위한 방위 보호를 하게 하였다.

이와 같은 경위로 아르군은 그의 주권을 회복하였다. 이는 바로 1286년의일이었다. 아코마트 솔단의 통치는 겨우 2년 만에 끝났으며, 아르군의 치세는 6년에 이르렀다. 6년째 말에 아르군은 병으로 죽었다. 일설에 따르면 그는 독살되었다고도 한다.*9

230 아르군 죽고 가이카투 왕위에 오르다

아르군이 죽자, 아르군의 아버지 아바카 칸의 친형제인 가이카투—즉, 아르군에게는 삼촌이 된다—가 즉시 왕위에 올랐다.*10 이 왕위 계승은 쉽게이루어졌다. 왜냐하면 왕자 카산은 그때 수도에서 멀리 떨어진 '아르브르솔'이라는 곳에 있었기 때문이다.

그러나 한편 카산에게도 부왕 아르군의 죽음과 또한 이에 뒤이어 가이카투의 즉위에 관한 보고가 전달되지 않은 것은 물론 아니었다.

그는 아버지의 사망 소식을 듣고 몹시 슬퍼하였지만, 그보다도 부왕의 삼촌 가이카투가 왕위에 올랐다는 사실을 알고 우려하였다. 그러나 그는 적군이 침략할지도 모른다는 두려움 때문에 주둔지에서 떠날 수가 없었다. 그래서 그는 시기를 기다려 수도로 돌아가기만 한다면, 부왕 아르군이 옛날에 아코마트에게 가한 것과 같은 설욕을 하겠다고 남몰래 결심하였다.

가이카투가 왕위에 오르자 카산 휘하의 장령을 제외한 다른 여러 귀족들은 모조리 그에게 복종하였다.

가이카투는 몹시 음탕한 사람이었으므로 죽은 조카 아르군의 아내(왕비)를자기의 아내로 삼았으며, 후궁으로 삼은 많은 첩을 상대로 환락에 빠지는 것이 일과였다.

가이카투는 왕위에 오른 지 2년째 되는 해에 독살되었다.[*11]

231 가이카투 죽고, 바이두 왕위에 오르다

가이카투가 죽자, 그의 삼촌이며 그리스도 교도인 바이두[*12]가 즉위하였다. 1284년의 일이다.[*13] 바이두가 왕위에 오르자, 카산과 그의 군대를 제외한 다른 모든 사람이 그의 지배에 복종하였다.

카산은 가이카투가 사망하고 바이두가 왕위에 올랐다는 소식을 듣자, 일찍이 가이카투에게 복수하지 못했던 것을 몹시 원통히 생각하였다. 그러나 바이두에게는 온 세상 사람들이 이야깃거리로 삼을 수 있도록 반드시 복수를 하고야 말겠다고 다짐했다. 여기에 이르러 그는 더 이상 주저하지 않았다. 바이두를 처형하겠다는 결심을 하고 마침내 부하에게 출전 준비를 명령하였다. 그는 궁정에 가서 왕위에 오르기 위해 전군을 거느리고 수도로 가는 길에 올랐다.

한편 바이두는 자신을 치기 위해 카산이 군대를 움직이고 있다는 확실한 정보를 접하였다. 그도 역시 서둘러 대군을 집결시켜 만반의 준비를 갖추고 카산을 요격하기 위하여 출진하였다. 10일간 진군하자 그는 군대를 정지시켜 진영을 구축, 카산군이 도착하기를 기다려 그를 공격하려고 하였다. 그는 부하 장병들에게 전투에 전력을 기울일 것을 당부하며 격려하였다.

카산의 군대는 그 뒤 이틀이 지나서 이곳에 다다랐다. 카산군이 도착하자마자 양군 사이에는 매우 처참한 대격전이 벌어졌다. 그러나 전투가 시작되자 바이두 휘하의 많은 병사들은 카산에게로 달려가다가 창을 반대로 돌려 바이두 진영으로 공격해 왔다. 바이두의 항전은 오래가지 못했다. 자기편의 배신으로 바이두는 패주하였으며 결국은 살해되었다.

바이두를 죽인 카산은 즉시 궁정으로 들어가 즉위식을 올렸다. 귀족과 장령들은 모두 그에게 충성을 맹세하고, 그를 추대하여 국왕으로 모셨다. 이와 같은 사건, 즉 카산의 왕권 탈취와 왕위 상속은 1294년의 일이다.

이로써 아바카 칸의 치세부터 카산 왕에 이르는 동안의 사정을 말하였으므로, 훌라구 칸의 치세에 관하여 잠깐 언급해 보자. 훌라구 칸은 쿠빌라이 칸의 동생으로서 바그다드를 정복한 사람이며, 앞서 자세히 설명한 여러 왕들이 소속하는 왕가를 연 인물이다. 즉 이 훌라구의 아들이 아바카이며, 아바카의 아들이 아르군, 아르군의 아들이 당시 나라를 다스린 카산이다.

다음에는 북방에 있는 몇몇 나라들과 주민들에 관한 이야기를 하겠다.

232 북방에 거주하는 칸치 왕에 대한 이야기

북방에 칸치*¹⁴ 왕이 다스리는 나라가 있다. 그 자신도 그곳 주민도 모두 타타르 인이며, 타타르 인들의 본디 율법을 지키고 있다. 그들은 몹시 미개한 단계에 있으나, 그래도 칭기즈 칸이나 그 밖의 순수한 타타르 인과 마찬가지로 타타르의 본디 율법에 따르고 있다.

그들은 펠트(falt, 양모로 만든 천)로 신상을 만들어 이것을 나티가이라 부르고 있다. 이 나티가이 신에게는 아내가 있는데, 이 여신상도 펠트로 만든 것이다. 이 두 신, 즉 나티가이 신과 그의 아내는 대지의 신이며, 가축이나 곡물 그 밖에 이 대지가 소유하는 모든 것을 보호한다. 그들은 이 신을 숭배하는데, 어떤 기회에 고급 요리를 먹게 될 경우에는 이 두 신의 입가에 요리를 발라 준다.

칸치 왕의 주민들은 들짐승이나 전혀 다를 바 없는 생활을 하고 있다.

칸치 왕은 누구에게도 예속되지 않는다. 그는 칭기즈 칸의 혈통을 이어받은 사람, 즉 왕실에 속하는 일원이며 대칸과도 가까운 동족이다.

칸치 왕의 영토 내에는 도시나 성읍은 하나도 없다. 모든 주민은 들판에 살며 평원, 산지, 계곡을 전전하면서 언제나 이동하고 있다. 그들은 가축의 고기와 젖을 주식으로 하고 곡물은 식용으로 쓰지 않는다. 주민의 수는 막대하지만, 칸치 왕은 누구와도 전쟁을 하지 않고 모든 사람들과 평화롭게 지낸다. 그가 소유하는 가축은 낙타·말·소·양 등이 있으며, 그 수량은 엄청나다. 그의 영토에는 몸의 길이가 20뼘을 넘고 전신이 새하얀 큰곰과 전신이 새까만 큰여우와 야생 당나귀가 있으며, 그 밖에 검은담비와 다람쥐도 많이 살고 있다. 검은담비로부터는 값비싼 모피를 얻으며 남자용 외투 한 벌에 1천 베잔트나 한다. 팔라오쥐도 많으며 큰 것은 돼지만한데 주민들은 이것을 여름철에 식용으로 쓴다. 이 지역 일대는 미개척지여서 인적도 없기 때문에 사냥감은 어떤 종류라도 매우 풍부하다.

칸치 왕의 영토 안에는 말도 다닐 수 없는 지대가 있다. 즉 곳곳에 호수와

전투가 시작되자 바이두 군사들은 창을 거꾸로 하여 바이두를 향했다. 전투에서 승리한 카산은 일한국의 정통 군주로 왕위를 이어받는다.

샘이 있어, 얼음과 늪과 진창이 온통 땅 표면을 덮고 있어 말조차도 다닐 수 없다. 이 골치 아픈 땅은 13일간 걷는 범위로 뻗어 있는데, 하루 동안의 보행을 끝낼 무렵에 각각 역사가 설비되어 있어, 이것을 여행하는 사자의 숙박소로 충당하고 있다. 이 역사마다 당나귀만큼 큰 개가 40마리 가량 사육되고 있다. 이 개들이 사신을 한 역사에서 다음 역사로, 바꾸어 말한다면 하루 동안의 여행 거리를 운반해 준다. 이 광경을 이제부터 소개하고자 한다.

이곳은 얼음과 늪에 막혀 말도 다니지 못하는 13일간의 여행 거리 지대이다. 또한 계곡 사이에 위치하고 있으므로 여행자는 언제나 두 산 사이를 지나야만 한다. 일대가 얼음과 늪에 덮여 있는 것도, 요컨대 그곳이 계곡 안에 위치하고 있기 때문이다. 말은 이미 말하였듯이 다니지 못하고, 물론 수레도 다니지 못한다. 진창에서는 수레바퀴가 그 속에 빠지고, 얼음 위에서는 제동을 걸어도 미끄러지기 때문이다. 따라서 이곳에서는 모두 썰매를 사용한다. 썰매는 바퀴가 없기 때문에 얼음 위도 갈 수 있고, 진창이나 습지에서도 빠지지 않도록 만들어져 있다. 이 종류의 썰매는 유럽에서도 많이 만들어지고 있다. 비가 많이 내리고 진창이 많은 겨울철에 건초와 밀짚을 운반하는 데 사용되고 있는 그 썰매를 생각하면 된다. 칸치 왕의 나라에서는 사신이 이 썰매 위에 곰 가죽을 깔고 앉는데, 앞서 말한 커다란 개 여섯 마리가 한 개의 썰매를 끈다. 썰매를 모는 사람이 없어도 개는 썰매를 끌고 얼음과 진창위를 능숙하게 달려 일직선으로 다음 역사까지 간다.

사신은 이 방법으로 한 역사에서 다음 역사로 여행을 계속한다. 역사의 관리인도 개가 끄는 썰매를 타고 가는데, 그는 사신과는 다른 지름길을 지나 다음 역사로 간다. 이렇게 사신이 다음 역사에 다다르면 그곳에도 마찬가지로 개와 썰매가 준비되어 있어서 사신을 또 다음 곳으로 보내준다. 사신을 다음 역사까지 보낸 개와 썰매는 일을 마치면 본래의 역사로 되돌아온다.

이 골치 아픈 지역을 여행하는 사신은 13일간 줄곧 이 수단*15을 이용하여 매일 개가 끄는 썰매를 타고 여행을 계속한다.

이 13일간의 여행 거리 안에 있는 계곡이나 산악 지대에 사는 주민들은 사냥을 아주 잘한다. 그들은 값비싼 모피를 얻을 수 있는 귀중한 동물, 즉 다람쥐, '에르쿨린(erculin, 시베리아 야생 양 arcoli)', 검은여우, 그 밖의 동물을 사냥하여 큰 수입을 올린다. 그들은 독특한 덫을 사용한다. 이것에 걸리면

개썰매로 이동하는 여행자
칸치 왕의 영토는 척박하여, 역사와 역사 사이의 이동 수단으로 개썰매를 이용한다.

동물들은 절대로 도망칠 수 없도록 장치되어 있다. 또한 이 지대는 몹시 추우므로 그들의 모든 집은 지하에 만들어져 있다. 즉, 한 해 동안 내내 땅굴 속에서 사는 셈이다.

이곳 주민들은 아무리 잘 봐 주려고 해도 아름답다고는 할 수 없는 종족이다.

이번에는 '영원한 어둠의 나라'에 관한 이야기를 하고자 한다.

233 '영원한 어둠의 나라'

칸치 왕의 나라에서 북쪽으로 멀리 떨어진 곳에 '영원한 어둠의 나라(상암의 나라)'가 있다. 언제나 어두컴컴한 세계이므로 그렇게 부른다. 태양도 달도 별도 나타나지 않으며, 우리가 말하는 황혼 때와 같은 컴컴한 어둠이 언제나 지배하고 있다.[16] 주민들은 들짐승과 다름없는 생활을 하고 있다. 통치하는 군주도 없지만 그렇다고 해서 딴 나라에 예속되어 있는 것도 아니다. 다만 타타르 인이 간혹 이곳에 침입한다.

타타르 인은 이 나라에 침입할 때 망아지를 거느린 암말을 타는데, 망아지는 국경에 남겨 둔 채 그들은 이 암말을 타고 간다. 이렇게 하면 그들이 돌아갈 때, 만약 사람이 길을 잃어버리더라도 암말은 길을 잃지 않고 반드시 망아지가 있는 곳을 찾아가기 때문이다. 어쨌든 타타르 인은 이처럼 망아지를 어미에게서 떼어내 국경에 남겨 두고, 자신들은 이 암말을 타고 '영원한 어둠의 나라'로 침입해 닥치는 대로 모두 약탈하여 이를 암말에 싣는다. 약탈물을 가득히 싣고 나면 그들은 암말이 망아지를 찾아갈 수 있도록 자유롭게 풀어 준다. 그러면 암말은 결코 길을 잃지 않고 본래 장소를 똑바로 찾아낸다.

이곳에서는 검은담비—검은담비의 모피가 매우 값비싸다는 것은 이미 말한 바 있다—담비·에르쿨린·다람쥐·검은여우 그 밖에도 여러 동물들의 귀중한 모피를 다량으로 채취할 수 있다. 주민들은 사냥을 매우 잘하며 그들이 사냥을 통하여 얻는 모피의 양은 그야말로 놀라울 만큼 엄청나다. 이러한 모든 모피는 '영원한 어둠의 나라'와 경계를 접하는 '광명의 나라' 변경에 사는 주민들에게 팔린다. 즉 '영원한 어둠의 나라' 주민들이 '광명의 나라'로 모피를 가져와 이곳에서 파는 것이다. 이 모피를 사는 상인들은 이 모피 무역을 통하여 실로 거액의 이익을 보고 있다.

'영원한 어둠의 나라' 주민(삼뫼예듸·야루누트)들은 키가 훤칠하고 몸집은 좋지만, 얼굴은 창백하고 혈색이 나쁘다.

그리고 마지막으로 한마디 덧붙이자면, 이 '영원한 어둠의 나라'에 접경하여 러시아가 있다.

다음에는 러시아국에 관한 이야기를 하고자 한다.

234 넓은 러시아국과 그 주민

러시아는 북방에 자리잡은 광대한 나라이다. 주민들은 그리스 정교를 믿는 그리스도 교도이고 그들만의 언어를 갖고 있으며, 국내에는 많은 왕들이 있다. 주민들은 매우 단순한 사람들이며 용모가 아름답다. 남녀 모두 피부가 희고 얼굴이 잘 생겼다. 이 지방에는 국경이나 내륙에 험준한 곳이 많다. 주민들은 외국의 어떤 나라에도 공물을 바치지 않지만, 다만 일부 러시아 사람들이 서북 타타르 왕 톡타이(Toctai, 제6대 킵차크 한국의 칸인 토크타)에게 약간의 공물을 바친다. 그러나 그 공물은 아주 적은 양에 지나지 않는다.

이곳에서는 상거래가 행해지지 않는다. 주민은 검은담비·담비·다람쥐·에르쿨린·여우 등 세계에서도 가장 고급이고 값비싼 모피류를 다량으로 산출한다. 그 밖에도 많은 은 광맥이 있어 많은 은을 산출한다.[*17]

화제를 바꾸어 '대해(大海, 흑해)'와 그 주변 지역 및 그곳 주민들에 관하여 자세한 보고를 할까 한다. 그럼 가장 먼저 콘스탄티노플부터 시작하기로 하겠다. 그러나 본론으로 들어가기 앞서, 북부와 북서부 사이에 위치한 지방에 관한 이야기를 할까 한다.

이 방향에 랙(Lac, 흑해 서안 왈레이키아)이라는 지방이 있는데 러시아와 접경을 이루고 있다. 이곳에는 한 왕의 통치 아래 주민의 일부는 그리스도 교도이고, 또 일부는 이슬람 교도이다. 좋은 품질의 모피를 다량으로 산출하며, 그 모피는 상인을 통해 여러 나라로 팔려 나간다. 주민들은 상공업에 종사하고 있다.

그런데 러시아에 관하여 잊어버리고 있었던 사실이 아직도 남아 있으므로, 우선 이것부터 소개하기로 하겠다. 러시아의 추위는 어느 곳보다도 혹심하여 도저히 견딜 수 없을 정도이다. 그 추위야말로 세계 어떤 지방에도 비할 데가 없으므로, 러시아 주민들이 갖추고 있는 '난실(暖室)'이 없으면 이곳 주민들은 추위에 얼어죽을 수밖에 없다. 그래서 러시아에는 이 난실 설비가 무척 많은데, 이것은 귀족이나 유력자가 유럽 여러 나라에서 병원을 세우는 것처럼 자선에 해당한다. 이와 같은 난실은 누구나 필요할 때 이용할 수 있다. 추위가 무척 심하므로, 누군가가 외출한다든가 집에 돌아온다든가 그 밖에 어떤 볼일이 있어 어떤 지점에서 다른 지점으로 이동할 때 얼어 죽는 일이 흔히 생기기 때문이다.

그러나 난실이 이렇게 많이 설비되어 있고 실제로 아주 가까운 거리를 사이에 두고 배치되어 있음에도 불구하고—실제로 60걸음마다 난실 하나씩 설비되어 있다—아직까지 흔히 생기는 사고이다. 어떤 난실에서 충분히 몸을 녹인 뒤 외출하여도 다음 난실에 도착하지 못하면 얼어 죽거나, 도착했다고 해도 거의 반죽음 지경이 된다. 따라서 난실이라 생각되면 어떤 곳이건 재빨리 들어가 몸을 녹여야 한다. 몸이 따뜻해지면 그곳을 나와 다음 난실까지 가서 또 몸을 녹이는 것을 되풀이하여 목적지까지 가게 된다. 그들은 난실에서 난실까지 될 수 있는 한 추위를 느끼지 않고 조금이라도 빨리 가기 위하여 언제나 달려간다. 그러나 옷을 충분히 입지 않았거나, 나이 많고 병약해서 달려갈 수 없는 사람도 있다. 집이 너무 멀어 난실에서 난실까지 가는 도중 심한 추위로 얼어붙은 땅 위에 넘어지는 사람도 흔히 있다. 이와 같은 경우, 만약에 지나가던 사람이 곧 일으켜 주지 않으면 그는 그대로 방치되어 얼어 죽게 된다. 하지만 지나가던 사람이 이를 발견하면 난실로 데리고 와서 먼저 옷을 벗긴다. 그렇게 하면 몸이 차차 따뜻해지고 의식이 회복되어 되살 아나게 된다.

이들 난실의 구조를 알아보면, 먼저 커다란 통나무를 네모꼴로 첩첩이 쌓 아올리고 나무와 나무 사이는 빛 한 줄기 새지 않을 만큼 밀착시킨다. 그래 도 틈이 생기면 회반죽이나 그 밖의 것으로 완전히 막아버리므로 추위나 바 람이 실내로 스며들 수가 없다. 지붕에는 창문 하나를 내놓고 난롯불을 땔 때 연기가 빠져 나가도록 한다. 실내에는 아주 많은 장작을 언제나 저장해 놓고 그것을 계속 불에 지펴 불꽃이 활활 타게 한다. 장작에 불이 붙어 연기 가 날 동안에는 지붕에 설치한 창문을 열어 연기가 빠져 나가게 하고, 연기 가 나지 않으면 이 창문을 두꺼운 펠트로 덮는다. 장작이 다 타고 산더미같 이 남은 재가 난실의 온도를 적절하게 유지한다. 실내의 하부, 즉 벽면에는 별도로 또 하나의 창문이 있다. 이것도 두꺼운 펠트로 덮여 있다. 이 창문은 난실 안에 빛이 필요할 때, 바람이 불지 않을 경우 연다. 그러나 빛이 필요 하더라도 바람이 불 경우에는 이 창문 대신 지붕에 붙어 있는 창문을 연다. 난실 문도 펠트로 덧대어져 있다.

난실은 이와 같은 구조로 되어 있으며, 귀인이나 부자는 개인 난실을 갖고 있다. 집도 이와 마찬가지로 철저하게 추위를 막을 수 있는 구조로 되어 있다.

다음엔 러시아 주민들의 풍습에 관하여 다소 언급해 두겠다. 주민들은 벌 꿀과 피를 원료로 하여 세르비시아(Cervisia)라 불리는 질이 좋고 독한 맥주 를 만들고 이것으로 성대한 잔치를 벌인다. 그 광경은 다음과 같다. 그들 사 이에는 흔히 있는 일로, 남녀가 한데 모여 집회를 갖는다. 특히 귀족이나 부 유한 상인은 아내와 자식도 함께 참석한다. 그 수는 30명에서 40명, 때로는 50명 정도의 규모에 이르는 경우도 있다.

모든 모임에서는 먼저 그 자리의 수령을 선출하고 규약을 정한다. 누군가 가 온당하지 못한 말을 하거나 규약을 위반하면 이 선출된 수령이 그 장본인 을 처벌할 수 있다. 이 모임의 자리에는 유럽 술집과 마찬가지로 독한 맥주 를 파는 상인이 가게를 내고 있으므로 참석자들은 이 술집에 앉아 온종일 술 을 마신다. 이러한 잔치를 그들은 '스트라비자'(straviza, 보드카 요리)라 부른 다. 저녁때가 되면 술집 주인이 맥주 대금을 계산한다. 저마다 자기 몫을 치 르고, 아내와 자식이 함께 왔을 때는 그 몫도 치른다. 이 큰 잔치, 즉 스트라비자에서 그들은 자기 자식을 담보로 하여 외국 상인, 이를테면 가자리아(Gazaria, 크림 반도 북부 지방), 솔다이아 그 밖에 이웃 여러 지방의 상인으로부터 돈을 빌려서 그 돈으로 술을 받아 먹고는 결국 자식을 팔아넘기는 경우도 생긴다.

이 큰 잔치에 참석한 귀부인은 온종일 줄곧 자리를 떠날 수 없다. 귀부인들은 오줌이 마려워도 자리를 떠날 수가 없으므로, 미리 시녀에게 큰 해면(海綿)을 몇 개씩 준비시켜 놓고 같은 자리에 있는 누구도 눈치 채지 않도록 교묘하게 이것을 옷자락 속에 넣어 볼일을 본다. 이를테면 어느 귀부인이 다른 부인에게 이야기를 건네는 체하는 동안에 시녀가 해면을 살짝 여주인의 옷자락 속에 넣어 주면, 그 귀부인은 앉은 채 해면 속에 용변을 마친다. 시녀는 또 오줌을 흡수하여 부푼 해면을 살짝 갖고 나간다. 그녀들은 언제든지 오줌이 마려울 때 용변을 보는 셈이다.

여기서 실제로 있었던 에피소드 하나를 소개하겠다. 어느 날 밤, 한 남자가 아내를 데리고 큰 잔치에서 집으로 돌아가는 길이었다. 도중에 아내는 오줌이 마려워 용변을 보려고 쭈그려 앉았으나 지독하게 추워서 가랑이의 털이 풀에 얼어붙었다. 아파서 꼼짝도 할 수 없었던 그녀는 마침내 울음을 터뜨리고 말았다. 곤드레만드레가 된 남편은 아내의 곤경을 동정하여 그녀 위에 몸을 구부려 자기의 따뜻한 입김으로 얼음을 녹이려고 열심히 입김을 불었으나, 불고 있는 동안에 입김의 수분도 역시 얼어버려서 그의 턱수염이 아내의 가랑이 털에 휘감긴 채 얼어붙고 말았다. 이번에는 그도 아파서 꼼짝도 못하고 그녀와 함께 그 자리에 주저앉아버렸다. 이리하여 이 부부는 지나가던 누군가가 그 얼음을 깨뜨려 줄 때까지 그 자리에서 떠날 수 없었다.

이곳 주민들 사이에서는 길이가 1스판이고 가격은 약 5그로시에 상당하는 막대기 모양의 황금이 통화 구실을 하는데, 소액의 거래에는 담비의 머리가 사용되고 있다.

러시아의 토지는 매우 넓어 대양(大洋)까지 뻗어 있다. 이 대양에는 수많은 섬이 있고, 섬에는 커다란 매가 살고 있으며, 이 매가 세계 각지로 수출되고 있다.

러시아에서 노로에크(Noroech, 노르웨이)까지는 그다지 먼 거리는 아니다. 춥지만 않다면 짧은 시일 내에 도착할 수 있으나 추위가 심하기 때문에 이 여행은 간단하지 않다.

대해에 관한 이야기로 옮겨 보자. 상인과 그 밖의 사람 중에 이 '대해'를 알고 있는 사람은 적지 않지만 모르는 사람이 훨씬 더 많으므로, 새삼스럽지만 대해에 관해 이야기를 하고자 한다.

먼저 그 들머리에 해당하는 콘스탄티노플 해협부터 이야기를 시작하기로 하겠다.

235 대해로의 관문

대해로 들어가는 서쪽 관문 들머리에는 팔로라고 불리는 산이 하나 있다.

그런데 대해에 관하여 이야기를 시작하려고 했으나, 아는 사람이 많을 것이라고 생각하니 갑자기 마음이 변하여 그것을 말하고 싶지 않다. 그러므로 대해에 관해서는 생략하기로 하고 다른 화제로 옮기기로 하겠다. 먼저, 서북 타타르국의 여러 왕과 타타르 인에 관한 보고를 할까 한다.

236 서북 타타르국의 역대 제왕

서북 타타르국(킵차크 한국)의 초대 왕은 사인(Sain, 킵차크 한국의 시조인 주치)이라 하여 매우 위대하고 유력한 왕이었다.

이 사인 왕이 러시아, 코마니아(Comania, 흑해 북부 터키계), 알라니아 (Alania, 카프카스 북부 터키계), 라크, 멘지아르(Menjar, 마자), 지크(Zic, 카프카스 남서부), 고티아(Gothia, 크림 반도 남부), 가자리아를 정복하고, 그 나라 위에 군림하는 왕이 되었다.

사인 왕의 정복 이전에 이들 여러 나라는 모두 코마니아에 예속되어 있었다. 그러나 코마니아는 여러 나라를 합병하거나 통일하지 않았다. 코마니아 사람이 나라를 잃고 세계 곳곳에 흩어진 것은 이런 이유 때문이다. 흩어지지 않고 고국에 남은 코마니아 사람들은 모두 이 사인 왕의 노예가 되었다.

사인 왕을 계승한 사람은 파투(Patu, 주치의 적자 바투Batu 제1대 칸)이며, 이어 바르카(Barca, 제3대 칸 베르케Bereke), 몽구테무르(Mongutemur, 제4대 칸 멩구티무르Mangu Timur), 토타만구(Totamangu, 제5대 칸 투다멩구Tuda Mangu), 그리고 현재 나라를 다스리고 있는 톡타이(Toctai, 제6대 칸 토크타Tokta)가 그 뒤를 이어받았다.

이로써 서북 타타르국의 역대 왕을 열거하였다.

다음에는 근동 타타르국의 왕인 훌라구와 서북 타타르국의 왕 베르케 사이에 벌어진 일대 격전에 대하여 소개하겠다. 더불어 이 전쟁의 원인과 경과도 함께 이야기할 작정이다.

237 훌라구와 베르케 사이에 벌어진 전쟁

1261년에 근동 타타르국(일 한국)의 왕 훌라구와 서북 타타르국의 왕 베르케 사이에 커다란 불화가 생겼다. 불화의 원인은 두 나라 사이의 경계를 이루는 한 지방의 귀속 문제 때문이다.[18] 두 왕 모두 이 지방에 대한 정당하고도 유력한 영유권이 있다고 확신했으므로, 서로 소유를 고집해 양보하지 않았다. 그들은 서로 상대에게 서한을 보내 친히 그곳으로 가서 영토를 확보할 것이라고 단언하였으므로 일전이 불가피해진 상황이 되었다. 이리하여 양쪽은 모든 군대를 소집하고, 몇 년간이라도 치러 낼 각오로 대규모 전쟁 준비를 하였다. 두 군 모두 결말을 짓기 위해서는 어떤 희생도 치르겠다고 결심했다.

약 6개월 동안 말싸움을 벌이고 있는 동안에 두 군이 집결시킨 병력은 저마다 30만 기에 달하였다. 이 모두가 타타르식 전투에 필요한 무장을 완전히 갖춘 병사들이었다.

만반의 준비가 갖추어지자, 근동 타타르 국왕 훌라구가 먼저 전군을 거느리고 출진하였다. 그 도중에 이렇다 할 어려움 없이 훌라구군은 철문관(鐵門關)과 사라이 해 사이에 있는 대평원에 무사히 도착하여, 이 평원에 정연한 진영을 설치하였다.[19] 훌라구의 이 진지에는 실로 훌륭한 대장전(大帳殿, 왕이 거처하는 거대한 천막)과 호화로운 천막이 설치되었으므로, 마치 부호들의 영지인 듯한 광경을 나타냈다. 훌라구는 이곳에 머물면서 베르케가 군대를 이끌고 공격해 오는 것을 기다리겠다 언명하였다. 훌라구가 진영을 구축한 이곳이야말로 두 왕국의 경계가 되는 곳이었다.

훌라구와 그의 군대에서 잠시 떠나 이번에는 베르케와 그의 군대로 눈길을 돌려 보자.

238 베르케, 훌라구를 향해 진격하다

한편 베르케도 전쟁 준비를 갖추어 전군을 집결시켰다. 때마침 훌라구가 거국적으로 출진하였다는 보고가 도착하였으므로, 이제 한시도 주저할 수 없음을 선언하고 이들 역시 즉각 출진했다. 진군을 계속한 끝에 마침내 적군이 포진한 대평원에 이르렀고, 훌라구의 진영에서 16㎞ 떨어진 곳에 베르케도 정연한 포진을 완료하였다. 그의 천막도 훌라구의 천막 못지 않게 호화로웠으며, 금란직(金襴織)의 대장막과 그 밖의 호화로운 천막이 죽 늘어섰다. 이보다 더 호화로운 진영은 어디서도 볼 수 없을 정도였다. 베르케의 병력은 훌라구의 병력을 능가했다. 조금도 거짓이 없이, 베르케가 거느리는 군대는 모두 35만 기에 달하였다. 그들은 진지에 머물며 이틀 동안 휴식을 취하였다.

사흘째가 되어 베르케는 모든 장병을 모아 놓고 다음과 같이 선언하였다.

"내 충성스러운 군사들이여! 나는 왕위에 오른 이래 그대들을 형제처럼, 또한 자식처럼 사랑해 왔다. 그대들 중에는 나를 따라 몇 차례의 전투에 참가하고, 내가 현재 지배하는 국토의 대부분을 정복하는 데 있어 공을 세운 자도 많이 있다. 따라서 내가 보유하는 곳은 나의 것인 동시에 그대들의 것이기도 하다. 그대들은 현재 우리의 이 명예를 보존하기 위하여 모든 힘을 다 바쳐야 한다. 사실 오늘날까지 우리는 명예를 떨어뜨리지 않고 잘 유지해 왔다. 그러나 지금 우리에게 도전해 온 훌라구는 과연 사람들도 아는 바와 같이 유력하고 위대한 인물일지는 모르지만, 사실 그의 행위는 그릇된 것이다. 정의는 우리에게 있으며, 불의는 그에게 있다는 간단한 이 한 가지 일만 보더라도 그대들은 필승에 대한 확신을 충분히 가질 수 있다. 그리고 우리 군대가 적을 능가하고 있다는 사실은 엄연한 것이므로, 필승의 신념은 더욱 더 확실해진다. 정통한 보고에 따르면 적은 고작 30만에 지나지 않지만, 우리는 장비나 사기(士氣)에 있어 그들보다 우수한 부대이며 병력은 35만에 이른다. 나의 군사들이여! 나는 이와 같은 여러 가지 이유에서 우리가 이 전투에서 이기리라는 것은 명약관화(明若觀火)의 일이라고 단언한다. 우리는 오직 이 전투를 목표로 삼아 이렇게도 먼 거리까지 왔으므로, 사흘 뒤로 예정된 전투 개시에 있어서 군율을 지키고 신중하게 분전하여 기필코 승리를 우리의 것으로 만들어야 한다. 간절히 바라건대 한 사람도 빠짐 없이 용감히 싸워, 온 세계를 두려움에 떨게 할 빛나는 공훈을 세우도록. 앞서 말한 전투 개시날에 대비하여 저마다 용기를 갖고 본분을 완수할 각오를 굳게 가질 것을 거듭 바라는 바이며 더 이상은 말하지 않겠다."

베르케와 그의 휘하 군대에 관해서는 이미 설명한 바 있으므로 이 정도로 그치고, 훌라구와 그의 군대가 베르케군이 부근에 다다랐다는 보고에 접하자 어떻게 대처하였는가를 이야기할까 한다.

239 부하 장병에 대한 훌라구의 연설

역사가 전하는 바에 따르면 베르케가 이러한 대군을 거느리고 왔다는 확보에 접하자, 훌라구도 역시 그의 참모들을 모아놓고 훈령을 발표하였다고 한다. 소집된 참모와 장령들 앞에서 그는 다음과 같은 훈사를 하였다.

"나의 충성스러운 형제 제왕, 조카 제왕 그리고 내가 가장 믿는 장군들이여. 그대들은 이제까지 나의 생애를 통하여 언제나 나를 돕고 나의 힘이 되어 왔다. 오늘날까지 그대들은 나를 위하여 여러 전투에 참가하여 승리를 거두었으며 아직도 패배한 적이 없다. 그러므로 나는 감히 그대들을 거느리고 오늘날 여기에 베르케—위대한 인물이라지만—를 요격하기 위해 올 수 있었다. 사실 베르케의 군대는 우리 군대에 비하여 숫자는 많지만 능력은 결코 뛰어나지 못하다. 비록 이보다 배가 되는 병력을 거느리고 공격해 온다 하더라도 나의 정예부대가 대항한다면 능히 그들을 무찌를 것이다. 아군 첩자의 보고에 따르면 적의 공격은 사흘 뒤에 시작된다고 한다. 물론 내가 바라는 바이지만, 원컨대 그대들은 그날에 대비하라. 실수없이 평소와 같은 분투를 각자 하도록 하라. 마지막으로 또 한 가지 그대들에게 다짐해 둔다. 이것은 만일의 경우이지만, 패배의 치욕을 겪는 것보다는 끝까지 명예를 지켜 전사할 각오를 굳히라는 것이다. 자아, 제군들! 모두 본분을 다하여 우리의 명예를 지키고 적을 격멸하자."

이렇게만 말하고 훌라구는 입을 다물었다.

앞에서 말한 것처럼 이 두 유력한 왕은 각기 부하에게 격려의 훈사를 하고, 오로지 다가오는 전투의 날을 기다리고 있었다. 그동안에 두 군은 필요한 모든 준비에 전력을 다하느라 정신없이 바빴다.

240 훌라구군과 베르케군의 격전

드디어 전투 개시날이 왔다. 훌라구는 아침 일찍 일어나 적군에 대비하여 무장할 것을 명령했다. 그리고 무장이 완료되자 이를 거느리고 출발하였다.

그는 군대의 편성 배치에 머리를 짜내서, 용의주도하고 교묘하며 유리하게 포진을 하였다. 그는 1만 기를 한 부대로 묶어 모두 30개 부대를 편성하였는데, 이것은 앞에서 말한 바와 같이 그의 전군이 약 30만 기로 이루어져 있었기 때문이다. 각 부대마다 유능한 사령관과 부대장이 임명되었다. 모든 일이 현명하고 또한 교묘하게 조정되기를 기다려, 적군에 대한 공격 명령을 내렸다. 휘하 부대는 일제히 이 명령에 복종하였다. 전군은 즉시 천천히 전진을 개시하여 두 군영의 중간 지점까지 진출하자, 여기서 전진을 멈추고 적의 내습을 기다렸다.

훌라구군이 이와 같이 중간 지점에서 전진을 멈추고 있을 것에 대비하여, 베르케군 역시 그날 아침에는 베르케와 그의 모든 장병들이 아침 일찍 일어나 무장과 그 밖의 준비를 마쳤다. 베르케는 지휘관으로서의 명성이 있었던 만큼 휘하 군대의 포진법에 정통하였으므로 솜씨 좋고 능숙하게 부대를 배치하였다. 그도 훌라구와 마찬가지로 1만 기 단위의 35개 부대를 편성하고 각 부대에 유능한 사령관과 부대장을 임명, 배속시켰으며 이 편성이 완료되자 전진 명령을 내렸다. 명령은 정확히 실행되었다. 그들도 천천히 전진하여 진군을 계속한 끝에 마침내 적에게서 8㎞ 떨어진 지점에 이르렀다. 일단 여기서 정지하여 잠깐 휴식을 취한 뒤 다시 진군을 시작하여 적에게 접근하였다.

두 군의 간격이 활의 시정거리까지 좁혀졌을 때 두 군은 동시에 진진을 멈추고 그 자리에서 전열을 폈다. 이 평원은 매우 넓어 원근의 전망이 좋았으므로 두 군을 합친 막대한 수에 달하는 기병 부대가 자유로이 싸울 수 있었다. 어쨌든 일찍이 한 번도 있어 본 적이 없었던 대군이 한 평원에서 싸우는 것이므로, 이 싸움터로는 그만큼 충분히 넓고 환히 트인 평야가 필요하였다. 훌라구건 베르케건 다 같이 세계에서 가장 강한 왕이었으므로, 이 전투에 참가한 두 군 전투원의 총수가 조금도 에누리 없이 65만 명에 달하였기 때문이다. 또한 이 훌라구와 베르케는 둘 다 칭기즈 칸의 제실(帝室)에 속하고 서로 가까운 동족이기도 한 것은 이미 알려진 바와 같다.

241 계속해서 훌라구군과 베르케군의 격전

훌라구와 베르케의 두 군이 가장 가까운 거리에 대치하면서 나카르가 울리기를 기다리고 있을 때, 마침내 두 진영에서 나카르 소리가 동시에 울려

영토분쟁으로 인해 훌라구군 30만 기와 베르케군 35만 기가 대평원에서 대격전을 벌였다. 그러나 수적 우위에도 불구하고 베르케군은 패퇴하고 대평원은 죽은 병사들의 피로 물들어졌다.

퍼졌다. 이 나카르 소리가 나자마자 양군은 한시도 주저하지 않고 똑바로 적진을 향하여 공격을 시작하였다. 우선 활을 잡아당겨 끊임없이 화살을 적에게 쏘아댔다. 서로가 쏘아대는 화살은 잠시 하늘을 뒤덮었다. 이 때문에 창공이 보이지 않을 정도였다. 많은 병사와 군마가 잇따라 땅 위에 쓰러졌다. 실제로 이렇게까지 격렬한 사격전이 벌어지면 자연히 그렇게 될 것이다. 더욱이 그들은 화살통에 화살이 남아 있는 한 이 사격전을 중지하지 않았기 때문에 땅 위는 죽은 사람과 중상자로 가득 뒤덮이고 말았다.

　화살이 바닥나자 그들은 칼과 쇠몽둥이와 창을 집어들고 무시무시한 격전을 벌였다. 그야말로 지극히 잔인하고 처참한 백병전이며 눈을 가리고 싶은 광경이었다. 팔이나 손이나 머리가 잘려나갔다. 죽은 병사와 군마가 난도질당하여 땅 위에 나뒹군다. 이렇게도 많은 전사자를 낸 것으로 보아, 이 전투는 양군에게 있어 지독한 악마의 시간에 벌어진 것이라 보아야 할 것 같다. 태고의 일은 모르기는 하지만, 근래에 한 싸움터에서 이렇게까지 막대한 전사자를 낸 전투가 과연 또 있을까? 무기가 맞부딪치는 소리와 함성이 하늘을 찌를 듯하며, 그 때문에 천둥소리도 안 들릴 정도였다.

대지는 유혈이 낭자하여 붉게 물들고, 난도질당한 시체가 땅 위에 빽빽이 들어 차서 발 디딜 틈도 없다. 이 전투에 참가한 만큼의 대부대가 실제로 한 싸움터에서 마주쳤다는 전례를 최근에는 세계 어느 곳에서도 찾지 못할 것이다. 말 위에서 칼을 맞고 떨어져 깊은 부상을 입고 일어나지 못하는 병사들의 처절한 신음과 비명은 그야말로 애끓는 비애를 불러일으키는 광경이다. 사실 이 전투야말로 양군에게는 저주받은 악마의 시각에 시작된 것임에 틀림없으며, 이 때문에 무수한 부녀자들이 이 순간부터 과부가 되고 수많은 어린아이들이 고아 신세를 면치 못했다. 이 전투에 있어서 확실히 그들 사이에는 사랑의 마음이란 티끌만큼도 없었으며, 다만 있는 것이라고는 지독한 증오뿐이었다.

훌라구는 평소에 용감하고 무예에 능숙한 사람이었던만큼 이 전투에서의 활약은 참으로 눈부셨으며, 과연 왕관을 쓰고 왕국에 군림하는 왕으로서의 관록을 유감없이 발휘하였다. 그는 개인적으로도 용감한 활약을 한데다가 부하 장병의 사기를 진작했다는 점에서도 두드러진 공적이 있었다. 그들의 군주가 용감무쌍한 분투를 하는 것을 실제로 목격한 장병들은 모두 용기가 솟아올라 뛰어난 활약을 벌였던 것이다. 확실히 훌라구의 초인적인 무용은 적군이나 아군을 가리지 않고 보는 사람으로 하여금 모두 탄복케 하였다. 사실 훌라구의 활약은 번개나 질풍과도 같았으며 도무지 인간의 솜씨라고는 생각되지 않았던 것이다.

이 전투에서 훌라구는 실로 이와 같은 분투를 하였던 것이다.

242 베르케의 용감한 분전
한편 베르케 왕의 활약 역시 이를 데 없이 용감하였다. 그의 분전은 눈부셨으며, 온 세계의 찬양을 받아 마땅한 것이다. 그러나 그의 호용(豪勇)도 그날의 전황을 유리하게 이끌지는 못하였다. 많은 장병이 칼에 맞아 죽고 중상을 입어 쓰러졌기 때문에 용감한 베르케군도 더는 적의 공격을 버틸 수 없었다. 전투가 밤까지 이어지자, 베르케 왕과 그의 군대는 더 이상 버틸 수 없어 마침내 싸움터에서 후퇴했다.

베르케군은 더 버틸 수 없다고 판단하자 일제히 말머리를 돌려 전속력으로 도망쳤다. 적이 방향을 돌려 도망치는 것을 본 훌라구와 그의 휘하 장병들은 이를 뒤쫓아 추격하면서 적을 쓰러뜨리며 찔러 죽였다. 그들이 살육하는 모습은 차마 눈 뜨고는 못 볼 광경이었다. 훌라구군은 추격을 멈추고 진영으로 철수하여 무장을 풀었다. 부상자에게는 상처를 씻어주고 치료해 주었다. 그들은 모두 지쳐버린 나머지 정신없이 잠들고 말았다. 다음날, 훌라구는 명령을 내려 적군과 아군을 막론하고 시체를 모조리 불태우게 하였으며 이 명령은 즉시 실행되었다.

전사자의 시체를 불태우고 나서 훌라구는 이 전투에서 생존한 모든 장병을 인솔하여 본국으로 개선하였다. 훌라구군은 승리를 거두었으나, 막대한 피해를 입었다. 그러나 베르케군의 전사자 수는 물론 그 이상을 헤아렸다. 양군이 이 전투에서 잃은 장병의 숫자는 실로 막대한 것이었으므로, 이야기들은 것만으로는 도무지 믿어지지 않을 것이다. 이렇게 해서 이 전투는 끝났으며, 훌라구가 승리자가 되었다.

다음에는 서북 타타르국의 내부에서 일어난 어느 전투에 관해서 이야기하고자 한다.

243 서북 타타르 왕국, 투다멩구 즉위

서북 타타르국에는 멩구티무르 왕이 죽은 뒤 정통 후계자로 '톨로부가(Tolobuga, 멩구티무르의 맏형의 아들)'가 뒤를 이었으나 그는 아직 젊은이였다. 이때 당시의 권세가였던 투다멩구가 타타르의 또 다른 왕 노가이(Nogai, 주치 칸의 손자)의 원조를 받아 톨로부가를 살해한 다음 노가이 왕의 지지 아래 왕위에 올랐다.[20] 투다멩구는 나라를 다스린 지 얼마 되지 않아 죽었으며, 이어 현명하고 용감한 토크타가 대중의 추대로 왕위에 올랐다.

이리하여 토크타는 투다멩구가 탈취했던 왕권을 장악하게 되었다. 그러는 사이, 전에 살해된 톨로부가의 두 아들은 무예가 뛰어나고 현명하여 빈틈없는 젊은이로 성장했다. 어느 날, 이들이 성대히 꾸미고 수행자들과 함께 토크타의 궁정으로 갔다. 궁정에 도착한 형제들은 토크타에게 공손히 절한 다음, 그대로 어전에 무릎 꿇고 앉았다. 토크타는 이 형제에게 답례한 다음, 그들을 일으켜 세웠다. 형제는 명령을 좇아 일어섰는데, 그때 형이 한 발 앞으로 나아가 이렇게 말하였다.

"경애하는 토크타 왕이시여, 우리가 알현하기 위해 온 이유를 이제부터 자세히 말씀드리겠으니 잘 들어 주십시오. 우리 형제는 투다멩구와 노가이에게 살해된 톨로부가의 아들입니다. 투다멩구에 대해서는 이미 고인이 되었으므로 아무 말 않겠습니다만 노가이에 대해서만은 그의 비행을 반드시 바로잡아 주시기 바랍니다. 제발 부탁드립니다. 정의의 왕답게 아무쪼록 노가이를 어전으로 불러들여 아버지를 죽인 이유와 그에 대한 해명을 우리 앞에서 하도록 해 주십시오. 우리 형제가 오늘 이 궁정에 온 것은 이 때문입니다. 이것이 우리의 절실한 소원입니다."

244 토크타, 노가이 소환하여 톨로부가의 죽음에 대한 해명 요구하다

이 젊은이의 말을 들은 토크타는 그것이 당연한 것이라고 생각하고 이렇게 대답하였다.

"훌륭한 젊은이여, 나는 쾌히 그대들의 청원을 수리하여 노가이에 대한 그대의 요구를 인정하겠다. 곧 노가이를 소환하여 도리에 비추어 그를 조처하겠다."

토크타는 2명의 사자를 노가이에게로 보내, 궁정에 와서 톨로부가의 죽음에 관해 그 두 아들에게 해명하라고 요구하였다. 그러나 토크타의 사신들로부터 이 전언을 들은 노가이는 코웃음 치며, 자기는 궁정에 갈 생각이 없다고 잘라 말했다. 사신은 궁정으로 돌아오자, 노가이의 회답을 토크타에게 보고하였다. 토크타는 노가이의 전언을 듣자 큰 모욕이라 생각하고 궁정 안이 들썩거리도록 큰 소리로 외쳤다.

"두고 보자. 반드시 노가이를 불러들여 톨로부가의 아들들에게 해명토록 하겠다. 그렇지 않다면 전군을 거느려 그를 공격해서 멸망시키고 말겠다."

토크타는 곧 2명의 사신을 다시 보냈다.

245 토크타, 다시 사신을 노가이에게 보내다

토크타의 신임을 받은 2명의 사신은 출발하여 여정(旅程)을 거듭한 뒤 노가이의 본영(本營)에 도착하였다. 그들은 노가이를 알현하고 공손히 절하였다. 이에 대하여 노가이도 답례하였다. 이어 사신 한 사람이 이렇게 말하였다.

"영주 전하. 토크타 칸으로부터 다음과 같은 전언을 가지고 왔습니다. 전하께서 칸의 궁정으로 와 톨로부가의 아들에게 해명을 하지 않으신다면 칸은 전군을 거느리고 이곳으로 내습하여 전하의 육체와 재산에 온갖 손상을 입힐 것이라고 하였습니다. 따라서 이 긴박한 사태에 즈음하여 어떻게 하실 작정인지, 그리고 어떠한 대답을 우리에게 주어 칸에게 전달하게 할 작정인지 신중히 생각하고 말씀해 주십시오."

토크타로부터의 이 전언을 들은 노가이는 큰 모욕을 받았다고 생각하였다. 그래서 그는 사신에게 다음과 같이 대답하였다.

"사신들이여, 곧 가서 전쟁 위협쯤은 조금도 겁나지 않는다고 전하라. 만약에 제정신으로 내습해 온다면 나도 영토 안으로 침입하는 것을 가만히 보고 있지는 않겠다. 나는 그대들이 침입하기 전에 나가서 요격할 것이다. 이것이 나의 전언이자 그대의 왕에 대한 회답이다."

이렇게 말한 노가이는 입을 다물고 아무 말도 하지 않았다.

노가이의 회답을 들은 사신은 주저하지 않고 즉각 그곳을 떠나 여정을 거듭하여 토크타에게로 돌아갔다. 도착하자마자 노가이의 회답을 자세히 보고하였다.

이 전말을 들은 토크타는 이미 전쟁을 피할 수 없다고 보고 즉시 사신을 여러 곳으로 파견하여, 그에게 복종하는 국내의 제후들에게 노가이를 정복하기 위해 각자 준비를 갖추고 집합하도록 명령하였다. 이리하여 토크타는 온세계에서도 비할 데 없는 대군을 집결하였다.

한편, 노가이 측에서도 토크타가 이러한 대군을 거느리고 진격하려 한다는 보고를 받자, 그도 역시 이에 못지 않은 대규모의 전투 준비를 시작하였다. 노가이의 부하도 강력한 대부대임에는 틀림 없었다. 그러나 노가이의 부하는 수적으로 토크타의 군대에 비해 열세였고, 따라서 전력에 있어 다소 뒤쳐졌다.

246 토크타의 노가이 친정

준비가 완료되는 것을 기다려 토크타는 전군을 거느리고 출진하였다. 그의 총병력은 20만 명에 달하였다. 기마 군단의 진군은 매일 계속되었다. 도중에 이렇다 할 문제 없이 마침내 넓은 네르기(Nerghi, 흑해 서남 지역) 평원*21에 다다른 토크타는 군대를 이곳에 주둔시키고 노가이가 도착하기를 기다리기로 하였다. 의기충천한 노가이가 한시라도 빨리 싸우려고 속력을 다해 진군하고 있다는 것을 알았기 때문이다. 토크타의 휘하에는 톨로부가의 두 아들도 정예 기병 부대를 이끌고 참가하고 있었다. 살해된 아버지의 원수를 갚기 위하여 종군하였던 것이다.

여기서 토크타군으로부터 눈길을 돌려, 노가이군의 소식을 알아보기로 하자. 노가이는 토크타가 이미 군대를 이끌고 출진하여 자기를 향해 진격 중이라는 것을 알자, 조금도 주저함이 없이 역시 전군을 이끌고 출발하였다. 그의 총병력은 15만 명, 모두 백전의 용사들로서 토크타 휘하의 장병들도 비견할 수 없을 정도였다. 토크타가 이 평원에 도착한 지 이틀이 채 지나지 않아 노가이의 군대도 역시 이곳에 도착하였다. 그는 적의 진지에서 16㎞ 떨어진 거리에 진지를 치고 정연하게 진영을 설치하였다.

노가이의 진지에는 금란직으로 된 훌륭한 대장전과 호화로운 천막이 수없이 늘어서 있어 그야말로 부강을 자랑하는 왕의 진영에 어울리는 광경이었다. 하지만 노가이 진영도 토크타 진영의 호화로움에는 비길 바가 못되었다. 실지로 토크타가 그곳에 세운 화려한 대장전과 호화로운 많은 천막은 그야말로 보는 사람으로 하여금 탄복하지 않고는 못 배길 성대한 것이었다.

네르기 평원에서 마주친 두 왕은 군대를 멈추고 휴식을 취하며, 전투 당일에 대비하여 칼날을 세웠다.

247 토크타의 연설

토크타는 부하 장병들을 모아 놓고 대전투에 임하여 다음과 같은 연설을 하였다.

"장병들이여, 잘 듣기 바라오. 우리는 노가이 왕 및 그의 휘하 부대와 결전하기 위해 멀리 이곳까지 진군해 왔소. 물론 그것은 정당한 이유가 있기 때문이오. 경들도 아시다시피 이 원한과 증오는 노가이가 나의 궁정에 와서 톨로부가의 아들들에게 해명하는 것을 거부한 데서 생긴 것이오. 이렇게 하여 노가이는 스스로 과오의 길을 택하였으므로, 이 전투에서 우리가 승리를 거두어 그를 격멸하는 것은 당연한 일이오. 그러므로 경들은 안심하고 적군을 멸망시킨다는 희망을 굳게 가져야 할 것이오. 이때 내가 충심으로 그대들에게 바라는 바는 적군을 파괴, 섬멸하기 위해 반드시 용기를 북돋우어 전력을 다하여 싸우라는 한 가지 일이오."

이렇게 말한 다음 토크타는 입을 다물고 아무 말도 하지 않았다.

한편 노가이 왕도 역시 휘하 장병을 모아놓고 다음과 같은 연설을 하였다.

"나의 형제 제왕 및 장병들이여, 그대들도 알다시피 우리는 이제까지 많은 전투에서 언제나 승리를 거두어 왔소. 우리보다 우세한 적과 맞붙은 경우도 종종 있었으나, 우리는 언제나 그 우세한 적을 무찔러 아직 한 번도 진적이 없었소. 이 진실은 그대들이 몸소 체험하여 잘 아는 터이므로 마땅히 이번 전투에서도 아군이 승리를 하리라 믿어 의심치 않소. 더욱이 정의는 우리에게 있고 불의는 그들에게 있으므로 더욱 그러하오. 왜냐하면 토크타는 내가 섬기는 군주가 아닌데도 나를 그의 궁정으로 불러 어떤 사람에게 변명하라고 명령했던 것이오. 나는 더 이상 그대들에게 말할 것은 없소. 다만 원컨대 그대들은 전력을 다하고 본분을 지켜 온 세상 사람들 입에 오르내릴 만한 눈부신 활약을 이 전투에서 보여 주시오. 우리와 우리 자손들이 영원히 존경받도록 말이오."

노가이는 이렇게 말한 다음 입을 다물고 아무 말도 하지 않았다.

토크타와 노가이 두 왕은 이 대집회를 마치자 한시도 지체 없이 다음날 일전을 위한 무장을 굳게 하고 훌륭한 포진을 하였다. 토크타는 휘하 군대를 20개 부대로 나누어 각각 사령관과 부대장을 임명하였다. 노가이도 마찬가지로 1만 명씩으로 이루어지는 15개 부대를 편성하여 저마다 사령관과 부대장을 배치하였다. 두 왕은 무사히 편성과 포진을 완료하자, 드디어 진격 명령을 내렸다. 적을 향하여 기마 행진을 시작한 끝에 화살 사정거리까지 접근하자, 말을 멈추고 잠시 그대로 휴식을 취하였다.

곧 나카르 소리가 울려 퍼졌다. 나카르 소리와 더불어 두 군의 공격이 시작되었다. 먼저 활에 의한 사격전이 벌어졌다. 두 군이 쏘아대는 화살은 수없이 많아 참으로 놀랄 만한 것이었다. 마치 빗발처럼 퍼부었다. 기병과 군마가 잇따라 쓰러져 죽거나 중상을 입어 신음하였다. 무기가 부딪치는 소리와 함성이 메아리쳤다. 화살을 모두 쏘아 바닥이 나자 이번에는 칼과 쇠몽둥이와 창에 의한 공격으로 바뀌어 격렬한 격투가 벌어졌다. 잔인하고 처참하기 짝이 없는 싸움이 벌어진 것이다. 서로 손과 팔과 머리가 잘려나갔다. 전사한 기사와 다 죽어가는 기사가 대지에 잇따라 쓰러진다. 비명과 함성에 얽혀 칼이 부딪는 소리가 귀를 먹먹하게 하여 그 때문에 천둥소리도 안 들릴 지경이었다. 전사자의 수가 엄청난 것은 달리 비길 만한 예를 찾지 못할 것이다. 두 군을 계산하여 토크타군 측에 보다 많은 전사자가 난 것은 틀림없는 사실이다. 왜냐하면 노가이 측 군사가 토크타 측 군사 이상으로 정예군이 많았기 때문이다. 특히 여기서 한마디 덧붙일 것은, 톨로부가의 두 아들이 이 전투에서 실로 눈부신 활약을 하고 훌륭한 기상을 발휘했다는 점이다. 그것은 오로지 아버지의 원수를 갚기 위한 분투였으나 끝내 그 바람을 이루지는 못하였다. 노가이 왕을 죽인다는 것은 두 형제에게 벅찬 시련이었기 때문이다. 어쨌든 이만큼 잔혹하고 포악한 전투는 이전에 없었으므로 확실히 그것은 저주받은 악마의 시간에 시작된 것이었음에 틀림없다. 그날 아침에는 누구보다도 건장하였던 수많은 용사들이 전투 개시와 더불어 처절하게 전사하였으며, 그만큼 많은 기혼 부인들이 이 전투로 인해 과부 신세가 되어버렸기 때문이다. 이 전투가 다시 없을 참혹한 전투였다고 하여도 지나친 말은 아니었다.

토크타 왕은 전투할 때 부하의 사기를 고무하였으며, 그의 명예를 보존하기 위하여 온갖 노력을 다하였다. 그는 자신의 생명을 전혀 돌보지 않는 것처럼 적 속에 뛰어들어 좌우로 적을 넘어뜨리고 적의 진열을 무너뜨렸으며, 떼지어 있는 적의 병사를 흩뜨렸다. 그날 토크타의 무술과 용기는 매우 뛰어났으며 그 때문에 적군과 아군 모두 많은 사상자가 났다. 즉 토크타가 많은 적군들을 쓰러뜨렸으며, 용감한 그의 활약을 눈앞에서 본 부하들이 그에 고무되어 무모하게 적을 향하여 돌격함으로써 자기의 생명을 버렸기 때문이다.

248 노가이 왕의 분전

노가이 왕도 마찬가지였다. 그의 분전이야말로 대단한 것이었다. 그와 맞먹는 활약을 보인 사람은 적과 자기편을 통하여 한 사람도 없었다고 할 정도이다. 이 전투의 최고 수훈을 그에게 돌려도 이의를 제기할 사람은 없을 것이다. 그가 적 속에서 드러낸 용맹은 마치 사자와도 같아, 닥치는 대로 쓰러뜨리고 베어 적에게 막대한 손상을 입혔다. 그는 자진하여 철벽같은 적진에 들어가 진열을 교란시키고 장병을 굴복시켰다. 그것은 마치 약한 가축 떼를 상대로 하고 있는 것 같았다. 군주의 이 용맹한 활약을 본 노가이 휘하의 장

몽골제국·원조 및 4한국 세계표

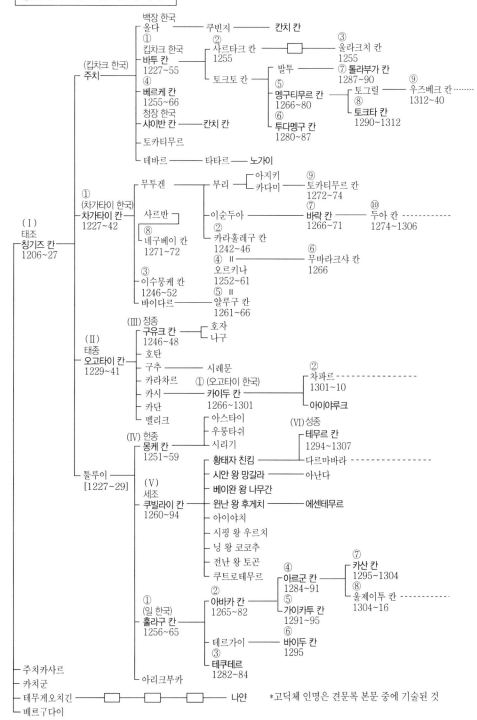

*고딕체 인명은 견문록 본문 중에 기술된 것

병들은 용기를 북돋아 필사적인 활약을 하여 사자와 같은 기세로 적을 향하여 돌격, 커다란 손상을 입혔다. 어쨌든 토크타군은 그의 명예를 유지하려고 모든 힘을 다 내어 싸웠으나, 끝내 성공하지 못하고 끝나버렸다. 그것은 상대가 비길 데 없이 용감한 정예부대였기 때문이다. 이대로 전투를 계속하다가는 전군이 전멸할 위기에 처했다. 그들은 더 이상 버틸 수 없다는 것을 알자, 말 머리를 돌려 전속력으로 도망쳤다. 노가이군이 추격을 늦추지 않았으므로 토크타군은 마침내 막대한 사상자를 내고 말았다. 이와 같은 경위로 결국 노가이가 이 전쟁에서 대승을 거두었다. 전사자의 총수는 실로 6만 명에 달하였으나, 다행히도 토크타와 톨로부가의 두 아들은 도망칠 수 있었다.

이 친정에서 토크타 왕은 그가 보유한 전군을 집결한 것은 아니었다. 노가이의 병력이 자기 병력보다 4분의 1정도 적으므로, 주위에 모인 군대만으로도 충분히 이길 수 있다고 확신하였기 때문이다. 그러나 이미 말한 바와 같이 노가이의 장병은 백전의 정예로서 토크타군을 능가하였으므로 결국 토크타군은 격파되어 패주한 것이다. 그러나 토크타 왕은 이번 패배를 거울삼아 모든 병력을 모아 재차 노가이에 대한 친정을 당당히 행하였다. 그리고 마침내 노가이와 용명(勇名)한 그의 네 아들을 죄다 죽일 수 있었다. 그 결과, 톨로부가의 아들들도 아버지의 원수를 갚은 셈이 되었다.[22]

〈주〉

[1] 카이두의 아버지 카시는 오고타이 칸의 왕자이므로, 하사하는 물품은 물론 중국 내륙에 채읍(공신에게 논공행상으로 주는 영지)도 부여받았다. 그가 원조에 반기를 든 1266년 직전의 액수는 채주(허난 성 여남 지구)의 분민 3816호, 그들이 바치는 견사가 763근을 넘고, 그 밖에도 은 833량, 비단 100단 등이다. 반란이 계속되던 중에도 쿠빌라이 칸은 종족으로서의 그의 권리를 존중하여 이와 같은 하사 물품을 보관케 하였다.

[2] 카이두군은 대칸 직할지인 동서 투르키스탄 정주 구역을 침략하고 점거하는 데만 그치지 않고, 이따금 알타이 산 동쪽을 넘어 몽골 본국으로 침입하였다. 본문이 가리키는 전쟁은 이미 카라코룸 주변에서 벌어지고 있었던 것이다. 카라코룸은 몽골 대제국의 상징을 이루는 옛 수도이지만 1289년 전후에는 이곳마저도 한때는 위태롭게 된다.

[3] 몽골의 혼인 습속에는 다만 부족 외 혼사에 관한 규제가 있을 뿐이고, 그 밖의 제약은 없다. 그러나 제실·왕가가 되면 외척의 세력이 일반 서민에 비하여 자연히 강력해지므로 특정한 외척에서 왕비가 많이 나오는 경향은 벗어날 수 없다. 하지만 그러한 입장

이라도 원칙은 결코 사라지지 않았다.

*4 이 전투는 1284년 봄에, 현재 테헤란의 서북쪽이 되는 카즈빈에 가까운 악코자 평원에서 벌어졌다. 열세였던 아르군은 패배하여 카라트 성채로 도주했는데 이곳에서 포로가 되었다.

*5 이들 장령 7명의 이름에 관해서는 여러 문헌 사이에 심한 차이는 없다. Boga라 함은 아바카 칸 휘하의 저명한 장군인 제라일 부족 출신의 Buka에 해당한다. Oulatai라 함은 아마 서장에 나오는, 아르군 칸에 의하여 원조 쿠빌라이 칸의 궁정으로 파견된 사절, 다시 말하여 마르코 폴로와 함께 남해를 거쳐 이란으로 귀항한 그 사신과 같은 인물일 것이다.

*6 리치 영역본에 괄호를 붙여 보충되어 있는 멜리크의 이름 Alinac은 본디 어느 문헌에도 없었다. 실로 이것은 베네데토가 당시 일 한국의 사실에 바탕을 두어 아프메드 술탄 휘하의 장군 Alonāq(~1284)를 자의적으로 판단하여 그의 이름을 여기에 삽입한 데 지나지 않다. 그러나 펠리오가 비평한 바와 같이 이 자의적 판단은 오히려 타당하다.

*7 바빌론의 술탄이라 함은 카이로에 수도를 정한 이집트 마루크 왕조의 군주 알 만수르 사이프 웃딘 카라운을 가리킨다. 본디 일 한국은 건국 당초부터 시리아를 둘러싸고 마루크 조와 적대 관계에 있었다. 이어 훌라구 칸이 아제르바이잔 지방을 놓고 킵차크 한국과 교전하게 되자, 당시 이미 이슬람으로 개종했던 주치 집안의 베르케 칸은 같은 사라센이라는 이유로 마루크 조와 동맹하여 일 한국에 대항하였기 때문에 이 관계는 점점 악화되었다. 아프메드 술탄이 일 한국의 왕위를 빼앗는 데 실패하여 이집트로 도망치려고 했던 이유는 그가 이슬람이기 때문이기도 했지만, 종래부터 이와 같은 두 나라 관계가 있었기 때문이기도 하다.

*8 망명하던 아코마트 술탄을 붙잡은 것은 카라우나스이다. 아코마트 술탄의 치세는 1282~1284년 8월이다.

*9 왕자 카산은 1284년, 아버지 아르군 칸의 명령을 받아 호라아산 마잔데란 쿠미이스 라이 지방의 총독이 되어 동부 국경 지구의 방위를 맡았다. 아르군은 이미 말한 바와 같이 1284년에 그의 주권을 회복하고 1291년까지 재위한다. 마르코 폴로의 연대에는 잘못이 있다.

*10 가이카투는 아르군 칸의 동생으로서 그의 치세는 1291~1295년이다.

*11 가이카투 칸은 사촌인 바이두 칸의 반란에 패배하여, 1295년 3~4월경에 처형되었다. 본문의 독살 및 치세 2년이라는 내용은 정정되어야 한다.

*12 Baidu는 훌라구의 손자 테르가이의 아들이므로 가이카투에게는 숙부가 아니라 사촌이다. 그의 치세는 고작 1295년 4~10월에 걸친 수개월에 지나지 않으며, 전쟁에 패배하자 카산 칸에 의하여 처형되었다. 바이두가 그리스도 교도라는 보고는 소아르메니아의 역사가 헤이톤 등에 의한 것이나, 사실이 반드시 그렇다고는 단정할 수 없다.

당시 이란에 살았던 몽골 인은 대체적으로 이슬람화되어 있었다. 바이두 역시 그러했고, 그가 이슬람이었다는 행적은 여기저기에서 드러난다. 다만 그에게는 아바카 칸의 왕비였던 동로마 제국의 왕녀 데스피나가 있었고, 그녀의 영향으로 그리스도 교도에게 관대한 면이 있었다. 그것이 그리스도 교도에 의하여 그가 같은 그리스도 교도라고 전해진 것 같다.

＊13 바이두의 즉위를 1284년이라 한 것은 잘못이다. 이 연대는 파리국립도서관판을 비롯한 여러 문헌에 모두 1294년이라고 되어 있다. 이 절의 뒷부분에도 바이두를 격파하고 카산이 즉위한 것이 1294년이라고 하는 것을 보아, 1284년이라는 고립된 연대는 리치 영역본에서 독자적으로 틀린 것이거나, 베네데토 집성본에서 이미 틀린 것을 그대로 답습했기 때문이거나 어쨌든 그 둘 중 하나임이 분명하다. 덧붙여 말한다면 데니슨 로스는 서문에서 리치 영역본 중의 오류를 몇 가지 예를 들어 지적하고 있으나 이 연대에 관해서는 거기서도 언급하는 바가 없다.

＊14 리치 영역본의 Canchi는 파리국립도서관, 제라드판과 같이 Conci로 표기하고 있다. 이것은 베네데토가 고증에 바탕을 두어 Canci로 고친 것을 답습한 것이다. 그러나 펠리오에 따르면, 이 명사의 어원은 목양자(牧羊者)를 뜻하는 몽골어 gonici에서 나온 것이라 한다. 만약 그렇다면 Canchi보다 Conci가 보다 바른 형태의 표기가 된다. 어쨌든 최초의 문헌을 따르는 것이 옳다고 본다. 칸치 왕은 주치 칸의 다섯째 아들이며 쿠케 올드의 영주＝청장 한국 칸으로서 시베리아에 영지를 소유한 샤이반의 열두째 아들 칸치(Kaunchi), 또는 마찬가지로 주치 칸의 첫째 아들이며 아크 올다의 영주＝백장 한국 칸으로서 카스피 해의 동북부를 영유한 올다의 손자 칸치(Kaunchi)를 가리키는 것 같다.

＊15 개가 끄는 썰매를 사용한 역전 시설은 원조에서는 구참이라 불렸으며, 오로지 요양행성의 북부, 즉 북만주에만 부설되어 있었다.

＊16 이 '영원한 어둠의 나라(상암의 나라)'라 함은 말할 것도 없이 극지에 가까운 고위도 권을 가리킨다. 하지만 이 영원한 어둠은 1년 중 절반을 차지하는 겨울철에 한해 생기는 현상이며, 여름철에는 반대로 백야 현상이 계속되는데, 특히 그 일면만을 강조하여 영원한 어둠의 나라라고 말한 것뿐이다. 이 점에 있어서 라무시오판이 이 나라의 특이한 자연 현상을 설명하면서 앞 부분에서는 '겨울철의 몇 개월 동안 태양은 나타나지 않고 어슴푸레한 어둠이 사방을 덮고 있다' 말한 반면, 뒷부분에서는 '여름철이 되면 온종일 낮이 연속된다'고 말한 것이 완결된 서술이라 할 수 있다.

＊17 러시아의 은산(銀產)에 관해서는 중세 이슬람 역사가가 몇 번이나 기록하고 있으나 오늘날의 러시아에는 유명한 은광산이 없다. 유율에 따르면 타간로그 서쪽에서 아조프 해로 흘러들어가는 미우스 강 유역의 납광산에서 부산물로 생산되는 은이 이에 해당될 것이라고 한다.

＊18 카스피 해의 서남 연안을 차지하는 알란, 아제르바이잔, 마잔델란의 땅은 이란 고원
   의 북부 경계를 이루는 에르부르스 산맥의 북부 사면을 형성한다. 카스피 해상에서
   발생한 수분을 흡수한 습기 많은 대기는 북풍을 타고 남쪽으로 내려오는데, 이 산맥
   에 가로막혀 이란 고원에 도달하지 못한 채 모두 아제르바이잔 지방의 강우량이 된
   다. 이 자연 조건이 산맥의 남북에 전혀 다른 경관을 나타낸다. 목초가 언제나 무성
   한 아제르바이잔 지방은 이 방면에서는 드물게 방목에 알맞은 지대를 이루고 있는데,
   이로 인하여 킵차크 한국과 일 한국 사이에 쟁탈의 대상이 되었다. 훌라구와 베르케
   의 전쟁은 바로 1262년에 일어났다.

＊19 1262년 8월, 여름철의 영지 알라타구(반 호 북부)에서 출진한 훌라구 칸은 적군의 선
   봉을 쿠르 강의 북부 샤마키에서 무찌르고, 패주하는 적을 뒤쫓아 데르벤트와 텔레크
   강 사이로 진출, 이곳에 주둔하여 적과의 회전에 대비했다.

＊20 Tolobuga는 킵차크 한국 제4대 멩구티무르의 맏형인 Barttu의 맏아들 톨라부가이다.
   멩구티무르가 사망한 1280년 당시 그는 바투 칸의 적회손(嫡會孫)의 지위에 있었으
   므로 이 점에서 정통의 왕위 계승권이 인정되어야 했다. 그러나 멩구티무르의 동생이
   며 그에게는 숙부가 되는 투다멩구는 연장자라는 이유로 칸의 지위를 잇게 되었다.
   일설에 따르면 1287년에 이르러 톨라부가는 투다멩구에게 강요하여 칸의 지위를 이양
   하게 했다고 한다. 그러나 일족의 여러 왕의 세력이 비대해지고, 특히 유력한 왕인
   노가이와의 불화를 가져와 그에 의하여 쓰러졌다고 한다.

＊21 Nerghi 평원의 정확한 위치는 분명히 제시할 수 없으나 이슬람 역사가가 전하는 바에
   따르면, 토크타 칸과 노가이의 회전은 플루우트 강변에서 벌어졌다고 한다. 즉 이 전
   쟁은 멀리 흑해의 서남안, 벳사라비아 지방에서 벌어졌던 것이다. 네르기 평원의 이
   름은 국경선을 뜻하는 페르시아 어 nerge에서 나온 것으로 보거나, 드니에스트르 강
   과 플루우트 강 사이에 구축된 로마 황제 트라야누스의 보루선(堡壘線)에 관련시키는
   견해도 있다.

＊22 네르기 평원의 회전은 1298~1299년에 벌어졌다. 이 전투에서 패배한 토크타 칸은
   이어 1303년에 재차 원정을 감행하여 노가이를 무찌를 수 있었다. 이것은 모두 마르
   코 폴로가 베네치아로 돌아간 이후의 일이다. 아마 그는 본국에서, 크리미아의 베네
   치아 상사와 관계 있는 흑해 무역 상인을 통하여 당시의 킵차크 한국의 사정을 전해
   듣고 그것에 기초를 두어 이 일련의 기사를 구술한 것으로 생각된다.

동방의 빛을 찾아서

동방 무역을 꽃피운 중세 베네치아

11세기 말부터 시작된 십자군의 시리아 원정으로 말미암아, 북부 이탈리아의 도시들은 그 유리한 환경에 편승해 동방 무역으로 도약할 기초를 다지고 있었다. 제노바, 피사, 베네치아가 그 대표적인 도시이다. 그들은 경쟁적으로 함대를 편성해 자국의 무역 노선을 개척하는 한편, 나아가 그 군사력을 배경으로 동지중해 각 지방으로 정치적 진출을 꾀했다. 베네치아 해군이 아드리아 해부터 에게 해를 제패한 다음 키프로스 섬을 영유하고 동로마제국의 수도 콘스탄티노플에 주재 사법관(포데스타)을 설치하자, 제노바 해군도 이에 지지 않고 시리아 선단에 거류지를 건설하고 무역 거점으로 삼는다. 마르코 폴로의 《동방견문록》에 서술된 바와 같이, 12세기 중엽이 되자 베네치아의 동방 무역은 흑해 북쪽을 넘어 크림 반도까지 다다르게 된다. 그 지역에 상인들의 영업소가 생겨나고 영시권으로 승격되기에 이른다. 지방 제노바 상선도 멀리 동북방의 카스피 해까지 진출하여 그 해상에 선박을 배치할 정도로 성장한다.

그러한 상황에서 마르코 폴로의 선조는 11세기 무렵 달마치야에서 베네치아로 이주했다고 전해진다. 그의 계보에 대해서 정확하게 알 수 있는 것은 겨우 그의 증조부 페리스나 조부 안드레아에 대한 정보 정도이며 그 이상의 상세한 것은 알 수 없다. 다만 그의 세대에는 벌써 베네치아로 이주하여 몇 대가 지난 뒤였다고 하니, 폴로 일가가—안드레아의 네 아들 마르코, 니콜로, 마페오, 플로라 중에서 확실히 그렇다고 할 수 있는 것은 니콜로, 마페오 그 둘 뿐이지만—상업국으로서 번영을 누리던 베네치아 공화국에서 무역 상인으로 두각을 나타낸 것도 당연했다. 그가 그런 베네치아의 상인이었다는 점이 이 획기적인 동방으로의 대여행을 가능케 했다.

십자군 원정
서양인들에게는 지리상 발견의 계기가 되었다. 이 원정으로 지중해를 둘러싼 무역의 흐름이 급속도로 바뀌었으며, 동양사회에 그리스도 교인들이 정착함과 아울러 서양상인들이 인도와 중국으로 진출할 수 있게 되었다.

13세기 실크로드와 남해 항로

유라시아 대륙을 동서로 잇는 교통노선은 신석기 시대 채색토기의 분포를 통해서도 알 수 있듯이 태곳적부터 존재하고 있었다. 그러나 직접 교역의 타개를 통해 동서 사이에 가로놓인 불분명함이 한 번에 제거된 것은, 이미 알려진 바와 같이 기원전 2세기 말 장건의 중앙아시아 여행 때의 일이었다. '새 길을 연 공로'라 불리는 것처럼, 그 땅을 직접 본 장건은 중국 측이 서역에 가지는 인식을 현실화했고, 서역 측에서도 장건을 매개로 하여 중국의 존재를 확인했다. 이 새로운 지식과 견문을 토대로 하여 처음으로 계획적인 교섭이 이루어지게 된다. 이 단계에 이르러서 물자의 교류, 문화의 전파는 급격히 활발해지게 되었다.

서방 이역의 진귀한 보석, 주옥, 향료 등과 같은 사치품과 함께 불교의 가르침을 필두로 하는 서방의 사상, 또는 간다라나 사산왕조의 미술, 이란의 음악, 이슬람의 기술, 아라비아의 역법 등이 이 길을 지나 중국으로 유입되었다. 이로 인해 중국 문화가 얼마나 풍요로워졌던가. 한편 중국에서는 각종 비단, 칠기, 자기를 비롯한 정교하고 섬세한 공예품이 대단히 높은 평가를 받으며 반출되었다. 그중에서도 비단은 중국 특유의 멋을 간직하고 있다 하여 고금을 통틀어 수출품의 여왕으로 불렸다. 그래서 이 동서 무역의 통로에 실크로드(비단길)라는 이름이 붙은 것이다.

한나라 이후로 실크로드의 교통 무역은 지속되기는 했지만, 물론 그 성쇠는 있었다. 그 성쇠를 좌우했던 가장 큰 원인은 이동을 힘들게 한 자연조건에 있는 것이 아니라 사람에게 있었다. 정치적 대립의 심화는 바로 경제적인 이해에도 반영된다. 본디 상업도시국가 또는 상업도시가 군림했던 서역 지방에서는 복잡하게 얽힌 이해관계가 서로를 견제하고 있었고, 거기에 정치적 대립까지 겹치면서 자유로운 원거리 무역은 중대한 영향을 받게 되었다.

12세기는 그야말로 이런 상태가 서역 지방을 지배하던 시기였다. 위구르, 서요, 호라즘, 셀주크 왕국이 서로 대립하면서 실크로드를 동쪽부터 서쪽까지 가득 메우고 있었다. 그러나 이 첨예한 대립은 12세기와 함께 흔적도 없이 사라졌다. 13세기 초 몽골에서 일어난 칭기즈 칸이 눈 깜짝할 사이에 세력을 확장하고, 지중해에 이르는 온 아시아를 몽골 정권이라는 하나의 색으로 칠해버렸기 때문이다. 그리하여 실크로드는 일찍이 보지 못했던 번영을 통해 부활했다.

실크로드에는 조금 못 미치지만 유라시아 대륙의 동서를 잇는 바닷길도 있었다. 이 항로는 과거에는 남중국의 해항에서 동남아시아까지를 잇는 중심 노선이었지만, 머지않아 인도양까지 뻗어 나갔고, 곧 아라비아 해를 넘어 페르시아 만까지 닿게 되었다. 그 결과 실크로드와 비견할 만한 제2의 중요한 노선이 되었다. 열대지방 특유의 향나무, 향료, 진주와 보석, 상아, 각종 뿔과 같은 상품을 유통시킨다는 독자성이 이 항로의 절대적인 강점이었다. 스파이스 코스(향료 항로)라고도 불릴 만한 이 남해 항로는 당나라 말기부터 계속 발전을 거듭해 왔다.

13세기 중엽, 마르코 폴로가 갔을 당시 중국에서는 원나라의 수도인 대도(현 베이징)가 당시 동서 무역에서 동방의 궁극적인 시장이었다. 대도에서 출발한 카라반의 낙타 무리는 구불구불 이어지는 실크로드를 타고 서쪽으로

베네치아

십자군 원정에 이어 13세기에 몽골제국의 영토 확장으로 아시아의 대부분이 통일됨으로써 중앙아시아의 대초원도 왕래할 수 있게 되었다. 당시 베네치아는 향신료 등의 무역으로 부를 이룩한 아름다운 운하 항구 도시로서 크고 작은 무역선들이 끊임없이 드나들면서 활기가 넘쳐 흘렀다. 마르코 폴로의 여행은 여기서부터 시작되고 여기에서 끝난다.

가 시리아에서 중국의 비단을 내려놓았다. 한편 페르시아 만에서 출발한 페르시아, 아라비아의 범선은 인도 서남단 코울람(퀼론)에서 중국의 대형 선박으로 갈아타고 인도해, 남지나해를 거쳐 광저우, 취안저우까지 서역, 남해의 향료를 가지고 온다. 그러면 다시 대운하와 그 밖의 내륙 수로를 통해서 대도로 운반된다. 결국 당시 구대륙에서 세계를 일주하는 순환 교통 노선이란, 대도를 기점으로 해서 대도를 종점으로 하는 형태였다.

마르코 폴로의 동방 여행이 실크로드를 따라갔다가 남해 항로를 타고 돌아온 것은 몽골제국의 출현에 따라 통일 아시아가 실현된 덕분이라고 할 수 있지만, 그렇다고 해도 세계 일주라 불릴 만한 그 노정은 특별히 주의해서 살펴볼 필요가 있다.

마르코 폴로의 세계 일주

당시 세계를 동서로 연결했던 북방 실크로드와 남방 남해 항로는 그 전부터 개척되어 왔었다. 하지만 이 둘은 별개로 여겨져 왔고, 적어도 그때까지는 별개로 이용되었다. 조금 더 구체적으로 말하면, 중국에서 서역으로 갈 때든 멀리 서방에서 중국으로 올 때든, 어느 경우라도 왔던 길을 다시 되돌아가는 방법을 취하는 것이 보통이었다. 예를 들면 1세기 말 후한의 사자 감영이 멀고 먼 시리아 해안까지 갔을 때도 그 행적은 갈 때나 올 때 모두 실크로드를 벗어나지 않았고, 감영과는 반대로 2세기 말 로마 황제의 사절도 해로로 일남군(남베트남의 위에 근방)까지 와서 다시 해로로 귀국했다. 문헌에서 확인되는 이후의 사산조 페르시아, 동로마제국, 사라센제국의 사신, 상인의 예에서도 마찬가지이다.

아주 드문 예로 5세기 초, 인도에서 순례구법을 떠났던 동진(東晉)의 법현삼장이 수륙 두 길을 아울렀던 행로가 유일하게 인정된다. 수도 건업(현 난징 시)에서 장안을 거쳐 육로로 인도 서북부에 들어간 그는, 뱅골 만에서 실론을 우회하는 해로를 통해 중국 해안선을 북상하여 산둥 반도에 상륙했다. 법현삼장의 이 일주는 확실히 중국과 인도를 합친 대륙을 하나의 교통평면으로 성립시킨 계기가 되었다. 하지만 아시아 대륙은 넓다. 온 대륙에서 보자면 새로 성립시킨 이 교통평면도 극히 일부분에 지나지 않는다. 이것과 비교하면 마르코 폴로의 행적은 확실히 규모 면에서도 법현삼장의 행적을 훨씬 웃돈다. 하지만 이 경우 단지 규모가 크다는 사실에만 주목해서는 그 의미를 파악하기에 부족하다.

마르코 폴로의 여정은 온 아시아 대륙을 하나의 단위로 삼아 순회를 했다는 것뿐만 아니라 더 나아가 그것을 지중해 세계로까지 연장시켰고, 그로 인해 유라시아 대륙 일주 경로를 만들어 냈다는 데에 의의가 있다. 그것은 즉, 당시의 동서 두 세계를 교통평면으로 통일했다는 것이 된다. 구면(球面)으로서의 지구 세계를 일주한 마젤란의 위업에는 미치지 못하지만, 중세인의 평면적인 지상 세계는 마르코 폴로의 실지 검증을 통해 처음으로 확인되었다고 할 수 있다.

마르코 폴로의 동방 여행은 이러한 중대한 의의를 갖고 있는데, 그 의의를 더욱더 빛내는 것은 그가 바로 이 《견문록》을 남겼다는 점이다. 새삼 더 말할 필요도 없이, 아주 오랜 옛날부터 이 동서 교통노선을 오간 사람의 수는 실로 막대하다. 하지만 그 대부분은 이름 없는 자들이다. 이름 없는 자라는 것은 바꿔 말하면, 기록이 남아 있지 않다는 것이다. 그러나 이름 없는 자라고 해도 그 지식은 본인을 통해 반드시 주변으로 퍼지게 되어 있다. 하지만 그 범위는 대단히 한정적이고, 그 전승도 전해들은 각 개인의 기억에 의존할 수밖에 없기 때문에 자연히 다양한 차이를 보이게 마련이다. 따라서 그것은 결국 망각 속으로 묻혀버릴 수밖에 없는 것이다.

3년 반에 걸친 여정
세 여행자는 어떠한 위험과 어려움도 두려워하지 않고, 실크로드를 따라 수많은 겨울과 여름이 교차하는 먼 길을 떠났다. 마르코 폴로의 동방 여행이 갖는 중요한 의미는 기록을 남겼다는 것이다.

기록과 필사는, 정보를 올바르게 전승하여 오래도록 보존하기 위해 꼭 필요하다. 그러나 다 같은 기록과 필사라도, 체험자 본인이 남긴 견문록이 뭐니뭐니해도 가장 가치가 높다는 것은 말할 필요도 없다. 참으로 숭고한 그 기록들이 당시, 그리고 후세에 얼마나 큰 공헌을 했는가. 마르코 폴로의《견문록》은 그중에서도 다른 것과는 현격하게 차이가 나는 규모에서 비롯되는 내용의 풍부함이 그 가치를 더욱 높여 준다. 세계 일주라고 할 수 있는 획기적인 그 여행의 의의와 더불어 그 내용의 풍부함을 통해, 그의 업적에는 이중적인 중요성이 있다고 할 수 있다.

《동방견문록》

마르코 폴로의 서술은 시리아의 소아르메니아부터 시작된다.《견문록》의 서장인 니콜로, 마페오 형제의 기행록은 콘스탄티노플에서 흑해로 배를 띄우는 것으로 시작되긴 하지만, 어쨌든 아시아의 서쪽 끝에서 동방 또는 동북방을 목표로 출발했다는 것에는 변함이 없다.

아르메니아에서 메소포타미아를 종단한 마르코는 바스라에서 페르시아 만으로 항로를 바꿔 만 가장자리의 호르무즈에 도착했다. 그가 아르메니아에서 타브리즈를 경유하여 내륙으로 들어가는 길을 찾지 않고 페르시아 만에서 동쪽으로 항해한 것은, 본문에도 언급되어 있지만 당시 이란 북부에 전란의 여파가 남아 있어서 그것을 피하기 위한 것이었다. 실제로는 호르무즈에서 더 나아가 인도 주변을 도는 남해 항로를 계획했던 모양이다. 하지만 동양으로 가는 페르시아 배의 취약함을 호르무즈에서 자세히 보고 들은 그는 키르만을 거쳐 중앙아시아를 지나는 육로를 취하게 된다. 그리하여 중앙아시아에서 신강성(신장 웨이우얼)으로 들어갈 때에도 파미르 북쪽으로 우회하는 공도로 가지 않고 남쪽 기슭을 따라서 와칸 협곡 사이의 길을 선택했는데—따라서 소그디아나는 지나지 않고—이는 호르무즈, 키르만이라는 이란 동남부에서 출발하는 육로를 취했기 때문에 가능한 것이었다.

파미르를 넘어가면 드디어 중국이다. 마르코는 그 중국으로의 첫발자국을 카슈가르에 남겼다. 그리고 계속해서 천산남로라 하는 남도를 따라 사주(沙州, 사저우)에서 양주(涼州, 량저우)까지 갔고, 여기에서 장성을 북쪽으로 넘어 내몽골의 돌론노르라는 상도(上都, 샨두)를 향해 초원의 외길을 따라 동쪽으로 나아간다.

상도의 궁전에서 쿠빌라이 칸을 알현한 마르코 폴로는 이후 17년에 걸쳐서 원나라에 봉사하게 되는데, 이 17년간의 중국 체재 중에 그는 국내여행을 할 수 있는 기회를 얻은 셈이다. 상도와 대도 사이 또는 대도와 유림(柳林) 사이를 몇 번이고 오갔으며, 양저우에 부임함에 따라 대도와 양저우 사이를 오가기도 했다. 그중에서도 윈난 사절행과 인도 해로의 파견은 특히 두드러지는 2대 원거리 여행으로 꼽을 수 있다. 전자에서 그는 허베이에서 산서(산시), 섬서(산시), 쓰촨을 종단하여 윈난에 다다르는 경로를 선택했고 후자에서는 허베이, 산둥, 장쑤, 저장, 푸젠 이 다섯 개의 성을 아우르는 경로를 돌파했다. 그것은 말 그대로 오지 코스, 해안선 코스에 의한 중국 대륙 종단 여행이라 칭할 만한 것이며, 그 결과 그는 광대한 중국 본토 18개 성중에서 10개 성에 자신의 발자국을 남길 수 있었다.

중국 체류 17년, 때마침 일 한국 사신이 원나라에서 사임하고 귀국하는 것을 우연히 알게 된 마르코는 그와 동행하게 되었다. 마르코의 귀로로는 차이툰(추젠 성 취안저우) 항을 출발해 통킹 만, 남지나해, 말라카 해협, 인도양, 아라비아 해를 거쳐 페르시아 만 가장자리의 호르무즈에 상륙하는 항로가 선택되었다. 호르무즈에서는 육로를 통해 먼저 일 한국의 수도 타브리즈에 갔다가 소아시아의 트레비존드까지 발을 뻗고, 트레비존드에서 다시 흑해로 들어가 보스포루스 해협을 경유하는 해도가 기나긴 그의 세계 일주 여

콘스탄티노플

10세기부터 무역도시로서 번창한 콘스탄티노플(이스탄불)에는 많은 베네치아 상인들이 자리잡고 있었다. 이 속에 니콜로 형제도 있었으며, 이들이 마르코 폴로와 함께 몽골제국의 실크로드를 개척하게 된다.

행의 마지막을 장식했다.

《견문록》은 위에 나열한 모든 여행 경로를 담고 있다. 그러므로 그 내용은 중앙아시아에 대한 기술, 원조 중국의 사정, 남해 항로에 대한 설명 등 크게 셋으로 분류할 수 있다. 그런데 첫 번째 중앙아시아의 정세에 대해서는 다행히 서방의 당시 기록인 피아노 카르피니, 기욤 뤼브뤼키, 헤이톤 등의 여행 기록이 남아 있고, 동방의 기록 중에서도 조고 손중단의 《북사기》, 야율초재의 《서유록》, 구처기 장춘진인의 《서유기》, 유욱의 《서사기》가 전해져 오고 있다. 또한 세 번째 남해 항로에 관해서도 오데리코, 이븐 바투타의 여행기가 상당히 자세한 기록을 남기고 있다. 따라서 마르코 폴로의 《견문록》이 그 독자성을 주장할 수 있는 것은 한 가지, 즉 두 번째 부분인 원조의 중국에 관한 보고뿐이라는 것은 자명하다. 사실 그에 대한 기술은 분량 면에서도 전체의 반 이상을 차지하고 있다.

그런데 13세기 중국이라고 하면, 몽골에 의한 전역 통일이 완성된 대원 정복 왕조의 통치체제가 확립된 시기이다. 물론 이 시기에 대한 중국의 자료가 특별히 모자란다던가 하는 것은 아니지만, 이 특수한 시기를 중국 이외의 시선으로 남긴 기록이 있다는 것에 그 중요성이 있다.

본디 이역 사람에 의한 중국 사정의 보고에는, 중국인이라면 진부하기 짝이 없어서 간과할 법한 사항에 대해서도 이국인이기 때문에 관심을 갖고 관찰해서 서술한 것이 꽤 있다. 특히 마르코 폴로는 색목인(서역인)을 몽골인과 비슷하게 우대했던 원조의 독자적인 정책에 힘입어 말석이긴 해도 직접 정치계층에 낄 수 있었기에, 당연히 그 보고는 외국인 여행자가 그렇듯이 그저 스쳐 지나가는 관찰만이 아닌 그 무엇을 포함하고 있다. 사실 쿠빌라이 칸의 여름 수도가 되는 상도, 겨울 수도가 되는 대도의 궁전 각각의 구조, 대칸 궁정에서 개최된 향연을 비롯한 연간 행사, 유림에서 대칸의 행궁과 사냥놀이의 묘사는 궁정에 드나들 수 있었기에 비로소 설명이 가능했으며, 이는 중국 문헌의 누락이나 결함을 보충할 자료이기도 했을 것이다.

뒤에 설명하겠지만 이 《견문록》은 피사 출신의 소설가 루스티첼로가 제노바 감옥에서 마르코의 구술을 바탕으로 작성한 것을 조본(祖本)으로 한다. 이처럼 소설가의 손을 거쳤으므로, 소설과 비슷한 구절이 이 책 곳곳에서 보이는 것은—예를 들면 제26~29절의 칼리프를 경탄시켰던 그리스도 교도 구두장이의 기적, 제32~33절의 그리스도 강림 때에 사바의 성인 세 명이 받았던 계시, 제36절의 토질과 인정의 관계에 대해서 케르만 왕이 행했던 실험, 제42~44절의 암살자를 양성하는 '산속 노인', 제55절의 사마르칸의 교회에서 일어난 기적 등등—당연하다.

하지만 그렇다고 해서 이것들 전부가 마르코 폴로나 루스티첼로에 의한 가공의 내용이 첨가된 것이라고 해석해서는 안 된다. '산속 노인'이나 그 밖에 이와 비슷한 제69~73절의 프레스터 존 멸망의 전말, 제96절의 제상 아크메트 암살 이야기 등은 모두 소설같이 서술되어 있기는 해도 정확한 역사적 사실을 바탕으로 한 것이고 그렇지 않은 경우, 예를 들면 제121~122절의 '금왕'과 프레스터 존에 관한 기묘한 이야기에서도 저자는 그것을 그 지방 사람의 구전을 바탕삼아 서술한 것이라 명언하고 있다. 이러한 예로 비추어 우리는 설령 설명문이 없더라도, 각지에서 전승된 이야기가 저자를 통해서 이러한 형태로 재현되었다는 것을 이해해야만 한다.

그리고 여기서 다시 한 번, 문장의 단조로움 때문에 이 책의 내용까지 낮게 평가되었다는 사실을 지적해야겠다. 유율의 영어판에 대해 리치가 쏟아

냈던 비난에 따르면, 자칫 이 《견문록》의 단순성이 어린아이의 동심과 같은 천진난만함이라고 평가되기 십상인데 결코 그건 아니라는 것이다. 이것은 자국어의 산문체가 아직 확립되지 않았던 시대에 자기를 제대로 표현해 내지 못한 부분이 초래한

세 명의 동방 박사 이야기
마르코 폴로는 루스티첼로의 도움으로 쓰인 그의 책을 통해 자신을 이야기꾼으로 부각시켰다. 그는 책의 여러 곳에서 이미 알려진 이야기를 각색하여 다시 묘사하고 있다. 페르시아의 세 동방 박사 이야기도 그러하다.

단순성이라는 것이다. 단조로운 문체와 더불어 '상투적인 표현'이 계속 반복되는 형식은 확실히 어린이용 옛날이야기 같은 느낌을 자아낸다. 하물며 이 책은, 그 조본이 만들어지던 당시부터 벌써 '허풍쟁이 마르코 이야기'라고 평가절하되기도 했다. 이후 시대가 이것저것 설교하기 좋아했던 중세의 색채에서 벗어남에 따라, 점점 더 이 책의 신빙성은 감소되어 갔다.

오랜 세월을 거쳐 이러한 지위에 놓여 있던 《마르코 폴로 동방견문록》이 재평가될 기회를 맞게 된 것은, 다름이 아니라 19세기 이후 번역자들의 노력에 따른 결실이다. G. 포티에에 의한 1865년의 프랑스 어 판이 그 시초임과 동시에 가장 빼어난 역작이라고 한다면, 1871년 이후 수년에 걸친 H. 유울의 영어판 및 1918년 이후 P. 페리오의 주석은 그 역작을 가장 훌륭하게 계승한 책이라 할 수 있다. 《견문록》이 참으로 위대한 동양학자의 주석에 의해 수세기 만에 그 진가를 드러냈다고 평가하는 것도 결코 과언은 아닐 것이다.

이렇게 보면 동시대의 다른 종류에 속하는 문헌을 탐색하는 것이 이 책의 가치 개발에 얼마나 공헌했는지를 잘 알 수 있다. 그렇다면 이 책의 반을 차지하고 있으며, 이 책의 독점 자료라고 할 수 있는 원조 중국의 기술에 대해서, 13세기 전후의 중국 문헌을 새로이 주목할 필요가 있다. 왜냐하면 과거

유럽의 동양학자라고 해도 중국 사료를 이용하기란 결코 쉽지 않았을 것이기 때문이다. 사실 당시의 중국 사료는, 이를테면 제63절 위구르족의 선조 전설, 제64절 친기탈라스의 지명에 대한 이야기, 제107절 대칸 발행 지폐에 대한 이야기, 제109절 몽골의 역참 제도 등등 일일이 다 열거하려면 끝이 없지만, 어쨌든 역사적 사실과의 부합을 입증할 수 있는 내용들이다. 이런 사실로 미루어 이 책은, 관련된 중국 문헌을 발굴하고 지적하여 보주(補註)하는 일에 중심을 두기로 했다. 기존 주해의 부족한 면이 이것으로 조금이나마 채워지기를 바라는 마음에서이다.

마르코 폴로 길을 떠나다

마르코가 동방으로 떠난 대여행의 경위는 서장에서 자세히 나온다. 니콜로 마페오 형제, 이 두 사람에게는 두 번째인 동방 여행에—쿠빌라이 칸으로부터 위탁받은 사명을 다 마치고 귀환하는 여행이었다—마르코가 우연히 함께 가게 된 것이 발단이었다. 니콜로 형제의 제1회 베네치아 귀환은, 1269년 4월에 그들이 시리아의 아크레에 도착했을 때 운 나쁘게도 교황 클레멘스 4세가 죽었고 게다가 후계자도 아직 없었기 때문에, 그 선정까지의 기간을 이용해서 행해졌다. 그런데 베네치아에 머문 지 2년이 지나도록 도무지 결론이 안 나고 있었으므로, 그들은 마르코와 함께 출발하게 되었다. 이런 사정을 감안하면 마르코의 대여행 출발은 만으로 계산하면 1271년 후반기, 일반 연도로 계산하면 1270년 말로 측정된다. 이 두 연대 중에 어느 것을 취하는 것이 맞을까. 이 선택의 열쇠는 26년에 걸친 마르코의 여행 햇수에 있다. 즉, 1295년—이 연도는 모든 사본이 일치한다—에 마르코는 최종적으로 베네치아에 돌아왔으므로, 이 해를 기준으로 26년간 여행을 했다고 한다면 역산해서 출발한 연도에 부합하는 것을 선택하면 된다. 1295년부터 26년간을 역산할 경우, 만으로 계산하면 1269년, 햇수로 계산하면 1270년이 되는데 1270년이 마르코의 베네치아 출발 연도로 정확하다. 틀림없이 이 햇수 계산이 그의 여행에서 일괄적으로 채택되고 있는 연도 계산법이며, 그 사실은 이하의 모든 기술에서 확인된다.

그런데 이에 반해 유울은 모든 연도가 만으로 계산되었다고 오해해버렸다. 이런 오해의 결과 그는 마르코의 여행 출발 연도를 1271년 후반이라고 생각하였다. 벌써 처음부터 1년을 까먹고 시작한 것이다. 게다가 이는 끝까지 정정되지도 않았다. 결국 그는 모든 사본에서 일치되고 있는 1295년이라는 마르코의 베네치아 귀환 연도가 잘못되었다고 보고, 1년 뒤인 1296년이 귀환 연도라는 독단적인 견해를 피력했다. 게다가 중요한 점은, 이후 이 유울의 설이 너무나 쉽게 정설로 받아들여지게 되었다는 사실이다.

마르코의 베네치아 출발이 1271년 후반이 아니라 1270년 말이 되어야지만, 베네치아에서 시리아의 아크레에 들른 뒤 예루살렘으로 남하하여 성지 순례를 끝내고 다시 아르레를 경유해 소아르메니아의 라이아스 시로 북상했을 때, 그가 그 땅에서 새로운 교황 그레고리우스 10세로부터 아크레로 돌아올 것을 명령받을 수 있게 된다. 즉 이 새 교황이란 아크레 주재 교황청 사절 테오발도 비스콘티이며, 그는 1271년 9월에 선정되었으므로 그 소환에 응한 마르코의 라이아스 도착은 당연히 9~10월 무렵이 되어야 한다. 따라서 유울의 설과 같이 1271년 후반에 베네치아를 출발했다면 도저히 시간이 맞지 않는다.

아크레에서 새로운 교황과 회견을 끝낸 마르코가 1271년 말에 라이아스에서 동방으로 향하게 되면서 드디어 《견문록》의 본문이 시작된다. 그 본문에 따르면 도중에 바다크샨에서 1년 정도 병을 치료하고, 감주에서 꼬박 1년을 보낸 것을 포함해 모두 3년 반의 시간을 들여 상도 쿠빌라이 칸의 궁정에 도착했다. 따라서 햇수로 세면 상도에 도착한 것은 1274년 여름이 될 것이다. 이는 유울의 만년(滿年) 계산에 따르면 1275년 4월이다. 이후 마르코는 원조에 봉사한 지 17년 뒤, 취안저우 차이툰 항에서 남해를 경유해 귀로에 올랐다. 그런데 공교롭게도 그 햇수를 살펴보면 유울의 만년 계산의 오류를 결정적으로 입증할 수 있다.

즉, 일반 계산이라면 1274년부터 27년을 세어서 1290년이 쉽게 나오는데, 유울의 만년 계산에 따르면 1275년부터가 되므로 당연히 그것은 1292년이 되어버린다. 그런데 현존하는 원조의 공문서에는 폴로 일행에 대한 언급은 없으나, 그들이 동반했던 일 한국의 세 사절 우라타이, 아프스카, 코자 일행이 1290년 말에 취안저우에서 귀국을 시작했다는 사정에 대한 명확한 기술이 있다. 이것은 일찍이 유실되어 현재 전해지지 않는 원조의 관찬본 《경세대전》인데, 그 내용이 《영락대전》 권19418에 인용되고 있고, 다행히도 그중 일부에 이 공문서가 포함되어 있기 때문이다. 여기까지 와서 우리는 1270년의 베네치아 출발 이래, 마르코의 모든 여정 연도가 일반적인 연도 계산에 따르면 타당하고, 만년 계산에 따르면 빗나가는 사실을 확인할 수 있었다. 따라서 취안저우 출범 이후에도 당연히 이 방침 아래에서 정해(正解)가 얻어질 수 있을 것이다.

1290년 말의 취안저우 출범으로부터 항해 26개월에 걸친 페르시아 만 호르무즈 항에의 도착은 1293년 초로 봐야 한다(유울은 1294년 초로 본다). 그 뒤 그는 육로로 일 한국 수도 타브리즈에 갔다가, 이어서 동방 국경에 주둔 중인 아르군 칸의 왕자 카산이 있는 곳에 다녀온다. 다음으로 타브리즈에 9개월 동안 머물렀다가 이윽고 트레비존드, 콘스탄티노플을 지나는 마지막 코스에 접어든다. 그러므로 타브리즈 출발은 1294년 중반이며 베네치아 귀환은 이듬해인 1295년이 된다. 계산이 딱 맞는다.

지금까지의 내용 요약과 더불어, 유울의 설을 정정한 결과를 나타내자면 다음과 같다(괄호 안은 유울의 설).

1270년 말(1271년 후반) 베네치아 출발 …… 베네치아 → 아크레 → 예루살렘 → 아크레 회환(回還) → 라이아스 도착=1271년 10월 …… 라이아스 → 아크레 회환 → 라이아스 회환=1271년 말 …… 라이아스 → 서아시아, 중앙아시아 종단 3년 반 → 상도 도착=1274년 여름(1275년 4월) …… 원조 체재 17년 → 취안저우 출범=1290년 말(1292년 1월) …… → 취안저우 → 해로 26개월 → 호르무즈 도착=1293년 2월(1294년 초) …… → 호르무즈 → 타브리즈 → 에브헤르 도착=1293년 여름(1294년 3월) …… 에브헤르 → 타브리즈 회환 → 장기 체류 9개월=1294년 중반 …… 타브리즈 → 트레비존드 → 콘스탄티노플 → 베네치아 도착=1295년(1296년)

《동방견문록》의 성립과 전래

마르코 폴로는 본디 상인이다. 따라서 그의 《동방견문록》은 타국의 색다른 성격과 풍속을 주로 기록했던 평범한 여행자들의 여행기와는 전혀 다르다. 《동방견문록》은 그보다도 각지의 산물, 물가, 시장 상황, 통화 등에 커다란 관심을 보이면서 그 모습을 다루고 있다. 산물 중에서도 특히 황금, 은, 보

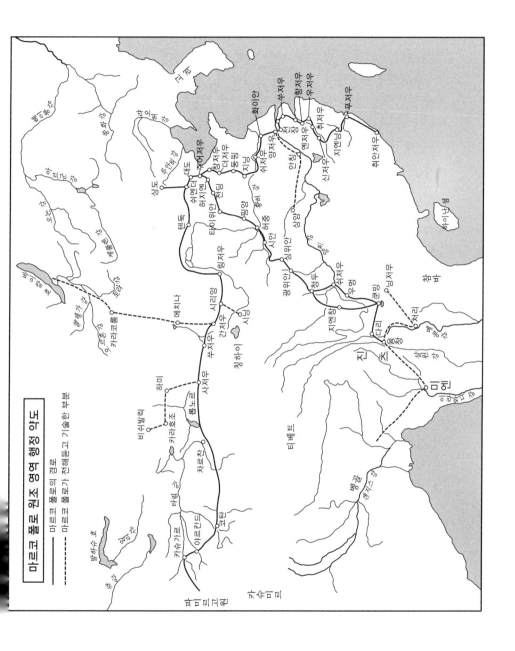

석, 진주, 향료, 향수, 비단 같은 상품이 자주 언급되고 있는데, 이는 마르코 폴로가 사치품 무역에 종사하던 상인이었음을 뚜렷이 보여 준다. 그들에게는 실익을 가져다 줄 만한 것이 가장 중요했으므로, 그와 관련된 사정을 부정확하거나 애매하게 기록할 수는 없었다. 따라서 그는 당연히 이러한 사항을 면밀하게 기록했다. 그런데 실은 이런 기록이 있었기에 이 풍부하고 정확한 《견문록》이 전해 내려올 수 있었던 것이다.

1295년에 고향 베네치아로 돌아온 마르코 부자는 극동 지역까지 이르는 세계 일주 여행 경험자로서 온갖 칭찬과 비난을 받았다. '허풍쟁이 마르코'라고 욕하는 사람도 있는가 하면, 한편으로는 신기하고 재미있는 이야기라면서 흥미를 보이는 사람도 적지 않았다. 요컨대 그것은 마르코가 종종 질문을 받을 때마다 자신의 체험 중 일부를 많은 사람에게 들려 준 결과 생겨난 반향이었다. 이리하여 3년 정도 흐르자 어느새 그는 저명인사가 되어 있었다. 마침 그 무렵이었다. 1298년에 베네치아 해군이 제노바 선박 3척을 나포한 사건을 계기로, 전부터 적대관계였던 두 공화국이 교전 상태에 들어갔다. 종군을 지원한 마르코는 갤리선 함장의 지휘 고문관이 되어 전투에 참가했다.

하지만 그는 불행히도 그해 9월 쿠르졸라 해전에서 패배해 제노바의 감옥에 갇히고 말았다. 약 1년간 계속된 감옥 생활의 지루함을 달래기 위해서였을까. 그는 아버지 니콜로에게서 위의 여행 기록들을 받아, 같은 방에 수감된 피사의 소설가 루스티첼로에게 그 이야기를 들려 주었다. 루스티첼로는 마르코의 구술을 필사했다. 이 수초본(手抄本)이 바로 《견문록》의 원본이다. 아마도 이 원본에서 여러 가지 제2의 원본이 나왔을 것이다. 지금은 그 중 무엇도 남아 있지 않지만, 과거에는 분명 존재했을 것이다. 이 사실은 현존하는 각종 다른 원전들의 계통을 거슬러 올라가 보면 확인할 수 있다.

베네데토의 조사에 따르면 현존하는 고사본, 고판본은 유럽 각지의 50여 개 도서관에 분산되어 있는데, 총 140여 종이나 된다고 한다. 베네데토는 이를 다음 6가지로 분류했다.

(1) 파리국립도서관판(F)

이탈리아 어에 가까운 중세 프랑스 어 사본이다. 파리국립도서관에 소장된 14세기 사본 fr. 1116호가 이에 해당한다. 기묘한 문체 자체가 원본에 가깝다는 사실을 알려 준다. 따라서 현존하는 원전 중에서도 가장 중요한 것으로 손꼽힌다. 다만 원본에 가깝다고는 해도, 원본에서 파생된 제2차 원본의 한 계통에 속한다.

(2) 그레고월판(FG)

그레고월이라는 인물이 표준 프랑스 어로 번역한 14세기 사본. 이 책의 원전은 F가 의거했던 원전과 매우 가깝지만 결코 똑같지는 않다. 이 FG에는 FA, FB, FC, FD라는 약호로 불리는 동류의 다른 책이 16가지가 있다.

(3) 토스카나 방언판(TA)

F, FG 계통의 제2차 원본에서 파생된 한 책을 원전으로 삼아 1305년 무렵에 토스카나 방언으로 번역한 사본이다. 라틴 어 종류 하나를 포함한 12가지 다른 책이 존재한다.

(4) 베네치아 방언판(VA)

TA와는 별개인 F, FG 계통의 제3차 원본을 14세기 초에 베네치아 방언으로 번역한 사본이다. 이 부류에는 13가지 다른 책이 존재한다.

(5) 피피노가 번역한 라틴 어판(P)

14세기 중반에 프란체스코 피피노가 라틴 어로 번역한 사본이다. 피피노의 번역본은 VA를 원전으로 삼아 이를 간추린 것이다. 그러므로 넓은 의미에서는 VA 계통에 포괄된다. 그런데 이 계통의 라틴 어 번역본은 중세에 가장 널리 분포되었으므로 그 다른 책도 62가지나 된다.

(6) F 이전의 원전에서 파생된 사본들

즉 F가 의거했던 원전과 동렬이면서 종류가 다른 제2차 원본에서 파생된 사본들이다. 대표적인 것은 R과 Z이다.

R은 라무시오의 이탈리아 어 번역본으로, 1559년에 간행된 고판본이다. 이 번역본의 원전은 아직 정확히 알려지지 않았다. 라무시오는 베네치아의 기시 가(家)에 전해져 내려온 14세기 라틴 어 번역 사본을 원본이라고 생각했으므로 이에 크게 의거했다. 그러나 중요한 사본 자체가 이미 산실되어버린 오늘날에는 그 계통을 정확히 밝힐 수 없다. 다만 F, Z와 대조하여 비교해 본 결과, R에는 다른 종류에서 발견되지 않는 중요한 기록이 포함되어 있다. 따라서 R은 F, Z의 원전과 병렬되는 제2차 원본에 의거한 것으로서

제1급 원전에 해당하는 중요성을 지니고 있다.

Z는 교황청 추기경 제라드가 에스파냐의 톨레도 성당 도서관에 유증한 라틴 어 번역 사본으로, 1470년 무렵에 쓰였다고 한다. 이 책이 최근 발견될 수 있었던 것은 전적으로 베네데토의 노력 덕분이다. 베네데토는《마르코 폴로 동방견문록》의 새로운 국민판을 출판하려는 플로렌스 국립지리협회의 부탁으로 고사본을 조사하다가, 우연히 밀라노의 암브로시아나 도서관에서 Z 부본을 발견했다. 이것은 1795년에 만들어진 Z 전사본이었는데, 이어서 그 책의 원전인 Z 자체도 톨레도 성당 도서관에서 발견되었다.

Z는 F와 교합해 볼 때, 그 내용의 약 30%에 해당하는 200여 장이 일치하지 않는다. 그중 120여 장은 R과 중복되지만, 나머지 80여 장은 F에도 R에도 없는 독자적인 기술을 포함하고 있다. Z만의 이 특별한 기술 가운데 특기할 만한 것은, 고창 위구르 국가를 다룬 위구르족(본문 제63절), 푸주에 잔존하는 마니 교도(제171절), 마아바르 지방의 민간 신앙(제191절), 러시아의 추운 겨울(제234절)에 대한 길고도 중요한 기술이다. 요컨대 Z는 F와도 R과도 다른 계통에 속하며, 게다가 F, R과 마찬가지로 주요한 원전이다.

지금까지 베네데토의 분류에 따라 현존하는 원전들의 계통과 성질을 간략히 설명해 보았다. 그러면 정리하는 차원에서 현재 대표적인 번역본의 계열을 살펴보겠다.

(1)F본—이에는 다브자크의 복각판과 베네데토의 이탈리아 어 번역본이 있다.

D'Avezac ;《Recueil de Voyages et Mémoires, publié par la Société de Géographie de Paris》, Tom. Ⅰ. Paris, 1824.

Luigi Foscolo Benedetto ;《Marco Polo, il Millione》, Firenze, 1928.

(2)FG본—포티에는 저 유명한 역주 2권을 저술할 때 이것을 원본으로 삼았다. 샤리농의 역주 3권은 포티에의 번역문을 현대 프랑스 어로 다시 번역함과 동시에, 중국 문헌을 많이 사용함으로써 전자의 주석을 증보했다는 점이 특색이다. 유울 및 코르디에의 저명한 역주 2권, 3권도 원저로는 포티에의 저본을 답습했다.

J.P. Guillaume Pauthier ;《Le Livre de Marco Polo》, Paris, 1865.

Henry Yule ;《The Book of Ser Marco Polo》, London, 1871, 1875.

H. Yule & Henri Cordier ; 《The Book of Ser Marco Polo》, London, 1903, 1921.

Antonie J.H. Charignon ; 《Le Livre de Marco Polo》, Pekin, 1924.

(3) VA본—이 원전은 로드리고 페르난데스의 에스파냐 어 번역본을 거쳐 프렘프턴, 펜저의 손에 영어로 번역되었다.

Rodrigo Fernandez de Santaella ; 《Libro del famoso Marco Polo, veneciano delas cosas marauillosas q vido enlas partes orientales》, Sevilla, 1503.

John Frampton ; 《The most noble and famous Travels of Marcus Paulus》, London, 1579.

N.M. Penzer ; 《The most noble and famous Travels of Marco Polo, together with the Travels of Nicolo de Conti》, London, 1929.

(4) R본—라무시오의 이탈리아 어 번역본 《마르코 폴로 여행기》는 《항해기 집성》 제2권에 실려 출판되었다. 그 뒤 마즈던이 이 책을 영역했고, 라이트 는 그것을 복각했다. 〈Everyman library〉는 이것을 싣고 있다.

Giovanni Battista Ramusio ; 《Della Navigationi et Viaggi》, Tom, Ⅱ. Venezia, 1559.

William Marsden ; 《The Travels of Marco Polo》, London, 1818.

Thomas Wright ; 《Travels of Marco Polo》, London, 1854.

Manuel Komroff ; 《The Travels of Marco Polo》, New York, 1926.

(5) Z본—마울은 뒤에서 소개될 집성대본의 제2권을 작성할 때, 톨레도 성 당 도서관에 소장된 Z본을 복각했다.

Arthur Christopher Moule ; 《A Transcription of Z., The Latin Codex in the Cathedral Library at Toledo》, London, 1935.

(6) 모든 원저의 집대성본—베네데토는 F의 이탈리아 어 번역본을 발표한 뒤, F를 저본으로 삼으면서 그 결함을 R, Z 이하의 모든 원저로 메운 집대성 본의 이탈리아 어 번역본을 완성했다. 그러나 이것은 대단히 보기 힘든 책이 었던 모양이다. 데니슨 로스도 이를 보지 못했다. 아마 1930년 무렵에 출판 된 듯하지만 자세한 내용은 알 수 없다. 리치가 이 책의 영어 번역본을 낸 이유도 그런 맥락이다. 다만 이 집대성본에는 하나의 난점이 존재한다. F의 본문을 보충한 부분에 대해 그 출처가 표시되어 있지 않다는 점이다. 이 난

점을 해소하려던 새로운 시도가 마울에 의해 완성된 집대성본이다. F를 저본으로 삼고, 보충한 단락 하나하나에 대해서 난외에 출처를 명기하는 그의 태도는 매우 학구적이었다. 하지만 그 점이 통독을 방해하는 것도 사실이다.

베네데토의 집대성본을 리치의 영어 번역본에 비추어 번역하는 것이 이 책의 입장이다.

Aldo Ricci ; 《The Travels of Marco Polo, translated into English from the Text of L.F. Benedetto》, London, 1931.

A.C. Moule & P. Pelliot ; 《Marco Polo, The Description of the World》, London, 1938.

(7)보충—유럽 동양학자에 의한 대표적인 주석서.

H. Cordier ; 《Ser Marco Polo, Notes and Addenta to Sir Henry Yule's Edition, containing the Results of recent Research and Discovery》, London, 1920.

A.C. Moule ; 《Quinsai with other Notes on Marco Polo》, London, 1957.

P. Pelliot ; 《Notes on Marco Polo》, Paris, 1959.

중세 유럽의 도량형 및 화폐 환산표

- 핑거　　　　finger　　　약 1.9cm ($\frac{1}{16}$ ft)
- 팸　　　　　palm　　　　약 20cm (8in)
- 스판　　　　span　　　　약 23cm (9in)
- 큐빗　　　　cubit　　　　약 46cm (18in)
- 엘　　　　　ell　　　　　69, 94, 114cm (27, 37, 45in)
- 페이스　　　pace　　　　약 152cm (5ft)
- 리그　　　　league　　　약 6km (4miles)

- 삭기오　　　saggio　　　약 4.7g ($\frac{1}{6}$ OZ)
- 마르크　　　mark　　　　약 1kg (44실링)
- 칸타르　　　cantar　　　75kg

- 토르네셀　　tornesel　　$\frac{3}{4}$ 페니 (4 Venice denier 은화)
- 아스프르　　aspre　　　약 2.8펜스 (Levant 은화)
- 그로소　　　grosso　　　6, 5, 3.7펜스
　　　　　　　　　　　　　($\frac{1}{18}$, $\frac{1}{24}$, $\frac{1}{32}$ Venice ducat 금화)
- 베잔트　　　bezant　　　11실링 (Egypt dinar 금화)
- 리브르　　　livre parisis　17실링 10.8펜스 (Paris 은화)
　　　　　　　livre tournois　14실링 3.8펜스 (Tours 은화)

마르코 폴로 동방 여행로

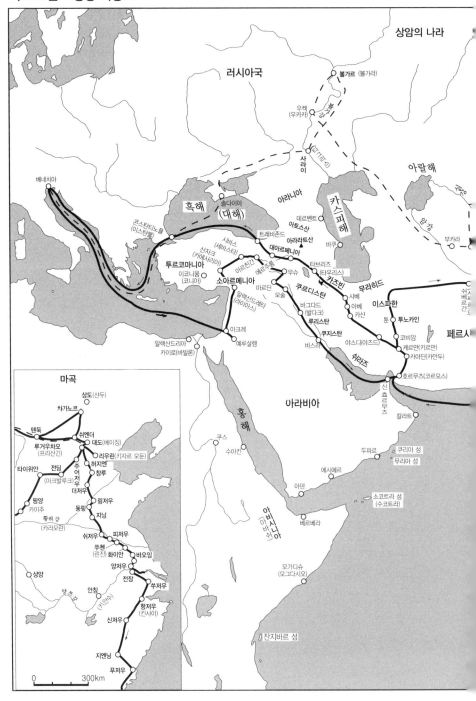

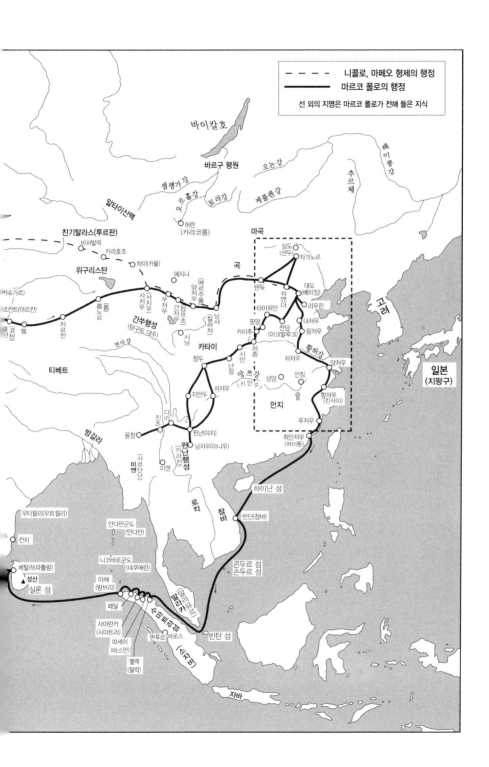

채희순(蔡羲順)

경성제국대학 사학과 졸업. 동국대학 교수, 성균관대학 교수를 거쳐 서울대학 사범대 교수를 지냈다. 고등고시위원 역임. 지은책에《동양사개론》《동양문화사》《대세계의 역사》《(고등학교) 세계사》, 옮긴(역해)책에《맹자》《손자》《오자》《한비자》《손자병법》등이 있다.

세계사상전집056
Marco Polo
THE TRAVELS OF MARCO POLO
동방견문록
마르코 폴로/채희순 옮김
동서문화창업60주년특별출판
1판 1쇄 발행/2016. 11. 30
발행인 고정일
발행처 동서문화사
창업 1956. 12. 12. 등록 16-3799
서울 중구 다산로 12길 6(신당동 4층)
☎ 546-0331~6 Fax. 545-0331
www.dongsuhbook.com
✳

사업자등록번호 211-87-75330
ISBN 978-89-497-1571-1 04080
ISBN 978-89-497-1514-8 (세트)